미네르바의 올빼미

서구 정치사상의 전통

Minerva's Owl

미네르바의 올빼미

서구 정치사상의 전통

제프리 에이브럼슨(Jeffrey Abramson) 지음

김대근 옮김

이숲

서론 정치사상의 고전들

이 책은 정치를 주제로 거의 2,500년에 걸쳐 계속된 아주 긴 대담으로 독자들을 초대한다. 이는 정치를 주제로 한 유일하거나 가장 오래된 대담은 아니지만, 지속적이고 영향력 있는 대담이다.

시작은 기원전 399년 젊은이들을 현혹하고 타락시킨다는 혐의로 소크라테스를 재판하고 사형에 처한 역사적 사건이다. 소크라테스에게 매료됐던 제자 중 한 사람이었던 플라톤은 그의 사형으로 인해 당대 정치와 거리를 두게 됐고, 사건들을 그 외부에서 권력의 지시를 초월한 정의의 이상에 따라 판단할 수 있었다. 이런 비판적인 객관성(거리 두기)의 시기가 없었다면 이 대담은 시작될 수 없었을 것이다. 하지만 이 대담은 – 그것이 정치적 대담이어야 한다면 – 객관성뿐 아니라 참여 – 비판할 가치가 있는 삶의 방식에 대한 충실, 충성 또는 애착에 대한 감정 – 를 요구한다.

시간이 지남에 따라 대담은 학습과 인용의 원천이 될 일련의 고전 텍스트들을 남겼다. 후대의 텍스트들이 선대의 텍스트에 대한 해설과 비판을 제공하게 된다는 점에서 텍스트는 일련의 지적 체계를 이룬다. 어떤 것도 무(無)에서 시작하지 않는다. 축적된 지식은 후세로 전해지면서 변화하고 재해석되며 변형되기도 하지만 결코 뒤집히거나 폐기되지 않는다. 플라톤은 항상 스승인 소크라테스의 이름을 자기 저작에 사용하며 스승을 기렸다. 플라톤은 철저히 스승의 마음을 좇아 살았기에 사람들은 역사상 존재했던 소크라테스가 플라톤이 창조한 소크라테스와 어떤 부분이 다른지를 정확히 알 수 없다. 이어서 아리스토텔레스는 플라톤의 학교에서 공부하려고 아테네로 왔다. 아리스토텔레스는 스승과 논쟁함으로써 다른 방식으로 자기 스승을 기렸다. 아리스토텔레스는 젊은 알렉산더 대왕을 가르쳤지만, 이 가르침이 알렉산더 대왕의 그리스 세계 정복을 막지는 못했다.

로마는 공화국으로 시작했으나 제국으로 끝났다. 노예였던 에픽테투스부터 원로원 의원이었던 키케로를 거쳐 마르쿠스 아우렐리우스 황제에 이르는 위대한 사상가들은 정의에 대한 고대 그리스의 개념들을 도덕이라는 제국의 야망에 어울리도록 개조하려고 했다. 로마 점령지에서 자란 성 아우구스티누스 같은 초기 기독교인들은 후에 신플라톤주의로 알려진 교리를 플라톤에게서 추려냈고, 신플라톤주의는 신국(神國)에서의 천상의 정의와 비교를 통해 구분이 불분명해진 로마의 '세속적' 정의에 대해 기독교식으로 대응한 것이었다. 9~10세기 이슬람 학자들이 그리스 고전을 아랍어로 번역하고, 플라톤과 아리스토텔레스의 저작에 해설을 다는 전통적인 작업을 시작하면서, 잠시 잊혔던 정전(canon) 연구가 되살아났다. 고전 정치철학이 중세 이슬람 율법을 따르며 사는 유대인 학자들에게 알려진 것도 바로 이런 번역을 통해서였다. 그 정전들은 히브리어, 아랍어 번역을 통해 다시 기독교가 지배적이었던 유럽으로 되돌아가면서 영향을 미쳤다. 자신의 종교 세계에서 연구를 이어가던 학자들은 하느님의 계시가 진리임을 설명하는 데 고대 그리스 합리주의 개념에 집착하며 다양하면서도 유사한 방식으로 고심했다.

이탈리아 르네상스 시기에 마키아벨리는 새로운 목적으로 정전을 세속화된 형식으로 되살렸다. 그는 이탈리아가 잃어버린 로마 공화국 시절의 영광을 되찾는 데 필요한 새로운 개념들을 찾고자 고전과 로마사로 눈을 돌렸다. 마키아벨리의 공화주의 이론은 고대와 근대를 연결하는 다리가 됐다. 영국의 시민혁명부터 명예혁명에 이르는 격동기에 홉스와 로크 같은 철학자들은 정부의 기원과 정당성에 대한 새로운 개념들을 구축하는 데 정전을 활용했다. 곧이어 이런 개념들은 자유주의와 입헌정부의 지적·정치적 근거가 됐다. 미국의 독립선언문은 혁명권(혁명의 권리)에 관한 가장 격정적인 문장들을 로크의 문헌에서 글자 그대로 가져왔다.

자유주의의 태동은 보수적 반응과 급진적 반응을 동시에 불러왔다. 급진적인 비판은 프랑스에서 시작됐다. 루소는 자유주의를 훨씬 더 평등주의적 방향, 즉 공포 정치로 무너지기 전 프랑스 혁명이 잠시나마 지향했던 방향으로 유도하고자 홉스와 로크의 개념들을 활용했다. 프랑스 혁명의 결과로, 에드먼드 버크가 제시한 고전적 보수주의 반응이 나타났는데, 정치체제 변화의 제한에 대한 논증, 그리고 관습, 전통, 정치적 삶에 대한 익숙함에서 비롯한 특징적 중요성의 핵심 논증을 보건대, 이는 여러 면에서 아리스토텔레스로 회귀했다고 비판을 제기한 것이었다.

칸트는 루소의 일반 의지 개념에서 인간의 자유와 평등에 대한 자신만의 더 체계적인 논증의 기반을 찾았다. 하지만 칸트에 대한 헤겔의 해석이나 헤겔에 대한 마르크스의 해석에서 확인할 수 있듯이 독일에서 자유주의 교리들은 지적으로나 정치적으로나 다른 과정을 거치게 됐다. 몇 가지 증명된 바에 따르면 마르크스는 명백히 '정치적'인 무엇인가가 존재한다는 견해를 의도적으로 부정하고 이를 개념의 '생산'을 촉발하는 유물론적 실재에 내재한 정치 개념으로 해석했다. 그로써 마르크스는 내가 지금까지 다루던 논의를 의도적으로 단절하고자 했다. 마르크스주의자들이 보여준 정치이론의 이데올로기화에 대한 거부는 근대 사회학을 태동시켰고, 이후 학문 세대의 마지막쯤이 돼서야 정치이론은 정의에 대한 롤스의 연구를 통해 회복되어 다시 인문학 교육의 중심에 서게 됐다.

이 책은 내가 지난 25년간 진행한 정치이론 입문 강의를 바탕으로 한다. 지금까지 한 번도 내 강의를 책으로 엮으려고 한 적이 없었다. 그러나 이것이 정치사상에 관심 있는 사람들에게 유용하게 쓰일 수 있다는 생각에 이렇게 책으로 엮게 됐다. 내 스승 중 한 분이 말씀하셨듯이 정치사상에 대한 정전은 여느 논증과 마찬가지로 지속적이고 영원한 정치적 논증을 제공한다. 그런 논증은 이 글을 읽는 독자들에게 정치학에 얼마나 많은 것이 달렸는지, 즉 왜 정치학이 중요한 문제인지 일깨워줄 수 있다. 또한, 정치적으로 활동적인 사람들에게도 다시금 영감과 배움을 주리라 생각한다. 결론적으로, 그 논증은 정치적인 경험과 함께 사라지지 않고 결국 제자리로 돌아오게 마련이다.

나는 이 책을 통해 일반 독자들이 그들이 마땅히 해야 할 만큼 여기 위대한 정치학 이론의 고전들을 접하는 데 도움을 얻기 바란다. 정치학 이론은 특별하지 않다. 인간은 정치적 삶이 겪는 현실의 딜레마를 통해 정치학 이론에 직면한다. 나는 정치학에서 이뤄지는 논변에 독자들을 자연스레 유도하려고 일상적인 표현, 거의 대화체에 가까운 문체로 글을 썼다. 특히, 수업시간에 대화에 참여하고 있는 듯한 느낌을 더 잘 살리려고 종종 멈춰서 나를 가르치셨던 교수님들, 내가 가르친 학생들과의 경험을 즐겁게 돌아봤다.

이 책은 정치사상사 전반을 다루지 않는다. 내가 선택한 부분 – 자의적 선택이라기보다 보편적 선택 – 은 고대 그리스 정치사상과 근대 정치이론의 가장 핵심적 차이를 분류하고 조명하기 위한 것이다. 고대의 몇몇 가장 현명한 지성 사이에 현재 시대의 기본 신념인 인간 본성과 평등, 민주주의에 대한 합의가 없었다는 사실은 무척 놀랍고 충격적이다. 아리스토텔레스는 인간 조건과 관련해서 자연 귀족 개념을 도출했고, 플라톤은 국가가 예술을 검열해야 한다고 주장한 바 있다. 아리스토텔레스와 플라톤은 개인적·경제적 삶을 무시하고 오늘날 경향이 그러하듯 정치학 영역을 제한하기보다 모든 것을 아우르는 영역으로 만들고자 했다.

나는 고대 그리스의 정치이론에 자리 잡은 대안적 관점을 자세히 살펴봄으로써 현재의 관점을 이해할 수 있기를 바란다. 때로는 사람들이 가장 당연하다고 생각하는 정치적 신념이 가장 맹목적인 믿음일 수 있다. 처음에는 그리스 사상을 그저 유물에 불과한 것으로 치부하고 지금 시대가 타당함을 입증하면서 발전만을 이야기하는 편안한 동화처럼 정치사상사를 손쉽게 접근하려는 유혹에 빠질 수도 있다. 하지만 그것은 틀렸다. 고대와 근대의 정치 개념 사이의 논란은 살아 있고, 반복해서 말하지만, 정치의 존재만큼이나 영원하고 피할 수 없다. 그 논란에 들어가야만 단단한 바위이자 비사(飛沙: 바람에 흩날리는 모래) 같은, 근대정치학의 철학적 토대를 꿰뚫어 볼 바탕을 얻을 수 있다. 또한, 사람들은 대안에 비추어서 오늘날 정치학에 대한 의문을 품고, 비판해 봐야만 이전의 신념을 더 공고히 하거나, 아니면 없었던 일로 하는 방식으로 스스로 교육할 수 있다.

당파적 관점에서 학생들의 정치적 견해는 내 관심사가 아니다. 나는 이 책의 독자들도 같은 태도로 대할 것이다. 하지만 사람들이 그들 자신의 견해가 어떻든지 지속적이고 일관성 있게 이를 옹호할 책임이 있다고 생각한다. 사람들이 그 차이를 설명하지 않은 채 어떤 논제들(예를 들어 낙태)에 대한 개인적 선택의 자유를 극찬하면서 다른 논제(예를 들어 포르노)에 대한 개인적 선택의 자유를 거부할 수 없다. 만약 누군가가 사람들에게 정치적 권리가 평등하게 부여돼야 하지만, 소득, 건강, 교육에는 그런 평등이 필요하지 않다고 생각한다면, 어디에 선을 그을지를 설명하는 평등에 대한 이론이 필요하다.

이런 맥락에서 정치이론을 진지하게 받아들인다면, 당연히 정치도 달라진다. 길거리에서까지 일관성이 정치의 미덕이라고 할 수는 없다. 정치인들은 타협을 중개하고 '정치는 속마음을 모르는 동료(a strange bedfellow)를 만든다'는 생각으로 합의한다. 하지만 언제 타협해야 할지, 또는 하지 말아야 할지를 알고자 한다면 우선 무엇이 시급한지를 먼저 알아야 한다.

셰익스피어나 생물학에 대한 글을 쓰는 사람 중에 주제의 중요성을 새삼 설득하면서 이야기를 시작하는 사람은 없을 듯하다. 나도 마찬가지로 수고스러운 정당화를 거치지 않고, 정치철학 연구를 다뤘다. 플라톤이나 홉스, 또는 루소를 읽음으로써 얻는 정치적 통찰은 인문 교육, 즉 우리 안에 있는 인간적이고 진보적인 부분을 끌어내고, 그렇게 함으로써 더 나은 세상에 대한 희망을 품게 하는 교육의 중요한 부분을 차지한다.

지난 수년간 나는 정치이론을 정치가 무엇에 관한 것인가에 관한 특정한 이해로 간주하는 학생들을 자주 봤다. 그들은 정치를 동지나 적의 관점에서 바라보고, 자신이 추구하는 정치 지식이 동지에게는 승리를, 적에게는 패배를 안겨주는 유용한 전략을 구성하고는 했다. 이런 태도는 9·11 이후 종말론적 외교 정책에서 가장 극명하게 드러났지만, 동시에 이는 국내 정치에서 생겨난 열망을 특징짓는 것이기도 하다.

나는 정치에 대한 이런 기초적인 이해가 심지어 제한적인 경우에도 나쁘다고 생각하지는 않는다. 이런 이해는 동지와 적이 항상 명확하고, 정의는 항상 또는 대개 어느 한쪽에 있다고 가정한다. 하지만 그 자신을 위한 투쟁이 유일하거나 최선의 정치적 반응이 아니라면, 어떻게 될까? 시민에게 조국을 위해 봉사할 책무와 함께 비판할 책무도 있다면 어떻게 될까? 사람들이 원하는 바가 공정하지 않다면 어떻게 될까? 정치이론은 이런 의문을 피할 수 없게 한다. 그러나 이렇게 질문을 던진다고 해서 처음 예상했던 것과의 연관성을 곧바로 확인할 수는 없다. 사실 정치이론은 곧바로 행동 방침을 정하기 어려운 문제들로 우회하기를 요구한다. 하지만 그런 우회로를 택할 때, 정치이론은 정치학을 받아들인 사람이 더 완벽하게 깨달음을 얻은 인간으로서 권력자에게 적극적으로 책임을 물을 수 있음을 약속한다.

젊은이들의 현실주의와 이상주의

나는 여러 해에 걸쳐 젊은이들에게 흥분과 혐오를 불러일으키는 실체로서의 정치학이라는 학문을 소개했다. 변화를 믿고, 긍정의 바람을 느끼며, 새로운 후보자 또는 고대하던 움직임에 메시아적인 희망을 품는 것은 젊은이의 특권이며, 그렇기에 정치는 젊은이들을 흥분시킨다. 이런 흥분은 순진해서가 아니라 정치의 위험성을 잘 아는 데서 비롯한다. 그 흥분은 젊은이들을 매료해서 대의에 투신하게 하는, 바로 그런 감정이다.

어떤 이들은 실제로 그런 단체에 투신했다. 나는 수년간 청년들이 전쟁 참여나 전쟁 반대, 평화봉사단 가입, 아프리카에서의 에이즈 예방, 아시아 선교 활동, 뉴햄프셔 예비선거 기간 가정방문, 낙태 찬성 또는 반대 시위에서 행진하는 모습을 보았다. 심지어 실제로 행진하지 않는 사람들도 정치에 참여하고 싶은 욕구를 느낀다. 그들은 패배할 가능성이 크다는 사실을 알면서도 현상 유지를 최선으로 받아들이기보다는 정치적 모험을 택한다.

하지만 젊은이들의 열정은 대체로 진실하므로 이들의 정치적 감정은 쉽게 무너진다. 젊은이들이 받아들이지 못하는 것은 패배 자체가 아니다. 이상을 찾으리라고 기대했던 곳에서 위선을 발견하면서 겪는 배신감을 받아들이지 못할 뿐이다. 그들은 그들 이전 세대가 그렇게 했듯이 자기 세대도 전쟁, 폭정, 대량학살, 기근, 테러리즘, 그리고 오래된 부패를 단순히 방관할 뿐 아니라 그런 것들과 그럭저럭 더불어 살아가는 방식을 배워야 하리라고는 예상하지 못했다. 이미 오래전에 역사의 뒤안길로 사라져야 했던 부족주의(tribalism)는 결국 정치학의 과거가 아니라 미래가 됐다.

그런 냉소주의는 이상주의를 대체하고 전진은 퇴보에 밀려나 낭만주의가 끝나는 곳에서 현실주의가 시작된다. 매년 진행되는 이런 변화를 보면서 나는 정치학 연구에 목적이 있음을, 특히 오늘날을 다루지 않는 고전 저작들 연구에 분명히 의미가 있다고 －심지어 그 철학적 위대함을 수긍하는 것 자체에도 의미가 있다고－ 젊은이들을 설득하기가 점차 어려워짐을 느낀다. 학생들은 두 범주로 나뉘었다.

대부분 학생에게 정치학은 너무나도 중요해서 연구만으로 끝낼 수 있는 것이 아니다. 이들은 현실에서 작동하는 것과 오직 책에서만 승리하는 것의 차이를 알고 있다는 사실에 스스로 자랑스러워하는 현실주의자들이다. 이들은 정치학을 배울 수 있는 유일한 학교는 길거리이며, 정치에 관해 책이나 읽는 태도를 버리고 실제로 현실에 뛰어들어 정치에 개입하는 시점이 이를수록 좋다고 생각한다. 또한, 정치학이 제대로 기능하게 하려면 알을 깨고 나와야 한다고 생각하며, 이와 다른 척하는 철학의 방책에 분개한다.

그러나 이 문제에 대해 늘 반대 주장을 펴는 사람들도 있다. 그들은 연구가 너무 중요해서 정치학에 시간을 낭비할 수 없다고 결론짓는다. 그들은 생물학이나 화학, 혹은 심지어 사회철학에서 배웠던 것들이 무엇인지 잘 알고 있다. 하지만 정치학처럼 확실한 형태가 없는 뭔가를 연구하여 실제로 배울 수 있는 것은 무엇인가? 뭔가를 '정치적'이라고 부르는 데서 중요한 부분은 그것이 모두 상대적이고 주관적이어서 체계적으로 연구할 대상이 전혀 없음을 받아들이는 것 아닌가? 사실, 학문적으로 연구하는 사람들마저도 정치이론이라는 바로 그 개념에 대해서는 정반대의 견해를 갖는 현실주의자들보다도 훨씬 더 회의적이다. 문제를 학문의 관점에서 바라보는 사람들은 그들 주변에서 온통 정치적 비합리성이 만연한 상황을 볼 때, 어떻게 철학과 정치학이 함께할 수 있는지 해명해보라고 말한다. 학생들은 정치에서 부조리가 행사하는 분명한 힘을 목격하고 군사 전략이나 선거 운동과 선거에 당선되는 전략을 공부하는 데서도 뭔가를 찾을 수 있음을 인정한다. 하지만 그들은 철학이 어떻게 그 특성상 합리적 물음에 반대되는 듯한 주요 문제들을 이해하는 데 이바지하는지는 알지 못한다.

이것이 바로 사람들에게 정치이론을 소개할 때 생기는 어려움이자 특권이다. 정치 현실과 정의라는 이상 사이의 메울 수 없는 차이에 대해 유일하게 정직한 대응으로 여겨지는 냉소주의에 직면하는 것 말이다. 정치이론 연구는 정치 이상과 정치 현실을 구분하는 잘못된 기준선을 부정하지 않는다. 사실 정치이론 연구는 권력을 소유한 자들에게 어떻게 책임을 물을지에 관한 대화가 출발점이 돼야 한다고 주장한다. 독자의 호기심과 상상력을 자극하리라고 기대하는 것은 어떤 사람, 심지어 가장 이기적인 정치적 목적이 있는 사람이라도 특정한 정치철학, 즉 권력을 추구하고 행사하는 목적에 대한 특정한 비전이 있다는 점이다.

정치인들이 자유, 평등, 평화, 다음 세대의 안녕, 환경, 가난한 이들을 위한 복지와 병자들을 위한 의료에 대한 사람들의 도덕적 갈망에 호소하지 않고 이기심에서 비롯한 노골적인 언어를 사용해 사람들에게 지지를 구한다면, 정치가 어떻게 될지 잠시 상상해보자. 그런 노골적인 정치가 가능하다면, 현재의 정치와는 꽤 다를 수 있다. 정치학에서 인간의 도덕 본성에 대한 호소는 흔한 일이다. 물론 냉소적인 젊은 제자들이 금세 상기해줬듯이 이렇게 호소하는 사람들이 오로지 자신의 이익이나 당파적 이득만을 위해서 그랬을 수도 있다. 하지만 정치이론의 언어는, 다시 말해 좋은 삶과 사회 목적이라는 대립하는 비전들에 대해 내가 설명한 논의는 실제의 정치가 수행되는 곳에 존재하는 일상 언어라는 것이 변함없는 사실이다.

정치철학자들은 정치인의 주장에 정당성을 부여하는 용어를 만들어내지 않는다. 그들은 단지 사람들의 더 나은 본성을 향한 호소야말로 가장 강력한 정치적 힘이라는 사실에 주목한다. 정의는 사람을 움직이고, 명분은 자극하며, 신념과 가치는 열정을 불러일으킨다. 따라서 정치철학이란 결국 정치학의 실질적인 방향과 무관하지 않다. 하지만 사건이 계속해서 벌어지면, 시민은 사건의 가치가 무엇인지, 어떻게 꾸준히 이상을 실현할지 고려할 여유를 찾지 못하지만, 정치이론은 정의가 요구하는 일련의 질문을 제기할 공간을 제공한다. 그 공간에 머문다는 것은 이미 어떤 정치적 태도를 정한다는 뜻이다. 거기서 어떤 결과가 나올지 누가 알겠는가.

자유주의자와 보수주의자

정치사상의 역사를 통틀어 특히 두 가지 상반된 정치적 견해가 지속적으로 충돌했다. 고대 그리스의 어떤 학파에 따르면, 정치 원칙은 '사람들이 도덕적이고 좋은 삶을 살게 하는 데 국가 권력이 어떻게 사용될 수 있을까?'라는 질문에 답을 찾는 과정에서 도출된다. 이 학파의 철학자들은 궁극의 선이 무엇인지에 대한 관점이 서로 달랐다. 어떤 사람들은 궁극의 선을 행복이나 일반 복지와 동일시했고, 또 어떤 사람들은 인간의 완전성과 동일시했으며, 또 다른 사람들은 지혜나 영혼의 구원, 혹은 도덕적 순수성과 동일시했다. 하지만 그들은 모두 정치적 가치가 더 고차원적인 목표에 도달하는 수단으로 여겨져야 하고, 인간을 선한 삶이라는 궁극의 도덕적 목적에 더 가까이 이끌어주는지에 따라 정치적 합의를 판단해야 한다는 점에 동의한다. 이런 사고방식에서 보면, 개인에게 귀속된 '권리(rights)'는 사람들을 도덕적으로 만들려는 정치학의 힘을 능가할 수 없다. 왜냐면 정치학에서 무엇이 옳은지는 사람들이 인간에게 선이란 무엇이며 무엇이 인간 본성을 충족, 실현 혹은 완성하느냐고 직접 묻고 대답할 때만 설명될 수 있기 때문이다. 온전히 기능하는 인간으로서 무엇이 인간 본성을 충족하는지를 먼저 알지 못한다면, 사람들은 정치적 선택을 판단할 기준이나 이상을 갖출 수 없다.

위와 대립하는 생각을 품은, 흔히 '자유주의'라고 부르는 학파에서는 정치적 실천이 인간과 역설적인 관계를 맺는다. 이들은 국가가 정치적 정의나 공정이라는 도덕적 근거로 사람들에게 도덕을 강제해서는 안 된다고 믿는다. 그보다는 정치가 사람들이 어떻게 종교적으로, 성적으로, 혹은 예술적으로 처신해야 하느냐는 등 실질적인 도덕 쟁점들을 하나로 통합하거나 아예 무시하는 것이 정의가 돼야 한다고 주장한다. 사실상 선이 무엇이냐는 질문에 대해 사람들의 대답은 각기 다르다. 그런 대답은 종교, 전통, 가족, 양육 같은 주제에서 존재하는 차이와 관련해서 최우선적이고 궁극적인 약속을 반영한다. 한쪽 편을 들어서 이처럼 강력한 도덕적 의견 충돌을 해결하는 것은 정치학의 임무가 아니다. 이는 사람들을 동등하게 대하지 않고, 각자가 '자신만의 방식으로 자기 고유의 선을 선택하는' 동등한 역량을 박탈하는 처사가 될 수 있다. 따라서 정의로운 국가란 궁극의 도덕 이상에 대한 견해차를 인정하는 체계에서 분명하게 도덕적 가치가 파생되는 절차를 고안하는 중립적인 국가다.

물론, 자유주의 학파의 사상을 받아들인 이들도 국가가 얼마나 중립적이어야 하는지, 정의로운 국가가 특정한 주제에 대해 한쪽의 도덕적 입장을 택하지 않는 태도가 항상 옳은지를 두고 논쟁을 벌인다. 예를 들어, 설사 명백하게 자발적인 계약의 결과라 하더라도 노예가 된다는 것은 인간 존엄성에 반하는 일이라는 근거에서 법이 노예제를 금지할 수 있다는 주장에 대해 누구도 이의를 제기하지 않을 것이다. 또한, 민주주의가 실현되려면 지식을 갖춘 시민의 존재가 중요하므로 민주주의 국가가 일정한 나이까지 국민에게 의무교육을 강제할 수 있다는 주장에도 심하게 반대하는 사람은 없을 것이다. 하지만 관용적 사회라면 편협한 생각들을 전파하는 이들이 자신만의 방식을 고집한 결과로 관용성을 파괴해도 내버려 둬야 할까? 여성에게 공공장소에서 베일로 몸을 가리라고 요구하는 이슬람 전통에 대해, 그런 관습이 여성에게 좋지 않다는 이유로 국가가 그 관습을 금지해도 될까? 이런 문제에는 자유주의자들조차 합의에 이르지 못한다.

그렇다고 해도, 오늘날 정치학의 자유주의 사상과 보수주의 사상 사이 기본적인 차이의 윤곽을 드러내는 일은 가능하다. 보수주의자들에게 국가 최대의 임무는 사람들에게 도덕적 덕성을 전하는 일이다. 사람들에게 좋은 것은 반드시 사람들이 스스로 선택할 수 있도록 자유롭게 두는 데 있지 않다. 좋은 것이란 국가가 그런 선택을 덕성 있는 것으로 만들기 위해 자원을 사용함을 말한다. 따라서 오늘날의 사례를 들자면, 일부 보수주의자들은 국가가 혼인의 신성한 목적이라는 도덕 개념을 강제하고자 동성 간 혼인을 금지해야 한다고 주장한다. 이와 반대로 자유주의자들은 동성 간 혼인이 옳지 않다는 도덕적 견해를 개인적으로 택할 수는 있지만, 정책에 관해서는 개인의 관점을 차치하고 공정하고 정의로운 방법으로 같은 정치체계를 공유하면서도 동성혼에 대해 의견이 다른 사람들을 허용하는 데서 정치의 가치를 발견한다. 이들은 심지어 사람들이 어떤 도덕 관점에 동의하지 않을 때도 타인의 도덕적 선택을 인정해야 한다고 주장한다.

이 책의 독자들은 자유주의자와 보수주의자의 이와 같은 논쟁에 익숙해질 것이다. 그러나 이 논쟁은 정치사상의 역사에서 누그러질 기미가 보이지 않으며, 오랫동안 계속돼 최근까지 반추된다. 각 학파의 사상은 다른 학파의 결점을 조명하고, 그 같은 논쟁이 결국 하나의 사상 혹은 일방의 승리로 끝나거나 그래야 할 것으로 보이지 않는다.

민주주의의 가능성

내가 진심으로 지지하는 하나의 정치적 가치는 바로 민주주의다. 민주주의는 최악의 정부 형태이지만 더 나은 체제도 없다는 처칠의 유명한 재담은 기발하기는 해도 민주주의만의 상당한 장점들을 드러내지는 못한다. 민주주의를 설득력 있고 확실한 체제로 만드는 것은 무엇일까? 사람들은 인민의 지배(인치)를 계몽적·관용적이라고 칭찬하면서도 민주주의의 대중영합적인 측면을 강조해야 할까? 혹은 민주주의가 인민의 지배가 아니라 법의 지배(법치)라고 규정하는 대안 개념을 제시하면서 헌법적 측면을 강조해야 할까?(민주주의에 대한 이런 견해는 실제로 내가 다녔던 로스쿨의 건물 정면에 라틴어로 새겨져 있었고, 사람들은 그것을 '인치가 아니라 법치에 따라: Not under the rule of the people but under the rule of law'라고 해석했다) 민주주의를 다수가 지배하는 정부로 정의해야 할까, 아니면 소수가 다수에 맞설 권리가 있는 정부로 정의해야 할까?

이는 민주주의의 가능성을 옹호하기가 결코 쉬운 일이 아니라는 사실을 말해준다. 대중의 의견이 곧 정의라는 민주주의에 대한 그리스인들의 평가에는 재고가 필요하다. 이런 평가는 또한 내가 매년 학생들에게 민주주의가 최고의 정부 형태라는 주장을 옹호해보라고 할 때 항상 듣는 말이다. 학생들은 인민의 힘, 특히 다수의 힘에 대한 불신을 꽤 고상하게 표현한다. 헌법의 보호를 받지 못하는 국가에서 온 학생들은 실제로 '그런' 인민은 존재하지 않고 전쟁으로 분열된 부족만이 존재할 때 민주주의는 불가능하다는, 개인 경험에서 나온 감동적인 증언을 내놓기도 한다. 하지만 나는 인민에 대항하는 개인의 권리를 위해 그들이 발휘했던 열정으로 대중의 주권을 옹호하는 사람은 거의 본 적이 없다.

사람들은 마치 민주주의가 일반적인 진실, 즉 정설인 듯이 민주주의를 옹호하는 데 익숙해졌다. 하지만 민주주의의 공약들을 검증하지 않는다면, 플라톤과 아리스토텔레스처럼 존경받는 인물이 자치 정부를 향해 쏟은 강력한 공격으로 쉽게 흔들릴 수 있다.

만약 정치이론을 읽는 목적이 단순히 사람들의 핵심적인 정치 신념을 입증하는 데 있다면 편하고 좋을 수 있다. 하지만 사실은 그렇지 않다. 정치이론의 성격은 본질적으로 현실 만족적이라기보다는 체제 전복적이다. 내가 논하게 될 위대한 철학자들은 모두 정치에 사람들의 힘겨운 선택이 필요하다는 사실을 알고 있었다. 그들의 도움을 받아 사고한다고 해서 그런 선택이 조금이라도 쉬워지지는 않는다. 하지만 위대한 철학자들의 도움을 받아 사고하려면 그런 선택은 불가피하다. 아마도 그것이 오늘내일의 일은 아닐 것이다. 하지만 결국, 사람들은 연구가 끝나기도 전에 정치로 인해 언젠가 자신도 행동하게 되리라는 것을 알면서도, 위험을 무릅쓰고 연구한다.

소크라테스에게로의 초대

도입부부터 벌써 어떤 개인적인 결론을 말하는 것을 양해해주기 바란다. 영감이 될 것들을 찾아 대학 시절 처음 플라톤의 『국가(*Republic*)』를 읽은 후로 긴 세월이 흘렀다. 거의 이해하지 못했지만 배움을 통해 사람이 달라질 수 있다는 소크라테스식 가르침의 힘을 충분히 느꼈고, 지금도 여전히 느끼고 있다. 당시 무슨 말인지 하나도 모르겠다고 말할 수 있었던 것은 『국가』가 더 높은 차원의 즐거움, 지적인 힘, 유토피아적 정치라는 숨겨진 영역을 연상시키며 놀랍도록 신비로웠음을 의미한다. 소크라테스를 만난 순간부터 나는 정의라는 진리가 권력의 거짓말을 대체하는, 약속된 더 나은 삶에 다다르기를 열망했다. 배움이 나를 자유롭게 하고, 다가올 정신적 삶은 급진적이면서도 혁명적이고, 극적이면서도 위험하며, 변화하고 초월하게 되리라는 기대에 부풀었다. 나는 그 기대가 좋았다.

흡연이 자유로웠던 시절, 교수님이 뿜어내던 체리 파이프 담배의 기분 좋은 향을 여전히 기억한다. 그 향기는 여러 해 책장마다 배어서 그 향기를 맡기만 해도 교수님과 소크라테스에 대한 그의 사랑으로 돌아갈 수 있었다. 교수님이 오래 머문 구절에는 그 향기가 더 깊이 배어서, 꽤 오랫동안 나는 단지 책에 코를 대기만 해도 『국가』에서 교수님께서 가장 중요하게 여기는 부분이 무엇인지 구별할 수 있었다. 그 같은 감각의 결합으로 나는 점차 『국가』에 빠져들었다. 나 자신이 플라톤을 강의한 수십 년간 매년 『국가』를 읽어 왔기에 이에 대해서는 정확히 이야기할 수 있다.

내가 대학에 입학했을 때 교수님은 이미 고령이었다. 유명하지도 그렇게 될 일도 없는 나이셨다. 몇 년 후 내가 교수님을 찾아뵙고 그분의 강의가 내게 얼마나 큰 가르침을 줬는지 말씀드렸을 때, 그분은 "그건 소크라테스가 한 일이야. 소크라테스는 사람들에게서 최선의 것을 끌어내는 방법을 알고 있지."라는 말로 내 감사에 대한 답을 대신하셨다. 그분은 강의를 통해서도 이런 열정을 내게 전달해주셨고, 나는 내가 소유하는 것이 아니라 내 영혼에 스며들어 나를 소유하는 지식이 내 앞에 있다는 기대에 사로잡혀 매혹되고 황홀해했다.

대학 시절, 『국가』는 고상하고 도덕적으로 근엄하기를 바랐던 내게 대체로 매력적으로 다가왔다. 2년 전 존 F. 케네디 암살 사건이 아직도 뇌리에 박혀 있을 때였다. 당시 텔레비전에서는 장벽을 넘어 행진하는 인권운동가들이 소방호스 물대포에 쓰러지는 장면들을 연일 보여줬고, 베트남 전쟁의 실상이 내 삶으로 막 밀려 들어오고 있었다. 이 같은 정치 상황에서 내가 소크라테스의 동굴의 우상을 읽었을 때 인지적 충격을 받았던 것은 당연한 일이었다. 마치 지하에서 아무것도 모르고 살면서, 심지어 어둠 속에 살고 있다는 사실조차 인식하지 못하는 무지 상태의 죄수가 된 듯한 느낌이 들었다.

몇 년 후 나는 이런 생각들에 대해 말하면서 내가 얼마나 빨리 소크라테스의 마법에 빠졌는지를 기억할 때마다 씁쓸해졌다. 문제는 마법에 걸렸다는 사실 자체가 아니라 동굴에서 쫓겨난 이들의 안식처가 돼줄 상아탑이 정말 존재한다고 믿었던 절박함이었다. 나는 한순간도 다른 사람들이 그들 자신에 대해 같은 방식으로 느끼기를 바라지 않는다. 실제로 사람들은 모두 같은 책을 그토록 여러 차례 읽고 또 읽는 것이 과연 좋은지 궁금해하고는 한다. 나는 베트남 전쟁, 냉전, 소비에트 연방, 그리고 베를린 장벽이 있었던 시기에 『국가』를 읽었다. 짐바브웨가 아직 로디지아였을 때, 넬슨 만델라가 아직 교도소에 갇혀 있을 때, 서안 지구가 요르단에 속하게 됐을 때, 티토가 유고슬라비아를 통치했을 때, 그리고 인간이 달에 가기 전에, 쿼크, 에이즈, 개인용 컴퓨터나 인터넷이 존재하기 전에도 마찬가지였다.

누구나 자기 시대에 참여하기를 원하지, 오래전에 죽은 어느 그리스인 옆에 앉아 세상을 지켜보기를 원하지 않는다. 고전을 열심히 읽는 것은 속담에나 나오는 상아탑으로 후퇴할 위험, 즉 특정한 시간과 장소에서 전개되는 사건의 흐름으로 들어가지 못하게 할 위험이 있다. 그래도 나는 정치에 대해 사람들이 버리지 못하는 애정과 공포를 일깨우는 신비스러운 능력을 갖춘 사상가 소크라테스와 함께 이 책을 연다. 스승으로서 소크라테스의 천재성은 그들이 무엇인가에 대한 젊은이들의 호기심과 열정, 즉 교육과 변화를 가능케 하고, 세상을 처음 경험한다는 그 생동감을 인정하고 그들 방식으로 젊은이들에게 접근한다는 것을 뜻한다. 나는 사람들이 소크라테스를 이해한다면 그도 역시 사람들을 이해해 그들 안에 있는 가장 좋은 것을 끌어낼 수 있으리라고 여전히 믿고 있다.

독자들에게 정치사상을 소개하는 영예는 무거운 책임감을 수반한다. 나는 그 책임감을 조금이나마 내려놓으며 이 책을 시작하고 싶다. 첫째, 정치학을 실천하겠다는 열정이 있다 해도 정치이론을 공부하는 데는 많은 정지와 우회가 필요하다. 어떤 면에서 정치학은 가능성의 실현에 관한 것이지만, 다른 면에서 정치학은 가능성의 범주 확장과 관련이 있다. 『국가』의 위대하고 급진적이며 체제 전복적 교훈은 정치 현실의 범주가 상황에 따라 자신의 이익을 옹호하는 이들이 말하는 것보다 훨씬 더 광범위하다는 것이고, 누군가의 정치학을 재고한다는 것은 – 예를 들면, 음악이나 미술 같은 – '정치적'이지 않은 많은 주제와 그것이 젊은이들에게 미치는 영향을 다시 생각하게 한다는 것이다. 그런 주제에는 신화와 서사, 혼인과 자녀 양육, 가족생활과 성적 관계, 인간 욕망의 본성, 사유의 힘, 분노와 영예의 역할, 신에 관한 진실, 죽음에 대한 공포, 수학과 철학 같은 학문도 있을 것이다. 모든 것을 누구나 쉽게 얻을 수 있다. 어떤 것도 항상 그래 왔다거나 누군가가 방황하는 것이 단지 그 가족과 친구들에게 실망을 안겨준다는 이유로 허용되지는 않을 것이다. 소크라테스는 정치 활동에 가장 큰 열망을 품은 학생들을 결과에 대해 확신할 수 없는 길고 긴 지적인 우회로로 이끌었다. 소크라테스는 특히 그 우회적 여정에 치러야 할 대가가 있다고 경고한다. 사람들이 대의를 위한 정치권력을 추구한다고 주장하는 일과 잠시 멈춰서 무엇이 정의인지 살펴보는 일은 전혀 다르다. 그렇게 멈출 때, 어쩌면 사람들은 결국 적극적으로 정치 활동을 추구하지 못하고 단념할 수도 있다.

소크라테스의 가장 뛰어난 학생 플라톤에게 그처럼 평생에 걸친 우회는 숙명이었다. 스승에 대한 플라톤의 애정은 너무나도 영속적이어서 언제나 그는 거의 예외 없이 '소크라테스'의 이름으로 글을 썼다. 하지만 나는 플라톤이 핵심적인 정치 문제들에 대해 소크라테스에게 동의하지 않았을 수도 있는 지점들을 제시할 것이다. 그의 스승이 젊은이들을 '타락시키고' 있다는 이유로 죽음을 선고받은 재판에 참석하는 동안에도 플라톤은 여전히 그가 직접 받은 가르침을 놓치는 법이 없었다. 소크라테스의 젊은 제자 중 한 사람이었던 플라톤은 (남아 있는 서신에서) 연구를 끝내고 나면 정치 활동을 시작할 수 있으리라고 충분히 기대했다고 회상한다. 하지만 각각 과두 정치와 민주주의를 표방한 적수들 사이의 알력 다툼이 빈번하게 유혈 반란으로 이어지면서, 아테네의 상황은 진정되지 않았다. 정의롭지 못하다는 점에 대해서는 이쪽이나 저쪽이나 똑같다는 것이 플라톤의 견해였고, 그는 소크라테스의

운명, 그리고 자신의 운명에 대해 다음과 같이 말한다:

> 오래전 젊은 시절에 나는 (…) 정치 활동에 대한 바람이 있었다. (…) 게다가 정치적 사건들이 다음과 같은 과정을 따라 발생하리라고 생각했다. (…) [어떤] 혁명이 일어나고 (…) 제삼자가 권력을 장악한다. (…) 당장이라도 내게 참여를 제안할 수 있는 내 친척이나 지인들이 이 일을 벌일 수도 있다. (…) 내가 젊었던 만큼, 내가 그들이 도시를 올바르지 못한 삶에서 구하고 정의로운 삶으로 이끌 수 있다는 믿음이 있었음은 놀랍지 않다. (…) 또 그렇게 된다면 어떤 일이 벌어질지도 무척 보고 싶었다.[1]

플라톤은 '단기간에 그들이 이전의 정부를 황금시대와 견줄 수 있게 만드는 것'을 목격했다. 그는 30인으로 구성된 과두정부가 무고한 사람이자 '그 시기의 가장 정의로운 사람이었다고 말하기에 부끄럽지 않은 소크라테스'에게 어떻게 사형 판결을 내렸는지를 진술하면서 어떤 비난도 하지 않았다. 소크라테스는 '그들의 못된 행위에 동참하기보다는 항거했고, 그 결과에 따른 어떤 위험도 감수했다.' 플라톤은 '이 모든 일을 목격하면서, 그 시대의 폐해에 혐오를 느끼고 뒤로 물러났다.'[2]

30인 독재 과두체제가 전복되자 민주주의는 힘을 얻었고, '다시 한번, 성급하지 않지만 확실하게' 플라톤은 '대중의 삶과 정치에 참여하겠다는 열정으로 감화됐던' 일을 기억했다. 그는 계속해서 그 시작을 기다렸으나 문제

1. Plato, "Letter 7," *The Collected Dialogues of Plato*, ed. Edith Hamilton and Huntington Cairns (New York: Pantheon, 1961), pp. 1574-75.
2. *Collected Dialogues*, p. 1575.

는 다른 곳에 있음을 알게 됐다.

> 정권을 잡았던 이들 중 일부는 소크라테스에게 최악의 신성 모독 혐의를 물었다. 하지만 소크라테스는 신성 모독죄와 가장 거리가 먼 사람이다. 그들은 불경죄로 소크라테스를 심판대에 올렸고 대중은 [그를] 비난하며 죽음으로 몰아갔다. (...) 그 결과, 처음에 대중을 위해 활활 타오르는 열의로 가득 차 있던 나는 공직 생활의 소용돌이를 응시하면서, 결국 분명히 알게 됐다. 현재 존재하는 모든 국가에서 거의 예외 없이 그들의 정부 체제가 옳지 않다는 사실을.[3]

플라톤의 실망과 우회는 어디서 비롯했을까? 소크라테스식 교육이 현실 세계에서 누군가를 사회 부적응자로 만들 수도 있음을 알게 된다면, 누가 자발적으로 그런 교육을 추구하려 들겠는가? 이런 의문은 소크라테스가 제자들에게 던졌던 중요한 질문이었고, 그는 학생 다수가 그것을 경고로 받아들이고 고속 성공으로 인도할 가능성이 큰 야심만만한 길로 되돌아가기를 바랐다. 나는 설교하거나 독단을 고집하고 싶지 않다. 야망을 품고 세속적 성공을 바라는 것은 잘못이 아니다. 하지만 정치학에 대해 본질적이고 원점에 있는 소크라테스식 질문을 날카롭게 던지고 싶다. 정치와 정의가 늘 함께하리라고 장담할 사람이 과연 있을까? 균열을 치유하기 위한 변화는 얼마나 급진적이어야 할까? 정의를 추구하려면 과연 어떤 것을 포기할 각오를 해야 할까? 소크라테스는 오래전에 가르침을 줬지만, 그 후에 정치학의 역사는, 정의의 이상과 권력의 명령을 분리하는 잘못된 선을 그어버리고 나서 그 틈을

3. *Collected Dialogues*, pp. 1575-76.

메우지 못했다.

여기 또 하나 내려놓을 것이 있다. 소크라테스의 제자들은 대체로 내 제자들과 같은 나이였고, 내가 처음 『국가』를 읽었을 때도 나도 그 나이였다. 소크라테스는 가르침을 대가로 한 푼도 요구하지 않았지만, 그의 주변에는 여성도, 가난한 학생도 모여들지 않았다. 멀리 있는 노예에게 명령할 특권이 있고, 돈을 벌 필요도 없고, 돈을 벌어야 하는 사람들을 업신여기는 청년들뿐이었다. 하지만 이런 세상은 다수가 속하기를 원하거나 속할 수 있는 그런 세상이 아니다. 종국에는 교육의 도덕적 측면을 이상화하는 것은 바람직하겠지만, 만약 누군가 교육을 위해 돈을 벌어야 했다면 어땠을까? 소크라테스는 그런 경제적 압박이 지식 자체만을 추구하는 데 필요한 시간을 빼앗을 수 있다고 생각했다. 그의 교육 관련 이론은 배움에 대해 고상한 태도를 유지하는 사치를 누릴 수 있는 특권층, 즉 공공연한 엘리트주의·반평등주의 계층의 정치적 문제다.

소크라테스의 교육 현장에서 여성들이 얼마나 환영받았는지는 대답하기가 어렵다. 한편으로 소크라테스는 그가 교육하고자 하는 자질과 피교육자의 성별이 전혀 상관없다고 주장했다. 그리고 당시 그리스의 관행과 달리 여성들이 공직 생활에 충분히 적합할뿐더러 심지어 그가 생각하는 이상적인 공화국에서 지도자 역할을 맡을 수도 있다고 주장했다. 하지만 다른 한편으로 소크라테스는 어머니 여성에 대해 엄청난 독설을 퍼부었고, 정치 엘리트에게 가족 제도의 완벽한 철폐를 제안할 만큼 가족의 삶에서 여성의 역할을 철저히 경시했다. 소크라테스식 교육이 성 문제 고유의 특성을 약화하지 않고 이를 자유롭게 다룰 수 있을지 계속해서 살펴봐야 한다.

나는 젊은 시절 소크라테스에 대해 품었던 열정을 돌아보면서 내가 좀 더 저항했어야 했음을 인정한다. 나는 정치적 가치를 발견하도록 처음으로 나를 일깨워준 철학자가 민주주의의 가치를 거의 인정하지 않은 사상가라는 사실을 예측하지 못했다. 소크라테스가 민주주의에서 봤던 문제 중 하나는 바로 절차였다. 예를 들어 많은 득표수를 확보해주는 대중적 인기가 과연 정의롭다고 말할 수 있느냐는 문제 같은 것 말이다. 하지만 소크라테스가 본 민주주의의 더 큰 문제는 자유라는 환상의 내용(실체)에 있었다. 민주주의를 옹호하는 사람들은 선택에 통제받기를 좋아하지 않는다. 그들은 형성된 선택의 덕성이 아니라 선택하는 행위로 행사된 순수한 자율성에 따라 자유를 확인한다. 소크라테스는 그 같은 의견이 허락을 자유로 착각한 것이며, 사람들의 바람이나 취향과 상관없이 그것을 추구할 수 있게 한 바로 그 자유 때문에 민주주의 체제는 스스로 붕괴할 수밖에 없다고 생각했다.

폭정에 대항해서 민주주의를 옹호하는 것과 정의의 이름으로 민주주의를 비판한 소크라테스를 상대로 민주주의를 옹호하는 것은 별개 문제다. 사람들은 민주주의와 정의가 필연적으로 직결돼 있다고 믿는다. 민주주의가 정의로운 결과를 위한 충분조건은 아니더라도 최소한 필요조건은 된다고 믿는 것이다. 하지만 소크라테스는 이런 식의 연결을 거부했다.

자신의 이해를 탐색하고 내면을 응시함으로써 자유를 찾았던 바로 그 철학자가 자치 정부를 통해 자신을 자유롭게 할 역량을 모든 이에게 주는 정치 형태에 반대하는 일이 어떻게 가능할까? 훨씬 뒤에 정치사상사에서 헤겔은 소크라테스와 플라톤 사이에 중요한 차이가 있다고 주장했다. 스승의 혁명적인 기여는 자기 결정에 의존하는 자유의 측면을 바라보게 했다는 데 있다. 소크라테스에게는 "자신을 더 깊이 들여다보게 하고, 그 안에서 무엇이 옳고 선한지를 자신의 내면으로부터 알고 결정하게 하는 성향"[4]이 있었다.

나는 소크라테스를 향해 열병을 앓던 첫해에 이런 생각들을 감당하기 어려웠다. 하지만 제자들에게 단서조항을 달기를 즐겼던 소크라테스를 분명히 기억한다. 다른 사람들도 모르긴 했지만 점을 소크라테스도 전혀 몰랐던 모든 것 말이다. 실제로 소크라테스는 자기 방법이 제자들에게 현실에서 유용한 비결을 가르쳐주지 않으므로 비용을 청구하는 것이 공정하지 않다고 생각했다. 어느 해인가 친구 하나가 내 집에 와서 저명한 로스쿨에서 보낸 첫해에 대해 열심히 이야기했다. 뻔뻔하게도 그는 높은 순위의 학교에서 법학 학위를 받는 일이 마치 '강력한 메달'을 거는 것과 같다고 말했다. '강력한 메달'을 걸어주는 교육은 소크라테스가 살던 아테네에서나 현재의 미국에서나 금전적 가치가 있는 교육을 말한다. 그것은 생계 도구다. 하지만 소크라테스는 사람들에게 그런 도구를 주지 않는다. 배움에 대한 도구적 관점 대신에, 즉 현존하는 질서 내에서 자리를 차지할 외적인 자격 요건 대신에 소크라테스는 배움에 대한 도덕 관점, 즉 인간 자신을 바꿀 내적인 대면을 제시했다.

마지막 예비 단계가 남았다. 정치철학 공부는 『국가』로부터 시작할 것이다. 앞서 언급했듯이 정치학 연구는 실제 정치를 우회하고, 정치에 관심이 가장 많은 이가 때로 가장 먼저 지치고 견디지 못할뿐더러 심지어 그 주제에 싫증을 느끼기도 한다. 나는 사람들이 이런 모든 고대의 문제에 관해 읽을 때 느낄 조급함에 공감한다. 정치학은 행동에 관한 학문이다. 정치에 헌신적인 사람들은 오랫동안 중립적인 태도를 택하는 호사를 누릴 수 없다. 그들, 즉 사람들은 '툭 던져버려야' 한다. 내 스승 한 분이 말씀하셨듯이 이런 사람들

4. G. W. F. Hegel, *Philosophy of Right*, trans. T. M. Knox (Oxford: Oxford University Press, 1967), sec. 138.

은 한쪽 입장을 선택하고 연대하고 대의를 위해 나아가야 한다. 정치학은 세미나가 아니고, 게다가 소크라테스가 주도하는 세미나는 더욱 아니다.

정치철학이 보기와 달리 그리 많이 우회하지는 않는다는 점을 알면 유용할 것 같다. 정치이론은 사람들이 실제로 정치적 행동을 할 때마다 준거로 삼는 도덕적 가치들을 명확히 해줄 근사한 용어에 불과하다. 사람은 어떤 근본적인 도덕적 약속 없이 정치적으로 행동하기를 선택하지도 않고, 그럴 능력을 갖추지도 않았다. 선택이란 단지 사람들이 그런 약속들을 검토하고 다른 대안들에 맞서 그것들을 고려하는 행동이다.

명시적인 고려 사항에 내재적 가치들을 귀속시키는 것은 이미 정치 행위이며, 잠재적으로는 체제 전복적인 행위가 될 수 있다. 그것은 사람을 혼란에 빠트리고 모순이 있음을 확인시켜서 묵시적으로 당연하게 여겼던 일들, 절대 의심하지 않았던 일들에 질문을 던지게 할 수 있다. 『국가』는 일차적 정치 원칙을 선언, 수호하고 이런 원칙이 합리적 검증을 위한 시험대에서 살아남을 수 있을지를 알아보려는 플라톤의 도전으로 현재까지 이어져 오고 있다. 그럼 이제 소크라테스의 도움을 얻어 이를 검증해보자.

목차

1장 플라톤의 『국가』
정의를 둘러싼 논의의 시작

『국가』는 한 무리의 젊은이들이 휴가를 보내려고 도시를 벗어나던 어느 날에서 이야기를 시작한다. 그들은 보통 젊은이들이 도시 밖으로 나갈 때 그러듯이 바다 쪽으로 갔는데, 그곳은 '피레에프스(혹은 피레우스, Piraeus)'라는 아테네의 항구 지역이었다. 대부분 항구와 마찬가지로 피레에프스는 선원과 상인, 외국 수입상과 인파가 지역 주민과 함께 어울리는 장소였고, 그것은 지금도 마찬가지다. 특히 그날 피레에프스에서는 가장 중요한 종교 행사가 열렸기에 더욱 그랬다. 아테네인들은 장담컨대 화려하게 치장하고 트라키아(Thrace)에서 온 축제 참가자들과 순서를 바꿔가며 신들을 향한 도로 행진을 이어갔을 것이다.

『국가』는 피레에프스에서 가장 멀어질 수 있는 극단의 사후세계에서 같은 날 끝난다. 하지만 피레에프스와 마찬가지로 지하 세계는 출입구가 있는 항구이며, 항상 새로운 영혼들이 도착하고 오래된 영혼들은 끊임없는 환생이라는 순환에 따라 지상으로 향한다.

이 젊은이들은 아테네로 가는 항구의 입구와 환생의 항구 사이에 도시를 건설하고, 전쟁을 치르고, 스포츠, 시, 음악을 즐기며, 재산을 분배하고, 여성이 정치적으로 동등하다고 생각할 것이며, 마침내 철학과 지혜라는 더 높은 차원의 즐거움을 위해 정치권력을 모두 버린다.

물론 대부분 상상 속에서 이뤄졌지만, 그 상상이 보여주는 것에 마음의 상처를 받지 않은 이가 없는, 그런 날이었다. 소크라테스는 그런 시기의 젊은 이들을 타락시켰다는 죄목으로 아테네에서 처형될 것이다. 젊은 제자 중 한 사람인 폴레마르코스(Polemarchus)는 정치에 투신하고, 또한 죽음을 맞이할 것이다. 참석자 중 다른 두 명은 실제로 플라톤의 형제였다. 그들 스승에 대한 이날의 헌신은 평생 지속하게 될 플라톤의 운명을 나타내는 전조와 같았다.

극이 시작될 때는 이런 것들이 거의 보이지 않을 수 있다. 그날의 축제는 끝났고, 젊은이들은 해가 지면 시작될 실제 횃불 행진을 기다리고 있었다. 석양의 장관이 여신을 숭배하고자 전에 없던 기마 횃불 행렬을 빛낼 참이었다.[1] 그들은 주변을 배회하던 중에, 축제가 어떻게 진행되는지 보려고 피레에프스로 온 플라톤의 형 글라우콘과 소크라테스를 만난다. 소크라테스는 젊은이들이 많이 모이는 장소에 자주 나타나 돌아다니곤 했다. 플라톤은 현관 쪽 술자리에서 자식의 교육을 걱정하는 아버지들의 대화에 소크라테스를 등장시킨다.

소크라테스가 축제를 충분히 보고 글라우콘과 함께 피레에프스를 떠나려던 바로 그 순간에 다른 젊은이들이 최고의 횃불 축제에 좀 더 머무르며 구경할 것을 권했다. 소크라테스는 농담하듯이 일종의 조롱을 곁들이며 "말 위에서라니... 그것 참 진기하구나. 말 경주를 하는 동안 횃불을 들고 서로 주고받는다는 것인가, 아니면 대체 무슨 뜻인가?"[2]라고 묻는다.

1. Plato, *The Republic*, trans. Allan Bloom (New York: Basic Books, 1968), 1.327a-328a. 모든 인용은 이 판을 참고했다.
2. 1.328a.

소크라테스는 새로운 것에 맹목적으로 열광하는 젊은이들을 비웃기는 했지만 그래도 역시 그런 즐거움을 충분히 진지하게 여겼기에 축제에 남아 그 소동을 지켜보기로 했다. 그것은 마치 젊은이들이 당연히 누려야 할 즐거움이 비판받거나 묵살되거나, 혹은 분명히 생략돼서는 안 된다고 여기는 것이나 마찬가지였다. 따라서 소크라테스는 젊은이들과 함께 그중 한 명인 폴레마르코스의 집으로 가게 됐다. 폴레마르코스의 가족은 피레에프스에서 살며 사업을 하고 있었다. 그들이 집으로 돌아가 일몰과 여흥의 시작을 기다릴 때, 아무도 정치나 정의, 혹은 다른 어떤 심각한 주제에 관해 이야기하려고 들지 않았다. 정의에 관해 사고하지 '않는' 것은 젊은이들의 특권 중의 하나였던 듯하다. 왜냐면 그들이 좀 더 나이를 먹으면 그런 문제들에 대해 걱정하고, 저질렀던 실수를 만회할 시기가 찾아오기 때문이다(예를 들면, 2000년 미국 대선에서 당시 후보였던 조지 W. 부시는 그가 젊었을 때 분별없이 처신한 적이 있지만 이미 오래전에 철이 들었다는 식으로 시인하는 미덕을 보였다).

『국가』는 발랄한 분위기에서 젊은이들이 소크라테스와 스스럼없이 장난하는 장면에서 시작한다. 그리고 그곳에 있는 누구도 밤의 횃불 행렬에 가지 않는다. 정확하게 왜 그런지는 항상 의문이지만, 어찌 됐든 시각적 화려함과 야외 축제에 대한 젊은이들이 흔한 관심은 정신의 축제에 대한 관심으로 바뀌었다. 횃불 행진 구경을 예상하며 느꼈던 젊은이들의 열정은 조금도 줄어들지 않은 채 이런 변화가 일어났다. 결국, 이들은 피레에프스에서 대화의 묘미를 발견한 덕분에 밤을 새웠다.

『국가』에서 소크라테스의 임무는 확실히 젊은이들의 본능적인 에로티시즘을 변화시키고, 고양하고, 바람직한 방향으로 이끄는 데 있었다. 하지만 에로스에 대한 열망은 절대로 억압되지도 부정되지도 않는다. 플라톤은 항상 소크라테스를 육체의 아름다움이 없는 사람처럼 묘사하려고 애썼다('들창코'는 그가 가장 선호하는 표현이었다). 하지만 『향연』에서 플라톤은 소크라테스적 '유혹'에 육체의 아름다움이나 술, 혹은 성이 필요하지 않다고 밝혔다. 소크라테스적 유혹은 젊은이들의 열정이 오늘날 사람들이 '플라토닉한 사랑(platonic love)'이라고 부르는 것에 반응하는 방식의 문제였다.

케팔로스(Cephalus)의 견해와 한 아버지의 조언

이제, 소크라테스가 피레에프스에 있는 폴레마르코스의 집에 도착하는 장면을 상상해보자. 거기서 그는 폴레마르코스의 아버지인 케팔로스를 만난다. 케팔로스의 생애에 대해 알려진 것은 세 가지뿐이다. 늙었고, 부자이며, 아테네의 시민은 아니지만 외국인으로 피레에프스에 거주할 권리를 얻은 상인이라는 사실이다. 소크라테스는 곧바로 "내가 보기에 케팔로스는 무척 늙은 것 같다."라고 말했고, 케팔로스도 스스로 자기 육체의 즐거움은 "시들었다."[3]라고 말했다. 그는 심리적으로도 늙어 보일 뿐 아니라, 실제로도 나이가 많았다. 케팔로스는 죽음을 준비해야 할 순간이 빠르게 다가오고 있다고 말했다. 실제로 처음 케팔로스를 만났을 때 그는 막 신에게 제물을 바치고 돌아와 '월계관으로 둘러싸인 쿠션 의자에' 앉아 있었다.

케팔로스는 돈을 벌지 않고 유산을 상속받아 부를 축적한 것으로 알려졌다. 그는 돈이 버는 것이라기보다 상속받은 재산에서 나온다고 생각한다. 케팔로스의 조부는 집안의 재산을 축적했으나 그의 아버지는 재산 일부를 탕진했다. 상인으로서 케팔로스의 자질은 그 둘의 중간이라고 볼 수 있다. 하

3. 1.328c-d.

지만 귀족 출신인 플라톤과 달리, 아테네에서 케팔로스는 토지가 아닌 무역으로 재산을 쌓는 신흥 중산층일 뿐이었다.

만찬에 초대된 예의 바른 손님이라면 집주인의 나이나 소득에 관심을 보이지 않겠지만, 소크라테스는 케팔로스의 나이와 소득 모두에 관심이 있었다. 교묘하게도 그는 케팔로스에게 남들보다 먼저 경험한 사람으로서 '늙음이란 무엇인가'에 대해, '고령의 문턱'에 서서 뒤돌아봤을 때 무엇을 얻었는지 가르쳐달라며 알랑거렸다. 케팔로스는 미끼를 물었고, 현자 행세를 한다(곧 알게 되겠지만, 사실 소크라테스는 그가 바보라며 조롱한다). 케팔로스는 늙는다는 것이 사람들이 생각하는 것과 달리 그리 나쁘지 않다고 말했다. 사실, 노년의 나이는 육체라는 '미치광이 주인(mad masters)'에게서 자유로워져서 큰 해방감을 준다고 한다.[4]

케팔로스는 젊었을 때처럼 여자들을 따라다니지 않게 된 것을 기뻐한다. 오랜 대화 끝에 이제야 케팔로스는 소크라테스와 나누는 이야기에서 매우 큰 향락을 얻는 안정 상태에 다다른다.

오늘날 젊은 사람들이 현대의 케팔로스를 만난 적이 있는지 모르겠다. 내가 친구들에게서 반복적으로 들어온 케팔로스적 발언은 '20대로 결코 돌아가고 싶지 않다'는 것이었다. 그런 발언은 젊었을 때 했(다고 주장하)던 것들을 지워버릴 수 없는 사람에게는 위안이 될지도 모르겠다. 하지만 심각한 문제가 있지 않다면, 스무 살 젊은이가 쉰 살이 되기를 원한다는 말을 들은 사람은 없을 것이다. 나는 나이가 들어 정신이 맑아졌다는 케팔로스의 얄팍한 자기 합리화를 간파하게 되리라고 생각한다. 케팔로스는 자신이 제안하는

4. 1.329d.

지혜의 이로움을 뽐내려 하지만 실상은 그저 진부한 이야기만을 늘어놓는데, 이는 후일 『햄릿』에 등장하는 폴로니우스의 모델이 된 문학적 창작의 결과물일 뿐이다.

그곳에서 소크라테스는 틀림없이 이상한 저녁 식사 손님이었을 것이다. 케팔로스는 자신이 훌륭한 도덕적 성격을 갖췄기에 고령의 일반적인 영향을 조금이나마 덜 부정적으로 느낀다고 믿었다. 그는 소크라테스는 이야기를 듣고 나서 – 내가 지어낸 것이 아니다 – '다른 사람들'은 아마도 케팔로스를 노년의 부담감에서 해방해준 것이 미덕이 아니라 돈이었다고 말하리라고 조언함으로써 '그를 각성시키려고' 했다.[5] 케팔로스는 분명히 칭찬받고 있다고 생각하며 – 돈에 신경 쓰는 속물이 아닌 – 자신 같은 '신사'는 자기 재산을 어떻게 잘 사용할지 알고 있다고 생각했다. 이에 소크라테스는 그렇다면 돈이 노인들에게 줄 수 있는 최고의 선이 무엇이냐는 질문으로 케팔로스와 논쟁을 시작해서 그 밤의 대화를 정의에 대한 토론으로 전환했다. 돈은 그를 정의롭게 하고, 신과 모든 사람의 관계를 깨끗이 정리하게 해준다. '어떤 사람이 죽음을 맞이하리라는 사실을 직면하면, 예전에는 생각조차 하지 않았던 것들에 대한 공포와 관심이 생긴다.' 이는 케팔로스의 처지에서는 매우 진솔한 설명이지만, 정의를 매력적으로 보이게 하는 설명은 아니다. 케팔로스에게 부유함이 주는 가장 큰 선은 '신에게 어떤 제물을 빚지거나 인간에게 돈을 빌렸다는 이유로 두려움에 떨며 다른 어딘가로 떠나지 않아도 된다'는 데 있다.[6]

케팔로스 자신은 모르고 있지만 – 알고 싶어 하지도 않는다 – 방금 정의

5. 1.329e.
6. 1.331b.

에 관한 '이론'을 제안했다. 케팔로스는 상업에 종사하는 실리적인 사람으로 '공정'이라는 주제에 대한－내가 정의에 대한 '회계사' 개념이라고 부르는 －개념을 발전시켜 왔다. 그에게 정의는 그리 복잡하지 않다. 그것은 정직한 장부 정리와 같은 것이다. 누구나 인생에서 뭔가를 빌리고 빌려준다(폴로니어스가 이에 대해 경고할 것이다). 우리는 각자 신들에게 빌려와서 이를 동료와 교환한다. 시간이 되면 빌려줬던 것을 돌려받고 자신도 빚을 갚아야 한다.

정의가 결산(settling accounts)의 문제라는 말은 노인들에게, 그리고 노인들의 결산 시기에 대해서는 적절하다. 케팔로스는 그가 젊고 장부를 마감하기까지 인생에서 시간적 여유가 있었을 때는 결산에 별 관심이 없었음을 인정한다. 죽음에 대한 공포를 직면하고서야 뒤늦게 정의를 실천해야 할 이유가 생긴다. 사람이 젊었을 때 빚을 늘리는 것은 예상할 수 있는 일이다. 중요한 것은 죽기 전에 이를 갚는 것이다.

정치사상사에서 한참 후에 등장하는 프랑스 철학자 파스칼은 신 존재를 두고 영리한 도박을 제안한다. 신이 존재하지 않는다는 사실이 밝혀진다면 신이 있다고 믿으며 살아온 유한한 시간과 그 허구를 믿기 위해 들였던 노력만 사라진다. 하지만 신이 존재한다는 사실이 밝혀진다면 신이 존재하지 않는다는 쪽에 걸었던 사람들은 영원한 지옥 불이라는, 훨씬 좋지 않은 운명을 맞이하게 된다(물론 파스칼의 도박은 도박에서 손해를 덜 보기 위한 대비책으로 신을 믿었던 사람에게 신이 더 화를 내서 가장 심한 벌을 내릴 가능성은 고려하지 않았다).

케팔로스는 전통적 의미에서 너무나 독실해서 정의에 대한 그의 신념을 도박으로 표현할 수 없었지만, 그는 마치 월계관을 쓴 채 다음 생을 위해 신에게 제물을 바치며 앉아 있는 것처럼 말한다. 방에서 두 노인의 대화를 듣고 있는 젊은이들에게 계속해서 언급한 '죽음에 대한 공포'는 그 밤의 여흥이 시작되기 전 시간을 보내며 대화할 만한 주제는 아니었다.

이 책의 도입부에서 나는 사람들이 굳이 말할 필요는 없더라도, 모두 어떤 정치철학을 실현하며 살아간다고 했다. 케팔로스는 자신이 곰곰이 생각해본 적 없는 관점을 바탕으로 행동한 사람의 좋은 예다. 소크라테스는 케팔로스에게 자신이 인식하지 못했던 관점을 변호하게 될 때 어떤 일이 벌어지는지 보여주고자 했다. 그래서 그는 하나의 가설을 제시한다. 만약 당신 친구가 정상적인 상태에서 당신에게 무기를 빌려줬다가 제정신이 아닌 상태에서 돌려달라고 한다면? 미치광이에게 무기를 돌려주는 것이 여전히 정의로운가?[7] 케팔로스는 무기를 돌려주는 것이 정의로워 보이지 않는다는 의견을 냈다. 그리고 소크라테스는 빚을 '정산'하는 방식의 간단한 정의 공식이 작용하지 않는 경우가 적어도 한 가지는 있다는 사실을 지적할 수 있었다.

아버지 퇴장, 아들 입장

케팔로스는 대화를 이어가다가 '이제 제물들을 살펴볼 시간'[8]이라면서 양해를 구했다. 그는 이미 너무 늙어서 몇몇 중요한 제물을 바치는 정도로는 자신이 정의로운 인간이 될 수 없음을 알 정도의 분별력이 있었는지도 모른다. 어쨌든 그의 아들 폴레마르코스가 그의 아버지를 옹호하려고 대화에 참여했고, 케팔로스는 기쁜 마음으로 아들에게 그 논쟁을 '남겼다'. 폴레마르코스는 아버지에게서 곧 다른 것도 물려받게 할 죽음을 대수롭지 않게 여긴다고 말하면서 논쟁을 이어받았다.

폴레마르코스는 아버지를 대신해서 다음과 같이 추론했다. 사람들은

7. 1.331c.
8. 1.331d.

정의와 관련해서 지나치게 엄격한 정도로 법을 따를 수는 없다. 그의 아버지가 저지른 실수는 모든 경우에 적용되는 간단한 한 가지 규칙을 찾으려고 했다는 데 있었다. 하지만 세상에는 이런 경우도 있고 저런 경우도 있다. 이 세상에서 누가 누군지를 알지 못하는 사람들과는 전혀 다르게, 정의로운 사람은 적에게 해야 할 것(적에게 해를 끼치는 것)과 신세 진 친구에게 해야 할 것(친구에게 좋은 일을 하는 것)을 구별한다. 따라서 소크라테스의 가설은 답을 구할 수 있다. 즉 제정신이 아닌 친구가 자기 무기를 돌려달라고 한다면, 그 친구의 이익을 위해서 무기를 돌려주면 안 된다.[9]

정의에 대한 케팔로스의 관점이 노인에게는 맞는 것처럼 보였지만, 폴레마르코스는 정의를 따르는 데 젊은이다운 열정을 품고 있었다. 폴레마르코스는 청춘의 열정을 통해 '우정'이라는 덕성과 '정의'라는 덕성을 같은 것으로 바라본다. 그러자 소크라테스는 즉시 폴레마르코스에게 정의는 우정과 같지 않고, 우정보다 상위의 덕성이며, 실제로 정의는 친구, 가족 및 국가를 돕기 위해 할 수 있는 것들에 관한 도덕적 제동 장치로 기능한다고 가르치게 될 것이다. 하지만 폴레마르코스를 반대하고 소크라테스의 관점에 온전히 동조하기는 어렵다. 젊은 시절의 미성숙한 도덕률이 편협하고 편파적일 수 있지만, 동시에 강렬하고 공격적이고 강력하기도 하다. 폴레마르코스가 그의 아버지를 옹호하려고 대화에 뛰어든 순간부터 그는 자신의 충실한 대변인이 됐다. 늘 그래왔듯이 그는 세상을 경쟁과 충돌의 장소로 인식한다. 정의는 누군가의 편에 선 싸움이고 싸우게 되면 이겨야 한다. 하지만 적이 이미 자신의 손을 더럽힐 준비가 돼 있는 상황에서 무턱대고 규칙만을 따라서는

9. 1.332b.

이길 수 없다. 정의라는 것이 보복에 대응하고 방어하며 앙갚음하고, 심지어 정의로운 결과를 얻는 데 필요하다면, 부정의(不正義)한 수단도 이용할 준비가 돼 있어야 한다. 이 모든 것은 폴레마르코스가 그의 친구들이 잘되기를 바라는 만큼이나 적이 해를 입기를 바란다고 퉁명스럽게 말한 데서 드러난다.

폴레마르코스식 정의가 매혹적으로 느껴질 만한 사례들을 살펴보자. 수년 전 전쟁기에 나는 정의에 관한 수업을 듣고 있었다. 당시 교수님이 인식하셨듯이 전쟁은 그 자체만으로도 지옥이지만, 예를 들어 도시에 폭탄을 투하하거나, 고의로 민간인을 겨냥하거나, 어뢰를 터뜨려 적의 선원들을 바다에 빠져 죽게 하거나, 독가스를 방출한다거나, 핵무기를 사용하겠다고 위협한다거나, 민간 공항에 폭탄을 설치하는 등 각각의 진영이 이기기 위해 수단과 방법을 가리지 않는다면, 훨씬 더 끔찍한 지옥이 될 것이다. 물론, 전쟁 중에 정의를 추구하는 데는 위험 부담이 따른다. 교수님은 그 위험요소들을 설명하시려고 의도적으로 난해한 사례, 즉 1940년 4월 세계 2차 대전 중 영국이 노르웨이의 중립을 침해했던 일을 예로 드셨다. 중립국 노르웨이에는 국제법상 독일과 무역을 지속할 권리가 있었다. 독일은 연중 철광석의 엄청난 수요 충족을 이 무역에 의존하고 있었다. 철광석은 다른 중립국인 스웨덴에서 채굴됐다. 이 철광석은 스웨덴의 항구가 동결되는 겨울에 독일 선박들이 요청한 장소인 노르웨이의 부동항으로 옮겨졌다.

히틀러는 노르웨이를 무력으로 초토화할 수 있었지만, 노르웨이의 중립이 나치에 이득이 될 수 있었기에 그러지 않았다. 영국 해군 첫 장관인 윈스턴 처칠은 중립국에 관한 규칙에 영국의 손이 묶였다고 노발대발했고, 결국 노르웨이 항만에 기뢰를 부설하게끔 영국 정부를 설득했다. 기뢰가 부설되자, 히틀러는 더는 노르웨이의 중립을 존중하지 않았다. 사실 나치는 이미 노르웨이에 대한 군사 침략을 계획하고 있었고, 그들은 노르웨이인들의 재산과 생활에 엄청난 피해를 주며 빠르게 노르웨이를 점령해나갔다.

교수님이 그 이야기를 들려주신 이유는 그런 상황에서 영국이 국제법 위반을 정당화할 만한 최고 수준의 비상사태에 있었음을 보여주지 않았기에 영국이 옳지 못했다는 점을 이해시키려 한 것이다. 특히 영국이 노르웨이인들에게 원치 않는 희생을 강요했다는 점을 우려하셨다. 그러나 이 이야기는 내게 정반대 영향을 미쳤다. 나는 중립국이 친구와 적 사이에 설 자리가 없어진 극단적인 상황에서 폴레마르코스식 정의를 실현했던 처칠이야말로 위대한 영웅이라고 생각했다.

2차 세계 대전이 폴레마르코스를 떠올리게 하는 유일한 전쟁은 아니다. 알카에다와의 충돌은 누군가의 행동 동기로서 정의에 대해 똑같은 확실성을 보여준다. 그러나 친구와 적의 차이가 좋음과 나쁨의 차이와 항상 대등할까? 소크라테스는 친구와 적에 대해 정확히 무엇을 알고 있는지 물어봄으로써 폴레마르코스에게 반문을 시작한다. 폴레마르코스가 친구는 언제나 좋은 사람, 적은 언제나 나쁜 사람이라고 할 것일까? 폴레마르코스는 다음과 같이 다분히 감정적인 반응을 보인다. 물론 항상 그렇지는 않다. 객관적으로 말하자면, 나는 친구들이 좋은 사람인지 모른다. 내가 아는 것은 단지 친구들이 선하게 '보인다'는 것뿐이다. 그러나 언제든 실수할 수 있고, 눈에 보이는 겉모습이 거짓일 수 있으며, 사람들은 변한다.[10] 소크라테스는 이런 점들을 재빨리 파고든다. 우정은 불완전하므로 폴레마르코스는 때로 악한 친구에게 좋게 대하고, 나중에 선하다고 밝혀질 적에게 나쁘게 대하는 것과 같은 역설

10. 1.334c.

적인 상황에서 정의로운 사람을 대할 것이다.[11]

폴레마르코스는 정의로운 사람들이 어떤 경우에도, 특히 친구가 악해졌을 때도 의리를 지키고, 우정은 연대라는 특별한 책무를 형성한다는 논증으로 돌파구를 찾을 수 있을 것이다 – 나는 그가 그렇게 하기를 바랐다. 훗날 정치사상사에서 아리스토텔레스는 '우정이 틀어졌을 때 남게 되는 책무'라는 까다로운 쟁점을 다뤘다. 그러나 폴레마르코스는 이런 논증을 이어가지 않았다. 그 대신 폴레마르코스는 '친구는 단지 선해 보일 뿐이다'라는 원래 그의 주관적 전제를 택하게 해달라고 요청했다. 이상적으로만 말하면, 그는 이제 진정한 친구는 항상 선하고 진정한 적은 항상 악하다고 주장한다. 이런 이상적인 조건이 충족된다면 내 편, 내 가족, 내 친구에 대한 헌신은 항상 정의로운 행동일 수 있다.

폴레마르코스는 정의를 자처하는 복수, 편향된 윤리, 독선적인 십자군 전쟁, 앞에 있는 악한 야만인들을 퇴치하러 나서는 행동 따위를 옹호하는 수정된 입장을 택한다. 그러나 여기서 소크라테스는 난처한 질문을 던진다. 당신의 적이 악한 사람이라 할지라도, 그에게 '해를 끼치는 것은 정의로운 사람의 일인가?' 더 나아가 '어떤 사람이든 그를' 해치는 행동이 정의로울 수 있는가? 폴레마르코스는 다음과 같이 대답한다. "물론입니다. 악한 사람과 적에게는 해를 가해야 합니다."[12] 어찌 됐든 죄악, 절도, 분쟁, 전쟁은 존재한다. 만약 정의가 칼을 휘두르거나 단두대를 세우거나, 감옥을 짓거나, 적에게 벌을 주지 않는다면, 어떻게 정의가 싸움에서 승리하겠는가? 하지만 소크라테스는 이런 질문에 절대 답을 주지 않는다. 그 대신 한쪽 사람이 다른 쪽 사

11. 1.334d.
12. 1.335b.

람에게 무엇을 빚지고 있는지에 대한 폴레마르코스의 관심에 집중함으로써, 그의 '나 대(對) 당신'이라는 도덕 체계에서 벗어나게 하려고 했다.

정의를 요구하는 전형적인 사례들은 폴레마르코스에게 사실상 국제 문제의 논쟁이라기보다는 케팔로스가 제기했던 국내 차원의 논쟁이다. 차용이나 대여, 금전, 자산처럼 물질과 관련한 갈등이라는 뜻이다. '재화'를 두고 벌어지는 이런 논쟁은 재화가 내 것이 아니면 남의 것이 되는 배타적이고 경쟁적인 제로섬 논리를 발생시킨다. 소크라테스가 신사적으로 폴레마르코스에게 말했듯이 '친구를 돕고 적에게 해를 입히는 것은 정의롭다'는 주장을 처음 제기한 사람은 틀림없이 '어떤 부유한 남자'였을 것이다.[13] 부유한 사람에게는 이미 자신의 소유물이 있는 만큼 자신과 친구들이 소유한 것을 보호하는 행동을 선의로 규정짓는 정의가 이로웠을 것이다. 그러나 폴레마르코스는 적으로부터 친구를 지키는 보호자로서 자신을 정의하는 '고결한 견해'가 '자기' 것을 바탕으로 '선'을 정의하려는 자기 추구적 확인에 불과하다는 사실을 알아야 했다. 진정으로 정의를 추구하려 한다면, 친구 관계에 대한 그의 편협한 윤리를 초월해 가족과 친구의 이익과 정의가 충돌했을 때도 정의를 추구할 준비가 돼 있어야 한다.

폴레마르코스에 대한 소크라테스의 마지막 반박은 다음과 같다. 상대가 적일지라도 사람을 해치는 것은 그를 인간으로서 나쁘게 만든다. 여기서 나쁘다는 것은 좋은 사람의 성격적 특성의 존재 여부 측면에서 그렇다. 이처럼 정의는 사람들이 남을 해칠 때마다 사라지는 인간 특성 중 하나다. 따라서 폴레마르코스의 정의에는 정의가 반대 결과를 낳는 이상한 모순이 있다.

13. 1.336a.

소크라테스는 이런 모순을 강조하고자 정의의 실현을 음악이나 기마술 같은 인간의 기술 실천과 비교한다. 과연 음악가들은 다른 사람들을 덜 음악적으로 만들고자 음악을 하는 걸까?[14] 숙련된 기수들은 다른 사람들의 기마술을 덜 훌륭한 것으로 만들고자 말을 타는 걸까? 폴레마르코스는 그 반대가 이치에 맞음을 인정한다. 그렇다면 그는 자신이 주장하는 정의의 대립을 어떻게 설명할까?

나는 현실에서 음악가들이 다른 음악가들과 충분히 자주 경쟁한다고 생각한다. 지금 이 원고를 쓰는 중에도 MIT 과학자 사이에 벌어진 소란한 분쟁에 관한 글을 읽고 있다. MIT의 한 연구실에서 능력 있는 젊은 여성에게 조교수 자리를 제안했다. 그러자 다른 연구실에 속한 수석교수이자 노벨상 수상자가 그녀에게 그 제안을 받아들이지 말라는 편지를 보냈다. 내용인즉슨 이 두 연구실이 서로 '경쟁 관계'에 있고, 따라서 그녀가 조교수 보직을 받아들인다면 그들이 그녀와 협력하거나 멘토링할 수 없다는 것이었다. 나는 그 노벨상 수상자가 어떤 과학적 탐구 모델에 따라 '그'의 연구실과 '그들'의 연구실을 차별화했는지는 모른다. 그러나 그의 이런 반응은 소크라테스가 제시한 바로 그런 이유로 용납할 수 없는 행동으로 보인다. 설령 과학자들이 연구 보조금을 받으려고 금전적으로 서로 경쟁하는 관계에 있다고 하더라도, 학문적 차원에서 다른 과학자의 연구를 방해해서는 안 된다. 소크라테스는 음악가들에 대해서도 똑같은 차원에서의 논점을 제시한다. 음악을 사랑하는 사람들로서 음악가들은 음악의 매력에 마음을 바치게 마련이다. 음악에 대한 그 충성심은 국지적이고 경쟁적인, 친구 대 적의 논리를 능가한다.

14. 1.335c.

소크라테스는 정의가 친구의 의리를 능가한다는 사실을 폴레마르코스가 깨닫기를 촉구했다. 이것은 폴레마르코스에게 중대한 이념적 도약과 같은 것이었다. 폴레마르코스는 그가 지금까지 강하게 믿어왔던 것들의 가치를 본질적으로 절하하는 새로운 가치 집합으로의 '도덕적 전환'에 반발한다. 어쩌면 그 '소속감'이 아테네 거주 외인으로 정치적 시민권을 거절당한 집안의 아들로서 폴레마르코스에게 특별한 의미로 다가왔을 수도 있다. 아마도 상인의 아들 폴레마르코스는 물적 재화에 대한 논쟁을 정의에 관한 전형적인 사례로 여겼을 것이다. 그러나 소크라테스는 정의에 대한 진정한 지식이 '패러다임의 전환'을 요구한다고 주장한다. 폴레마르코스는 정의가 궁극적으로 영혼의 재화를 나눠주는 것이고, 이 '재화'는 내 것이기 때문이 아니라 그 자체로 가치 있기에 좋은 것이라는 사실을 깨달아야 한다.

트라시마코스 입장

폴레마르코스는 너무도 빨리 논쟁에서 지고 말문이 막힌다. 폴레마르코스뿐 아니라 다른 누구도 아직 이 정의가 전하는 '고차원의 선(善)'이 무엇인지 잘 모른다. 이때 소크라테스가 반복하는 '터무니없는 말(nonsense)'과 '공허함(inanity)'에 분노를 참지 못해 대화에 끼어든 트라시마코스는 답답한 방안에 들어온 신선한 공기 같았다.[15] 트라시마코스는 정치사에서 반복적으로 등장하는 인물이다. 그는 무례하고, 화를 참지 못하고, 기존의 지식을 경멸하고, 현실주의자이면서 냉소적이고 회의적이며 위선을 폭로하고 새로운 사상을 신봉한다. 또한, 보수를 받는 정치 조언자이면서, 도덕을 초월한 동시

15. 1.336b.

에 반도덕주의자다. 그는 연설 원고를 작성하고 군주에게 조언하며, 동시에 왕좌 배후의 권력으로 활동한다. 그는 국가를 자기 소유로 간주하는 안티고네의 크레온이거나 "짐이 곧 국가다."라는 말을 남긴 루이 14세다. 그는 주군이 없는 자에게 새로운 정치과학을 가르치는 마키아벨리이기도 하고, 머릿속으로 세상의 도덕을 대표하고 싶은 니체이기도 하다.

트라시마코스를 처음 마주했을 때 소크라테스는 케팔로스의 집에서 안락하게 자리를 잡고 있었다. 다른 대화록을 통해 트라시마코스가 전문적인 교사이고, 수사학 기술과 대중 연설을 집중적으로 가르치는 소피스트 학파의 일원임을 알 수 있다. 소크라테스가 보기에 정치 유망주들이 배우는 수사학은 약한 논증을 강화하는 기술에 불과했다. 그리고 소크라테스와 트라시마코스는 정의를 정의롭게 말하는 규칙들을 두고 곧바로 충돌한다. 트라시마코스는 상대방만을 말하게 하는 소크라테스 화법의 일방성을 날카롭게 공격한다. 이 위대한 대가는 정의가 무엇인지 직접 대답하는 위험을 무릅쓰지 않는다. 그는 오로지 상대방 관점의 오류를 지적할 뿐이다. 트리시마코스는 만약 소크라테스에게 자신이 정의에 대해 던진 질문에 스스로 대답하게 한다면 생각이 달라졌다고 맹비난할 수 있다며 이의를 제기한다.[16]

그러나 트라시마코스는 계획한 대로 상황을 전환하기에 참을성이 부족하다. 그는 자기 지식을 과시하고 싶어 안달이 났으며, 다른 이들이 교차 검증할 때 그랬던 것과 달리 위축되지 않고 자신감이 넘친다. 그래서 소크라테스가 굳이 트라시마코스를 부추기지 않더라도, 그는 자기가 정의의 의미에 대한 해답을 잘 알고 있고, 오직 자기 같은 스승만이 불순하지 않고 꾸미지

16. 1.337a.

않은 진리를 감히 밝힐 수 있다고 자랑스럽게 말한다. 트라시마코스는 정의를 '강자들에게 유리한 것'에 불과하다'고 정의한다.[17]

게임 끝. 그것이 세상 전부다. – 단 하나의 법칙, 자기 이익의 법칙이다. 정의란 자기 이익을 통제하는 다른 도덕규범을 일컫지 않는다. 정의란 단순히 자기 기호에 맞게 이익을 추구하고자 고안한 정장, 위장, 화장에 불과하다. 어쩌면 권력자들은 자기 힘만으로 통치할 수도 있었을 것이다. 하지만 문명화 과정에서 권력은 대중이 스스로 '정의'를 따르고 있다고 믿게 해서 복종하도록 그들을 잘 통제하는 방법을 터득한 자들에게 돌아간다.

그 후로 권력자들은 자신에게 이득이 되는 것은 무엇이든 법, 규칙, 규범 등으로 만드는 데 권력을 썼고, 이를 곧 '정의'라고 불렀다. 하지만 이는 다른 사람들이 지배자들의 이득을 위해 따르게 하는 효율적인 방법에 불과하고, 본질적으로 속임수일 뿐이다. 정치학 연구가 끝에 다다를 때 마르크스가 (계급 자체가 사라지기 전에) 정의는 지배층의 이익에 이바지하는 도구에 불과하다고 주장하는 논증의 부활을 보게 될 것이다. 그러나 이런 주장은 이미 5세기 아테네에서 벌어진 논쟁에도 나타난다.

트라시마코스가 제시한 증거를 보자. 정의는 상대적이다. 정의는 도시, 국가마다 다르다. 이런 법체계의 다양성은 정의가 자연적으로 생긴 것이 아니라 정치가 만들어낸 결과물이라는 사실을 보여준다. 변하지 않는 것은 도시마다 지배자들의 이익에 유리하게 규칙을 정한다는 것뿐이다.

그러나 지도자들은 무엇이 자신의 최고 이익인지 항상 '인식'할 수 있을까? 과연 지도자들은 무엇이 자신에게 이득이 되는지를 절대 틀리지 않을

17. 1.338c.

까? 아니면 때로 실수를 저지르기도 할까? 이런 의문에 대답하는 과정에서 소크라테스는 폴레마르코스에게 친구 관계와 올바른 판단에 관해 물었을 때 놓았던 것과 똑같은 덫을 트라시마코스에게도 놓는다. 처음에 트라시마코스는 실제로 지도자들이 무엇이 자신에게 이득이 되는지를 늘 인식하고 있을 만큼 완벽하게 능통하지 않다는 합리적인 답을 내놓는다. 그러나 여기서 소크라테스는 체스를 둘 때 그러듯이 '체크!'를 외치며 그를 외통수로 몰아붙인다. 실수가 필연적이기에 결국 지배자들은 때로 자기 이득에 반하는 정의의 규칙을 만든다. 이는 곧 트라시마코스가 제시한 개념과 상충한다.[18]

체스판에서 말을 아주 잘 놓은 것 같은 상황이다. 트라시마코스는 현실의 언어로 정의를 설명했기에, 처음에 그의 주장은 설득력이 있었다. 그러나 소크라테스는 한 걸음 더 나아가 현실에서 지배자도 분명히 실수를 저지르고, 이로 인해 트라시마코스가 가정하듯이 그들이 정의를 완벽하게 자기에게 유리한 방식으로 조작하지 못할 수도 있는 현실을 보여줌으로써 그 현실주의자의 무기를 가로챘다.

트라시마코스는 이 덫에서 빠져나갈 방법이 필요했는데, 옆에 서 있던 사람 중에서 클레이토폰이 그에게 절묘한 탈출법을 제시했다. 트라시마코스에게 필요한 것은 지배자들이 자신에게 이득인 것처럼 '보이는' 법을 제정하는 데 타고난 힘이 있음을 입증하는 것이다. 정의의 선언이 '객관적으로' 지배자들의 이익에 정확히 부합해 작동하는지는 중요하지 않다. 여기서 중요한 점은 단지 지배자들이 자기의 모든 이익을 법률에 반영 '하려 한다는' 것이다. 클레이토폰이 제시하는 논점에서 보면, 모순되게도 정의에 '실재'적인

18. 1.339c-e.

것은 아무것도 없다. 그것은 단순히 지배층의 이익에 부합하는 것처럼 '보이는' 것에 관한 문제일 뿐이다.[19]

클레이토폰은 트라시마코스보다 정의에 대해 더 철저히 냉소적이다. 트라시마코스는 정의가 적어도 존재는 하지만, 강자의 이익을 '위한 것'이라고 말한다. 이에 반해 클레이토폰은 정의란 완전히 엉성하고 자의적인 것이라고 말한다. 규칙은 때로 권력자들의 이익을 위해 작동하고 때로 그렇지 않기도 한다. 하지만 규칙을 만드는 잔혹한 힘은 엉성한 것이 아니다. 오직 지배자들만이 이 유리함을 누린다.

소크라테스는 대화에서 호의를 보이며, 트라시마코스가 외통수에서 벗어날 기회를 준다. 트라시마코스는 클레이토폰의 전략적인 행보를 받아들이기 바랐을까? 놀랍게도 트라시마코스는 이런 제안을 거절한다. 그는 오히려 "나는 어떤 사람이 실수할 때, 실수하는 자를 '더 강한 사람'으로 인식한다."라며 귀에 거슬리는 선언을 한다.[20] 그는 소크라테스와 다른 사람들을 이해가 더딘 사람들로 간주하며, 앞으로는 더 '자세히' 이야기할 수 있게 노력하겠다고 약속한다. 그가 밝히기를 강자나 지배자들이 '정확히' 자기 이익을 추구할 때만이 진정한 강자이며 진정한 지배자라는 것이다. 이제 트라시마코스의 조언을 듣기만 하면 지배자들은 진정한 지배자가 되는 데 필요한 지식에 이를 수 있다. 트라시마코스 자신은 정확한 기술, 자신의 편익을 관철하는 데 필요한 정치적 기술을 어떻게 가르쳐야 하는지 알고 있다고 말한다. 그 지식은 혈통과 관계없이 누구든 가르치고 사용할 수 있다.

트라시마코스는 클레이토폰의 조언을 거절해야 한다는 것을 알 만큼

19. 1.340b.
20. 1.340c.

예리하다. 만약 지배자들의 이익인 것처럼 보이는 것과 진짜 이익 사이에 차이가 없다면, 미래의 지배자들에게 트라시마코스가 무슨 소용이 있겠는가? 트라시마코스는 이런 차이를 가르치면서 돈을 벌었고, 아마 최초의 직업적 정치 컨설턴트였을 것이다.

소크라테스는 자기 의견과 트라시마코스의 의견 사이에 분명한 접점을 발견한다. 둘은 모두 기술을 가르치듯이 정의 또한 가르칠 수 있는 형태의 지식이나 일련의 기술로 봤던 교사들이다. 의술, 양치기, 말 조련 같은 것을 생각하면, 그 종사자들이 적절한 방식으로 훈련됐음을 누구나 인정할 것이다. 소크라테스는 훌륭한 의사가 되는 데 필요한 지식에 주목한다. 의사가 의술을 펼치는 것은 자기에게 돌아오는 이익을 위한 걸까, 아니면 환자의 건강을 위한 걸까? 환자가 허약한 상태로 의사를 찾아오면, 의사로서 그는 환자를 지배하는 걸까, 아니면 환자를 회복시키려고 노력하는 걸까? 이 질문은 좋은 의사의 의미를 진정으로 이해한다면 저절로 풀린다. 이와 마찬가지로 양치기는 양 떼의 주인이고, 말 조련사는 말을 지도한다. 양치기와 말 조련사는 숙달된 기술자로서 약한 것들을 돌보는 데 자신의 힘을 쓴다. 양치기가 양을 돌보지 않는다면, 그는 좋은 양치기가 아니다.[21]

정의는 이런 기술과 마찬가지로 지식의 한 형태로 정의로운 사람이 다른 사람을 돕게 한다는 바로 그 점 때문에 사람들이 소중히 여기는 기술이라는 점에서 이들과 비슷한 속성이 있다. 환자보다 자기 이익이 더 중요하다고 말하는 의사를 찾아갈 사람은 없을 것이다. 정의도 마찬가지다.

이런 소크라테스의 논리에 트라시마코스는 격분했다. 그는 곧바로 반

21. 1.341c-342d.

박한다. 의사가 마치 '진짜로' 환자를 신경 쓰듯이 행동한다는 것이다. 사람들은 의사가 자발적으로 그 직업을 택했음을 안다. 그는 돈을 받아야만 환자를 돌본다. 만약 물질적 보상이 없다면 누가 선뜻 의술을 배우려고 하겠는가? '소크라테스 씨, 말도 안 됩니다'라는 트라시마코스의 반발이 들리는 듯하다. 양치기가 양의 이익을 위해 양을 돌본다는 말을 믿으라는 것인가? 양을 돌볼 양치기를 고용하는 것은 결국 양털을 깎기 위해서다. 특히 양치기 사례는 트라시마코스를 격분하게 해서, 그는 소크라테스에게 콧물을 흘릴 때 손수건이 없다는 것을 간호사가 아는지 모르는지 무례하게 묻기까지 했다.[22]

배움의 동기를 분석해보면 트라시마코스의 말이 정확히 들어맞는다. 돈, 평판, 명예가 따르지 않는다면 오늘날 누가 변호사나 의사가 되려고 −로스쿨이나 의대에서 몇 년을 보내려고− 하겠는가? 이것이 바로 『호밀밭의 파수꾼』에서 홀든 콜필드를 움직이게 한 문제다. 그는 아버지가 따르고 지키는 회사법을 경멸했으나, 빈자들을 위해 일한다는 법률가들이 오히려 과시하고 과장하려고 일하는 더 심한 사기꾼이고 위선자임을 깨닫는다.

정의와 공적 목표를 위해 일한다는 사람들의 위선에 대한 의심은 소크라테스 주변에서 대화를 듣고 있던 젊은이들의 마음을 깊이 파고들었다. 트라시마코스는 그 의혹의 관점을 이용하려고 공격의 수위를 더욱더 높인다. 사람들이 (지배자들이 말하는) 정의를 지킬 때마다, 그들은 그들 자신의 이익이 아니라 다른 사람의 이익을 위하는 꼴이 되고, 그래서 어리석다고 조롱당한다. 하지만 거리낌 없이 지배자들의 행동을 따르고 그들 자신의 이익을 주장할 수 있어야 한다. 물론 그렇게 할 때 사람들은 지배자들이 '정의롭지 않다'

22. 1.343a.

고 주장하는 식으로 행동할 수도 있다. 하지만 그렇게 해야 한다. 기존의 정의와 부정의에 대한 관습적 정의를 용감하게 뒤집어야 한다. 사실 인간은 세상이 '부정의'라고 부르는 것을 '해야 한다'. 왜냐면 바로 그것이 자기 이득을 따르는 길이고, 인간 내면의 가장 자연스러운 욕구를 드러내 보이기 때문이다. 다시 말해, 부정의는 인간 정신에 자연스럽고, 인간을 행복하게 한다. 반대로, 정의는 인간의 가장 내밀한 동기를 억압하고, 인간을 불행하게 하며, 오직 지배자들의 방식을 실현해주는 허구일 뿐이다. 이 대목에서 트라시마코스는 몇백 년 후에 니체가 '가치 전도(transvaluation of values)'라고 부를 것을 이미 말하고 있다.[23]

트라시마코스와 소크라테스의 대화는 이제 교차로에 섰다. 트라시마코스는 새로운 도덕을 위해 '심리학적' 논증을 제시했다. 그에 따르면 부정의가 정의보다 인간을 더 행복하게 한다는 점에서 부정의의 가치가 증명된다. 소크라테스는 이 주장에 대해 두 가지 방식으로 대응할 수 있다. 하나는 트라시마코스의 심리학은 잘못됐기에 그의 도덕도 잘못됐다고 말할 수 있다. 이 길을 택할 때 소크라테스는 부정의한 행동을 통해 얻는 행복은 일시적이고 거짓된 것이며, 정의로운 행동은 더 항구적인 행복을 준다는 사실을 입증해야 한다. 또 다른 방법은 행복의 문제가 도덕의 문제와 상관없고, 옳은 행동을 해서 행복하든 그렇지 않든 올바르게 사는 것이 인간의 의무라고 주장해 트라시마코스에게 대응하는 것이다. 이것은 후대의 윤리사상사에서 임마누엘 칸트가 논증하는 내용이다. 칸트는 자신의 의무를 다함으로써 행복을 얻기 위해서가 아니라, 엄격히 의무감의 책무성에 따르는 행동만이 도덕적이

23. 1.343c-344c.

라고 했다.

소크라테스는 칸트가 아니다. 그는 정의의 덕성이 인간 본성을 억압하지 않고 이를 발현하는 것과 조화를 이룬다고 설명하면서, 도덕적 삶은 궁극적으로 심리적 조건에서 지킬 수 있다는 트라시마코스의 전제를 받아들인다. 다시 말해, 만약 부정의하게 행동하고 타인을 희생시켜 자기 이익을 추구하는 것이 '잘못'이라면, 소크라테스는 그런 행동은 심리적 관점에서 '나쁜' 행동이고, 기쁨을 추구하는 자를 고통과 가난에 버려두는 쾌락주의의 자기 방어 전략을 뒷받침한다고, 사람들을 설득해야 한다. 『국가』의 상당한 부담은 자기주장과 행복의 직관적 연결에 매료된 젊은이들을 자기 이익의 깨달음에서 오는 심리적 특징을 성찰하게 하고, 그들이 결국 그런 자질을 갖추기 원하는지 원하지 않는지 재고하게 하는 데 있다.

의사와 환자, 조종사와 승객들

이 모든 것을 염두에 두고 다시 의사-환자의 관계로 돌아오자. 트라시마코스는 의사가 실제로 자신을 위해서 일한다고 논증해 이 대결에서 점수를 땄다. 실제로 의사는 환자를 치료하긴 하지만, 이는 돈과 지위, 명성을 얻기 위해서다. 그래서 결국 환자들은 의사가 자기 이익을 얻는 데 '이용될' 뿐이다. 그러나 소크라테스는 정확히 바로 그 점을 들어 빈틈없이 대응한다. 환자는 의사가 자신을 치료해주는 대가로 돈을 내는데, 왜냐면 돈을 내지 않으면 의사는 이득이 거의 없기 때문이다. 엄격히 말하면, 의사가 공부하고 '의사로서' 의료 행위를 실천해야만 환자는 주요 수혜자가 된다. 환자는 이를 인식하고, 의사가 자신에게 의료술을 실천할 수 있게 동기를 부여하고자 의사에게 돈을 낸다. 그래서 소크라테스는 트라시마코스가 사실상 많은 것을 증명했다고 결론짓는다. 이득이 없다면 아무도 환자를 치료하지 않을 테니 동기를 부여하고자 돈을 내는 것이 사실이다. 그러나 이것은 의사들이 '진정으로' 의술을 하는 행위에서는 개인적 이익을 거의 얻지 않음을 증명할 뿐이다. 의사를 온전히 이익에만 집착하는 사람으로 묘사한 것과는 다르게, 한편으로 의사가 돈벌이꾼이기도 하다는 사실은(말하자면 그는 두 개의 모자를 쓴다) 그가 의사라는 모자를 쓰고 있을 때는 환자의 이익이 지배적임을 보여준다. 근대 철학의 관점에서, 소크라테스는 의사의 '동기(motives)'와 의사에게 보상 책무를 부과하는 '근거(grounds)'를 구별한다.[24]

의사에게 사실인 것은 배를 조종하는 항해사에게도 사실이다. 항해사는 승객을 통제하지만, 승객을 목적지에 데려다주기 위해 자신의 항해 지식을 이용한다. 양치기와 조마사들이 양이나 말의 지배자로서 – 그들이 맡아 기르는 양이나 말의 이익을 위해 – 그들의 지식을 사용하는 것도 마찬가지다. 실제로 '지배하는 위치에 있는 사람 치고 지배받는 대상의 이익이 아니라 자신의 이익만을 고려하고 명령하는 사람은 없었다.'[25] 이것은 지배자의 자기 본위적 행동에 대한 트라시마코스의 기술(description)을 부정하는 소크라테스의 첫 번째 시도다. 그러나 이들의 대화를 듣거나 읽은 사람은 모두 소크라테스의 결론에 어떤 터무니없는 오류가 있음을 안다. 여기까지 소크라테스가 거쳐 온 논리 단계가 어떻든 간에 지배자들이 항상 사람들을 위해 행동한다고 보는 잘못된 관점을 제공한 것은 완벽한 오류인 것처럼 보인다. 의사가 의학 지식을 배우고 실천하는 것만으로는 아무런 이득도 얻지 못한다는 소크라테스의 전제에 동의한다고 가정해보자. 여전히 소크라테스는 의사

24. 1.346b-347a.

25. 1.342e.

의 의료 행위가 자기 본위적 목적을 위한 수단일 때만 그것이 사람들의 합리적 선택이 된다는 사실을 인정한다. 이것은 트라시마코스도 인정할 수 있었고, 또한 인정했어야 하는 결론이다. 무엇보다도 소크라테스는 환자들이 돈을 낼 수 없다거나, 전염되는 치명적 질병이 있다거나, 환자가 죽어서 의사의 명성에 흠집을 남길지도 모른다는 것을 사전에 알면서도 의사가 끝내 자발적으로 환자를 치료하리라는 것을 증명하지는 않았다. 사실, 의사의 행복은 결국, 자신을 위한 것에 달렸다는 소크라테스의 논리가 더 설득력이 있다. 의사가 두 가지 역할을 해야 한다는 사실은 누구도 직업의 이타적인 측면만으로는 행복할 수 없음을 말해준다.

소크라테스는 분명히 더 잘해야 했고, 플라톤도 그것을 알았다. 소크라테스는 정의롭게 행동하는 것이 자신을 위한 보상이고, 그 뒤를 이어 행복이 찾아온다는 사실을 증명하기로 약속했다. 그러나 소크라테스는 의사가 가난하고 돈을 받지 않는다고 해도 환자를 돌보는 행동 자체가 그를 행복하게 해주는 충분한 보상임을 확실히 증명하지 않았다. 그리고 소크라테스는 정치 지배자와 관련해서 그가 자신을 위해서는 어떤 것도 원하지 않으면서 다른 이들의 이익을 추구함으로써 행복해지는 상황을 제시하지도 않았다. 하지만 트라시마코스의 주장 – 지배자는 전적으로 자신을 위해 지배하고, 자신의 이익을 위해서는 피지배자에게 무슨 짓이든 할 것이다 – 이 발휘하는 직관적인 호소력은 온전히 유효하다.

소크라테스는 어떻게 정의와 타인의 이익을 위한 봉사가 의사, 항해사, 정치가를 행복하게 해줄 수 있는가에 대한 더 설득력 있는 심리학적 설명을 찾는 데 『국가』의 「상권(上卷)」에서 세 가지 논증을 제시한다.

첫째, 정의는 부정의보다 더 강하고 위대하다. 도둑끼리도 의리가 있다는 속담이 있듯이. 완전히 부정의한 사람은 좋은 범죄 조직을 만들지도 못한다. 반대로, 정의는 사람들이 협력하고 성실하게 행동하며 친구들을 만들고 평화를 누릴 수 있게 한다.[26]

둘째, 정의는 부정의보다 더 현명하다. 수학이나 음악에 뛰어난 사람은 다른 수학자나 음악가의 더 나은 점을 가지려고 애쓰지 않는다. 단지 한 손에는 증명을, 다른 손에는 조화를 얻고자 함께 일할 뿐이다. 부정의한 사람들은 자신을 항상 우선시하므로 그에 필적할 만한 지혜를 보여주지 못한다.[27]

따져보면, 흔히 인간을 행복하게 한다고 믿는 많은 요소 – 힘, 충성심, 우정, 평화, 조화, 지혜–가 부정의가 아니라 정의 쪽에 있다. 소크라테스의 마지막 논증은 즐거움도 정의에 속한다는 것이다. 트라시마코스는 정의의 삶이 즐거움을 희생시킨다는 외견상 당연해 보이는 논리를 내세웠으나, 이제 소크라테스는 정의가 항구적인 즐거움을 얻는, 단순하면서도 가장 좋은 방법이라고 말한다. 이 논증은 『국가』 전체에 대한 도덕적 핵심이지만, 소크라테스가 처음 제안했을 때 가장 설득력이 없었다.

「상권」의 결론 부분에서 소크라테스가 제시하는 내용은 – 그리고 이것은 개요 정도에 지나지 않는다 – 플라톤의 대화인 『고르기아스』에 더 완전히 표현돼 있다. 거기서 소크라테스는 사악한 영혼을 체나 구멍 난 단지로 묘사하라고 말한다.[28] 부정의한 사람들은 정의라는 체를 통해서도 자신의 향락이 걸러지지 않고 남아 있게 하려고 자멸적인 시도를 한다. 처음에는 마치 부정의한 사람들이 정의로운 사람들보다 즐거움을 추구하는 데 앞서 나아

26. 1.351c.

27. 1.350a-d.

28. Plato, Gorgias, in *The Collected Dialogues of Plato*, ed. Edith Hamilton and Huntington Cairns (New York: Pantheon, 1961), 493e.

가는 것처럼 보일 수 있다. 왜냐면 그들은 제한을 두지 않고 자유로이 욕망을 추구하기 때문이다. 그러나 그들이 좇는 이런 종류의 즐거움은 그들의 영혼에서 체로 걸러지고, 그들은 만족을 추구하기 전보다 만족을 얻는 데 더 어려움을 겪는다. 사람들은 이런 사실을 알고 있다. 왜냐면 부정의한 사람들은 즐거움을 얻어서 이를 소비하는데, 이런 각각의 소비 행위가 주는 순간적인 만족을 계속해서 채워야 할 필요를 느끼기 때문이다. 남는 것은 아무것도 없다. 부정의한 사람들은 자신을 대단하고 자유로운 주인으로 상상하겠지만, 심리학적으로 그들은 자신의 욕망을 스스로 통제하기보다 그들을 통제하는 욕망의 노예일 뿐이다.

이런 사례를 살펴보자. 필리핀의 독재자 페르디난드 마르코스가 폭력적인 장기 집권 후에 권좌에서 물러났을 때 그가 살던 관저에 쳐들어간 군중은 그의 부인이자 부패의 동지였던 이멜다 마르코스의 신발장에서 500켤레가 넘는 신발을 발견했다. 추정해보자면, 이멜다 마르코스는 각각의 신발을 살 때마다 '어떤' 즐거움을 느꼈을 것이다. 그러나 이런 구매에서 느끼는 기쁨은 순간적이기에 집착적으로 더 많은 신발을 사들였을 것이다. 그녀가 그 신발을 실제로 신으려고 샀을 것 같지는 않다.

이처럼 체로 여과되는 영혼, 즐거움의 소멸에 대한 해결책이 있을까? 우선 '순간적'이라는 것은 즐거움의 본성일 수 있다. 소크라테스는 몸의 즐거움과 그 감각이 필연적으로 오래가지 않지만, 마음의 즐거움은 영속한다고 말한다. 몸은 감각을 불러일으키는 외적인 대상 – 마실 물, 먹을 음식 같은 것 – 에 따라 달라진다. 반대로, 사색의 즐거움은 인간의 통제 하에 있다. 일단 마음이 지식에서 오는 즐거움을 경험한다면, 그 즐거움은 인간에게서 빠져나가지 않고 그의 정체성과 결합해서 돌이킬 수 없이 (불가역적으로) 인간을 변화시킨다. 즐거움은 성향의 형태로 내재화된다. 즐거움의 원천을 인간 내면으로 옮김으로써 마음은 인간에게 자유를 경험케 하는 '더 높은' 차원의 즐거움을 준다. 즐거움의 발생을 외부 대상에 의지하면 육체는 인간이 '더 낮은' 차원의 즐거움에 종속된 노예가 되게 한다.

'더 높은' 즐거움과 '더 낮은' 즐거움의 구분은 『국가』의 가장 큰 모티프 중 하나가 된다. 곧 소크라테스의 제자들이 이 구분에 반대하는 상황을 보게 될 것이다. 그들이 가장 듣고 싶지 않은 말은 정의가 어떤 알 수 없는 존재가 되게 해야 한다는 것이다. 그들의 반론을 읽기 전에 잠시 멈추고 사람들이 삶에서 즐거움을 느끼는 방식의 순위를 정할 수 있다는 소크라테스의 기본 개념의 바탕에는 무엇이 있는지 생각해봐야 한다. 더 관대하게, 평등주의적으로, 민주적인 정신으로 누구의 행복이 더 크거나 작은지 전체적으로 선별하려고 애쓰기보다는 행복을 얻는 방법이 굳이 좋고 나쁘기보다 단지 다양하다는 사실을 인정해야 하지 않을까? 정치사상사에서 훨씬 뒤에 영국의 철학자 제러미 벤담(Jeremy Bentham)은 타인이 느끼는 즐거움의 가치를 판단하라는 소크라테스의 권고를 거부하며 이렇게 반박한다. 즐거움을 주는 데 "푸시핀(pushpin) 게임(어린이들의 놀이)은 시(詩)만큼이나 좋다."[29]

내 위대한 두 스승님을 돌이켜볼 때 그분들은 이 중대한 논제에서 서로 다른 쪽을 택했음을 알 수 있다. 대학 시절 내게 셰익스피어를 가르치셨던 교수님은 정신적 삶에 대한 확고한 신봉자였다. 그분은 학생들에게 소네트와 연극의 지문을 외우게 하셨다. – 학생들은 조금이 아니라 아주 많이 외우느라 몹시 애를 먹었다. 그중 용감한 녀석 하나가 마침내 소네트 암기가 왜 필

29. 인용은 사실상 벤담에 대한 존 스튜어트 밀의 에세이에서 빌려왔다. Mill's *Utilitarianism, On Liberty, and Essay on Bentham*, ed. Mary Warnock (New York: New American Liberty, 1974), p.123을 보라.

요하냐며 연로하신 교수님께 이의를 제기했다. "넌 언젠가 내게 고마워할 거야." 교수님은 호통치듯 말씀하셨다. "버스를 기다릴 때, 우체국 창구 앞 긴 줄에 서서 기다릴 때, 등산할 때, 해변에 누웠을 때 넌 내게 고마워할 거야. 왜냐면 네가 어디 있든지, 셰익스피어가 너와 함께할 테고, 셰익스피어가 네 '안에' 있을 테니까. 네가 사랑에 빠졌을 때, 전쟁터에 나갈 때, 친구를 배신할 때, 잠들 때, 너는 셰익스피어의 말을 듣게 될 거야. 내가 네게 줄 수 있는 선물 중에 이보다 더 큰 선물이 어디 있겠어?" 그 교수님은 신경질적인 노인이었고, 작은 인문대학의 일인자였다. 나는 그분이 책과 언어를 사랑하는 것 말고는 사는 방법을 잘 모르시리라 생각했다. 그분은 아마도 육체의 즐거움과 정신적 삶이라는 선택 앞에서 구태여 정신적 삶을 선택하지는 않으셨을 것이다. '그분을' 행복하게 하는 것은 그저 자연스럽게 발생한 일일 뿐이다. 그러나 그분이 셰익스피어를 읽으며 느끼시는 즐거움이 다른 사람들이 더 물질적인 방법으로 얻는 즐거움보다 정말로 더 낫거나 '더 높은' 차원에 있다는 것을 증명할 수 있을까?

몇 년 후, 정치사상사 수업에서 마이클 왈저(Michael Walzer) 교수의 놀라울 만큼 감명 깊은 강의를 들으면서 나는 그런 의문점들을 생각해봤다. 왈저 교수는 "만족한 바보보다는 불만족한 소크라테스가 되는 편이 낫다."라는 존 스튜어트 밀(John Stuart Mill)의 유명한 구절에 대해 강의하고 있었다. 왈저 교수는 그가 '그것을' 어떻게 알 수 있었는지 물었다. 한 사람의 행복을 다른 사람의 행복과 비교하는 일이 어떻게 가능했을까? 이 의문에서 왈저 교수는 플라톤의 핵심 논증을 고려한다. 육체적 즐거움과 정신적 즐거움을 비교하려면 자격이 있는 심판, 법관, 심사단이 필요하다. 이 두 영역에서 모두 즐거움을 개인적으로 경험한 사람만이 자격 있는 심판이 될 수 있다. 소크라테스는 정신의 즐거움을 경험한 사람은 육체적 즐거움도 누리겠지만, 그 반대는 성립하지 않는다고 명백히 주장한다. 따라서 정신적 삶을 주도하는 사람만이 유능한 심판이 될 수 있다. 어떤 경우에나 그런 사람은 언제나 육체적 욕구를 충족해서 얻는 즐거움보다 정신적 활동을 통해 얻는 즐거움을 선호한다고, 소크라테스는 말한다.

왈저 교수는 내가 지금 전하는 소크라테스의 단순한 논박을 제시했다. 그는 뉴욕 닉스 농구팀의 유명한 선수 월트 프라이저를 언급하면서, 자신이 철학을 가르치며 느끼는 즐거움이 프라이저가 농구를 하며 느끼는 즐거움보다 더 나은지 아닌지를 유머러스하게 물었다. "난 농구를 한 적이 있어요." 왈저 교수가 말했다. "난 내가 농구를 하는 방식을 통해서만 농구가 어떤 느낌인지 알지요. 그러나 왈트 프라이저가 자기 방식대로 하는 농구만이 아니라 메디슨 스퀘어 가든에서 군중의 응원을 받으며 경기를 치르는 기쁨을 경험할 때, 자신의 재능을 완벽하게 보여줄 때, 대단한 명성과 부를 얻을 때 어떤 느낌이 드는지, 나는 모르고 알 수도 없어요. 농구를 하면서 '그런' 즐거움을 경험하려면, 나는 월트 프라이저가 '돼야' 합니다."

왈저 교수는 각자의 삶을 서로 비교할 수 없다는 당연한 논리를 설명하는 데 소박한 예를 들었다. 그는 위대한 농구선수가 돼 행복을 얻은 왈트 프라이저처럼 되는 삶보다 정신적 삶을 '선택'한 적은 없다. 이 사례의 민주주의적 영향은 내게 오래도록 남았다. 몇 년 전 보스턴 셀틱스(미국 동부 컨퍼런스 애틀랜틱 디비전 프로 농구팀-역자)는 내가 강의했던 대학의 체육관에서 훈련했다. 나는 나이 들어가는 래리 버드(미국 농구선수-역자)를 수업에 초대해서 그가 더는 농구선수로 활동할 수 없는 순간이 빠르게 다가오는 상황에 놓인 기분이 어땠는지를 묻는 상상을 한 적이 있었다. 다행히도 그런 공상을 실행에 옮기지 못했다.

소크라테스는 – 적어도 지금까지는 – 트라시마코스와의 논쟁에서 이길 수 없다. 왜냐면 정신적인 삶, 그리고 육체를 통제하는 정신을 자유롭게 하는 데서 오는 정의로운 행동이 어떻게 행복으로 가는 더 좋은 지름길이 될 수 있는지를 이해할 수 있는 어떤 유리한 관점도 제시하지 않았기 때문이다. 농구선수의 행복은 순식간에 사라지지만, 철학자의 행복이 평생 지속한다는 것은 아마 사실일 듯하다. 하지만 「상권」이 모호하게 끝나서 정의는 고사하고 소크라테스가 생각하는 행복이 무엇인지 확실히 알 수 없다.

2장 유토피아에 대한 학생들의 반론

플라톤은 오늘날 『국가』 「상권」으로 알려진 독립 단편을 썼다. 몇 년 뒤에 플라톤은 이 사건으로 돌아와 소크라테스가 베일을 벗고 정의에 대한 그의 생각을 드러낼 수 있게끔 트라시마코스의 도전을 받아들이게 했다.

「상권」에 등장하는 소크라테스를 보면, 플라톤이 실제로 그를 그렇게 목격했던 것 같다. – 소크라테스는 상대를 인정하고, 앞지르고, '소크라테스식 문답법(Socratic method)'으로 청중에게 감동을 안겨준다. 하지만 만약 소크라테스식 문답법으로 배울 수 있는 것이 논쟁에서 이기는 기술뿐이라면, 아무것도 배우지 못한 것이나 마찬가지다. 소크라테스는 그의 가르침이 오용되는 상황을 경고했다. 요점은 논점에 점수를 매기는 것(소크라테스가 즐겨 말했듯이 약한 논증을 강한 듯이 보이게 하는 것)이 아니다. 중요한 것은 진실을 추론하는 데 있다.

플라톤이 나이 들어 오래전 피레에프스에서 보낸 날들에 관해 이야기를 꺼냈을 때 그는 소크라테스식 문답법을 쓰지 않는다. 그렇다고 그가 소크라테스를 포기한 것은 아니다. 드문 예외가 있긴 하지만, 그는 계속해서 소크라테스의 이름으로 글을 썼다. 그러나 여기서 소크라테스는 다르다. 그는 누구도 소크라테스보다 현명하지 않다는 델포이 신탁에 대해 자기를 내세우지 않던 대응 방식을 포기한다. 그는 델포이의 지혜를 오직 부정적으로 이해하고는 했다. 자신이 현명한 것이 아니라, 소위 '현자'라는 사람들이 바보라는 것이다. 그러나 이제 소크라테스는 다른 이들을 사기꾼으로 몰아붙이는 것만으로는 충분치 않음을 인정한다. 현명한 사람은 무너뜨릴 뿐 아니라 만들어낼 수도 있음을 증명해야 한다.

플라톤이 소크라테스에게 정의에 관해 말하게 한 많은 것은 매우 놀랍다. 『변론(*Apology*)』에 등장하는 소크라테스는 사람들이 비록 옳고 그름에 대한 자신의 독립적인 감각을 인식하고 법의 정의에 의문을 품게 되더라도, 그런 독자적인 인식을 진정한 자유의 핵심으로 간주한다. 하지만 『국가』에서 소크라테스는 자유와 정의에 대해 주관보다 객관을 강조한다. 이 차이가 역사상 실존했던 소크라테스에서 소크라테스를 대변하는 플라톤으로 옮겨간 데서 비롯했는지는 내 관심사가 아니다. 하지만 『국가』는 다음과 같은 국가를 상상한다. – 제도가 너무나 완벽해서 아테네에서 소크라테스가 직면했던 내면의 도덕에 대한 책무와 외부의 법에 대한 책무 간 긴장이 더는 존재하지 않는 국가.

「상권」에서 소크라테스가 논쟁에서 트라시마코스를 분명히 이겼음에도, 오늘날 우리가 '국가'라고 부르는 책은 케팔로스의 집에서 대화가 계속되던 그날로 돌아가 논쟁을 다시 시작한다. 플라톤은 대화를 이끌어갈 가장 중요한 사람으로 그의 친형제 글라우콘(Glaucon)을 지명했다. 정말로 대담하게 자기 스승을 비판하는 (변함없이 '기죽지 않은') 글라우콘은 정의가 인간에게 진정으로 좋다는 사실을 납득시키지 않은 채 트라시마코스를 침묵하게 한 소크라테스를 비난했다. 소크라테스가 보기에 글라우콘은 내성적이다. 그는 내면을 응시하고, 마음을 사로잡는 것이 바로 즐거움을 추구하는 일임을 깨달았다. 글라우콘은 정의 자체가 보상이고, 잘하는 것(doing well)은 잘 사는 것(well-being)에 도움이 된다는 사실을 확신하고 싶어 한다. 하지만 그는 정의에 대한 만족스러운 옹호를 '아직 누구에게서도 듣지 못했다.'[1]

무엇이 글라우콘을 만족하게 할까? 나는 글라우콘을 특정한 부류의 학생으로 인식할 정도로 그에게 어떤 철학적 위치를 부여하고 싶지는 않다. 소크라테스는 그에게 '에로틱한' 성격이 있다고 했다.[2] 소크라테스의 이 말은 글라우콘이 '소년을 사랑하는 자'라는 암시다. 그리스에서 성인 남자의 소년에 대한 사랑은 인정받은 전통이다. 글라우콘은 사랑에 대해 특별히 차별적이지는 않았다고 알려졌다. 그는 모든 소년에게 열정적이었고, 모든 소년에게서 사랑할 자질을 발견할 수 있었다. 소크라테스가 글라우콘에게 덕성 있는 사랑을 알려주려고 했을 때 그는 글라우콘이 홀로 토론에 나서는 훈련되지 않은 담대함과 무엇이든 가리지 않는 호기심에 주목한다. 글라우콘은 모든 사상에 호기심을 품었다. 그는 심지어 소크라테스의 상반된 관점의 가능성을 인정하면서도 본성과 자기주장에 관한 트라시마코스의 설명도 이해했다. 하지만 글라우콘은 소크라테스의 논변이 기술적으로는 탄탄해도 도덕적으로는 공허하다고 비판했다. – 물론 이는 당시에 소크라테스에 대한 흔한 비판이었다. 특히 글라우콘은 정의가 인간에게 '좋다'는 말을 반복하는 소크라테스 주장의 모호함을 여러 차례 지적했다. 인간에게 좋다는 것이 구체적으로 어떤 것인지를 보여주지 못한다면, 정의가 인간에게 좋다는 명제가 이치에 맞는다고 할 수 없다. 인간에게 좋은 것이 행복과 관련 있다는 점에는 모두가 동의하겠지만, 행복이 무엇인지에 대해서는 의견이 각기 다르므로

1. *Republic* 2.357a-358d.
2. 5.474d.

이는 별로 도움이 되지 않는다.

플라톤과 함께 했던 많은 대담에서 소크라테스 주위에 있던 젊은이들은 밋밋한 조연이나 아첨꾼 수준이었다. 플라톤은 그의 형제를 더 훌륭하고 매력적인 학생으로 여겼다. 글라우콘은 '정의는 좋은 것이다'라는 외면상 간단한 주장의 모호성을 분석하면서 대화를 시작한다. 하나의 가능성은 아이스크림을 (적당히) 먹는 것이 좋다고 말하듯이 사소한 관점에서 정의가 '좋은 것'이라고 할 수 있다. 이것은 인간이 즐기기는 하지만, 거기서 특정한 좋은 결과를 얻을 수 없는 '어리석은 기쁨'이나 '해롭지 않은 기쁨'일 뿐이다.

두 번째 가능성은 그 반대다. 인간에게 정의로운 행동이 지겹고, 성가시면서 힘들고, 즐길 만하지는 않지만, 그 결과 측면에서는 좋다고 말할 수 있다. 사람들은 이 범주에 해당하는 예를 안다. 연습('고통 없이는 얻는 것도 없다'), 입에 쓴 약이나 고통스러운 수술, 돈을 벌기위한 노동은 '피곤하고 마음에 들지 않'지만 사람들은 일한다.[3]

세 번째 범주는 인간이 즐거움뿐 아니라 그 결과로 얻는 이익까지를 기대하고 하는 행동이다. 인간은 행동하는 데서 기쁨을 느끼고, 자신에게 좋은 결과가 생김으로써 추가로 만족을 얻는다.[4]

글라우콘은 이제 그의 첫 번째 도전을 마주한다. 스승들은 대부분 정의가 오로지 필요적으로 고되다고 말한다. 글라우콘은 소크라테스에게 지금까지와 다른, 심리적으로 더 호소력 있는, 정의에 관한 변론을 해달라고 간곡히 부탁했다. 만약 정의가 정말로 '그 자체로 좋은 것'이라면, 정의는 세 번째 범주에 따라서도 좋은 것이어야 한다. —좋다는 것은 단지 목적지로 가는 길에

3. 2.357c.
4. 2.358a.

있는 정거장이 아니라, 그 자체의 옳음에서 즐거운 행동이어야 한다.

글라우콘은 정치사상사에서 훗날 중요하게 부각될 생각을 제시하면서 정의에 대한 전통적인 담론에 불만을 드러낸다. 아테네 이전 시대, 오늘날 '자연상태'라고 부르는 정부가 존재하기 전의 시기를 상상해보자.[5]

글라우콘은 자연상태가 존재함을 암시하지는 않았으나, 그는 인간에게 '자연'스러운 것과 인간 내면에서 사회화된 것을 구분하는 데 이미지를 사용한다. 처음 글라우콘의 생각은 정의가 자연스러운 본능이 아니라는 것이다. 자연상태에서 인간은 트라시마코스가 말한 바와 같이 각자가 공격적으로 자기 이익을 추구하고 생존을 위해 무엇이든 했을 것이다. 자연이란 본능만이 아니라 이성도 남이 내 것을 가져가기 전에 내가 남의 것을 가져오라고 말하는 정글전(jungle warfare)의 현장이다. 정의에 대해 말할 수 있는 최선은 그것이 자연상태에서 전쟁이라는 더 큰 악을 물리치기 위한 필요악이며, 정의는 필요에 따라 만들어졌다는 점이다.

누가 '정의'라는 아이디어를 떠올렸을까? 휴전을 선언하는 것은 누구의 이해관계에 따르는 걸까? 수 세기 후 니체가 예상했듯이 글라우콘도 약한 자들이 정의나 법, 정부로 전향한 최초의 인간들이었다고 추측한다. 그들은 함께 모여 평화와 안전의 대가로 자신의 자연스러운 욕망을 제한하기로 합의했다. 트라시마코스는 당연히 정의를 강자의 이익으로 정의했다. 글라우콘은 정의의 기원을 그 반대로 예상한다.[6]

글라우콘은 설령 인간에게 정의가 필요하더라도, 여전히 즐거움을 추구하는 인간의 자연스러운 성향을 희생시킨다고 생각했다. 정의를 '억제

5. 2.358e-359a.
6. 2.359a.

(deterrence)'로 생각할 때 생기는 문제는 이것이 자연과 사회, 행복과 정의 사이에 긴장을 조성한다는 것이다. 글라우콘은 전통적인 도덕에서 내적 분열을 경험한다.

글라우콘은 여기서 멈추지 않았다. 그는 자연과 정의 사이의 긴장을 묘사하는 또 다른 방법으로, '기게스의 반지'라는 경이로운 이야기를 다시 들려준다.[7] 기게스는 왕의 가난한 양치기였다. 양치기와 왕 사이의 어마어마한 불평등은 자연적이지도 않고, 정의롭지도 않다. 하지만 법은 가축 무리가 왕의 소유이고 기게스는 단지 성실히 양을 돌봐야 한다는 점을 분명히 했다. 어느 날 양치기는 마법 반지를 발견한다. 반지를 한쪽 방향으로 돌리면 그는 투명인간이 되고, 반대 방향으로 돌리면 원래 상태로 돌아온다. 기게스는 전혀 주저하지 않고 투명인간이 돼 행동의 완전한 자유를 누렸다. 기게스는 그가 절대 잡히지 않으리라고 확신하고 완전 범죄를 저질렀다. 요약하자면 왕비를 유혹하고, 왕을 죽이고, 가장 낮은 지위의 사람들을 왕국의 가장 높은 지위에 오르게 했다.

글라우콘은 소크라테스에게 정의가 정말로 그 자체로 보상인지에 관한 중요한 질문을 던지고자 기게스의 일화를 인용한다. 소크라테스의 도덕론은 기게스가 가난한 양치기로 남았더라면 더 나은 사람, 더 행복한 사람이었으리라는 불합리한 결론에 도달한다. 하지만 아무도 그렇게 생각하지 않는다. 기게스의 반지로 '무엇이든 원하면 가질 수 있으나 정의를 지키며 타인의 것을 욕심내지 않고 가지지도 않을 만큼 단호한 사람은 없을 것이다.'[8]

이 일화는 아무리 쉬운 반박도 차단하도록 구성돼 있다. 기게스의 행복

7. 2.359d-360d.
8. 2.360b.

은 잠들지 못하는 밤, 죄책감, 또는 체포에 대한 두려움으로 줄어들지 않는다. '불가시성'이라는 요소는 그에게 불안 없이 범죄의 수확물을 준다. 어느 바보 같은 사람이 무엇이든 자유롭게 가질 수 있다는 사실을 외면해야 한다고 생각할까? (이런 맥락에서 나는 독자들에게 왜 백악관의 인턴 모니카 르윈스키와 부적절한 관계를 가졌느냐는 물음에 대한 빌 클린턴의 "왜냐면 내가 그럴 수 있으니까."라는 대답을 상기하고 싶다. 그는 대통령직의 은밀함 덕분에 백악관에서 그가 저지른 짓이 보이지 않으리라고 믿었다)

글라우콘이 다른 주장을 펼치기도 했지만, 무시해도 괜찮다. 정의가 인간의 자연스러운 욕망과 성향의 충족에 좋지 않다는 주장을 반복하기 때문이다.[9] 단지 플라톤의 또 다른 형제인 아데이만투스(Adeimantus)가 글라우콘을 옹호하려고 이 대화에 끼어드는 방식이 흥미롭다. 글라우콘은 거의 그가 스스로 정리한 논증을 제시했다. 아데이만투스는 정의와 관련있는 문제들을 설명하면서 이미 인정받은 타인의 권위를 이용한다. 그러나 아데이만투스가 『호메로스와 헤시오도스의 경연(*Contest of Homer and Hesiod*)』에서 기술한 신에 대한 묘사를 살펴볼 때 젊은이들이 기존 지혜에 회의적인 반응을 보이게 되는 과정을 엿볼 수 있다. 아데이만투스는 정의를 옹호하는 모든 훌륭한 주장을 섭렵했지만, 신조차 부정의를 저지른다는 사실을 인정할 수밖에 없었다. 신들은 저 위에서 그들끼리 쉼 없이 전쟁을 벌인다. 그리고 케팔로스가 추측했듯이 신들이 인간에게 기대하는 것처럼 보이는 모든 것은 인간이 저지른 어떤 죄에 대해 속죄하는 몇몇 전략적 희생뿐이다.[10]

9. cf. 2.361a-d에서 글라우콘은 정의에 관한 평판은 좋은 것이나 정의를 실제로 실행하는 것은 그렇지 않다고 냉소적으로 말한다.
10. 2.362e-367e.

소크라테스의 답변 : 유토피아에 대한 요청

두 형제의 도전에 맞서 소크라테스는 개인의 선에 관한 근본 문제를 다뤄야 한다. 어렴풋이 드러나는 질문의 성격은 개인적일 뿐, 아직 정치적이지는 않다. 왜 자연스럽지 않고, 부담스럽고, 억압적으로 보이는 정의에 대한 요구가 개인에게 행복을 가져다준다고 믿어야 하는 걸까?

특히 실질적 정의론보다는 절차적 정의론에 익숙한 근대 독자들에게 소크라테스의 대답은 독특해 보인다. 절차의 관점에서 정의는 사람들이 그들에게 선한 것을 구성하는 궁극적인 도덕 가치의 실질이나 내용에 동의하지 않더라도 그들이 공정한 조건에서 함께 살아가게 하는 덕성이다. 사람들은 선한 삶에 대한 그들의 실체적 혹은 종교적 관점을 수정할 필요 없이 분쟁을 공정하게 해결하는 절차의 틀이나 구성에 관한 것에는 얼마든지 동의할 수 있다. 실제로 사람들은 궁극의 도덕적 가치에 대해 좁힐 수 없는 견해차를 고려하지 않거나 무시한 뒤에야 사회적 협력에 대한 공정하고 정의로운 조건에 대해 동의할 수 있게 된다.

그러나 소크라테스는 정의에 대한 절차적 접근을 거부한다. 소크라테스는 사람들에게 선한 것이 '무엇인지'를 먼저 알지 않는 이상, '어떻게' 사람들에게 공정하게 대하는지 – 그들에게 무엇을 해줘야 하는지 – 를 아는 것은 불가능하다고 생각한다. 만약 사람들이 그들의 본성을 충족하고 행복을 이루는 가장 좋은 방법으로 그들을 행복하게 해주는 것이 무엇인지 올바르게 알 수 있다면, 정의는 분명히 사람들이 원하는 좋은 것을 가져다주는 덕성이다. 그리고 이것은 왜 소크라테스가 정의에 관한 지식이 좋은 것에 관한 지식을 따른다고 주장하는지를 설명한다. 좋은 삶을 이루는 정의로운 절차와 제도를 만들기 전에 먼저 사람들에게 좋은 것이 무엇인지를 알아야 한다는 점에서, 선한 것에 대한 지식은 정의에 '앞선'다.

『국가』는 선에 대해 철학 지식을 갖춘 지배자가 자신에게 무엇이 선한지를 아는 능력이 모자란 사람들의 이익을 위해 자기 지식을 이용해 유토피아적인 국가를 정교하게 건설함으로써 실질적 정의론에 도달한다. 소크라테스는 제자들에게 저 유명한 격언을 통해 '너 자신을 알라'고 가르쳤지만, 플라톤의 정치학은 사람들이 대부분 적절한 자기 이해를 실현할 수 없다는 판단에 바탕을 두고 있다. 인간에게는 각자 뚜렷한 특성이나 정신적 기질이 있다. 그중 몇 사람은, 사실 대부분 사람은 물질적 재화를 생산하고 소비하는 삶을 통해 성취되거나 그런 것을 잘하려는 세속적 욕구로 가득 차 있다. 또 어떤 사람들은 명예에 대한 집착과 평판이 나쁜 이들에 대한 경멸에 반응하는 활발한 기질이나 신경질적인 기질을 드러내기도 한다. 이런 사람들은 군에 복무하거나 도시를 방위하는 삶을 잘 영위하고, 또 그런 삶에서 행복을 느끼기도 한다. 마지막으로, 몇몇 사람은 이성과 지성에 대한 애정으로 가득 찬 독립적인 영혼이다. 오직 이 부류 사람들만이 스스로 선한 것을 발견하고 그 지식으로 도시를 다스릴 지혜를 갖추고 있다.

소크라테스는 제자들이 애초에 그들 자신의 완벽한 국가를 건설할 힘을 갖췄다고 가정하고, 그들과 함께 정의에 대한 논의를 전개했다. 어떤 것도 나이나 권위를 이유로 수용해서는 안 된다는 그의 접근 방식은 갑자기 '설립자'의 지위로 승격된 젊은 자유사상가들에게 반향을 일으켰다. 어떤 것도 단지 불가능해 보인다는 이유로 거부당해서는 안 된다. 소크라테스는 젊은이들에게 그들 자신의 삶에서 정의를 지켜야 하듯이 도시의 삶에서 정의를 고려하라고 했다. 그는 정치사상으로 우회하는 것은 '엄연히' 정의를 언뜻 보여줌으로써 당면한 심리적 문제들을 명확하게 이해하는 데 도움이 된다고 했다. 이상 국가나 유토피아에 존재하는 과장된 모델의 정의를 살펴봄으로써 축소 모형에서, 그리고 개인 삶에서 정의를 더 잘 발견할 수 있게 된다.[11]

이것은 적어도 두 가지 이유에서 특이한 제안이다. 첫째, 이는 도시와 개인을 정의롭게 만드는 것이 정치적 정의와 같은 요소이고, 심리적 정의보다 더 광범위한 것으로 가정한다. 그러나 도시를 정의롭게 만드는 것과 개인을 정의롭게 하는 것 사이에 그런 유사점이 있는지는 전혀 명백하지 않다. 예컨대, 도시에 좋은 것과 개인에게 좋은 것 사이에는 엄청난 긴장이 있을 수 있다. 둘째, 도시를 건설하라는 갑작스러운 제안은 그날 대화에서 정치를 주제로 삼는 데 다소 이상하고 부정한 방법이었다. 여러 청년이 순서대로 정의에 관해 생각하기 전에 자신에 대해, 그리고 자신의 행복에 대해 생각하고 있었다. 그들은 바닷가에서 휴일을 보내려고 문자 그대로 도시를 벗어났지만, 저물녘과 예정된 횃불 행진을 기다리면서 머릿속에 마지막으로 남은 것은 정치에 관한 생각이었다. 정의와 행복이 삶에서 무엇을 의미하는지 알려면 도시를 건설하라는 소크라테스의 갑작스러운 제안은 일종의 책략이었다. 그는 이어지는 대화에서 정치와 심리 사이에, 그리고 도시를 정의롭게 하는 특성과 개인을 정의롭게 하는 특성 사이에 어떤 연관이 있다는 가정을 전체 대화에 전제함으로써 '말없이' 학생들의 생각을 새로운 방향으로 유도했다.

유토피아 사상에 대한 여담

플라톤은 특히 현실적인 정치개혁이라는 청사진을 통해서가 아니라, 유토피아주의자로서 자신의 생각을 설명한다. 그는 다른 두 번의 대화에서

11. 2.369a.

더 실천적인 정치적 조언을 제시했다. 하나는 특정한 법전과 법, 그리고 다른 하나는 정치가의 특정한 자질이다. 흥미롭게도 이 두 대화에서 플라톤은 소크라테스의 이름을 쓰던 습관에서 벗어나는데, 그것은 아마 정치에서 실제로 실현 가능한 것과 이상적인 것을 구분하기 위해서였던 것 같다.[12]

많은 사람이 『국가』의 유토피아주의에 좌절하고 거부감을 드러낸다. 이는 충분히 이해할 수 있는 반응이다. 결국, 한 번도 실현된 적이 없는 정치이론이 쓸모 있을까? 내 수업에서는 매년 현실주의자와 이상주의자의 흥미로운 논쟁이 벌어진다. 현실주의자에게 정치는 실천적 기술이어서 쟁취에 대한 축하도 가능하다. 소크라테스의 제자들처럼 현실주의자들은 도덕주의에 지친 세상에 목소리를 내고 정치에 관심을 보인다. 왜냐면 정치는 뭔가를 실현하겠다고 약속하기 때문이다. 정치라는 것은 결국, 플라톤이 『국가』 후반부에서 '동굴'이라고 부른 것 안에서 일어난다. 현실주의자들이 얻으려는 것은 동굴 안에서 효과가 있는 기술이다.

아이러니하게도 반대 시각을 갖는 사람들은 유토피아를 건설하자는 소크라테스의 제안이 지나치게 이상주의적이라는 이유로 반대한다. 그들은 정치가 항상 정의로워야 한다고 생각하고, 바로 그런 이유로 세상을 변화시키는 데 원칙 없는 방법을 인정하지 못한다. 구약에서 모세는 히브리인 노예들이 40년간 광야에서 떠돌다가 죽을 것이고, 완전한 자유에서 태어난 순결한 사람들만이 약속의 땅에 갈 수 있다고 천명한다. 프랑스 혁명기 자코뱅 당원들은 '박애'를 명목으로 동지들을 감금하고 처단했다. 좀 더 최근의 예로, 중국 마오쩌둥의 문화 혁명기에는 모든 사람이 새로운 방향으로 개조되는 '재

12. 『정치가(*Statesman*)』에서 플라톤은 젊은 소크라테스의 대화를 통해 '이방인'의 말로 조언을 건넸다. 『법률(*Laws*)』에서 소크라테스는 전적으로 부재한다.

교육' 캠프에 들어가야 했다.

완벽한 정치를 실현하려는 사람들의 잔혹함을 경계하는 『국가』에 대해 회의적인 사람들은 현실주의자가 아니라 이상주의자다. 임마누엘 칸트는 인간성을 말하면서 곧게 자람에 저항하는 '뒤틀린 나무'에 비유한 적이 있다. 유토피아주의자는 이런 사실을 자주 잊어버린다.

소크라테스도 그럴까? 대학원에서 나를 지도했던 어느 교수는 다른 학자들과 마찬가지로 소크라테스는 급진적인 정치 변화를 믿는 사람들을 조롱하고 풍자한다고 했다. 63세로 급작스럽게 생을 마감할 때까지 대학원생들에게 고대 정치이론을 훌륭하게 강의한 주디스 슈클라(Judith Shklar)는 플라톤의 유토피아니즘에 대해 더 설득력 있는 해석을 제시했다. 그녀는 『국가』의 유토피아적 요소를 풍자보다는 비통함으로 설명한다. 이 비통함은 정치적 삶에서의 이상과 현실의 괴리에 관한 것이다. 슈클라에 따르면, 소크라테스는 자신의 이상을 믿었지만, 그 이상을 당시 만연했던 부정의의 현상을 들춰내는 포장으로 이용했다. 정치이론가들은 대부분 부정의를 알려면 먼저 정의를 알아야 한다고 가르친다. 나치주의라는 공포의 대상을 상기시키며, 슈클라는 정치 교육의 곡선을 뒤집었다. 악을 알고 나서야 선이 뿌리를 내릴 수 있다는 것이다. 그리고 일상화된 부정의에 대한 혐오를 일깨우는 것은 『국가』 말고는 없다. 여기에 현 시국이 부패했다는 비난을 털어버리는 데 『국가』의 영속적이고 현실적인 중요성이 있음을 알 수 있다.

첫 번째 도시 건설 : 인간과 돼지의 차이

이상하게도, 젊은이들은 유토피아를 건설하려는 소크라테스의 첫 번째 시도를 반유토피아적이라며 반대한다. 소크라테스는 시민의 물질적 욕구가 충족되는 건강하고 온건한 도시의 유형을 제시한다. 글라우콘과 다른 사람들은 그것이 돼지에게나 어울리는 도시라고 비웃는다.[13] 여기서 학생과 선생의 차이가 드러난다. 소크라테스는 인간에게 꼭 필요한 것이 의·식·주처럼 가장 기본적인 재화의 공급이라며 논의를 시작한다. 사람들은 애써 생필품을 생산하고, 이런 욕구가 경제활동을 발생시킨다. 하지만 이것은 예술 같은 문명화된 미적 관념이나 문화를 발생시키지는 못한다. 왜냐면 예술은 본능적인 욕구와 거리가 있기 때문이다.

하지만 문명화되지 않은 사람들도 재화를 생산하기 위해 협력 제도를 고안할 만큼 충분히 합리적일 수 있다. 사람들은 각자 남보다 더 잘 생산할 수 있는 품목이 서로 다르다는 사실을 안다.[14] 신발을 잘 만드는 사람은 땔감을 잘 만드는 사람과 협력해서 물물교환할 수 있다. 두 사람은 각자 자기 일을 한 가지로 한정하는 데 동의하고, 다른 사람과 생산물을 교환함으로써 각각 재화를 확보한다. 천성적으로 재능 있는 일을 하고, 필요하지만 자신이 만들 수 없는 물건을 다른 사람에게서 받으므로 이런 제한은 정의롭다.

소크라테스가 첫 번째 도시에서 보여준 '교환의 사회성'이라는 관점은 시장에서 개인의 이기적 동기를 통해 집합적 선이 성취된다는 주장으로 유명한 애덤 스미스의 '보이지 않는 손'과 비슷하다. 누구도 복지 일반을 위해 생산하지 않지만, 시장 논리를 통해 공동선에 도달한다.

나는 수년간 학생들이, 소크라테스의 제자들이 그랬듯이, 외견상 시장 도시의 건전성과 조화를 다소 덜 매력적으로 생각한다는 사실을 알게 됐다. 글라우콘의 반대 의견은 기본적인 욕구 충족으로만 작동하는 도시에는 특히

---

13. *Republic* 2.372d.
14. 2.370b.

'인간적' 욕구가 부재한다는 것이다. 돼지는 먹지만 인간은 식사한다고 말하면서 글라우콘은 그의 스승에게 비아냥거린다. 이 도시에 식탁, 풍미, 기타 등등이 어디에 있는가?[15]

글라우콘은 한 번 더 '에로틱'하다고 규정하면서 인간으로서 그가 인식하는 도시는 오로지 사치스러운 것들로 뒤덮인 장소라는 사실을 솔직하게 강조한다. 이것이 인간에게 의미하는 바는 육체적 욕구의 충족을 넘어선 욕망을 불러일으키는 상상의 나래를 펼치라는 것이다. 자연은 욕구를 강제하지만, 인간은 스스로 원하는 것, 자신만의 취향을 선택한다.[밥 딜런 노래의 유명한 구절은 에로틱한 지점을 잘 집어낸다. "너의 데뷔탕트(상류층 사교계에 처음 입문하는 여성 -역자)는 네게 무엇이 필요한지 알지만, 나는 네가 무엇을 원하는지 안다."]

글라우콘이 그의 도시에 존재하기를 바라는 '기타 등등'의 예로 다음과 같은 것이 있다. —소파, 식탁, 가구, 향기, 매춘부, 재미, 향수, 케이크, 미술품, 자수품, 금, 상아.[16] 글라우콘은 이런 종류의 호화스러운 도시를 건설하지 않는다면 차라리 말을 타고 횃불 행렬을 구경하겠다고 말한다.

내 학생들은 욕구를 충족해주는 도시 개념에 반대 의견을 피력하는데, 더 민주적으로 표현하자면, 그런 의견은 각기 다른 경향을 드러낸다. 즉 모든 사람이 한 가지 소질만을 갖추고, 한 가지 일만을 잘한다는 기본적인 가정을 인정하지 않는다. 그들은 매년 다양한 성격의 질문을 던진다. 나는 왜 모든 것을 잘할 수 없다는 것일까? 비록 지금 내가 장작 패는 일을 잘한다고 해도 최소한 신발 수선을 더 잘할 수 있기를 원할 수는 있지 않은가? 장작만 패는 삶에 질릴 수도 있다. 게을러져서 전혀 일하고 싶지 않을 수도 있다. 다른

15. 2.372c.
16. 2.373a.

사람들에게는 전혀 쓸모없는 나비 채집을 잘할 수도 있다. 더 나아가, 사람이 각자 한 가지 일만을 잘한다는 소크라테스의 주장이 옳다고 쳐도 그 일이 무엇인지를 누가 결정하는가? 만약 신발 수선에 뛰어난 사람이 넘쳐난다면? 시민에게 임무를 분배하는 정치 지배자가 있다면? 소크라테스의 생각은 단순히 수요와 공급의 논리가 사람들을 그들이 필요한 곳으로 보낸다는 것을 의미했을까?

나는 오늘날 학생들이 소크라테스의 제자들이 묻지 않았던 경제 정의에 대해 질문하는 것을 긍정적으로 평가한다. 당시에 글라우콘과 다른 제자들은 생계유지를 위해 직업을 가져야 한다고 생각하지 않았음을 기억하자. 바로 이것이 직업과 정의에 대한 질문을 곧바로 생략하고 이른바 '더 높은' 차원의 토론으로 나아갈 수 있었던 이유다. 그러나 정의와 재능에 대한 소크라테스의 기본 가정은 '생계유지'를 염두에 둔 학생들에게는 곤란한 문제다. 자연이 사람들을 가장 경쟁력 있게 할 한 가지 기능에 '전문화'되게 한다고 가정함으로써, 소크라테스가 말하는 사회는 '재능에 따라 각자로부터 재능에 따라 각자가' 정의를 실현할 수 있다.

자연이 재능과 소질을 불평등하게 분배하는 현실을 인정한다고 해도, 정의에 대한 소크라테스의 관점은 이를 따르지는 않는다. 현대 철학자 존 롤스(John Rawls)가 설득력 있게 논증한 바로는 재능의 자연적 분배는 도덕과 무관하다. – 재능은 출생이라는 자연적 제비뽑기에서 맹목적인 운의 문제다. 운은 누군가가 타고난 특정한 기술을 가치 있게 여기는 사회에서 태어나는지를 결정한다. 어떤 사회는 운동 분야의 재능을 좋은 것과 동일시하고, 또 어떤 사회는 돈 버는 능력을 좋은 것으로 여긴다. 근대의 관점에서, 소크라테스는 단순히 출생의 운과 사회적 가치의 우연성을 반영한 사회가 왜 정의로울 수 있는지 만족스럽게 설명한 적이 없다.

『국가』에서 소크라테스는 정의와 평등에 관한 기본 가정을 옹호하지만, 이는 한참 뒤에야 나오는 내용이다. 피레에프스에 모인 특권층 젊은이들은 경제 정의에 관한 질문이 나오자 이내 흥미를 잃는다. 그들은 노동이 아니라 사치에 관해 논의하기를 원한다. 소크라테스는 그들이 꺼리는 기색을 보고, 정의와 사치를 조화시키는 정치는 지속하기 어렵다고 경고하지만, 마지못해 논의를 불필요한 사치품들을 생산하는 경제 활동으로까지 확대하게 된다.

인간의 모든 욕구를 충족하는 도시에서 삶은 불가피하게 무력적인 방향으로 진화한다. 첫째, 새로운 사업과 생산이 점점 더 희소해지는 땅과 자원을 두고 경쟁을 벌이게 되므로 욕망은 내부 갈등을 일으킨다. 소크라테스는 농담조로 조향사가 액체를 담는 커다란 통과 화력을 새롭게 확장되는 경제의 전형으로 묘사한다. 사람들의 새로운 욕구가 지나쳐서 아픈 사람들을 위해 병원을 짓는 데 더 절실하게 필요한 땅을 조향사들이 차지했다는 것이다. 어떤 점에서 땅을 두고 벌어지는 이런 내부 갈등은 도시가 주변국 땅을 차지하려고 들면서 경계를 넘어 외부 갈등으로 확장됐다.[17] 단순히 경제적 연합뿐 아니라 군사적 연합이 되려 할 때 일어나는 전쟁과 도시의 필요를 살펴보자.

군사 도시의 등장

그날 밤 피레에프스에 있던 사람들은 이상 국가가 세워진다고 해도 전쟁이 일어날 가능성이 있다는 사실에 아무도 놀라지 않았다. 심지어 아무도 소크라테스에게 땅을 차지하려고 이웃과 전쟁을 벌이는 일이 정당한지 묻지

17. 2.373d.

않았다. 남의 땅은 그저 노는 땅인가? 이웃 나라는 인구가 너무 적어서 공화국으로 발전하지 못한다는 것일까? 정의의 관점은 전적으로 국내에 한정돼 있었고, 한 걸음 더 나아가 공화국의 복지 추구가 이웃에 미치는 영향에 대한 분석은 없었다. 사람들은 모두 소크라테스가 전쟁 중의 정의(Jus in bello)나 전쟁 '수단'의 제한을 주제로 연설하는 모습을 봤다. 소크라테스는 그리스가 동맹국을 복속하거나, 인명을 살상하거나, 마을을 불태우지 않게 할 군사 윤리 수칙을 제시했다.[18] 그러나 정의로운 '종전(終戰)'에 대한 논의는 없었다.

욕구 충족의 도시에서 사람들은 대체로 도시 활동에 전적으로 참여한다. 그러나 새로운 군사 도시가 부상하면서, 소크라테스는 그들을 뒤에 남겨놓았다. 그들은 경제적 삶을 군사적·정치적 삶으로 바꿀 능력도 욕구도 없었다. 아테네 청중이 보건대 소크라테스가 사람들 대부분을 도시의 공적 삶에서 배제한 것이 이상했을 것이다. 아리스토텔레스는 민주주의에 대해 플라톤보다 더 호의적이지 않았지만, 그는 국가가 통치자와 피통치자 사이에서, 때로 통치와 피통치가 차례로 바뀌는 방식을 택하기도 하는 '공유된 연합(shared association)'이라는, 당시 그리스에서 지배적이었던 개념을 반영했다. 하지만 플라톤이 생각한 이상적인 공화국은 절대로 통치자와 피통치자의 연합이 아니었다. 그는 엘리트 지성인 계층이 태어날 때부터 일반인들로부터 격리돼 양육돼야 한다고 생각했다. 모든 좋은 수호자가 그렇듯이 그들은 본성과 훈련 덕분에 시민을 보호하고 시민의 선을 위해 자비롭게 통치하게 된다. 하지만 그들에게 그 힘을 부여하는 선에 대한 유사한 개념을 시민과 '공유'하기보다는 무엇이 시민에게 좋은 것인지 아는 것을 우선시했다.

---

18. 5.469c, 469e, 471b

이런 관점에서 볼 때 『국가』에서 전개되는 논의는 거의 전적으로 도시의 수호자가 갖춘 능력을 기준으로 사람들을 구별하는 자격에 대한 담론이다. 소크라테스는 군인과 통치자를 '수호자'라고 불렀고, 궁극적으로는 도시를 통치하는 자질과 군사적으로 도시를 지키는 자질을 뚜렷이 구분했다. 소크라테스는 먼저 군사적 측면부터 이야기한다.

군사적 심리 : 열정적인 유형(The Spirited Type)

좋은 군인의 특징은 심리보다 육체에 집중된다. 소크라테스는 군인이 예민한 감각, 힘, 민첩함 같은 특정한 신체 특성을 갖춰야 한다는 것을 – 그리고 자신은 그렇게 될 수 없음을 – 확실히 깨달았다.[19]

그러나 어떤 사람이 싸움에 적합한지 판단하는 기준이 꼭 육체적인 면만은 아닐 것이다. 왜냐면 용기는 정신적 강인함에서 비롯하기 때문이다. 모든 사람이 용맹하게 위험에 대처하고 반응하는 심리적 기질을 갖추고 있지는 않다. –사실 극히 소수의 사람만이 그런 기질을 갖추고 있다. 사람들이 찾는 드문 인물은 '무엇에 맞서든지 두려움 없고 천하무적인' 성품을 갖춘 사람이다.[20]

그러나 그와 동시에 사람들은 무분별하고 피에 목마르지만 용맹하지는 않은 군인을 찾는다. 군인에 관한 오래된 의문은 어떻게 무기를 시민에게로 향하지 않게 하면서 그를 무장시킬 수 있느냐는 것이다.[21] 소크라테스는 오랜 세월 군의 역사에 지속한 두 가지 가능성을 곧바로 배제한다. 첫째, 군인에게

19. 2.375a.
20. 2.375b.
21. 2.375b-c.

돈을 줘서 동기를 부여하는 방법을 배제한다. 용병들은 오직 돈과 개인의 이득만을 따르므로 좋은 수호자가 될 수 없다. 둘째, 전체 시민을 대상으로 군인을 모집하는 방법을 배제한다. 시민에게 쟁기를 버리고 무장하라고 요구하는 것이 옳지 않다는 것이다. 평범한 사람도 잠재적으로 용감하다는 사실을 말하는 데 '한 사람에게 하나의 직업(one person one job)'이라는 원리로 돌아갈 이유는 없다고 주장한다. 육욕은 금욕, 자기희생, 타인을 위해 기꺼이 죽는 삶이 아니라 소비적인 생활방식으로 그들을 유인한다.

소크라테스는 군인의 삶을 살기에 적합하고, 또 그런 삶에 매력을 느끼는 사람은 영혼이 흔히 영어로 '열정(spirit)'이라고 번역하는 thumos를 따르는, 드문 성향의 인간이라고 말한다.[22] 하지만 이 번역에는 문제가 있다. 오늘날 심리학자들이 군인의 정신 지도를 그릴 때 이에 상응하는 어휘가 없기 때문이다. 사람들은 여전히 이성과 욕망의 충돌을 말하지만, 소크라테스는 누구에게나 세 가지 정신 영역, 즉 이성, 욕망, 열정이라는 중간 영역이 있다고 말함으로써 이 이원론을 더 복잡하게 만들었다. 누구나 이 세 가지 정신 상태를 경험하지만, 그중 어느 것이 가장 지배적인지는 사람에 따라 다르다. 좋은 군인이 되려는 사람에게 중요한 것은 열정이 지배하는 기질이다.[23]

열정은 합리적이지도 비합리적이지도 않고, 육욕을 따르지도 않고 지

---

22. 2.375b.

23. 몇 년에 걸쳐 나는 학생들에게 오늘날 spirit이라는 말이 어떻게 사용되는지 사례를 나열해보라고 했다. 그 목록은 다음과 같다. 알코올 중독(alcoholic spirits), 애교심(school spirit), 공공심(public spiritedness), 국가 정신(spirit of nation), 시대 정신(spirit of age), 세인트루이스호의 정신(the spirit of st.louis-lindbergh's airplane, 찰스 린드버그라는 파일럿이 세인트루이스호를 타고 뉴욕 루스벨트 공항에서 파리 르부르제 공항까지 날아서 대서양을 건넌 사건을 가리킨다), 단결심(espirit de corps), 유령 같은 영혼(ghostly spirits), 기개가 있는 말(spirited horses), 열정적 노력(a spirited effort), 기분을 고양시키다(lifting someone's spirits).

적이지도 않다. 열정은 이성의 협력자로서, 대개는 욕구의 시녀로서 인간 마음속에서 힘을 발휘하는, 인간 내면의 감정적이고 흥분하기 쉬운 경향이다. 하지만 열정은 그 자체만으로 변덕스럽고 어수선한 에너지와 열의의 원천이다. 예컨대, 사람들은 오늘날에도 말(馬)이 '높은 기개(high-spirited)'를 품고 있다고 말한다. 그 열정에 마구를 채우고 단련할 수 있다면, 말은 경주에서 엄청난 성과를 낼 수 있다. 그 열정을 길들일 수 없다면, 그 말을 다루기도 어렵고 믿기도 어려울 것이다.

사람도 마찬가지다. 아주 예민하거나, 아주 신경질적이거나, 또는 화를 잘 내는 유형이 있다. 열정은 그들을 포악하고, 성급하고, 쉽게 분노하고, 앙심을 품고, 보복하게 한다. 그들은 특히 명예와 모욕이 걸린 문제에 민감하다. 군인에게 그런 기질이 필요하지만, 훈련할 수 있을 때 그렇다. 아무튼, 열정은 본래 변덕스러워서 군인은 '공적 열정(public-spirited)'을 품도록 훈련해야 하고, 나라를 위해 기꺼이 죽을 수 있게 하는 단결심을 품게 해야 한다.

과연 무엇이 개인의 정신적 열정을 군인이나 시민으로서 발산하게 할까? 레온티우스(Leontius)의 일화를 보자. 그는 피레에프스 근처를 거닐다가 사형집행인이 막 처형당한 범죄자의 시체를 길 한쪽으로 치우는 현장을 목격했다. 레온티우스의 반응은 자동차가 고장 나서 천천히 운전하다가, 다쳤거나 죽었을지 모르는 사람을 발견하고 좀 더 자세히 보려고 애쓰는 자신을 참을 수 없는 운전자의 심정과 비슷할 것이다. 레온티우스는 "보기를 원했지만, 그와 동시에 혐오를 느끼고 외면했다. 그리고 잠시 소스라쳤고, 스스로 얼굴을 가렸다. 그러나 결국 욕구를 극복하지 못하고, 눈을 크게 뜨고 시체를 향해 달려가 말했다. '보라, 지독히도 악마 같은 인간들아, 보고 싶은 광경을 마음껏 봐라.'"[24] 레온티우스는 그가 실제로 욕구를 느꼈다는 사실에 자신에게 '화'가 났다. 더 정확히 말해서 마치 다른 사람 얼굴에 달린 것 같은 자기 눈에 화가 났다. 결국, 그의 분노는 보고 싶은 욕구를 극복할 만큼 강하지 않았고, 그는 얼빠진 사람처럼 욕구에 굴복했다. 그러나 비록 잠시였지만, 그 분노는 레온티우스가 스스로 부끄럽다고 여기는 욕구에 저항하고 싸우게 했다. 이 투쟁, 그리고 이 투쟁에 불을 붙인 분노는 일에 대한 열정의 신호다. 레온티우스의 열정은 욕망하기에 불명예스러운 것과 누리기에 영광스러운 것 사이의 격차, 즉 '수치심'이라는 감정에 반응한다. 레온티우스의 수치심은 그의 열정이 욕구를 통제할 만큼 충분히 강렬한 것 같지 않다. 하지만 수치심과 명예에 대한 열정이 있는 사람의 감성을 고려하면, 다른 결말도 가능했을 것이다.

그렇다면 군인-수호자에게 기대하는 유형은 명예로운 일을 하는 것이 삶에서 가장 중요하다고 믿는 열정적인 사람이다. 어떤 사람들은 명예를 위해서라면 안락한 모든 것을 포기할 수도 있다. 그들은 명예와 존경을 얻고자 삶에서 느끼는 일반적인 여러 욕구를 멀리한다. 그들은 메달과 배지, 리본과 표창장, 포상과 행진, 명성과 평판을 사랑한다. 그들은 비도덕적인 짓을 했다고 여기는 것을 혐오한다.

정확하게 말해 이성이 아니라 열정이 그들의 감정을 담당하므로 이들은 '어떤' 행동이 명예로워야 하는지 스스로 알아낼 수 없다. 그들의 마음 상태가 남들이 정해준 목적을 향하도록 인도할 필요가 있다는 것이다. 오히려 이런 상황은 긍정적인데, 왜냐면 남들을 기쁘게 해주겠다는 동기가 열정을

---

24. *Republic* 4.440a.

공적 열정으로 전환하기 때문이다. 국가에 봉사하는 것이 삶의 가장 큰 영예라는 생각을 그들에게 심어줄 수 있게끔, 국가는 어릴 때부터 양육하고 훈련하고 교육할 필요가 있다. 군인의 열정이 공적 명예를 얻을 계기와 결합하면, 그는 믿음직한 수호자가 되고, 남들을 대신해서 사나워지기도 하지만, 결국 시민을 잘 보호하게 된다.

수년 전, 『뉴욕타임스』는 명성과 명예를 추구하는 사람들의 심리는 부에 대한 욕망으로 동기가 부여되는 사람들과 확연히 다르다는 사실을 밝혀낸 연구 결과를 게재했다. 명성을 추구하는 것은 '사회적 인정에 대한 욕구, 지명도를 통해 자기 존재를 확인하려는 욕망에 뿌리를 내리고 있는 것처럼 보인다.'[25] 열정적 유형에 대한 소크라테스의 생각도 이와 비슷하다. 영예로운 행동의 방침이 사실은 사회가 실제로 영예롭게 여기는 데서 비롯한 것이라는 단서가 있다.

열정은 성별에 따라 배타적이지 않고, 남녀에게 모두 드물다. 군인으로서의 능력을 갖춘 남성이 많지 않지만, 몇몇 여성은 군인으로 활동한 경력을 갖추고 있다.[26] 하지만 이 논점은 본성이 각기 다른 사람들은 각자 잘하는 일이 서로 다르다는 소크라테스의 종합적인 주장에 모순되는 것처럼 보이므로 제자들은 혼란스러워했다. 남자와 여자는 본성이 다른데, 어떻게 양쪽 모두 군인의 일을 잘할 수 있다는 걸까? 소크라테스는 성별 차이가 열정의 유형을 찾는 것과 무관하다고 대답한다. 대머리 남성과 머리숱이 많은 남성은 머리카락에 관해 자연적으로 다르지만, 아무도 이런 차이가 군인 모집과 관련 있

25. Benedict Carey, "The Fame Motive," New York Times, August 12, 2006, p.D1.
26. *Republic* 5.451d-452a.

다고 생각하지 않는다.[27] 성별의 차이도 마찬가지로 무관하다.

『국가』 후반부에서 체제 붕괴에 관해 논의할 때 소크라테스는 심한 독설로 여성을 비판한다. 나중에 이 문제를 다루겠지만, 소크라테스가 예외적으로 열정 있는 여성들을 계속해서 찾는 이유가 전반적으로 성평등을 옹호하기 위한 것은 아니라는 사실은 여기서 짚고 넘어가자. 사람 중에는 자신의 성을 초월하는 예외적인 부류가 있다. 하지만 수호자 계층을 제외하고 보통 사람은 남성으로서든 여성으로서든 일률적이다. 심지어 수호자 계층에서도 소크라테스는 다음과 같은 방법으로 자신을 스스로 반박한다. 여성은 수호자가 될 수 있지만, 절대로 남성 수호자만큼 완벽할 수 없고, 여성이 수호자가 될 자격을 부인하지는 않지만, 남성이 그 자질에서는 여성보다 우월하다는 것이다.[28]

군사교육과 훈련

『국가』에서 소크라테스는 교육에 관해 두 번 논의한다. 그 두 가지 교육은 어린 시절 교육과 고등 교육이다. 그리고 이 두 가지 교육은 궁극적으로 수호자의 두 가지 직업을 반영한다. 열정에 사로잡힌 사람들은 군인의 삶에서 이룰 수 있는 것보다 더 높이 올라가지 못한다. 그들에게 교육은 오로지 정치적이고 공리주의적 용어로만 표현된다. 군인들은 진실을 알 필요가 없고, 때로는 절대 알아서도 안 된다. 하지만 무엇이 영광스러운 것인지는 늘 알고 있어야 한다. 정의와 좋은 삶에 대한 진실을 가르치는 더 고차원적인 교육은 이성이 영혼을 지배하는 사람들, 국가를 다스리는 지혜에 타고난 우월

27. 5.454c.
28. 5.455c-e.

성이 있는 사람들이 맡는다.

소크라테스의 두 가지 교육은 모두 비판받아왔다. 정치적 관리자 교육과정은 철학적 지혜가 현실 판단력이 뛰어난 리더를 양성하는 필요충분조건인 것처럼 보이고, 너무 이론적이라는 것이다. 군인의 교육과정은 군인이 스스로 생각하는 바를 반영해 배울 필요가 없다는 듯이 지나치게 형식적이라는 비판을 받는다.

소크라테스가 고려한 군인 교육과정의 구체적인 내용을 알아보기 전에 일반적인 문제를 살펴보자. 만약 군인이 스스로 생각해야 한다면, 언제 그렇게 해야 한다는 걸까? 일단 군인은 상관의 명령을 반드시 따라야 한다. 하지만 뉘른베르크 재판에서 '명령에 따르는 것'이 전쟁 범죄나 반인륜적 범죄를 저지르라는 명령을 수행한 것에 대한 변명이 될 수 없음은 분명히 밝혀졌다. 군인에게 합법적 명령과 불법적 명령의 차이를 가르치는 교육과정을 어떻게 고안할 수 있을까? 군인에게 상관의 '지혜'에 대해 생각해보기를 독려하지 않으면서 어떻게 그 명령의 '합법성'을 판단하라고 말할 수 있을까?[29] 소크라테스의 '유토피아적' 생각에 대해 적어도 한 가지는 말할 수 있다. 심지어 오늘날의 군인들에게도 스스로 생각하기를 기대하기 어려운데, 그런 군인들을 교육해야 하는 현실적인 문제에 접근했다는 것이다.

『일리아드』에는 일개 병사가 감히 아가멤논 장군의 권위에 도전한 유명한 일화가 있다. 오디세우스는 규칙을 어긴 병사를 체벌했다. 『국가』의 거의 끝부분에서 소크라테스는 그 병사를 '어리석은 자'라고 부르면서 오디세우

29. cf. Martha Minow, "Living Up to the Rules: When Should Soldiers (and others?) Disobey Orders," *Harvard Law School lecture*, February 22, 2006.

스의 처벌을 인정하는 듯한 암시를 한다.[30]

내가 『일리아드』에 있는 이 일화를 언급한 것은 소크라테스가 미래의 군인 교육을 시작하려면 어린 시절부터 이런 이야기를 들려줄 수 있게 어린이 보육 시설에서 교육이 시작돼야 한다고 확신했기 때문이다. 좋건 나쁘건 교육은 언제나 실천돼야 한다. 소크라테스는 도덕적 성격이 무의식적으로 형성되는 세 영역을 다뤘다. 첫째는 이야기, 시, 연극, 기타 등이다. 둘째는 음악, 그리고 셋째는 성(性)이다. 이 세 영역에서 소크라테스는 놀랍게도 '본성'보다 '양육'을 강조한다. 누구나 군인이 될 잠재적 본성을 타고날 수 있다. 하지만 그 본성은 쉽게 타락할 수 있으므로 국가가 주도하는 교육기관에서 어린 시절부터, 그리고 그 잠재력이 실현됐다면 병영에서 훈련될 필요가 있다. 소크라테스는 '인간의 기질을 마치 깨끗이 닦여야 하는 판처럼' 인식한다.[31]

시인에 대한 검열

제일 먼저 해야 할 일은 사람을 용기 있는 존재로 만드는 성격의 특성을 기르는 것이다. 사람들이 아이들에게 들려주는 서사와 신화를 잘 살펴보자.[32]

호메로스(『일리아드』, 『오디세이아』의 저자)는 지하세계에서 오디세우스가 아킬레스를 만나 이 위대한 전쟁 영웅에게 죽음이 어떤 것인지를 묻게 한다. 그는 슬픔에 잠겨 죽음이 너무 끔찍해서 지하세계의 왕이 되느니 차라리 지상의 노예가 되겠노라고 말한다. 소크라테스는 이런 서사가 시로서는 괜찮지만, 아이들이 죽음을 두려워하게 하므로 정치적으로는 나쁘다고 비판한

30. *Republic* 10.260c. 이 구절은 I.F.Stone, *The Trial of Socrates*(New York: Anchor Books, 1989), p.36에서 인용.
31. *Republic* 6.501a.
32. 2.377c.

다. 두려움은 군인들의 영혼에 절대 스며들지 못하게 해야 하는 감정이다.[33]

하지만 올림포스 산정에서 사는 신들, 한 신이 다른 신을 몰락하게 하고, 아버지 신이 아들 신을 집어삼키고, 아들 신이 아버지 신을 죽이고, 경쟁 관계 신들이 전쟁을 벌이고, 함정을 파고, 온갖 음모에 빠트릴 거짓이 넘쳐나는 이야기로 과연 무엇을 가르칠 수 있을까? 이런 이야기는 '설사 그것이 사실이라고 하더라도', 쉽게 영향을 받는 청소년에게 들려줘서는 안 된다. 그들은 하늘에서 벌어지는 극도의 부정의에 쉽사리 놀랄 수 있다.[34]

젊은이들을 타락시킨다는 이유로 소크라테스가 시를 비판했다고 플라톤이 서술한 내용을 보면 상당히 역설적이다. 왜냐면 이는 아테네가 소크라테스를 공개적으로 단죄한 명목이기 때문이다. 많은 이가 플라톤이 검열의 폐해를 증언해주기를, 그리고 자유로운 학문과 교육을 강력히 옹호해주기를 기대했을 수도 있다. 하지만 그의 『국가』에 나타나는 초기 교육 이론은 이런 기대와 매우 다르다. 플라톤은 소크라테스가 상을 뒤엎고, 고소인들에게 이렇게 말했다고 적었다. 젊은이들의 마음을 오염시키는 것은 신에 대한 소크라테스의 새로운 사상이 아니라 전통적으로 숭배의 대상이 된 신에 대한 교육 방식이다. 신에게 악에 대한 책임이 있다고 가르친다면, 어떻게 아이들을 양질의 인간으로 길러낼 것일까? 아킬레스는 친구 파트로클로스가 죽은 뒤에 완전히 이성을 잃고 포로들을 산 채로 불태우고, 헥토르(파트로클로스를 죽인 자)의 시체를 파트로클로스의 무덤 주위에서 질질 끌며 피의 복수를 자행한다. 이런 행위에 대해 영웅 아킬레스가 스스로 수치스러워하지 않는다면,

33. 3.386c.
34. 2.378a.

어떻게 군인들에게 자랑스럽게 행동하라고 가르칠 수 있겠는가?[35] 군인들이 그처럼 피에 목마른 잔혹 행위에서 영감이라도 받기를 바라는 것일까?

여기서 소크라테스는 아테네인들이 전통적으로 이해하는 대로 영웅 윤리를 수정해서 아킬레스가 적에게도 관대하게 행동해야 한다는 군사 윤리를 제시한다. 결국 플라톤은 전쟁의 왕을 철학의 왕으로 강등시켜 영웅주의에 완전히 새로운 패러다임을 제안했다. 하지만 심지어 전쟁 영웅의 모델로서도 아킬레스는 믿을 만하지 못했다. 호메로스는 아킬레스가 노예 여성을 향한 사랑 때문에 갈등을 빚어 전쟁터에서 물러나게 했다. 그리고 국가를 위해서가 아니라, 그가 사랑한 친구 파트로클로스의 죽음에 복수하고자 싸우게 했다. 소크라테스는 이 이야기에서 군인의 잘못된 도덕적 양상을 지적했다.

검열과 음악

이상 국가는 음악을 시와 연극보다 훨씬 더 엄격하게 통제한다. 소크라테스는 음악의 리듬에 '영혼의 가장 깊은 곳을 넌지시 표현할 수 있는' 강력한 능력이 있음에 주목한다.[36] 장기간 연무장(gymnasium, 체육관)에 머물면서 너무 거칠어진 보호자들의 감정을 음악으로 순화할 때처럼 음악은 좋을 때도 있다. 하지만 음악 취향은 흔히 인간이 열정에서 추구하는 온건함을 위협하고 흉포함에 불을 붙인다. 만약 국가가 수호자들을 잘 훈련한다면 미적 감각은 정치학을 따라야 한다.

여기서 당시 그리스인들의 삶에 일반적으로 퍼졌던 음악적 분위기에 대한 소크라테스의 분석을 세부적인 내용까지 들여다보며 시간을 지체할

35. 3.388a, 391c.

36. 3.401d.

필요는 없다. 단지 근대의 예를 통해 그가 말하고자 하는 바를 이해할 수 있을 것이다. 어떤 리듬은 – 존 필립 수자(미국 작곡가, 해군 군악대 훈련소장-역자)와 행진 악단 같은 것을 생각해 보자 – 질서 정연한 애국적 행진을 떠올리게 한다. 다른 리듬은 – 브람스의 피아노 소나타처럼 느린 박자를 생각해보자 – 명상과 성찰의 시간에 어울린다. 또 다른 리듬은 – 하드 록 비트 – 춤, 콘서트, 파티에는 어울리겠지만, 공부에는 어울리지 않는다. 사람들은 군인들이 막사에서 피아노 소나타를 들으며 명상에 잠기기를 원하지 않는다. 그리고 그들이 락의 비트를 들으며 늘 흥분한 상태에 있기를 바라지도 않는다.[베트남 전쟁에서 미군이 가장 사랑했던 곡은 로큰롤 「본 투 비 와일드(Born to Be Wild)」였다] 이제 사람들이 원하는 리듬이 무엇인지는 분명해졌다. 바로 군인들의 행진곡이라는 조화로운 리듬이다. 소크라테스는 당시 음악이 젊은이들에게 좋은 영향과 나쁜 영향을 동시에 끼칠 수 있다는 양면적인 결론에 도달한다.

음악이 도덕에 미치는 영향에 대한 관심은 소크라테스 시대부터 현재까지 오랜 세월 계속돼왔다. 독일 제3제국은 바그너, 베토벤, 브루크너의 작품을 진정한 독일 음악으로 간주했다. 반면에 유대인이 작곡한 음악은 무엇이든 타락한 것으로 여겼다. 스탈린 치하 소련과 마오쩌둥 시대 중국도 '사회주의 리얼리즘'이라는 원칙에 따라 클래식 음악을 반혁명 예술로 의심해서 프롤레타리아 사회에 더 잘 어울리는 민속 음악으로 대체했다. 미국에서는 재즈가 등장했을 때 많은 사람이 '흑인' 리듬의 광범위한 확산에 반대했다. 이후에도 엘비스와 그의 엉덩이, 그리고 그가 흑인 음악을 주류 음악에 전파한 방식을 (일시적으로) 반대하는 목소리가 높았다. 오늘날에는 대부분 젊은이가 랩 장르에 대해 가사와 비트가 폭력을 부추기는 방식으로 연결돼 있다고 어른들이 거듭 비판하는 데 익숙해졌다.

음악에 대해 소크라테스와 같은 비판을 다루는 데는 두 가지 방법이 있다. 하나는 음악이 젊은이들을 타락시킨다는 주장에 대한 경험적인 증거를 고려한다. 하지만 음악이 단지 그런 반사회적 행동을 '수반'하는 경우와 음악이 반사회적 행동의 '원인'이 되는 경우를 구분하기는 매우 어렵다. 다른 것은 음악 비판에 대한 사실상의 기초가 아니라 도덕적 기초에 대해 말한다. 소크라테스는 특히 군인들의 자기통제에 신경을 썼지만, 많은 사람이 시민의 삶 전반에 걸쳐 음악을 검열하는 데 소크라테스의 주장을 이용했다. 몇 년 전 학자이자 평판이 좋은 『국가』 번역자인 앨런 블룸(Allan Bloom)은 아테네 음악에 대한 소크라테스의 비판을 일신해서 여러 요소 중 로큰롤이 미친 영향이 '미국적 심성을 종결하는' 현상을 대대적으로 공격했다. 블룸은 학생들이 대학에 가서 성 문제를 경험하고, 자동차 안, 기숙사, 학교 교정 어디서나 들리는 로큰롤 음악으로 정신이 산만해져서 덜 학구적인 상태가 된다고 했다. 하지만 왜 학생 개인의 성생활이나 음악 취향이 학업과 관련 있는지 설득력 있는 논증을 제시하지 못했다. 소크라테스가 당시에 확실히 인식했듯이 학생들은 항상 젊음의 열정 안에서 적절히 헤엄친다. 소크라테스에게 이 비판은 비판자들의 마음을 여는 것이고, 블룸에게 이는 그 마음을 닫는 것이다.[37]

성교육

하지만 소크라테스가 예비 군인과 수호자들을 상대로 성교육 문제를 고려했음을 부정할 수 없다. 그는 군인의 열정에서 군인다운 삶과 성적인 삶이 대략 경합한다고 봤다. 도시는 군인들이 어떤 것에 사랑을 느끼는 사람이

37. Allan Bloom, *The Closing of the American Mind* (New York: Simon and Schuster, 1987), pp.68-81.

되기를 바라지만, 그 사랑은 개인적인 애정이 아니라 애국적 헌신으로 표현돼야 한다. 하지만 군부대에 거주하는 젊은이 사이의 열정적인 감정은 시민적 방법보다 성적인 방법으로 쉽게 만족을 추구할 수 있다. 앞서 봤듯이 위대한 아킬레스조차도 그의 성적 욕망 때문에 군인의 의무에 충실하지 못했다. — 한 번은 노예가 된 여인이 아가멤논에게 잡혀갈 때, 그리고 다른 한 번은 파트로클로스가 죽었을 때 그랬다. 이런 문제를 피하려면 군인의 열정에서 성적 관심은 제거돼야 한다. 단지 이는 군인이 마땅히 애국적 방식으로, 서로 사랑할 에로틱한 가능성을 배제하지 않는 선에서 이뤄져야 한다.

소크라테스가 남성뿐 아니라 여성도 군인이 될 수 있다고 주장했음을 상기하자. 이런 주장은 소크라테스 주변의 젊은 남성들을 혼란스럽게 했다. 남성들은 체육관에서 벌거벗고 운동하곤 했다. 그래서 여성 신병들 앞에서 알몸을 드러내는 것이 수치스럽지 않은지, 여성들에게도 남성들 앞에서 감히 알몸으로 운동하는 것이 더 수치스럽지 않은지 의문을 제기했다.[38] 소크라테스는 망설이지 않고 남녀가 함께 알몸으로 운동하는 것이 적절함을 인정했다. 성적 사생활에 대한 전통적인 관점은 그들의 곁의 육체가 아니라 오직 열정만을 봄으로써 양쪽 성이 서로 존중하도록 수정돼야 한다는 것이다.

여담 : 군대에서의 성별

논란의 여지가 있지만, 소크라테스식 근거에 바탕을 둔 오늘날 미국 군대의 두 가지 정책을 고려해보자. 친목에 대한 정책은 남자든 여자든 상관없이 모든 군인에게 적용된다. 이 정책은 행동을 규율하고, 장교와 사병 사이의

38. *Republic* 5.452b.

성적 교제를 금지한다. 군대는 '단결'이라는 특별한 유대를 지속시키려면 친목을 금지하는 조처가 필요하다고 주장한다. 단결된 전투 집단에서는 애국심이 멀리 있는 추상적 개념이 아니라 남을 위해 기꺼이 죽는 동지애의 즉각적 경험으로 나타난다.

특별한 강도의 단결을 지속하기는 어렵다. 군인은 현실적으로 성과 사랑의 기운이 감돌 때 동료 군인에 대해 느끼는 것이 '무엇인지' 곧잘 혼란스러울 수 있다. 게다가, 아킬레스와 아가멤논의 싸움에 대해 언급한 그리스 서사를 통해 알 수 있듯이, 짝을 맺는 일은 군대 내부의 사기를 위협할 수 있다. 성 문제로 서로 싸우면서 함께 적과 맞서 잘 싸울 수 없다.

소크라테스의 학생들은 아킬레스와 파트로클로스의 일화에서 친목이 동성애로 변질하는 문제에 익숙했다. 아킬레스가 그의 막사에서 여자 노예 사건에 '삐쳐서' 싸우기를 거부했던 일을 기억하자. 열정에 사로잡힌 아킬레스는 그가 사랑했던 파트로클로스가 죽자 비로소 전장에 나갔다. 그는 여기서 극도의 잔인성을 드러내며 싸웠다.– 앞서 말했듯이 파트로클로스를 죽인 헥토르를 죽였고, 살갗이 다 벗겨질 때까지 그의 시체를 마차에 묶어 끌고 다녔다.[39]

소크라테스는 아킬레스가 의무와 예의를 다하는 데 사적인 사랑이 방해가 됐다고 생각했다. 하지만 현재 미국 군대에서 동성애자에 대한 정책은 친목 이상의 문제다. '묻지도, 말하지도 말라'는 정책에 따라 미국 군대에서는 남성과 여성 동성애자들이 자신의 성적 성향을 비밀에 부치는 한 입대를 허락한다. 하지만 다른 군인의 성적 성향을 발설한다면, 그 성향이 동성애라

39. 3.391c.

고 해도 군대에서 퇴출당할 근거가 될 수 있다.

단순히 동료 군인이 동성애자인지를 아는 것이 군대 생활을 위협하는 이유는 무엇일까? 이는 아마도 정책에 고위층의 편견이 작용하고, 동성애자를 지지할 만한 논거가 없기 때문일 것이다. 하지만 군대가 때로 소크라테스식 주장을 펼치기도 한다. 군대 대변인은 동성애자를 차별하지 말아야 하는 민간 업무와 군 복무라는 특수한 조건 사이에서 중요한 차이를 도출해낸다. 군대는 민간 업무 환경에서는 흔하지 않은 방식으로 군인들이 감정적으로 결속하도록 훈련한다. 정확히 말해 군인들은 상대를 전우로 간주해야 하기에 동성애 성향은 실제로 친밀감이 일어나지 않았더라도 문제를 일으킬 수 있다. 해군에는 두 명의 올곧은 군인이 서로 외치는 구호가 있다, '언제나 충성을(Semper fi)'. 이제 막 자신이 동성애자임을 고백한 군인이 이런 연대감을 표출하기는 더 혼란스러운 일일 것이다. 혼란, 심지어 혐오는 군대가 의존하는 병사 사이의 유대를 완전히 무너뜨릴 수 있다. 나는 이런 논증이 설득력 있다고 생각하지 않지만, 그들이 소크라테스의 특정한 주제를 이용하는 방식에 관해서는 흥미를 느낀다.

수호자 군인에 대한 물질적·경제적 환경

플라톤은 환경과 재산이 인간 심리에 미치는 영향을 고려함으로써 젊은이를 관리자로 교육하는 문제에 대한 자신의 설명을 완성했다. 소크라테스가 정치적인 것과 개인적인 것의 구분을 배제한 것은 그가 주거, 식사, 재산, 가정적 삶 등의 문제를 다룰 때 극명하게 드러난다. 국가가 군인의 사회적·가족적 관계를 정치 문제화하면서 '시민 사회'와 '국가'의 근대적 구분은 사라졌다.

플라톤은 소크라테스의 이름을 빌려 그의 형제에 관한 두 가지 놀라운 사실을 말한다. 첫째, 플라톤의 형제들은 어떤 개인 자산도 소유할 수 없으며, 지배자들이 관습적으로 부를 증식하는 방식을 따르지도 못한다. 오히려 그들은 군 생활에 적합한 금욕적인 존재가 돼야 했다. 그들은 임금을 받지는 못하지만, 국가의 지원을 받고, 공동 병영에서 살며, 공동 식탁에서 식사한다.[40] 수호자들은 사적 소유가 박탈돼서, 그들이 돌보는 일종의 양 떼와 같은 사람들에게서 양털을 깎아가지는 않으리라는 믿음을 얻는다. 군인이나 지도자를 타락시키는 경향이 있는 사적인 동기는 이처럼 그의 주변에서 간단히 제거된다.

이 지점에서 아데이만투스는 그런 스파르타식의 생활방식이 어떻게 수호자들을 행복하게 해주는지 물었다.[41] 추측건대, 플라톤이 아데이만투스에게 전체 계획에서 '개인적인' 행복에 대해 질문할 기회를 줬을 때 분명히 마음속에서 뭔가를 생각하고 있었을 것이다. 플라톤의 형제들은 자신도 플라톤처럼 정계에 진출할 수 있고, 아테네 지도자가 될 수 있다는 현실적인 기대를 품고 있었다는 점을 기억해보자. 하지만 아데이만투스는 자신의 일상적 기쁨과 행복을 포기하면서까지 유토피아 공화국의 수호자가 되고 싶은 마음은 없었다. 아데이만투스는 소크라테스가 제시한 삶의 선택 – 경제 활동이라는 개인적 삶(물질적 재화와 소비자로서의 생활방식에 대한 욕망을 충족할 수 있다) 혹은 수호자의 공적 삶(그 보상이 돈이나 재산이 아니라 명예나 공적 존경이다)을 완전히 이해하고 있었음이 분명하다.

아데이만투스는 그가 가치 있게 여기는 것 – 가족 생활의 향유 – 이 수

40. 4.416a-417b.

41. 4.419a.

호자의 삶에는 허락되지 않는다는 사실을 알았을 때 다시 한번 놀랐다. 소크라테스는 병영에서 남성과 여성이 어떻게 '함께 생활해야 하는지'를 슬며시 언급한 적이 있었다.[42] 아데이만투스는 '수호자들이 훈련은 함께 하더라도 먹고 잘 때는 가족이 있는 집으로 돌아가는 것이 어떻습니까?'라고 물으며 이에 대한 설명을 요구한다.[43] 그러자 소크라테스는 마지못해 답한다. '수호자들에게는 그들이 돌아오기를 기다리는 가족도 집도 없다. 참된 단결심에는 이 젊은이들이 국가를 그들의 가족으로 여기게 하는 비상한 심리적 전환이 요구된다'는 것이다.

그 전환은 수호자에게 사적으로 가족이 있다면 불가능하다. 그런 환경에서는 누구든 공공복리보다 자기 자녀의 복리를 택하는 현상을 피할 수 없다. 수호자이면서 동시에 가족 구성원인 사람은 끊임없이 책무와 사적인 욕구의 충돌을 겪을 것이다. 예컨대, 두 명의 아이가 물에 빠졌는데, 그중 하나가 자기 아이인 인명 구조원의 의무를 생각해보라. 다음과 같이 가정해보자. (1) 한 명만 구조할 수 있다. (2) 두 아이 모두에게 구조에 성공할 확률이 동일하다. (3) 한 아이의 생명보다 다른 아이의 생명을 더 귀하게 여길 이유가 없다. 인명구조 요원은 누구를 살려야 할까? 소크라테스는 이런 이해관계의 충돌을 피하려고 수호자들을 가족에 대한 충실성의 유혹에서 분리했다.

실천적인 제도는 아이가 새로 태어나면 곧바로 친부모와 떨어져 공동 탁아 시설로 옮겨지면서 작동하기 시작한다. 탁아소에서 함께 자라는 모든 아이는 서로 형제나 자매로 여기게끔 교육받는다.[44] 수호자들에게 미래에 얼

42. 4.424a.
43. 5.449c.
44. 5.460b-d.

마나 많은 형제자매가 생길지, 소크라테스는 아무 언급도 하지 않았다. 곧 알게 되겠지만, 아리스토텔레스는 그런 허구의 형제자매가 집단으로 함께 나누는 '약하고 희미한' 유대를 비웃었다.(또한, 아리스토텔레스는 만약 아무도 자기 친형제나 친자매를 알지 못한다면, 유토피아에서 근친상간 금기가 어찌 될지 궁금해했다) 갓난아이를 보내고 나면 부모는 탁아 시설에서 누가 자기 아이인지 알지 못하고, 비슷한 시기에 출생한 모든 아이를 자기 아이처럼 여길 것이다.

수호자들에게 가정이 있어서는 안 된다는 것은 소크라테스의 더욱 유토피아적인 제안 중 하나이다. 몇몇 엄청난 그리스 비극은 가족에 대한 충실과 국가에 대한 충성 사이의 긴장에 관한 것이다. 예컨대, 「오레스테스 삼부작(Orestes cycle)」은 그리스의 전함이 트로이로 향할 때 신의 가호를 받아 순풍이 불기를 기원하면서 자기 딸인 이피게네이아를 제물로 바치게 된 아가멤논 가문의 운명을 그렸다. 나라를 위해 자기 가정을 희생함으로써 그에게는 일련의 숙명적 비극이 시작된다. 그의 아내인 클리타임네스트라는 딸의 죽음에 대한 복수로 트로이 전쟁에서 승리하고 돌아온 남편 아가멤논을 죽였다. 오레스테스는 아버지의 죽음에 대한 복수를 맹세했고, 결국 자기 어머니와 그녀의 정부를 죽이고, 그 후 모친 살해로 복수의 세 여신에게 벌을 받았다. 그러나 오레스테스가 그의 범죄에 대한 판결을 요구하고 무죄를 선고받았을 때 이 사건은 마침내 해결됐다.

헤겔의 유명한 지적처럼 기원전 441년 작품 소포클레스의 『안티고네』에 이르기까지 그리스 비극은 가족에 대한 충실과 국가에 대한 충성 사이 긴장을 온전히 타협할 수 없는 것으로 그렸다. 가족에 대한 안티고네의 충실은 죽은 오빠가 국가 반란자였음에도 매장하게 했다. 국가에 대한 충성을 중시한 크레온 왕은 반란자의 명예를 지키기 위해 온당한 장례를 치르게 해달라는 안티고네의 요청을 거절했다. 국가를 위해 가정의 삶을 없애야 한다는 플라톤의 제안은 소포클레스가 아테네 사회를 어지럽혔다고 묘사한 무너진 윤리에 대한 해결책으로 보인다.

정치학과 우생학 : 여담

혼인 이야기로 돌아오자. 소크라테스는 배우자의 선택이 너무도 중요해서 사랑에 예기치 못한 변동이 생겨서는 안 된다고 했다. 소크라테스는 여기서 다시 한번 개인 문제를 정치적 규제의 문제로 삼는다. 소크라테스 이전이나 이후의 많은 이가 그랬듯이 그는 우생학을 믿었기에 우수한 자손을 낳으려면 국가가 혼인을 조정해야 한다고 주장했다.[45] 소크라테스의 과학은 유전학 지식보다 앞선다는 점에서 제한된 의미의 흥미를 제공한다. 소크라테스는 여성과 남성이 생리적으로 정점에 있을 때 생식이 가장 잘 이뤄지리라고 추측했다. 그리고 계통의 순수성을 지키려면 출생 시 장애가 있는 아이를 선별해서 '말할 수도 없고 보이지도 않는 곳에' 은밀히 숨기라고 조언했다.[46]

『국가』를 읽으며 우생학에서 배울 것은 거의 없어도 윤리학에서 얻을 것은 많다. 이제 소크라테스가 제안한 '품질 관리'를 실천할 과학 지식에 관해 알아보자. 인공수정 클리닉은 인공적으로 수정란을 여성에게 착상시키기 전에 유전적 결함 여부를 시험한다. 꼭 그래야 할까? 게다가 성공률을 높일 목적으로 하나 이상의 난자를 수정시킨다. 수정란에 대한 유전적 검사 이상으로 부모가 배아의 성별을 선택하는 데 문제는 없을까?(인도에서는 부모에게 태아의 성별을 알려주는 초음파 검사가 흔해지자, 여아의 낙태율이 급격히 상승했다) 마침내 대

45. 5.460d-461b.
46. 5.460c.

학신문 광고란에는 아이를 갖고 싶어도 난자를 생산하지 못하는 여성이 기증자를 찾는다는 광고가 실리기도 한다. 이런 광고는 커플이 '사려는' 정자나 난자의 유전적 성향, 곧 인종, 눈동자 색, 신장, IQ나 SAT 점수로 특정되는 지능 등을 명시하기도 한다. 이런 매입(판매)에는 비윤리적인 면이 없을까?

물론 소크라테스는 아무 문제 없이 눈동자 색과 같은 특성의 우생학적 선택을 일축할 것이다. 왜냐면 그런 특성은 그가 발생시키고자 하는 우수한 열정과 관련 없기 때문이다. 하지만 인종에 근거한 나치의 우생학은 아리아인의 '우수한' 신체 특징만을 정제하고 지배 인종의 오염을 피하려고 유대인들을 몰살하게 했다. 이것이 소크라테스가 우생학을 그토록 끔찍하게 실행에 옮기게 한 파시스트의 원조였다는 터무니없는 주장에 대한 반박이다. 하지만 국가가 자손의 '품질을 관리'하는 일이 근본적으로 위험한 사업이라는 인식은 또 다른 문제다. 예컨대, 나의 조국에서는 백인 인종이 '잡종화'되지 않으려고 반 혼혈법이 백인과 유색인의 혼인을 금지했다.

나는 오늘날 생리학자들이 나치라고 말하지 않는다. 오히려 그 반대로, 불임을 도덕적 저주가 아니라 치료할 수 있는 질병으로 다루게끔 과학을 이용하는 것이 더 깊은 의미에서 자유롭고 민주적이다. 『국가』에서 국가가 통제하는 우생학과는 반대로 최근의 새로운 유전공학은 개인과 커플이 스스로 출산을 결정할 수 있게 했다. 여전히, 소크라테스의 주장을 통해 얻은 많은 것 중 하나는 인간이 출생 자체에 대해 통제력을 확장하려고 할 때, 잠시 멈춰서 무엇이 잘못됐는지 혹은 옳은지를 성찰할 기회다.

이상적인 공화국에서 사생활과 공공성

철학자 한나 아렌트(Hannah Arendt)는 그녀의 저작 『인간의 조건(*The Human Condition*)』에서 윌리엄 블레이크의 인상적인 시 구절을 인용한다. "그대의 사랑을 말하려 하지 말아라 / 사랑은 말로 표현할 수 없는 것이다." 이 2행시를 숙고하면서, 아렌트는 사랑과 정치 사이에 기본적인 구분이 있다고 말한다. 사랑은 공공성을 꺼린다. 사랑은 빛 속에서 시들고, 어둠 속에서 활짝 핀다. 사랑은 비밀을 지키고 장소를 감춘다. 이와 반대로 정치는 빛을 환영하고 공공성을 추구하며 공적 토론을 만끽한다. 공공성은 정치인이 자신의 행동에 책임지게 한다. 정치하는 사람은 자신의 주장에 대한 공적 옹호를 대중에게 의지하지만, 사랑하는 사람은 그렇지 않다. 따라서 정치가 어둠 속에서 이뤄지면 반드시 나쁜 방향으로 간다. 정치는 사랑에 적합한 감정을 정치에 적합한 추론으로 대체한다. 이와 반대로 사랑은 '말해지'면, 줄어든다.

아렌트는 『국가』가 정치와 사랑 사이에, 그리고 공적 공간과 사적 은신처 사이에 있는 벽을 허물었다고 생각했다. 플라톤의 계획은 혼인과 출산을 공적인 과제로 만듦으로써 사랑을 무너뜨렸다. 이런 공공성이 수호자에게 어떤 결과를 남기든 간에 그를 친밀한 연인으로 만들 수는 없다. 그들은 어디를 향해 가는가?

『국가』에서 위협받는 것은 사랑만이 아니다. 아렌트는 소크라테스가 정치를 빛 밖으로 끌고 가서 결함 있는 자손을 숨기는 '말할 수도 없고 보이지도 않는 곳'에 유배하는, 개탄할 만한 증거를 제시한다. 어쨌든 정치는 말해야 한다. 그러지 않으면 수호자에게 책임을 물을 방법이 없다.

아렌트의 비판에는 주목할 대목이 많다. 파시즘에 대한 분석으로 그녀의 책은 정치가의 공적 삶만이 아니라 개인의 삶을 완전히 통제하는 행태의 위협을 포착했다. 하지만 파시즘을 분석하며 역사를 거슬러 올라가 플라톤을 파시즘의 지적 선조라고 비난하지는 않았다. 냉전 시대 많은 학자가 그런 비난을 쏟아냈지만, 아렌트는 그러지 않았다. 『국가』에 나타나는 수호자의 개인 삶에 대한 규제에는 그들이 '우리'를 위해 봉사할 것을 보장한다는 의미가 있다.

인정하건대, 이기심에 대한 불신으로 플라톤의 정치적 교정책은 극단에 이르렀다. 트라시마코스의 위협과 자기주장의 윤리에 대한 플라톤의 해결책은 시민의 수호자가 될 사람의 사적인 이기심, 그것 자체를 없애버리는 데 있었다. 이것은 고쳐야 할 질병보다 더 나쁜 치료법이 될 수도 있다. 헤겔이 지적했듯이 바로 이것이 소크라테스가 플라톤을 통해 "너 자신을 알라."라고 가르쳤을 때 그가 의미했던 개인적 자유를 제거해서 실질적인 국가를 건설하게끔 이끌었던 것이다.

3장 동굴 밖으로 나와 빛을 향해 그리고 다시 동굴로?

플라톤의 『국가』에서 평등은 어떤 가치가 아니다. 그는 다른 대화록에서 소크라테스가 그의 시대에 선두를 달리는 민주주의 교사였던 프로타고라스와 벌이는 논쟁을 다룬다. 만인의 평등에 대한 신념을 표현하고자 프로타고라스는 제우스가 인류에게 정치 공동체가 존재하게 하는 두 가지 재능—정의감과 도의심(수치심)—을 주려고 그의 전령 헤르메스를 보냈다는 신화를 구성했다. 헤르메스는 어떻게 이런 재능을 사람들에게 나눠줘야 하는지 물었다. 의술이나 조각 기술처럼 그런 재능은 몇몇 사람에게만 부여되는 것일까, 아니면 모든 이에게 평등하게 부여되는 것일까? 제우스는 공동생활이 이뤄지려면 모든 사람이 시민적 기예(civil arts)를 공유해야 한다고 말한다.[1]

이는 플라톤의 신념이 아니다. 그는 『국가』에서 인류가 모두 같은 땅에서 태어났다는 점에서는 비슷하지만, 서로 다른 기질로 형성됐다는 점에서는 다르다는 대안 신화('숭고한 거짓말')에 토대를 둔다. 결정적으로, 오직 일부—사실 극소수—사람만이 정의가 무엇인지 알려고 하는 데 필요한 패기를

1. Plato, Protagoras, in *The Collected Dialogue*, ed. Edith hamilton and Huntington Cairns (New York: Pantheon, 1961), 322c to 323b-c. 나는 I.F.Stone의 *The Trial of Socrates*를 읽으며 이 부분의 중요성에 처음 관심을 두게 됐다(New York; Anchor Books, 1989), pp.47-48.

갖추고 있다. 소크라테스식 표현으로 앎은 '곧' 덕이다. 따라서 정의를 안다는 것은 정의를 실천한다는 것이다. 지식은 행위를 이성에 순응시키라는 명령을 동반한다. 그러나 이는 민주적으로 가르칠 수 있는 지식이 아니다. 프로타고라스가 누구에게나 정의 '감'을 갖출 능력이 있음을 극찬했던 것과 전혀 다르게 플라톤은 필수 지식이 평균적인 일반인의 지적 능력을 능가하는 것으로, 매우 이론적이고 철학적인 것으로 규정했다. 쉽게 이해할 수 있는 적절한 신화로 자극된다면 보통 사람도 정의를 따를 수 있지만, 오직 소수 엘리트만이 나머지 사람들을 위해 능동적으로 정의를 찾고 개념을 정할 수 있다는 것이다. 그러므로 정치 공동체는 민주주의가 요구하는 방법으로 '자치'를 실현할 수 없다. 이성 국가(rational state)는 지배자와 피지배자 사이에 명확한 선을 긋는다.

자연적인 계급사회에 대한 플라톤의 견해는 좋은 수호자가 되는 데 필요한 열정이 있는 몇몇 사람을 찾아보는 데서부터 이미 명확했다. 그러나 수호자 계층에서도 불평등은 규범이다. 온 정신이 열정으로 가득한 수호자는 군인 이상이 될 수 없다. 스스로 자신을 다스릴 합리적 역량이 있는 자만이 타인을 통치할 때 신뢰를 얻을 수 있다. 따라서 플라톤은 군인 중에서 몇 안 되는 사람을 정치인이나 지도자로 분류하자고 제안했다.[2] 군인 수호자는 명령을 따르면서 명예와 불명예의 차이를 배운다. 그와 반대로 지배자인 수호자는 사람들이 따르기 좋은 명령을 내리고자 이성의 힘을 발휘한다.

잠시 그 장면으로 돌아가자. 저 멀리 피레에프스에서 대화가 얼마간 진행되고 있다. 낮이 지나고, 말을 탄 사람들이 횃불을 들고 여신을 찬양하고

2. *Republic* 4.414b.

자 행진하는 행사가 시작되기를 기다리는 사이에 밤이 다가오고 있다. 젊은 이들은 시계를 보고 있었지만 아무도 그 밤의 계획을 발설하지 않았다. 나는 학생들이 시계를 보고 있었으리라고 생각하고 싶다. 이는 선생이 학생들에게 아량을 베풀어야 하기 때문만은 아닐 것이다. 아마도 수호자에게는 재산과 가족이 있어서는 안 되고, 철인들(philosophers)이 국가를 통치해야 한다고 결론 내린 소크라테스의 정치 접근법이 뭔가 이상하고 당혹스러웠기 때문일 것이다.

소크라테스의 제자들은 이런 역사적 전환(역사적 사실과 달리 소크라테스가 사형당하지 않고 왕이 되는 것)에 찬성할 것이다. 하지만 이 대목에서 사람들은 분노를 더 잘 표현할 수 있지 않을까? 철인이 나라를 통치해야 한다는 생각은 터무니없고, 허튼 농담이나 유토피아적 상상에 오명을 씌우는 주장 같다. 허튼 농담처럼 들리는 이유는 실현될 가능성이 거의 없기 때문이다. 하지만 이것이 좋지 않은 아이디어인 더 큰 이유는 사상가들이 형편없는 지도자이기 때문이다. 설령 사상가들이 어떤 동떨어진 방식으로든 현명할 수 있다고 하더라도, 지식인들은 사람들이 원하는 것을 거의 개의치 않는다. 민주주의에서 사람들이 원하는 것은 바로 적절한 정치적 지식이며, 사람들이 '진정으로' 원하는 것을 알게끔 지식인을 권력의 자리에 앉히기보다 사람들에게 그들의 사정을 직접 듣는 편이 훨씬 낫다.

물론, 이는 정확히 소크라테스의 관점이다. 민주주의 문제는 사람들의 욕망이 정의로운지 혹은 사람들에게 좋은지와 상관없이 단지 사람들이 원하는 대로 국가가 운영된다는 데 있다. 선과 정의에 대한 지식은 쉽게 성찰할 수 있는 문제가 아니다. 소수 사람만이 생각할 수 있고 책임을 맡아 실천할 능력이 있는 인간의 조건에 대한 심오한 철학적 고찰이 필요한 문제다.

미래 지도자의 첫인상 : 호기심

그러면 무엇이 사람들에게 좋은지 더 잘 아는 그 소수의 사람을 어떻게 찾을 수 있을까? 소크라테스는 군인 중에서 지배자를 선별할 때 어떤 이의 마음이 열정이나 욕구의 지배를 받듯이, 이성을 따르고자 하는 사람을 찾으라고 말한다. 그렇다고 해서 젊은이 마음속에서 꿈틀대는 이성만을 찾으려고 해서는 안 된다. 여기에는 뭔가 이상한 것이 있다. 소크라테스는 그보다 멋진 제안을 내놓는다. 학생에게서 찾으려는 것은 순수하고 단순한 호기심 – 두려움 없이 모든 것을 품는 호기심 – 이다.[3] 더 순진하고, 더 악의 없고, 더 끊임없을수록 좋다. 호기심이 많은 학생은 뭐든지 읽고, 하나의 주제에서 다른 주제로 옮겨 다니며, 궁금함과 경외심이 절대 줄어들지 않는 순수한 애호가다. 무엇보다도 호기심이 많은 학생은 단순히 자신이 선택한 직업에 유용한 기술을 얻는 데만 편협하게 초점을 맞추는, 교육에 대한 '도구적' 태도를 보이지 않는다.

순수한 호기심이 왜 좋은가? 자연스럽게 탐구심이 생긴다는 것은 세상이 어떻게 작동하는지 알고자 하는 열정이 있다는 뜻이다. 단지 앎에 대한 가능성만으로도 상상력을 자극할 수 있다. '철학(philosophy)'이라는 단어 자체가 그리스어로 지혜에 대한 사랑을 의미하고, 이것이야말로 소크라테스가 호기심 많은 학생에게서 발견하려던 것이었다. 앎 자체를 위한 앎에 대한 열정. 이는 마치 다른 사람들이 성관계나 유니폼에 에로틱한 흥분을 느끼는 것과 마찬가지다.

소크라테스는 분명히 이상적인 학생의 배움에 대한 태도를 '에로틱'한

3. 5.474c-475c.

것으로 묘사한다.[4] 배움에 대한 많은 설명에서는 이성의 규율을 욕망의 난동에 반대되는 것으로 여기며, 학생에게 지식이란 필연적으로 무미건조한 것임을 인정하게 했다. 나는 내 학생들에게도 충분히 말해왔고, 여기서도 같은 경고를 반복할 것이다: 모두가 『국가』의 모든 내용을 좋아하리라고 기대할 수 없다. 하지만 소크라테스는 달랐고, 제자들에게서 에로티시즘, 열정, 격정과 힘을 불러일으키려고 했던 좋은 스승이라는 사실에는 의심의 여지가 없다. 그들이 그렇게 열중하지 않았다면, 소크라테스가 학생들이 떠나기를 바랐던 철학을 향한 낯선 여정에서 행복을 느끼지 못했을 것이다.

호기심과 아름다움

어떻게 학생들의 열정적인 본성을 무너뜨리지 않으면서 그의 자연스러운 호기심을 잘 키울 수 있을까? 소크라테스는 모든 이의 호기심을 불러일으킬 만한 주제로 이야기를 시작한다. 사람들은 주변에 있는 아름다운 것을 보면서도 무엇이 그것을 아름답게 만드는지는 모른다.[5] 붉은 장미와 노란 장미는 서로 다르게 보이지만, 두 장미 모두 아름답게 보일 수 있다. 사람이 이 두 장미에서 아름다움을 볼 때, 이 두 장미에 공통으로 해당하는 '본다(see)'의 특성은 무엇일까? 아름다움이란 그들 안에 있는 실체일까, 아니면 단지 한낱 구경꾼인 나만의 관념일까? 그리고 만약 그것이 실체적이라면, 다음 날이나 며칠 뒤 장미는 시들고 아름다움도 사그라지는데, 그럴 때 아름다움은 어디로 갔을까?

그러므로 아름다움은 인간의 몫이다. 내가 누군가의 아름다움에 매료

4. 5.475a, 6.499b.
5. 5.476b.

됐다고 해도 하루 중 어느 때, 어느 시각에 그를 봤느냐에 따라 그가 아름답지 않게 보일 수도 있고, 그가 나이 들거나 내 마음이 달라지면 판단이 달라지기도 한다. 소크라테스는 이런 공통의 경험을 통해 어떻게 시각적 인식으로서 아름다움만큼 인간에게 중요한 것이 영원히 실재하지 않는지를 보여준다. 감각 수준에서 아름다움은 단순히 덧없고 부서지기 쉬우며 순간적이다. 이제 소크라테스는 이런 질문을 던진다. '궁금하지 않은가? 단순히 아름다움이 어떻게 나타나느냐보다 아름다움이라는 것이 과연 무엇인지 알고 싶지 않은가?'[6]

내가 당신에게 세월의 흐름에도 변하지 않는 미의 본질을 영구적으로 소유할 방법을 가르쳐줄 수 있다면 어떨까?

소크라테스가 정의에 관한 책을 아름다움의 사례로 시작하는 것은 놀라운 일이다. 젊은이들의 에로스는 감각 세계와 외양 문제에 직결돼 있다. 이 대화는 기마 횃불 행진 관람에 관한 젊은이들의 호기심에서 시작한다. 소크라테스는 이 시각적 에로티시즘을 인지하고, 심지어는 환영하기까지 한다. 그러나 그는 심지어 아름다움 같은 명백히 시각적인 것도 인간의 눈이 부족함을 느끼게 하고 반드시 실망을 안겨준다는 사실을 보여주려고 한다. 시인 키츠의 「그리스 항아리에 부치는 노래(Ode on a Grecian Urn)」가 말하듯이 사람들은 아름다움이 약간의 영원성, 시간과 현상의 불가피성, 그리고 흐름을 넘어서 변하지 않는 실재라는 점을 선호한다.

일반적으로 사람은 아름다움이 주관적이고 상대적이라는 사실을 인정함으로써 그런 선호를 만들어간다. 그러나 이런 인정은 로맨틱한 삶의 기쁨

---

6. 5.476d.

을 약화한다. 다른 사람의 아름다움에 완전히 매료될 때 한순간 또는 동시에 이 '아름다움'이 그 사람 내면이 아니라 단지 자기 눈에 달렸다고 생각하기는 어렵다. 더 심각한 문제는 만약 아름다움이 단순히 겉모습에 관한 것이라면 사람에 대한 구체적인 반응이 계속될 가능성을 확신할 수 없다는 데 있다.

소크라테스는 사람들이 새로운 방식으로 아름다움을 성찰하도록 유도하는 데 좌절을 이용한다. X가 평소에는 그다지 아름답지 않지만, 어느 순간 아름다워 보인다는 흔한 경험을 떠올려보자. 이는 X가 그 자체로 아름다울 수 없고, 만약 그렇지 않다면 X가 때로 아름답지 않을 수 없음을 말해준다. 분명히 X가 자기 외부에서 사람들이 아름답다고 인식하는 어떤 불변하는 것을 '포함'하거나 '공유'하기에 아름다워 '보인다'는 것이다. X가 변해도 이 아름다움은 변하지 않는다. 아름다움은 언제나 그 자체로 그대로이고, 사람들은 사람과 대상이 불변의 본질을 공유하는 한, 그것을 아름답다고 인지한다. 그러면, 이런 의미에서 아름다움의 '이데아(Idea)' 또는 '형상(Form)'이 존재한다. 그리고 개개의 대상은 그 형상을 구체화하거나 일시적으로 이상에 관여할 수 있다. 그러나 정말로 아름다움이 뭔지를 안다면, 사람의 눈이 아닌 마음과 아름다움의 영원하고, 끊임없고, 객관적이고, 변치 않는 이데아 또는 형상이 무엇인지를 파악하려는 호기심이 있어야 한다.[7]

형상이론 또는 이데아론

의자를 생각해보자. 내가 플라톤을 강의한 교실에는 다양한 종류의 의자가 있다. 어떤 것은 다리가 네 개이고, 또 어떤 것은 다리 하나로 회전하는

7. 5.478e-480a.

의자이고, 또 다른 어떤 것은 다리 하나가 부러져서 세 개로 구석에 놓여 있다. 모두 달라 보이지만, 모두 '의자'로 인식하는 데 아무 문제가 없다. 왜 그럴까? 그것은 틀림없이 사람들 머리에 '의자라는 것(chairness)'의 이데아 또는 형상이 있기 때문이고, 사람들은 그 기준이나 본보기에 비춰서 대상이 '의자라는 것'에 속한다고 판단하기 때문이다. 사실, '의자라는 것'에 대한 정신적 개념이 없다면, 사람의 눈은 수많은 원자의 포격을 받을 테고, 의자를 구성하는 다양한 원자를 인식할 능력도 갖추지 못할 것이다.

물론, 아무도 '의자라는 것'을 본 적이 없다. 세상에는 특정한 나무와 특정한 사람이 있어 모두 구별되지만, 어느 측면에서는 비슷한 점도 있듯이 오직 특정한 의자가 있을 뿐이다. 그러나 '의자라는 것'의 이데아는 시각 세계에 존재하지는 않으나, 소크라테스가 '지성에 의해서만 이해할 수 있는 세상'이라고 부르는 것에는 존재한다. 사실 의자를 의자처럼 보이게 하는 것은 '의자라는 것'의 이데아가 감각의 물체로 구체화된 것일 뿐이다.

소크라테스는 『국가』에서 때로 독자들에게 천국에 형상이 실재하는 것처럼, 신비스럽고 종교적인 인상을 주는 방법으로, '더 고차원적인 실재'에 대한 어휘로 형상에 관한 그의 교리를 표현한다. 그러나 이 '더 고차원적'이고 또는 '더 진실한' 실재가 존재하는 방식은 사람이 보는 세계가 존재하는 방식과 같지 않다. 형상들의 세계는 오직 정신적 구성물로서만 존재하고, 인간의 마음 밖이 아니라 '안'에 있다.

더 고차원적인 실재에 대한 소크라테스의 이야기는, 어려운 개념을 이해하려고 노력하는 인간 내부의 간절한 생각을 일으키는 은유처럼, 비유적으로 이해돼야 한다. 형상 이론에는 실재로 통하는 감각이 세상에 있는 전부는 아니고 인간 안에 갇혀 있음을 일깨우려는 의도가 있다.

동굴의 비유

소크라테스는 오늘날까지도 유명한 이야기인, 갇혀 있는 것에 대한 우화를 들려준다.[8] 이 이야기를 가르치는 일은 항상 그 학기의 하이라이트 중 하나다. 그리고 학생들은 종종 수업이 끝난 뒤에 플라톤의 우화에서 영감을 받은 것이 분명하다고 믿는 만화나 영화에 관해 말하고는 한다.[9] 이야기는 다음과 같다. 한쪽 끝에서만 빛이 들어오는 지하 동굴에 사는 사람을 생각해보자. 그들은 동굴에 묶여 있어서 그들 세계로 빛이 들어오는 방향의 반대쪽만 볼 수 있다. 더 위에는 인공적인 불이 있다. 묶인 사람과 불 사이에 인형극에서나 쓰일 법한 커튼이나 담장 같은 것이 세워져 있다. 담장 뒤에서 보이지 않는 다른 사람이 꼭두각시, 인공적인 물건, 인형, 우상, 그리고 나무로 된 형체를 운반한다.

그 결과 동굴의 거주자는 담장에 비친 인공적인 물체의 그림자만을 본다. 이 죄수들에게는 이것이 그들의 현실이다. 이것과 비교할 다른 어떤 것도 없다. 그러므로 그들은 단지 꼭두각시 형체의 그림자를 마치 진짜 실재하는 것처럼 여길 것이다.

이런 동굴에 사는 사람이 그것이 동굴임을 알기는 어려울 수 있다. 그러

---

8. 7.514a-517a.

9. 학생이 나에게 준 만화는 세 컷으로 돼 있었다. 첫 컷에서 두 사람이 박스에 갇혀 있는데, 한 사람이 다른 사람에게 이렇게 말한다. “넌 정말 우리가 이 박스에 갇혀 있다고 생각했니?” 두 번째 컷에서 한 사람은 다른 사람의 비정상적인 정신을 비웃으며 벽을 타기 시작한다. 마지막 컷에서는 박스 바깥에 광활한 에덴동산이 보인다. 1990년대에 내 많은 학생이 영화 「매트릭스」가 플라톤의 동굴에서 영감을 받았다고 확신했다. 이 공상과학 스릴러에서 로봇이 세상을 점령하고 인간을 노예로 만든다. 로봇은 자신의 배터리를 유지하려고 인간의 피를 뽑아야 했기에 자궁처럼 생긴 구조를 만들어서 인간을 가뒀다. 인간들은 자신이 이 번데기 안에 있다는 사실을 몰랐다. 로봇은 인간을 프로그램화해서 어딘가에서 행복하고 활기찬 생활을 한다는 환상을 품게 했다. 줄거리는 가상의 현실을 진짜 현실로 믿는 사람들이 그 차이를 말하는 법을 어떻게 배우는지를 말하고 있다.

나 몇몇 사람이 가까스로 사슬을 풀고, 몸을 돌려 빛을 응시한다고 상상해보자. 그 빛을 바로 경험했을 때는 혼란스럽고, 심지어는 눈이 아프기까지 할 것이다. 그래서 이 지점에서 많은 이가 그들 뒤에 무엇이 있든지 간에 해로운 것으로 짐작하고 포기할 것이다. 그러나 여전히 몇몇은 고통을 참고 빛에 매료돼 동굴 밖으로 재빨리 나올 수 있다. 그들은 무엇을 경험할까?

우선 그들은 빛 때문에 앞이 보이지 않을 것이다. 모든 것이 흐릿하고 초점이 안 맞으며 그들에게 익숙한 것보다 덜 현실적으로 보일 것이다. 그래서 대부분 사람은 기꺼이 동굴로 돌아갈 것이다. 그러나 일부 사람은 눈이 빛에 적응할 만큼 충분히 오랫동안 참을 능력이 있어서, 자신이 그동안 지하 동굴에서 살았고, 밖에 더 높은 실재가 있음을 깨달을지도 모른다. 소수의 이런 '계몽된' 정신은 그들의 계몽과 무슨 관련이 있을까?

이제 이 사람들이 가장 원치 않는 것은 동굴로 돌아가는 일이다. 그들은 거처와 이웃, 지역을 떠나서 새로운 세상에서 그들 자신의 인생을 개척하려고 한다. 이런 의미에서 그들의 지식에는 정치적 영향력이 없다. 그들 자신은 자유로워졌지만, 동굴에 남은 다른 사람들은 사슬에 묶은 채로 남아 있다.

그래도 진실과 계몽을 경험하고 동굴로 돌아가 자기가 알게 된 것을 전해야 한다는 책임을 느끼는 사람이 드물게나마 있을 수 있다. 이 '계몽된' 사람이 어떻게 동굴로 돌아갈 수 있을까? 그(녀)가 내려가기 시작할 때 눈이 더는 어둠에 익숙하지 않아 비틀거린다. 동굴 거주자들에게 그는 전혀 현명해 보이지도 않고, 제대로 움직이지도 못하는 것처럼 보인다. 더 높은 지혜에 대한 그(녀)의 지식과 주장은 그들에게 쓸모없다. 그들이 알 수 있는 것은 이런 배움이 돌아온 현지인을 그들 세계에서 부적응자로 만들었다는 사실뿐이다.

동굴의 우화는 정신이 번쩍 들게 하는 서사다. 소크라테스는 정치의 비극적 의미를 학생들에게 알려주고자 이 이야기를 들려준다. 오늘날과 마찬가지로 설령 그들이 이상 국가 건설에 성공한다 해도 이상에 대한 지식은 항상 정치적으로 무력한 상태로 남을 것이다. 사람들은 대부분 동굴 안에서 살고, 진실을 그들 눈앞에 보여줘도 알아보지 못할 것이다. 그들은 전에도 그렇게 했듯이 갑자기 등장한 철학자들을 소크라테스처럼 처형해버릴 것이다.

수호자로서 철학자, 정의 그리고 민주주의

이것이 의미하는 바는 무엇인가? 소크라테스는 학생 내부에 있으면서 항상 긴장 관계에 있는 두 가지 다른 심리를 결합하고자 했다. 한편, 그는 학생들이 지식의 정치적 유용성과 상관없이 지식 자체를 향한 열정이 충만한 철학자가 되기를 바랐다. 그는 형상 또는 이데아의 비밀을 풀도록 이끌어 학생들의 열정에 불을 붙이고자 했다. 철학자로서 그들은 진실을 배우는 데 전념하는 삶이 가져다줄 더 높은 기쁨을 얻게 될 것이다.

기쁨을 '더 높게' 하는 것은 다음과 같다. 일단, 아름다움의 이데아가 무엇인지를 알면 인간은 '아름다움'이라는 형상을 인간 내면에 영원히 '소유' 할 수 있고, 순간적이고 일시적인 쾌락을 좇는 기복에서 벗어날 수 있다. 앞서 말한 『고르기아스』의 '체' 비유로 돌아가자면, 특정한 기쁨은 인간 마음을 통과할 때 바로 걸러진다. 기쁨은 아무것도 남기지 않으므로, 다음 날 인간은 어제와 똑같은 일시적 기쁨을 또다시 누리고 싶어 한다. 이것이 아름다움의 겉모습을 좇는 대부분 인간에게 일어나는 일이다. 그러나 내가 아름다움에 대해, 우연히 보게 되는 겉모습을 통해 접근하지 않고 순수한 기준이나 이상 같은 정신적 이해로 접근한다면, 실제로 그 이상에 대한 지식은 나와 함께하고 내 존재를 바꿔놓는다. 반복해서 말하지만, 소크라테스에게 지식은 덕이다. 그리고 바로 그런 점에서 아름다움을 안다는 것은 도덕적으로 아름다움을 추구하는 것과 다르지 않다. 일단 아름다움에 대한 플라톤의 말과 생각에 답할 수 있다면, 그 경험의 빛은 바래지 않는다. 그것은 그 자체로 내 존재와 결합한다. 소크라테스가 철학자의 삶을 가장 높은 수준의 행복을 느끼는 삶이라고 옹호할 때, 그가 마음에 두었던 것은 그 기쁨의 영원함이었다.

소크라테스는 제자들이 동굴로 돌아가서 전체의 행복에 봉사하기 위해 철학자로서의 자기 행복을 뒤로 미루고, 도시의 수호자나 지배자가 되기를 바랐다. 그의 유명한 용어 '철인왕(여왕)'에서 소크라테스는 이런 두 측면을 모두 갖춘 인생을 제시한다. 철학자들이 지배해야 하는 이유는 철학자들이 형상 연구를 하며 오랫동안 우회하더라도 시간이 흐른 뒤에는 마침내 그들은 정의의 이데아에 대한 지식, 즉 선에 대한 지식과 정의의 좋은 점에 대한 지식을 갖출 수 있기 때문이다.

이 우회를 하지 않는다면, 이런저런 사람에 따라 이 도시 저 도시에서 정의로워 보이는 것과 달리 진정한 정의가 무엇인지 알 수 없다. 이것이 민주주의에 대해 플라톤이 궁극적으로 제기한 문제다. 누구나 자기만의 관심사는 분명히 알고 있다. 그리고 민주주의는 사람들이 정의라고 '생각하거나 믿는' 것을 분명히 기록하고 상기할 수 있다. 그러나 이는 동굴의 이야기다. 민주주의는 지식이 아니라 공적 의견에 권한을 부여하는 체제로 전락한다. 그리고 누군가가 정의를 찾는 좋은 방법이라며 공적 의견을 지지하지 않으면, 민주주의는 결함이 있는 정부 형태가 된다. 대조적으로, 철학자 같은 수호자에 의한 지배는 정의가 진정으로 요구하는 것에 대한 객관적인 지식에 따른 것이다. 사람들은 아플 때, 건강을 잘 아는 전문가(의사)에게 간다. 말을 조련하고 싶을 때, 사람들은 말을 조련할 줄 아는 사람을 찾아간다. 우리는 항해에 관한 지식을 갖춘 항해사를 원하지, 승객의 의견을 원하지 않는다. 이는 정치와 비슷하다. 따라서 이상 국가는 철학자가 지배하는 국가다.

그러나 여기에는 최소한 두 가지 문제가 있다. 첫째, 철학자들이 동굴로 돌아가 정치를 실천함으로써 어떻게 행복해지고 성취감을 누릴지 이해하기가 어렵다. 소크라테스는 '형상'과 '이데아'라는 완벽함을 숙고하는 기쁨의 이미지로 사람들을 유인해서 정치를 실천하려고, 앞서 이야기한 철학에 도시의 행복이 달렸다고 말할 뿐이다. 수호자로서 철학자들이 실제 정치를 하기 위해 정의의 형상 또는 이데아에 대한 지식을 사용하도록 소크라테스가 허용한다면, 이는 말이 될지도 모른다. 그러나 소크라테스의 동굴 우화는 이런 노력이 '도시'라는 동굴에 아무 도움도 주지 않고, 수호자들에게 비극으로 끝날 것이라는 사실을 말해준다. 수호자들은 동굴에서 진실에 따라 통치하기보다 신화, 거짓말, 속임수를 쓸 권한을 부여받았을 뿐이다. 그들은 아마도 진실을 알 테지만, 정치는 고상한 거짓말로 작동한다.

소크라테스가 스스로 성찰한 것들이 펼쳐놓은 철학과 정치 사이의 긴장을 어떻게 피했는지는 알기 어렵다. 개인에게 이런 긴장은 심리적이다. 나는 공직을 외면하고 학문하는 기쁨을 좇는 편이 더 행복하다. 도시에서 이런 긴장은 정치적이다. 실제 도시는 정의의 이상에 영원히 부응하지 못할 것이다. 심지어 도시인들은 자신이 무엇을 추구하는지도 모를 것이다.

철학자의 왕국을 유토피아의 이상으로 제시한 데서 비롯한 두 번째 문제는 '정의 자체'라는 전체 관념과 관련 있다. 소크라테스는 정의가 보편적이고 객관적이며 숙련된 전문가만이 제대로 알 수 있는 것이라고 반복해서 말한다. 민주주의에 대한 그의 끈질긴 비판은, 정의가 이렇게 객관적인 지위를 차지하므로 일반인이 아니라 전문가에게 이 정의가 무엇인지 발견하도록 맡겨야 한다는 것을 설득해야 한다는 데 있다. 그러나 정치적 이상의 객관적 위상에 관한 소크라테스의 생각은 과연 옳았을까? 그가 좋아했고 오래 사용한 직유(直喩) 중 하나로 국가를 항해하는 배에 빗댄 사례('국가라는 배')를 생각해보자.[10] 많은 사람이 이 항해와 배에 다양한 이해관계로 얽혀 있다. 여기에는 소유자와 그가 추구하는 이익, 해외로 화물을 보내는 상인, 임금을 받고 항해하는 선원, 그리고 목적지에 안전하게 도착하기를 바라는 승객이 있다.

실제로 배에 오르면, 당연히 다툼과 갈등이 생긴다. 때로는 선주, 상인, 선원, 승객이 지배권을 두고 경쟁한다. 그러나 훈련받지 않은 선원이 배의 키를 잡고 있거나 더 나쁜 경우로 승선한 상인들이 돈 버는 재주로 배를 조종할 자격을 얻는다면, 배는 위험에 빠질 수 있다. 사람들은 배를 조종하는 일에 전문 지식이 필요하고, 항해술을 갖춘 항해사가 배를 '지배'하게 하는 것이 모든 이에게 가장 좋다는 사실을 안다. 소크라테스에게 항해 지식이 문자 그대로 배를 위한 것이듯이 정의에 대한 지식은 '국가'라는 배를 위한 것이다.

이 비유는 어느 정도 설득력 있어서, 승객들이 배를 지배하겠다고 나서는 것과 마찬가지인 민주주의의 근본적인 약점을 보여주는 것 같다. 그러나 『국가』에서 아무도 던지지 않았던 질문을 소크라테스에게 던져야 한다. 배가 어디로 갈지를 누가 정하는가? 목적지는 어디인가? 그리고 항해의 목적은 무엇인가? 일단, 이런 의문이 제기되면 이 예는 민주주의를 더는 비난하지 않게 된다. 조종사가 전문 항해 지식을 갖췄다고 해서 그가 배를 어디로 갈지 결정할 수 있는 것은 아니다. 그는 단지 사람들이 원하는 곳으로 항해하는 법을 알 뿐이다. 배의 목적지에 관한 결정은 필연적으로 '정치적' 결단일 수

10. *Republic* 6.488a-489a.

밖에 없다. 배의 목적지는 전문 지식이 정하는 것이 아니라, 소유자, 상인, 승객의 다양한 이해관계를 조정함에 따라 정해진다. 배가 어디로 가는 것이 분명히 옳다고 말할 수 있는 단 하나의 답은 따로 없다. 이는 '국가'라는 배에도 마찬가지다. 현재의 항해를 계속해야 할지, 아니면 방향을 바꿔야 할지, 국가가 나아갈 길을 계획할 때 평범한 사람들의 지혜보다 '더 높거나 더 진실한' 지혜는 존재하지 않는다. 이런 결정들은 오케스트라를 조율하거나 폐렴을 치료하는 것과 같은 문제를 전문가들에게 맡기는 결정 같은 것이 아니다. 소크라테스는 '정의 자체'를 추구할 때 정치에서 정치를 찾으려고 한다.

진리, 정치, 그리고 민주주의

동굴의 우화가 오늘날 정치에 의미하는 바는 무엇일까? 우화가 진리의 정치적 무력함을 보여주고 있음을 상기하자. 소크라테스는 이를 인식하며 수호자들이 신화, 숭고한 거짓말, 생략, 기만으로 통치하는 것을 허락했다.

한 가지 흥미로운 질문은 민주적인 지도자들이 거짓말을 하는 데 비슷한 이유가 있느냐는 것이다. 사람들이 진짜 정보를 확보하지 못한다면 현명한 결정을 할 수 없으므로 민주주의에서는 언제나 거짓말을 비윤리적인 것으로 간주한다. 그러나 도덕철학자들 일부는 아무리 민주주의라도 국가 안보를 위해 국가 기밀, 비밀스러운 외교, 속임수가 필요하다는 점을 인정한다. 민주적인 지도자는 절대로 개인적이거나 당파적인 이익을 얻으려고 사람들을 속여서는 안 되지만, 인민을 계속 어둠 속에 둠으로써 공익이 가장 잘 보장되게 할 수도 있다.

실제 상황에서 존재하는 어려움은, 지도자들이 실제로 그들의 사익을 위해서가 아니라 인민을 위해서 거짓말하거나 속이는지를 정확히 판단하는 데 있다. 근대 미국 역사에서 대통령이 거짓을 정당화하려 했던 네 가지 사례를 살펴보자.

쿠바 미사일 위기 : 1962년 미국은 소련 연방이 쿠바에 미사일을 배치했다는 사실을 알았다. 그 미사일에 공격성이 있다고 판단한 미국 정부는 미사일 철수를 요구했다. 협상에 결렬된 후에 – 한때 소비에트 연방은 미국이 터키에 있는 미국 미사일을 제거한다면 쿠바에 있는 미사일을 제거하겠다고 제안했지만, 케네디 대통령은 공개적으로 이를 거절했다 – 미군은 쿠바 해상을 봉쇄했고, 소련 군함이 접근하자 세계는 당장이라도 핵전쟁으로 치달을 상황에 놓였다. 결국, 소련은 주장을 굽히고 미사일을 제거한 것 같았다.

그것이 일반에 공개된 버전이었다. 그러나 미국은 터키에 있는 미국 미사일 철수와 쿠바에 있는 소련 미사일 철수를 공개적으로 연결할 수 없었음에도, 소련에 일단 쿠바 위기가 해결되면 적절한 시기에 터키에 있는 미사일을 철수하겠다고 통보했던 것으로 밝혀졌다. 이것이 실제로 일어났던 일이다. 그러나 케네디 대통령은 이 같은 암묵적 거래를 결코 인정하지 않았다. 공개적으로 보여준 모습은 소련의 후퇴를 실현한 강인한 정신력의 소유자였다. 대통령이 그의 정치생명에 도움이 되도록 속임수를 썼을까, 아니면 거래를 공개하면 위태롭다고 판단했던 것일까? 이것이 케네디 대통령의 사적인 동기 때문인지, 혹은 속임수의 필요성 때문인지 – 분명히 두 가지가 섞여 있었을 것이다 – 판단하기 어렵다.

모니카 르윈스키 사건 : 클린턴 대통령은 그의 두 번째 임기에 백악관 인턴 모니카 르윈스키와 성관계를 했다는 혐의로 조사받던 중 대배심을 상대로 거짓말(위증-역주)했다. 그는 또한 민사 사건 조서에서 다른 여성과의 성관계에 관해 질문받았을 때도 거짓말했다. 이른바 '위증'을 구성하는 이 거짓말들은 하원의원들이 대통령을 탄핵하게 된 근본적인 동기 중 하나가 됐다. 클린턴이 수개월간 거짓말하지 않았다고('그것은 모두 당신이 말하는 성관계라는 말의 의미에 따라 다르다') 주장했음에도, 그는 그 후에 미국 대중을 속이려고 의도적으로 준비했음을 인정했다. 틀림없이 그는 재직 중 임기를 보장받기 위해서 그랬을 것이다. 그러나 그는 또한, 진심으로 어떤 대통령도 선서한 상태에서 사적인 성 문제에 관해 질문받아서는 안 된다고 생각했다. 많은 윤리학자가 대통령의 성생활에 관해 대중이 알고 싶어 하는 욕구는, 대통령이 그의 행동을 감추기 위해 거짓말을 했더라도 탄핵을 뒷받침하기에는 너무 미약하다고 결론지었다.

대량살상무기와 이라크 전쟁 : 부시 정부는 이라크에 전쟁을 선포하는 근거로 사담 후세인이 핵무기 제작에 필요한 물질을 포함해서 대량살상무기를 보유하고 있다고 미국 국민과 전 세계를 향해 주장했다. 하지만 실제로는 어떤 대량살상무기도 발견되지 않았다. 정부 고위 관료들이 정말로 그렇다고 믿었는지, 아니면 증거가 부적절하다는 사실을 잘 알면서도 전쟁의 구실을 만든 것인지는 여전히 불명확하다. 논증을 위해 부시 정부가 미국 대중(그리고 세계)을 속였다고 가정해보자. 이 속임수는 정당화될 수 있을까? 몇몇 사람은 그 체제에 실제로 대량살상무기가 있든 없든 상관없이 인권을 악랄하게 경시하는 이라크 독재자의 타도를 정당화한다고 주장한다. 문제는 인도주의적인 이유로 전쟁에 나선다는 명분으로 국내에서, 그리고 외국에서 대중의 지지를 호소했다는 점이다. 이런 관점에서 부시 정부가 국민에게 정의로운 전쟁을 설득하는 방법으로서 무기 문제를 이용한 것은 옳은 일이었다. 어느 상황에서도 전쟁은 정의롭지 않겠지만, 이 문제는 제쳐놓도록 하자.

테러리즘과 도청 : 9월 11일 이후, 부시 정부는 정보국들이 다양한 국제 전화 통화를 도청하도록 허락했다. 그 도청 중 일부는 불법이었다. 언론이 그 계획을 폭로하자, 부시 대통령은 전시에 적에게 비밀 정보를 노출해서 전략의 가치를 훼손했다고 주장하면서 언론을 비판했다. 오히려 대통령은 의회와 미국 국민에게 '숭고한 거짓말'이었다고 주장했다.

나는 동굴의 우화 교훈을 완전히 벗어날 수 없음을 보여주려고 이런 사안들을 언급했다. 민주주의에서는 누구도 사람들이 진실을 알기에 너무 무지하다는 소크라테스의 논증을 주장해서는 안 된다. 그러나 9·11 이후에는 민주주의조차도 때로 사람들이 정부가 무엇을 하는지 모르는 것이 최선인 듯이 작동한다. 이런 문제를 두고 토론했듯이, 알카에다 사례에서 그들의 지도자는 글자 그대로의 동굴에 잘 숨어 있을지도 모른다. 민주주의가 직면한 문제는, 이기기 위해서라면 비밀스럽고 은밀한 방법으로 정치를 해야 하느냐는 것이다.

반 이상향과 독재의 민주주의

『국가』의 결론에 따르면, 플라톤은 실제 정부 형태를 탐구하고자 유토피아에서 출발했다.[11] 소크라테스는 그의 이상적인 철학자 왕국과 익숙하지

11. *Republic* 8 and 9.

만 결함 있는 정부 유형들을 비교하면서 자신의 이상적인 도시가 정말로 정치적 정의에서 최선임을 설득하려고 했다. 더 나아가, 그는 철학자 왕으로부터 전사, 과두정치, 민주주의, 그리고 마지막으로 폭정까지 여러 체제에서 존재했던 두드러진 인물 유형을 비교했다. 그래서 마침내 철학자 왕의 완벽하게 정의로운 삶과 폭군의 완벽하게 부정의한 삶이라는 두 가지 '이념형'을 대립적으로 비교한다. 이 비교는 그의 학생들이 밤에 깨어 있게 하고, 횃불 행진에도 가지 않게 한 질문에 마침내 답하게 한다. 행복은 정의로운 자에게 오는 것인가, 부정의한 자에게 오는 것인가?

최고의 체제에서 최악의 체제로 변화하거나 혁명이 일어나는 플라톤의 주기는 그 자체로 하나의 가설이 될 수 있다. 정치에 관련된 그의 모든 글에서 그러듯이 플라톤은 타락과 부패가 보이는 변함없는 하향 나선 곡선을 추적하며, 변화에 대해 비극적인 시각을 드러낸다. 정치가 퇴행하는 단계들은 마치 연대순으로 일어나듯이 제시된다. 그러나 소크라테스는 도덕적 가치가 낮은 순서대로 여러 정치체제의 도시에 순위를 매기는 데 가장 큰 관심을 보였다. 나는 이 점을 강조하는데, 왜냐면 민주주의가 바로 마지막에서 두 번째에 있다는 점에 주목하고 진지하게 생각해야 하기 때문이다.

소크라테스는 각 체제 내 변화의 원인을 엘리트들의 의견 불일치에서 찾는다.[12] 하층민의 반란, 기대의 상승, 또는 억압받은 자들의 폭동을 이야기하는 혁명 이론가들과 달리, 소크라테스는 오로지 균열, 분열, 분파가 엘리트들을 갈라놓고 힘 있는 그룹이 다른 그룹을 교체하거나 전복하는 필연적인 방식에 집중한다. 더욱이, 엘리트들은 물질적인 것으로 나뉘기보다는, 지위

12. 8.545d.

와 명예 같은 것으로 나뉜다. 혁명에 관한 플라톤의 이론은 존중과 분노의 이론이다.

변화의 주기에서 정치와 심리학은 유사한 방식으로 변화한다. 한 측면에서 특정한 도시 건설에는 특정한 심리를 지닌 개인이 있어야 한다. 그러나 다른 측면에서 도시의 본성은 그 도시의 가치에 따라 양육되고 교육된 시민에게 영향을 끼치기도 한다.

유토피아의 붕괴

놀랍게도 유토피아조차 부패에 면역이 없음을 알게 된다. 유토피아에 대한 비판 중 하나는 바로 유토피아의 영속성이 인간을 완전히 지루하게 한다는 점이다. 화창한 날이 끊임없이 연속되는 것만큼 지루한 것도 없다는 하소연을 기억하자. 그러나 소크라테스의 유토피아에 대한 환상은 피할 수 없는 죽음을 보는 호기심이다. 조만간 현명한 철학자 왕조차 실수를 저지를 것이다. 그들은 잘못된 사람들을 혼인 상대로 정해줄 것이다. 이 궁합으로 수호자 계층에 들어가기에 적합한 자질이 없음에도 수호자 계층에 입성하는 아이들이 태어날 것이다.[13] 기존 구성원들은 옛날 방식을 따르는 반면, 형편없이 잘못 태어난 새로운 구성원들은 금기시된 재산에 대한 욕망을 드러내고 수호자 계층은 파벌로 나뉜다.[14]

일단 수호자가 재산을 알게 되면, 토지를 압류하고 농민을 농노로 전락시키며 자기 백성을 수탈한다. 이전에 그들의 영혼을 다스렸던 지혜는 전쟁을 일으키는 열정으로 대체될 것이다. 소크라테스는 이 체제를 '금권정치

13. 8.546b.
14. 8.547b.

(timocratic)'로 부르면서 개인 심리가 체제를 변화시키는 과정을 밝혔다.

금권 정치와 전사의 인격

그는 이렇게 진행되는 과정을 상상했다. 사유재산제 도입으로 수호자들은 자기 집에서 살면서 가정을 이룬다. 그러나 몇몇 원조 철학자는 여전히 옛 방식에 집착하고 새로 생긴 재물욕과 전쟁 추구를 부정했다. 그 원조 철학자의 아들은 다른 이들이 새로운 방식에 적응해서 자기 아버지를 추월하는 현실을 보게 된다. 어머니는 아버지에게 가족은 안중에도 없다고 불평하고, 명예, 전쟁, 재산보다 이성을 섬기는 아버지의 낡은 헌신을 비난한다. 그녀의 불만은 아들의 정신에 분노와 가족의 명예를 위해 복수하려는 욕망을 불어넣을 것이다. 이렇게 아들의 성격은 열정으로 가득 차고, 사람들은 전사 체제의 가치에 부합하는 '금권정치적' 인물의 도래를 보게 된다.[15]

소크라테스가 가정생활에, 특히 어머니들에 대해 얼마나 많은 비난을 퍼붓는지 눈여겨보자. 소크라테스가 수호자 계층으로 여성을 모집한 것에 비춰보면, 여성의 사악한 영향력에 대한 그의 거센 목소리는 놀라워 보일 수 있다. 이상 국가에서, 국가는 적어도 수호자 계층의 구성원에게는 개인 가정을 병합하고 전멸시켰다. 마찬가지로, 국가는 성별과 공직을 분리한다. 남성과 여성은 생물학적으로 결정되지 않는 열정처럼 수호자 기능 적합성에 따라 평가받는다. 그러나 일단 사적인 가정이 재출현하면, 소크라테스의 목소리는 특히 어머니인 여성에게 가혹해진다. 어머니가 아들에게 분노의 고통을 가르친다는 것이다. 하지만 한때 수호자였던 딸에 대해서는 입을 다문다.

15. 8.549c-550c.

금권정치와 금권정치의 심리 작용은 어머니인 여성에게서 나왔다. 그러나 금권정치의 불안정성이 입증될 것이다. 이 체제의 결함은 돈에 대한 사랑이 커짐에 따라 명예에 대한 사랑이 훼손된다는 데 있다.[16] 첫 번째 금권정치는 재산을 이용했지만, 아직 재산에 온전히 점령당하지는 않았다. 조만간 돈에 대한 욕망은 명예욕을 능가할 것이다. 금권정치는 과두정치로, 즉 재산이 있는 몇몇이 지배하는 정치로 타락한다.[17]

과두정치의 성격 : 인색한 부

과두제는 결과적으로 돈에 대한 욕망이 삶의 최고 정념인 과두정치의 일원에 해당하는 사람을 만들어낸다. 이런 식으로 과두정치 지배자가 나타난다. 다시 한번, 어머니는 그녀의 아들에게 '분노'라는 독침을 쏜다. 아버지는 불명예스러운 세계에서 계속해서 명예로운 사람으로 남는다. 그러나 그는 명예를 얻기보다 가족을 부유하게 하는 힘을 사용하지 않으려는 바보로 널리 인식된다. 처음에 아이는 아버지를 모방하지만, 곧 낡아빠진 가치가 노인을 무력하게 하고 가족을 가난하게 한다고 배운다.

'가난으로 비천해진' 아이는 명예의 가치를 고려할 여유가 없다. 그 대신 그는 재산 축적과 탐욕에 자기 영혼을 바친다. 이제 그의 삶을 가득 채운 열정은 재산의 소유 자체다.[18] 정치권력과 사유재산을 한 손에 쥘 수 있는 정치는 어떤 것이라도 안정적이라고 증명될 수 없다. 과두정치의 바탕은 실제로 부유한 자들의 고립된 거주지와 빈자들의 가축우리 같은 곳으로 나뉜 두

16. 8.550e.
17. 8.551a-b.
18. 8.553a-e.

개의 도시다.[19] 화합은커녕, 도시는 소수의 부유한 자들이 다수의 빈자들에게 맞서 보초를 서는 무장 캠프와 같다. 그런 상황은 지속할 수 없다. 빈자는 부자가 가진 것을 원하고, 그들은 모두를 위한 자유와 평등의 이름으로 권력을 빼앗을 것이기 때문이다. 이제 변화의 주기에서 민주주의에 도달했다. ─ 사람들에게는 최선의 정치 형태지만, 소크라테스에게는 최악은 아니라도 바로 전 단계의 정치 형태다.

민주적 도시와 자유를 향한 열정

민주주의는 정치적 이념과 심리적 의지에 모두 결함이 있다. 정치적으로 자유의 민주적 이상은 사람들이 좋아하는 것을 할 수 있게 해주는 쪽으로 지나치게 기울어서, 도시에서 단결이 조금도 일어날 수 없다. 소크라테스는 민주주의 도시에서 걷는 것은 상점이나 일반 가게를 통과하여 걷는 것과 같다고 했다. 민주주의는 가능한 모든 생활양식이 전시된 시장이라는 것이다.[20] 어떤 지배자도 더는 사람들이 현명한 선택을 하게끔 돕지 않는다. 정치의 요체는 자기 스스로 선택할 자유로 귀결된다.

근대의 청중에게 이런 선택의 자유는 칭찬할 만한 것처럼 보인다. 소크라테스에게 민주주의는 사람들이 좋은 선택을 하게끔 가르치지 않고, 마치 선택의 자유가 최고의 정치적 가치인 것처럼 선택의 자유를 그릇되게 다룬다. 사실 민주주의의 전반적인 문제는 개인이 '좋은' 또는 '옳은' 선택을 할 수 있다고 생각하게 한다는 점이다. 민주주의가 가치를 두는 모든 것은 바로

19. 8.551d.
20. 8.557d.

선택의 자유다.[21]

마찬가지로, 평등에 대한 민주주의적 이해에는 지배자와 피지배자의 불가피한 구별을 없앤다는 데 결함이 있다. 더 나쁜 것은 민주주의가 실제로 평등을 실현하지는 않지만, 다수의 빈자에게 소수의 부자를 약탈할 권한을 부여한다는 점이다. 많은 사람이 평등을 추구하는 데 탐욕이 숨어 있다는 사실은 민주주의에서도 계층 간 긴장이 점점 더 심해진다는 것을 의미한다. 곧 보겠지만, 계급투쟁은 민주주의가 폭정으로 변하는 과정을 준비한다.[22]

심리학적으로, 민주적인 사람의 내면은 자유에 대한 애정을 삶의 지배적 욕망으로 소중히 여기는 도시와 닮았다. 돌이켜보면, 과두정치 독재자가 '지출'보다 수입을 사랑하는, 돈에 대한 절제된 사랑을 품고 있음을 알 수 있다. 따라서 그의 심리는 인색해지고 필수품에 대한 지출만을 허용하며 사치품을 금지하는 등 가족에게 엄격한 규칙을 강요한다.[23]

이런 절제는 유지하기 어렵다. 일단 어떤 가족이 사치품을 좋아하는 소비자라면, 어머니는 아들에게 아버지의 인색함을 또다시 불평한다. 그녀는 다음 세대에게 아끼는 것보다 쓰는 것에 대한, 일하기보다 소비하는 데 대한 욕망을 심어준다. 아버지의 돈에 대한 인색한 사랑을 넘어서 다음 세대는 돈으로 살 수 있는 모든 것에 대한 사랑을 키운다. 이 방법으로 아들의 영혼은 욕망에 빠진다. 민주주의에 존재하는 주된 욕망은 자유에 대한 갈망일 것이다. 하지만 자유는 어떤 사람이 무엇을 좋아하든, 순수하고 단순한 욕망을 추구할 자격으로 이해하게 된다.[24]

21. 8.557b.
22. 8.557a.
23. 8.558c.
24. 8.559d-561e.

소크라테스는 바로 그 자유에 대한 사랑이 민주주의를 심리적으로 타락시킨다고 말한다. 이제 자격의 정치는 개인에게 모든 범위의 욕망 추구를 허락하며, 이는 필연적으로 타락한 행동을 제어하던 기제를 해제하는 방향으로 나아간다. 욕망하기에 좋은 것과 나쁜 것 사이에는 어떤 기준도, 판단도, 혹은 차이도 없다. 민주주의자는 단지 인간이 자기 욕망의 대상을 자유로이 추구해야 함을 알 뿐이다. 따라서 민주적인 사람은 어떤 특정한 존재가 아니다. 그는 상상할 수 있는 모든 종류의 사람이다. 정치적 민주주의는 지배자와 피지배자 사이의 구분을 배제한다. 이와 동시에 심리적 민주주의는 이성이 욕망을 압도할 때 나타나는 자기 지배를 배제한다. 인간은 자유를 느끼지만, 이는 인간이 목적 없이 어떤 욕망을 충족하고 다른 욕망으로 옮겨가는 것과 같은 무질서한 자유다.

어떤 민주주의 도시도 안정적임을 증명할 수 없다. 소비 윤리는 노동 윤리를 압박하고, 수많은 빈민을 나태한 게으름뱅이로 바꿔놓았다.[25] 빈자는 부자 약탈에 점점 더 깊이 의존하면서 부자의 저항이나 반격을 두려워하게 된다. 그들은 막연한 음모에 대한 의심에 불을 붙여줄 선동자를 맞이할 준비가 돼 있다. 정치가 무정부 상태에서 흔들리면, 빈자들은 질서를 복원하고 부자들의 반혁명에 대한 그들의 불안을 잠재워줄 강력한 권력자를 갈망한다.

도살장의 양처럼 빈자들은 민중을 선동하는 자를 환영한다.[26] 그들은 정치권력 자체에는 관심이 없기에, 처음에 그들의 지시를 따르고 부자들을 무너뜨릴 것으로 예상되는 구원자에게 정치권력을 맡긴다. 하지만 이렇게 아무 반대 없이도 선동자는 사람들에게 반항하고 독재를 실현할 수 있다.

25. 8.559d, 564e-565a.
26. 8.565c.

독재 정치와 사랑의 심리학

정치적으로 독재는 한 사람의 욕망을 법에 담는다. 아이러니하게도, 자유 민주주의 정치는 그 반대를 촉진한다. '너무 많은 자유는 단지 너무 많은 노예를 낳을 뿐이다.'[27] 도시 정치에서 진실은 개인들의 심리에서도 진실이 된다. 민주적인 사람은 영혼을 지배하려는 욕구를 해방함으로써 광범위한 심리적 독재를 위한 길을 준비한다. 아이들은 부모를, 학생은 교사를 존중했다. 그러나 이젠 모두가 트라시마코스 같은 사람이 된다. 자기 목적을 위해 다른 사람을 단지 대상으로 이용하려고 접근한다. 모든 끔찍하고, 야만적이고, 비상식적이고, 통제되지 않은 욕망이 뛰쳐나간다. 에로스는 수치심이나 신중함을 벗어나 사람들이 감히 꿈만 꾸던 것을 실행에 옮긴다.[28]

프로이트 심리학에서 이것은 오이디푸스적 욕망(아들이 어머니를 소유하고 아버지를 죽이고 싶은 욕망)이지만, 프로이트에게 그들의 힘은 대부분 무의식적이며 꿈의 영역에 남는다. 그러나 소크라테스에게서 욕망은 실제이고, 영향을 끼친다. 독재자 개인은 '어머니나 다른 그 무엇 – 인간, 신, 짐승 – 과 성관계 맺기를 피하지 않는다. 그리고 어떤 나쁜 살인도 꺼리지 않는다.'[29]

수호자의 주된 열정이 지혜에 대한 사랑이고, 군인의 주된 열정이 명예에 대한 사랑이며, 민주주의자의 열정이 자유에 대한 사랑이라면, 독재자의 열정은 무엇인가? 삶에 대한 플라톤의 비극적 전망은 그가 '사랑'을 폭군의 삶을 인도하는 힘이라고 말할 때 다시 표면화된다.[30] 플라톤은 '사랑은 위대한 독재자가 될 수 있다'는, 오늘날까지 전해지는 격언을 알고 있었고, 직접

27. 8.564a.
28. 9.571a-572b.
29. 9.571c.
30. 9.572e-573a, 574d-575a.

인용했다.[31] 사랑은 누구나 차지할 수 있다. 젊은이들의 에로틱한 호기심에는 사랑이 배움에 대한 보다 높은 사랑으로 인도되리라는 희망이 있다. 그러나 위험한 것은 사랑이 이성을 압도하고 사람을 미치게 한다는 사실이다. 젊은이에게 풍요로운 에로스는 어느 것보다도 신중히 지도돼야 한다. 그러나 민주주의는 지도 감독의 가능성을 파괴하기에 사랑이 왜곡되고 쉽사리 전제적으로 변질한다.

누구의 삶이 더 행복한가 : 불행한 독재자

이제 피레에프스에는 분명히 밤이 내렸을 것이다. 이미 기마 횃불 행진이 시작됐지만, 아무도 자리를 뜨지 않는 장면을 상상해보자. 소크라테스는 마침내 젊은이들이 도덕과 정의에 관한 '고결한' 담론에서 느끼는 큰 불편을 이야기하려고 한다. 젊은이들은 자신이 정의로워야 한다는 것을 잘 알지만, 스스로 정의로움을 원하게 되기를 바란다. 결국, 소크라테스는 정의 자체를 위해 그들이 스스로 정의를 선택할 동기를 부여할 수 있을까? 소크라테스는 그런 선택이 우리를 – 당신과 나를 – 행복하게 한다고 설득할 수 있을까?

소크라테스가 젊은이들에 대해 품었던 가장 근본적인 인식은 욕망의 횡포에 굴복하면 자멸한다는 데 있었다. 쾌락주의자들은 욕망을 제어하기보다 욕망의 제어를 받는다. 여기에는 몇 가지 중요한 이유가 있다.

첫째, 독재자는 사랑할 수도, 사랑받을 수도 없다. 독재자가 사랑받을 수 없다는 점은 독재자가 (믿음직한) 경호원 없이는 절대 집 밖을 나설 수 없다는 것을 생각한다면 명백하다.[32] 독재자는 오직 아첨꾼, 간신배, 부당한 것을 요

31. 9.573b.
32. 9.579b.

구하는 자들에만 둘러싸여서, 친구를 갖는다는 것이 무엇인지 알지 못한다.[33] 그러나 독재자는 사랑이나 우정을 받을 수 없듯이 줄 수도 없다. 독재자가 사람들을 사랑하는 유일한 방법은 그들을 소유하고, 그들의 존재 목적이 자신을 즐겁게 하는 물건인 것처럼 다루는 것이다. 이런 소유욕은 사랑을 특별한 것이 되게 하는 것을 파괴하는 재산 관계에 불과한 것으로 만들어버린다. 남에게서 진정으로 사랑을 느끼는 것과 달리 독재자는 다른 누구도 아닌 자신만을 사랑하는 나르시시즘에 갇힌다.

둘째, 독재자는 자유를 즐길 수조차 없다. 흔히 독재자를 유일하게 자유로운 사람이라고 생각한다. 그러나 심리적으로 말하자면, 이와 반대다. 독재자는 늘 궁핍하고, 즐거움의 대상에 결핍을 느끼고, 잠깐의 기쁨을 주는 원천을 보충하거나 확보하려고 스스로 계속해서 밖에 나가야 한다. 이런 방법으로 그는 즐거움을 주는 물건에 의존하거나 종속된다. 그는 그 물건들을 소유한다고 생각하겠지만, 심리적으로는 그 물건들이 그를 소유한다. 세상을 지배하려는 그의 의지는 부메랑처럼 되돌아오고, 그는 끊임없이 쾌락을 추구하며 극복하고자 했던 부족과 빈곤을 영원히 느낄 것이다.[34]

셋째, 독재자는 결코 만족할 수 없다. 가장 평범한 행복 – 만족감을 느끼는 단순한 상태 – 조차도 독재자에게는 불가능하다. 그의 욕망에는 끝도, 목적도, 충족도 없다. 고르기아스의 체로 비유된 영혼의 이미지를 기억한다면, 독재자의 즐거움(정복, 권력, 돈, 섹스 등)은 모두 순식간이고 일시적이다. 이 중 아무것도 그의 본질과 상관없다. 다시 승리를 맛보고, 새로운 섹스 파트너를 확보하고, 더 많은 재산을 차지하듯이 어제 한 일을 오늘도 하고 내일도 하게

33. 9.575e-576a.
34. 9.577-578.

하는 욕구가 있을 뿐이다.

넷째, 독재자는 두려움에서 벗어날 수 없다. 아무도 그를 신뢰하지 않고, 그 또한 아무도 신뢰하지 않는다. 마음 편히 잘 수도 없다. 물론 이동의 자유도 없다. 평범한 평화와 휴식의 느낌은 그에게 상상할 수 없는 것이다. 결국, 끊임없는 쾌락의 추구가 초래하는 것은 '영원한 불안'이라는 고통뿐이다.

이 논쟁으로, 소크라테스는 상권에서 트라시마코스에 대해 할 수 있었던 것보다 더 설득력 있는 반박을 제시하며 그의 약속을 지켰다. 소크라테스는 학생들이 정치에 관심을 보이게 하고 도시의 공익에 집중하게 함으로써, 이기적 삶의 매력이 정말 빈약하게 보이게 하는 방식으로 자아에 대한 그들의 인식을 바꾸어놓았다. 소크라테스는 더 나은 심리학자로서, 그리고 더 나은 도덕주의자로서 트라시마코스를 앞섰다. 만족, 공포의 부재, 평화로운 수면, 친구, 사랑, 자유의 경험 등 일반적인 '행복의 의미'라는 관점에서 볼 때 정의롭지 않은 삶은 가장 불행하다.[35]

부정의한 삶은 불행하다. 그러나 정의로운 삶이 행복한 삶이며, 가장 정의로운 사람이 가장 행복한 사람임을 보여주는 것은 또 다른 문제다. 아마도 두 삶 모두 행복한 선택이 아닐 수 있다. 어떤 길을 택하든지 불행은 인간의 숙명일 수 있다. 혹은 정의로운 행동과 부정의한 행동을 적절히 결합한 것이 행복을 위한 방안일지도 모른다. 그렇다면 어떻게 소크라테스는 정의와 행복, 도덕적으로 옳은 것과 심리적으로 유쾌한 것의 긍정적인 관계를 증명하고 그 관련성을 구축했을까?

35. 9.580c.

누구의 삶이 행복한가 : 차원이 더 높은 정신의 즐거움

행복을 정의와 결합하는 모범 사례는 '더 높은 차원의'의 즐거움에 매진하는 철학자의 삶이라고 할 것이다. 정의를 아는 철학자만이 이상적으로 정의로운 사람이다. 앞서 봤듯이 소크라테스는 정의를 '아는' 것은 정의롭게 행동하는 도덕적 의무를 동반한다고 믿는다. 이것은 소크라테스 특유의 개념으로, 무지를 악의 원천으로 보고 그것을 치유하는 것이 지식이라고 가정한다. 나는 여기서 사람들이 소크라테스의 가정을 따라야 할지 확신할 수 없다. 무엇이 옳은지를 분명히 알면서도 좋지 않은 것을 실행하는 비뚤어진 선택을 하는 사람도 있다. 그러나 진정한 지식은 그 지식에 따라 행동하도록 동기를 부여하는 힘을 동반한다는 것이 소크라테스의 관점에서 중요하다. 이것이 소크라테스가 지혜의 삶을 이미 정의로운 삶으로 제시하는 이유다.

지혜롭고 정의로운 철학자는 과연 행복할까? 많은 작가가 위대한 사상가들은 큰 고통을 겪는다고 말한 바 있다. 고통에 시달렸던 천재 베토벤이나 오늘날 사람들이 볼 수 있는 아름다운 시스티나 성당의 돔 천장을 그리며 비계에 올라가 고생했던 미켈란젤로가 대표적인 예일 것이다. 이런 예들은 고통을 천재성의 산파로 묘사하고, 위대한 사상은 종종 엄청난 불행을 동반한다는 사실을 보여준다. 이처럼 천재성이 불행을 동반한다는 사실은 인간이 머리를 쓸 때 겪는 정신적 좌절을 생각할 때 더욱 그럴 듯해 보인다.

후일 정치사상사에서 존 스튜어트 밀(John Stuart Mill)은 정신적 삶을 살아감으로써 성취할 수 있는 행복에 대한 소크라테스의 옹호를 깊이 생각하면서 내가 전에 인용한 내용을 전제로 이에 동의할 것이다. '만족한 바보가 되기보다 불만족한 소크라테스가 되는 편이 낫다."[36] 나는 소크라테스가 이

36. J.S. Mill, *Utilitarianism*, ed. Oskar Piest (Indianapolis: Bobbs-Merrill, 1957), p.14.

행복에 대한 난해한 이해를 받아들였다고 확신하지 않는다. 설령 소크라테스가 전통적인 행복 개념에 상당한 이의를 제기했더라도, 그의 행복은 만족이라는, 보통 사람들의 기대 범위에 있다. 소크라테스는 정신의 즐거움이 육체의 즐거움보다 정신의 즐거움에서 더 큰 만족을 느끼는 사람들에 의해 경험된다고 설득한다.

정신의 즐거움을 선호하게 되는 이유 중 하나는 그것을 통제할 수 있다는 데 있다. 정신의 즐거움은 내면에 있으므로 즐기기를 원할 때 언제나 '여기'에 있다. 실제로 나는 정신의 즐거움을 이해함으로써 내가 돼간다. 이것이 육체적 욕망이 지배하는 삶이 사람들을 예속하는 반면, 정신적 삶은 이들을 해방하는 이유다.

정신적 삶이 더 행복한 또 다른 이유는 그 즐거움이 오래간다는 것이다. 뉴잉글랜드인이 계절에 관해 어떻게 이야기하는지 살펴보자. 여름이 정말 유쾌한 것은 너무 짧기 때문이다. 소크라테스는 모든 감각적 경험을 다룰 때 이 점을 일반화한다. 몇 가지 근본적인 방법에서 즐거움을 느끼는 것은 고통을 느끼는 것에 달렸다. 목이 마를수록, 마시는 즐거움은 한층 더 강렬하다. 더 피곤할수록, 자는 것은 더 큰 즐거움이다. 하지만 정신의 즐거움은 이 고통을 동반하는 변증법에 갇혀 있지 않다. 정신의 즐거움은 왔다가 사라지는 것이 아니라 인간 내면에 자리를 잡고 인간의 성격을 형성한다.

누구의 행복이 '더 높다'고 판단하는 자는 누구인가?

마침내 소크라테스는 내가 1권(저자의 실수인 듯-역자) 이전 장(章)에서 소개했던 마지막 논증에 이르렀다. 만약 질문이 정신적 즐거움과 육체적 즐거움 중에서 어느 것이 더 높은지 묻는 것이라면 심판자, 판단자가 필요하다.

그러나 판단할 자격이 있는 사람은 누구인가? 소크라테스는 정신의 즐거움을 경험한 자들도 여전히 육체적 즐거움을 경험한다고 전제한다. 배움에 대한 그들의 애정은 어쨌든 그 즐거움을 육체에서 분리할 수 없다. 그러나 그 정반대는 사실이 아니다. 육체적 욕망에 중독된 사람들은 정신의 즐거움을 전혀 경험하지 못했다.[37] 존 스튜어트 밀의 말을 빌리면, 어리석은 사람은 현명함이 무엇인지 알 수 없지만 현명한 사람은 어리석음을 경험했다.

그렇다면, 정신의 즐거움과 육체적 즐거움을 모두 경험한 사람은 어느 것을 선택할까? 소크라테스는 사다리를 타고 올라가서 지혜의 기쁨을 맛본 사람이 사다리를 걷어차거나, 다시 동굴로 돌아가지는 않으리라고 믿을 것이 자명하다. 지식에 도달한 사람은 누구도 '고맙지만, 난 무식한 게 더 좋아'라고 말하지 않는다.

이것이 정신적 삶이야말로 인간이 알 수 있는 최고의 기쁨을 준다는 소크라테스의 변론이다. 소크라테스는 사람들을 설득했을까? 내 경우를 말하자면, 나는 젊었을 때 동굴에서 빛으로, 아래에서 위로, 뒤에서 앞으로 향하는 여행 초대를 거절하기 어려웠다. 이것은 자신을 판단하고 더 나은 변화를 바라는 과정이다. 다른 사람의 판단에 옳고 그름을 논하고, 그들의 열망을 제한하는 것과는 다르다. 하지만 소크라테스는 두 가지를 모두 하라고 요청한다. 소크라테스는 오직 몇몇 개인만이 그와 함께 여행하기를 바란다. 나머지 사람들은 그들에게 적합한 '저급한' 혹은 '낮은' 행복과 함께 남겨진다. 이처럼 '더 높은/더 낮은'과 같은 비교는 소크라테스식 정치를 반민주적인 방향으로 이끈다. 소크라테스는 사람들이 쾌락을 느끼는 다양한 방법을 찬양하

37. *Republic* 9.582a-d.

고, 일반적으로 육체적 열망을 느끼듯이 배움에 대한 열정을 느낌으로써 인간이 에로틱한 삶에 더 잘 도달하도록 모두에게 권했을 수도 있었다.–내 생각에 그는 그랬어야만 했다–그러나 인간 평등에 대한 그의 견해는 정신적 삶으로의 열린 초대를 배제한다. 정신적 삶의 즐거움은 크지만, 모두를 위한 것은 아니다.

소크라테스는 단순히 빈자들을 그저 그들의 운명에 맡기는 지배자를 정당화하려고 이 불평을 다루는 것이 아니다. 오히려 지배자들은 모든 사람에게 좋은 삶을 제공하고자 각기 다른 사람들에게 객관적으로 좋은 것이 무엇인지–어떤 행복이 어떤 인간 본성에 적합한지–에 대한 그들의 지식을 이용한다. 사실, 소크라테스의 유토피아에서 일시적으로라도 자신의 행복을 희생하는 사람은 철학자다. 왜냐면 철학자는 정치적 임무를 수행하면서 개인의 정신적 삶을 뒤로 미루기 때문이다.

그러나 수호자의 이타주의는 특이한 종류다. 수호자들이 사람들의 행복에 봉사한다는 사실을 인정한다고 해도 그들은 여전히 사람들을 심판하고 부족하다고 여긴다. 정치적 민주주의는 누구의 행복이 더 나은지 판단하고 비교하는 경향을 바탕으로 정립될 수 없다. 소크라테스에게는 이것이 핵심이었다. 나는 그것이 우리에게는 저항의 핵심이기를 바란다.

소크라테스는 남의 처지에서 그의 내면적 행복을 판단하는 사람의 능력을 과대평가했다. 여기에는 이유가 있는데, 내 개인사를 통해 이해를 도우려 한다. 몇 년 전 나는 대학에서 배심원과 정의를 주제로 강연했다. 내 선생님 중 두 분, 조지 카텝 교수와 마이클 왈저 교수가 참석한 가운데, 내가 약간은 긴장했음–사실 '약간'이 아니라 '많이'–을 상상할 수 있을 것이다. 나는 다음과 같이 논증했다. 즉 다양한 인구통계학적 집단을 배심원으로 세워야 하는 이유는, 편향 없는 정의라는 것은 존재하지 않으며, 오직 배심원의 인종, 종교, 성별, 연령, 교육수준 등의 영향을 받는 정의에 대한 다양한 시각만이 존재하기 때문이다.

곧이어 질의응답을 통해서 왈저 교수는 내 견해에 공감했지만, 카텝 교수는 그렇지 않다는 것을 깨달았다. 정확히 단어들까지 모두 기억하지는 않지만, 나는 왈저 교수가 나에게 한 말을 기억한다. "카텝 교수와 나의 차이는, 내가 인구통계적인 관점을 택했다면, 카텝은 보편적 사고의 관점을 택했다는 점(I'm all demographic and George is all mind)이다." 이 말이 뇌리에 맴돌았는데, 왜냐면 이것이 두 위대한 교수의 차이를 발견할 정중한 방법이었기 때문이다. 왈저 교수는 자신이 특정한 시대에, 그리고 특정한 지역에서 태어난 데서 생긴 특정한 시각과 가치를 나타내는 특정한 사람임을 인정했다. 카텝 교수는 더 보편적인 자아 감각을 원했다. 그는 그저 우연히 그렇게 태어난 특정한 사람으로서가 아니라, 문화적·생물학적 영향을 초월하는 생각만을 따르는 추상적이고 무형적인 만인(萬人)으로서 그 진실을 신중하게 추론하는 '정신'이라는 합리적 힘을 사용한다.

소크라테스는 정신적 삶이 사람들 – 그중 몇몇 – 에게 이 인구 초월적이고 보편적인 지위를 부여한다고 봤다. 정신은 궁극적으로 시공간의 영향에서 벗어나 스스로 자유롭게 추론하고, 형상이나 이데아에 있는 객관적 진실을 이해하는 능력을 갖춘다. 이상하게 들리겠지만, 이것이 정치와 정의에 대한 소크라테스의 글이 결국에는 완전히 반정치적인 성격을 띠는 이유다. 정의는 법, 관습, 또는 어느 정치적 도시의 전통에 얽매이지 않고 떠돈다. 정의는 이상으로 존재할 뿐, 실제 정치 제도에서는 절대 구현될 수 없다. 소크라테스의 생각에 따르면 정의가 정치를 '벗어나고 초월한다'는 것은 모두 선(the good)을 위한 것이다. 그것은 철학에 정치 외부에서 정치를 판단할 권한을 부여한다.

초월적 정의론을 제시하고, 정의는 도시가 말하는 바와는 다르다고 가르쳐준 것은 소크라테스의 위대한 성과였다. 나는 소크라테스가 권력과 정의를 구별한 순간에 정치철학이 태어났다고 말하는 것이 과장이라고 생각하지 않는다. 그러나 바로 그 초월적 정의의 지위는 소크라테스식 정의에 실천적 가능성을 남겨두지 않았다. 정의를 조금 더 현실로 끌어내리는 것은 아리스토텔레스를 시작으로 하는 소크라테스의 후계자들에게 남겨진 일이다.

4장 플라톤의 비극 국가를 넘어

내 스승인 주디스 슈클라 교수는 플라톤에 관한 강의의 결론에서 『국가』는 지금까지 정치학에 관해 쓴 책 중에서 가장 급진적이라고 했다. 플라톤을 당대의 몇몇 선동자로 오해하지 않도록, 슈클라 교수는 '급진적(radical)'이라는 단어를 '문제의 뿌리에 이르는 것'이라는 사전적 의미로 사용했다고 명확히 밝혔다. 슈클라 교수는 플라톤이 도달했던 맨 아래에는 정의가 아니라 부정의가 있다고 봤다. 급진적 정치 변화를 유발하는 기제에 대한 플라톤의 유토피아적 사고는 동굴 안과 그곳에 있는 부정의를 환하게 밝게 비춘다는 데 그 가치가 있다. 슈클라 교수는 '개혁의 불가능성'이라는 플라톤의 비극적이고 비관적인 생각에 공감했다. 그녀는 부정의에 대한 플라톤의 폭로가 유토피아를 세우려고 남겨둔 어떤 계획보다도 중요하다고 봤다.[1]

1장에서 나는 『국가』의 비극적인 대목을 소개했다. 만약 그 책이 사람들을 고무한다면, 이는 행동하기를 요청하기 때문이 아니다. 비록 소크라테스가 자기 학생들을 무장 동원이라도 했다는 듯이 사형을 당했지만, 어떤 스승

1. 슈클라의 정치이론에 관한 일반적인 설명으로 *Political Thought and Political Philosophers*, ed. Stanley Hoffman (Chicago; University of Chicago Press, 1998)에 수록된 그녀의 에세이 "The Liberalism of Fear" pp.3-20을 보라.

이라도 그런 비난에 대한 죄책감을 품고 있었을 것이다. 『국가』는 정치 활동가의 일과 스승의 일을 구분하는 잘못된 경계의 빈틈에 대한 깊은 숙고다. 스승, 즉 철학자는 정치와 거리를 두고 이상에 따라 정치를 판단한다. 이 판단 활동, 이 비판은 철학의 공헌이다. 그러나 만약 철학자들이 다루기 힘든 현실에 이상을 강요하려는, 궁극적으로 헛되고 비극적인 노력으로 그 틈을 메꾸려는, 과도한 이상주의적 열정을 허락한다면, 정치의 본질과 철학의 본질을 모두 오해한 셈이다. '뒤틀린 목재(crooked timber)'라는, 인간에 대한 칸트의 탁월한 은유를 상기한다면, 성질에 반하는 몇몇 '교정(정리) 방법'은 있다. 플라톤은 이 점을 이해했지만 유감스러워했고, 정치학의 한계와 철학의 한계에 모두 비극적인 반응을 남겼다.

내가 제시한 『국가』에 대한 설명이 변화에 완전히 비관적이지 않다는 점을 기억했으면 좋겠다. 피레에프스에서 대화하는 동안, 낮은 밤이 됐고 관심이 횃불 행진에서 이전에는 경험한 적이 없었던 사고의 즐거움으로 옮겨갔듯이, 인간의 자아에 대한 감각도 변한다. 우리는 소크라테스의 학생들과 함께 행복의 의미를 잠시 돌아봤다. 바로 이런 자기 성찰적 행동, 자기 이해에 대한 탐색이 우리 자신을 변화시킨다. 분절적이고 분석적인 방법으로 자신의 행동을 스스로 관찰할 줄 아는 사람은 이전 자신으로 되돌아가지 않는다. 몇몇 사람은 항상 관찰자와 비평가로 남는다. 이것이 소크라테스가 자기 이해의 전환 효과를 믿는 이유다. 자기 이해의 탐색에는 이를 뒤따르는 일종의 도덕적 시각이 있다.

『국가』에서 자기 이해의 전환 효과는 행복의 의미 검토에 집중한다. 소크라테스는 제자들에게 행복에 대한 심려는 포기해야 할 이기주의와 자만심의 발로임을 가르치면서 그들을 도덕적으로 더 나은 인간이 되도록 인도했을 것이다. 분명히 우리는 모두 그런 가르침을 들었다. 그러나 이것은 소크라테스의 접근법이 아니다. 소크라테스는 행복해지려는 인간의 정상적인 욕망을 기준으로 삼았고, 제대로 이해한 행복은 이미 그 자체에 도덕적 나침반이 들어 있다고 설득했다.

이 도덕적 나침반을 찾는 데는 행복에 대한 이해에 어떤 변화가 필요하다. 모든 사람이 육체 안에서 살지만, 무엇보다도 젊음 안에서 살아간다. 구체적인 방법으로 기쁨을 찾는 것은 당연하다. 기쁨의 강렬함 자체가 물리적 표현 여부에 달린 것처럼 보인다. 나는 나중에 플라톤을 계승했다고 주장하는 신플라톤주의자들과 달리, 즐거움과 행복의 물리적 측면을 꽤 자연스럽고 도덕적인 것으로 받아들이는 것이 플라톤의 위대한 점이라고 생각한다.

문제는 모두가 자신만의 에로티시즘으로 – 대부분 특히 젊을 때 – 혼란스러워한다는 데 있다. 인간 내면에는 즉각적인 형태의 만족감을 촉구하는 트라시마코스적 목소리가 있다. 그 목소리는 매우 크고 분명해서 내면의 다른 목소리를 듣기가 어렵다고 느낀다. 그러나 인간에게는 다른 자연스러운 목소리들도 있다. 명예, 명성의 기쁨, 공적 의무에 대한 열정적 욕구가 있다. 인간은 합리적으로 성찰할 수 있고 어떤 욕망을 긍정할지 혹은 부정할지 선택할 수 있다. 욕망을 부끄러움 없이 표현하는 자유만큼 욕망이 통제하는 자유도 행복의 중요한 구성요소인 도덕적 피조물이다.

소크라테스는 전성기에 육체적·정신적 기쁨에 각각 마땅히 동반하는 조화로운 심리 작용을 권했다. 그가 그날 피레에프스에서 젊은 친구들에게 변화를 독려했던 것은 그들이 자신을 마치 육체에서 분리된 순수 이성의 대리인처럼 생각해야 한다는 것이 아니었다. 그 변화는 그들의 육체에 대한 에로틱한 호기심을 정신으로 돌리려는 것뿐이었다. 물론 소크라테스가 욕구를 통제하는 이성으로 인간의 인격에 대한 엄격한 위계를 요구하는 구절이 많이 있다. 이어지는 정치사상사에서 일부 기독교학자는 이 구절들을 영혼이 육체라는 감옥에서 실제로 탈출해야 할 필요가 있다는 억압적 이해를 정당화하는 플라톤주의로 만들어놓았다. 그러나 기독교화한 플라톤은 에로틱한 호기심을 위해 불을 밝히는 소크라테스와 전혀 다르다. 만약 어떤 젊은이가 세상과 세상 사람들을 에로틱하게 의식하지 않는다면, 사람들을 끌어당기는 원동력도 없다. 그리고 이런 끌림이 없다면 도덕도 없는 것이다. 소크라테스는 에로스를 억압하는 것이 아니라, 오히려 에로스에 다가가려고 애썼다.

상상하건대, 그날 소크라테스의 학생들은 달라진 인간, 즉 사랑, 에로스, 행복의 본질을 성찰한 더 나은 사람이 돼 피레에프스를 떠났을 것이다. 그들은 그곳을 떠나 어디로 갔을까? 이론상 그들의 새로운 심리는 이상 국가에서 새로운 보금자리를 찾아야 한다. 이상 국가에서는 그들의 달라진 자아가 번창할 사회적·정치적 환경을 제공한다. 그러나 그런 국가는 존재하지 않고, 아테네로 돌아가던 이 젊은이들은 당연히 동굴로 돌아가려는 철학자들 – 결코 집으로 돌아갈 수 없는 부적응자들 – 과 매우 비슷하다.

소크라테스가 학생들이 돌아갈 길을 찾기 어렵게 만들었다는 우울한 인식 속에서 아마 소크라테스는 마지막 상상의 나래를 펼쳐 그들을 이전에 살았던 영혼이 환생을 기다리는 신화적 '다이몬(demonic)'의 장소에 보냈다.[2]

이름이 'Er'이라는 병사는 한때 죽었다고 잘못 발표돼 영혼이 이리로 보내졌다. 그러다가 이 실수가 발견됐을 때 그는 죽음 뒤에 예상할 수 있는 것들을 관찰하고, 사람들에게 전해도 된다는 허락을 받았다. 그는 영혼이 불

2. *Republic* 10.614b.

멸하고, 사람들이 생전에 하는 선택이 거기서 끝나지 않고, 그 결과가 영원함을 알게 된다. 정의롭고 현명하게 산 사람은 천 년간 완벽한 축복을 누린다. 부정의한 사람들은 생시에 다른 사람들에게 줬던 고통의 열 배를 천 년 동안 돌려받게 된다. 이 보상과 처벌의 세월이 흐른 뒤에 영혼들은 다음 삶을 선택하러 줄을 서서 기다린다. 그 선택은 자유롭고 민주적이다. 많은 영혼이 긴장하고, 순서에 따라 그들 스스로 선택한다. 좋은 삶이 부족한 일은 없기에, 마지막에 뽑는 사람이라도 처음에 뽑는 사람만큼 충분하고 좋은 것이 돌아온다.

하지만 자유로운 선택과 충분한 공급이라는 조건에서도 많은 사람은 좋은 삶을 선택할 지혜를 갖추지 못한다. 그들은 반짝이는 것에 유혹을 느끼고, 미래에 '반짝이는 것이 모두 금은 아니다.'라는 금언이 문자 그대로 무슨 뜻인지 알게 해줄 인생으로 탐욕스럽게 다가간다. 이와 반대로 현명한 사람들은 부여된 기쁨의 경중을 침착하게 합리적으로 판단한다. 그들의 지식은 오직 그들만이 진정으로 자유로운 선택을 할 수 있게 해준다. 그러므로 지혜는 단지 한 번, 스쳐 지나가는 한 번의 삶에서 사람을 행복하게 하는 것이 아니라, 불멸의 인간 영혼이 인도했지만, 아직 살아보지 않은 모든 삶에서 사람을 행복하게 한다.

피레에프스에서 하루 동안 잠시 들여다본 공화국에서 Er이 방문한 지역까지는 먼 길이다. 두 장소 모두 신화적이고, 신화 안에서는 적어도 정의 그 자체가 보상이다. 나는 젊은이들이 피레에프스에서 아테네로 돌아갈 때 신화에서 영감을 받았으리라고 생각한다. 하지만 그들이 아테네에 가까이 갈수록 정의에 대한 가장 중요한 질문에 아직 대답을 얻지 못했음을 더욱더 명백하게 깨달을 것이다. 그 중요한 질문은 이런 것이다. 그들은 고향에서도 정의를 추구할 것인가, 만약 그럴 수 없다면 무엇을 해야 하는가.

5장 아리스토텔레스의 윤리학

덕의 습관

아리스토텔레스는 젊은이들을 좋아하지 않았다. 소크라테스는 젊은이들의 변화, 실험, 새로움에 대한 열린 자세 때문에 그들을 좋아했다. 어쨌든 확고하고 익숙한 과거에 닻을 내리기보다 삶에서 그들을 기다리는 미지의 세계와 모험을 더 좋아하는 것은 젊음의 특권이다. 사실, 소크라테스는 젊은이들이 오락 시간에조차 불안해하며 자신을 재-창조하는 순진함을 조롱했다. 그러나 이는 새로운 사상에 심취한 젊은이들을 타락시킬 수도, 훈육할 수도 있음을 기꺼이 인정하는 가벼운 조롱이었다.

이에 비해 아리스토텔레스는 – 젊어서부터 냉철하고 성숙해서 집, 가족, 친구에게 고마워하고 헌신하는 – 노인들과 즐겨 대화했다. 그는 대부분 젊은이가 적합한 학생이 되지 못한다는 기록을 남겼다. "그들은 절제되고 인내하는 삶을 즐거운 것으로 여기지 않는다." 요실금을 앓는 노인이 자기 몸을 통제하지 못하듯이 젊은이는 미숙해서 감정을 자제하지 못하고 "지식에서 (...) 아무런 이득도 얻지 못한다."[1] 대부분 젊은이에게는 특히 정치를 가르

1. Aristotle, *Nicomachean Ethics*, Trans. Terence Irwin (Indianapolis: Hackett Publishing Company, 1985), 1.1095a-10. 이후부터는 '*Ethics*'라고 할 것이다. 여기서 인용된 모든 것은 이 판과 같다.

치기 어려운데, 왜냐면 그들은 "인생 활동의 경험이 부족"하고 "감정에 좌우되는 경향이 있기 때문이다."[2] 나는 아리스토텔레스도 나이를 먹은 사람들을 칭찬하지 않았다는 것을 밝힌다. 만약 젊은 사람들이 정말 실험적이라면, 나이가 있는 사람들은 삶에 "찌들어 있고", 새로운 친구를 사귈 수도 없다.[3]

정치이론가 낸시 로젠블럼은 나와 함께 학교에 다닐 때 같은 또래보다 성숙했고 그때 이미 둘 다 교수가 될 것을 예상했다고 말한 적이 있다. 지금 우리는 교수이고, 그때 우리 같은 학생들을 알아볼 수 있다고 생각하는 경향이 있다. 학교를 직업을 얻기 위해 통과해야 할, 견뎌내야 할 과정이 아니라 최종 목적지로 생각하는 학생이 많지 않지만, 늘 있게 마련이다. 미래에 교사가 될 이런 학생들에게 아리스토텔레스는 그다지 채근하지 않아도 이해하기 쉬운 대상일 것이다. 반면에 미래에 대해 다른 목표를 갖는 학생들이 '젊음'이라는 특권을 누리지 않고 아예 처음부터 아리스토텔레스를 거부한다면, 이는 참으로 실망스러운 일이다. 나는 학생들이 변화를 경계하고 단지 익숙하다는 이유로 기존 방식을 고집한다는 것이 어떤 의미인지를 알 만큼 충분히 성숙해졌을 때 나를 만나러 오라고 말한다. 그때가 되면 아리스토텔레스를 공부할 수 있다. 그전에는 젊은이들이 (대략 기원전 335년에) '거의 모든 것이 이미 발견됐다'거나 '오랜 경험'과 '수년의 경과'에 대한 존중으로 새로운 생각을 모두 의심해야 한다고 말하는 이 철학자를 조롱할 것이다.[4]

아리스토텔레스 시대에 '칼케돈의 팔레아스'라는 정치사상가는 모두가 동등한 몫을 갖도록 혁명적으로 재산을 재분배하면 범죄 문제가 사라진

2. *Ethics* 1.1095a3-4.

3. *Ethics* 8.1158a5.

4. Aristotle, *The Politics*, Trans. Ernest Barker, Rev. R. F. Stalley (Oxford: Oxford University Press, 1995), 2.1264a1. 모든 인용은 이 판본이다.

다고 믿었다. 그러나 아리스토텔레스는 팔레아스가 세상을 더 많이 경험하면 인간 본성이 잘 변하지 않고 어떤 사람은 배고픔과 추위를 겪지 않을 때도 도둑질에서 기쁨을 얻는다는 사실을 알게 될 것이라고 지적하며 조롱했다.[5]

팔레아스에 대한 아리스토텔레스의 태도는 또한 플라톤에 대한 태도며 열렬한 정치 지지자, 유토피아 사상가, 미래 혁명가에 대한 태도이기도 하다. 결국, 그들은 모두 똑같은 실수를 저질러서 정치학이 인간 본성의 변화에 이바지하는 역할을 과장한다. 아리스토텔레스는 정치적 야망과 급진적 변화에 대한 욕구의 제한을 나쁜 것이 아니라 좋은 것으로 봤다. 현재에는 보존하거나 개선해야 할 것이 많다. 그러나 다른 모든 것이 그렇듯이 정치에서도 새로운 것에 대한 열정을 억누르기 어렵다고 생각하는 젊은이들에게 보존은 쉽지 않은 일이다.

아리스토텔레스의 정치사상을 깊이 들여다보기 전에 아리스토텔레스와 플라톤이 젊은이들을 대하는 태도가 다르다는 것이 왜 문제인지 설명하겠다. 아리스토텔레스는 도덕적으로 성장하려는 심리 – 아이가 예의 바른 사람이 되도록 어떻게 가르칠지 – 에 관심이 많았다. 플라톤에게 핵심은 지식이다. 모든 종류의 지식이 아니라, 매우 이론적이고 철학적인 종류의 지혜다. 무엇을 해야 옳은지 안다는 것은 그 옳은 일을 하도록 강제한다는 플라톤의 믿음을 기억하자. 하지만 아리스토텔레스는 지적 교양이 도덕성을 입증한다고 보지 않았다. 그에게 좋은 인격의 핵심은 바로 습관이다. 즉 아이들이 어릴 때부터 관대함, 용기, 우정 같은 덕성을 '실천'하면서 기뻐하는 성향이 생기게 해야 한다. 용감한 인간이 되게 하는 것은 부분적으로 용기와 만용의

5. *Politics* 2.1267a2.

차이를 아느냐에 달렸다. 그러나 언제 용감해야 하는지, 그리고 무엇을 두려워해야 하는지, 실천적으로 올바른 판단을 내리게 하는 데는 소크라테스의 가르침보다 훨씬 더 실천적인 지혜가 필요하다.

궁극적으로, 아리스토텔레스는 도덕적으로 믿을 만한 사람은 그의 성향대로 행동하고, 또 특정한 경우에는 선택을 새롭게 할 필요 없이 행동할 수 있다고 가르쳤다. 만약 인명 구조원이 해안에서 조금 떨어져 있는 바다에서 익사하는 사람을 보고 그를 살릴 수 있는지, 살려야 하는지를 매번 곰곰이 생각한다면, 구조는 흔치 않을 것이다. 게다가, 만약 인명 구조원들이 단지 명예로운 구조로 명성을 얻고자 바다로 뛰어든다면, 비록 옳은 일을 해도 동기가 옳지 못하므로 선한 사람이 되지는 못한다.

물론, 여기서 아리스토텔레스의 요구가 과도한 것 같기는 하다. 당연히 좋은 사람이 아니더라도 좋은 인명 구조원이 될 수 있다. 만약 내가 물에 빠졌고, 인명 구조원이 나를 구했다면, 그가 어떤 이유로 나를 구했는지를 왜 신경 써야 하는가? 아리스토텔레스는 이 점을 상당 부분 인정했다. 그래도 사람의 선함은 일생을 통해(평생) 상황, 운, 보상과 상관없이 믿을 만해야 하고, 장차 인명 구조원이 되려는 사람에게는 욕망과 덕의 굳은 결합이 필요하다. 그들은 올바르게 행동해야 할 뿐 아니라, 반드시 올바른 동기에서 올바른 목적을 위해 행동하기를 배워야 한다. "덕을 나타내는 행동은 적정하거나 정의롭게 이뤄진다고 해서 (...) 옳은 상태에 있다고 말하기에 충분하지 않다. 오히려 행위자가 행동할 때 옳은 상태에 있어야 한다. 먼저, 그는 자신이 덕스러운 행동을 하고 있음을 알아야 한다. 둘째, 그는 그것에 대해서만 판단해야 한다. 셋째, 그는 단호한 상태에서 그 행위를 실천해야 한다."[6] 그러지 않으

6. *Ethics* 2.1105a30.

면, 마리아 메리트가 말했듯이 아리스토텔레스에게 덕성은 성격이 올바르게 감정적으로 반응할 때만 인정된다.[7] 하디는 선한 사람이 인생에서 하는 여러 선택이 '힘들지 않은 것'처럼 보일 수도 있지만, 잠자기 전에 이를 닦는 것처럼 '생각 없이' 하는 것은 아니라고 했다.[8] 도덕 행동은 신중한 선택의 결과로 주의를 기울여야 한다. 도덕 교육의 목표는 나쁜 것 말고 좋은 것, 기본적인 것 말고 고귀한 것의 선택을 두 번째 천성으로 만드는 데 있다.

도덕적 삶은 습관과 성격의 수준에 근거해야 하므로 아리스토텔레스는 젊은이들의 호기심에 대한 소크라테스의 관용으로 몇몇 젊은이가(아마도 많은 젊은이가) 돌이킬 수 없이 자신을 타락시킬 수 있다고 걱정했다. 아리스토텔레스는 '오랜 세월에 걸쳐 습관화된 것을 논증만으로 변화시키기는 불가능하거나 쉽지 않다'고 진지하게 성찰했다.[9] 사람들의 젊은 날은 인생에서 근심 걱정 없는 때이거나 시행착오를 해도 괜찮은 시절이 아니라, 도덕적으로 중대한 시기이며 올바른 도덕적 인격을 발전시킬 단 한 번의 기회다. 아리스토텔레스는 정신이 번쩍 들게 하는 이 구절에서 '유년기부터' 기쁨과 고통에 대한 인간의 반응은 인격을 '물들'이고, 일단 물들면 그 염료는 '없애기 어렵다'고 했다.[10] 이런 이유로 "젊을 때부터 어떤 습관이나 옳은 것을 습득하는 것이 중요하지 않은 것이 아니라, 오히려 매우 중요하며 정말로 지극히 중요하다."[11]

앞 장에서 나는 조지 W. 부시 대통령이 젊은 시절 무분별했던 행동을 옹호한 사례를 언급했다. 그는 '어린이는 어린이일 뿐이다(어린이에게 어른스

7. Maria Merrit, "Aristotelean Virtue and the Interpersional Aspect of Ethical Character," *Journal of Moral Philosophy* 6, no.1(2009):1-27.
8. W. F. R. Hardie, *Aristotle's Ethical Theory* (Oxford: Oxford University Press, 1968), p. 104, cited Ibid., p.7, n.14.
9. *Ethics* 10.1179b15.
10. 2.1105a5.
11. 2.1103b22-25.

러운 행동을 요구할 순 없다는 뜻-역자)' 그리고 사람이 대부분 그러듯이 자신도 자라면서 나쁜 습관에서 벗어났다는, 널리 인정되는 견해에 호소함으로써, 자신의 젊은 시절 불안정했던 삶에 대한 언론 보도를 가볍게 일축했다. 부모가 종종 자녀가 '젊은 혈기로 방탕한 생활을' 하도록 내버려 두는 것과 비슷한 태도를 보이고, 심지어 성인이 돼 나쁜 짓을 하지 않게 하는 가장 좋은 방법은 '미리 다 저질러서 없애버려야 한다'는 주장마저 펼친다. 이것은 예를 들어 미성년자 음주를 묵인할 때 제기하는 것처럼 흔한 주장이다. 아리스토텔레스는 첫 습관에 지속하는 효과가 있다고 주장하는 발달심리학 이론 같은 것을 제시하며 이런 주장을 비판했다.

소크라테스의 몇몇 위대한 가르침이 젊은이들의 파티와 오락에서 나오는 것은 우연이 아니다. 『향연』에서 술자리는 – 진지한 술자리를 의미한다 – 사랑에 관한 성찰로 이어졌다. 『국가』에서, 말을 타고 하는 야간 횃불 행진이 시작되기 전 몇 시간은 소크라테스가 젊은이들을 정의에 관한 대화로 이끌기에 충분했다. 아리스토텔레스에게는 이런 모습이 보이지 않는다. 그가 매우 단호하고 격식 있는 교수법에서 벗어나 젊은 사람들과 함께하는 모습을 상상하기는 불가능하다. 아리스토텔레스는 사람들이 젊음의 경솔함이 아니라 진중함을 느껴야 한다고 생각했기에 단호했다.

나는 두 분야에 대한 아리스토텔레스의 이론을 제시할 것이다. 우선 도덕적으로 선한 사람에 대한 『니코마코스 윤리학』의 설명부터 시작한다. 그 다음에 좋은 시민에 대한 아리스토텔레스의 정치적 견해와 설명으로 넘어갈 것이다. 비록 내가 아리스토텔레스의 도덕 이론과 정치 이론을 나눠서 말하지만, 결국 그는 이 둘을 다시 잇도록 할 것이다.

『니코마코스 윤리학』과 인생의 덕성(善)

아리스토텔레스의 『니코마코스 윤리학』은 인간을 행복하게 하는 도덕적 덕성과 타인을 몰락하게 하는 도덕적 악덕에 대한 위대한 숙고의 결과물이다. 지금은 오직 메모와 요약 형식으로만 남아 있는 윤리학 강의를 시작하면서 아리스토텔레스는 좋은 삶이 행복한 인생이라는 점은 명백하고 논란의 여지가 없다고 봤다. 하지만 모든 사람의 행복이 좋은 삶의 목표라는 점에 동의할지라도, 행복에 과연 어떤 '선(좋음)'이 필요한지에 대해서는 서로 의견이 갈린다.

아리스토텔레스의 뒤를 잇는 몇몇 도덕주의자는 도덕 행동의 목표가 인간의 행복이라는 주장에 동의하지 '않는다.' 자기희생은 때로 인간의 의무기는 하다. 몇몇 초기 기독교 사상가는 아리스토텔레스가 행복에 도덕적 만족을 부여할 수 있게 한 것은 그의 이교도 사상뿐이라고 봤다. 아리스토텔레스의 책을 읽고 해석할 때 그들은 단지 부분적으로만 옳았다. 그들이 아리스토텔레스가 이 세상 행복의 도덕적 가치를 인간이 알 수 있는 가장 위대한 선이라고 '주장'하면서 인간을 정당화했다고 본 점에서는 옳았다. 그러나 자기주장이 누군가를 이기적이고 쾌락주의적이 되게 한다는 점에서는 틀렸다.

아리스토텔레스는 사람들이 행복으로 무엇을 원하는지 자세히 듣고, 그들 생각을 분명히 밝히고, 스스로 실수를 발견하게 돕는 것을 철학자로서 자신의 임무로 여겼다. 가장 흔한 실수는 행복을, 그 욕망이 어떤 것에 대한 것이든 간에 욕망 충족과 혼동한다는 데 있다. 생각해보면 많은 사람이 추구하는 삶이 '가축의 삶이며 완전히 노예 같은 삶'이라는 사실을 깨닫게 된다.[12]

---

12. 1.1095b20-21.

그는 돼지들의 도시를 비판한 글라우콘의 메아리를 듣는다.

어떤 사람들은 소유하면 행복해지는 좋은 것으로 돈을 지목한다. 그러나 또 어떤 사람들은 연구와 사색을 찬양한다.[13] 인간의 행복과 선에 관해 이처럼 다양한 의견을 확인한 철학자는 과연 무엇을 해야 할까? 아리스토텔레스는 철학자가 사람들이 생각하는 행복의 의미를 무시해야 한다는 주장에 단호하게 반대했다. 그는 사람들이 실제로 생각하는 행복이 어떤 것이든 간에 철학자가 순수하고 상상적인 세계에서 행복의 이상을 만들어야 한다는 주장은 재고할 가치가 없다고 봤다. 그는 윤리학이 정밀한 과학이 아니라고 말했다.[14] 윤리학에 적합한 연구 방법은 자연과학보다는 정치학에 가깝다.

예를 들어 아리스토텔레스가 생각하기에 당대 철학자들이 친구와 연인을 선택할 때 자신과 비슷한 사람과 전혀 다른 사람 중 누구를 선택하는 것이 나은지를 이론화하면서 저질렀던 실수를 생각해보자. 그들은 반대되는 것을 끌어당기는 원소에 대한 과학적 정의가 인간에게도 적용될 수 있다고 믿었다. 그러나 이 철학자들은 '자연과학에 더 적합한 더 높은 단계'를 논의하면서, 땅과 비 혹은 하늘과 땅 사이에서는 불가능해도 인간 사이에서는 가능한, 우정을 형성하는 감정과 인격에 대한 모든 것을 놓쳤다.[15]

자연과학이 증거와 논거를 갖추어야 하는 것과는 완전히 다르게, 윤리학은 언제나 그 방법상 '정치적'이다. 즉 윤리학은 몇 가지 실험을 통해서가 아니라, 어떤 특정한 도시가 훌륭하다고 여기는 행위 규준을 정확하게 이해함으로써 결론에 도달한다는 것이다. 그러나 윤리학을 정치 과목으로 여기

13. 1.1096a5-7.
14. 1.1094b15-20.
15. 8.1155b5.

는 것은, 직관적으로 볼 때 정치에 책임을 묻는 경우에 일부 기준이 되는 도덕 탐구에서 사람들이 얻고자 하는 것에 어긋나는 것처럼 보인다. 아리스토텔레스는 그가 윤리적인 뭔가를, 그것이 무엇이든 한 도시가 갖게 된 관행과 법으로 격하시킨 도덕 상대주의라는 죄가 있다는 비난에 대해서 뭐라고 말할까?

아리스토텔레스는 도덕이 어느 정도 상대적이고 관행적이며, 도시마다 다르다는 점을 기꺼이 인정한다. 그러나 그를 한 도시의 법과 관습을 판단하는 자연 규범을 부정하는, 일종의 상대주의자로 보는 것은 옳지 않다. 여기에 실마리가 있다. 정치적 삶은 그 자체로 자연적이고 인간 조건에 없어서는 안 되며, 같은 도시에 살면서 공유하는 선 혹은 공동선에 따라 서로 협력하는 것은 보편적인 인간 본성에서 비롯한다. '신'은 그 자체로 완벽하다는 것을 의미하므로 신은 정치 공동체에서 살 필요가 없다. 그러나 인간은 오직 다른 사람들과의 관계에서만 완전한 행복을 구현할 수 있다. 이를 확실하게 보여주는 사례는 인간이 혼자서 얻을 수 없는 선을 삶으로 이끄는 교우관계(우애)다.

정치 공동체에서 시민권은 사는 방식의 성실함, 연대, 충성스러운 삶처럼 자아 정체성에 필수적인 기쁨을 경험하는 데서 비롯하는 덕성과 행복을 준다는 점에서 교우관계와 같다. 그만큼, '친밀한 관계'라는 덕성을 경험하지 못한 사람은 미성숙하고, 정치적인 애착에서만 얻을 수 있는 기쁨을 느끼지도 깨닫지도 못한다. 즉 인간 본성은 그 자체로 행복과 공동체 구성원에게만 허락된 특정한 덕성 사이의 관련성을 정당화한다. 그리고 온전한 덕성을 배우고자 윤리학을 공부하는 학생들은 자연과학 방법을 모범으로 삼아 연구해서는 안 되고, 자기가 사는 도시와 다른 도시에서 실제로 살아가는 사람들을 연구해야 한다.

왜 다른 도시인가? 결국, 윤리적 이상은 법과 도덕이 완벽히 결합한 어떤 세계적인 공동체의 실현이 아닌가? 도덕과 정치를 연결하는 아리스토텔레스의 방식에서 무엇이 독특한지 알아보자. 사람은 어떤 정치 공동체에서 다른 사람들과 함께 살면서 공동선을 공유하고 공통 목표에 충실함으로써 생기는 행복과 덕성을 얻는다. 그러나 구성원들이 공동선을 실제로 공유할 수 없을 정도로 공동체가 너무 크다면, 정치가 이런 것들에 수반되는 행복과 덕성을 가져다줄 수 없다. 일정한 인구수를 넘거나, 일정한 지리적 거리를 넘으면 정치적 시민권은 교우 관계에 대한 통제를 잃고, 소속감이라는 도덕적 덕성을 전달하던 과정도 중단된다. 이런 이유로, 인간이 다다를 수 있는 가장 높은 도덕 상태는 몇 가지 이론적 세계의 질서가 아니라, 작고 지역적인 공동체에 있다. 공유할 가치가 있는 삶의 다양한 개념으로 사람들을 통합하는 여러 도시는 인간 조건의 특징이다.

폴리스를 공유된 조직으로 표현하는 아리스토텔레스의 묘사는 수호자들과 그들이 보호하는 사람들을 뚜렷이 분리하는 플라톤의 공화국보다는 실제로 그리스에서 있었던 경험에 한층 더 가까워 보인다. 아리스토텔레스는 결코 민주주의자가 아니지만, 그는 시민이 '번갈아 지배하고 지배받는' 평등한 지역사회라는 이상을 언급함으로써 정치학의 윤리적 주제를 찾아냈다.[16] 나중에 아리스토텔레스가 평등한 지역사회에 속할 사람들에게 부과한 엄격한 제약에 대해 생각해보겠지만, 여기서는 '공유된 연합'이라는 정치적 이상이 삶의 윤리적 덕성에 대한 그의 접근과 얼마나 일치하는지 살펴보자.

『니코마코스 윤리학』의 핵심은 사람이 살아가면서 다양한 경험을 통해

16. *Politics* 7.1332b12.

다뤄야 할 덕성의 분류 체계다. 예를 들어 용기는 두려움을 통제하는 덕성이고, 절제와 자제력은 신체 욕구를 조절하는 덕성이며, 관용은 돈과 재화에 관한 것이고 자부심은 능력과 자신감에 대해 적절한 판단을 얻는 데 필요하다. 온순함은 분노 조절과 밀접한 관계가 있고 우정은 사회적 교류와 관련 있으며 정의는 모든 것과 관련 있다. 공유된 연합의 이상에 부응하는 모든 지역사회는 이런 덕성들을 실천해야 한다. 그러지 않으면 도덕적으로 선한 사람과 좋은 시민 사이의 긴장이 무너져서 공동선을 통해 다른 사람들과 연대할 가능성 자체가 파괴된다.

아리스토텔레스는 윤리적인 가르침이 규칙을 따르는 것이나 법을 지키는 것으로 환원될 수 있다고 생각하지 않았다. 그는 공식을 제시하기보다 덕성에 이름을 붙이며 자신의 가르침을 차례로 소개했다. 그리고 사람들이 용기나 관용을 갖추도록 그들 내면에 올바른 인격을 형성하는 데 필요한 교육에 관해 기술했다. 아리스토텔레스는 도덕적 삶의 열쇠로 규칙보다 습관을 제시했다. 옳음과 그름의 차이를 배우고, 옳음을 실천함으로써 기쁨을 얻으려면 시행착오와 사례의 힘을 통해 어린 시절부터 좋은 습관을 들여야 한다고 주장했다.

사람들이 제대로 습관화된다면, 다음 두 가지에 해당한다. 첫째, 그들은 맹목으로 규칙을 따르지 않고, 구체적인 상황에서 무엇을 해야 하는지를 알고 적절하고 실천적인 판단에 따른다. 둘째, 그들은 옳은 일을 하는 인격을 갖췄으므로 옳은 일을 한다. 강요 없이, 고통이 아니라 기쁨을 얻는 방식으로 그렇게 할 것이다. 간단히 말해 아리스토텔레스에게 도덕적 인간은 옳은 일을 할 뿐 아니라 옳은 이유로 그 일을 한다. 한 사람의 도덕은 단지 그의 행동만이 아니라, 그 행동의 동기가 되는 성격과 인격에 따라 판단해야 한다.

실천적 지혜가 있는 사람은 플라톤이 덕성의 핵심으로 여겼던 철학적 지혜를 반드시 갖출 필요가 없다. 그들은 그저 올바르게 판단하는 법을 배웠을 뿐이고, 두 악덕 사이에서 도덕 행동을 찾는 데 익숙할 뿐이다. 몇몇 사람은 인생에서 쉽사리 도를 넘는다. 그들은 돈을 실제 가치보다 더 귀한 것으로 여긴다. 그들은 예의를 갖추기보다는 자주 화를 낸다. 음식, 술, 성에 대한 그들의 욕구는 만족을 모르는 것 같다. 또 어떤 사람들은 그 반대 극단으로 가서, 분노를 표출하거나 육체적 쾌락을 즐기고 심지어 돈을 제대로 평가하는 능력도 부족한 것처럼 보인다. 좋은 실천적 판단은 과도와 결핍이라는 양극단의 악덕 사이에서 덕성을 알아채는 사람의 특징이다.

다시 말하면, 도덕 행동은 두 악덕 사이의 중용이다. 그것은 온건한 중간 지점이다. 여기 아리스토텔레스가 도덕적으로 훌륭한 사람이 되는 것이 '어려운 일'이라고 말한 좋은 인용문이 있다. 이 글은 돈과 분노를 관리할 때 절제와 관련 있으나, 인생 전반에서 절제의 덕성에도 적용된다. "화를 내거나 돈을 주고 쓰기는 쉽고, 누구나 할 수 있다. 그러나 적합한 사람에게, 적합한 양으로, 적합할 때 적합한 목적을 위해, 적합한 방식으로 이를 실천하려면 더는 쉽지 않고, 누구나 할 수 있는 일도 아니다.[G]etting angry, or giving and spending money, is easy and anyone can do it; but doing it to the right person, in the right amount, at the right time, for the right end, and in the right way is no longer easy, nor can everyone do it."[17]

일련의 수식은 분노와 돈이 좋은지 나쁜지에 대한 일반적인 대답을 제외한다. 돈을 쓰고 분노를 표현하는 것에 대한 좋은 이유, 좋은 시간, 좋은 목

17. *Ethics* 2.1109a25-30.

적이 있고, 나쁜 이유, 나쁜 시간, 나쁜 목적도 있다. 도덕 교육은 젊은이가 인생의 진퇴양난 상황에서 길을 찾을 능력을 갖추도록 '인격'이라는 영구적 특성을 뿌리내리게 한다.

용기

용기는 아리스토텔레스가 『니코마코스 윤리학』에서 언급한 첫 번째 덕성이다. 이 덕은 두려움을 제어하고 사람들을 무모함과 비겁함이 없는 용감한 성향을 갖추게 한다. 겁쟁이(비겁한 사람)는 지나치게 두려움이 많고, 무모한 사람은 지나치게 두려움이 없다. 오직 용감한 사람만이 어떤 위험에 맞설 가치가 있는지, 또 그 이유는 무엇인지를 안다.

용기가 조절하는 주된 두려움은 죽음에 대한 두려움, 특히 전쟁에서 겪는 죽음의 위험이다. 이것이 용기를 완전히 정치적 덕성으로 만들어서 군인에게 부끄러운 후퇴보다는 고결한 죽음을 택하게 하는 성격 특성을 형성한다. 그러나 단지 죽음만이 관건은 아니다. 아리스토텔레스는 금전 문제나 사랑의 고통을 견디지 못하고 자살하는 겁쟁이의 예를 인용했다. 용감한 사람은 무엇을 위한 죽음이 가치 있는지 안다는 점에서 뛰어나다.[18]

아리스토텔레스가 말한 다음의 예를 생각해보자. 두 군인이 전투에서 똑같이 잘 싸웠다. 그러나 그중 한 명은 상관의 명령을 받았기에 싸웠고, 다른 한 명은 명예롭게 행동하겠다는 동기에서 싸웠다. 이때 아리스토텔레스는 첫 번째 사람을 용감하다고 말하기를 주저한다. 왜냐면 "그의 행동은 (명예로운 행동을 하지 못했을 때 느끼는) 부끄러움이 아니라 두려움에서 비롯했기

---

18. 3.1115a30-35.

때문이다."[19] 이와 마찬가지로 아리스토텔레스는 단지 상관이 후방에 참호를 팠다는 이유로 싸운 사람도 꾸짖는다.[20]

용감한 행동을 할 때 그 동기는 명예를 추구하고 불명예를 피하는 데서 얻는 즐거움에 있다. 이런 동기는 예를 들어 용병에게 싸움의 동기가 되는 돈보다 훨씬 더 신뢰할 만한 것이다. 돈에 더는 위험을 감수할 만한 가치가 없을 때, 이 용병은 가장 먼저 달아날 것이다.

그러나 아리스토텔레스는 자기 설명의 결함도 인정한다. 용기에 대한 분석에 설득력이 있으려면 용감한 사람은 누구나 최고의 군인이 된다는 생각이 들게 해야 한다. 그러나 용감한 사람은 자기 삶에서 다른 덕과 재산을 얻을 가능성도 크기에 그런 삶을 계속할 이유도 있을 것이다. 이와 반대로 "아마도 최고의 군인은 덜 용감하지만 그 밖의 다른 좋은 점도 없는 사람일 것이다. 왜냐면 그들은 위험에 직면할 준비가 돼 있고 작은 성취를 위해 자기 목숨을 내놓을 것이기 때문이다."[21] 아리스토텔레스는 이 문제를 풀지 않은 채 그대로 뒀다. 그러나 그의 생각은 좋은 사람이 국가를 위해 기꺼이 죽음을 택하는 데 무엇이 필요한지 냉정히 생각해보게 한다.

이제 용기에 관한 마지막 문제로 넘어가자. 만약 어떤 사람이 가까이 있는 위험을 모르면 어떻게 될까? 아리스토텔레스는 도덕 행동은 자발적이어야 한다고 주장한다. 그러나 위험을 모르는 채 행동한 것도 자발적 행동일까?[22] 위험 부담에 대한 주제로 우주선 챌린저에 탑승한 우주 비행사의 경우를 생각해보자. 챌린저는 1986년 발사대를 떠나 잠시 후 공중에서 폭발했

19. 3.1116s30.
20. 3.1116b1.
21. 3.1117b20.
22. 1.1110a3-1111b20.

다. 슬프게도 이 비극에 이어서 또 다른 폭발이 있었는데, 2003년 컬럼비아호가 지구로 재돌입할 때 전소한 불운한 사건이다. 챌린저호의 경우, 우주선에 '오링(O-ring)'으로 알려진 설계상 결함이 있었는데, 추운 날 발사되면 특히 더 위험하다. 컬럼비아호의 절연용 발포제는 발사 후 곧 연료통에서 분리됐고, 재돌입할 때 치솟는 열기가 우주선의 보호 타일을 손상했다.

우주 비행사들은 오링이나 절연용 발포제에서 생긴 생긴 위험을 구체적으로 모르고 있었다. 그들은 우주여행이나 인간의 실수가 내포한 위험을 알고 있었고, 받아들였다. 그러나 만약 그들이 결함 있는 오링이나 벗겨진 절연 발포제가 내포한 위험을 구체적으로 알았다면 자기 임무에 이 위험을 감수하고 목숨을 걸 만한 가치가 있다고 생각했을까? 아마도 아닐 것이다. 국가와 과학의 영광을 위해 목숨을 거는 것과 설계 결함이 얼마나 나쁜가를 알기 위해 목숨을 걸었다는 것은 별개 사안이다. 그러므로 우주선 컬럼비아호와 챌린저호의 불행한 운명은 발사를 명한 사람의 무모하고 잘못된 판단의 증거이지, 아무것도 모르는 비행사의 용기나 영웅적 자질의 증거가 아니다.

용기와 무모함의 차이를 쉽게 이해하도록 아리스토텔레스가 제시한 또 다른 예를 보자. 2006년 여름, 프로 미식축구 쿼터백인 벤 로슬리스버거는 헬멧을 쓰지 않고 오토바이를 타다가 심하게 다쳤다. 그가 위험한 행동을 할 때 기쁨을 느꼈다고 가정하자. 또한, 오토바이를 탈 때 기쁨을 느끼고, 헬멧을 쓰지 않고 오토바이를 탈 때 더 큰 기쁨을 느낀다고 가정하자. 이번에도 아리스토텔레스는 이를 충동적 인간의 행동으로 보고, 이런 사람은 부는 바람에 머리카락을 날리며 즐기는 순간적인 감각을 죽음이나 경력 단절의 부상 같은 위험과 비교하고 성찰할 능력을 갖추지 못했다고 말한다. 물론 도덕적으로 신중하지 못한 사람도 훌륭한 쿼터백이 될 수 있지만, 이는 별개 문제다.

관대함

선한 사람들은 받을 때보다 줄 때 기쁨을 찾고, 관대한 행동이 습관화돼 있다. 그들은 인색(돈을 원래 가치보다 더 높이 평가하고), 낭비적인 방탕(돈을 함부로 써서 자신과 가족을 몰락시킨다)과 반대되는, 돈에 대한 올바른 태도를 보인다.[23]

아리스토텔레스 윤리학의 새로운 특징은 물질적인 것을 향한 욕망을 인정한다는 것이다. 돈에 대한 적절한 수준의 관심은 좋은 것이다. 그 좋은 것 중 하나는 돈이 있는 사람은 관대하게 베풀 수 있다는 것이다. 오직 부자만이 대학, 병원, 단체와 같은 곳에 큰 기부를 할 수 있다(물론 대부분 그들은 천박하게 자신의 부유함을 과시하거나, 자기 이름을 따서 건물 이름을 짓는 등 부를 통해 얻을 수 있는 도덕적 기회를 놓쳐버린다). 그러나 빈자도 너그러워질 수 있다. 기부의 도덕적 의미는 자기가 가진 것에서 얼마를 낼 수 있느냐와 관계가 있기 때문이다.[24] 이런 통찰은 수호자들이 관대함을 베풀 수 있게 어떤 것을 소유하지 못하게 함으로써 즐거움을 빼앗은 플라톤에 대한 아리스토텔레스의 비판이기도 했다.[25]

물론 낭비벽이 있는 사람도 남을 위해 돈을 많이 쓸 수 있지만, 문제는 그들이 그런 행동을 분별력 없이 어리석게 한다는 데 있다. 늘 지나치게 소비하므로 아무도 그런 기부를 개인적인 의미를 담고 있거나 책무, 감사, 자애의 표현으로 여기지 않는다. 악하지 않더라도 돈을 이렇게 헤프게 쓰는 사람의 태평한 태도는 자멸을 예고한다.

하지만 아리스토텔레스는 낭비벽이 있는 사람보다 구두쇠를 더 심하게

23. *Ethics* 4.1119b25-1120a20.
24. 4.1120b10, 1120b10.
25. *Politics* 2.1263a40.

비판했다. 그는 인색함을 '치유할 수 없고' 나이가 들면서 더 나빠지기만 하는 악으로 여겼다.[26] 사람들에게 관대함이 부족한 이유는 다음의 두 가지 중 하나이다. 인색한 사람이나 지독한 구두쇠는 남에게 베풀지도 않지만, 남의 것을 빼앗지도 않는다. 그들은 돈을 사랑해서 지키려 할 뿐이다.[27] 또 다른 유형은 아리스토텔레스가 '소유욕이 강한 인색함'이라고 부른 경향이 있는 사람이다. 이들은 돈과 결혼했기에(돈을 너무 좋아해서) 돈을 더 벌려고 도박도 하고, 매춘을 알선하고, 강도질이나 고리대금업도 한다. 너그럽지 못해서 강도질이나 도박을 생각한다는 것은 매우 이상한 일이다. 그러나 아리스토텔레스 주장의 요점은 이 두 가지 경우가 모두 돈을 가지려고 할 때 수치심이 없는 도덕적 특성을 드러낸다는 것이다.[28]

아이는 어른을 본보기로 삼아 관대함을 배운다. 선물을 주면서 기뻐하는 어른의 모습을 본 아이는 나중에 자라서 자기도 그런 기쁨을 느끼고 싶어 한다. 여기서 아리스토텔레스는 플라톤이 지식과 덕을 동일시한 것과 특징적으로 동떨어진 것처럼 보인다. 관대함이 무엇인지 안다고 해서 관대해진다는 법은 없다. 베풀게 하는 것은 솔선수범해서 덕을 가르치는 '실천'이다.

참된 자부심

용기와 관대함은 친숙한 도덕적 덕성이다. 논란의 소지가 있지만, 아리스토텔레스는 자부심을 악이 아니라 덕의 항목에 올렸다.[29] 기독교 윤리에서 겸손은 덕이고 자부심은 일곱 가지 치명적인 죄악 중 하나다('교만은 몰락의 선

26. Ethics 4.1121b10-15.
27. 4.1121b20-25.
28. 4.1122a5-15.
29. 4.1123b3-5.

봉이다'). 그러나 아리스토텔레스는 적절하게 발휘된 자부심을 지나친 야망과 부족한 야망 사이 중도로 봤다. 야망이 너무 큰 사람은 – 이런 사람을 자만하고 오만하다고 한다 – 자신을 과대평가한다.[30] 그는 자신의 가치가 실제로는 더 크다고 생각한다. 이와 반대로 어떤 사람은 자신을 하찮고, 겁도 많고, 옹졸한 존재로 여긴다. 이런 사람의 결점은 야망이 너무 적다는 것이다. 자신을 평가절하하고, 자신의 가치가 실제보다 더 작다고 생각한다. 자신감이 부족하면 당연히 받아야 할 것보다 적은 것에 만족하며 살게 된다.[31]

아리스토텔레스는 '참된 자부심' 혹은 '고상함'[그리스에서는 이를 '넓은 마음(megalopsychia)', 즉 영혼의 위대함으로 봤다]이 '오만'과 '옹졸'이라는 악덕 사이에 있다고 봤다. 고상한 사람이나 관대한 사람은 "자신을 스스로 가치 있는 훌륭한 사람으로 생각하고 실제로 그에게는 그런 가치가 있다."[32] 이것은 자화자찬이 아니라 정확한 자각일 뿐이다. 참된 자부심이 있는 사람은 자신의 우월성에 관해 진실만을 말하기에 그의 행동은 관대하다. 그는 영예를 기대하고, 뽐내지 않고 칭찬을 받아들인다.

다소 반민주적 의미가 있는 아리스토텔레스의 참된 자부심을 이해하려면 특별한 주의가 필요하다. 오늘날 학교에는 평등주의 성향에 따라 모든 아이에게 평등한 가치에 대한 자각을 일깨우는 '자아존중감' 교육과정이 있다. 자아존중감은 인생의 기본적인 덕으로, 아이들이 자신의 잠재력 – 그 잠재력이 어떤 것이든 – 을 극대화하는 데 꼭 필요하다. 그러나 자부심에 대한 아리스토텔레스의 접근은 단호히 귀족적이다. 아리스토텔레스는 실제로 더 관

30. 4.1123b5.
31. 4.1123b10.
32. 4.1123b3.

대해질 수 있는 '옹졸한' 사람의 자신감을 높이는 데 관심이 있었지만, 또한 대부분 사람이 자신의 평범함을 받아들이고 오직 몇 사람만이 위대한 능력에 대한 참된 자부심을 수용한다고 말한다.

나는 아리스토텔레스가 아이에게 어떤 잠재력이 있는지 어떻게 확실히 알 수 있는지, 그에게 해답이 있었다고 생각하지 않는다. 만약 아이에게 자기 능력에 대해 겸손하게 행동하라고 가르친다면, 어쩌면 그 능력의 잠재력을 온전히 펼치지 못할 수도 있을 것이다. 젊은이에게 음악을 가르친 예를 들어보자. 제니는 첼로 연주자로서 요요마가 될 운명이 아니라는 사실이 일찌감치 드러날 것이다. 그러나 이것이 제니가 자기 능력의 한계 안에서 최고의 첼리스트가 됐다는 사실을 자랑스럽게 생각하지 말아야 한다는 의미일까? 사람들이 제니를 잘못 인도해서 '네가 최고다'라고 말한다면, 제니에게 나쁜 영향을 끼친 것은 분명하다. 실제로 이것은 '패망의 선봉'인 자만심을 심어주는 행동이다. 그러나 제니에게 진실을 말하는 것 – 제니의 첼로 연주 실력에 대해 진실을 말해주는 것 – 이 첼로 연습을 그만두게 한다거나 '그녀가' 연주에서 얻는 기쁨을 빼앗는다는 것을 의미하지는 않는다. 단지 그녀가 자기 능력의 제한된 범위 내에서 참된 자부심을 품게 된다는 사실을 의미할 뿐이다.

내가 대학원생이었던 시절에 교수님 중 한 분이 이 일화를 윈스턴 처칠이 보여준 참된 자부심의 정치적 중요성과 관련해 말씀하신 적이 있다. 소설 『폭풍전야(*The Gathering Storm*)』에서 처칠은 자신이 바라던 공직에 오를 차례를 기다리면서, 그리고 당시 총리였던 네빌 체임벌린처럼 나약한 사람들이 히틀러에 대한 유화 정책에 착수하는 현상을 목격하면서 느꼈던 좌절을 이야기한다. 그는 자신이 그 자리에 가장 적합한 인물임을 확신했다. 그리고 마침내 총리가 됐을 때 그날 밤 처음으로 길게 "단잠을 잤"고 "나는 실패하지 않으리라고 확신했다."라고 회상했다.[33] 이는 자부심이며 정확한 평가다.

아마도 내 학생 중 몇몇은 참된 자부심에 관한 아리스토텔레스의 글을 읽으면서 자신이 미래에 처칠 같은 인물이 되리라고 생각할 것이다. 나는 옛 제자가 실제로 고위직에 나아갈 때 자부심을 품을 만큼 충분히 오랜 세월 강의했다. 그러나 이런 경우는 드물다. 일반적으로 – 아리스토텔레스의 『윤리학』을 더 필수적인 것으로 만드는 것은 – 아리스토텔레스가 진단했던 대로 학생들은 대부분 자신을 과소평가한다. 즉 이들은 같은 반 모든 학생이 자기보다 똑똑하고, 자기가 인정받은 것은 우연이고 실수이며, 진실이 곧 밝혀지리라고 확신한다. 나는 '이' 학생들을 가르침으로써 아리스토텔레스가 참된 자부심으로 의도했던 바를 이해하게 됐다고 생각한다.

절제

절제 혹은 자기 조절은 육체를 통해 얻는 쾌락, 그리고 욕구의 중용과 관계있다.[34] 플라톤과 마찬가지로 아리스토텔레스도 분별없이 쾌락을 추구하고 그 탓으로 자멸하는 사람들을 비판한다. 그들은 욕망하는 대상의 노예가 돼 음식과 술에 탐닉하고, 마약에 중독되거나 난잡한 색골이 된다.[35] 그러나 그 이후에 등장한 여러 도덕주의자와 달리 아리스토텔레스는 자기 조절을 자기 부정(극기)이나 금욕주의와 혼동하는 경향을 비판했다. 이런 성격유형이 드물기는 하지만, 어떤 사람은 육체적 쾌락을 모르거나, 성욕이 없거나,

33. Winston Churchill. *The Second World War, vol. 1,* The Gathering Storm (Boston: Houghton Mifflin Company, 1986), p. 601.
34. *Ethics* 3.1117b25.
35. 3.1119a15-20.

취향이나 감각의 차이나 뉘앙스에 둔감하다.[36] 자기 조절을 실천하려고 육체를 탄압하는 것은 "인간적이지 않다." 그리고 아리스토텔레스는 플라톤이 말하는 방어벽에 갇힌 수호자들의 삶은 지도자들에게서 도덕적 삶의 전제조건을 모두 빼앗은 것과 같다고 다시 한번 지적했다.[37]

분노

사람들은 욕구만이 아니라 자신의 화를 조절하는 방법도 배울 필요가 있다. 어떤 사람들은 스스로 화를 통제하기보다 화의 통제를 받는다. 그들은 성질이 급한 사람, 다혈질인 사람, 화를 잘 내는 사람, 억울해하는 사람, 심지어 분개하는 사람으로 묘사된다. 또 어떤 사람들은 온순함이라는 악덕으로 고통받는다. 그들은 지나치게 화를 내지 않고, 지나치게 자주 용서하고, 지나치게 온순하고, 지나치게 빨리 참아 넘긴다.[38]

아리스토텔레스는 화를 많이 내는 것과 적게 내는 것 사이 중도를 찾기가 특히 어려운 것 같다고 인정했다. 여기서 그의 관심은 수호자의 영혼에 있는 뜨거운 열정을 조절하는 상황에 대한 플라톤의 설명과 꽤 유사하다. 한편으로 분노에는 이것을 정치적 지배 능력과 연결하는 '남자다운' 면이 있다. 또 다른 한편으로는 '올바른 대상에게, 올바른 사람을 향해, 올바른 방법으로, 올바른 시기에, 올바른 기간에 화를 내는' 그들의 능력을 억압하지 않고 '온순함'이라는 덕을 갖추도록 가르치는 방법을 찾을 필요가 있다.[39] 한 번 더 말하자면, 아리스토텔레스는 올바른 화와 잘못된 화를 측정할 아무런 규칙

36. 3.1119a5-10.
37. *Politics* 2.1262a40.
38. *Ethics* 4.1125b30-1126a15.
39. 4.1125b30-35.

도 남기지 않았다. 불쑥 화냈던 것을 부끄러워할 때도 있고, 화내지 '않았던' 것을 부끄러워할 때도 있다. 아이가 작은 잘못을 저질렀다고 공공장소에서 화내는 것은 대체로 좋지 않은 일이다. 친구를 모욕하는 사람에게 화내지 않는 것은 용기의 결핍만이 아니라 분노의 결핍이기도 하다.

우정

신은 스스로 행복하고 완벽하므로, 행복해지려고 친구를 필요로 하지 않는다. 그러나 인간에게 우정은 외적인 모든 덕 중에서 최고의 덕이다. 누구나 '다른 모든 것을 가졌어도 친구 없는 인생을 선택할 사람은 없다'는 것을 알고 있다.[40] 정치이론가 마이클 샌델이 말했듯이 행복에서 우정의 중요성은 인간이 정치적 동물이고 인생에는 홀로 이룰 수 없는 것이 있다는 증거다.

아리스토텔레스에게 우정은 공동선 주변을 맴도는 이상적 형태의 유대다. 친구들은 서로 자기 행복에 없어서는 안 될 존재로 생각하고, 친구의 행운을 자기 일처럼 기뻐한다. 우정은 두 사람을 행복으로 연결하는 놀라운 방식이다. 그랜드 캐니언에 갔을 때 나는 그 장관을 보고 즐거워했고, 친구에게 보내는 엽서에 짧은 메시지를 썼다. "네가 여기에 있었으면." 이 친숙한 말로 나는 무엇을 의미했을까? 네가 여기 있어서 내가 그랜드 캐니언을 보고 느낀 즐거움을 너도 느낄 수 있기를 바란다고 말하고 싶었을 것이다. 하지만 이것은 그 이상을 의미한다. 그랜드 캐니언을 보는 즐거움을 친구와 공유할 수 있다면 '나의' 그 즐거움도 더 커졌을 것이라는 의미다. 혼자서 그랜드 캐니언을 보는 것도 좋지만, 이런 경험을 친구와 나눈다면 더 좋았을 것이다. 다시

40. 8.1155a5.

말해 내가 엽서에 쓴 글은 그랜드 캐니언을 함께 보는 '우리의' 즐거움이 서로 다른 날 '나' 혼자 그랜드 캐니언을 보고 느끼는 즐거움과 '너' 혼자 그랜드 캐니언을 보고 느끼는 즐거움을 더한 것보다 더 크다는 특별한 감각으로 친구들이 공동선을 공유한다는 뜻이다. 친구가 있는 사람이라면, 비록 그랜드 캐니언을 본 적이 없어도 내 말의 뜻을 알 것이다.

친구가 되는 데 필요한 덕을 갖추게 하는 것은 무엇일까? 어떻게 아첨꾼, 교언영색(巧言令色) 하는 자, 자기가 원하는 명성, 연줄, 돈, 성욕을 얻는 데 우리를 이용하려는 자들과 진정한 친구를 구분할 수 있을까? 당신은 정확히 말할 수 있는가? 세상에는 우정에 실망한 사람이 많다. 아리스토텔레스는 우정을 망치는 두 가지 해악을 진단한 바 있다. 한 가지는 그가 어떤 사람인지에 따라 친구를 사귀지 않고, 그 우정을 어떻게 이용할지를 생각하며 친구를 사귈 때 발생한다. 이것은 내 친구의 중요성을 이용해 타인에게 깊은 인상을 주려고 할 때만큼 아주 단순하다.[41] 내 친구의 친구를 소개받음으로써 출세하려는 것은 더 천박한 계산이다. 이처럼 겉보기에 그럴싸한 우정은 그 사람이 더는 필요가 없을 때 끝난다. 그런 관계는 언제나 정략적이다.

우정에서 이보다 더 일반적인 결점은 우정이 즐거움을 줄 때만 친구 곁에 있다는 것이다. 어떤 의미에서 모든 우정은 그 관계에서 즐거움을 느끼고 싶어 하는 욕구에서 비롯한다. 친구가 기쁨을 주는 것이 그 사람 '자체'가 아니라, 그의 어떤 우연적인 특징 – 말하자면 육체적 외모 – 이라면 잘못을 저지르는 것이다. 아리스토텔레스는 젊은이들이 육체적 열정에 따라 우정을 선택하므로 친구를 빨리 사귀고 빨리 잃는다고 했다.[42] 상대의 모습이 변하거

41. 8.1156a15.
42. 8.1156a30-1156b5.

나, 내가 변하거나, 성장하거나, 혹은 지루해질 때 그 우정은 끝난다. 아리스토텔레스는 젊은이 특유의 미성숙함에 대한 그의 훌륭한 공격 중 하나로, 젊은 사람들은 늘 사랑에 빠지거나 싫증을 내고 '때로 하루아침에도 변한'다고 했다.[43]

이상적인 상태는 내게 유용하거나 나를 기쁘게 해주기 때문이 아니라, 그의 좋은 점과 연결됨으로써 내가 더 나은 사람이 되려고 친구를 사귀는 것이다. 다른 사람에게 있는 덕의 진가를 인정하면 그 선한 사람을 위해 내가 선한 점을 바라게 된다. 다른 사람을 위해 선을 바란다는 이런 느낌은 이어서 나 자신의 삶에도 좋은 것이 된다. 그러나 이상적인 우정은 오직 평등한 사이, 즉 서로의 진가를 호혜적으로 인정하는 사이에서만 가능하다. 아리스토텔레스는 남편과 아내가 평등하지 않다면, 어떤 면에서만 친구일 수 있음을 의미한다고 했다. 연인으로서 기쁨을 나누기보다는 아이들이 주는 기쁨을 공유할 뿐인 관계로 구성된다는 것이다.

물론 언제나 현명하게 친구를 선택할 수는 없다. 아리스토텔레스는 친구가 실망을 안겨줬을 때 그래도 거기에 어떤 책무가 남아 있느냐는 문제를 진지하게 분석했다. 만약 좋은 사람이 나쁘게 변했다면, 우정의 기초가 무너진 것이다. 그러나 한때 친구였기에, 뭔가를 서로 빚지고 있어서 그저 가볍게 떠나버릴 수는 없다. 가능하다면 친구의 인격을 '구제'하려고 노력해야 하고, 그 악덕이 치유될 수 없을 때만 그를 놓아버려야 한다.[44] 그때까지도, 한때 유지하던 '친근함에 대한 기억'에 충실함(신의)을 지켜야 한다. 하지만 아리

43. 8.1156b3.
44. 9.1165b15-20.

스토텔레스는 그 충실함이 어떤 형태가 돼야 하는지는 명시하지 않았다.[45]

또 다른 가능성은 친구의 특성은 그대로이지만, 성인이 돼 우정에서 멀어졌을 때다. 이것은 유년기 친구 사이에서 볼 수 있는 일반적인 결말이고, 아리스토텔레스는 옛 친구들은 자라면서 관심사가 서로 달라져서 필연적으로 멀어지게 된다는 점을 인정한다. 하지만 친구가 된다는 것은 한때 잡았던 것을 놓치지 않는다는 것을 의미한다.

언젠가 나는 친구 관계가 꾸준히 지속하는 아름다움에 관한 이야기를 들었다. 이웃집 아이들은 길거리 농구를 하며 자랐다. 그런데 그중 한 명이 키도 크고 기량도 엄청나게 성장했다. 그는 대학에서 농구 대표 팀에 들어가 경기에도 나갔다. 그래도 방학 때 집으로 돌아오면 친구들과 길거리 농구를 했는데, 친구들은 그가 수준에 맞추려고 전력을 다하지 않거나 실력을 발휘하지 않는다고 느끼지 않았다. 그런대로 그는 경기를 즐길 방법을 찾았고, 전력을 기울이면서도 역량을 조절했다. 대표 팀에서 농구 하는 즐거움과 친구들과 익숙한 경기를 하는 즐거움은 별개이며, 그는 이 둘을 잘 조절했다.

나는 친구들에 대한 충실함이 비록 그를 더 나은 선수로 만들 수는 없어도 더 나은 인간으로 만든다고 생각했다. 삶은 집을 떠나는 사람, 친구나 가족 중에 남보다 더 성장한 사람, 사회에서 크게 성공한 사람, 절대 다시 돌아오지 않는 사람 등 수많은 이야기로 가득 차 있다. 밥 딜런은 『크로니클스』에서 자신이 그저 나쁜 집안에서 태어났고 그 때문에 짐을 싸서 중서부 그리니치 마을로 떠났다고, 냉정하게 결론을 내렸다.

'쿠레인에서 오는 길(The Road from Coorain)'이라는 적절한 제목이 붙은

45. 9.1165b30-35.

자서전에서, 스미스 대학의 전 총장인 질 커 콘웨이는 자신의 개인적 목표에 대한 감정이, 비록 말썽 많은 엄마를 뒤로하고 떠나야 했지만, 어떻게 미국이라는 학문적 중심에서 독립하게 했는지 술회했다.

독립된 윤리적 판단과 공적 명예에 대한 탐구

아리스토텔레스는 도덕적 인간에게 '단단하고 변하지 않는 성격'이 있으며, 비록 상황이 옳지 않은 편법을 쓰게 해도 올바른 행동을 하는 데 자부심이 있는, 뿌리 깊은 원동력을 갖추고 있다고 말함으로써 긍정적인 도덕의 발전을 마음속으로 그렸다. 도덕이 좋은 성품의 형성으로 이어지지 않는다면, 사람들은 세속적이고 사회적으로 용인되는 것 말고는 좋은 것을 선택할 윤리적 용기를 충분히 내지 못할 것이다.

그러나 도덕 행동이 뒤따르는 성격의 특성을 어떻게 아이들에게 부여할 것일까? 아리스토텔레스는 심지어 분별력 있는 나이가 되기 전에도 아이들을 '고결한 것'을 사랑하고 '천한 것', '창피한 것', '수치스러운 것'을 피하도록 길들임으로써 도덕의 발전이 뿌리내린다고 했다. 여기서 사람들은 수수께끼와 맞닥뜨린다. 누가 무엇이 고결하거나 수치스럽다고 정할 것인가? 아리스토텔레스는 명예심이 사회적으로 할당되거나 구성된 가치라는 점을 너무도 잘 알고 있었다.[46] 아이들은 사회가 명예롭다고 여기는 것들을 참고해서 명예로운 선택에 대한 감각을 '불러들인다.' 이런 점에서 아이들은 사회적으로 수용할 수 있는 것이라면 무엇이든 실천할 동기가 부여된 것처럼 보일 정도로 윤리적 독립으로 향하는 여정에 있는 것 같지는 않다.

---

46. 3.1116a20-25.

아리스토텔레스는 도덕 발전에 대한 이론에서 명예의 역할과 아이들이 지배적 사회 관습에 의존하지 않고, 굳건한 도덕적 성향을 갖추도록 길들이겠다는 이상 사이의 갈등을 온전히 다룬 적은 없었다. 그는 오히려 이 문제를 피했다. 왜냐면 메리트가 지적했듯이, 그는 문화권 내에서 실천적 지혜가 있다고 존경받는 자가 제시한 전례들을 따르면서, 아이들이 학습할 수 있는 올바른 도덕규범들을 실천하는 것으로 아테네의 이상적인 모습을 그렸기 때문이다. 그러나 만약 사회적으로 '명예로운' 것을 실천해야 하는 아이들이 사회에서 '수용할 수 있는 것'이라고 해서 아무 짓이나 한다면, 뭔가 심각하게 잘못되지는 않을까?

이런 점에서 오늘날 도덕철학자들뿐 아니라 사회심리학자들도 시도했던 유명한 실험 하나를 살펴보자. 스탠리 밀그램은 일련의 실험을 고안한다. 이 실험은 과학자로 보이는 실험 지도자의 지시에 따라 실험 지원자가 옆방에 있는 사람에게 전기 충격을 가하는 것으로, 지원자는 그를 볼 수 없지만, 전기 충격에 따른 반응은 들을 수 있다. 전기 충격은 실제가 아니고, 전기 충격을 받는다고 가정된 사람도 그 실험의 '일부'지만, 지원자는 이런 사실을 모른다. 밀그램은 많은 사람이 실험 초기에 겪는 도덕적 회의를 넘어서, 옆방에서 들려오는 고통의 비명과 중단 요청을 무시하고 지시받은 대로 전기 충격의 정도를 점점 더 높여갔음을 확인했다. 권위 있는 사람이 보증하는 전기 충격을 옳은 행동으로 확신하는 사회적 상황에 놓이자 보통 사람들은 자기 양심에 따라 행동하는 독립성을 포기했던 것이다.[47] 물론, 비명을 지르는 사

47. 2006년 Harvard University의 Edmond J. Safra Center for Ethics에서 1년간 열린 세미나에서 Maria Merritt가 아리스토텔레스의 윤리에 있어 밀그램(Milgram)의 실험의 중요성에 대해 논한 문헌에 처음 관심을 두게 되었다. e.g., Gilbert Harman, "Moral Philosophy Meets Social Psychology: Virtue Ethics and the Fundamental Attribution Error," in *Explaining Value and Other Essays in Moral Philosophy* (Oxford : Oxford

람에게 전기 충격을 가하는 것은 고상한 선택이 아니고, 또한 지도자의 말을 따를 것인지 아니면 타인의 고통에 반응할 것인지를 선택하는 법에 대한 좋은 실천적 판단을 보여주는 예도 아니다. 그러나 그것이 이 실험의 관건이다. 평소에 괜찮아 보이는 사람이 특정한 상황에서 말도 안 되는 명령에 어떻게 복종하는지를 보여준다.

왜 지원자는 흰 가운을 입고 전기 충격을 지시하는 지도자에게 저항하는 도덕성을 발휘하지 못했을까? 아리스토텔레스주의자들은 개인이 속한 사회집단의 규범이나 그 규범을 구현해야 한다고 주장하는 사회 지도자들이 지지하는 규범에 따라 자신의 도덕적 헌신이 강화되는 범위에서만 도덕적 헌신이 지속할 위험을 피하려면, '단단하고 변하지 않는' 성향을 확실히 갖추게 해야 한다고 강조한다. 그리고 어떻게 아이들에게 도덕적 성격을 단단히 고정할 수 있느냐고 묻는다면, 그는 아이들에게 명예를 얻겠다는 욕망을 부추기는 것이 핵심이라고 말한다. 다시 말해서 자신이 속한 사회가 명예롭다며 높이 평가하는 대로 행동하려는 욕구 말이다. 사회가 정의한 명예를 추구하기 시작한 아이가 윤리적으로 독립적인 인간이 돼 명예로운 것과 불명예스러운 것에 대한 자신만의 고정관념을 품게 될지를 알기는 어려운 일이다. 확실히 하자면, 아리스토텔레스는 잘 교육받은 사람은 명예를 '기대'하지만, 명예 자체를 위해서 명예를 '갈망'하지는 않는다고 했다. 아리스토텔레스는 분명히 '명예를 최고의 선'으로 여기지 않았다. 그러나 올바른 도덕적 발전은 선한 사람에게 사회적 운명에 대한 특정한 침착성을 부여한다. 선한 사람은 일반적으로 인생에서 행운을 만나서 부, 권력, 명예라는 통상적인

University Press, 2000), pp. 165-178을 참조

상을 받지만, '행운에 지나치게 기쁨을 느끼지도 않고, 불운에 지나치게 고통을 느끼지도 않는다.'[48]

그는 주변에서 단지 좋은 집안에서 태어났거나, 권력이 있거나, 부자라는 이유로 명예를 누릴 자격이 있다고 생각하는 사람들을 본다. 하지만 도덕적으로 품격 있는 사람은 이런 것들에 대부분 무심하고, 자기에게 없는 것을 남이 가졌다고 억울해하지도 않고, 사회적 운과 상관없이 자기 가치를 확신하고, '아무에게서나' 명예를 얻으려는 태도를 경멸한다.

이것이 아리스토텔레스의 설명에 있는 도덕 발전의 미스터리다. 사람들은 남을 즐겁게 하거나 남이 자신을 명예로운 존재로 여기기를 바라고, 자신을 즐겁게 하고자 모든 것을 시작한다. 그러나 결국 '명예로운 사람은 오직 선한 사람뿐'이라는 사실을 깨닫게 된다.[49] 여기서 명예를 얻으려 한다는 것은 명예 자체를 위해서 사회적으로 인정받으려는 얄팍한 욕구가 아니다. 어떤 좋은 행동이 더는 편하지 않고 사회적으로 인정받지 못해도, 그 좋은 행동을 하게 하는 것은 그 사람의 내적 기질, 확고한 성격 특성이다. 다시 말해서 도덕적 인간은 덕성 있는 행동이 명예로운 것이라는 사실을 내면화했기에 그가 용감하든, 관대하든, 너그럽든, 자제심이 있든 좋은 친구이든 간에 언제든지 그 확고한 성격에 따라 행동한다. 그가 그렇게 행동하는 것은 그의 선택이다. 그리고 그가 그런 선택을 한 이유는 그가 그런 사람이기 때문이다.

이것이 도덕적으로 훌륭한 사람에 대한 아리스토텔레스의 설명이다. 좋은 시민의 성격 특성은 도덕적으로 훌륭한 사람의 성격 특성과 같은 것일까? 아니면 개인의 도덕을 능가하는 정치적 의무와 법적 책무가 따로 있는

48. *Ethics* 4.1124a15.
49. 4.1124a25.

것일까? 나쁜 도시에서 좋은 시민이 되는 것은 가능할까? 이는 윤리와 정치를 넘나드는 의문이고, 이 문제는 다음 장에서 다룰 것이다.

친구들이 공유하는 '공동선'에 대한 아리스토텔레스의 관점은 이미 윤리와 철학의 연관성을 제시했다. 그러나 나의 스승 주디스 슈클라 선생은 1983년 11월 25일 정치에서 우정에 무게를 두는 것은 위험하다고 경고하는 쪽지를 내게 써줬다. 그 쪽지의 메시지는 슈클라 선생다웠다. 선생은 내 첫 번째 책 출간을 축하하고 나자, 곧바로 책의 주장에 동의하지 않음을 분명히 밝혔다. 나는 특별히 그분의 이런 의견을 소중히 여긴다. "그다지 놀랍지도 않겠지만, 나는 아리스토텔레스에 대한 자네 생각에 동의하지 않네. (...) 집단의 결합이나 '시민적' 우정의 이점은 여전히 나를 설득하지 못했어. 나는 이것이 '공동체'를 아주 보람된 것으로 생각하는 환상이거나 단지 마을에서의 삶이라는 제한된 범위에 대한 경험 부족 – 단순히 조악함을 말하는 것이 아니라 – 이라고 생각하네." 이 쪽지를 25년이 지난 뒤에 다시 보는 것은, 아리스토텔레스에 대한 글을 읽을 때 무엇이 중요한지, 그리고 훌륭한 스승이 어떻게 이런 중요성을 지적하게 되는지를 생각해보게 한다.

6장 아리스토텔레스의 정치학
절단된 손과 정치적 동물

아리스토텔레스의 『정치학』은 가장 플라톤적이지 않은 질문으로 시작한다. 실제로 정부를 관찰한다면 정치에 관해 무엇을 알 수 있을까? 제임스 조이스는 스티븐 디덜러스(제임스 조이스의 문학적 분신으로 『젊은 예술가의 초상』, 『율리시스』에서 주요 인물로 등장한다. -역자)의 입을 빌려 "역사는 내가 깨어나려고 애쓰는 악몽이다."라고 말했다. 플라톤이 묘사하는 소크라테스는 역사를 연구함으로써 배울 수 있는 유일한 것은 모든 체제가 타락했다는 사실이라는 점에서, 이와 유사하게 정치적 과거를 경멸했다. 아리스토텔레스는 일반적으로 자신의 정치학 연구에서 신중했다. 그는 실제 정치가들이 이상적인 상황보다 부족한 것에 만족해야 한다고 말했다. 정치가들은 현재 조건에서 실천할 수 있는 것에 시각을 맞춰야 한다.[1] 그들은 어떻게 적합한 제도가 성립하는지, 어떻게 하면 시민이 '가장 오랫동안 삶을 즐기게' 할 수 있는지를 반드시 이해해야 한다.[2] 플라톤이 상상했듯이 이론적으로 최상이고 최고의 구성에는 이상이 존재하지만, 대부분 국가는 이런 이상을 실현할 수 없다. 현

1. *Politics* 4.1288b21.
2. Ibid.

실 상황에서는 안정과 정의의 타협점을 찾아야 한다. 정치는 구현되지 않으면 아무 의미 없으므로 아리스토텔레스는 현존하거나 과거에 존재했던 국가 구조를 되도록 많이 찾아서 모으고 분류하는 작업부터 했다.

그는 국가 구조를 연구하면서 정치학의 두 가지 기본 특징에 '주목'했다. 첫째는 왕정, 귀족정, 과두정, 민주정, 전제정 같은 정부의 다양성이다. 그는 '시민권이란 무엇인가' 같은 기본적인 질문에조차 명확하게 대답하기 어렵다면서 혁명이나 내전으로 하룻밤 사이에 모든 것이 돌변하는 여러 지역에서 그 개념이 서로 어떻게 다른지 설명해보라고 말한다.[3] 이와 동일한 다원주의는 법, 평등, 정의, 공동선에 관한 질문에 처음에는 당황스럽더라도 제시해야 할 대답들을 특징으로 한다. 기술적으로 모든 도시에 법과 정의에 관한 규칙이 있지만, 그것이 모두 똑같을 필요는 없다. 짐작건대 훌륭한 사람의 윤리관은 정치에 따라 달라지지 않지만, 훌륭한 '시민'의 자질은 분명히 정치에 따라 달라진다.

아리스토텔레스의 둘째 '관찰'은 서로 다른 모든 정치 제도에서 볼 수 있는 유사성이다. 모든 도시는 '연합한 종(種)'이다. 모든 도시는 구성원 각자가 감당하기 어려운 어떤 목적을 이루기 위해 사람들을 한데 모으는 특정한 방법의 결과물이다.[4] 물론 도시가 인간 연합의 유일한 형식은 아니다. 인류는 다양한 목적을 성취하려고 각기 다른 방식으로 모였다. 남자와 여자는 자식을 낳고자 결합한다. 가족의 일상적인 요구를 관리하고 충족하고자 어떤 가족은 노예를 데리고 들어왔다(나는 이후에 이 노예를 기반으로 하는 관계가 도대체 어떻게 하나의 연합으로 불릴 수 있는지 묻는 난처한 질문과 마주했다). 각각의 가정은

3. 3.1274b38.
4. 1.1252a1.

경제적 재화와 물질적 복리를 창출하려고 마을을 형성하고 다양한 종류의 노동을 분화하면서 서로 협력한다.[5]

이처럼 인간 연합의 다양한 형태가 있듯이 도시는 단지 사람들이 서로 필요로 한다는, 외면할 수 없는 인간 본성의 증거다. 그러나 아리스토텔레스에게 도시는 다르고, 독특하며, 더 고차원적인 인간 연합 형태다. '단지 삶을 위해' 존재하는 다른 결합 형태와 달리, 도시는 좋은 삶 자체를 위해 존재한다.[6] 독특한 점은 인간이 물질적 필요를 넘어 그 이상의 목표를 추구한다는 사실이다. 단지 생존하는 것이 아니라 잘 살 수 있는 물질적 조건이 갖춰질 때 무엇이 인간의 잠재력을 이루거나 완성하는지, 그 대답을 찾는 데서 인간은 도덕적 선 주변에 있는 자유와 여가를 연상할 수 있다. 물질적 재화에 치우친 경제적 연합과 도덕적 선을 추구하는 정치적 연합에 대한 이런 구분은 정치를 주제로 한 아리스토텔레스 저작의 핵심 내용이다. 또한, 이것은 아리스토텔레스가 인간이 덕을 실현하게 하는 정치를 공부하지 않고는 윤리학을 연구할 수 없다고 주장하는 이유이기도 하다.

정치와 본성

아리스토텔레스는 정치의 도덕적 중요성에 대한 관점을 제기할 때 '인간이 본성적으로 정치적 동물(zoon politikon)'이라는 유명한 말을 남겼다.[7] 인간의 본성이 정치적이라는 아리스토텔레스의 주장은 근대 인간이 이해하기에는 조금 이상하다. 사람들은 문화, 사회, 법, 정부 등이 어떻게 인간 본성을 바

5. 1.1252b2-1252b17.

6. 1.1252b27.

7. 1.1253a2.

꾸고 변화시키며 발전시키고, 짓밟거나 황폐화하거나 억제하는지를 두고 정치적 삶에 접근하는 데 더 익숙하다. 오디세우스가 세이렌의 노래에 유혹되는 것은 자연스러운 일이다. 그가 자신의 자연스러운 충동에 이끌려 행동하지 않도록 자신을 돛대에 묶은 것은 부자연스러운 일이다. 사람들은 정부가 자신을 돛대에 묶은 것과 같다고 생각하는 경향이 있다. 하지만 본성과 정치의 관계에 대한 아리스토텔레스의 전체 개념은 다르다. 그의 핵심 주장은 정치적 삶이 인간 스스로 온전한 존재가 되게 하는 능력을 발휘해서 자신을 완성하도록 자유롭게 해준다는 것이다.

아리스토텔레스는 왜 정치가 자연적인지를 세 가지로 논증한다. 첫 번째 논증은 '모든 자연적 구성요소'에 관한 것이다. 도시는 자연적 구성요소 — 남자와 여자가 아이를 낳고, 가정에서 아이를 기르며, 가족이 모여 마을을 이루고, 마을이 도시를 이루는 — 에서 생겨났고, 모든 구성요소가 자연적이므로 도시도 자연스러운 것이라는 주장이다.[8] 이것은 특별히 강력한 논증은 아니다. 알프레드 노벨이 자연에서 찾은 물질들을 결합해서 다이너마이트를 발명했지만, 그 결과물은 자연에 존재하지도 않고, 그 구성 물질과 질적으로 전혀 다르다.

두 번째 논증은 더 분명하게 아리스토텔레스적인 주장이다. 사람들은 인간의 모든 능력과 자질을 완벽하게 실현하고 완성한 사람들을 연구해야만 무엇이 인간에게 자연스러운지를 제대로 알 수 있다. 도토리와 참나무 예를 들어보자. 도토리가 참나무가 되는 것은 당연하다. 자연은 이 한 가지 목적으로 도토리를 디자인했고, 그러므로 도토리가 참나무가 됨으로써 그 목적이

8. 1.1252b27.

나 기능을 완성해야만 도토리의 본질이 무엇인지를 알게 된다. 도토리에는 참나무가 내재하지만, 인간은 그 도토리가 실제로 참나무가 될 잠재성을 발현한 뒤에야 그 도토리를 연구해서 그것을 알 수 있다. 아리스토텔레스의 독특한 표현을 빌리자면, 참나무는 도토리의 발전과 잠재력을 펼칠 '목적인(the final cause)'이다.[9]

인간도 이와 같다. 인간의 본성 연구와 인간의 시작과 기원 연구를 동일시하는 것은 – 프로이트가 인간의 성(性)에서 문화적인 것과 대척적인 자연적인 것을 연구하려고 아이에게 눈을 돌리거나, 인류학자가 자연상태 인간 모습을 포착하려고 발전한 문명사회보다 자연에 가까운 원시 부족에 눈을 돌리는 것처럼 – 아리스토텔레스에게 논리적 오류다. 유아는 말하지도 걷지도 못한다. 이것이 언어와 보행이 인간의 조건이 되기에 '자연적이지 않다'는 것을 의미하는 걸까?

아리스토텔레스의 두 번째 논증은 정치 공동체의 자연성(naturalness)을 옹호하는 세 번째 근거를 내포한다. 시간 순서로 봤을 때 도시의 구성요소 – 남성, 여성, 가족, 마을 – 가 먼저 나타나서 도시 건설의 기초를 제공한다. 하지만 논리적으로 보면, 도시는 그 구성요소에 '우선한다.'[10] 몸과 '손'이라는 부위의 관계를 생각해보자. 몸이 부위별로 자라고, 손은 몸이 완성되기 전에도 존재한다고 가정해보자. 그러나 '손'이라는 것은 인간이 먼저 '몸'이라고 인식하는 것에 붙어 있을 때만 '손'을 알 수 있다. 몸에서 잘려나간 손이 땅바닥에 피범벅으로 뒹굴고 있다면 그것은 더는 손이 아니다. 왜냐면 손의 기능은 손이 무엇이냐는 정의에 따르고, 그럴 때 잘린 손은 분명히 – 그러므로 –

9. Ibid.
10. 1.1253a18.

손으로 기능할 수 없기 때문이다. 이런 면에서 아리스토텔레스는 몸이 논리적으로 그것을 구성하는 부위보다 먼저 존재한다는 결론을 내린다.[11]

인간 각자와 정치 공동체의 관계도 이와 비슷하다. 도덕적 선과 정치적 삶에서 도시를 분리할 수 있을지 몰라도 그럴 때 사람은 온전히 실현되지 못하고, 완전한 인간으로 기능할 수도 없다. 우정을 예로 들어보자. 아리스토텔레스의 『윤리학』을 공부하면서 이야기했듯이, 진정한 인간이 되는 즐거움을 주는 우정은 삶에서 가장 큰 가치 중 하나이지만, 혼자서는 우정을 절대로 만들 수 없다. 우정은 항상 존재하는 인간의 잠재성과 덕을 완전하게 하거나 완성하기는 하지만, 다른 사람이 있어야만 실현할 수 있는 가치다. 그러므로 아리스토텔레스는 논리적으로 우정이 그것을 함께 나눌 친구보다 먼저 존재한다고 말할 것이다. 우정은 각각 친구의 정체성을 바꾸거나 높이거나 고양하기도 하므로 인간은 친구를 사귀기 전에는 (완전한) 존재가 될 수 없다고 말할 수 있다.

아리스토텔레스는 시민권과 정치적 소속감도 이처럼 자연적인 것으로 봤다. 집안을 관리하고, 생계를 꾸리고, 가족과 함께하는 삶에 아무리 익숙해졌다고 해도 실현할 수 없는 나만의 특성들이 있다. 이런 특성들은 '더 고차원적이고', '정치적'이다. 왜냐면 그것은 삶의 경제적·생물학적 욕구가 충족됐을 때 인간이 추구하는 선에 대해 내가 다른 사람들과 함께 성찰하기를 바라는 내 인간성의 완성을 말해주기 때문이다.

'정치적 자연주의'라는 용어는 정치가 다루기 어렵고 반사회적인 인간 성향을 법적으로 제재하기보다 본성에 의지한다는 아리스토텔레스의 주장

11. Ibid.

을 설명할 때 주로 이용됐다. 정부의 기원을 미국의 독립선언이나 프랑스 대혁명 같은 몇 가지 역사적 사건을 통해 추적하는 데 익숙한 사람들에게 정치가 인간의 발명이 아니라 인간 본능에서 비롯했다는 생각은 이상하고 고루해 보일 수 있다. 아리스토텔레스는 정치를 인간 본성의 발현이라기보다는 인간 본성을 억제하는 것으로 생각하게 하는 기본적인 개념 장치를 문제 삼는다.

플라톤에 대한 비판

『정치학』 제2권에서 아리스토텔레스는 그의 스승인 플라톤의 의견에 반대하며 정치적 자연주의(political naturalism)를 주장한다. 아리스토텔레스가 대략 367년쯤 플라톤의 아카데미아에서 공부하려고 아테네에 도착했다는 말이 있지만, 플라톤은 이때 시칠리아로 떠나 있었던 것 같다. 그러나 플라톤이 물리적으로 함께하지 않아도, 아리스토텔레스가 플라톤을 따르거나 반박하면서 자신의 정치학을 완성했다는 점에서 플라톤은 가장 심오한 의미에서 여전히 아리스토텔레스의 스승이었다. 소크라테스도 분명히 젊은 제자에게 영향을 끼쳤다. 우리는 배심원이 소크라테스의 죽음을 선고하기 전에 그 결과를 피하려고 노력한 사람으로 플라톤의 이름을 언급한 만큼, 그들의 관계가 아주 가까웠음을 알고 있다. 스승의 중요성에 대한 아리스토텔레스의 견해는 다르다. 찬양보다는 비판 형식이 돼야 한다는 것이다. 그러나 이 비판은 오히려 아리스토텔레스가 얼마나 플라톤의 교리에 빠졌는지를 보여주는 증거다. 아리스토텔레스는 정치에 대한 플라톤의 접근이 근본적으로 잘못됐다고 결론지었으나 그는 플라톤의 중요성을 완전히 이해함으로써 대안적인 정치를 구상할 수 있었다.

『국가』에 대한 아리스토텔레스의 핵심 불만은 정치를 인간 본성에 대항하여 싸우는 전쟁으로 묘사했다는 데 있다. 예를 들어 플라톤은 수호자의 사유재산과 가족적인 삶을 아예 없앨 계획을 세웠다. 플라톤은 이렇게 말했다. "사람들은 자신이 소유한 것에 온통 관심을 집중한다." 아리스토텔레스는 그의 스승을 떠올리며 이렇게 말했다. "그들은 일반적인 것에 덜 신경 쓴다." 그러므로 "일반적인 것이 관심을 가장 덜 받는다."[12] 플라톤의 『국가』에서 수호자들은 자기 자식을 알아보지 못한다. 모든 아이에게는 집단으로 양(가짜) 부모가 있다. "결과적으로 모두가 모든 아이에게 똑같이 소홀해질 것이다."[13]

아리스토텔레스는 플라톤의 잘못이 부모 자식 관계 같은 본능적인 유대감을 모든 수호자가 연결되도록 인위적으로 확장하려는 데 있다고 봤다. 부모와 자식의 유대는 예민하고 강렬하지만, 수호자들의 '가족' 유대는 약하고 희미할 수밖에 없다. "작은 양의 달콤한 포도주가 많은 양의 물과 섞여서 아무 맛도 없는 혼합물을 만들어내듯이 플라톤이 생각한 구상에서 가족이라는 말에 거의 의미가 없을 때 가족의 감정도 희석되고 사라진다."[14] 부모가 자기 아이를 알아보지 못하고, 아이도 형제자매가 누군지 모르는 도시에서는 근친상간이 도시를 끊임없이 위협한다는 사실은 말할 필요도 없다.

아리스토텔레스는 수호자에게 사유재산을 배제해야 한다는 플라톤의 주장도 이와 비슷하게 공격했다. "어떤 것을 자기 소유로 간주한다는 것은 즐거움과 관련해서 말할 수 없이 큰 차이를 만든다."[15] 플라톤이 말하는 수호자는 자신의 소유를 확보할 때 얻는 일반적인 기쁨을 경험할 수 없다. 그들은

12. 2.1261b32.
13. Ibid.
14. 2.1262a40.
15. 2.1263a40.

또한 돈을 소유하지 않으므로 통상적인 방법으로 친구들에게 친절을 베풀거나 관대함을 보일 수 없다. 물론, 돈과 재산에 대한 사랑은 극단에 빠질 때 당연히 비난받는다. 그러나 적당한 수준에서 자기 재산과 가족을 돌보려는 것은 '자연적으로 주입된 감정'이다.[16] 플라톤의 정치는 하나의 악덕(사적인 욕망과 사유재산이 모두 인정되는 관대한 도시)을 다른 악덕(시민이 본성을 전혀 드러내지 않는 금욕주의 도시)으로 대체할 뿐이다.

전형적인 아리스토텔레스의 논의방식이지만, 사유재산에 대한 옹호는 경제적이라기보다 도덕적이다. 예를 들어 관대함, 우정, 참된 자부심 같은 중요한 성격 특성은 덕성을 표현하거나 덕성을 표현함으로써 기쁨을 얻는 소재를 개인이 어떻게 처리하느냐에 달렸다.

나는 사유재산에 대한 아리스토텔레스의 글을 읽을 때면 언제나 모든 사람이 마을 공유지에는 신경 쓰지 않으면서도 나와 내 이웃이 잔디와 정원에 정성을 들여 키운 그 풀잎마다 비치는 영롱한 푸르름에서 큰 즐거움을 얻는 장면이 떠오른다. 사유재산은 각자에게 자기 잔디밭에서 일할 동기를 부여하지만, 집단 소유권은 마을 공유지에서 일할 집단적 동기를 부여하지 못하는 듯하다. 사람들은 모두 마을 공유 녹지에 쓰레기를 버리지 않음으로써 이득을 볼 수 있지만, 만약 모든 사람이 쓰레기를 버린다면 나 홀로 쓰레기를 버리지 않는다고 하더라도 별로 이득이 없다. 반대로, 모두가 쓰레기를 버리지 않는다면 내가 실수로 쓰레기를 버리더라도 크게 달라지는 것은 없다. 근대 정치학에서 집단행동과 무임승차 문제를 연구하는 사람들이 이런 문제를 설명한 바 있다. 플라톤이 말하는 수호자는 자기 개인이 아니라 모든 수호자

16. Ibid.

의 공동 재산과 가족에 대해 신경 쓸 개인적 동기가 없다고, 아리스토텔레스는 결론지었다.

아리스토텔레스가 플라톤의 수호자와 관련해서 더 심각하게 여긴 문제는 그들이 변화하지 않고 고정된, 혈연관계를 단절한 삶을 영위한다는 것이다. 개별성을 상실한 그들은 대체할 수 있는 상품에 불과하다. 아리스토텔레스는 정치적 삶이 더 큰 집단 전체의 일부분으로서의 개인이 서로 협력하도록 고무해야 한다는 플라톤의 생각에 동의한다. 하지만 플라톤은 개성을 완전히 희생시키면서까지 통합을 지나치게 강조했다. 아리스토텔레스는 플라톤의 국가가 봉사해야 할 개인과 가정을 오히려 집어삼키면서 국가 자체의 일부를 잠식한다고 비난했다. 그는 국가의 바로 그 본질을 통해 도시가 통합체이며 동시에 다원성을 갖춘다고 말했다.[17] 플라톤이 동일성을 지나치게 강조했기에 정치적 삶 – 공동선을 공유하고자 서로 '다른' 사람들을 한데 모으는 일 – 을 실현할 수 없게 된다.

플라톤과 아리스토텔레스의 논쟁은 정치사상사 전반에 걸쳐 반복된다. 근대 용어로 말하자면, 이는 국가와 시민 사회의 올바른 관계에 대한 문제다. 시민 사회에는 다양한 사람이 있고, 때로는 대립하는 이익을 좇는 개인으로 각자의 삶을 살아간다. 시민은 단 한 가지 이익으로 환원될 수 없는 공동선을 기준으로 서로 협력한다. 플라톤은 각자가 스스로 가족이나 경제적 이해관계에서 벗어나야만 국가가 그런 공동선을 구현할 수 있다고 생각했다. 아리스토텔레스는 이런 주장에 부분적으로 동의했지만, 공동선은 사람 사이의 차이를 아예 배제하기보다 조화를 찾아야 한다고 생각했다.

17. 2.1261a10.

아리스토텔레스는 플라톤를 가차 없이 비판하면서 '보수적' 결론을 정당화할 목적으로 정치적 자연주의를 옹호한다. 내가 아리스토텔레스를 '보수주의자'라고 부르는 이유는 그가 현상의 보존과 유지 – 이미 존재하는 것의 범위에서 일하고, 현재의 선을 배제하기보다 그 바탕에서 뭔가를 구축하는 것 – 를 추구한다는 데 있다. 가족이나 사유재산 같은 제도는 오랜 기간 지속해온 것이어서 그런 장기 존속성은 존중할 만한 가치가 있고, 인간이 이런 방식으로 선을 찾는다는 상당한 증거가 된다.[18]

이유가 무엇일까? 자연스러움과 선함 사이의 연관 관계는 무엇일까? 그것은 무엇이어야 하고, 또 어때야만 할까? 자연의 모든 것이 좋거나 가치 있는 것은 아니다. 홍수와 질병은 자연적으로 발생하지만, 기술자들이 댐을 만들면 안 된다거나 의사가 백신을 개발하지 말아야 한다는 의미는 아니다. 철학자들은 이미 벌어진 상황에 대해 이렇지 않고 저랬어야 했다고 연역적으로 추론하는 사람은 '존재-당위 오류'에 빠졌다고 말한다. 아리스토텔레스가 이런 오류에 빠지지는 않았지만, 그 이유를 알려면 자연에 대한 아리스토텔레스의 관점을 더 깊이 이해해야 한다.

목적론적 자연관과 정치

아리스토텔레스는 오늘날 '목적론자'라고 부르는 사람이다. 찰스 다윈의 진화론에 따르면, 자연 상태 생존에서 경쟁 우위를 차지하는 돌연변이가 우연히 나타나고, 시간이 흐르면서 유전을 통해 이런 요소가 자손에게 더 많

18. 아마 그런 보수주의에 대한 최고의 표현은 에드먼드 버크(Edmund Burke)의 『프랑스혁명에 관한 성찰(*Reflections on the Revolution in France*)』이다. 버크는 인간을 특정한 위치에 고정하는 전통과 관습을 버리지 않는다면 정치는 합리화될 수 없다고 주장한다.

이 퍼짐으로써 진화한다. 적어도 진화론에서는 진화의 동력으로서 돌연변이에 '의도'나 '목적' 따위는 존재하지 않고, 진화가 지향하는 특정한 목적이나 분명한 최종 상태도 없다. 즉 어떤 목적을 성취하면서 진화가 종료되고 최종적으로 진화된 종은 존재하지 않는다.

아리스토텔레스에 따르면 자연 발전에는 자연이 그 미래를 잉태하고 있다는 내재적 논리가 있다. 도토리와 참나무의 예를 다시 생각해보자. 그는 자연을 도토리가 발전하는 과정의 한 부분으로, 즉 참나무가 되는 도토리의 본질적인 잠재력을 성취하는 기능적 부분으로 간주한다. 도토리와 참나무에서 참인 것은 전체적으로 자연에서도 참이다. 존재하는 모든 것은 특정한 기능을 갖출 예정으로 목적에 따라 창조되거나 제작돼 존재한다. 게다가 개별적으로 기능하는 자연의 각 부분은 자연이 다양한 부분에 부여한 목적을 실현하려고 응집되거나 조직된 방식으로 함께 작동하도록 고안됐다. 그러므로 아리스토텔레스는 존재하는 모든 것을 위해, 그리고 존재하는 모든 것에 의해 자연이 뭔가를 '의도'한다고 말한다.

정치적 삶도 이와 비슷하게 기능적이다. 자연은 각기 다른 기능을 수행하고자 여성과 남성, 주인과 노예를 만들었다. 그리고 좋은 도시는 응집된 하나의 기능으로 이런 부분들을 한데 모은다. 이것이 의미하는 바는 정치적 조작에도 자연적 한계가 있다는 것이다. 만약 자연이 공동체 구성원에게 의도했던 대로 전체적인 조화를 이루지 못하면 전체가 조화롭게 기능할 수 없다. 아리스토텔레스의 목적론은 정치 발전을 자연 발전처럼 일련의 순서가 있는 과정으로, 즉 기존의 전통과 제도에 내재한 잠재력을 실현하게 해서 그 과정을 수행하게 하는 것으로 여긴다. 물론 인간은 자연이 의도하는 바를 명백히 알 수 없고, 실수도 하게 마련이다. 그러나 개혁은 무엇이 그 정치가 실현할 수 있는 선(善)을 구성하는지, 그리고 규범과 가치의 성취를 설명하는 삶의 방식을 어떻게 지킬 수 있는지를 이해하고자 하고, 기존의 정치적 합의 내에서 작동하는 과정이다.

진화론과 아리스토텔레스에 관한 여담

아리스토텔레스를 강의할 때 과학에 바탕을 둔 그의 정치적 견해를 소개하면, 그의 자연관이 너무 고리타분하고, 근대의 진화 과학으로 명백하게 반박할 수 있다고 생각하는 학생들의 비판을 피할 수 없었다. 그러나 학생들이 이런 반대 의견을 제시하지 않았다면 나는 오히려 실망했겠지만, 실제로 그런 일이 벌어진 적은 없었다. 아리스토텔레스는 자연이 어떤 의도에 따른 것이고, 미리 설계된 것으로 봤다. 반면에 다윈은 자연을 우연적인 것으로 봤다. 이 상반된 개념을 어떻게 이해해야 할까?

아주 오래전에 진화 생물학자 동료에게 이 문제에 관해 물어본 적이 있다. 나는 자연이 전적으로 '설계'되지 않았다면서 놀라운 의심을 표현한 다윈의 글을 읽으며 시작했다. 다윈은 다음과 같이 썼다. "나는 사람들이 보는 세상이 우연의 결과라고 생각하지 않는다. 그러나 나는 또한 각각의 부분이 설계된 결과라고 볼 수도 없다. 나는, 희망 없는 혼란 속에 영원히 남겨진 것이다."[19] 내 동료는 이처럼 자연이 설계됐다거나 설계되지 않았다고 표현한 사례에 주목했다. 만약 아리스토텔레스의 주장이 단지 귀가 듣는 기관으로 작동하도록 설계됐다는 것이라면, 진화 생물학자는 자연이 설계됐다는 견해에 동의할 것이다. 그러나 아리스토텔레스가 목적이 먼저 있었고, 그 목적에

19. F. J. Ayala 및 T. Tobzharsky, *Studies in the Philosophy of Biology* (Berkeley: University of California Press, 1974), p.225.

따라 자연이 설계됐다고 말한 것이라면, 다윈주의는 이런 의미에서 자연이 '의도적'이라는 주장에 반대할 것이다.

우리 관심의 대상은 아리스토텔레스의 정치일 뿐, 그의 과학이 아니므로 이 문제를 다루지 않는다. 그러나 이 논의는 근대 독자들을 괴롭히는 바로 그 문제의 틀을 잡는 일이고, 또 잡아야만 한다. 아리스토텔레스는 단지 귀, 눈, 손 같은 기관의 별개 기능과 목적을 나누지 않고, 전체 인간으로서 갖춘 기능과 목적에 그의 목적론을 적용했다. 자연이 눈과 귀를 다르게 설계할 때 의도했던 바가 있듯이, 자연이 여성과 남성, 주인과 노예를 다르게 설계했을 때도 의도한 바가 있었을 것이다. 아리스토텔레스의 정치는 자연적 '차이'를 도시가 전체적으로 기능하게 하는 요소로 간주했다.

여성과 남성의 차이

앞서 살펴봤듯이, 아리스토텔레스는 인간 연합의 가장 기본적인 형태로 남성-여성 관계를 지목했다. 하지만 이는 단지 제한적인 협력관계일 뿐이다. 즉, 여성과 남성 신체를 다르게 설계함으로써 자연이 의도한 번식 목적을 성취하기 위한 것뿐이다.[20] 아리스토텔레스의 생물학에서 여성은 본질적으로 생식 능력이 없는 남성과 같다. 여성은 남성의 씨가 자라나는 그릇으로 수동적으로 기능하게 돼 있다는 것이다. 남성과 여성이 생식에서 자신에게 의도된 바를 수행할 때 그들은 성의 즐거움뿐 아니라 커플로서 서로 특정한 지속적 관계의 즐거움 또한 누릴 수 있다. 하지만 이것은 절대 우정이 아니다. 남성과 여성이 공유하는 것은 기껏해야 아이를 낳고 기르는 공동선뿐이다.

20. *Politics* 1.1252a24.

자연 충동은 부부가 서로의 정신에 특별히 관심을 두게 하지 않는다. 게다가 여성은 자신의 행복을 공허한 평등을 주장하는 데서가 아니라 자연의 의도대로 남성의 지배를 받아들이는 데서 느낀다. 그렇게 되면, 남성은 지배 목적에서가 아니라, 가족의 공동 이익을 위해 여성을 지배한다고 이해한다.

혼인과 자녀 양육에 관한 법과 규제를 정하려면, 정치는 이런 자연적 토대를 세워야 한다. 혼인의 목적은 번식이지 우정이 아니므로 아리스토텔레스는 남성이 일반적으로 여성보다 20년쯤 나이가 더 많아야 한다는 이상한 제안을 한다. 예를 들면 18세 여성은 37세 남성과 혼인해야 한다는 것이다.[21] 그는 남성에게 대략 70세까지 번식 가능성이 있지만, 여성은 평균 50세에 폐경을 맞는다는 사실에서 수학적 혼인 모델을 도출한다. 그는 여성과 남성의 성교 능력 기간을 겹치게 하려고 37세/18세를 그 시작점으로 제시한다(그는 여성 신체가 건강한 자손을 생산할 정도로 성숙해지려면 그만큼의 시간이 걸린다는 이론을 바탕으로 혼인하고 출산하려면 18세까지 기다려야 한다고 주장한다). 물론, 아리스토텔레스는 혼인하지 않은 37세 이전의 남성이 그의 생식 가능성으로 무엇을 할지는 거의 다루지 않는다.

아리스토텔레스는 산전 관리를 언급하면서 '자연적'이라는 명목으로 일련의 광범위한 규율을 정당화한다. 한편으로는 태아가 여성 신체로부터 영양분을 받기에 임산부에게 식이요법을 강제하는 법을 통과시켜야 한다.[22] 이런 자연적인 사실은 여성이 임신 기간에 자기 몸을 관리하는 것은 단지 사적인 문제가 아니라 다음 세대에게 영향을 미치는 공중 보건의 문제임을 의미한다. 그러나 다른 한편으로 아리스토텔레스는 이상하게도 태아의 정신

21. 7.1335a6-1335a28.
22. 7.1335b11.

발전이 여성의 정신과 전혀 무관하다고 주장했다. 태아의 정신적 유산은 절대적으로 남성에게서 물려받는 것으로 여겨졌다. 그러므로 정치는 임산부의 정신 수양에 전혀 관심이 없다. 여성의 정신 수양은 또한 자연적인 기능의 수행과도 관련이 없다.

정치이론가 수잔 몰러 오킨이 자신의 획기적인 책『서구 정치사상 속의 여성(*Women in Western Political Thought*)』에서 지적했듯이 아리스토텔레스는 여성이 아이를 출산하고 양육하는 것 이외의 활동은 종의 번식을 손상한다면서 여성의 성적 기능이 그 기능을 제외한 여성 존재를 무효화한다고 판단했다.[23] 오킨은 단지 성적 기관의 신체 차이가 여성 운명을 결정한다는 아리스토텔레스의 생물학적 환원주의를 설득력 있게 비판한다. 아리스토텔레스는 유명한 구절에서 여성이 자신의 감정을 정의의 명령에 따르게 할 수 있는지 의문을 제기하지만, 여기서 오킨은 아리스토텔레스가 반드시 자연의 명령에 따라 정치를 행하지는 않았다는 것을 보여준다. 왜냐면 정치가 국가에서 여성과 남성의 다른 성 역할을 사회적으로 구성하고, 법적으로 이 역할들을 내가 검토한 바 있는 혼인연령법과 교육 정책 같은 것을 통해 강제하기 때문이다.

마지막으로, 아리스토텔레스의 글에는 유명한 이중 잣대가 있다. 그는 여성 신체의 번식 기능을 설명하면서 여성이 '다른 무엇도 아닌' 오로지 번식의 그릇으로만 기능하라는 자연의 의도를 드러낸다고 주장한다. 반면에 자연은 남성 역시 번식에 일정한 기능적 역할을 하도록 설계됐으나 일상에서 남성은 번식이든, 정치든 여러 가지 기능을 수행하는 데 전혀 문제가 없다고 봤다. 아리스토텔레스는 여성이 아이의 출산과 양육 외에 삶에서 다른 일

23. Susan Moller Okin, *Women in Western Political Thought* (Princeton: Princeton University Press, 1979).

을 하기를 원할 때와 달리 남성이 여러 가지 기능을 할 때는 자연의 원만한 기능이 왜 침해되지 '않는지' 전혀 명확하게 밝히지 않았다. 아마도 – 거의 확실히 그리고 대부분 – 남성이 다른 일을 자유롭게 하려면 집안일을 아내에게 의존할 수밖에 없을 것이다. 하지만 남성이 여성에게 불평등을 강요했다는 사실이 이를 옳은 것으로 만들지는 않는다. 그리고 오킨은 자연이 전통적인 합의를 정당화한다는 아리스토텔레스 논증의 약점을 가차 없이 지적한다. 그녀의 관점에서 더 나은 설명은 여성을 지배하기 위한 남성 신체와 경제 권력의 부적당한 사용에 관한 것이다.

수잔 오킨은 2003년 57세에 갑자기 타계하기까지 수년간 내 친구이자 동료였다. 그녀를 언급하지 않거나 그녀와 함께 이 책의 단초가 된 자료로 강의하던 시절로 돌아가서 생각하지 않고는 아리스토텔레스나 정치철학자들에 관해 학생들에게 가르칠 수 없다. 다음 장(章)에서 오킨의 학문적 성과를 다루겠지만, 여기서 그녀가 정치이론 교육을 바꾼 방식을 소개하고자 한다.[24] 오킨은 여성과 관련하여 서양 정치사상의 결점이 여성 사례에만 관련 있는 고립된 결점이 아니라, 정의론 일반에 나타난 체계적 문제라고 생각했다. 이런 이론은 삶을 공적 영역과 사적 영역으로 나누고, 가정의 일은 정의의 문제가 아니라 마음의 일이기에 정부 개입을 받지 않고 가족 구성원들의 몫이라고 결론짓는다. 오킨에게 가정 '에서' 여성을 대하는 방식은 단지 부수적인 문제가 아니라, 개발도상국과 선진국에서 근본적인 정의의 문제다.

오킨의 비판에 공감하는 사람들도 종종 그녀가 너무 멀리 나갔다고 느낀다. 예컨대, 오늘날 여성에 대한 아리스토텔레스의 관점을 옹호하는 사람

24. 오킨의 글에 대한 분석으로 16장을 보라.

은 거의 없지만, 그러는 사람이라도 아리스토텔레스의 철학 체계를 무너뜨리지 않고 그 부분만을 잘라낼 수 있다고 생각한다. 오킨의 비판은 훨씬 더 급진적이다. 그녀의 주장은 아리스토텔레스의 전체 체계가 여성의 종속에 의존하고 있기에 그의 정치는 성 중립적일 수 없다는 것이다. 하나의 예를 들면, (몇몇 남성에게) 자유 영역에 대한 아리스토텔레스의 관점은 경제 문제와 집안일을 전담할 노예와 여성이 있을 때만 누릴 수 있는 여유를 전제한다. 여성을 남성의 자유를 위한 기능적 지원자로 환원함으로써, 오킨은 소수의 자유를 지탱하는 숨겨진 착취와 보이는 착취에 대한 광범위한 재분석을 시도한다. 이런 의미에서 아리스토텔레스가 여성에 관해 말한 것과 노예에 관해 말한 것 사이에는 밀접한 관계가 있다. 이제 이 주제로 넘어가자.

주인-노예의 구분

아리스토텔레스는 이론만이 아니라 일상에서도 노예제를 자연스럽고 정의로운 제도라고 옹호했다.[25] 그의 의견이 당시의 산물이라거나 단지 당시의 일반적인 문화 가치가 반영된 것일 뿐이라는 흔한 견해를 제시하는 것만으로는 그를 옹호할 수 없다. 아리스토텔레스의 동시대인들은 노예제 폐지를 강력히 주장했고, 아리스토텔레스도 그들의 그런 입장을 잘 알고 있었다. 아리스토텔레스가 요약한 대로 '주인이 노예를 통제하는 것이 반자연적이라고 생각하는 사람들'이 있다. 그들은 '주인과 노예의 구분이 권력에 바탕을 둔 법을 따른 것이라 본다.' 그래서 노예제는 '그 정의를 봐서도 근거가 없'다고 판단한다.[26] 노예제를 반대하는 주장에 대해서 이보다 더 간단하게

25. Politics 1.1253b14-1255b39.
26. 1.1253b14.

말하기도 어렵다. 하지만 아리스토텔레스는 노예제 폐지론자들의 주장을 요약하면서 노예제 폐지를 계속해서 반대했다.

아리스토텔레스는 그리스인들이 노예를 만드는 방법 일부가 잘못됐음을 인정하며, 폐지론자들의 입장을 충분히 존중했다.[27] 하지만 해결책은 노예제 폐지가 아니라, 지배하는 것과 지배되는 것을 구별하는 자연의 의지에 맞춰 노예제를 더 완벽하게 만드는 것이었다.

그는 하나의 가정에 바탕을 둔 변론을 시작했다. '만약' 자연이 '움직이는 재산'이고, 그 기능이 바로 노동 도구인 어떤 인간을 창조했다면, 주인이 그런 인간들을 노예로 삼는 것은 정의롭다. 왜냐면 그 제도는 선한 것으로, 노예와 주인에게 최고의 삶을 가능하게 해서 자연적인 목적인(natural telos)이 되는 삶을 살게 한다는 데 기반을 두고 시작하기 때문이다.[28]

그러나 이렇게 극단적인 형태의 자연적 불평등이 실제로 존재할까? 정말 어떤 사람들은 단지 노동의 도구에 불과할까? 자연은 성별과 관련해서 목적을 나타내고자 남녀 사이에 분명한 신체적 차이를 만들었다. 비록 여기서 아리스토텔레스는 숨길 수 없는 자연적 차이는 발견하기가 어렵다는 점을 인정하지만, 자연은 이와 비슷하게 주인과 노예도 서로 다른 신체로 다른 기능을 하도록 설계했다. 사실 '자연의 의도와 상반된 일은 (...) 종종 일어난다.' 엄청난 육체노동이 가능한 신체가 태어날 때부터 노동하지 않도록 정해진 사람에게 부여되기도 한다.[29]

아리스토텔레스가 고려는 했지만 받아들이지 않았던 하나의 가능성은

27. 1.1255a3.
28. 1.1253b23-1254a13.
29. 1.1254b27.

여성이 노예가 되도록 만들어졌기에 여성과 남성의 명백한 차이를 노예와 주인으로 구분할 수 있다는 것이다. 아리스토텔레스는 이렇게 말하면서 그런 가능성을 부정했다. "자연은 아무것도 인색한 정신으로 만들지 않는다."[30] 여성의 몸은 출산이라는 목적을 위해 특별하게 설계됐고, 노예의 몸은 노동이라는 목적에 맞도록 특별하게 설계됐다. 그리고 이 둘은 반드시 구별돼야 한다. 이 시점에서 아리스토텔레스는 자신의 논증이 엄격하게 가설적이라는 사실을 잘 알았다. '만약' 논증을 위해 몇몇 사람은 이성이 너무 약해서 단지 다른 이들을 위한 노동의 도구로만 사용된다고 가정하면, 노예제는 그들에게 이익이 되고, 또한 그들의 본성을 실현하게 할 것이다. 그러나 이제 아리스토텔레스는 칭찬할 만하게도, '실제의' 또는 '합법적' 노예제가 이런 가정의 기초에 서 있지 않음을 깨달았다. '전리품은 승자에게 속한다'는 속담이 있듯이[31] 실제 삶에서 노예는 권력과 정복으로 획득된다.

아리스토텔레스는 입장을 달리해서 이제 노예제와 기존 관습을 정당화하는 비평가가 됐다. 적을 노예로 삼는 것은 어떤 면에서 정의로울까? 그것이 옳다고 말해야 할까? 군사적 우월이 노예 소유를 정당화하는 우월이라고 생각하는 걸까? 이런 질문을 제기하면서 아리스토텔레스는 성찰을 통해 올바르게 이해하고, 문화 규범에 더 적합한 자기 문화를 실천하기를 독려했다. 공정하게 사고하는 사람들이 이 문제를 생각해보면, 힘(권력)이 노예제에 도덕적 기초를 제공할 수 없음을 이해할 것이다.

핵심 증거는 그리스인들이 같은 그리스인들을 노예로 삼지 않았다는

30. 1.1252b2.

31. 1.1255a3.

데 있다. 경쟁 도시와 벌인 전쟁에서 승리했을 때도 마찬가지였다.[32] 이런 상황에서 그리스인들은 힘이 권리를 부여하지 않는다는 사실을 이미 인지했다. 아리스토텔레스는 노예제도를 '자연 노예제'라는 이상에 더 밀접하게 구현하고자 노예제에 관한 일반법을 개정함으로써 그의 문화가 이런 시각을 확장해야 한다고 보았다. 개혁을 위한 지침은 현존하는 전통이 육체적 힘의 이용보다 도덕적 선에서의 우월성을 기대한다는 묵시적 동의가 형성돼 있고, 이것이 노예와 맺은 관계에서 주인에게 기대하는 것이다.

아리스토텔레스는 노예제의 기초를 전쟁에서의 우월성에서 도덕적 선의 우월성으로 옮기면서 노예제가 선한 제도임을 주장할 수 있다. 노예의 관점에서 볼 때 주인과의 유대는 그의 자연적인 기능을 수행할 수 있게 해서 이전과 달리 삶에 존재 이유와 방향을 제시한다. 주인의 관점에서 볼 때 일과 노동을 노예에게 맡기는 것은 그가 수행하도록 설계된 더 높은 기능을 실현할 수 있도록 주인을 자유롭게 한다.[33]

노예제에 대한 아리스토텔레스의 옹호는 여기서 멈춘다. 그는 노예제를 이론적으로 옹호했지만, 현실에서 노예제의 남용을 확인했다. 완전한 폐지가 아닌 개혁이 남은 과제다. 그러나 너무 많은 질문이 미해결로 남았다. 노예제를 불편해하는 사람들에게 이 제도를 강제하려면 주인은 무엇을 해야 하고, 노예제 유지에 힘이 필요하다면 노예제의 선한 본질로 여겼던 것에 어떤 변화가 생길까? 아리스토텔레스에게는 노예가 노예 상태를 자신에게 좋은 것으로 이해하고 수용하느냐가 중요했을까? 그러나 만약 노예가 뭔가를 스스로 이해할 수 있다면, 결국 그에게 이성이 있다는 뜻인데, 그렇다면 이것

32. 1.1255a21.
33. 1.1255b4.

이 노예를 인간이 아니라 재산으로 간주한 아리스토텔레스의 개념과 어떻게 조화를 이룰 수 있을까? 마찬가지로, 아리스토텔레스는 이성이 없는 노예는 자신을 부리는 주인의 이성에 의존한다고 말한다. 하지만 아리스토텔레스는 또한 노예가 주인과의 관계에서 이성을 파악하고 이해할 수 있고 주인에게서 지식을 습득할 수 있다고도 말한다. 이는 일관성이 없어 보인다. 즉 노예에게는 이성이 없다고 해놓고, 나중에는 주인이 노동의 목적을 알려주면, 노예가 목적 지향적으로 행동할 만큼 충분히 합리적일 수 있다는 것이다.

아리스토텔레스가 대답하지 않은 또 다른 의문들이 있다. 노예 상태는 세습되는가? 노예는 자유인을 낳을 수 있는가? 주인이 노예를 낳을 수 있는가? 플라톤은 수호자 계층이 적어도 이런 문제를 해결했고, 수호자 지위가 어떻게 다음 세대에 세습되는지 설명했다. 그러나 아리스토텔레스는 노예제가 필연적으로 계급 제도인지에 대해서도 플라톤처럼 제대로 설명하지 않았다.

아리스토텔레스는 노예제를 선의의 제도로 잘못 인식했다. 왜냐면 어떤 종류의 노예제든지 그 개념상 절대 선택의 문제가 될 수 없고, 개인에게 영원히 자유로운 선택을 박탈하는 강제 상태이기 때문이다. 그러나 주인은 어떤가? 노예가 적어도 주인에게는 좋다는 점에서는 아리스토텔레스가 옳을까? 정치사상사에서 아리스토텔레스의 노예제에 대한 가장 예리한 비판은, 노예제는 노예에게만이 아니라 주인에게도 해롭다는 것이다. 여기 두 가지 주요한 논점이 있다.

첫째, 이는 다른 논점보다 훨씬 더 명백한데, 다른 인간을 지배한다는 것은 주인을 도덕적으로 좋게 만들기보다 더 나쁘게 만든다는 것이다. 그리고 이는 또한 주인이 자기 노예를 그의 의지에 반하여 가둬두려고 괴물 같은 행동을 하게 한다. 둘째, 잘 알려지지 않은 논점으로 헤겔과 마르크스가 강력히 주장한 바이기도 하다. 아리스토텔레스는 노동으로부터의 자유가 인간성을 고양하고 진보를 가속하는 '더 높고', '도덕적'이고, '창조적인' 능력 개발의 핵심이라고 했다. 그러나 마르크스는 아리스토텔레스가 이와 거꾸로 생각했으며, 인류의 진보는 오히려 육체노동에서 온다고 주장했다. 즉 육체노동은 경제적 가치와 새로운 제품을 생산하고 인간 삶에서 새로운 것을 발견하는 역동적이고 전환적인 힘이라는 것이다. 노동의 창조성과 유리된 지배계급은 역사의 진전이 일어나기 전에 그들을 시들고 낡게 하던 삶의 방식에 매달려 꽃피지 못하고 이내 시들어버린다. 헤겔도 노예에 대한 주인의 모순적인 의존성을 지적했다. 아리스토텔레스가 주인을 자유롭고 독립적인 존재가 되게 한다고 추정한 것은 실제로 주인이 통제하지 못하는 노예에 대한 의존을 영속화하는 역효과를 낼 뿐이다.

정의와 자연

정의란 무엇인가? 플라톤의 『국가』에서 정의는 모든 사람이 전체적 구성의 공정성에 만족하는 방식으로 '한 사람, 하나의 직업'이라는 원칙이 실현됐을 때 도시가 이룰 수 있는 통합과 조화의 한 종류다. 그러나 플라톤이 말한 것이 무엇이든 아리스토텔레스는 날카로운 통찰력으로 플라톤이 정치적 정의를 말한 것이 아니라고 지적했다. 플라톤이 생각한 국가에는 해결해야 할 분쟁이 없는데, 이는 일반적인 상식으로 생각했을 때 정의가 제도적으로 필요 없는 국가를 말한다.

아리스토텔레스에게 정치적 삶의 목표는 분쟁의 근절이 아니라, 필연적으로 발생하는 분쟁을 조정하는 공정한 경합이다. 그는 플라톤과 달리 분쟁은 뭔가가 부패한다는 신호가 아니라, 서로 다른 사람들이 공유할 수 있는 삶의 방식에 대한 건전한 숙고라고 봤다. 아리스토텔레스가 풍기는 인상으로 볼 때 그는 민주주의자가 아니다. 그는 그런 숙고에는 오직 소수의 사람만이 갖춘 실천적 지혜와 올바른 양육이 필요함을 강조했다. 노예에게는 '전적인 숙고의 능력이 없다'. 여성에게도 이성이 있지만, 그것은 감정에 대해 '권한이 없는 형태'다.[34] 반면에 보편적인 선에 대해 이성적으로 숙고할 수 있는 남자들은 다른 정의 관념을 이성적으로 향유할 수 있다고 생각했다.

예를 들면, 비록 남자들이 평등에 관한 정의에 동의한다고 해도, 잘 알려졌듯이 동등한 존재에 관해서는 의견이 갈렸다. 과두제 집권층은 민주주의에 내재하는 불평등, 즉 평등하지 않은 사람들을 동등하게 대하거나 몇몇 사람이 더 많은 몫을 마땅히 받아야 할 때도 모든 사람에게 똑같이 분배하는 불평등에 반대했다. 민주주의자들은 과두제에 내재하는 불평등, 즉 단지 재산이 더 많다는 이유로 그들에게 더 많은 권력을 부여하는 것이 공정하다는 주장이나 빈자보다 부자에게 특혜를 허락하는 불평등에 반대했다. 양쪽 진영은 각자 논점이 있었고, 아리스토텔레스는 대립하는 양쪽 진영 사이에서 실현 가능한 중간 지점을 찾으려고 했다.[35]

아리스토텔레스는 정의를 명백히 '정치적' 덕성으로 간주한다. '사적'으로, 친구나 가족과 잘 지내는 데 반드시 정의가 필요하지는 않다. 사랑의 힘에 기대 살아야 하기 때문이다. 의심할 여지 없이 아리스토텔레스는 가족의 가혹한 현실을 외면하고, 가족을 이상화했다. 알지도 못하고, 특히 좋아하지도 않는 사람이라도 시민은 함께 지낼 필요가 분명히 있다는 것이 그의 논점이다. 따라서 정치는 사랑의 덕성을 정의의 덕성으로 보충할 필요가 있다

34. 1.1260a4.
35. 3.1280a7-1282b14.

는 것이다.

실천적 정의론에서 핵심은 공동체 구성원들이 '정의'라고 생각하는 것과 밀접해야 한다는 점을 인정하는 데 있었고, 이것은 아리스토텔레스의 돌파구이기도 했다. 철학자만이 아니라 모든 사람이 불완전하더라도 정의에 대한 일정한 개념을 공유한다. 사람들의 정의감을 무시하고 우세한 의견과 일치하지 않는 추상 관념을 제시하는 것은 정치의 본질 및 정치와 정의의 관계를 오해하는 행동이다.

결국, 정의 원칙에서 사람들이 원하는 것은 공유된 공동선에 대한 합의의 기초를 제공하는 공정한 경기 조건이다. 지나치게 추상적이거나 혁명적인 나머지 일반인은 이해할 수도 없고 실천할 수도 없는 이론을 제시한다면, 공정에 대한 사람들의 관념에 호소하는 원리를 찾을 수 없다. 심지어 여성과 노예에 관해 말하면서 아리스토텔레스는 정의로운 연합이야말로 불평등한 처지에 놓였어도 그들에게 소속감을 부여한다고 주장했다.

정의에 대한 '철학적' 성찰이라기보다 '정치적' 본성에 대한 이런 통찰은 아리스토텔레스를 또 다른 돌파구로 인도한다. 일반적인 사람들에게도 정의에 대한 감각은 있지만, 그것에 도달하기에는 한계가 있다. 현실적으로 말해서 엄청난 지리적 거리를 두고 떨어져 있는 많은 사람이 서로 정의롭게 대하도록 동기를 부여하는 데 필요한 공동체의 소속감을 유지하기는 어렵다는 것이다. 따라서 『니코마코스 윤리학』에서 봤듯이, 정치적 이상은 가장 이상적인 형태에서조차 늘 세계가 아니라 지역 차원에 머문다. 이 점은 아무리 강조해도 부족하다. 아리스토텔레스에게 정치 제도의 다원주의 – 인간이 서로 다른 공동체에서 살아가는 전통적인 방식 – 는 사람들이 어디에 살든지 지구의 모든 주민이 동일한 정의의 책무를 느끼는 미래의 유토피아로 가는 디딤돌이 아니다. 그런 세계시민주의는 인류로서 인간 본성에 부합하지 않는다. 이는 인간이 공유할 수 있는 공동선을 냉담하고, 공유된 진취성에 대한 진실한 애착을 전달하지 못하는 최소한의 공통 분모에 불과한 것으로 만들어버린다.

국제 정의에 관한 여담

정의에 대한 아리스토텔레스의 이야기를 계속하기 전에 잠시 멈추고 세계시민주의에 대한 그의 반대와 오늘날 '전 지구적 정의(global justice)'라고 부르는 것에 대해 생각해보자. 그리고 윤리철학자 피터 싱어가 제기한 문제에 대해서도 생각해보자.[36] 사람들은 대부분 꼭 필요하지 않은 놀이와 물건을 사는 데 일정한 돈을 쓴다. 비슷한 디자인의 청바지를 여러 벌 마련하고, 스타벅스에서 라테를 마시며, 피자를 주문하고, 영화관에 가고, 컴퓨터와 아이팟을 사용하고, 인터넷과 케이블 TV 서비스에 가입한다. '필요 이상의 소비(extra consumption)' 목록은 참으로 길다. 사람들은 그러는 사이에 세계 어딘가에서 아이들이 영양실조와 질병으로 죽어간다는 사실을 알고 있다.

아리스토텔레스는 수천 마일 떨어진 곳에 있는 아이들의 어려움을 알 수 없었겠지만, 오늘날 사람들은 알고 있다. 싱어는 정의가 사람들이 최소한 스타벅스에서 소비하는 약간의 돈을－사실은 많은 돈을－'어딘가에서' 벌어지는 기아와 질병을 예방하기 위해 소비하기를 요구한다고 말한다. 그의 주장은 간단하다. 만약 정의가 뭔가를 의미한다면, 그것은 사람들이 그 자신을 위해 여분의 커피나 옷 같은 상품을 사기보다 기아와 질병으로부터 아이

36. 예를 들면, 피터 싱어의 *One World* (New Haven: Yale University Press, 2002)를 보라.

들을 구하는 것을 의미한다. 싱어 자신은 사람들에게 꽤 가혹했다. 그는 사람들을 사치스러운 소비에서 벗어나게 하고, 그렇게 절약한 돈으로 다른 사람들을 최저생계 수준으로 끌어올릴 수 있게 했다. 우리는 미국에 살고, 굶는 아이들이 수단에 산다는 사실은 그에게 아무런 문제도, 변명도 되지 않는다. 정의는 지구상 모든 곳에 있는 아이들의 삶을 똑같이 가치 있는 것으로 대하기를 요구한다.

싱어의 글을 읽으면 사람들이 삶의 방식을 바꾸게 될까? 학생들에게 물어보니 복잡한 반응이 나왔다. 한편으로 그들은 고통받는 모든 아이를 공평하게 대해야 한다는 싱어에 반대할 '지적' 이유를 거의 찾지 못했다. 다른 한편으로 그들은 그런 공평함을 감정적으로 받아들이기에 부담이 너무 크다고 말한다. 이런 생각에서 그들은 아리스토텔레스의 핵심 개념을 논의하는 데 점점 더 흥미를 느끼기 시작했다. 그 핵심 개념이란 정의가 명백히 '정치적' 덕성이며, 인류는 정의의 정치를 최우선으로 실천하는 공동체의 '선호'라는 경계 밖에서 정의를 실현할 수 없다는 것이다. 아리스토텔레스는 구성원들의 복지에 대한 공동 책임감을 불러일으키는 자치 공동체의 범위 안에서만 정의가 '유지'될 수 있다고 가르쳤다. 멀리서 보기에 싱어가 말하는 정의의 윤리학이 제시하지 않은 것처럼 보이는 것은 바로 이런 지속 가능성이다.

정의와 평등

아리스토텔레스는 정의가 영원히 자연법에 매여 있지만, 각기 다른 도시에 자리 잡으므로 모든 곳에서 똑같이 적용되지 않고, 특정한 도시의 법과 전통에 따라 상대적으로 구현된다는 사실을 인정했다.[37] 모든 문제에서 그러

37. *Ethics* 5.1134b20.

듯이 아리스토텔레스는 정의를 단지 '관행적인(conventional)' 것으로 보는 사람과 정의가 자연에 바탕을 두고 있다고 생각하는 사람의 공통점을 찾으려고 했다. 그는 각각의 도시에 각기 다른 삶의 방식이 있지만, 구성원들이 스스로 공통된 삶의 방식에 속한다고 이해한다면, 각 도시의 조건에 따라 정의로울 수 있다고 생각했다. 그러므로 아리스토텔레스의 관점에서 여성은 현재의 제도에서 자신이 가치 있다고 생각하는 삶의 방식에 필수적이라고 이해한다면, 비록 열등한 지위에 놓여 있어도 자신이 아테네 공동체에서 배제된 것이 아니라 포함됐다고 느낄 수 있다. 물론 공동선이 존재하는 척하는 모든 도시에 실제로 공동선이 있는 것은 아니다. 독재자들은 오로지 그들 자신을 위해 통치한다. 과두제 집권층은 도시를 부유층의 개인 재산처럼 다룬다. 이런 경우 아리스토텔레스는 독재정치와 과두정치에서 '정의'라고 부르는 것은 무엇이든 정의라고 가르치는 도덕적 상대주의자가 아니다. 그는 그 반대로 가르쳤는데, 공동선에 따라 통치하는 체제만이 정의로움을 강조했다. 반면에 그는 공동선이 택할 수 있는 유일한 이념이 '평등'이라는 민주주의 주장을 거부한다는 점에서 우리와 다르다.

그렇다면 정의와 평등의 연결점은 무엇일까? 아리스토텔레스는 대립하는 평등의 두 개념을 구분함으로써 – 산술적 평등과 비례적 평등 – 문제를 명확히 하고자 한다.[38] 각각의 평등 개념은 어떤 정의의 문제에서는 적합하지만, 다른 문제에서는 적합하지 않을 수 있다. 아리스토텔레스는 재산과 절도에 대한 분쟁으로 법정을 채우는 문제를 '교정적(rectificatory)'이라고 했다. 법정은 도둑이 훔친 소를 원래 소유자에게 돌려주게 함으로써 분쟁을 해결하

38. 5.1131a10-1132b20.

려고 한다. 이런 분쟁에서 정의는 모든 사람을 엄격히 평등하게 다루고, 산술적 용어로 '근거'를 요구한다. 즉 정의는 소를 누구에게 줄지를 결정할 때 누가 도덕적으로 더 훌륭한지, 누가 더 부유한지를 따지지 않는다. 법정은 엄격하게 각자를 동등하게 다루고, 도둑에게서 소 한 마리를 가져다가 이전 소유주가 소유했던 소의 마릿수에 하나를 더함으로써 도둑이 교란한 평등을 회복시킨다. 이때 소유주가 도덕적으로 얼마나 나쁜 사람인지, 얼마나 많은 소를 가졌거나 가지지 않았는지는 전혀 문제시되지 않는다. 아리스토텔레스는 시민이 어떤 정치 제도에서 살아가든, 바르게 이해한 교정적 정의는 산술적 평등의 논리를 따른다고 말한다.[39]

그러나 정의는 다른 분쟁도 해결해야 한다. 사람들은 명예와 보상, 사회적 지위, 군대 계급과 비슷한 것들을 잘 분배할 방법을 찾고자 논의한다. 여기에 '분배적 정의' 이론과 아울러 도시에서 누가 무엇을 받을 자격이 있는지에 대한 이론적 근거가 필요하다. 절도 문제를 해결하는 것과 반대로, 명예와 권력의 분배 문제에는 대상 인물의 도덕적 가치와 그 지위에 대한 적합성, 용기, 이전에 봉사한 내용 등을 고려해야 한다. 그러므로 도시에서 누가 무엇을 받을 자격이 있는지를 결정하는 수단으로 산술적 평등을 적용하는 것은 착오다(아리스토텔레스에 따르면 민주주의자의 착오다). 산술적 평등을 분배적 정의에 적용하면 도시에 중대하고 특별한 기여를 한 사람에게도 남들과 똑같은 보상과 명예를 부여하는 부정의가 생긴다. 따라서 그보다는 '비례적 평등'이라는 대안 개념으로 전환해야 한다. 이 개념은 각자의 기여 비율에 따라 권력과 명예를 분배해야만 사람들을 공정하게 대할 수 있다는 것이다. 방정

39. 5.1131b25-1132a10.

식 X=2y에서 X를 Y와 동등하게 다루는 것은 잘못이다. 마찬가지로 분배적 정의의 '수학'은 산술적이기보다 기하학적으로 생각하기를 요구한다.[40]

이 범위에서 과두제 집권층은 민주주의자들의 단순한 산술적 혹은 절대적 평등 이론을 거부하는 것이 옳다. 그러나 과두제 집권층이 재산 소유에서의 단순한 불평등을 정치적으로 마땅히 받아야 하는 몫의 수단으로 간주한 것은 잘못이라는 점에서는 민주주의자들이 옳았다. 만약 도시가 단순히 재산 가치를 최대화하려는 거대 경영 회사에 불과하다면, 분배적 정의에 대한 과두정치 개념이 옳을 것이다.[41] 그러나 도시는 사람들을 재산이 아니라 도덕적 선과 관련짓기 위해 존재하므로, 과두제 집권층도 민주주의자들과 마찬가지로 분배적 정의를 잘못 받아들였다.

결국, 아리스토텔레스는 과두제 집권층과 민주주의자들 사이에 수많은 내란을 초래한 정의에 관한 길고 긴 논쟁에 해결책을 제시할 수 있다고 생각했다. 양쪽 진영은 정치 계급을 분배하는 올바른 기준을 제대로 세우지 못했다. 도시는 '좋은 삶'이라는 도덕 개념으로 사람들을 서로 연결하려고 하므로 분배는 도덕 과제로 도시에 위대한 공헌을 한 사람들에게 돌아가야 한다.[42] 그들은 도덕적 성격에 따라 구별될 것이다. 플라톤에 따르면, 권력은 그들의 우수한 지적 능력을 보여줄 철인 왕과 왕비에게로 갔다. 그러나 도시는 철학자들의 모임이 아니고, 도시의 목적이 시민을 철학자로 만드는 것도 아니다. 아리스토텔레스에 따르면, 실천적으로 현명한 사람, 즉 삶의 도덕적 덕성을 온전히 실천하는 사람에게서 발견할 수 있는 인간 본성을 완성한, 최상

40. 5.1131a10-1131b20.
41. *Politics* 3.1280a25.
42. 3.1280b6.

의 본보기인 사람에게 권력이 가야 한다.

바로 여기가 아리스토텔레스의 윤리학과 정치학이 만나는 지점이다. 도시가 사람을 도덕적으로 완벽하게 만든다고 생각하는 한 윤리학은 정치학이다. 도시에서 분리되는 것은 몸에서 손을 절단하는 것과 같다. 그러나 정치가 도덕적으로 선한 사람들이 공동선을 정의하고 유지한다고 믿는 한 정치학은 윤리학이다.

좋은 사람과 좋은 시민은 정확히 같지 않을 수 있지만 – 부패한 도시에서도 좋은 사람이 될 가능성이 남아 있다 – 이상적으로 좋은 사람과 좋은 시민은 일치한다. 윤리학과 정치학이 결합할 때 도시는 그 목적을 실천할 수 있다. 그 목적은 사람들에게 물질적 재화를 전달하는 것 이상으로 확장된다. 그 목적은 공동체 구성원들이 그들의 개인 삶에서 찾는 의미에 꼭 필요한 일반적 삶의 방식을 만들어내고 유지하는 것보다 높은 단계에 도달하는 것이다.

좋은 시민과 좋은 사람

수년간 나는 젊은이들이 아리스토텔레스에게 관심을 보이게 하는 데 어려움을 겪었고, 이 점을 성찰해왔다. 그 원인 중 하나는 아리스토텔레스가 젊은이들이 마음에 담을 만한 확실한 결론에 이르지 못했다는 것이다. 아리스토텔레스는 문제를 심사숙고하고, 논쟁하는 각 진영의 주장을 파악하고, 대립하는 주장의 내용을 즐겨 숙고한다.

아리스토텔레스가 주권을 확보한 사람이 한 명이어야 하는지, 아니면 몇 명이거나 다수여야 하는지 논쟁했던, 놀랍고도 까탈스러운 구절들을 생각해보자.[43] 그는 정치적 선택이 의학적 선택처럼 작용해야 한다는 전제를 옹

43. 3.1278b6-1288b2.

호하면서 논의를 시작한다. 의사가 될 자격이 있는지 판단하는 역할을 의사가 맡듯이, 통치에 가장 적합한 사람을 선출하는 역할은 전문가가 맡아야 한다.[44] 그러나 아리스토텔레스는 입장을 바꿔서 최고의 전문가들이 제공하는 지혜보다 더 우수한 집단지성을, 보통 사람들이 실현할 수 있다는 생각에 대한 설득력 있는 근거를 인정한다.[45] 예를 들어, 누가 음식이나 집의 품질을 가장 잘 판단하는지 생각해보자. 결국, 어떤 음식이나 집이 좋은지 나쁜지 말할 수 있는 사람은 요리 전문가나 건축가가 아니라 그 음식을 먹고 그 집에 사는 사람이다.[46]

하지만 아리스토텔레스는 한 걸음 물러서서 대중의 주권을 지지하는 논증이 시민의 도덕성이 낮아진 도시에는 적용될 수 없다는 점에 주목한다.[47] 여하튼 한 사람에게든, 소수에게든 다수에게든 누구에게 권력을 맡길지를 정할 때는 아마도 '법과 (...) 주권을 올바르게 구성'할 수 있는, 훨씬 더 좋은 선택 사항을 배제하게 된다.[48] 아리스토텔레스는 이런 중도적 입장을 공표하자마자 거기에 권한을 부여했다. 일반 법은 구체적인 상황에서 무엇을 할지 알려주지 못하기 때문이다.[49] 아리스토텔레스는 다양한 정치적 입장의 찬반 양론에 대한 이 모든 신중한 연구를 통해 그 유명한 냉철함을 보여주었지만, 이는 아리스토텔레스의 교수법을 통해 그가 무엇을 생각하는지 알고 싶어 하는 입문자들의 당연한 욕구를 충족하지는 못한다.

44. 3.1281b38.
45. 3.1281a39.
46. 3.1282a14.
47. Ibid.
48. 3.1282a41.
49. Ibid.

중세 시대에 이슬람교, 유대교, 기독교 전통에 속한 위대한 철학자들은 아리스토텔레스의 『니코마코스 윤리학』과 『정치학』에 주석을 달기 시작했다. 아리스토텔레스 교리가 정확하지 못하다고 판단한 대목이 있었기 때문이다. 그들은 신성한 신의 계시가 전해준 진실에 전념하면서도 아리스토텔레스의 합리적이고 논리적인 담론 방식을 수용하고, 드러난 진실을 뒷받침하는 논증으로 이 주석을 사용했다. 9~10세기 이슬람 세계에서 이성과 신의 계시 사이의 조화를 논증하는 방법으로 '아리스토텔레스주의'가 출현했고, 이는 유대교, 그 이후 기독교로 순조롭게 퍼져나갔다. 13세기 즈음에는 아리스토텔레스를 본보기로 언급하는 관행이 너무나 안정적으로 정립돼 있어서, 토마스 아퀴나스는 아리스토텔레스를 그저 간단히 '그 철학자(The Philosopher)'라고 불렀다.

아리스토텔레스는 '그' 철학자로 알려지지는 않았다. 우리 정치 경험은 정치학을 공부하는 것이 인간이 할 수 있는 최고의 것들을 공부하는 것이라는 아리스토텔레스의 자랑스러운 주장에 거의 부응하지 못한다. 세기말에 대한 공포는 플라톤의 동굴이 매우 가까운 것처럼, 그리고 아리스토텔레스의 폴리스가 매우 먼 것처럼 만들어놓았다.

생시에도 아리스토텔레스는 노예제를 시행할 때 나쁜 정치가 저지르는 것들을 무시해버림으로써 그리스의 폴리스를 이상화했다. 그러나 냉철한 사상가가 다른 문화와 비교할 때 그리스 문화에는 정치적 삶의 우월성을 선언하게 하는 뭔가가 있다. 동굴에서 밖을 내다볼 수 있고, 시간이 흐름에 따라 정치가 자체적인 결함을 극복한다는 아리스토텔레스 개념의 근거를, 누가 찾을 수 있을까?

7장 아우구스티누스와 악의 문제

정치이론의 전통은 성 아우구스티누스의 등장과 함께 새로운 국면으로 접어들었다. 줄곧 존재해왔던 교회와 국가의 올바른 관계에 대한 의문, 계시의 이유에 대한 의문 등이 표면화됐다. 플라톤이나 아리스토텔레스는 이런 문제에 당혹스러워하지 않았는데, 왜냐면 그들은 정치 자체에 도덕적 잣대가 있다고 생각했기 때문이었다. 하지만 정치이론은 기독교의 출현으로 처음으로 신학 연구에 포함됐다. 이제 정의는 인간의 산물이 아니라 신의 산물로 재인식됐다.

아우구스티누스는 많은 작품을 남겼지만, 나는 그의 가장 위대한 두 가지 업적임이 틀림없는, 자서전 『참회록(*Confessions*)』과 대표작 『신국론(*City of God*)』에 집중하겠다.

『참회록』

아우구스티누스의 『참회록』은 그가 어린 시절을 기억하며 쓴 작품이다. 이 자서전은 죄인이 성자가 되기까지 긴 여정에 관한 이야기로 알려졌다. 하지만 이 같은 소개는 아우구스티누스가 거친 삶의 여러 시기를 오해한 결과다. 비록 그가 분명히 젊은 시절의 죄를 고백한다고 하더라도, 아우구스티누스는 만족해하는 어떤 죄인보다도 늘 더 고통받았다. 그의 고백은 그저 성숙한 남자가 어린 시절 저지른 짓을 돌아보고 뒤늦게 잘못을 깨닫는 이야기가 아니다. 마치 케팔로스가 어떤 일이 벌어진 뒤에 무분별했던 자신의 행동을 안타까운 마음으로 떠올리고 후회를 토로한 것처럼 말이다. 아우구스티누스의 기억은 생기 넘치는 삶을 즐기고 싶은 동시에 발가벗겨져 불편함을 느끼는 충동과 씨름하던 청소년기에 대한 회상으로 가득 차 있다.

아우구스티누스는 젊은 시절 특히 고통받으며 바닥을 헤매던 자신의 의식을 이렇게 묘사한다. "나는 나 자신을 스스로 견딜 수 없는 불행의 장소로 만들었다. 그러나 나 자신에게서 벗어날 수 없었다."[1] '육체적 쾌락'이라는 유혹이 그에게 남긴 불안을 묘사할 때 아우구스티누스는 '내전(內戰)'이라는 비유를 반복해서 사용한다. 심각성을 강조하고자 라틴어로 말한다면, 그 청년은 어릴 적부터 드물게 'gravitas(중력)'의 힘을 받아 아래로 끌려 내려갔다.

아우구스티누스는 때로 자신의 내적 투쟁을 가볍게 여겼다. 희극적인 구원의 순간, 그는 신에게 순결을 달라고 간절히 기도했지만, 언제나 '아직은 아니'었다.[2] 하지만 『참회록』에서 경솔함과 젊은 혈기를 허용한 순간은 흔치 않다. 그런 의미에서 『참회록』은 헤겔이 후에 '비참한 자각'이라고 부른 훌륭한 문학적 사례 중 하나다. 비록 아우구스티누스가 결국 신의 사랑 안에서 즐거움을 찾았다고 신앙 고백을 했더라도 '신의 사랑'이라는 위대한 '의무'는 젊은이인 그에게 어렴풋이 나타났지만, 그가 이해할 수는 없었다. 그는 자신이 무엇을 해야 하는지 알았으나 여전히 다른 것을 바랐다.

앞서 나는 『참회록』을 '죄인이 성자가 된 이야기'로 규정하는 것이 청

1. Augustine, *Confessions*, trans. Henry Chadwick (Oxford: Oxford University Press, 1998), 4.7.12.
2. *Confessions* 8.1.17.

년과 노년의 아우구스티누스에 대한 오해라고 말했다. 아우구스티누스는 젊은 시절의 유혹을 뒤로하고, 어머니의 신앙인 가톨릭으로 개종했으며, 독신주의자가 됐고, 오랜 세월 북아프리카의 히포(Hippo)에서 주교로 지냈다. 그러나 그의 삶과 글에는 두 가지 기독교적 삶 사이의 긴장이 해결되지 않은 채 남아 있다. 한편으로 신은 '네 이웃을 너 자신처럼 사랑하라'고 말한다.[3] 그러나 다른 한편으로 그리스도는 부활하고 이 세상을 떠났으나 신의 은총으로 사람들은 도래할 왕국(Kingdom to Come)에서 그리스도를 통해 구원받을 수 있다. 아우구스티누스는 어떻게 기독교인이 이 종교의 기본적 방향인 내세 지향적으로 살면서도 또한 '이웃 사랑'에 몰두할 수 있을지 고심했다. 『참회록』의 탁월함은 아우구스티누스가 그의 젊은 시절 내면의 갈등에 대한 기억과 이론적인 갈등을 연결하는 방식에서 찾을 수 있다.

아우구스티누스가 '아직은 아니'지만 순결을 달라고 기도할 때, 그가 부탁한 말미는 사실상 그가 33세가 될 때까지 연장됐다. 그때까지 그는 아들이 세례받기를 원하는 어머니의 소망을 외면하고 있었고(아우구스티누스의 아버지는 가톨릭 신자가 아니었다), 이른 나이에 성관계를 경험했다. 정부가 있었고, 겉보기에는 충실하게 그녀와 15년을 미혼으로 살았고, 아이의 아버지가 됐다. 열 살짜리와 약혼하기로 하고는 가차 없이 정부를 내쫓았고, 그의 신부가 될 사람이 나이가 차기를 기다리는 동안(전통적으로는 열두 살이었다) 또 다른 연애를 시작했다.

이 시절을 이야기할 때 아우구스티누스는 '단맛 나는 식초'를 맛본 일을 기억한다.[4] 아우구스티누스는 '우아한 사교가'처럼 행동하고, '사랑하는

3. *The Political Writings of St. Augustine*, ed. Henry Paolucci (Chicago: Gateway, 1967), p.147.
4. *Confessions* 3.1.1

사람 몸'에서 즐거움을 찾을 때조차 그는 정욕 해소의 이면을 말한다. 그것은 '질투, 의심, 두려움, 분노, 언쟁'이라는 필연적인 고통이다.[5] 하지만 특별한 고통은 그가 잘못된 행위에 대해 느끼는 유혹에서 비롯한 불안에서 비롯한다. 몇 번이고 되풀이해서 그는 악으로 알고 있는 것을 의도적으로 선택할 능력을 갖췄다는 사실에 대한 두려움을 토로한다.

소크라테스에게 덕을 안다는 것을 곧 덕스러워진다는 것을 뜻했다. 그러나 아우구스티누스는 의지가 합리적 지식을 거부할 수도 있다고 말하는 철학자다. 청년 시절 그에게 없었던 것은 신에 대한 지식이 아니라 신을 받아들이려는 의지였다. 기독교인이 아닌 사람들은 일반적으로 인간 정신이 선을 이해하는 능력을 통해 자력으로 그 선에 도달할 수 있다고 믿는다. 주로 아우구스티누스가 완성한 기독교적 사고는 인간 마음과 신 존재 사이에 인간의 노력으로 메울 수 없는 간극이 있으며 구원은 오직 인간에 대한 신의 은총과 사랑으로만 가능하다는 데 있다.

아우구스티누스가 젊은 시절에 저지른 잘못에 대해 내놓은 두 가지 대립적인 해석을 추적해볼 수 있다. 양측의 해석은 초기 기독교에 엄청난 영향을 끼쳤다. 심리학적으로 덜 예리한 해석은 단순한 심신(mind-body) 설명의 일종이다. 이 설명에서 아우구스티누스는 플라톤의 이원론 – 이성 대 욕망, 고차원적 정신의 즐거움 대 낮은 차원의 육체적 즐거움, 영원한 진실 대 단순한 외관 – 을 이어받아 이를 억압 이론으로 대체했다. 인간의 사랑은 영원히 탐욕(cupiditas)과 정욕이라는 타락으로 향하는데, 카리타스(caritas) 즉 기독교적 사랑을 구현할 수 있는 사람이라면 이런 수준을 초월해야 한다. 인간의 사랑

5. Ibid.

은 육체적인 사랑이지만 기독교의 사랑은 무욕의(selfless) 사랑이다.

플라톤은 자발적이고 창조적인 에너지로 사다리를 타고 오르고자 에로스에 의지했는데, 에로스는 시각적이고 구체화한 아름다움의 기초적인 유혹에서 좀 더 추상적이고 지적이며 구현되지 않은 사랑으로 옮겨가게 한다. 하지만 더 높은 사랑은 더 낮은 사랑의 분투에서 나오며 이와 조화된다. 그러나 무질서하게 생겨난 사랑의 분투는 모든 더 높은 사랑이 생겨나는 호기심을 자각한 결과다.

『참회록』은 '이성과 욕망의 조화'라는 플라톤의 이념을 부정했다. 그리고 플라톤의 조화를 사람들이 자기 육체를 자신이 아니라 '다른 것'으로, 그리고 충족되기보다는 거부되고 억압돼야 하는 악의 원천으로 경험하게 하는 억압의 교리로 대체했다. 곧 보겠지만, 아우구스티누스는 한때 마니교를 추종했다. 마니교는 성적(性的)인 출산이 악의 본질이고 성스러운 영혼은 '몸'이라는 악에 갇혀 있다고 믿는다. 아우구스티누스는 신의 계획에 따른 '성'이라는 궁극적 합의에 동의하면서 마니교의 교리를 부정했다. 그러나 그는 육체를 불신하는 심신 이원론은 인정했다. "나는 내 과거의 불결함과 성욕의 타락을 기억하고 있을 작정이다. (...) 우정이라는 밝은 통로를 보여주는 마음과 마음을 나누는 데는 어떤 제한도 부과되지 않았다. 더러운 욕정이라는 구름이 공기를 가득 채웠다. 사춘기의 충동은 내 마음을 안개에 갇힌 듯 혼탁하게 만들어서 사랑의 맑음과 성욕의 어두움, 그 차이를 볼 수 없었다."[6] 여기서 아우구스티누스는 심지어 세속적인 사랑에서도 우정이라는 선한 감정과 육체적 욕망을 향한 욕정을 구분했다. 이런 구분 말고도 모든 세속의 사랑과 오

6. *Confessions* 2.1.1.

직 그리스도를 통해서만 찾을 수 있는 진정한 사랑을 구분했다.

아우구스티누스는 이런 이원론을 서술할 때 자신의 젊은 시절을 다음과 같이 묘사했다. 악이 그의 내면에 있었고, 자신이 사실은 악을 위한 악에 끌리고 있었으며, 즉 알면서도 의도적으로 옳은 것보다 나쁜 것을 선택할 수 있었다. 만약 그렇다면, 악은 선택할 수 있는 실체로 존재하고, 아우구스티누스는 그의 마니교적 사고에 갇혔을 것이다.

『참회록』은 젊은이가 자신의 방종을 이해하려는 노력에 대해 극적으로 다르면서도 심리학적으로 훨씬 더 날카로운 설명을 최선으로 제공한다. 아우구스티누스의 중요한 고백 한 가지를 생각해보자. 그 고백은 오늘날 대부분 독자가 보기에 사소한 잘못을 너무 중대하게 여기는 것 같기도 하다. 아우구스티누스는 어린 시절 친구들과 무리를 지어 이웃의 배나무에서 배를 훔친 옹색한 서리를 기억했다.[7]

왜 아우구스티누스와 그의 친구들은 어느 날 오후 배를 훔쳤을까? 그는 명백한 해석을 내놓았다. 그들은 배고팠을 수도 있지만, 조금 먹은 뒤에 남은 배를 모두 돼지에게 던져줬다. 돈을 벌려고 도둑질했을 수도 있지만, 그들은 훔친 배를 팔려고 하지도 않았다. 에덴동산에서 뱀이 이브에게 사과를 따 먹게 유혹했던 것처럼, 배의 아름다움이 그들을 유혹했을지도 모른다. 아우구스티누스는 이 가능성을 고려했지만, 그들이 훔친 배는 '색이나 맛이나' 유혹적이지 않았다고 결론지었다.[8]

여기서 아우구스티누스는 자신이 아무 이유 없이 남의 배를 훔쳤다는 무서운 가능성에 직면해야 했다. '나쁜 짓을 하는 것'에서 즐거움을 얻는 것

7. *Confessions* 2.4.9.
8. Ibid.

말고는 어떤 이유도 찾을 수 없었다.[9] 이 가능성은 그가 – 우리가 – 나쁜 짓 자체를 위해 나쁜 짓을 저지른다는 것을 의미하기에 젊은 아우구스티누스는 두려움을 느꼈다.

하지만 아우구스티누스는 이 사건을 회상하면서 한 가지 세부 사항을 차단했다. 그는 혼자였다면 배를 훔치지 않았을 테고, 어쨌든 친구와 함께 있었다는 사실이 문제가 됐다고 확신했다. "내가 혼자 있었더라면, 나는 그 짓을 하지 않았을 것이다. – 나는 그때 내 마음가짐이 이와 같았음을 기억했다 – 혼자였다면 나는 결코 그러지 않았을 것이다. 그러므로 그 행위에서 얻는 내 기쁨은 그 불량배들과 어울리는 데 있었다. (...) 마치 우리가 그런 짓을 하리라고 생각도 못 하고, 우리를 탐탁지 않게 여기는 사람들을 골려준다고 생각하도록 부추기는 것 같았고, 그저 시시덕거리려는 행동이었다."[10] 배를 훔친 일은 나쁜 짓이었지만, 최소한 아우구스티누스는 악 자체를 위해서라기보다는 친구들을 즐겁게 하려는 좋은 의도로 그런 행동을 했다. 철학자 개리 윌스는 아우구스티누스 전기(傳記)에서 그의 통찰력이 호소력 있다고 판단했다. '동지애'에 대한 갈망은 절도라는 '나쁜 것 안에 숨어 있는 선'이었다. 물론 이 선함, 즉 '동료에 대한 끈질긴 사랑'은 친구를 따라 도둑질했을 때 '잘못 인식된' 것이다. 그러나 '아우구스티누스는 그의 심리적인 의문점을 해결했다.' 겉보기엔 동기가 없는 듯이 보이는 도둑질 모임이었지만, 악마의 유혹에 끌리기보다 비뚤어진 선을 추구함으로써 그 의문점을 해결했다.[11]

배 서리에 대한 그의 일화에서 윌스는 아우구스티누스의 심리적 서사

9. Ibid.

10. *Confessions* 2.8.16.

11. Gary Wills, *Augustine: A Penguin Life* (Harmondsworth: Penguin Books, 1999) pp.11-13.

에서 신학의 중요성을 지적한다. 마니교에 따르면, 빛의 왕국과 어둠의 왕국이라는 두 개의 대립하는 왕국이 영원히 싸우고 있다. 한 왕국에서는 모든 본질이나 문제가 선(善)이지만, 다른 한 왕국에서는 모두 악(惡)이다. 이런 우주론에서는 나쁜 것을 신의 탓으로 돌리지 않고도 악의 발생을 설명할 수 있지만, 그럴 때 신의 유일성, 전지전능을 부인해야 하는 희생이 따른다. 다시 말해 악을 신의 창조물이 아니라 실질적·객관적 실체로 상정함으로써만 악을 설명할 수 있다. 이런 이유에서 교회에서는 마니교를 위험한 이단으로 규정했다. 그러나 당분간 아우구스티누스는 어떻게 악이 존재하는지 이성적으로 설명하는 데 이 우주론을 받아들였다.

우주론적 이원론은 또한 심리적 이원론을 담고 있다. 마니교는 생식(生殖)을 악 자체를 위해 악을 선택하도록 유혹하는 타락한 육체에 신성한 영혼을 가두는 행위로 간주한다. 아우구스티누스가 배 서리 일화에서 피하고자 했던 것이 바로 이 같은 결론으로, 그는 자신의 의지가 악 자체의 '영향을 받은 것'이 아니라, 신과의 유대를 충실히 유지하기보다 우정이라는 다소 미흡한 선일지라도, 선에 '불완전하게' 복종한 사례로 해석했다. 그는 어떻게 신의 선과 달리 우정 같은 인간의 선이 변질하고 타락할 수 있는지를 보게 됐다. 『참회록』에서 중심 일화는 우정이 구현하는 선 – 우정을 탐욕으로부터 정화하라는 사랑의 명령 – 이 그리스도를 따르게 할 뿐 아니라 우정으로 구축된 사회가 구성원들을 '네 이웃을 사랑'할 준비가 된 상태로 만들 수 있느냐는 문제를 다룬다.

윌스가 지적했듯이, 아우구스티누스의 배와 나무 이야기는 의식적으로나 무의식적으로 아담과 이브가 에덴동산에서 사과를 훔치는 이야기 – 원죄 – 를 언급한다. 이브는 지식의 나무 열매가 힘을 준다는 뱀의 유혹에 넘어갔다. 하지만 아우구스티누스에게는 아담이 기만당하지 않았다는 사실이 중요했다. 아담은 과일을 먹는 것이 잘못임을 알고 있었지만, 어쨌든 그 잘못을 저질렀다. 왜 그랬을까? 아우구스티누스는 아담이 사과를 위해서가 아니라 이브를 위해 용감히 잘못을 저질렀다고 생각했다. 왜냐면 이브는 혼자 행동하지 않았고, 그도 홀로 남겨지지 않았기 때문이다.

> 이브가 금지된 나무 과일을 먹고 나서 아담에게 함께 이 과일을 먹자고 하자 아담은 그녀를 실망시키고 싶지 않았다. 아담은 이브에게 위로가 될 자신이 돕지 않는다면 그녀가 파국으로 향하리라고 생각했고, 그의 가슴은 산산이 찢어졌다. 그는 육체의 무질서한 욕망을 이기지 못한 것이 아니라 (...) 또 다른 선에 대한 우호적인 욕망을 이기지 못한 것이다. (...) 친구를 저버리지 않으려고 신을 저버리고 죄를 짓는 일이 종종 벌어진다.[12]

이 구절은 언어만큼이나 그 생각이 매우 아름다운 대목이다. 이것은 『참회록』의 중심 묘사와 유사하다. 아우구스티누스는 알면서도 저지른 나쁜 짓에 대해 숙고하면서, 처음에는 마니교 교리에서 위안을 찾았고, 마침내 원죄라는 신학적 미스터리와 어떻게 신의 창조물이 자유롭게 나쁜 것을 의도적으로 원하는 일이 가능한지를 이해하게 됐다. 심지어 사람들은 죄 안에서도 인간의 선을 표출한다.

인간이 선을 추구할 때 신이 베풀어준 고결한 선이 아니라 그보다 저열한 선을 선택하도록 자신을 잘못 인도할 수 있다. 그리고 인간의 선은 그 자

12. Wills, *Augustine*, pp. 14-15, Augustine, *The Literal Meaning of Genesis*를 인용.

체로 고결한 선이 될 수도, 저열한 선이 될 수 있다. 아우구스티누스는 아담이 이브를 성적 대상으로 여기기보다 그녀에게서 동료애를 찾으려 했다고 말했다. 초기 기독교의 플라톤주의에는 원래 플라톤의 주장과 동떨어져 육체에 대해 점차 확대되는 혐오가 숨어 있었다. 그러나 아우구스티누스는 심지어 육체가 인간을 타락하게 할 때조차도 인간이 지향하는 선을 바라봄으로써 육체에 대해 온전히 억압적인 관점을 택하지 않았다.

아우구스티누스는 『참회록』 전반에 걸쳐 우정에 대한 질문으로 계속해서 돌아온다. 그의 관점은 전체를 일관성 있게 바라보기에 너무 복잡하고 어렵다. 기껏해야 우정은 '많은 영혼의 합일'을 가능케 하는 '사랑과 정다움의 둥지'다.[13] 그래도 배 서리 일화에서 우정은 그를 죄악으로 이끄는 '위험한 적'으로 나타난다.[14] 여기서 이 문제는 아우구스티누스를 신학적으로만이 아니라 심리적으로 괴롭혔다. 한편으로, 신의 우아함은 근본적으로 분리된 방법으로, 언젠가는 끝날 관계에 큰 노력을 기울이지 않고 여기에 체류하는 순교자들을 이 세계에 연결한다. 그러나 다른 한편으로 '네 이웃을 사랑하라'는 계명은 인간이 이곳에 사는 동안 노력해야 한다는 제안이다. 우정과 관련해서 그는 이웃을 사랑'했다'고 회상하지만, 또한 우정의 실패와 약점도 기억한다. 근대 독자들에게도 친숙하듯이 청소년기 친구 사이 '비밀 고백'의 유쾌한 기억처럼, 어떤 실패는 극복할 수 있는 것처럼 보인다. "나는 그들이 성적인 위업을 자랑하는 말을 들었을 때 똑같이 그런 나쁜 짓을 하지 않았다는 사실이 부끄러웠다. (...) 나는 경멸받지 않으려고 점점 더 부도덕해졌고, 내 타락한 친구들의 행동에 견줄 만한 짓을 하지 않았을 때 전혀 하지 않은

13. *Confessions* 2.5.10.
14. *Confessions* 2.9.17.

짓도 한 척했다."[15]

그러나 필멸하는 모든 것이 그렇듯이 우정도 언젠가 끝나게 마련이어서 보기에 진정한 우정이라도 아우구스티누스에게는 문제가 됐다. 특히 가슴 아픈 이야기를 들려주면서, 그가 고향에서 가르치던 시절에 친구가 죽은 뒤 깊은 슬픔에 빠졌다고 했다.[16] 우정을 '두 개의 몸에 있는 하나의 영혼'으로 묘사하면서 아우구스티누스는 그 친구의 부재를 견딜 수 없었고, 이전에는 함께 나눴을 때 기쁨의 원천이었던 모든 것이 이제 '그 없이 끔찍한 고통으로 바뀌었다'[17]고 고백했다. "쾌적한 숲에도, 놀이나 노래에도, 달콤한 향기가 나는 곳 어디에도 안식이 없다. (...) 모든 것이 두려웠다. 심지어 빛마저도. 그가 아닌 모든 것이 나를 슬프게 했고 역겨웠다."[18] 유일한 예외는 아우구스티누스가 눈물에서 찾은 안도감이었다. 친구를 죽음으로 상실한 것에 대한 아우구스티누스의 감정을 잘 나타난 구절에서 그는 "죽은 자의 삶이 사라진 것은 여전히 살아 있는 사람의 죽음이 된다."라고 적었다.[19]

그렇기는 하지만 아우구스티누스는 그의 관계를 '진정한' 우정으로 인정할 수 없었다. 왜냐면 거기에는 그리스도를 통한 연대가 없었기 때문이다(오히려 아우구스티누스는 그의 친구를 이단 마니교로 이끌었다. 그리고 심지어는 그의 친구가 받는 임종 세례에서 끝이 다가왔다고 생각했을 때 비웃기까지 했다). 게다가 아우구스티누스는 '분명히 죽겠지만 마치 절대 죽지 않을 것처럼 그를 사랑'하는 자신의 어리석음을 표현하는 것으로 자신의 슬픔을 이해했다.[20] 그에게는

15. *Confessions* 2.3.7
16. Confessions 4.4.7.
17. *Confessions* 4.6.9,11.
18. *Confessions* 4.7.12.
19. *Confessions* 4.9.14.
20. *Confessions*. 4.8.13.

'언젠가는 죽는다는 인간 조건을 인지하고' 인간을 사랑하는 능력이 부족했다. 그리고 이것은 아우구스티누스가 '절대 잃지 않을 누군가'와의 관계에서만 가능한 영원한 우정을 찾게 했다.[21]

신학적으로 아우구스티누스의 입장은 한편으로 인간에 대한 신의 사랑을 통해 육체라는 자아에서 벗어나 그리스도와의 영원한 연대에 들어갈 때만 누릴 수 있는 진정한 우정과, 다른 한편으로 우정의 가장 좋은 것까지도 제한하는 유한함에 대한 과잉 투자를 분명히 구분한다. 그러나 흥미롭게도 아우구스티누스의 슬픔을 끝낸 것은 초월이 아니라 평범한 우정의 부활이었다. 아우구스티누스가 초기에 다른 친구들에게서 위안을 얻으려고 했을 때 그는 그들이 그저 세상을 떠난 친구의 대체에 불과했음을 절실히 깨달았다. 이런 이유로 위안을 찾는 것은 단지 그리스도를 통한 연대를 위해 아우구스티누스가 버려야 했던 '거대한 신화'에 불과하다.

> "내 친구 중 하나가 죽었을 때 내게 이 우화도 죽지는 않았다. 친구들과 함께 있을 때 내 마음을 사로잡는 것이 있었다. 서로 이야기하고, 농담하고, 친절을 베풀고, 잘 쓴 책을 함께 읽고, 사소하거나 심각한 것들을 함께 나누고 (...) 이런 것들과 그 밖의 조짐들은 사랑하고 사랑받는 이들의 마음, 그리고 (...) 많은 것 중 (...) 연대를 견고히 한다."[22]

아우구스티누스가 우정이라는 커다란 선물을 받았다는 것은 『참회록』에 자명하게 드러난다. 그러나 그가 사랑하지 못한 한 사람이 있었으니, 바

21. *Confessions* 4.7.12,14.
22. *Confessions* 4.8.13.

로 아버지 파트리키우스 아우렐리우스였다. 아우구스티누스는 그의 가족이 적당한 자산－약간의 농지－을 소유하고 있다고 설명했다. 파트리키우스는 임종 직전 개종하기까지 이교도였으며, 로마령 누미디아(현재 알제리)에 있는 타가스테에서 낮은 직급의 공무원으로 일했다. 하지만 아우구스티누스는 "내 아버지는 돈보다는 열정이 더 많았다."라고 했다. 그는 아들을 라틴어 교육을 위해 처음에 인근 마을로, 그 후에는 훨씬 더 멀리 있는 카르타고로 보냈다. 아우구스티누스의 반응은 단순하고, 다소 배은망덕하기조차 하다. "모두 내 아버지를 칭찬했다. 왜냐면 소유한 땅의 가격 이상의 돈을 아들에게 썼기 때문이다." 하지만 아우구스티누스는 아버지가 그를 세속적으로 출세시키려고 많이 신경 쓴 반면, 그의 성적인 부도덕에 대해서는 거의 관심을 보이지 않았다는 점에 놀란다. 아버지의 관심은 오직 그가 '고상한 언어'를 배워 법정에서 변호사로서 출중함을 보여야 한다는 데 있었다. 이와 대조적으로 아우구스티누스는 가톨릭 신자였던 어머니 모니카의 애정 어린 보살핌과 자식의 영혼에 대한 걱정, 그리고 그가 오랫동안 무시했던 그녀의 여러 조언에 관해 이야기했다.[23]

카르타고에서 학창 시절을 보내면서 아우구스티누스는 연극에 빠졌다. 그가 흥미를 느낀 점은 무대에서 전개되는 고통을 보면서 관중이 즐거움을 찾는다는 역설이었다. 젊은 학생이었던 그는 연극이 고통을 불러일으키지 않으면 관객이 실망하고 떠나지만, 관객이 고통을 받으면 "그는 스스로 즐기며 자리에 못 박힌 듯이 머문다."라고 씁쓸하게 기록했다.[24] 그동안에도 청중은 무대에서 재현된 재앙이 자신에게 실제로 닥친다면 고통스러우리라는 것

23. *Confessions* 2.3.5, 5.8.15.
24. *Confessions* 3.2.2.

을 잘 알고 있었다. 그런데 왠지 허구의 고통을 보는 것은 고통 속에 있는 관객을 즐겁게 해줬다. 그 즐거움은 흔히 동정이나 연민, 자비라고 부르는 것이었다. 아우구스티누스에게는 인간 감정에 있는 이런 기이함이 경이로웠다. 누군가의 자비는 타인의 고통에 따르는 것으로, 이는 동정심의 어두운 면을 보여주는 듯했다.

아우구스티누스는 연극이 주는 카타르시스를 불신했다. 심지어 현실에서 '자비는 고통과 떨어져서 존재하지 않는' 것으로 여겼다. 그는 '이것이 자비를 부정해야 한다는 것을 의미'하는지 곰곰이 생각했다. 때로 '고통은 사랑의 적합한 대상이 될 수 있다'고 결론 내리기도 했지만, 자비가 악의적인 기질을 숨기는 방식을 경계했다. "사람은 자비의 의무를 통해 가엾은 자를 측은해하는 사람과 뜻을 같이하지만, 박애의 동정심을 표시하는 사람은 슬퍼할 원인이 없을 때를 선호할 것이다. 그러나 악의적인 선의는 진정으로 연민을 느끼는 사람이 동정의 대상으로 가엾은 자들이 존재하기를 바랄 때만 존재할 수 있다."[25] 독일어 표현 '샤덴프로이데(schadenfreude)'는 남의 불행에서 느끼는 기쁨에 대한 아우구스티누스 사고의 흐름을 포착한다. 늘 그러듯이 아우구스티누스는 타인에 대한 동정에 숨은 악의와 우정의 선함을 비교했다. 타인의 고통을 향한 눈물은 '우정이라는 시내에서 흘러나온다.' 다시 말해서 그 시내는 '검은 욕망'을 위한 것으로 손쉽게 바뀔 수 있다.[26]

아우구스티누스의 『참회록』에서 정치는 그가 말하려는 주제가 아니다. 하지만 우정의 가능성과 위험성에 대한 아우구스티누스의 탐구는 타락한 인간 본성에서 어떤 것에 정치가 필요하고, 어떤 것이 그것을 가능하게 하는지

25. *Confessions* 3.2.3.
26. Ibid.

를 제시했다. 인간이 우정과 공동체라는 선함에서 연대할 수 있기에 정치는 '가능하다'. 또한, 뭔가에 대한 인간의 사랑 자체가 인간을 타락시키므로 그것을 통제해야 하기에 정치가 '필요하다'. 결국 아우구스티누스는 모든 인간의 더 높고 더 낮은 사랑 사이의 메울 수 없는 차이를 봤다. 플라톤이 주장하는 바와 다르게 그 격차를 인간 이성으로는 메울 수 없지만, 신의 은총과 인간을 향한 신의 사랑이라는 선물로 메울 수 있다. 그러나 아우구스티누스가 어떻게 기독교의 정치이론을 정립하려고 했는지 알아보기 위해 이제 그의 특히 훌륭한 저작인 『신국론』을 살펴보자.

아우구스티누스의 정치철학 : 『신국론』

410년 알라리쿠스 1세(서고트족 왕)가 이끄는 서고트족은 '영원한' 도시 로마를 침략했는데, 이는 천 년이 넘는 역사에서 로마를 침범한 최초의 외국 군대였다. 생존자들은 그때까지 히포의 주교였던 아우구스티누스에게 소식을 전하면서, 북아프리카에 있는 로마 점령지로 도주했다. 그 소식에는 대학살의 실상과 한 세기 전에 로마가 기독교로 개종했기에 이런 재앙이 일어났다는 비난도 포함돼 있었다.

아우구스티누스의 걸작 『신국론』은 로마의 몰락에 책임이 있다는 비난에 대한 교회의 변론으로 시작한다. 그는 비난자들에게 그들이 가톨릭 바실리카의 성역, 즉 기독교인 고트족이 지켰던 보호 영역에 그들의 목숨을 빚졌음을 지적한다. 이교도들의 전쟁 규율에 따르면 – 트로이 정복 후에 그리스인들이 저지른 학살을 상기하자 – 로마가 이교도 보호자들을 잃었음을 한탄하는 사람들은 살아남아 불평조차 할 수 없었다. 고트족에게 당한 심한 상처로 고통받는 사람들에게 – 아우구스티누스의 설교는 강간당한 여성이 저지르려는 자살의 죄악과 살아남는 수치 사이에 갇혀 있다는 목회자의 염려를 말해준다 – 그는 신의 은총을 받을 사람들을 기다리는 구원과 영생을 생각하면 이런 상처는 종말이 아니라는, 목회자다운 조언을 들려준다.

비록 아우구스티누스는 로마가 당한 약탈을 계기로 이런 성찰을 하게 됐지만, 두 개의 나라를 – 지상의 나라와 천상의 나라 – 세운 두 가지 사랑에 대한 광대한 세계사에 로마와 교회를 자리매김하고자 역사적 사건 너머로 시선을 옮긴다. 이 두 가지 패러다임을 이해해야만 로마의 몰락만큼이나 놀라운 사건에서 과연 무엇이 중요한지, 혹은 중요하지 않은지를 알 수 있다.

간단히 나는 『신국론』 전체를 관통하는 두 가지 주제를 지적하고 싶다. 첫째는 완전히 반(反)정치적 입장이다. 아우구스티누스는 좋은 삶에 대한 그리스인과 로마인의 이해라는, 정치가 차지한 중심 입장과 달리 정치적인 모든 문제를 평가절하한다. 아리스토텔레스가 정치적 소속감을 통해 자신을 완성하는 개인을 발견한 지점에서, 아우구스티누스는 오로지 그리스도로부터 소외된 인간의 비극을 발견했다. 이처럼 통념을 뒤집는 아우구스티누스의 입장은 어떤 국가든 진정한 정의에 기반을 둘 수 있다거나 '기독교적' 정치철학과 기독교적 국가가 존재할 수 있다는 관념을 부정한다. 기독교인은 앞으로 도래할 하느님의 왕국에서 구원을 기다리는 유일한 체류자이기 때문이다. 하지만 이 내세적인 주제가 『신국론』에서 분명히 주요하더라도, 아우구스티누스는 결국 정치학에서 상당한 가치를 발견함으로써 사람들을 놀라게 한다. 국가는 우리에게 정의를 가져다주지 않을 수도 있지만, 평화를 줄 수는 있다. 게다가 비록 오직 교회만이 진정한 도덕적 덕성을 가르칠 수 있지만, 정치 공동체에 속하면 인간의 여러 가지 선 중에서 특히 우정을 가능하게 해주는데, 이는 높이 평가받아야 한다는 것이다.

천상의 나라와 지상의 나라

아우구스티누스에 따르면 '두 나라가 두 가지 서로 다른 사랑으로 세워졌다.' 지상의 나라는 '신을 경멸하기까지에 이르는 자기애'로 지배되는 개인들로 구성된다. 천상의 나라는 '자신에 대한 경멸에까지 이르는 신의 사랑'으로 인도된 사람들에게 찾아온다. 지상의 나라는 지배에 대한 욕망으로 존속해왔다. 이 나라는 '지배에 대한 애착으로 지배된다'. 천상의 나라는 '신이 모든 인간의 내면에 있는 성인과의 연대에서 그 보상을 찾는다.'[27]

두 나라의 기원은 인간이 에덴동산에서 추방당한 사건이다. 아담과 이브의 원죄는 모든 인간에게 내려진 신의 처벌, 즉 인간이 신의 선을 가볍게 여기는 엄청난 악을 선택한 데 대한 신의 비판을 정당화했다. 그러나 신의 은총으로 인간 일부를 구하고, 신의 나라에 속하도록 그들을 운명짓는다. 신의 나라는 다음 세계에 영원하다. 신의 나라에 속할 사람들은 지상에 머무는 동안 믿음으로 살아야 하고, '신을 섬기지 않는 사람 사이에서 이방인'으로 지상에서 순례자 혹은 체류자의 자세를 보여야 한다.[28] 그들은 신에 대한 사랑과 그들에 대한 신의 사랑으로 축복받고, 인간적인 것은 지나가고 일시적인 것으로 말할 뿐이다. 교회는 신의 나라와 같지는 않으나 지상에서 그리스도를 대리한다.

지상의 나라는 지옥살이라는 운명을 지닌 사람들이 속한 곳이다. 아우구스티누스는 성경에서 카인이 최초의 설립자로 나온다고 했다. 탐욕, 폭력, 권력욕은 카인이 동생을 죽이게 했고, 지상의 나라는 기원이 그 범죄에 있다

27. Augustine, *City of God*, trans. Henry Bettenson (Harmondsworth: Penguin Books, 1972), 14.28.
28. *City of God 1*, preface.

는 것이다.[29] 이후 도시는 정의가 아니라 범죄의 바탕 위에 세워졌다. 로물루스가 로마를 건립하려고 동생 레무스를 죽였을 때처럼 카인의 형제 살해는 때로 정확하게 반복됐다.[30] 국가 건립을 위한 범죄는 다른 형태로도 나타나지만, 그 유형은 유효하다. 지상의 나라에서 사랑은 인간의 영광, 지배, 권력을 추구하고, 천상의 나라에서 사람들은 신의 영광만을 추구한다.

오직 신의 나라에만 깃든 진정한 정의와 비교하면서 아우구스티누스는 지상의 나라가 정의로울 수 있다는 가능성을 일축할 준비가 돼 있다. 그는 국가에 대한 키케로의 개념을 빌려 자신의 논증을 전개한다. 『참회록』을 보면 아우구스티누스가 고전적 교육을 받았고, 키케로는 그 교육 과정의 중심이었음을 알 수 있다. 아우구스티누스는 특히 키케로의 방식을 존중했고, 오늘날 그 일부만이 전해지는 키케로의 『국가』를 익히 알고 있었다.

키케로에 따르면 좋은 나라는 단지 사람들의 집합체가 아니라는 점이 중요하다. 좋은 나라는 정의를 따르기로 합의 – 서로 다른 계층 사람들이 공유하는 공동선에 대한 합의 – 함으로써 구성된 다양한 사회 계급의 집합이다.[31] 아우구스티누스는 키케로의 개념 정의에 따르면 로마는 절대 국가가 아니었다고 말한다. "왜냐면 그 공동체 내에서는 결코 정의가 실재하지 않았기 때문이다."[32] 아우구스티누스는 『국가』에 나타난 플라톤의 초기 주장처럼 정의가 '모든 이에게 마땅히 줘야 할 것을 주는' 문제라고 말한다. 그러나 로마는 이를 실천하지 못했다. 로마는 신이 마땅히 받아야 할 것을 주지 않았고, 단지 제국의 영광을 통해 신의 지배를 교만하게 흉내 내려고 했을 뿐이다.

29. *City of God* 15.1,5.
30. *City of God* 15.5.
31. *City of God* 19.21-24, 2.21.
32. *City of God* 2.21 또한 19.21-24을 보라.

키케로는 생전에 로마가 국가의 형상을 잃어가는 현실을 우려했다. 그는 다양한 계층의 이해관계를 조율했던 합의가 분열되는 상황을 목격했다. 그러나 키케로의 걱정에 대한 아우구스티누스의 반응은 로마 몰락에 큰 상실과 비극을 경험하는 사람들에게 그의 시대에서 그가 보내는 대답이었을 뿐이다. 아우구스티누스에게 로마의 황금기는 존재하지 않았다. 그리고 우리는 '참된 정의가 그 도시에서 발현한 적이 있는지, 혹은 그 참된 정의가 실제 현실이 아니라 단지 상상은 아니었는지' 의심할 만하다.[33]

중요한 점은 여기서 아우구스티누스가 정의 – 혹은 '진정한 정의' – 를 정치적으로 실현할 수 있는 정치적 개념으로 인정하지 않는다는 데 있다. 지상의 나라와 천상의 나라가 분열된 상황을 극복하는 '기독교적' 국가를 상상하는 사람들에게 아우구스티누스는 그 가능성을 부인한다. 그가 밝혔듯이 "그 국가가 레스 푸블리카(Res Publica)라는 데 동의한다는 가정하에 참된 정의는 그 설립자와 지배자가 모두 기독교 신자인 레스 푸블리카에서만 발견될 것이다."[34] 여기서 아우구스티누스의 본질적인 반정치적 태도와 직면하게 된다. 기독교와 참된 정의가 국가 안에서 제도화될 수 있다는 바로 그 생각이 오류이므로 그는 기독교적 정치철학을 발전시키려고 하지 않았다. 오히려 그는 그 '신의 의지가 곧 법'인 '천상의 레스 푸블리카'에 존재하는 '천사들의 집단' 가운데 존재하는 그들이 속할 곳을 기다리는 동안, '지상에서' 그들의 소극성과 체념을 유지하며 "그리스도의 종들은 (...) 완전히 타락한 국가라는 악을 인내"해야 한다고 충고했다.[35] 즉 그가 다른 곳에도 썼듯이 "곧 죽

33. *City of God* 2.21.
34. Ibid.
35. *City of God* 2.19.

을 텐데 사는 동안 누구의 지배를 받든 무슨 상관인가?"[36] 아우구스티누스는 지상의 나라 방식에 체념하는 태도는 '지배자가 불경하거나 악한 행동을 강제하지 않는다'고 전제한다는 단서를 붙인다.[37] 그러나 이것이 사실이라면 국가에 대한 기독교의 태도는 카이사르의 것은 카이사르에게, 그리고 신의 것은 신에게 줘야 한다는 것이다.

왕국과 공화국

『신국론』에서 반정치적 어조가 너무 두드러져서 아우구스티누스가 정치적 삶에서 긍정적인 점들을 발견했다는 사실을 놓치기 쉽다. 아우구스티누스는 지상의 여러 나라 가운데 왕국과 공화국을 구분했고, 확실히 공화국을 선호했다. 왕국에는 지배에 대한 동의의 시늉조차 없다. 오로지 권력에 대한 욕망뿐이다. 아우구스티누스는 '큰 맥락에서 왕국이 범죄 조직과 무엇이 다른가?'라고 물으며 이 같은 지상의 나라들을 '강도단'에 비유한다.[38] 이와 반대로 공화국은 비록 참된 정의를 구현할 수는 없지만, 지배자와 피지배자의 합의를 구체화할 수 있다. 아우구스티누스는 합의가 정의에 바탕을 두고 있다는 키케로의 개념을 대신해서 무엇이 공화국 사람들의 삶에 가치가 있는지에 대해 다음과 같이 그의 유명한 재정의를 제시한다. "인간은 그들이 사랑하는 대상에 대한 공통된 합의로 맺어지는 합리적인 존재들의 집단이다. 그리고 특정한 사람의 성격을 알려면 이 사랑의 대상을 살펴봐야 한다."[39]

공화국이 공동의 사랑으로 사람들을 단결시킬 때 로마인들이 사랑한

36. *City of God* 5.17.
37. Ibid.
38. *City of God* 4.4.
39. *City of God* 19.24.

것은 무엇일까? 고전적 교육을 받은 아우구스티누스는 자기애를 조국애로 바꾸는 놀라운 능력을 보여주는 사람에 대한 키케로의 설명에 동의한다.[40] 하지만 이런 조국애가 로마인들을 정의롭게 하지는 않았다. 실제로 조국애는 로마인에게 제국, 부, 전쟁, 정복이라는 세속의 영광을 추구하게 했다. 그러나 로마는 인간의 사랑을 자기애라는 영락한 형식에서 공동체 의식과 우정이라는 연대로 승화하는 데 성공했다. 심지어 그리스도를 통해서만 알 수 있는 정의에 대한 객관적 진실을 모르더라도, 로마인들은 시민의식을 통해 정치적 친밀감의 가능성을 알았고, 경험했다. 로마는 주민이 애정을 느끼는 모범적인 도시였기에 신은 "로마인들을 도왔는데, 그들은 지상의 나라라는 기준에서 봤을 때 좋은 사람들이었다."[41] 즉 아우구스티누스는 정치적 공화국을 다음 '두 가지'와 구분할 수 있음을 입증했다. 하나는 신의 사랑 안에서만 찾을 수 있는 참된 레스 푸블리카였고, '그리고' 다른 하나는 강도 집단에 지나지 않는 왕국이었다. 바로 이것이 왜 신이 로마에 '로마의 법과 로마의 레스 푸블리카라는 단일한 공동체로 세계를 정복하고 통합'하기를 바라는지를 말해준다.[42]

로마 같은 지상의 나라에서 기울이는 노력이 예수 그리스도의 재림을 준비하는 걸까? 이것은 아우구스티누스가 제시한 주장이 아니다. 궁극적으로 지상의 나라와 천상의 나라는 단절돼 있지 않다. 로마와 같은 대제국의 세력은 필연적으로 흥망성쇠를 겪는다. 그들의 노력은 기껏해야 타락한 인간성 영역 안에서만 작용하게끔 제한된다. 로마가 가능하게 한 사랑과 친밀감

40. *City of God* 5.12.
41. *City of God* 5.19.
42. *City of God* 18.22.

은 인간의 선 사이에서 높은 가치를 인정받는다. 이것은 평화, 질서, 그리고 국가와 분리될 수 없게 하는 일종의 동료애를 가능하게 한다. 그러나 정치학은 사람을 구하지도 않고 구할 수도 없다.

평화

천상의 나라와 지상의 나라가 모두 지향하는 선한 목적은 평화다. 아우구스티누스는 다음과 같이 기술한다. 평화는 "너무도 위대한 선이어서 지상의 문제나 사람이 언젠가는 죽는다는 문제와 비교해도 사람의 귀에는 평화보다 더 고맙게 들리는 말은 없을 것이다."[43]

심지어 천상의 나라 구성원들에게도 지상에 머무는 동안은 국가의 평화가 필요하다. 그러므로 그들은 신의 평화와 지상의 평화가 서로 충돌하지 않는다면, 그리고 국가가 그들에게 불경한 행동과 부당한 행동을 하라고 명령하지 않는다면 기꺼이 법을 지킬 것이다.[44] 교회는 평화를 위해 지상의 문제에서는 국가에 복종하고, 교회 영역에서는 영혼에 주의를 기울인다. 하지만 이는 '제정 분리'라는 근대 개념과 다르다. 단지 아우구스티누스는 기독교인 지배자는 당연히 교회를 존중하리라고 가정했을 뿐이다. 그는 기독교가 국가를 통해서가 아니라 국가를 넘어서 그 목적을 실현하는 종교로 발전했음을 보여줬다.

43. *City of God* 19.11.
44. *City of God* 19.12-17.

이교도 박해

이교도 박해에 대한 아우구스티누스의 생각은 기독교가 칼을 삼간다는 개념에 비춰볼 때 예외적이다. 그의 글은 주로 히포의 주교로서 도나투스파의 확산에 반대해서 교회의 단결을 유지하고자 기울였던 노력을 보여준다. 도나투스파는 부도덕하다고 고발당한 사제에 반대해서 성체를 '정화'하는 데 열중하는 대중적인 기독교 종파다. 우선 아우구스티누스의 주장은 강압한다고 해서 사람들이 참된 믿음으로 단결하지 않고, 오직 설득만이 이에 적합하다는 것이다. 그러나 그의 관점에서 보자면, 도나투스파는 이런 기독교의 사랑에 응답하지 않고 폭력으로 신자들을 모으려고 했다. 이런 이유에서 교회는 도나투스파를 이단으로 규정하고, 그들이 사람들에게 해를 끼치지 않도록 국가 권력의 처분을 요청했다.[45] 아우구스티누스는 이런 국가 권력의 사용이 박해가 아니라 처벌이라고 생각했다. 도나투스파는 신앙을 강요당하지는 않았으나 처벌받을 수 있었으며, 무력으로 그들의 믿음을 전파하는 행위를 저지당할 수 있었다. 모든 국가는, 심지어 이교 국가도 이런 폭력을 저지하는 데 무력을 사용할 힘을 갖추고 있다.

하지만 아우구스티누스는 결국, 처벌의 옹호를 넘어 박해를 정당화하기에 이르렀다. 박해는 이단자가 교회의 원칙을 받아들이게 강제한다는 점에서 처벌 이상의 수단이다.[46] 아우구스티누스는 사람들에게 믿음을 강제하는 것이 상대적으로 무효하다는 생각을 절대 바꾸지 않았다. 그러나 자유롭게 신념을 선택할 수 있어야 하지만, 두려움은 의심하는 사람들에게 진실을

45. Paolucci, *Political Writings*, pp.190-193, 219-220. 이교도 박해에 대한 아우구스티누스의 변화에 대한 일반적인 평가로는, Ronald Christenson, "The Political Theory of Persecution: Augustine and Hobbes," *Midwest Journal of Political Science* 12, no. 3 (1968) pp. 419-438을 보라.

46. Paolucci, *Political Writings*, p.224.

더 열심히 탐구하게 하는 동기를 부여할 수 있다.[47] 박해 위협은 자신의 오류를 살펴보라는 경고로 작용한다. 만약 그 경고가 몇몇 이교도에게 영향을 미쳐 많은 사람의 이해를 유도하도록 작용했다면, 이는 '용광로의 오래가지 못하는 불'에 일부를 넣는 것이 '영원한 지옥 불에 모든 것을 버리는 것'보다 낫다는 식으로 정당화된다.[48]

처벌과 다르게 박해는 교회의 이름으로 무력을 사용하는 기독교 통치자에 의해서만 실행될 수 있다. 그 이유는 박해가 기독교적 사랑의 행위여야만 정당화되기 때문이다.[49] 강제의 정당성은 인간 영혼을 구하려는 의도에서 비롯한다. 그래서 아우구스티누스의 박해 이론은 그 한계도 포함한다. 교회는 이교도의 재산이나 삶에 관심이 없다. 그리고 아우구스티누스는 계속해서 그 목적과 상관없는 이교도의 처형을 반대한다.[50] 그러나 애정으로 마지못해 받아들여지더라도, 박해는 기독교 통치자의 책무다.

아우구스티누스는 무너지는 집에 있는 거주자가 단지 떠나기를 거절한다는 이유로 그를 구출하지 않아서 저지르는 잘못을 비유로 사용했다.[51] 거주자들의 '의지에 반해서라도' 그들을 구출하는 것이 도덕적으로 정의로운 행동이다. 마찬가지로 이교도들이 훨씬 더 확실하고 엄청난 파멸을 선택할 때 그들을 구하는 것은 당연히 옳다. 아우구스티누스의 또 다른 비유는 육체적 익사와 정신적 익사다. 물에 빠진 사람을 구할 때 그의 허락을 받지 않는 것과 마찬가지로 이교도를 정신적 익사에서 구하는 데 그의 허락은 필요 없다.

47. Paolucci, *Political Writings*, p.215
48. Paolucci, *Political Writings*, pp.227-228.
49. Paolucci, *Political Writings*, p.195.
50. Paolucci, *Political Writings*, pp.242-243.
51. Paolucci, *Political Writings*, p.228.

그러나 아우구스티누스의 논증은 설득력이 약하다. 왜냐면 이 논증에서는 정확히 논란의 쟁점이 된 것들이 미리 가정됐기 때문이다. 즉 어떤 사람이 육체적으로 익사할 때 이를 인식하는 것과 같은 방식으로 누군가가 '정신적으로' 언제 익사하는지 알 수 있다는 것이다. 즉 무너지는 집 안에 있으면 다칠 것이 분명한 것처럼 도나투스파의 집은 곧바로 무너질 것이 분명하므로 그곳에 모인 사람들은 파멸한다는 것이다. 아우구스티누스의 논증은 후기 교회에 막대한 영향을 끼쳤고 중세 종교재판을 승인할 때도 인용됐다.

그는 이교도를 억압할 때 교회가 국가의 힘을 빌릴 수 있다면서 그의 후임자들에게 이 중대한 문제를 제기했지만 직접 해결하지는 않았다. 한편으로 아우구스티누스는 영적으로 영혼을 구하는 일을 교회만이 할 수 있고, 천상의 나라는 현세의 사건을 카이사르에게 맡길 수 있다고 썼다. 그리고 다른 한편으로 이를테면 정신적 우월성이 현세를 넘어서지만 정치적인 것을 바르게 사용하는 것이 신학과 별개로 이해될 수 없고, 교회는 궁극적으로 신성한 무력을 사용할 수 있음을 시사했다.

이처럼 국가와 교회의 올바른 관계에 관한 문제는 고전 정치사상에서는 이질적이었다. 그리스 사람들, 특히 아리스토텔레스에 따르면 정치적 삶은 도시에서의 삶이 이룰 수 있는 인간만의 선에 가치를 두고, 그 자체의 관점으로 연구하고 이해해야 한다. 기독교인들에게 정치적 가치에 대한 독립적인 고찰 같은 것은 없다. 오직 신학과 신에 관한 지식만이 세속적인 것을 넘어서는 영적인 것, 인간의 정의를 넘어서는 신의 정의에 대한 올바른 위계질서를 유지할 수 있다. 해결되지 않은 제도적 문제는 정치철학에 대한 신학의 우세가 국가에 대한 교회의 권력에 어떤 의미가 있느냐는 것이다. 아우구스티누스는 이 풀리지 않는 문제를 후임자들에게 남겨두었다.

고전 교회법의 존속

아우구스티누스 이후 천 년간 정치철학은 종교 연구에 포함돼 있었다. 이것은 기독교 사상가들뿐 아니라 이슬람과 유대교 전통을 연구하는 학자들에게도 해당하는 사항이었다. 사실 그리스 문헌의 복원, 특히 플라톤의 『국가』와 『법률』, 그리고 아리스토텔레스의 『니코마코스 윤리학』과 『정치학』 같은 문헌의 복원은 아랍 철학가들의 첫 사례에 힘입어 달성한 작업이었다. 9~10세기에 이르러 코르도바, 바그다드, 다마스쿠스에 있는 훌륭한 이슬람 학교의 아랍 학자들은 잘 알려진 그리스 철학 문헌들을 대부분 아랍어로 번역했다. 이 문헌들은 서양 라틴 국가들에서 상당 부분 소실됐다. 그리스 문헌의 지식이 처음에는 이슬람 지배하에 있는 유대인들에게, 그리고 이후 라틴 국가 기독교인들에게 전해진 것은 이 아랍어 번역을 통해서였다. 의심할 여지 없이, 그리스와 로마 교회법의 존속은 이슬람 학자와 유대교 학자들의 작업에 달려 있었다. 이슬람과 유대교 학자들은, 중세 시대에 걸쳐 이슬람교, 유대교, 그리스도교의 세 종교 공동체에서 공통으로 지배적이었던 전통을 물려줬다. 그 전통은 이교도에서 찾아볼 수 있는 지혜와 방식, 즉 의심할 수 없는 신의 계시와 신의 법 사이 조화 가능성을 탐구하는 방식으로 플라톤과 아리스토텔레스의 문헌에 주석을 다는 작업이었다.

그런 탐구의 훌륭한 초기 사례는 10세기 다마스쿠스에서 학교 교장이었던 아랍 철학자 알 파라비의 작업이다. 그는 특히 플라톤의 저서에 열정을 쏟았고, '정치 체제'라고 제목 붙인 책을 썼다. 이 책은 제목과 다양한 구조(constitution)적 분류를 『국가』에서 상당 부분 끌어왔다. 논리학과 정치학에 대한 알파라비의 작업은 히브리어로 번역돼 알려졌다. 아랍어로 글을 쓰며 12세기 코르도바와 카이로에서 이슬람 지배하에 살았던 유대 학자 마이모니데스는 이 책을 격찬했다.

12세기 코르도바에서 아리스토텔레스 저작을 연구한 아베로에스의 주석에서도 유사한 지적 전승을 찾아볼 수 있다. 그의 작업은 히브리어로 번역됐다가 이후에 라틴어로 번역됐으며, 이 번역을 통해 기독교권에서 '라틴 아베로에스주의(Latin Averroism)'라고 부르는 경향이 활성화됐다. 토마스 아퀴나스는 기독교적 아베로에스주의와의 만남을 계기로 아리스토텔레스, 그리고 이성과 신의 계시의 적절한 조화에 대한 주석을 제시하게 됐다.

우리 세대 대부분 연구자가 그랬듯이 나도 이 부분 정치이론의 교회법을 이슬람교와 유대교 자료를 배제한 채 주로 기독교 철학자들의 연구를 통해 배웠다. 이는 미래 세대에게 교회법을 물려줄 때 수정할 필요가 있는 결점이다. 그러나 나는 이미 이뤄졌어야 하는 확장의 몫을 다른 사람들에게 맡겨야 한다. 왜냐면 나 또한 나 자신이 받은 교육의 영향으로, 이처럼 인정받지 못한 걸작들에 공정성을 발휘할 만큼 준비가 돼 있지 않기 때문이다.[52] 나는 내 사고를 하나의 전체적 언급으로 제한하고자 한다. 비록 기독교, 유대교, 이슬람교 철학자들이 고대부터 학습했던 이성의 작업과 신의 계시를 조화하는 방식에 상당한 유사성이 있지만, 심오한 차이점도 있다. 이슬람교와 유대교는 정치적 종교로 시작됐으나 기독교는 그렇지 않다. 다시 말해 이슬람교도에게 샤리아법이나 유대교 신자에게 토라는 그 적용 범위가 매우 포괄적이다. 즉 신과 인간의 관계뿐 아니라 일상의 사회적·정치적 삶에서 사람 사이 관계에 통치 규칙을 적용한다. 이 두 종교 공동체에서 예언자적인 입법자

52. 지중해 이슬람, 유대교, 기독교의 정치철학가에 대한 탁월한 글 모음집으로, Ralph Lerner와 Muhsin Mahdi, eds., *Medieval Political Philosophy: A Sourcebook* (Ithaca: Cornell University Press, 1972) 참조. 유대교의 정치이론에 대한 작업으로는 Michael Walzer et al., eds., *The Jewish Political Tradition*, vols. 1 and 2 (New Haven: Yale University Press, 2000-2003) 참조.

들은 교회법뿐 아니라 온전한 시민법(civil law)도 공표했기에 이교도적 근원과의 대립을 해결하기 위해 시민 문제에 대한 종교법의 해석과 설득력 있어 보이는 이교도적 논증을 조화시키는 방법을 찾아야 했다. 사상가들은 이슬람과 유대 공동체에서 일반적으로 수용된 법의 의미를 어떻게 잘 해석할 수 있느냐는 문제에 관심을 집중했고, 이것은 정치철학에 특정한 법학적 논조를 부여했다. 알 파라비는 그의 저서 『학문의 열거』에서 법학을 "입법자의 목적과 입법자가 그 종교를 부여한 국가를 위해 제정한 종교를 고려함으로써 바르게 추론하려고 노력할 수 있게 하고, 입법자가 명확히 구체화하지 않은 것에 관한 결정을 입법자가 이미 명확히 구체화하고 결정한 것들을 바탕으로 추론할 수 있게 하는 기술"로 지목한다.[53] 일찍이 유대교는 '탈무드'라고 알려진 해석을 제시한 학자들과 함께 법 해석에 이와 유사한 주안점을 뒀다. 탈무드에서 랍비는 계엄법으로 시작하지만, 명백한 것과 해석에 암시된 것을 추론할 때는 법적 분석으로 전환한다.

그리스 자료의 복원으로 시작된 중세 기독교 자료의 해석은 비슷했다. 왜냐면 사상가들이 이교도에게서 찾을 수 있는 지혜가 무엇인지 고려하며 그들 전통에서 제공된 해석을 시작했기 때문이다. 그러나 시민법을 정의하는 세부 사항에서 인간관계를 규정하는 것과 관련하여 기독교 교회법에는 이슬람의 샤리아나 히브리의 토라에 있는 것과 같은 포괄적인 특성이 없었다. 그리고 아우구스티누스의 두 도시에서 이미 내세 성향의 영향을 봤다. 이는 기독교 사상가들이 '카이사르의 것은 카이사르에게' 맡기게 했고, 또한 지상에서 실현되는 기독교인의 올바른 순례에서 단지 정치적이고 세속적인

53. Lerner and Mahdi, *Medieval Political Philosophy*, p.27.

것과 대립하는 것은 상대적으로 중요하지 않은 것으로 간주하게 했다. 따라서 중세 정치철학 관련 자료집 편집자가 서술했듯이, 이슬람교와 유대교의 정치사상은 법학적이었지만, 중세 기독교 정치철학은 신학적이었다.[54] 그 차이는 기독교 정치철학에서는 신성한 교리에 대한 신학적 문제 – 그리스도의 계승자들만이 권위적으로 하는 업무 – 가 중심이지만, 이슬람교와 유대교에서는 법에 대한 문제와 올바른 해석이 중심이고, 이는 법학자가 맡아야 하는 작업이라는 것이다.

이런 세 종교 전통에서 작업하는 사람들이 고대 자료를 다루는 방식의 차이점에는 뭔가 시사하는 바가 있다. 그들 종교의 내세적 지향을 고려할 때 흔히 기독교 국가는 이슬람 국가보다 더 쉽게 교회와 국가의 분리 개념에 도달한다고 말한다.[55] 또한, 그 반대 의견도 제시된다. 즉 세속적인 것보다 영적인 것을 높이 여기는 기독교의 위계는 교회가 신성을 위해 세속을 통제하는 상태에 신학적 정당화를 제공했다.

중세 정치철학 문헌들은 아직도 여러 수준에서 명확하지 않지만, 그래도 두 개의 지적 세계 – 학자들이 전념했던 신적 계시의 세계와 그 학자들이 위대한 지혜를 발견한 윤리적·정치적인 탐구라는 이교도의 세계 – 를 아우르려는 학자들의 중대한 투쟁의 기록이다. 유대교 철학자 마이모니데스는 그의 가장 중요한 저서에 '이해하지 못한 자들을 위한 안내서'라는 제목을

54. Lerner and Mahdi, *Medieval Political Philosophy*, pp.12-15.
55. 다음 책에서이 주제에 관한 한 가지 의도적 도발이 제기됐다. Samuel P. Huntington in *The Clash of Civilizations and the Remaking of World Order* (New York: Simon and Schuster, 1998), p.70. 여기서 그는 교회와 국가의 분리가 서양 시민 사회화에서 기독교의 특징적인 기여라고 주장했다. 실제로 이슬람 시민 사회(이슬람에서는 "신은 카이사르다"), 유교 사회("카이사르는 신이다"), 동방정교회(신은 카이사르의 아래 파트너다")에서는 사정이 달랐다.

붙였다. 이 책은 고전 교회법의 복원으로 종교 공동체에 속한 많은 사람이 겪는 지적 혼란을 조명했다. 이는 이슬람교, 유대교, 기독교학자들이 신의 계시와 철학으로 대립하는 주장을 조화시키고자 고전 문헌들을 읽으면서 보여준 진지함의 표시였다. 『결정론, 종교와 철학의 연결이 무엇인지 결정하는 것』에서 이슬람 학자 아베로에스는 '철학과 논리학 연구가 법으로 허용되는지, 금지되는지, 강제되는지' 의문을 제기했다. 그는 이슬람법의 권위에 의지해서 고대 문헌 연구가 이단적이라는 반대를 모면했고, 이슬람교의 법이 '지식인들의 존재에 관한 연구와 이에 대한 성찰을 책무로 규정했'고, 지적 추론은 법이 서술하는 대상만이 아니라 암시하는 대상까지 포함하게 하는 '가장 완벽한 연구'라는 결론에 도달했다.[56] 아리스토텔레스의 『니코마코스 윤리학』과 『정치학』에서 그가 상술한 자세한 주석에 따르면, 아퀴나스는 이성과 신의 계시를 잘 종합했으며, 이는 뉴턴과 갈릴레이의 새로운 물리학이 나오기까지 여러 세기에 걸쳐 기독교 신학의 핵심이었다.

오늘날 정치학과 종교학이 그리스 고전 전통인 합리주의에 대한 신념에 몰두한 중세 사상가들을 대면하면서 시작된 분투에 여전히 머물러 있다고 해도 지나친 말이 아닐 것이다.

56. Lerner and Mahdi, *Medieval Political Philosophy*, p.165.

8장 마키아벨리의 더러운 손

역사는 마키아벨리에게 냉혹했다. 일반인의 언어에서조차 그의 이름은 악(惡)의 동의어가 됐다. 마키아벨리주의자는 부도덕하고 불성실한 음모자나 책략가, 즉 '도덕보다 편의주의를 우선으로 하는' 사람으로 여겨진다.[1] 마키아벨리를 무자비한 교활함과 동일시하는 것은, 셰익스피어 시대 극작가들의 최고 악역이었던 글로스터(Gloucester)의 리처드의 – 그는 곧 리처드 3세로서 왕좌를 차지했는데 – 다음과 같은 말에서 명백히 드러난다.

> 나는 카멜레온에 색들을 더할 수 있으며
> 이익을 위해 프로테우스처럼 변신할 수 있고
> 잔학한 마키아벨리를 교단에 세울 것이다.[2]

그 후 이례적으로 잔인성을 드러내는 지도자들을 '마키아벨리주의자'라고 불렀다. 한때 히틀러가 마키아벨리의 『군주론』을 자기 침실 탁자에 뒀

---

1. *Oxford English Dictionary* s.v. "Machiavellian"
2. *Henry VI*, 3.2.191-193.

다는 소문이 돌기도 했다.[3] 이런 것들이 역사가 니콜로 마키아벨리에게 부여한 평판이다.

이처럼 단순하기만 했다면 좋았을 것이다. T.S. 엘리엇이 마키아벨리보다 덜 마키아벨리적인 사람은 없다고 했을 때 그는 아마 마키아벨리를 너무 너그러이 대했을 것이다. 나는 다음과 같은 볼테르의 유명한 재담에 더 마음이 쓰인다. "마키아벨리가 군주를 제자로 뒀다면, 그는 가장 먼저 마키아벨리즘에 반대하는 책을 쓰라고 왕에게 권했을 것이다."[4] 볼테르의 이 말은 사상가들이 솔직하지 못하다는 점을 꼬집는다. 마키아벨리를 적극적으로 옹호하려는 사람들은 잘못된 것을 옳은 것으로 위장하는 방법에 빠지지 않도록 경계해야 한다. 그래서 나는 마키아벨리가 군주에게 제공한 수많은 문제적 조언 중 일부를 나열하며 이야기를 시작하려고 한다. 그리고 그런 전략들이 필요한 정치에 대한 정당한 저항이 무엇인지를 묻기 시작할 것이다.

- 지도자들은 폭력적이고 불법적으로 권력을 잡아야 한다. 이와 다른 척하는 것은 단순히 정치적 야망의 본성을 이해하지 못한 것이다.
- 성공에는 그 자체로 정당성이 있다.
- 도덕적으로 양심적인 사람은 정치에서 꼴찌가 되고, 그 자신과 나라를 파멸시킨다.
- 군대로 권력을 잡은 사람은 반드시 물러난 지도자의 살아 있는 모든 친족을 마지막 한 명까지 모조리 전멸시켜야 한다. 왜냐면 그들을 결코 새로운 지

3. 마키아벨리에 대한 러너의 소개에서 인용됐다. *The Prince and the Discourses* (New York: Modern Library, 1950), p. xlii에서 이는 Hermann Rausching의 *The Voice of Destruction: Conversations with Hitler,* 1940 (New York: G. P. Putnam Son's, 1940).
4. Lerner, intro.,p.xli.

도자를 용서하지 않을 것이기 때문이다.

- 사람들을 어루만지거나 전멸시켜야지, 달래서는 안 된다.
- 자유 국가를 정복한 자는 반드시 그 국가를 파괴해야 한다. 그러지 않으면 자유 국가가 그를 파괴할 것이다.
- 전쟁을 절대 피하지 말아야 한다. 전쟁은 상대에게 이익이 있을 때만 미뤄질 수 있다.
- 진짜 종교를 갖기보다는 종교가 있는 척하는 편이 낫다.
- 상황에 따라 친구도 배신할 필요가 있다.
- 사람은 재산을 잃은 것보다 아버지의 죽음을 더 빨리 잊는다.
- 자비롭고 충직하고 진실하고 인간적이고 신앙적인 '것처럼 보이는' 것은 좋지만, 실제로 이와 같은 것은 위험하다.
- 모든 권력을 한 사람의 것으로 통합하라. 이것이 친형제를 죽이는 것을 의미한다고 하더라도 말이다.
- 잔인함에서 중요한 점은 신속하면서도 충분한 범위에서 실행해야 한다는 것이다. 양심에 걸려 폭력을 실행하지 못하는 사람은 전쟁의 영속에서 권력을 낭비하며 결국 피를 한 방울 한 방울씩 흘릴 것이다.

이는 무서운 이야기고, 만약 마키아벨리가 평판에 걸맞은 사람이라면 이런 조건들은 더없이 사악할 것이다. 그 평판은 마키아벨리가 한때 권력을 잃고, 그의 고향 피렌체에 군림하는 메디치 가문 지도자들에게 자신의 오랜 정치 전략 연구의 '지혜'를 제공하여 환심을 사고자 했던 이류 정치 공무원이라는 것이다. 불행히도 우리는 마키아벨리의 자의식적인 '새로운' 정치 과학이라는 엄청난 영향을 쉽사리 벗어날 수 없다. 마키아벨리는 지도자가 될 사람들에게 강탈에 대한 도덕 판단은 제쳐놓고, 어떻게 권력을 잡고 유지해야 하는지 기꺼이 조언했다. 그리고 그의 가장 유명한 저서인 『군주론』에서 "목적은 수단을 정당화한다."라고 주장한다. 군주가 쥔 권력이 폭력적 수단을 사용할 유일한 필요성이라는 것이다. 하지만 마키아벨리는 다른 부분에서, 심지어 특히 공화국마저도 기꺼이 자기 손을 더럽힐 지도자가 필요하다는 사실을 보여주고자 더 포괄적인 주장을 펼친다. '군주'가 자신의 이익을 위해 마키아벨리적인 행동을 한다는 것은 전혀 새로운 사실이 아니다. 공동선을 목표로 하는 지도자들도 반드시 비슷하게 거짓말하고 속이고 배신하게 된다. 그리고 살인은 마키아벨리의 충격적이고 독창적인 교훈이다.

'더러운 손'의 문제

이렇게 생각해보자. 나쁜 사람들은 어떻게 악행을 하는지 스스로 너무도 잘 알기에 흉측한 일을 벌일 때 마키아벨리적인 유도가 없어도 된다. 하지만 인자한 지도자들은 공동선이 항상 도덕적 선과 일치하지 않다는 사실, 사람들은 지도자가 도덕적 선을 버릴지라도 공동선을 존중하리라고 믿는다는 사실을 알아야 한다. 정치에는 좋은 목적을 위해 나쁜 수단이 필요할 때가 있다는 이런 가르침은 마키아벨리에게 악하다는 평판을 주기도 했지만, 그 평판에서 마키아벨리를 구하기도 했다.

여기서 정치에서 더러운 손 문제에 관한 내 주장을 대략적으로 설명하겠다. 『군주론』의 중간쯤에서 마키아벨리는 잠시 논의를 멈추고 정치와 도덕에 대한 자신의 접근이 참신함을 강조한다. 너무 많은 사람이 이 주제에 관해 글을 썼기에 마키아벨리는 그가 다른 방향을 제시한 것이 '오만해' 보일 수 있음을 걱정했다. 그러나 플라톤을 은밀히 암시하면서, 그는 이렇게 말한다.

이해하는 사람들에게 어떤 유용한 것을 쓰려는 내 의도는 가상의 문제보다는 실제 사실에 관한 문제로 향하는 편이 더 적절해 보인다. 많은 사람이 실존하지도 않고 본 적도 없는 공화국과 공국을 상상한다. '왜냐면 어떻게 사는지는 어떻게 살아야 하는지와 너무나 달라서, 실천해야 하는 것을 위해 실천한 것을 포기하는 사람은 자신의 존속보다는 파괴를 불러왔음을 깨닫기 때문이다.'[5]

이 구절에는 여러 가지 도덕적 구분이 있다. 여러 세기에 걸쳐 부도덕이나 무도덕을 겪은 사람들은 이상하다고 생각할 것이다. 마키아벨리는 정치에서나 다른 어디에서도 '해야 하는 것'(당위-역자)과 '하는 것'(사실-역자)의 구분을 무시하거나 폐기하지 않는다. 사실 그는 그런 구분을 해야 한다고 주장한다. 순수한 선은 정치적으로 무력하고, "모든 면에서 선을 표명하기 바라는 사람은 '선하지 않은 많은 사람 사이에서' 반드시 절망하게 된다"는 것이 딜레마다.[6] 그리고 마키아벨리가 악을 피하려는 성향의 사람들에게 그의 마키아벨리즘을 명백히 설명한 마지막 대목에서 "그러므로 자신을 지키려는 군주는 '선하지 않게 행동하는 법'을 배워야 하고, 필요에 따라 그 지식을 사용하거나 '사용하지 말아야' 한다."[7] 명백하게 이미 선하지 않은 그들은 어떻게 선해지지 않는지를 '배우는 것'이 필요 없다. 이것이 마키아벨리의 가르침을 구하는 히틀러의 이미지를 터무니없이 만든 것이다. 꼭 필요할 때만 악에 기대고, 가능하면 악을 '삼가야' 한다는 점에서 히틀러나 히틀러보다 덜한 사람이라도 마키아벨리주의자가 될 수 없다.

5. Prince 15, p. 56, 강조는 더해진 것이다. 모든 인용은 Modern Library 판을 따른다.
6. Ibid, 강조는 추가한 것이다.
7. Ibid, 강조는 추가한 것이다.

어쩌면 내가 틀렸을 수도 있다. 어떤 학생은 내게 폭군이 남들 앞에서는 마치 폭력 행사를 원치 않는다는 듯이 교활하게 '연기'할 수도 있고, 위선적이고 잔인한 마키아벨리주의자가 될 수도 있다는 점을 지적했다. 9·11 테러의 지휘자로 알려진 칼리드 셰이크 모하메드는 이 테러를 정당화하면서 다음과 같이 말했다. "나는 미국에서 3천 명이 죽었기에 행복하지 않다. 오히려 슬프다. 나는 아이들을 죽이고 싶지 않지만, 전쟁의 언어는 희생자다." 그가 월드트레이드 센터 건물로 비행기를 날려 보낼 계획을 세우면서 실제로 인명 살상을 꺼렸다고 믿기는 어렵지만, 마키아벨리즘은 단지 진정성을 보여주려는 것뿐이라고 생각했다. 만약 그렇다면, '악'을 부추긴다는 비판에서 마키아벨리를 구할 길은 없다. 악인에게서 악은 자연스럽게 나타나지만, 남을 대표해서 악을 저지르는 사람은 이를 배워야 한다는 무서운 가능성을 전제하고 변론을 시작한다.

마키아벨리의 이교도(마키아벨리의 무종교)

마키아벨리가 정치와 도덕을 분리했다는 상투적인 주장은 어떤 부분에서는 옳다. 마키아벨리는 국가 통치에 적절한 나침반으로서 기독교에서 교육하는 도덕 가치들을 거부'했다'. 하지만 사상가 이사야 벌린이 지적하듯이, 마키아벨리에게는 다음과 같은 이유가 있었다.

> (마키아벨리는) 다른 체계, 다른 도덕 영역인 페리클레스의 세계… 기독교적 신념만큼이나 궁극의 목표를 이루기에 적합한 사회, 사람들이 자신의 이익을 위해 추구하는 (공적) 목표를 위해 싸우고 죽을 준비가 돼 있는 사회를 지지했다. 그들은 (도덕이라고 부르는) 목적 영역에 반대되는 (정치라고 부르는) 수단 영역

을 선택하지 않고, 경쟁(고대 로마나 고전주의) 도덕, 즉 대안적인 결과 영역을 선택한다.[8]

그가 사랑한 이탈리아에서 기독교 윤리학이 승리하고 나서 1천 년이 지났을 때 마키아벨리는 경로를 바꾸기 시작했다. 벌린이 설명하기를, 그는 이탈리아와 기독교 피렌체가 해체되는 상황을 지켜봤다. 그리고 이것을 이교 국가였던 로마의 영광과 비교하고, 주저 없이 자신의 입장을 정했다. 마키아벨리는 기독교의 기준에 따라 도덕적으로 평가되는 개인의 삶과 이교도 윤리에서 고귀한 공적 삶을 동시에 누릴 수 없다고 생각했다. 반드시 하나를 택해야 하는데, 이는 나를 포함해서 많은 독자에게 괴로운 일이기도 하다. 즉 나라를 구하고 나라에 봉사하려고 자신의 영혼을 팔아야 한다는 것이다. 마키아벨리에게서 놀라운 점은 그가 그런 고통을 모른 척하지 않았다는 사실이다. 벌린은 주저 없이 마키아벨리를 '악'으로 평가하자고 제안한다. 고통받는 영혼인 우리는 그가 국가의 복지에 필요한 개인의 도덕적 순수성을 희생한다는 비극적 결말에 비통해하기를 바라지만, 마키아벨리는 그런 비통함을 느끼지 않았다. 마키아벨리는 인간의 도덕적 방법들을 잃어버리기보다는 고전적 윤리 전통 안에서 공동체의 선을 위해 희생하는 쪽이 인간이 성취할 수 있는 가장 높은 수준의 윤리적 삶을 선사한다고 말한다. 바로 이것이 마키아벨리가 인민과 지도자가 모두 손을 더럽혀야 하고 그럼으로써 조국을 위한 희생에 뒤따르는 더 높은 윤리적 삶을 누릴 순간을 선호하는 이유다.

마키아벨리의 이교적 윤리는 공화국 정부에 대한 그의 선호와 군주에

8. Isaiah Berlin, "A Special Supplement: The Question of Machiavelli," *New York Review of Books* 17, no. 7 (November 4, 1971), www.nybooks.com/articles/10391 (accessed September 20. 2008)

게 조언하는 그의 의지를 말해준다. 그는 지배자와 피지배자의 이익을 가장 잘 조화시킬 수 있는 정부 체계로 공화국을 선호한다. 하지만 마키아벨리는 자신에게도 유리하지만, 평화, 안정, 피렌체의 독립, 그리고 이탈리아의 통합을 실현할 군주를 기꺼이 따르고자 한다. 그의 윤리적 열망은 언제나 국가의 위대함을 향해 있었다. 그리고 그는 어떻게 국가의 르네상스를 달성하는지, 군주만이 아니라 공화주의자들에게도 기꺼이 조언을 아끼지 않았다.

마키아벨리를 소개하면서 나는 공화주의자들의 끔찍한 도덕적 요구에 대해 그가 불안을 조성하는 방식으로 했던 옹호부터 시작해보려고 한다. 9·11 공격은 '더러운 손' 문제를 제기하니, 이 문제에 다시 관심을 돌려보자. 고대 로마에는 "전쟁할 때 법은 조용하다(in bello silentio leges)."라는 말이 있었는데, 이는 전쟁과 폭력에 대한 마키아벨리 가르침의 바탕이 됐다. 테러와의 전쟁은 인간이 전에 알지도 못했던 방법을 사용하게 한다는 마키아벨리와 로마인의 주장이 옳을 수 있다는, 오늘날 사람들이 두려워하는 경우가 아닐까? 하지만 사람들은 자신의 마키아벨리즘을 꺼린다. 만약 전쟁이 통상의 도덕 판단을 보류하라고 강요한다면, 어떻게 테러리스트들을 전쟁 범죄로 비난할 수 있을까? 이런 마키아벨리의 가르침은 다른 어느 정치사상가와 관련한 문제보다도 더욱 강력하게 폭력 문제를 개인적으로 직면하게 한다.

다음으로 가장 악덕하게 보이는 마키아벨리의 저서 『군주론』을 먼저 살펴보고, 그 후에 『로마사 논고』에 나온 공화주의 정치에 대한 그의 옹호를 살펴볼 것이다. 두려움과 폭력이 모든 정치의 주요 원동력이라는 그의 가르침에서 이 두 책이 통합된다는 사실을 기억할 필요가 있다.

『군주론』, 누구의 목적이 어떤 폭력을 정당화하는가?

어떻게 해서 마키아벨리가 군주에게 조언하는 책을 쓰게 됐는지는 마키아벨리즘의 사례로 자주 거론된다. 15세기 마지막 몇 년부터 16세기 초까지 마키아벨리는 피렌체에서 평범한 외교관으로 일했다. 당시 프랑스와 교황의 복잡한 권리 다툼은 피렌체의 운명을 좌우했다. 교황이 이탈리아에서 프랑스 군대를 몰아내려고 했을 때 피렌체는 이 시도가 분명히 실패하리라고 생각했다.

그러나 망명 중이었던 메디치 가문은 교황의 승리 덕분에 피렌체로 복귀해서 다시 권력을 장악했다. 마키아벨리는 외교관이었을 때 비록 메디치 가문에 반대했지만, 태도가 돌변해서 새 권력자들에게 자신을 외교관으로 고용해달라고 간청하는 편지를 썼다. 그가 1512년 로렌초 데 메디치에게 바친 『군주론』은 그가 재기를 노리는 계획의 일부였다. 다시 권력을 잡은 이에게 조언하고, 진영을 바꾸겠다는 그의 분명한 의지는 마키아벨리 자신을 최초의 마키아벨리주의자로 만들었고, 마치 운명의 명령을 따르듯이 교묘하게 상황에 대응하게 했다. 루소는 마키아벨리가 메디치 가문에 애걸하는 행태를 지극히 부정적으로 보았기에 『군주론』을 그의 노골적인 속임수 사례라기보다는 마키아벨리주의 지망생들에 대한 풍자로 읽었다.

하지만 그런 설명이 풍자나 허위는 아닌 것 같다. 마키아벨리는 『군주론』을 쓰기 전에 공화국 정부를 지지하는 글을 썼지만, 심지어 공화국에 대해서도 권력, 군대, 무자비한 지도자의 필요성을 강조했다. 폭력의 복잡성에 관해 군주에게 조언하면서, 그는 '모든 정치는 전쟁'이라는 그의 가장 중요한 주제를 이야기한다. 그는 공화국 규칙이 지배자와 피지배자의 이익을 통합해서 권력과 자유를 실현하는 최고의 기회를 만들 수 있다고 믿었기에 되도록 공화국 규칙들을 선호했다. 그는 군주에 대한 어떤 환상 없이, 있는 그대로 군주와 기꺼이 같은 배에 탈 준비가 돼 있었다. 군주는 자신의 선을 좇는다. 그러나 마키아벨리는 기독교적 관점에서 지배자의 지나치게 선한 통치가 피렌체의 번영에 방해가 됐다고 판단했고, 기독교적 덕과 대조되는 군주 야망의 세속성이 오히려 국가 이익에 부합한다고 믿었다.

군주는 다양한 방법으로 권력을 장악한다. 어떤 사람은 권력을 상속받고, 또 어떤 사람은 신이 권력을 줬다고 주장한다. 이런 경우에 군주는 개인 능력이 필요 없고, 혈통이나 고대의 종교적 관습에 따르는 복종에 의지한다. 또 어떤 군주는 다른 사람의 군대 덕분에 권좌에 오르기도 하는데, 이럴 때 후원자의 피보호자 같은 신세를 면치 못해서 위태롭게 권력을 유지한다. 그리고 또 다른 군주는 운에 따라 권력을 얻기도 하고 잃기도 한다.

이와 반대로 어떤 군주는 자신의 군사력과 능력을 발휘해 권력을 장악하고 유지한다. 마키아벨리는 바로 이런 '주군이 없는 세력', 즉 새로운 군주들에게 봉사하고자 했다. 그들은 새로운 질서를 세우기보다 실천하기가 더 어렵고, 성공을 확신할 수 없고, 권력보다 다루기에 더 위험한 것도 없다고 생각했기에 마키아벨리의 조언이 필요했다.[9] 영국의 왕과 여왕은 그들이 왕좌에 있는 동안 심지어 몽유병 증상을 보여도 백성에게 전통적인 복종을 기대할 수 있지만, 새로운 군주는 정권 찬탈에 성공한 능력과 재능 덕분에 존경받는다. 마키아벨리는 강탈자의 대담함에 대한 이런 뻔뻔한 존경심과 그 대담함에 불을 지피는 야망을 결합한다. 군주는 대부분 사람과 다른 방식으로 '정치적'이다 – 그들은 '자신의' 권력과 영광을 갈망한다. 그리고 수장(袖章

9. *Prince* 6, p.21.

stripe, 군복·경찰 제복 등의 소매에 달아 관등을 표시하는 것으로, 여기서는 계급이라는 의미로 볼 수 있다– 역자)을 바꾸겠다고 군주를 위협하는 것은 아무 소용 없다.

군주의 목적

마키아벨리는 군주의 목적에 관해, 즉 군주가 어떤 이유와 목적에서 권력을 열망하는지에 관해 중요한 말을 거의 하지 않았다. 『군주론』은 정치 '수단'에 대한 조언이 가득한 책이다. 그러나 마키아벨리는 군주가 실현해야 할 목적에 대해 조언하지 않는다. 그는 군주가 자신의 영광을 위해 권력을 추구한다고 명백히 밝힌다. 스캐너와 컴퓨터 검색엔진이 없던 시절에 나는 학생들에게 『군주론』을 읽고 자신의 이익 이상의 목적을 따르는 군주에 대한 언급을 찾으면 알려달라는 과제를 내줬다. 즉 공동선이나 보편적 복지를 위해 권력을 잡고자 하는 군주에 대한 언급 말이다. 요즘 그런 탐구는 물론 한 번의 마우스 클릭으로 끝나지만, 학생들은 그렇게 함으로써 자신의 이익 외의 다른 것을 위해 권력을 추구하는 군주에 대해 논쟁이 될 만한 언급이 『군주론』의 결론 부분에서 나온다는 사실을 확인할 수 있었다. 『군주론』 결론에서 마키아벨리는 새로운 지도자들에게 이탈리아를 야만인들로부터 해방하기를 촉구하며, 그럼으로써 '군주 자신에게도 명예롭고, 많은 사람에게 좋은 일'을 할 수 있다고 주장한다.[10] 하지만 여기에서도 마키아벨리는 군주가 사람들의 선을 마음에 품거나 이것을 목표로 삼으라고 충고하지 않는다. 단지 개인의 명예를 원하는 군주가 해방된 이탈리아의 역사에서 그의 이름이 얼마나 길이 남을지 잘 알 수 있게 마키아벨리주의자가 돼야 한다고 했다.

10. *Prince* 26, p.94.

군주의 수단

비록 마키아벨리가 군주의 목적을 언급한 적은 거의 없지만, 목적 달성에 필요한 수단에 관해서는 할 말이 많았다. 그러나 그의 조언에 누구나 배우고 따를 수 있는 체계적 일관성은 없다. 훌륭한 리더십은 개인의 카리스마 문제이고, 마키아벨리가 할 수 있는 최선의 기여는 위대한 업적을 이룬 고대와 동시대 인물에 관한 역사적 사례 연구다.

이 사례들에서 그가 가장 먼저 보여주는 것은 폭력이 정치의 주요 수단이라는 사실이다. 모든 정치는 전쟁이고, 권력을 유지하려는 군주는 "전쟁 외에 다른 목적이나 생각이 있어서는 안 된다. 왜냐면 전쟁만이 명령하는 사람에게 필요한 유일한 기술이기 때문이다."[11] 심지어 신의 은총으로 통치했다고 알려진 모세도 "무장한 예언자는 정복했고 무장하지 않은 자는 패배했다."라는 방증이다.[12] 이스라엘인의 믿음에 따르면 힘보다 믿음에 의지하는 것이 좋다. 그러나 모세는 "그들에게 더는 믿음이 없을 때 힘으로 그들을 믿게 할 수 있다."라면서 이 문제를 정리했다.[13] 따라서 마키아벨리에 따르면, "누구든지 성경을 집중해서 읽으면 모세가 그의 계획에 반대하는 많은 훌륭한 사람을 죽음으로 몰아갈 수밖에 없었음을 알게 될 것이다."[14]

마키아벨리가 폭력의 필요성에 대해 말한 많은 것이 아름답지 못하다. 새로운 군주가 감히 기존 질서를 바꾸려는 것은 '이전 체제에서 이득을 본 모든 사람을 적'으로 만들 수밖에 없음을 의미한다.[15] 만약 그가 성공한다면

11. *Prince* 14, p.53.
12. *Prince* 6, p22.
13. Ibid.
14. *Discourses* 3.30, p.498.
15. *Prince* 6, p.21.

"자신이 쓰러트린 자들을 엄하게 다뤄야 할 것이다." 마키아벨리가 사례로 든[16] 시라쿠사의 왕 히에론은 개인 능력으로 일개 일반인에서 시라쿠사 군대의 수장이 됐다. 그는 자기 군대에서 용병들의 실태를 조사하고 나서 그들을 그대로 유지해도 해고해도 안전하지 않다는 사실을 예리하게 깨달았다. 그래서 "그는 그들을 여러 부분으로 나누었다."[17] 이와 마찬가지로 한니발도 여러 차례의 원정 중에 '비인간적인' 수준의 잔인성으로 거대한 군대의 규율을 유지했다. 이런 방식으로 어려운 시기에 군대가 반란을 일으키지 못하게 하는 상당한 정치적 감각을 보여줬다. 마키아벨리가 이상적인 새로운 군주로 여러 차례 언급하는 체사레 보르자는 이전 체제에서 이득을 봤던 사람들이 언제나 새로운 지배자의 적이 된다는 사실을 깨달았다. 그러므로 그는 '자신이 무너뜨린 지배 가문의 혈족을 모조리 제거함으로써' 현명하게 처신했다.[18]

마키아벨리는 이전에 공화국에 관해 쓴 『로마사 논고』에서 군주와 군주의 전략 문제에 주목한다. 그는 구체적으로 알렉산더 대왕의 아버지이자 '하찮은 왕'에서 '그리스 전체의 주인'으로 부활한 마케도니아의 필리포스 왕에 관해 연구했다. 그에게서 무엇을 배울 수 있을까? 그는 어떤 지역을 정복할 때마다 항상 그곳에 '완전히 새로운 정부'를 세웠다. 통제력을 갖추고자 '양치기가 양 떼를 이리저리 옮기듯이' 한 지역의 주민을 다른 지역으로 이주시켰다.[19] 마키아벨리는 이런 전술을 소개하다가 잠시 중단하고, "물론 이런 수단들은 문명화된 삶에서는 잔인하고 파괴적이다. 또한, 기독교적이지도 않

16. *Prince* 6, pp.22-23.
17. *Prince* 13, p.51.
18. *Prince* 7, p.28.
19. *Discourses* 1.26, p.184.

고 심지어 인간적이지도 않다."라고 지적한다.[20] 그러고는 고통 같은 감정에 접근하는 매우 드문 순간에 "사적인 시민의 삶이 그렇게도 많은 사람을 파멸시키는 왕의 삶보다는 나을 것이다."라고 말한다.[21] 하지만 선택해야 한다. 사적 개인은 인간적 덕성을 명예로 여길 수 있지만, 정복을 결심한 군주는 필리포스 왕을 모델로 삼아야 한다. 필리포스 왕 이야기는 마키아벨리가 보여준 지지(endorsement) 중에서 가장 충격적이고, 『군주론』보다 『로마사 논고』에서 이교도 군주의 영광을 서술했음을 말해준다. 그는 필리포스 왕의 무자비한 이주 정책에 놀라지 않았고, 종국에 모든 것이 잘 마무리됐다고 말하지도 않았다. 엄청난 횡포를 부리고 세속적 영광을 추구하는 이교도 패러다임과 이웃을 자신만큼 사랑하는 인도적 패러다임을 모두 따라 할 수는 없다. 이교도 대 기독교라는 궁극적이고 해결할 수 없는 가치 충돌이 있을 뿐이다.

이교도의 횡포를 도덕적이 아니라 심미적으로 인식했다는 점에서 많은 해설가를 따라 마키아벨리를 르네상스적 인물로 보는 견해에는 귀가 솔깃하다. 이런 관점에서 예술가로서 마키아벨리는 군주의 탁월하고 강력하고 활기찬 면모에 비해 다소 동떨어지고 유리된 모습에서 매력을 느낀다. 그는 이 모든 면을 갖추고 있지만, 그 이상을 제공한다 – 즉 고대의 사례가 도덕적 르네상스를 가능하게 한다며 받아들이자는 간절한 애원, 자신의 영혼보다 조국을 더 사랑함으로써 인간이 표현할 수 있는 최상의 고귀함을 성취하는 방법을 제시한다. 마키아벨리는 고대 그리스인과 로마인 연구에서 공화주의의 덕성에 관한 메시지를 받았다. 그는 그 메시지를 다듬고, 독려하고, 이후 그 메시지가 정치사에 끼친 엄청난 영향을 전했다.

20. Ibid.
21. Ibid.

폭력의 경제

군주가 폭력적 수단을 쓰는 데 한계가 있을까? 마키아벨리는 '잘 사용한' 폭력과 '잘못 사용한 잔인성'을 구분했다.[22] 하지만 이 구분이 정확하게 도덕적이지는 않다. 군주가 자신을 보호하려고 한꺼번에 방대한 폭력을 쓴다면, 그는 폭력을 잘 사용한 것이다. 일단 그 사건이 해결되고 적들이 전멸하고 나면, 군주는 폭력 규칙을 '종속된 자들에게 되도록 유용한 수단'으로 바꿀 수 있다. 일을 해결하기에 충분하지 않을 정도로 너무 적게 사용하면, 폭력은 감소하기보다 증가하게 마련이고, 이는 전적으로 잘못 사용한 폭력이 된다. 본능적으로든 도덕적 신념에 따른 것이든 피 흘리기를 꺼리는 사람은 폭력을 잘못 사용한다. 그의 망설임으로 적이 살아남아 나중에 또 싸우게 되고, 내전으로 평화가 이뤄지지 못하며 아이러니하게 끝없이 폭력이 순환하게 된다. 마키아벨리가 지적하듯이, 폭력을 나쁘게 사용하는 지도자는 "항상 손에 칼을 쥐고 서 있도록 강요당한다."[23]

따라서 결국 잘 사용한 폭력이 훨씬 경제적이다. 하지만 경제 요인이 사망자의 숫자일 필요는 없다. '모든' 적을 신속하게 처치하는 편이 폭력을 나눠서 천천히 사용할 때보다 희생자를 덜 낸다. '경제 요인'은 군주의 권력과 더 깊은 관련이 있다. 군주는 국사를 잘 해결하고 평화와 안전을 유지함으로써 외국을 공격하거나 적군의 침략을 격퇴할 군사력을 비축할 수 있다.

폭력을 잘못 사용한 사례는 오늘날에도 어렵지 않게 찾아볼 수 있다. 중동에서 이스라엘과 레바논 간의 보복 공격으로 이어지는 국경 사태는 끝없이 반복되고, 그 지역 전쟁은 영구화될 것이다. 결국, 한쪽이 승리한다는 통

22. *Prince* 8, p.34.
23. *Prince* 8. pp.34-35.

상적인 전쟁의 결말은 없을 성싶다. 이런 수많은 폭력의 교착 상태를 성찰하면서 많은 사람이 명백한 목적 없이 치러진 많은 사람의 희생을 안타까워한다. 각 진영의 일부는 마키아벨리적 해결책을 지지하고 아군이 적을 섬멸하기에 충분한 폭력을 '잘' 사용해야 한다고 주장한다. 이라크에 대한 미국 군대 정책에 대해 좌파와 우파가 제기하는 비판은 이상하게도 의견일치를 보인다. 즉 미국이 그 지역에 더 많은 군대를 파병하거나 아니면 모두 철수해야 한다는 것이다.

잘 사용한 폭력의 사례는 찾아보기 어렵다. 하지만 해리 트루먼 대통령이 미국인들의 목숨을 구하겠다는 명분으로 일본에 원자폭탄을 투하한 사건을 생각해보자. 나가사키와 히로시마에 폭탄을 투하한 것은 미국의 손실을 줄이는 동시에 일을 한 번에 끝내기에 충분한 폭력을 사용한 사례다. 반대로 전통적인 전쟁 – 궁극적인 침략을 위한 항공기의 연속적인 폭탄 투하 – 은 시간의 흐름에 따라 전개돼 확실히 많은 미국인의 삶을 희생시키고 핵폭탄 공격보다 더 많은 일본인을 죽이게 된다. 또한, 전통적인 전쟁은 세계 다른 곳에서 더 효율적으로 배치될 수 있는 미국 군대의 힘을 한데 모으고, 궁극적으로 일본 점령에 소련과의 분담을 허용할 수도 있다.

하지만 마키아벨리가 말하는 '잘 사용한 폭력'과 '잘못 사용한 폭력'의 구분은 인명 구제보다 힘의 비축을 우선시해서 최상의 방법으로 거의 언제나 '비례적이지 않은' 폭력 사용을 권장한다는 점에서 문제를 일으킨다. 오늘날 합의된 국제법 일부로서 전쟁에서 지켜야 하는 비례성 원칙을 진퇴양난이나 교착 상태에서 벗어나는 비결로 간주하고 마키아벨리의 주장을 공박할 수 있을 것이다. 그의 주장은 자기 병력의 피해를 최소화하면서 이기는 것이 목적인 전쟁 논리에 대한 이해를 거부한다. 더군다나 일본 도시에 원자폭탄을 투하할 때 가장 정당화하기 어려운 주장은 그 공격으로 생길 민간인 희생자들이다. 마키아벨리의 경제 계산에서는 희생자가 군인인지 민간인인지는 무관한 듯하다.

잔혹 행위와 폭력

마키아벨리마저도 어떤 폭력의 사용은 그 효과가 아무리 좋다 해도 너무나 끔찍해서 권장할 수 없다고 생각했다. 마키아벨리는 '자국'에서 일어나는 대학살을 생각했다. 이는 군주가 자기 인민을 상대로 저지르는 잔혹 행위다. 『군주론』의 핵심 부분이자 '부정한 방법으로 군주가 된 인물들'이라는 제목이 붙은 장에서 마키아벨리는 시칠리아인 '아가토클레스'라는 인물의 잊혔던 이야기를 꺼낸다.[24] 성공과 실패를 기준으로 엄격히 평가하자면, 아가토클레스에게 권력을 가져다준 눈부신 출세는 크게 칭송받을 만한 것으로 보인다. 그는 "일개 개인에서 출세했을 뿐 아니라, 시라쿠사의 왕이 되기에는 가장 낮고 가장 비참한 지위에서 출발해 출세했다."[25] 그리고 그의 비범한 성공은 전적으로 자신의 군대와 능력을 통해 얻은 것이다. 그가 행운으로 혹은 다른 사람의 도움으로 이뤄낸 것은 아무것도 없다.

그래도 마키아벨리는 아가토클레스가 '사악'하고, 그의 '잔혹 행위'는 명백해서 용납할 수 없다고 말한다. 도공의 아들이었던 아가토클레스는 시라쿠사의 수장이 될 때까지 합법적인 방법으로 신분 상승을 꾀할 어떤 기회도 놓치지 않았다. 하지만 그는 절대 권력을 갈망했다. 그래서 "어느 날 아침, 마치 국가의 중대 문제를 알리려는 듯이 시라쿠사의 의원들을 불러 모았다.

24. *Prince* 8.
25. *Prince* 8, p.31.

그리고 그의 신호에 따라 군인들이 모든 의원과 부자를 죽였다."[26]

아가토클레스가 자기 신민을 상대로 벌인 잔혹 행위에 대해 마키아벨리는 엇갈리는 판단을 내린다. 한편으로는 아카토클레스는 대학살 덕분에 어떤 내부 갈등도 없이 도시를 지배했고 침략자들로부터 도시를 지켜냈다. 아카토클레스는 '위험에 용감히 맞서고 이를 극복'했다고 볼 수 있고, 그 '영혼의 위대함'은 "그가 가장 잘 알려진 다른 군주들보다 열등하다고 여길 이유가 전혀 없게 했다."[27] 그러나 한편으로 마키아벨리는 아가토클레스를 모델로 삼기를 꺼렸다. 그의 행동은 '야만적 잔인성과 비인간성'을 드러냈기 때문이다.[28] 마키아벨리는 정치에 도덕 판단이 끼어들 자리가 없다고 생각하는 저자라기에는 어울리지 않는 단락에서 다음과 같이 적었다. "신뢰 없이, 동정심 없이, 그리고 신앙 없이, 동료 시민을 죽이거나 친구를 배신하는 행위를 덕성이라고 부를 수 없다. 이런 방식으로 권력을 얻을 수는 있어도 영광을 얻지는 못한다."[29]

권력과 영광의 구분은 마키아벨리즘에서 가장 마키아벨리다운 주제다. 그는 아가토클레스 같은 지배자의 행동을 조정하려고 한다. 이는 관습적인 기독교 도덕 관점으로 군주를 위협하려는 것이 아니라 그들이 영광에 부여하는 가치에 호소하는 방식으로 이뤄진다. 마키아벨리에 따르면, 지배자가 이교도처럼 '영광'이라는 목적을 이루고자 노력하는 현상은 좋으면 좋았지 나쁜 것이 아니다. 신은 다음 세상의 영광을 관장하지만, 역사가들은 지상에서의 명성을 관리한다. 만약 역사가들이 국가의 복지에 대한 왕의 기여에 따

26. *Prince* 8, pp.31-32.
27. *Prince* 8, p.32.
28. Ibid.
29. Ibid.

라 올바르게 평가해서영광을 부여하거나 삭탈할 수 있다면, 이런 방식은 지배자의 행동을 통제하는 메커니즘을 제공할 수 있다. 마키아벨리는 권력을 얻는 데 사용하는 어떤 방법은 '영광'이라는 더 큰 목적을 빼앗을 수도 있다고 경고하면서, 미래 독재자가 잔혹 행위를 저지르지 못하도록 선례를 남기고자, 아가토클레스에 대한 역사를 명확히 기술했다. 요컨대, 마키아벨리는 아가토클레스에 대한 '도덕' 판단을 남겼지만, 이는 기독교적인 판단이 아니다. 개인의 영광을 국가의 영광과 연결하는 이교도적인 세계관에서 비롯한 판단이다.

마키아벨리는 페르모의 올리베로토에 대해서도 비슷한 도덕 판단을 남겼다.[30] 아버지가 없는 소년 올리베로토를 그의 삼촌인 지오바니가 양육하고 군인으로 훈련했다. 올리베로토는 타고난 재능 덕분에 부대 지휘자가 됐고, 페르모의 군주가 되기로 마음먹었다. 올리베로토는 부대를 이끌고 페르모에 입성한 뒤 시민에게 경의를 표하는 척하면서 삼촌과 페르모의 주요 귀족들을 성대한 만찬에 초대했다. 그리고 만찬 중에 그가 신호를 보내자, 군인들이 달려들어 하객들을 학살했다. 마키아벨리는 그를 '대학살자'라고 불렀다. 올리베로토는 임기에 나라를 안전하게 통치했지만, 아가토클레스보다 더 좋은 평가를 받지는 못했다.

사자와 여우

폭력은 정치에서 필요한 수단이나 충분한 수단은 아니다. 마키아벨리적 지도자는 교활함, 속임수, 기만이 어떤 상황에서 전면적인 폭력보다 더 적

30. *Prince* 8, p.34.

합한지를 아는, 사자이며 여우여야 한다.[31] 『군주론』에서 삶의 위대한 도덕적 가치를 구현하는 기독교 지도자에 대한 묘사에 전면적으로 도전장을 던지는 대목에서 마키아벨리는 정치가 성공적인 지도자에게 변장의 귀재이자 순식간에 돌변하는 예술가가 되기를 요구한다고 말한다. 그는 '자비롭고, 신념 있고, 인간적이고, 정직하고, 신실한' 것처럼 '보이기' 위해 반드시 그런 것을 명백히 처리해야 한다고 말한다.[32] 하지만 비록 이런 겉모습이 매우 유용할지라도, 항상 도덕적 가치에 따라 행동하는 태도는 위험하다. 따라서 지도자는 "반드시 뭔가를 할 마음의 준비를 하고 있어서, 필요할 때면 신념, 자비, 인간성, 종교에 반대해서 행동할 수 있게 변해야 한다."[33] 마키아벨리는 공공연하게 인정했다. "만약 사람들이 모두 선하다면, 이런 수칙은 좋지 않다. 하지만 사람들이 선하지 않아서 당신에게 신의를 지키지 않는다면, 당신도 그들에게 신의를 지킬 필요 없다."[34]

체사레 보르자의 교활함을 예로 들어보자. 로마냐를 정복한 뒤, 그는 철권통치를 하면서도 자애롭게 보이려고 준비했다. 그는 모든 무질서를 신속하고 확실하게 해결하고자 조수를 임명했다. 그러나 보르자는 혹독함이 증오를 낳는다는 사실을 깨달았고, 결국 "만약 어떤 잔인함이 발생한다면, 그것은 그의 명령에 따른 것이 아니었음을 보여줌으로써 문제를 해결했다." 그리고 곧바로 "그의 심복을 두 토막 내고, 어느 날 아침 광장에 (형을 집행한-역자) 나무토막과 피 묻은 칼을 전시했다."[35]

31. *Prince* 8, p.64.
32. *Prince* 8, p.65.
33. Ibid.
34. *Prince* 18, p.64.
35. *Prince* 7, p.27.

보르자는 자기 아버지인 교황 알렉산데르 6세에게서 속임수의 의미를 배웠다. 완벽한 위장과 위선의 달인인 교황은 '사람들을 속이는 짓 말고는 아무것도 하지 않았다. 그는 이것 말고 아무것도 생각하지 않았다.' 아무도 '더 강력한 서약으로도 믿게 하지도, 보증하지도 못했다. 누구도 이보다 덜한 것을 보지 못했다. 그는 항상 속임수에 성공했다."[36] 마키아벨리는 모세가 신과 대화하는 척했다고 노골적으로 주장하지는 않았지만, 다른 군주를 위한 교훈으로, 설령 신에게 실제로 나타날 의향이 없다고 해도, 모세의 훌륭한 사례는 따르라고 했다.

목적이 수단을 정당화한다?

군주가 폭력과 기만에 의존하는 것을 정당화할 '필요성'은 무엇인가? 한때 마키아벨리는 '목적과 수단'이라는 방식으로 자신의 교리를 정립했다. 중요한 구절은 이것이다. "인간의 행동, 특히 군주의 행동은 어떤 호소를 하지 않으면서도 목적이 수단을 정당화한다. 그러므로 군주는 국가의 정복과 유지를 목표로 삼고, 그 수단은 항상 영예롭게 평가된다."[37] 이 같은 표현에서 군주 자신의 목적(국가를 정복하고 그 지배를 유지하는 것)은 수단(폭력과 기만)을 정당화하거나 설명한다. 이제 나는 왜 '군주'가 '목적이 수단을 정당화한다'는 주장을 만들어내는 방식을 수용했는지 잘 알 것 같다. 하지만 그 대상이 왜 나머지 사람들이어야 하는가? 자신의 목적을 이루기 위해 거짓과 살인을 일삼는 군주에게 복종함으로써 사람들이 얻는 것은 무엇인가?

대개 마키아벨리는 『군주론』에서 이 문제에 답하지 않는다. 하지만 때

36. *Prince* 18, p.65.
37. *Prince* 18, p.66.

로 그는 대안적 형태로 '목적이 수단을 정당화한다'는 논증을 제시한다. 군주의 목적은 전혀 다양하지 않다. 정치적 야심이 있는 자에 공공선이 직접적인 동기를 부여할 것으로 기대할 수 없다. 그러나 사람들은 대부분 군주가 어떤 사람인지보다 군주가 누구이고, 적을 무찌르고, 내전을 끝내고, 국가에 평화를 가져오느냐에 더 관심을 보인다. 보통 시민이 원하는 것은 권력이 아니라 평화이고, 어떤 군주가 가차 없이 폭력을 잘 사용할 때 사람들은 가장 평화로울 수 있다. 이런 의미에서, 군주가 자신의 목적을 이룰 만큼 충분히 능력을 갖추고 무자비할 때 – 충분히 이교도적일 때 – 사람들은 간접적으로 도움을 받는다. 그러므로 마키아벨리의 주장은 다음과 같이 재구성될 수 있다. 군주의 목적(힘과 영예) '과' 수단(폭력과 기만)은 모두 수단을 통해 예상할 수 있는 결과(평화와 국내 안정)로 정당화된다. 다른 말로 하자면, 이런 간접적인 방식으로 결국 군주와 시민이 연대한다.

또는, 부국을 실현함으로써 자신을 강력하고 영예로운 존재로 만들 만큼 이교도적인 윤리를 신봉하는 군주 손에 권력이 있다면, 최소한 그 연대는 실현될 수 있다. 이것이 마키아벨리 실재론의 핵심이고, 왜 공화주의자가 군주의 야망과 같은 근거를 공유하는지를 설명한다. 최소한 군주는 최고의 삶으로서 정치적 삶을 위해 살고 죽으며, 또한 로마 영광의 부활을 약속하는 것은 이런 윤리의 부활이었다.

『로마사 논고』와 더러운 손의 공화주의 버전

나는 이제 한편으로 공화정에 대한 우월함과 다른 한편으로 공포와 폭력이라는 방식으로 군주를 모방하는 공화주의 지도자의 필요성을 말하는 마키아벨리의 사례를 살펴보겠다. 공화국에 대한 마키아벨리의 훌륭한 작업은 몇몇 고대 저작에 대한 주석과 담론의 형식-그 시대에 흔했던 형식-을 따른다. 마키아벨리가 『로마사 논고』를 집필하도록 자극한 문헌은 티투스 리비우스의 『로마공화국의 역사』다. 그 고대 역사의 일부만이 마키아벨리 시대에 남았고, 그는 그 파편들을 이용해서 무엇이 로마를 위대하게 만들었고, 자기 시대의 공화국이 로마의 사례에서 무엇을 어떻게 배울 수 있을지를 성찰할 출발점으로 삼았다.

『로마사 논고』는 『군주론』에 없는 구절로 시작한다. 마키아벨리는 그가 '모두의 공동 이익을 위해' 이 책을 썼다고 주장한다.[38] 『군주론』에서 마키아벨리는 지배자의 이익을 위해 글을 썼다. 비록 마키아벨리는 군주가 아주 무자비해서 그의 지배가 훌륭해질 때 인민이 간접적으로 혜택을 볼 수 있다고 주장했지만, 그는 『군주론』 이전에 집필한 『로마사 논고』에서 군주제보다 공화제를 선호했다는 사실은 명백하다. 그의 작업이 군주에게 조언하기 위한 것이었다면, 그의 공화주의적 헌신을 어떻게 이해해야 할까?

나는 『로마사 논고』와 『군주론』 사이 긴장이 마키아벨리에게 두 얼굴이 있다는 명성이 암시하는 바와 견줄 만큼 중요하다고 생각하지는 않는다. 그가 지향한 궁극의 정치적 가치는 언제나 같았다. 바로 자유와 부국강병이었다. 공화국은 더 멋진 정치와 더 많은 지배와 더 큰 군대와 더 많은 헌신과 더 긴 삶을 약속하기에 공화국이 공국보다 우월하다. 그리고 이 같은 신성한 정치 목적을 성취하려면 "군주가 맡아야 하는 책무 (...) 공화국도 같은 책무를 실천해야 한다."[39]

그는 오랜 세월 작업을 통해 널리 알려진 두 가지 주제를 이야기한다.

38. *Discourses* 1.intro., p. 103.

39. *Discourses* 2.13, p. 319.

첫째, 그는 고대의 지혜를 말하면서도 자신을 '새로운 길을 개척한' 인물로 간주한다.[40] 그가 살았던 시대 사람들은 고대 조각상을 모으는 데 큰돈을 썼다. 르네상스 시대 예술가들은 주제와 접근방식에서 고대를 모방하려고 분투했다. 그러나 정치 연구에서 고대의 문헌들은 무시당했다. 마키아벨리에 따르면 그 장애물은 이교도 로마가 풍부하게 제공했던 '덕의 천재들'을 제대로 평가하지 못한 기독교 국가의 '자랑스러운 나태함'이었다.[41] '조국을 위해 자신을 희생하는' 시민과 지도자에 대한 리비우스의 글을 읽을 때 애국적 헌신을 우상 찬양이라고 헐뜯는 기독교인 사이에서 사라질 위험에 놓인 아름다운 정치 형태를 발견할 수 있다.[42]

둘째, 마키아벨리가 시민적 덕성과 정치적 덕성의 사례로 찾아낸 배경은 로마공화국이지, 로마제국이 아니다. 로마는 공화국이었기에 위대해졌다. 마키아벨리는 공화정 정부와 국가의 위대함 사이 관련성을 재정립하는 작업에 착수했다.

마키아벨리의 공화주의

마키아벨리는 고대 로마에 관한 연구에서 공동선을 지지하는 체제가 왜 최고의 정부 형태인지 몇 가지 이유를 들었다. 우선, 공화국은 군대를 양성하고 사람들이 국가를 위해 싸우고 죽을 동기 부여에 유리하다. 공화국에서 일반 시민은 스스로 그 체제의 성공을 실현하는 주역을 자처하면서 국내에서는 독립을 지키고, 국외에서는 세력을 확장하고자 결집한다. 그에 비해

40. *Discourses* 1.intro., p. 103.
41. *Discourses* 1.intro., p. 104.
42. Ibid.

군주는 두 가지 점에서 불리한 군대에 의존한다. 군주는 군사들의 양과 질로도 공화국과 경쟁할 수 없고, '민중이 대부분 적대시하는 정부의 존재를 굳건히 하기 위해' 때로 국내의 요새를 떠나야 한다.[43]

마키아벨리가 공화국의 우월성을 도덕이 아니라 군대에 뒀다고 결론지을 만하다. 그러나 시민적 덕성, 자기희생, 국가에 대한 헌신을 불러일으키는 공화국의 도덕적 우월성이 공화국의 군사적 성공의 바탕이 된다고 보는 편이 더 정확하다. 나라에 자유 의식이 만연할 때마다, 사람들은 국가적 자유와 개인적 자유의 연관성에 따라 행동했다. 자유를 높이 평가하고, 국가의 독립을 자기 삶의 방식을 유지하는 전제조건으로 생각하는 사람은 기꺼이 조국을 위해 자신을 희생하는 덕을 갖춘 시민이다.

자유 상태에서 '특성과 기질이 다양한' 시민이 등장한다.[44] 이런 다양성은 공화국의 위대한 자산 중 하나로 평가됐다. 공화국은 개별 천재들을 생산하지는 않지만, 깊이의 부족을 재능의 광범위함으로 벌충한다. 대중적 재능의 영역은 국가가 그 순간에 필요한 모든 재능을 이용하게 함으로써 변화하는 환경에 적응하게 했다.

그러나 마키아벨리는 공화주의와 군주제 정치가 연이어 작동한다고 봤다. 보통 사람은 정치적 자유 자체에는 큰 관심을 두지 않는다. 즉 높은 관직에 오르거나 권력을 휘두르거나 국가 조직을 운영하려고 들지 않는다. 자유에 대한 대중의 욕망은 대부분 '더 안전한 상태에서 사는' 데 있다.[45]

군주는 잘 통치함으로써, 인민의 평화와 안보에 대한 요구를 충족할 수

43. *Discourses* 1.16, p.16
44. *Discourses* 3.9, p. 442.
45. *Discourses* 1.16, p.163.

있다. 그래도 군주제는 자유에 대한 대중적 갈망을 이용하는 데 결코 공화국에 필적할 수 없다. 바로 이 점이 '오직 자유로운 도시와 국가만이 위대함을 성취할 수 있는' 이유를 말해준다.[46]

공화국의 위대함은 군사적인 관점만이 아니라 물질적 측면에서도 살펴볼 수 있다. 인구가 군주국보다 공화국에 더 많은 것은 '혼인이 훨씬 더 자유롭고 시민에게 더 많은 이점을 주기 때문이다'.[47] 문제의 핵심은 '사람들이 아이를 기를 능력이 있다고 판단할 때 기꺼이 아이를 갖는다'는 사실이다. 그리고 탐욕스러운 통치자가 갑자기 그들의 재산을 빼앗아 갈까 봐 두려워하지 않을 때 아이를 낳고 기를 수 있음을 안다. 공화국에서 "또한 부가 훨씬 더 기하학적으로 증가하는 현상을 목격할 수 있다. (...) 왜냐면 모든 이가 기꺼이 부를 증가시키고, 평온하게 즐길 정도의 재화를 얻고자 하기 때문이다."[48]

마키아벨리는 정치적 자유와 경제적 번영 사이, 공화국이 고무하는 시민적 덕성과 부를 창출하는 노동 윤리 사이에 존재하는 깊은 관계를 거듭 강조한다. 마키아벨리가 경제 활동을 도덕의 관점에서 바라본 최초의 이론가는 아니지만, 그는 독특하게도 이교도적 덕성 – 국가의 선에 대한 헌신 – 이 개인과 국가 모두가 보상적 재화를 거둬들이는 데 최선이라고 주장한다.

비록 공화주의 정치가 부를 창출한다 해도, 과도한 부 – 또는 부의 분배에 개입하는 과도한 불평등 – 는 번영의 유지에 필수적인 시민적 덕성을 위협할 수 있다. 문제는 부자들이 그들 자신의 부유함 때문에 부패하게 된다는 데 있다. 그들은 새로운 부의 창조에 어떤 유용한 공헌도 하지 않고, 그저 '엄

46. *Discourses* 2.2, p.287.
47. Ibid.
48. Ibid.

청나게 많은 소유물에서 나오는 수익'으로 살아가는 '신사'가 될 뿐이다.[49] 이런 불평등은 부자가 자기 이익을 이웃의 이익과 분리하게 하고, 자기만의 나라에 있는 자기만의 성에 갇혀 살게 한다. 부가 권력으로 변하는 상황이 벌어질 때는 군주제만이 유일한 해결책이다. 왜냐면 군주만이 일하지 않는 자와 타락한 부자의 야망을 꺾어버릴 절대 권력을 쥐고 있기 때문이다. 대조적으로, 공화국은 부자가 자기 지갑보다는 국가에 봉사하도록 경제 조건의 일괄적인 평등을 부과한다.

공화국 내의 더러운 손들

심지어 공화국에서도 시민의 덕만으로는 충분하지 않다. 위기와 붕괴의 시기에 군주국과 마찬가지로 공화국에도 사악한 수단이라도 기꺼이 사용할 지도자가 필요했다. 『로마사 논고』는 정치에서의 기만과 힘의 필요성을 지지하면서 종종 『군주론』과 비교한다. 사람들은 정치사가 공동선과 도덕적 선이 공존하는 시기에 서로 점점 가까워지는 진보적인 이야기이기를 바랄 수도 있다. 하지만 벌린이 지적하듯이 마키아벨리는 그런 희망을 깨버렸다. 두려움과 잔인함이 정치의 핵심이고, 사랑과 이성의 시대는 오지 않는다. 앞서 말했듯이 마키아벨리와 관련해서 가장 불안한 점은 정치가 흉포하게 변하는 상황을 그가 축하하는 것처럼 보인다는 것이다.

『로마사 논고』에서 마키아벨리는 공화국에 죄짓는 지도자가 필요한 두 가지 주요한 시기를 지목했다. 하나는 건국의 시대, 그리고 다른 하나는 타락 위에서 불안정하게 유지되는 공화국을 개혁해야 하는 시대다.

49. *Discourses* 1.55, p.255

건립

로마 건국과 관련해서 마키아벨리는 잘 알려진 두 가지 이야기를 청중에게 들려줬다. 첫 번째는 로물루스가 동생 레무스를 죽이고 권력을 장악한 이야기다.[50] 두 번째는 신성한 정령들이 그에게 법이 무엇인지 보여줬다며 최초의 법전을 만든 누마의 이야기다.[51] 첫 번째 이야기의 주제는 모살(謀殺)과 형제 살해이고, 두 번째 이야기의 주제는 기만과 신성한 기운(영감)의 가장(假裝)이다. 기독교인들은 이런 옛날이야기를 할 때 전통적으로 이교도 국가–성 아우구스티누스가 말하는 전형적인 '지상의 국가'–의 비도덕적인 토대를 강조했다. 아우구스티누스는 로물루스의 이야기를 지상 모든 국가 기원의 전형적인 범죄 설화로 보았다. 성서에도 이와 비슷한 이야기가 있는데, 카인이 동생인 아벨을 죽인다든가, 야곱이 그의 아버지 이삭을 속여 장자에게 가야 할 권한을 자신에게 물려주게 한다는 등의 이야기다. 그러나 어떤 국가도 형제 살인으로 건립되지 않았고, 사비니 여인들을 납치해서 인구를 늘리지 않았으며, 법으로 사람들 입을 막으려 하지 않았다. 마치 그런 것들이 정의에 관해 어떤 사실을 알려주는 신의 명령인 것처럼 말하지도 않는다.

마키아벨리가 개작한 이야기에서 로물루스와 누마는 대표적인 건국 인물로 등장한다. 먼저 로물루스를 생각해보자. 만약 로물루스가 단지 자신의 야망을 위해 동생을 죽였다면, 그 행동에 어떤 도덕적 정당화도 있을 수 없다.[52] 형이 사생활에서 동생을 죽였을 때는 절대로 목적이 수단을 정당화하지 '못한다.' 하지만 심지어 공화국에서조차, 정치적 삶은 자신만의 도덕적 명

50. *Discourses* 1.9, pp.138-141.

51. *Discourses* 1.11, pp.145-149.

52. *Discourses* 1.9, p.138.

령으로 전개된다. 공동선이 폭력의 이유가 되는 순간이 있다. 국가 건립은 이런 순간 중 하나다. 로마는 대중의 복지를 위해 개인적으로 가장 큰 죄를 저질렀던 지도자가 있었기에 축복받았다.

마키아벨리는 로물루스의 형제 살인의 '필요성'에 대한 경험적 증거를 제시하지 않았다. 잠시 멈추고, 마키아벨리가 전혀 말하지 않은 대안에 관해 질문해야 한다. 로물루스는 그의 형제와 정치적으로 협상하려고 노력했던가? 살인을 피하고자 사교나 협상 등 모든 노력을 기울였던가? 마키아벨리 주장의 핵심은 마치 사교적이고 타협적인 지도자가 건국자로는 재앙이라고 말하는 듯하다. 그는 잘 고안된 제도는 타협의 결과가 아니라, 하나의 정신이라는 일관성 있는 비전의 구체화를 명백하게 인정한다. 때로 나는 마키아벨리의 윤리가 군사적 영웅이 나타날 기회를 중시하기에 거의 당연하게 폭력을 외교적 대안으로 택했다는 인상을 지울 수 없다. 그런 점에서 로물루스가 공화국 비전을 실현하고자 살인의 만행을 저지른 것은 그에게 나쁜 예가 아니라 오히려 좋은 예다.

마키아벨리는 행위자의 의도와 형제 살인의 결과를 두고 로물루스를 옹호했다. 그가 사적인 선이 아니라 공동선에 따라 '동기가 부여됐다'는 점이 중요하다. 나는 로물루스가 몇몇 공평한 대중의 판단에 따라 옳은 일을 했다는 주장을 충분히 이해할 수 없다는 사실을 말하고자 한다. 그가 그 행위를 했을 때 특정 부류의 도덕적 인간이었다는 점이 중요하다. 즉 로물루스는 자기 형제를 넘어 국가에 대한 충성과 시민적 덕성에 대한 열정으로 행동하는 사람이라는 것이다. 하지만 로물루스가 그런 사람임을 어떻게 알 수 있는가? 그의 심리 상태가 자기중심적이 아니라 대중-중심적이라는 증거는 무엇인가? 여기서 할 수 있는 최선책은 그의 행동에서 동기를 파악하는 것이다. 로물루스는 자기 형제를 죽이고 나서 곧바로 의회(senate)처럼 권력을 나누는 기관과 제도를 만들었다.[53] 자신만의 이익을 위해 형제를 죽인 사람은 이렇게 행동하지 않는다.

물론, 결과도 중요하다. 마키아벨리는 지도자의 포악함이 선을 실현하고, 계속해서 좋은 결과를 낳기를 바랐다. 로물루스 사례가 남긴 손익을 정확하게 계산할 때 의회가 로마인들을 위해 대를 이어 봉사하게 된 선이라는 결과는 다시 반복되지 않을 형제 살인의 해악을 훨씬 넘어선다. 이것이 마키아벨리가 로물루스에 대해 "그 행동이 그를 비난하고, 그 결과가 그를 구제한다."라고 말한 이유다.[54]

마키아벨리는 로마공화국 설립자로서의 로물루스에 대한 칭송과 로마공화국 파괴자인 줄리어스 카이사르에 대한 비난을 연결했다.[55] 그렇게 함으로써 그는 자신이 역사의 관행적 지혜에 저항하고 있음을 깨달았다. 어떤 사람은 『군주론』의 작가가 카이사르에 대한 상찬에 함께하리라 예상했을 것이다. 어쨌든 카이사르는 위대한 장군으로서 오랫동안 성공적인 리더십을 보여줬다. 그러나 그가 로마에 입성할 때 관례상 입구에서 군대를 해산해야 순간이 다가오자, 관례를 거부하고 군대를 유지했고, 권력을 위해 그의 군대를 활용할 만큼 충분히 대담했다. 비록 카이사르가 암살됐을지라도, 그는 여전히 자신의 지배로 시작해서 5백 년 동안 지속한 제국을 설립한 사람이다. 카이사르의 이름은 엄청나게 유명해졌기에 오늘날에도 그의 이름을 모르는 사람이 없다. 그러나 마키아벨리는 그것이 전적으로 잘못됐다고 말한다. 율리

53. *Discourses* 1.9, p.139.
54. Ibid.
55. *Discourses* 1.10, pp. 141-145.

우스 카이사르는 로마공화국을 전복했으니 비난받아야 마땅하고 불명예스러운 인물로 평가돼야 한다. 로물루스는 권력을 나누고자 권력을 장악했지만, 카이사르는 오로지 자신을 위해 권력을 장악했다. 따라서 그에게 칭찬할 만한 구석도 거의 없고, 심지어 그는 성공적이지도 않았다.

정치적 야망이 있는 자의 심리를 고려했을 때, 어떻게 해야 권력자가 사람들을 공격하지 못하게 하고, 카이사르로 변하지 못하게 할 수 있을까? 마키아벨리는 자기 이름이 불멸하기를 갈망하는 지도자가 있을 때 사람들이 자유롭게 정치를 할 수도 없고, 또 그래서도 안 된다는 점을 명백히 밝힌다. 사람들이 할 수 있는 최선은 지도자가 그 갈망으로 일하고, 이를 사람들의 이익으로 돌리는 것이다. 이것이 카이사르를 영예로운 존재로 여기는 역사적 실수가 마키아벨리에게 중요한 이유다. 미래 지도자가 카이사르의 흉악한 사례를 모방하지 않도록 이것을 바로잡을 필요가 있다.

로물루스의 이야기는 자유로운 국가의 탄생에 간여하는 폭력의 중요성을 말해준다. 또한, 누마의 사례는 거짓말, 기만, 속임수, 사기에 똑같은 정치적 중요성이 있음을 말해준다. 마키아벨리는 공화국의 탄생은 권력보다 기만에 의존하고, 누구도 누마보다 거짓말을 더 잘하거나 더 큰 거짓말을 할 수 없을 것이라고 말했다.[56] 누마는 로마인들이 법을 준수하며 살아갈 필요를 느꼈지만, 그들이 오직 그의 권위만이 뒷받침하는 법을 따를지는 확신할 수 없었다. 그래서 누마는 신성한 정령이 그에게 신성한 법을 보여줬다고 사람들을 속였다. 사람들은 그 계략에 넘어갔고, 결과는 대단히 성공적이었으며, 거짓 권위에 바탕을 둔 법은 수백 년 동안 지속했다.

56. *Discourses* 1.10, pp. 145-149, 3.13, pp.318-319.

마키아벨리는 누마를 정치에 유용한 '시민 종교(civil religion)'의 창시자로 칭송한다. 앞서 언급했듯이, 마키아벨리는 모세가 신에게서 직접 십계명을 받았다고 사기를 친다고 해서 그를 비난하지 않는다. 때로는 조심스럽게, 때로는 공개적으로, 마키아벨리는 사람들이 종교를 통해 기꺼이 정치적 목적을 이루려는 입법자를 발견할 만큼 아주 운이 좋다면 번영할 수 있다고 말한다. 정말로 고대 문명에서 배울 수 있는 가장 큰 교훈은 "그들 종교와 우리 종교의 차이"에 있다.[57]

마키아벨리는 기독교가 진정한 종교라며 논의를 시작한다(하지만 이 증언은 마키아벨리가 종교재판을 받을 때 몹시 두려운 기준을 만들었다는 혐의에서 그의 작품을 구해내지는 못했다). 그러나 기독교는 "진실과 진정한 삶의 방식을 알려주므로 사람들이 이 세상에서 명예와 소유에 가치를 덜 두게 한다."[58] 이와 반대로, 이교는 명예와 소유가 이 세상에서 누릴 수 있는 최선의 것인 듯이 애착을 느끼도록 가르치므로 정치적으로 더 유용하다. 이 같은 이교도적 태도는 신학적으로는 잘못된 것일 수 있으나, 사람들이 흉포한 행동으로라도 자국의 영역과 자유를 방어하도록 열정을 불어넣는다. 지상에서 자신에게 해를 입힌 자들에게 복수하려고 죄를 짓느니 '천국에 들어가기 위해' 그 상해를 인내할 준비가 돼 있는 참된 기독교 신자는 이들과 다르다.[59] 결과적으로 이교도 신자들이 훌륭한 군인과 시민의 재능을 찬미하는 반면, 기독교는 겸손하고 관조적인 사람을 찬양한다. 이런 방식으로, "세상은 나약해졌고, 천국은 무력해졌다."[60]

---

57. *Discourses* 2.2, pp. 284-285.
58. *Discourses* 2.2, pp. 285.
59. Ibid.
60. Ibid.

공화주의 덕성과 기독교 덕성의 차이를 설명하는 방법으로, 마키아벨리는 피렌체 정계에서 자신의 상사였던 피에트로 소데리니의 행동과 루시우스 브루투스라는 인물의 고대 사례를 비교한다. 여기서 말하는 브루투스는 카이사르를 암살한 자가 아니고, 그보다 더 이른 시기에 국가에 대한 종사를 위해 필요한 순간에 자기 아들들을 죽음으로 내몰았던 사람이다. 브루투스는 로마의 타르퀴니우스 왕을 권좌에서 물러나게 하고, 자유와 공화정을 회복하는 데 주도적인 역할을 했다. 그런데 그 후 그의 아들들은 왕을 복귀시키려고 계략을 꾸몄고, 브루투스는 그들을 비판하고 심지어 사형에 처하게 했다. 이처럼 아버지가 아들에게 내리는 끔찍한 처벌은 너무도 가혹했다. 그러나 이런 두려운 국면은 자유를 빼앗으려고 음모를 꾸미는 자들과 맞서 싸울 때 치러야 할 대가다.

마키아벨리 생전에 피에트로 소데리니는 '브루투스의 새로운 아들'이 공화정을 위협하던 시기에 피렌체 공화국 수장이었다. 그는 위험을 감지했지만, '인내와 온화함' 같은 덕성으로 얼마든지 적들을 물리칠 수 있다고 믿었다. 그렇게 행동함으로써 자신이 좋은 기독교 신자이며 나쁜 지도자였음을 입증했다. 그는 브루투스의 가혹함을 본받아 적들을 단번에 물리쳐야 했다. 그리고 로물루스의 사례를 따라야 했고, 국가 위기를 넘기기 위해 권력을 공고히 강화해야 했으나 그러지 못했다. 소데리니는 진정으로 법을 존중했다. 그는 '자신의 의견에 속았고', 그의 대단한 덕성은 결국 '그의 나라, 그의 국가, 그의 명성'을 희생시켰다.[61]

소데리니는 또한 비판적 관점에서 모세와 비교된다. 히브리인 입법자

61. *Discourses* 3.3, pp. 405-406.

로서 모세는 '법과 제도에 대한 복종을 보장하겠다는 목적'을 위해 '많은 훌륭한 사람을 어쩔 수 없이 죽음으로 몰아넣었다.'[62] 소데리니도 이와 유사하게 악의와 질투에 찬 경쟁자들에 둘러싸여 있었다. 그러나 그는 '어떤 폭력이나 공적 소요 없이' 경쟁자들의 시기심을 가라앉히려고 했다. 그래서 그들에게 '이익을 줘서' 달래려고 했다. 그러나 이런 시도는 치명적인 실수로 판명 났는데, 관대함도 선함도 '시기에 찬 악의'를 쉽사리 능가할 수 없기 때문이다. 마키아벨리가 지적하듯이 소데리니의 문제는 "그의 모든 행동이 인간성과 인내의 지배를 받았다는 것이다." 그리고 '시대가 그런 방식을 선호하는 동안에는 그와 그의 나라가 번영했지만' 상황의 요구에 따라 덜 인간적인 수단으로 전환하지 못했기에 "결과는 자신과 국가의 몰락이었다."[63]

재건

마키아벨리 시대의 역사에서 로마는 공화국을 해치는 타락의 행태를 드러냈고, 이런 경향은 반복됐다. 여러 정부 형태 중에서 공화정만이 민주정치를 가능케 하는 공공 서비스의 에토스와 시민적 덕성을 유지하는 방식에 의존했다. 제도적이고 구조적인 합의는 권력 남용의 방지와 깊은 관계가 있다. 마키아벨리는 확실히 제도의 중요성을 연구했다. 그는 로마에서 한 당파의 지배를 막고자 여러 정부 형태를 혼합하고, 권력을 분산하고, 견제와 균형을 적용한 초창기 사례를 제시했다. 그러나 궁극적으로 인민은 스스로 자신의 자유를 지켜야 한다.

공화주의자로서 마키아벨리는 사람들의 도덕적 기질을 의심할 이유가

62. *Discourses* 3.30, p. 498.

63. *Discourses* 3.9, p. 442.

없었다. 만약 법보다 더 안정적이고, 일관되고, 존중할 만한 것이 있다면, 그것은 군주의 규칙이다. 로마의 선조에 관해 마키아벨리는 '400년 동안 그들은 왕권을 혐오하는 자이면서, 국가의 공동선과 영예를 사랑하는 자'였음에 주목한다.[64] 그들은 '추종하며 복종하지도, 거만하게 명령하지도' 않았다.[65] 국가를 지탱하는 것이 대중의 덕이라는 강력한 근거는 지도자들이 타락했어도 로마공화국이 지속했음에 있다. "많은 사람이 건실하다면, 소란과 소동이 어떤 심각한 피해를 낳지 않는다."[66] 극복할 수 없는 것은 사람들에게서 나타나는 부패다. 일단 사람들 사이에 부패가 생기면, '자정(自淨)'이라는 일반 절차로 공화국을 개혁하기는 불가능하다. 당연히 부패한 사람들은 자신을 쇄신하는 권력을 행사할 수 없다.

그런 순간에 공화국은 반드시 군주제 정치로, 즉 한 명의 훌륭하고 때로는 무자비한 리더의 지배로 전환해야 한다. 글의 중요한 단락에서, 마키아벨리는 공화주의 개혁의 폭력적 수단을 이야기했다. 일단 사람들이 타락하면,

> 일반적인 [개혁] 수단은 충분치 않다. 그런 수단은 심지어 해로울 수 있다. (...) 따라서 폭력과 군사력처럼 특별한 수단에 의지할 필요가 있다. 무엇보다도 이것들을 뜻대로 사용하려면 절대적인 국가 지배자를 세워야 한다. 그리고 국가의 정치적 국면 개혁은 좋은 사람을 전제하는 반면, 폭력을 통해 공화국에서 왕이 되는 것은 본질적으로 나쁜 사람을 전제한다. 따라서 그의 최종 목표가 선하다고 해도 좋은 사람이 군주가 됐을 때 사악한 수단을 기꺼이 사용하는 일은

64. *Discourses* 1.58, p.263.
65. *Discourses* 1.58, p.261.
66. *Discourses* 1.17, p.166.

극히 드물 것이다.[67]

이 단락은 정치에 악을 수용하고자 한 마키아벨리의 의지를 완전하게 요약한 훌륭한 단락이다. 마키아벨리가 군주에게 '선하지 않게 되는 방법'을 가르쳐주는 『군주론』 제15장처럼, 여기서도 그는 공동선을 위해 '사악한 수단'을 기꺼이 사용하는 '선한 사람'을 찾는다. 마키아벨리는 이것이 원을 사각형으로 만들려는 것과 비슷한 문제로 인식했다. 선한 사람이 어떻게 폭력이라는 무자비함을 동원해 사악한 짓을 할 수 있을지 상상하기 어렵다. 그러나 선하지 않은 사람이 많은 세상에서 선한 사람이 승리하려면, 공화국이 자유를 지키고자 한다면, 선한 사람들은 모두 마키아벨리주의자가 돼야 한다.

마키아벨리는 자신의 주장에 대해 특별히 고뇌하지 않았겠지만, 나는 '더운 손' 문제를 깊이 성찰했던 스승에게서 마키아벨리를 배웠다. 왈저 교수는 손을 더럽히지 않고서는 정의가 문제의 원인을 해결할 수 없을 때가 있음을 인정했다. 그러나 그는 모든 합당한 대안을 적용해본 뒤에야 폭력에 의존할 수 있다면서, 이 주장을 주저하며 받아들였다. 만약 문자 그대로 최후 수단이 아니라면, 적어도 최후 수단과 비슷한 것이어야 한다. 왈저 교수는 아무 문제 없을 때도 국가의 큰 위기와 불가피성을 보는 것이 정치인 본성이라고 생각했다. 그러나 그는 때로 선한 사람이 결코 사용하기를 원치 않는 수단을 통해서만 악한 사람을 이길 수 있음을 인정했다. 내가 기억하기로 왈저 교수는 프랑스 혁명에서부터 나치 지배에 이르기까지 여러 사례를 살펴봤다. 이것은 정의로운 대의가 정의롭지 않은 적을 만난 전형적인 사례이지만, 여

67. *Discourses* 1.18, pp.170-171.

기에서조차 왈저 교수는 레지스탕스의 대의가 독일군을 공격하는 수단으로, 비무장 농부로 위장하는 기만과 암살을 정당화하는 문제를 두고 고심했다. 그는 (장 폴 사르트르 희곡 「정의의 사람들」에 나오는 말을 빌려서) '정의로운 암살' 같은 것의 가능성을 인정했지만, 이를 긍정적으로 평가하지 않으려는 경향을 보였다. 왈저 교수는 암살범을 더러운 손을 가진 사람으로 간주했는데, 이들은 자기 행위를 마땅히 사과하고 변명해야 하고, 아마도 레지스탕스에서 더 높이 올라갈 권리도 박탈당해야 한다고 했다. 암살범은 사람들이 그에게 원하던 바를 실현했을 수도 있지만, 손에 피를 묻힌 대가를 치러야 한다.

나는 왈저 교수가 사례로 들었던 레지스탕스 일화를 기억하지만, 이것이 단순한 가정인지 아니면 실제로 일어났던 일인지는 기억나지 않는다. 중요한 군사 목표물이 레지스탕스 대원 가족이 사는 프랑스 마을에 있다고 상상해보자. 왈저 교수는 마을 사람들에게 경고할 시간이 없고 무고한 시민에 대한 부수적 피해의 위험이 클 때 마을에서 가족과 함께 있는 레지스탕스 대원에게 공습을 요구할 수 있을지 숙고했다. 만약 군사적 목표물이 매우 중요하다면, 왈저 교수는 레지스탕스가 그 공격을 지지하는 것이 정당화될 수 있다고 봤다. 하지만 마을에서 특정한 레지스탕스 대원을 그 공격에 참여하게 하고, 만약 참여하지 않으면 그를 처벌하는 레지스탕스 운동을 이해할 수 없었다. 이것은 시민적 덕성과 더러운 손이 너무 멀리 나아간 사례다.

나는 수용할 수 있는 유일한 마키아벨리즘은 왈저 교수가 대략 묘사했듯이 내키지 않는 종류의 것이라고 생각한다. 그러나 이것은 역사가 사람들에게 준 교훈이 아니다. 마키아벨리는 폭력의 필요성이나 폭력 사용을 주저하는 것과 관련한 정교한 사고와 상관없다. 우선 그는 '폭력'이라는 대안을 추구하지 않지만, 전면적인 전쟁 상황이 지배하는 역사의 무대에서 앞으로 나아가는 용감한 사람들에게 인정하는 위대함을 칭송한다. 이것이 셰익스피어가 마키아벨리를 매도했듯이 'Machevil'로 만들지는 않겠지만, 선하지 않은 많은 사람이 왜 마키아벨리의 글에서 자신의 정당성을 찾았는지 말해준다.

9장 홉스와 수단의 왕국

세상은 사람들이 홉스의 글을 읽어야 하는 이유를 계속해서 제공한다. 토머스 홉스의 정치적 관점은 하나의 근본적인 관찰에서 시작했다. 전쟁보다 나쁜 것은 없고, 필요하다면 안전을 위해 개인의 자유를 선뜻 포기해야 한다는 것이다.

마키아벨리와 마찬가지로, 홉스는 공포를 정치의 지주로 꼽았다. 하지만 마키아벨리적 인간은 '전쟁'이라는 무서운 얼굴, 그 흉포함에 매료된다. 반면에 홉스적 시민은 평화에서 만족을 추구하는, 분명히 더 겸손한 인간이라고 말할 수 있다.

홉스는 17세기 중반 영국의 내전 기간에 정치적 교훈을 얻었다. 그는 왕을 단두대에 세우고, 효수한 이단자들의 머리를 런던 다리 기둥에 꽂는 의식을 치르는 종교 전쟁 시대에 살았다. 주변 상황은 홉스에게 인간이 스스로 평화로워질 수 있다는 희망을 주지 못했다. 그는 사람들이 스스로 할 수 없는 것을 실천할 정치 체계를 고안했다. 홉스의 관점에서, 인간은 본질적인 위험으로부터 그를 보호해줄 수 있는 국가의 힘에 근본적으로 의존한다. 따라서 국가의 시민이라기보다는 언제나 종속된 대상으로 남는다. 홉스의 혁명적인 주장에 따르면, 평화라는 목적은 너무도 위대해서 사람들은 평화를 얻기 위해 심지어 종교적 열정마저도 제쳐둔다.

애석하게도, 내가 홉스에 관해 얼마나 많이 이야기했는지는 중요하지 않은 듯하다. 신문 헤드라인은 자유와 안보를 맞바꾸는 사례를 계속해서 내놓는다. 사람들은 사담 후세인이 적어도 이라크에서 수니파와 시아파가 평화를 유지하게 했다는 주장을 자주 듣는다. 그의 체제가 잔혹했던 것보다 내전의 잔혹 행위가 더 심각하지 않은가? 다른 사람들은 공산주의가 붕괴하고 나서 러시아 남성의 기대 수명이 급격히 줄어들었다는 점을 지적한다. 홉스가 정치에서 종교를 분리해야 한다고 생각한 지 오랜 시간이 흘렀지만, 사람들은 여전히 신의 이름으로 살인을 저지른다.

종교가 정치적 폭력의 유일한 원인은 아니다. 내가 지난번에 홉스를 강의했던 날은 버지니아 공과 대학 캠퍼스에서 32명의 학생과 교직원이 사망하기 하루 전이었다. 그날은 오랜만에 뉴잉글랜드에 찾아온 봄날이었다. 캠퍼스의 삶은 근심 없었고, 폭력적인 죽음이라는 공포는 학생들의 마음 어느 구석에도 없었다. 홉스에 대한 학생들의 관심은, 말하자면 단지 학문적인 것에 불과했다. 총격 이틀 후에 우리가 다시 만났을 때, 그들은 적어도 그 시간에는 홉스의 주장을 지지하고 있었다. 그들은 이제 '이해했고', 자유와 안보의 균형 관계에 관해 홉스가 의도한 바를 알게 됐다. 그리고 캠퍼스에서 더 많은 경찰과 더 무겁게 무장한 사람들이 돌아다니기를 보고 싶어 하는 갑작스러운 자신의 욕구에 대해 생각했다. 고맙게도 젊은이들은 본성적으로 상처를 치유하고 일상으로 돌아왔다. 하지만 정치적 폭력은 계속해서 홉스를 필요적인 존재로 인식하게 했다.

홉스는 다른 방식에서도 또한 필요적이다. 나는 로버트 자빅 박사가 심장은 '대체할 수 있는 스프링일 뿐'이라고 말했던 1651년 홉스의 재담을 사실로 입증하면서 1970년대에 인공심장을 발명했을 때, 홉스의 배가 도착했다고 생각했다.[1] 그러나 과학은 질병에 관한 이 같은 기계적 예비 부품의 해결책을 넘어 빠르게 발전했다. 줄기세포 연구를 통해 과학자들은 줄기세포가 스스로 형성하며 평생 조직과 장기를 자라게 할 수 있음을 보여줬다. 양과 개는 이미 복제됐다. 이론상으로는 인간은 이제 자신의 복제 자손을 만들 수 있고 기를 수 있다. 만약 인간이 미래를 책임지며 진화한다면, 홉스의 핵심적이고 대담한 주장 – 인류가 신의 경쟁 상대가 될 수 있고 창조에서 신을 앞지를 수도 있다 – 은 실현될 것이다.

『리바이어던』에 대한 논의를 시작하기에 앞서, 나는 정치 이념의 역사에서 홉스를 매우 중요한 인물이 되게 하는 사실을 개관해보려 한다. 홉스가 순수하게 지적인 능력으로 인간에 대한 두 가지 경쟁적 관점을 모두 갖추고 있다고 가정해보자. 하나는 인간이 삶을 유지하고 자기 본연의 흥미를 추구하도록 자연적으로 설계된 '욕망하는 동물'이라는 것이다. 홉스가 말했듯이, 인간은 우주에 있는 다른 모든 물질을 지배하는 자연의 똑같은 인과 법칙에 속하는 일부일 뿐이다. 인간이라고 해서 다르지 않고, 갈릴레오가 행성의 궤도를 관찰하는 데 적용했던 과학적 방법을 인간 신체의 작동에 관한 연구에도 똑같이 적용해야 한다. 홉스의 바로 이런 측면에서 공리주의와 오늘날 행동심리학이 비롯했다. 이들 학파는 인간을 '욕망하는 동물로' 환원하고, 인간 행동을 쾌락과 고통을 유발하는 힘으로 환원할 수 있다는 견해를 공유한다.

반면에 인간 본성에 대해 다른 견해는 인간이 자기 욕망에 법을 부과할 수 있는 도덕적 동물이라는 것이다. 인간에게는 선택의 자유가 있으며, 인간

1. Thomas Hobbes, *Leviathan* (Harmondsworth: Penguin Books, 1985), 작가의 소개 p.81.

은 자기 행동의 주인이다. 도덕적 동물로서 인간에게는 동기만이 아니라 책무도 있다. 사람은 자발적으로 약속하고, 그 약속을 지키고, 계약서에 서명하고, 이를 이행하고, 욕망보다 의무 이행을 선택하고, 법과 책무에 동의한다. 홉스는 사람의 정치적 책무의 원천으로서 사회계약에 대한 그의 중심 사상에서 이 '도덕적 동물'이라는 관점을 포착했다. 홉스의 이런 측면은 이윽고 루소와 칸트에게도 영향을 미쳤고, 정치의 비전을 도덕과 공동선을 위해 단순한 자기 이익 추구를 초월하는 데서 찾았다.

자신에게 이로운 욕망을 추구하게 조작된 육체가 어떻게 의무 이행을 약속하고 지키는 신체가 될 수 있는지 이해하기 어렵다. 인간이 의무 이행에 동의하는 것은 그 동의가 단지 이기심을 바탕으로 계산됐기 때문일까? 어떤 합의를 할 때 그 동기가 불가피하게 이기적이었다고 해도, 합의를 지키면 자기 이익이 위태롭더라도 그렇게 하라는 책무의 힘에 합리적으로 따를까?

홉스의 천재성은 욕망과 인간 행동의 도덕적인 측면을 조화시켰다는 데 있다. 홉스는, 인간을 문제 덩어리로 볼 것인지, 아니면 다른 문제의 창조자 혹은 제작자로 볼 것인지, 대안적인 관점을 강력하게 요청한다. 이는 줄타기 같은 행동이고, 지능적이지 않은 곡예사는 홉스만큼 오랫동안 두 개의 줄 위에서 균형을 유지하지 못할 것이다. 결국, 나는 인간을 이미 결정된 문제로 보는 관점과 도덕적으로 자유로운 행위 주체로 보는 관점을 동시에 고려하는 것은 불가능하다고 생각한다. 하지만 홉스의 글을 읽는 즐거움은 인간의 자유에 대한 근본적인 질문에 온전히 직면하는 데서 비롯한다.

『리바이어던』에 대한 홉스의 소개

나는 먼저 홉스가 자신의 걸작인 『리바이어던』을 소개한 내용을 살펴보려고 한다. 그는 두 쪽에 걸쳐 예술에 대한 인간의 업적과 예술에 대한 신의 업적, 즉 자연을 비교하는 비유로 구성했다.

17세기에는 그런 과장된 은유를 '자만(conceit)'이라고 불렀다. 홉스 시대에 자연과 예술은 익숙한 비유 대상이었다. 예를 들면, 사람들은 저물녘 풍경 그림을 보고 진짜 같다고 말하곤 한다. 하지만 신이 세상을 창조했듯이 인간도 저물녘을 '창조'할 수 있다고는 말하지 않고, 그쯤에서 심미적 칭찬을 멈춘다. 사람들은 신의 창조(자연)와 인간의 창조 사이에 메울 수 없는 틈이 있음을 인정한다. 그러나 홉스는 서두에 익숙한 비유를 밀고 나간다. 즉 신이 창조한 '자연'의 동물은 인간이 복제하거나 더 좋게 만들 수 있는 기계에 불과하다는 급진적인 주장을 펼친다.

유행하는 어느 농담은 홉스의 대담성을 조롱한다. 과학의 힘에 자만한 과학자 한 사람은 신이 창조한 어떤 것이든 자신도 만들 수 있다고 주장한다. 자만한 과학자의 말을 들은 신은 그에게 그렇다면 인간을 한번 창조해보라고 한다. 과학자는 재료로 흙을 한 움큼 집으려고 허리를 굽히면서 '그 정도는 쉽다'고 말한다. 그러자 신은 과학자를 저지하며, '네가 만든 흙을 가져와서 만들라'고 한다. 이 농담은 인간의 과학이 창조의 신비와 비교조차 할 수 없다는 자각의 긴 여운을 남긴다.

이 대목은 서두에 홉스가 드러낸 자만을 통해 단계적으로 살펴볼 만한 가치가 있다. 홉스는 신이 스스로 '자연의' 동물들을 창조했지만, 인간은 인위적으로 특정한 동물을 만든다는 사실에 주목하고, 자연적인 것과 인위적인 것 사이의 일반적인 간격을 좁히면서 논의를 시작한다. 홉스는 마치 신의 동물처럼 팔을 움직이는 '인공적인 동물'의 예로 시계를 꼽는다. '단지 팔다리의 동작에 불과한 삶은 어떤 것인가?'라고 강조하는 홉스의 비교는 적절해 보인다.[2] 더는 움직일 수 없는 – 심장이 박동하지 않고 폐가 호흡하지 않으며 뇌가 파동을 방출하지 않는 – 신의 동물을 찾자면 죽은 동물이 있다. 하지만 만약 삶에서 필수 불가결한 것이 동작이라면, 인간의 기술은 시계를 활기차게 작동하게 할 엔진을 고안하거나 물체에 운동을 부여할 시계, 기어, 용수철, 스프로킷, 바퀴 등을 고안함으로써 신이 만든 동물을 모방할 수 있다. 기능적인 관점에서 시계 안에 있는 용수철은 심장이 인간이라는 기계에 생기를 불어넣는 것과 비슷하게 시계에 '생기를 불어넣는다'.

하지만 홉스는 자연의 관점에서 기술을 묘사하는 정도에 만족하지 않는다. 그의 진짜 목적은 인위적인 관점에서 자연을 묘사하는 데 있다. 이를 위해 그는 자연 생명체의 신체 부위와 같은 역할을 하는 기계 부속을 묘사한다. 그럴 때 심장은 단지 용수철에 지나지 않는다. 신경은 여러 갈래 줄기이고, 관절은 여러 개의 바퀴를 움직여 인위적으로 그 창조자가 의도한 대로 몸을 움직이게 한다."[3] 이처럼 홉스는 자연조건과 기계 조건의 교환 가능성을 주장함으로써 자연의 유일성을 부정한다.

홉스의 자연 격하에는 신이 창조한 자연의 최고 작품인 인간도 포함된다. 신이 '자연보다 더 강력하고 더 우월한 (...) 인위적인 인간'을 만들면서 성취한 것보다 "예술은 더 멀리 나아간다."[4] 그 인공적인 존재는 진정한 리바이어던, 즉 지구를 배회하는 가장 큰 독립체다. 홉스가 '리바이어던'이라는

2. Ibid.
3. Ibid.
4. Ibid.

용어를 사용한 목적이 있다. 리바이어던은 성서에서 나오는 신의 창조물 중 가장 거대한 고래 혹은 바다 괴물이다. 그러나 여기서도 인공적인 동물은 자연적인 동물과 경쟁하고, 크기와 힘에서 앞선다.

인간이 만든 리바이어던이 왜 '인간'이라는 신의 가장 뛰어난 창조물보다 더 '위대한 것'일까? 홉스는 신의 창조물이 살아남으려면 보호와 방어가 필요하기 때문이라고 말한다. 인간은 그가 고안한 방법으로 – 정치를 통해 – 자연을 작동하게 하는 해결책을 창조하고, 설계하고, 완성한다.

후에 홉스는 정치 과학자들이 은유('무의미하고 모호한 단어')를 사용해서는 안 되고, 자연과학의 객관적 언어를 따라야 한다고 주장한다.[5] 그러나 누가 은유를 사용하지 않고 정치에 관한 책을 쓸 수 있을지 의심스럽다. 홉스는 틀림없이 그의 가장 유명한 책인 『리바이어던』에 제목을 붙일 때도 그런 은유의 도움을 받았다. 인간은 '국가'라는 것을 절대 눈으로 '볼' 수 없다. 그리고 감각적 경험에서 나온 단어가 존재하지 않으므로 국가가 무엇 '같은지'를 표현하는 은유에 늘 의지하는 수밖에 없다.

중세 시대에 가장 인기 있는 은유는 국가를 '신체 정치(body politic)'에 빗대 표현한다. '솔즈베리의 존' 같은 중세 작가들은 국가의 각 분야를 신체 부위에 빗대 길게 기술한다. 몸에 머리가 있듯이 국가에도 반드시 머리가 있어야 한다. 몸에 손이 있듯이 국가도 머리의 명령을 실행하는 손이 있어야 한다. 이제 은유가 사고를 강요하고 상상에 영향을 미치며 마음의 눈에 대한 그림을 만든다. 홉스 이전에 국가를 유기적이거나 생물학적인 의미에서 – 마치 신체인 양 – 생각하는 습관은 정치사상에 특정한 영향을 미쳤다. 첫째, 신

5. *Leviathan* 1.5, p.116.

체에는 머리가 오직 하나뿐인 것처럼 국가도 마찬가지다. 이 은유는 군주를 뜻한다. 둘째, 은유는 역사의 순환적 관점을 조장하는 경향이 있다. 신체가 그러듯이, 국가도 태어나고 병들고 죽는다. 이 순환에 탈출구는 없다. 어떤 국가도 자기 수명보다 더 오래 살 수 없다. 셋째, 그리고 아마도 가장 중요하게, 신체 정치라는 오래된 은유는 국가를 인간이 어설프게 만든 발명품이 아니라 불변의 자연법에 속하는 다른 신체들처럼 자연적인 것으로 보는 관점을 장려하는 경향이 있다.

홉스는 정치를 묘사할 때 유기적 비유에서 기계적 비유로 넘어가는 결정적인 전환을 실현했다. 우선, 국가를 '리바이어던'이라고 부르는 그의 이해는 아직 유기체적 은유 수준에 머무는 듯하다. 그는 심지어 국가를 머리(군주)가 있고, 여러 부위(행정장관, 장교)를 움직이게 하는 관절, 그 부위에 작동을 지시하는 신경 같은 것이 있는 신체로 묘사한다. 하지만 그의 전형적인 방식으로, 오래된 유기적 은유의 의미를 기계적 의미로 대체했다. 국가는 신체일 수 있지만, 이는 생물학적 신체가 아니라 기계적 신체다. 국가는 자연적인 것이 아니라 인공적인 것이다. 국가가 만들어지는 것은 신체가 태어나는 것과 같지 않다. 이 같은 기계적인 언어로의 변화는 정치학 연구에 지속적으로 깊은 영향을 미쳤다. 이 영향 일부를 나열해보자.

첫째, 기계의 동작에는 목적이 있다. 기계는 만든 사람이 추구하는 분명한 목적이 있다는 것이다. 그러나 '인간'이라는 기계의 목적이 무엇인지 묻는다면, 인간을 창조한 신의 의도를 알고자 한다면, 홉스는 아무 대답도 할 수 없다. 신이 어떤 목적에 따라 인간 신체의 여러 부위를 함께 움직이게 한다는 데는 의심의 여지가 없다. 그러나 인간은 신의 목적이 무엇인지 결코 알 수 없다. 홉스는 왜 우리가 지구에 존재하는지, 그 이유를 이해할 수 있다고 생각하는 학자들 – 스콜라 철학자들과 신학자들 – 을 고약하게 조롱했다. 이것은 단순히 과학적 지식에 대한 질문이 아니다. 홉스가 책에 썼듯이 "독실하게 신을 숭배하는 이들에게 신이 어떤 은총을 내려줬는지, 인간은 곧 알게 될 것이고 이를 즐길 것이다. 스콜라 철학자들의 표현인 '아름다운 비전'을 이해할 수 없는 것과 마찬가지로 인간은 그 은총을 지금은 이해할 수 없지만, 곧 즐기게 될 것이다."[6]

그래도 인간은 이런 기계의 목적, 즉 인간이 자신을 위해 만든 인공적인 동물의 목적을 알 수 있다. 정치의 목적은 단순하다. 즉 엄격히 국가 구성원의 삶을 보호하고 지키기에 충분한 국가의 힘을 기르는 것이다.

정치적 임무에는 성스러운 것도, 고정된 것도, 신성한 것도 없다. 그러므로 인간은 국가의 각 부분을 마음대로 분해하고, 대충이라도 손보고, 재배치하면서, 더 나은 방법을 찾는 실험을 해볼 수 있다. 기계적인 은유는 정치적 변화와 개선을 위한 새롭고 대범한 시도를 가능케 한다. 만약 국가를 신체 전체로 상상한다면, 쉽사리 손을 절단하거나, 머리를 자르지 못할 것이다. 하지만 만약 이것들을 내 몸의 부위가 아니라 기계 부속으로 간주한다면, 한 부분을 떼어내서 다른 것을 만드는 조작을 자유롭게 상상할 수 있다.

둘째, 홉스의 중요한 은유는 왕에게 성스러운 권리가 있다거나 신의 성유(聖油)를 받았다는 등의 일반 종교 개념에서 정치 연구를 해방했다. 정치는 인간의 목적을 위한 인간만의 독자적 창조물이 됐다.

셋째, 홉스는 국가를 자연적인 것으로 보는 그리스 개념에서 정치학 연구를 분리했다. 하지만 나는 아리스토텔레스가 강조했듯이 국가가 인간 조

6. *Leviathan* 1.6, p.130.

건에 '자연적'이라는 주장이 정치적 삶에 어떤 온기를 부여한다고 생각한다. 국가의 역할은 단지 인민을 보호하는 데 그치지 않는다. 인민을 강제하기도 하고 인간 본성을 실현하기도 하며 인민에게 집과 삶을 공유하는 공동체를 제공한다. 이와 반대로 기계적 언어는 냉정하다. 국가를 생명이 없는 금속 덩어리인 인공적 기계처럼 비인간적인 것으로 여길 때, 국가에 공동체적 애착을 느끼기 어렵다. 홉스의 관점처럼 국가를 인민이 거주하는 집과 가족생활 보호에 쓰는 도구에 불과한 것으로 간주한다면, 이제 국가는 인민이 소속된 장소가 아니다. 홉스는 국가에 대한 정서적 애착을 지워버린 자신의 접근을 정치학에서 실현한 '과학'의 승리로 여겼을 것이다. 그러나 정치가 이처럼 정서적 애착을 배제할 때 소속감을 원하는 인간 욕구에 어떤 일이 벌어지는지 깊이 새겨야 할 문제다.

넷째, 마키아벨리와 홉스를 비교해보자. 마키아벨리는 아무나 국가를 설립할 수 없다고 했다. 정치적 창조라는 지속적 행동에는 힘이 있고 영악하며 진정으로 훌륭한 인재가 필요하다. 마키아벨리는 훌륭한 인재가 필요하다고 했지만, 홉스는 생각이 달랐다. 인간인 군주는 카리스마 있는 리더의 도움 없이도 안정을 이루는 신체 없는 체계나 설계로 대체된다. 홉스가 정치에서 군주의 필요성을 배제했기에 민주주의를 지향하리라고 예상할 수 있다. 그러나 논의를 더 전개하기 전에 나는 여기서 실상은 그 반대였다는 사실에 주목하고자 한다. 어찌 됐든 홉스는 결국 절대적 정부를 지지했고, 우리는 그가 왜 그랬는지를 이해하는 데 상당한 시간을 할애할 것이다.

홉스의 은유로 돌아가자. 그는 국가('인공적인 사람')를 묘사하는 데 "첫째, '문제'와 문제의 '고안자'가 모두 '인간'이라는 점을 고려해야 한다고 말한다.[7] 이런 이원론 – 인간을 그 자체의 문제와 문제의 제공자로 보는 분리된 관점 – 은 홉스의 글 전체에 반복해서 등장한다. 한편으로는 홉스는 인간을 대단한 창조자로 묘사한다. 즉 리바이어던, 인공적인 동물 등을 만들었다는 점에서 '고안자'인 인간을 신에 필적한다고 보는 것이다. 다른 한편으로는 그는 인간을 물질세계에 있는 다른 종들과 마찬가지로 창조된 것으로 묘사한다. 하지만 신체는 용수철과 바퀴로 움직이는 정교한 기계다. 인간이라는 기계 신체에 대한 묘사는 결정론적 관점을 드러내는데, 이는 인간을 창조적 고안자로 보는 관점과 거의 일치하지 않는다.

홉스는 도입부를 마무리하는 단락에서 인간 본성에 대한 자신의 관점과 그것을 연구하는 적절한 방식 사이의 갈등에 직면한다. 뉴턴과 갈릴레오는 움직이는 신체에 관한 주장을 증명하고 확인하는 과학적 방법을 고안했다. 이런 증명이 인간 과학에도 적용될 수 있을까? 홉스는 주저한다. 사람 자체를 연구하는 것은 사람 외부의 것을 연구하는 것과 다르다. 인간은 동떨어진 연역 과정을 통해서가 아니라 자기 성찰로, 인간 본성에 관한 주장의 진실을 확인한다. 인간은 이 행성의 본질이 이치에 맞는지 행성에 물어볼 수 없지만, 인간 본성에 관해서는 자신에게 물어볼 수 있다. 홉스가 일반적으로 인간에 대해 말한 것을 인간이 자신에게서 찾을 수 있다는 것이 좋은 증거다. "국가 전체를 통치하고자 하는 사람은 특정한 사람이 아니라 인류 자체를 읽고 이해해야 한다." 반드시 그가 "생각하고, 의견을 밝히고, 이유를 대고, 희망하고, 두려워하는 등의 경우에 그는 자신을 살피고 무엇을 하는지 생각해야 한다... 그렇게 함으로써 다른 사람들의 생각과 열정을 읽고 알게 될 것이다." 도

7. *Leviathan*, 작가의 소개 p.82.

입부의 마지막 대목은 자연과학의 방법을 정치학에 적용하려는 이들에게 특히 놀랍다. 자기 성찰을 정치학의 증명 방법으로 언급하면서, 홉스 다음과 같이 결론짓는다. "[정치적] 원칙은 (자기 성찰) 이외의 다른 어떤 입증 방법도 인정하지 않는다."[8] 홉스는『리바이어던』에서 대부분 개별적인 인간 행동에 대한 더 기본적인 공리에서 정치이론을 끌어내는 데 자연과학을 모방한다. 홉스는 인간 기계의 움직임을 지배하는 가장 기본적인 자연법칙에서 시작해서 인간 본성의 명령에서 정치 법칙을 도출했다. 그러나 다음의 두 가지 긴장 관계가 그의 주장을 늘 따라다녔다. 하나는 그가 도입 부분에서 인정했던 긴장 관계, 즉 입증 방법으로 자기 성찰과 증명 사이의 긴장이다. 다른 하나는 그가 인정하지 않았던 더 큰 긴장 관계, 즉 인간을 문제로 보는 관점과 문제의 창조자로 보는 관점 사이의 긴장이다.

본성의 명령

『리바이어던』 1부는 사전 같은 느낌이 든다. 왜냐면 문제의 과학적 진실을 설명하려는 홉스는 정확한 용어로 인간 행동을 묘사하겠다는 뜻에서 익숙하나 부정확한 어휘들을 해설한다. 그는 초판본에서 책 여백에 일상 어휘 – 식욕, 혐오, 사랑, 미움, 선, 악 같은 단어 – 의 진정한 의미를 설명했다. 이런 해설은 가차 없었고, 무엇보다도 관찰을 우선시하는 자세를 보여줬다. 인간 기계에 대한 모든 것은 자기 보존과 이기심을 추구하려고 설계되고 고정됐다. 결함이 있지 않은 한, 인간은 생명 보존 말고 다른 것을 선택하지 못한다.

8. *Leviathan*, 작가의 소개 p.83.

해설의 중대한 작업은 『리바이어던』의 중요한 부분인 제6장에서 이뤄진다. 누구나 알 듯이 살아 있는 것은 움직인다. 이런 움직임은 가장 기본적인 수준에서 무의식적이고 내부적이다. 혈액의 흐름, 심장 박동, 폐의 팽창 같은 것들이다. 이런 움직임이 없다면 죽은 것이고, 삶의 목적은 단순하게 보자면 사람들이 여전히 생명 징후라고 부르는, 생명 유지에 관련된 생명 운동에 도움이 되는 것을 실천하는 데 있다. 그렇게 해서 인간은 자발적으로 움직일 수 있다. 즉 사람은 걷고, 말하고, 어떤 물체로 팔을 뻗거나 그 물체에서 팔을 거둘 수 있다. 이 자발적인 움직임은 총체적인 형태로 실현되면 명백하지만, 상상력이 제공하는 작은 끌림으로 보이지 않게 내부에서 시작한다.

자발적 움직임은 생존에 관련된 생명 운동에 봉사하는 도구적 활동이다. 인간은 특정한 방법으로 움직이기를 '선택'하지 않는다. 생명과 관련된 생명 운동을 보존하는 방향으로, 그리고 생명과 관련된 생명 운동을 위협하는 대상에서 멀어지는 방향으로 움직이도록 설계됐을 뿐이다. 인간이 먹고 마시고 싶다는 욕구를 충족하려는 것처럼, '욕망(appetite)'이나 '욕구(desire)' 같은 말은 생명에 관련된 생명 운동에 도움이 되는 물체로 향하는 움직임을 적절히 표현한다. 반면에 '혐오'는 예를 들어 불처럼 위험한 것에서 달아나게 한다.

이런 점을 명확히 밝히면서, 홉스는 두 가지 직접적인 결론을 제시한다. 첫째, 욕구는 삶의 원동력이다. 쉬지 않고 움직이는 것이 행성의 자연 상태이듯이 인간의 삶에도 쉼이 없다. 인간이 살아 있는 동안 욕구의 중단은 없다. 둘째, 모든 욕구는 이기적이다. 인간은 자신에게 좋은 것만을 욕망한다.

이제 두 가지 질문이 생긴다. 첫째는, 인간이 어떤 욕구는 '좋다'고, 어떤 욕구는 '나쁘다'고 말하는 것이 무엇을 의미하느냐는 것이다. 홉스는 욕망을 삶의 동물적 원동력이라고 정의함으로써 이런 도덕 용어들을 급진적으로 재정의했다. 인간이 욕망하는 것은 '무엇이든지' 당연히 좋다. 인간이 욕망하는 대상이 인간 생명을 보존하게 한다는 의미에서 좋다는 것이다. 반대로, 인간이 어떤 대상을 '나쁘다'고 판단하는 것은 그것이 인간의 자기중심적 관점에서 볼 때 나쁘다는 의미다. 모든 도덕 판단은 상대적이고 주관적이다. 그 자체로 객관적인 선과 악은 어디에도 없다. 이는 단지 특정한 대상이 인간의 이기심에 부합하느냐, 부합하지 않느냐는 문제다. 인간은 무엇이 선하고 악한지를 판단하는 공평한 개념에 도달할 능력을 갖추지 못했다. 인간 기계는 인간을 보호하는 것이면 무엇이든 좋다고 판단하도록 엄밀히 조작돼 있다. 인간이 소유욕을 객관적으로 판단할 수 있다는 주장은 터무니없다. 홉스는 여기에 도덕적 삶에 대한 근대 회의론의 지적 기원이 있고, 도덕적 삶을 인간 모든 행동의 자기중심적 원천으로 보는 과학적 접근에 대한 강조가 있다고 판단했다.

지금 바로 던져야 할 질문은, 홉스가 인간이 보여주는 명백한 이타적 사례들, 즉 자기 이익에 반대되는 행동을 할 때 이를 어떻게 설명하느냐는 것이다. 소방관들은 죽음의 위협을 무릅쓰고 불타는 세계 무역 센터로 돌진했다. 군인들은 조국을 지키고자 전쟁터에 나가고, 낯선 사람이 길 한쪽에 누워 있는 사고 희생자에게 응급 처치를 하려고 가던 길을 멈춘다. 홉스가 주장하듯이 만약 인간이 이기적이라면, 훌륭한 군인, 인정 많은 이타주의자, 착한 사마리아인의 존재를 어떻게 설명할 수 있을까?

홉스는 이 문제에 정면으로 맞섰다. 그는 자기 사전에서 '연민', '비탄', '동조', '동지 의식', '동정' 같은 용어가 필요하다는 점을 인정했다. 그러나 홉스의 가장 심술궂은 점은 그런 것들을 항상 인간에게 동기를 부여하는 숨겨진 이기심으로 해석했다는 것이다. "다른 사람의 재앙에서 느끼는 비통함은 연민인데, 이 감정은 이와 비슷한 재앙이 자신에게도 닥칠지 모른다는 상상에서 비롯한다. 그러므로 이를 '동정(compassion)'이라고도 부른다."[9] 다시 말하면, 타인을 염려하는 등 이타적으로 보이는 모든 행동은 타인의 고통을 자기 고통처럼 상상하는 데서 비롯한다. 오직 상상만이 이런 변환 조작을 할 수 있고, 인간의 팔다리도 이타적이거나 자비롭게 작동할 수 있다.

지진, 태풍, 홍수로 피해를 본 사람들을 돕고자 모금하는 활동이 전 세계에서 일어날 때, 자선 기부가 어떻게 일어나는지 생각해보자. 홉스는 이런 현상에 거의 놀라지 않을 것이다. 그는 그런 기부자 자신이 홍수나 지진의 피해자 처지에 놓였다는 상상을 한다고 주장한다.

홉스를 강의하면서, 나는 종종 학생들에게 동정심을 자신의 이익으로 환원하는 홉스의 주장에 맞서는 이타적 행동의 예를 들어보라고 한다. 그러면 학생들은 늘 아이를 잉태하고 양육하는, 두 가지 사례를 제시한다. 학생들은 아이를 가지려는 욕망이나 태어난 아이를 기르려는 욕망을 이기심으로 설명할 수 없다고 말한다. 학생들은 아이를 낳아 기르는 동기가 자기 보존이 아니라 종의 보존이라고 말한다. 나는 학생들에게 인간이 출산에서 기쁨을 느끼도록 설계됐다는 생물학적 사실에서 홉스식 주장을 찾아보라고 한다. 왜 신은 인간이 (지금까지도) 성행위를 통해서만 종을 번식할 수 있게 설계했을까?

때로 엄청난 희생으로 자식을 낳아 기르는 사례는 순수한 이기주의 언어로 설명하기 정말 어렵다. 생각건대, 홉스는 인간이 처지를 바꿔 상상할 수 있기에 작고 약한 사람을 보호한다는 그의 상투적 대답에 의지할 것이다. 하

9. *Leviathan* 1.6, p.126.

지만 진화 과학은, 홉스가 곧잘 그랬듯이, 그런 환상을 깨는 대답을 내놓는다. 특히 진화론에 대한 홉스 철학적 재작업으로 『이기적 유전자』에서 생물학자 리처드 도킨스는 진화의 단위는 전체적 신체가 아니라, 개별적 유전자라고 말한다. 신체는 유전자적인 구성을 위해 고안된 정교한 기계일 뿐이다. 그러므로 진화는 시간이 흐름에 따라 유전자의 생존, 즉 '유전자의' 생명과 관련된 생명 운동(vital motion)의 보존에 유리한 인간 행동 – 그중에서 양육 – 을 선별했다. 당시에 홉스는 인간의 신체가 하나의 독립체로서 '자신의' 생명을 보존하도록 만들어졌다고 생각했다. 도킨스는 가장 중요한 명령은 유전자가 특정하게 육체화한 것을 보존하는 것이 아니라, 더 넓게 퍼트리려는 유전자의 이해관계에 따라 행동하는 것이라고 주장한다. 이는 자극적이고 무서운 내용이지만, 다윈주의와 홉스주의의 흥미로운 연관성을 보여준다.

홉스의 환원주의와 행동주의에 관해서 매우 이상하긴 해도 잘 설명한 사례를 살펴보자. 웃음의 정의에 관해 홉스는 근육이 움직여서 얼굴의 특정한 형태와 미소가 되는 현상을 관찰하고 설명했다. 하지만 인간이 유머에 반응하게 하는 것은 무엇인가? 홉스는 다음과 같이 말한다. '갑작스러운 영광(Sudden Glory)'은 '웃음'이라고 부르는 '안면 움직임'을 생성하는 정념이다. 웃음은 타인이 갑자기 자신을 즐겁게 하는 행동을 하거나 타인의 추한 뭔가를 파악했을 때, 즉 타인과 비교해서 자신에게 박수를 보낼 수 있을 때 일어난다."[10] 이것은 홉스가 얼마나 형편없을 수 있는지를 보여주는 사례 중에서 내가 가장 좋아하는 것이다. 인간은 다른 사람을 희생시켜 웃거나, 단지 인간 자신이 스스로 얼마나 영리한가를 축하하며 웃기도 한다. 만화 『뉴요커(*New*

10. *Leviathan* 1.6,p.125.

Yorker)』는 후자의 예가 될 수 있다. 인간은 농담을 '알아듣고' 그 의미를 알아채며 저자의 내면에 있는 영리함을 깨달을 때 웃는다. 농담은 모두 타인에게 재미를 주거나, 가능성을 내려놓거나, 타인에게 딱 들어맞는다(질문: 당신은 헬렌 켈러가 뒷마당에 인형집을 뒀다는 것을 아는가? 대답: 아니, 나는 모른다. 반응: 헬렌 켈러도 몰랐다).

홉스에게 유머에 대한 세 번째 방법은 없다. 설사 있다고 해도 그것은 전혀 순수하지도 않고, 좋은 유머도 아니다. 농담은 누군가에 대한 것이어야 한다. 아니면 이것은 내면에 머무는 농담이 돼야 한다. 속담에서 말하듯이, 모든 농담에는 '약간의' 유머가 있다.[11]

삶의 목적

홉스가 그의 사전에서 선함에 관한 모든 어휘를 제거할 때 아무런 제한이 없었을까? 비록 사람마다 차이가 있겠지만, 모든 사람이 욕망하고, 보편적으로 선하다고 판단하는 것은 없을까? 홉스는 그런 대상으로 오직 하나만을 인정했다. 그것은 삶 자체, 즉 인간 생명과 관련된 생명 운동의 영구성이다. 그러나 아리스토텔레스가 물었던 것처럼, 만약 생존 유지 수준을 넘어서 삶의 궁극적인 목적이 무엇인지를 묻는다면, 홉스는 잘 알려졌듯이 다음과 같이 대답할 것이다. 즉 삶에서 알거나 얻을 수 있는 것은 아무것도 없다. '왜냐면 옛날 도덕철학자들의 책으로 전해지듯이, 궁극의 목적(Finis ultimus)이나

11. 18세기 여론은 웃음에 대한 홉스의 주장을 어떻게 평가했는지 살펴본 허치슨(Francis Hutcheson)의 리뷰로, 엘리자베스 텔퍼(Elizabeth Telfer)의 "Hutcheson's Reflections on Laughter," *Journal of Aesthetics and Art Criticism* 53, mo. 4 (Fall 1995): 359-369를 보라. 유머가 우수한 감정이 아니라는 사례로, 허친슨은 패러디나 풍자를 든다. 사람들에게 웃음을 유발하지 않는 우월한 감정의 사례로, 그는 아픈 사람을 보고 있는 건강한 사람의 반응이나 빈자를 마주한 부자를 든다.(p.359)

최고선(Summum Bonum) 같은 것은 없기 때문이다.' 홉스가 수평선에서 볼 수 있는 것은 '한 대상에서 다른 대상으로 이동하는 욕구의 끊임없는 진전뿐이다.' 삶은 욕망의 끝이 보이지 않는 무한 회귀다. 반복하자면 욕망이 그 목적을 달성하고 휴식에 들어가는 방법은 죽음뿐이다.[12]

인간이 모든 욕구를 이룬 상태를 상상할 수 있지만, 그래도 여전히 문제가 있다. 미래에 어떤 행운이나 변화가 일어나서 욕구를 충족할 수 있게 자원을 충분히 비축했다는 사실을, 인간이 어떻게 알 수 있을까? 홉스는 이 삶의 행복이 불확정적이고 불안정한데, 그것은 인간이 천성적으로 탐욕적이고 더 '강력한 기쁨'을 원하기 때문이 아니라고 말한다. 이것이 몇몇 사람에게는 사실일 수도 있다. 그러나 가장 겸손한 사람도 '더 많은 것을 갖지 않고서는, 잘 살기 위한 수단과 힘이 있는지를 확신할' 수 없다. 삶은 보험의 논리를 따라야 한다. 언제 '충분함'이 충분한지 절대 알 수 없다. 그래서 "나는 모든 인간에게 다음과 같은 일반적인 성향이 있다고 본다. 즉 계속해서 권력을 가지려는 부단하고 영구적인 욕망, 이는 오직 죽음으로만 끝난다."[13] 홉스가 설명한 심리 상태는 '권력에 대한 굶주림'일 수 있다. 그러나 '끝없이 권력'을 추구하는 동기는 공격성보다는 불안감으로, 공격적이기보다는 방어적으로, 획득을 향한 추구라기보다는 상실에 대한 두려움으로 판명된다. '만약' 미래의 욕망을 충족할 만큼 충분한 양을 이미 저장해뒀음을 알 수 있다면, 인간이 권력 자체를 위해 권력을 추구할 합리적 이유가 없을 것이다. 하지만 인간은 이를 알지 못한다. 삶에는 오직 다음의 욕망으로 이어질 욕망이 있을 뿐, 욕망은 끝이 없기에 끝없는 욕망을 충족하는 데 필요한 수단에도 한계가 없다.

12. *Leviathan* 1.11, p.160.
13. *Leviathan* 1.11, p.161.

홉스는 여기서 '삶의 수단과 목적의 전도'라는 문제를 제기한다. 나는 여러 해에 걸쳐 학생들이 홉스가 설명하는 함정을 인식하고 있음을 발견했다. 모두가 그렇다고는 생각하지 않는다. 고등학교에서 학생들은 좋은 대학에 들어가는 수단으로 열심히 공부한다. 하지만 대학에 들어가도 쉴 수 없다. 대학에서 좋은 성적을 받는 데 성공하는 것은 로스쿨 입학이라는 다음 목적을 위한 수단에 불과하다. 학생들은 좋은 로스쿨에 들어가고 나면 무한 경쟁을 멈추고 해변으로 멋진 휴가를 떠날 수 있으리라고 믿지만, 이 역시 사실이 아님이 금세 드러난다. 좋은 직장을 얻으려면 로스쿨에서 열심히 공부해야 한다. 그러나 많은 돈을 주는 좋은 직업을 얻는 것이 삶의 목적일까? 물론, 돈을 버는 것은 목적이 아니라 또 다른 목적을 위한 수단이다. 다시 말해 목적은 좋은 집을 사고, 멋진 휴가를 보내고, 자녀를 잘 양육하고, 자신이 그랬듯이 아이들이 무한 경쟁할 수 있게 좋은 학교에 보내는 것이다. 홉스에 따르면, 이 구조에는 탈출구가 없다. 인간의 행동은 전적으로 합리적이다.

인생 계획이 합리적이라고 해도, 이성은 욕망에서 뒷자리를 차지할 뿐이다. 플라톤은 영혼의 올바른 위계가 이성이 욕망을 통제하는 데 있다고 봤다. 하지만 홉스는 판을 뒤집는다. 홉스의 유명한 구절을 보면, 이성은 욕망을 '찾아다닌다.'[14] 인간은 신중하게, 욕망을 실현하는 최선의 수단, 최상의 방법을 알아내려고 먼저 이성을 작동시킨다. 하지만 이성은 도구적 논리에 제한된다. 이성은 인간의 목적 실현을 위한 수단을 알아낼 수는 있지만, 삶에서 어떤 목적을 추구하는지 설명하는 추론 과정을 알아낼 수는 없다. 이런 목적은 욕망이 정하고, 이는 인간 기계 본성의 일부로 설정돼 있다. 그리고 이

14. *Leviathan* 1.8, p.139.

성이 할 수 있는 최선은 그 설정을 수행하는 수단을 숙고하는 것뿐이다.

홉스가 『리바이어던』을 쓰고 350년이 넘게 세월이 흐른 뒤, 그의 목적/수단 논리는 너무 익숙해져서, 사람들은 흔히 이것의 혁명적 중요성을 간과한다. 삶의 수단은 – 삶에서 인간의 목적을 이루고자 도구와 권력, 돈과 자원을 비축하는 것 – 자동으로 삶의 목적이 된다. 삶에는 목적이 없기에, 즉 계속해서 욕망을 추구하는 것 너머에는 결국 아무것도 없기에 수단이 목적이 되는 현상은 자연스럽게 일어난다. 훌륭한 사회학자 막스 베버는 '수단의 왕국'이라는 표현으로 홉스의 논리를 포착한다. 약간 뒤죽박죽이지만 합리적인 방법으로, 이른바 삶의 수단은 삶의 목적이 된다. 사람들은 보통 '생계를 유지하다'라는 표현을 일상적으로 사용한다. 혹은 때로 이렇게 묻는다. '넌 무슨 일로 생계를 유지하니?' 이렇게 툭 내뱉는 말에서 홉스주의를 당연한 것으로 받아들인다. 아리스토텔레스는 '잘 사는 것'을 말했지만, 이 질문은 '만드는 것'과 '하는 것'의 명령 뒤로 영원히 물러나게 된다.

밀러 맥주의 오래된 TV 광고는 내가 말하는 내용을 잘 포착했다. 작업복 차림에 얼굴에 얼룩이 묻은 노동자들이 힘든 일과를 마치고 공장에서 나온다. 그리고 이런 멘트가 들린다. "온종일 열심히 일했으니, 보상받아야지. 그건 바로 밀러를 마시는 시간이야." 그러나 밀러를 마시는 즐거운 시간이 얼마나 즐길 만한지 몰라도 이것이 공장에서 일하는 시간을 대신해준다고 약속하지는 않는다. 오히려 사람들은 또 다른 밀러 한 잔 마실 시간을 위해 작업장으로 돌아가야 한다. 이 순환이 중단되지 않는 것이 맥주 판매에는 좋을지 몰라도, 가끔 밀러를 마시며 쉬는 시간을 제외하고 공장에서 일하는 시간이 끝나지 않는다는 것이 매력적인 전망이라고 말할 수는 없다.

인간 심리에 대한 홉스의 관점에는 심지어 사람들의 실제 상황을 정확하게 기술할 때조차도 큰 문제가 있다. 한편으로 홉스는 욕구를 인생의 주요 원동력으로 승격하고, 다른 한편으로 사람들이 그 욕구를 절대 채울 수 없다고 말한다. 인간은 이 욕구에서 저 욕구로 옮겨가며 '끊임없이 앞으로 나아갈' 뿐이다. 기쁨의 성취는 인간 앞에서 점차 희미해지고 인간에게서 멀어진다. 『위대한 개츠비』에서 제이 개츠비는 부유하지만, 행복은 그를 비껴간다. 홉스가 말하는 욕망하는 동물은 '잘' 살기를 생각하지 않고, 생계를 '잇는 것'만을 영구적으로 고민하면서 불안해하고 두려워하다가 종말을 맞이한다.

여기서 욕망을 삶의 주요 원동력으로 보는 홉스 주장의 특정한 역설과 맞닥뜨린다. 사람들은 욕망의 이런 급진적 이해가 쾌락주의 철학으로 이어지리라고 생각할지도 모른다. 하지만 홉스를 잘 살펴보면 정반대 견해에 도달한다. 욕망하는 동물인 인간은 기쁨보다 고통을 더 자주 느끼고, 상실을 예상하며 늘 두려워하고, 미래를 걱정하고, 만족하지 못하며 불안해하고, 아무런 목표나 실재하는 목적 없는 욕망에 따라 영원히 움직인다.

수단의 왕국에서 삶은 어떤 것일까? 이하의 계획에 따라서, 홉스는 논의를 심리 상태에서 정치로 교묘히 이동시킨다. 첫째로, 완벽한 자연 상태에서 인간이 어떤 삶을 사는지 추적해야 한다. 즉 법이나 권력의 통제 이전에 있던 자연 상태에서의 삶 말이다. 자연 상태는 인간 심리 상태가 '자연적'으로 유도하는 것을 말해줄 것이다. 그리고 나면, 자연 상태의 자명한 진실에서 정치이론을 도출할 수 있다.

자연 상태

자연 상태의 가장 중요한 특징은 경쟁적이고 호전적이라는 점이다. 즉 진정한 투쟁 상태를 말한다. 자연 상태는 '반드시 그래야' 하는데, 왜냐면 인간 기계는 끊임없이 권력을 추구하도록 조작됐기 때문이다. 일단 이 진실을 받아들이면, 인간은 그 자신의 장치로 남겨져 갈등과 폭력으로 끝맺게 된다는 사실이 드러난다.

홉스를 출발 공리(starting axiom)로 이끌었던 논리, 인간이 끊임없이 권력을 추구한다는 논리를 검토해보자. 홉스는 인간이 본능적으로 탐욕스럽고 선천적으로 공격적이라고 말하지 '않는다'. 그는 다른 사람을 죽이거나 물건을 훔치고 싶은 욕망이 긍정적이라고 주장하지 않는다. 홉스의 출발 공리는 훨씬 더 약하고 덜 논쟁적이다. 자신을 보호하려는 기본적인 본능이 먼저 남을 공격하게 할 뿐이다.

이 문제를 다음의 방식으로 생각해보자. 자연 상태에서 남도 그래야 하듯이 나도 살기 위해 열매를 따서 모아둬야 한다. 내가 모아둔 것들을 빼앗으려는 사람들로부터 내 것을 지키는 방법 – 몇 가지 확신 – 이 있을 때만 적당히 채집하며 만족할 수 있다. 자연 상태에서는 내가 따서 모은 열매가 내 것이라고, 그것이 내 재산이고 내가 그것을 얻으려고 노동했기에 그것이 내 소유물이라고 주장할 수 없다. 그런 사유재산권은 자연적으로 존재하지 않는다. 그런 권리는 아직 탄생하지도 합의되지도 않았다. 자연 상태의 규칙은 모든 사람이 모든 것에 똑같이 권리가 있다는 단순한 규칙이다.

이 같은 무정부적이고 무법적인 환경에서, 나는 '자신이 없고' 두려움을 느낀다. 즉 나는 상대가 생존하는 데 필요한 것을 내게서 빼앗으려고 나를 공격하고, 심지어 죽일 수도 있음을 늘 예상한다. 내 욕망을 위해 경계 상태에 있는 이성은 예상 공격에서 나를 방어하는 유일한 방법이 먼저 공격하는 것임을 알려준다. 선제공격은 자연 상태의 논리에 뿌리를 두고 있다. 그 논리는 방어적인 것으로, 안전을 확보하기 위한 것이다. 그러나 공격이 최고의 방어임이 밝혀진다. 나 자신을 지키려면 상대가 내 것을 빼앗기 전에 내가 상대의 것을 먼저 빼앗아야 한다.

엄밀히 말해서, 자연적인 충돌에 대한 홉스의 결론은 그의 초기 가정을 따르지 않는다. 만약 자연 상태에서 자원이 풍부하다면 어떨까? 그럴 때 자기 보존에 전념하는 인간 기계는 남의 것을 훔치거나 빼앗기보다 열매를 더 많이 줍는 편이 훨씬 더 수월하고 안전할 것이다. 그래서 홉스가 언급하지 않았더라도 자연 상태를 희소 상태로 가정했음이 틀림없다.

남들을 굴복시키며 폭력을 끝낼 지도자가 자연히 나타날 정도로 인간이 동등하지 않다면? 이런 가능성을 배제하고자 홉스는 다음과 같이 말한다. 즉 신체와 정신의 차이가 있어도 "자연은 사람들을 평등하게 만들"어서 "가장 약한 사람조차 가장 강한 사람을 죽이기에 충분한 힘을 갖추고 있다."[15] 이런 대략적인 평등은 아무도 공격의 공포에서 벗어날 수 없음을 의미한다.

지금도 남아 있는, 내가 예전에 마이클 왈저 교수의 수업 시간에 했던 필기 노트를 보면 그가 홉스의 논리에서 세 번째 결함을 발견했음을 알 수 있다. 왈저 교수는 자연 상태에서 모든 사람이 시인이라고 상상했다. 불행히도 내가 필기를 거기서 멈췄지만, 왈저 교수는 자연 상태에서 모든 사람이 체질적으로 남의 것을 훔치거나 타인을 죽일 수 없다고 주장했던 것 같다. 즉 사람들이 시를 음미하면서 진정하고 만족스러워한다는 것이다. 홉스는 그런 시인들이 사는 유토피아의 가능성을 배제해야 한다. 그는 필요하면 언제든지 폭력을 행사하는 것을 인간 본성으로 가정해야 한다.

만약 희소성과 평등을 자연 상태의 가정에 포함한다면, 그리고 만약 왈

15. *Leviathan* 1.13, p.183.

저 교수가 상상한 시인들의 유토피아를 배제한다면, 다음 단계에 따라 자연 상태가 이미 전쟁 상태라는 홉스의 주장을 설명할 수 있다.

1 희소성은 경쟁을 낳는다.

2 경쟁은 절취와 충돌을 낳는다.

3 절취와 충돌은 사람들에게 공포를 불어넣는다.

4 공포는 사람들이 늘 닥쳐올 공격을 예상하게 한다.

5 공격을 예상하면 남을 먼저 공격하게 된다.

홉스는 전쟁 상태로서의 자연 상태에 대한 또 다른 주장을 덧붙인다. 사람들은 대부분 안전만을 열망하지만, 몇몇 사람은 언제나 그 이상을 원한다는 것이다. 그들은 '영광'을 추구하고, '안전 이상을 추구하면서, 정복 행위로 권력을 추구하는 데서 즐거움'을 얻는다.[16] 이런 사람들의 존재는, 비록 평화롭게 살고 시를 쓰며 만족한다고 하더라도, 다른 사람들이 전쟁에 참여하도록 강요한다.

홉스는 자연 상태를 '만인의 만인에 대한 투쟁'이라는 유명한 기술로 결론짓는다. 전쟁은 '계속되는 공포'를 모두에게 강제하고, 어디에서나 '폭력적인 죽음의 위험'을 제기한다. 결과적으로 '사람의 일생은 외롭고, 형편없고, 험악하고, 야만적이고, 짧다'는 것이다.[17]

사람들이 은둔자여서가 아니라, 신뢰할 만한 약속이 없기에 외롭다. 삶의 기준이 낮아서 인간의 삶은 형편없다. 이성은 남을 파괴하지 못하면 자신

16. *Leviathan* 1.13, p.184-185.

17. *Leviathan* 1.13, p.185-186.

이 파괴돼야 한다는 사실을 알기에 인간의 삶은 험악하다. 인간은 이런 환경에서 정제된 정념을 발전시킬 수 없으므로 야만적이다. 그리고 무엇보다도, 폭력적인 죽음의 위험이 도처에 있기에 인생은 짧다.

홉스는 자연이 인간 기계에 설계한 정념에서 자연 상태의 이런 특징들을 추론할 수 있다고 주장한다. 그는 자연이 인간을 형편없이 설계했다는 사실이 이상해 보인다는 점을 인정했지만, 독자들이 '자기 성찰'과 자신의 정념을 고려하면서 이런 관점의 진실을 확인해주기를 바랐다. 공권력이 시민을 제대로 보호하지 않는 나라를 여행할 때 개인 경험이 그 증거가 된다. 그럴 때 먼저 해야 할 일은 스스로 무장하는 것이다. 심지어 자기 집에서도, 사람들은 문과 금고를 잠그면서 공격에 대한 항시적인 공포를 드러낸다. 그렇게 사람들은 홉스가 글로 인간을 비난했던 것만큼이나 행동을 하나하나 들어가며 인간을 비난한다.

마지막으로, 홉스는 역사를 그 증거로 제시했다. 자연 상태와 같은 '시절은 결코 존재한 적이 없었던 것 같다'. 그리고 홉스는 '정말로 그럴 수 없다'고 인정했다.[18] 그러나 자연 상태의 사례가 남아 있다. 홉스는 그런 예로 '미국의 많은 곳에 있는 야만인들'을 언급했지만, 이 예는 잘못됐다. 남북 전쟁은 일시적으로 사람을 다시 자연 상태로 인도한다. 그리고 국제 정부의 부재로 인해 국가들은 영원한 전쟁 상태에 놓여, 국가 안보를 위해 선제공격의 논리를 따른다.

18. *Leviathan* 1.13, p.187.

자연 상태 탈출 : 사회계약

자연 상태 이론가는 이런 문제에 부딪힌다. 만약 인간의 가장 기본적인 정념이 자연 상태를 전쟁 상태로 만든다면, 인간은 어떻게 이 상황에서 벗어날 수 있었을까? 홉스에게 이 문제는 특별했는데, 그는 인간 기계가 완전히 그 정념에 복종하도록 설계돼 있다고 강조했기 때문이다. 그가 인간의 정념이 전쟁을 지향한다는 강력한 결론을 내렸다면, 그는 어떻게 – 그의 결정론을 유지하면서 – 인간 정념이 그래도 평화를 지향한다고 주장할 수 있을까?

홉스는 도전에 직면한다. 가장 기본적인 인간의 열정은 삶 자체, 생명운동의 보존이다. 그러나 자연 상태에서 인간의 삶은 짧다. 만약 사람들이 평화를 누릴 수만 있다면, 죽음의 공포는 사람들에게 평화에 대한 정념을 불러일으킨다. 이렇게 죽음의 망령은 인간의 사고로 들어와 자연 상태에서 사는 기쁨을 능가하는 고통을 만들고, 인간 스스로 평화를 소망하게 한다.

어떻게 이런 일이 일어날까? 욕망을 찾아다니는 이성은 인간이 이익을 위해 복종 '해야 하는' '자연법칙(laws of nature)'을 발견한다. 홉스주의자는 비록 잔인하기는 해도 자연 상태에서 해결책을 찾아내는 철학자다. 홉스주의자는 '삶을 파괴하거나, 삶을 보존하는 수단을 빼앗는 것을 금지한다'는 자연의 근본 법칙에 바탕을 두고 법을 추론한다. 그는 말한다. "평화를 희망한다면 평화를 얻고자 노력해야 한다. 평화를 얻을 수 없을 때 전쟁으로 얻는 모든 도움과 이익을 추구하고 사용할지도 모른다."[19]

합리적인 사람은 죽음의 공포로 평화가 집단적으로나 개인적으로나 최선의 이익이라는 이런 근본 수칙에 동의할 것이다. 그러나 이런 기초적인 합

19. *Leviathan* 1.14, pp.189-190.

의는 완전히 부수적이다. 평화를 누릴 수 있다면, 당연히 평화를 추구해야 한다. 하지만 평화를 누릴 수 없다면, 전쟁 상태에서 살아갈 자연적 권리도 있다. 홉스의 특별한 용어를 빌리자면, '자연권'은 자연 상태의 인간이 이미 갖추고 있다. 즉 자연적인 권리는 생명에 관련된 생명 운동을 보호할 권리다. '자연의 법칙들'은 죽거나 죽일 '자연권'을 인정하는 삶의 불안정성을 극복하고자 인간이 이성으로 스스로 찾아낸다.

홉스는 자연 상태에서 겪게 되는 죽음의 공포에서 첫 번째 자연법을 도출한다. 그리고 첫 번째 법에서 두 번째 법을 도출한다. 상대가 나와 전쟁을 벌일 자신의 자연권을 기꺼이 포기한다면, 상호적으로 나 또한 상대와 전쟁을 벌일 내 자연권을 기꺼이 포기할 것이다. 이런 상호 무장해제, 자연적 자유를 서로 포기하는 것은 각자의 이익에서 비롯한다. 사람들은 각자 개별적으로 전쟁의 권리 포기에 동의하는 데서 '자신에게 좋은 뭔가'를 추구하고, 이 좋은 것은 '다름 아닌 인간의 안전'이다."[20]

나는 누구와 이 계약을 맺어야 할까? 먼저, 사회계약은 둘 또는 그 이상의 개인 사이에 성립된다. 계약 체결에 동의하지 않는 사람은 자연 상태에 남는다. 그를 제외한 나머지 사람은 스스로 자연 상태에서 벗어난다. 인간은 인간의 방법으로 시민 사회와 이를 통치할 자연법을 만든다.

그 후 시민 사회는 자신을 대변하고 대표하며 행동할 하나의 목소리, 하나의 군주를 임명한다. 인간이 본성적으로 그들 사이에 생기기 쉬운 불화를 끝내려면 필수적으로 단일성을 보장하고, 군주에게 절대 권력을 부여한다는 합의가 반드시 이뤄져야 한다. 사회를 구성하려면, 즉 평화를 유지하겠다는

20. *Leviathan* 1.14, pp.190-192.

목적을 이루려면 군주는 필요한 모든 권한을 가져야 한다.

이런 절대 권위의 인정은 홉스의 사회계약론을 놀랄 만큼 일방적인 것으로 만든다. 인민은 군주에게 복종을 맹세하지만, 군주는 그 대가로 지극히 미미한 것을 약속한다. 군주는 인민을 보호하겠다고 약속하지만, 그는 '평화'라는 목적을 이루는 데 필요한 수단을 결정하는, 모두가 유일하다고 인정하는 판단자다. 홉스의 관점에서 이런 사회계약은 무효다. 사람들은 사전에 군주에게 모든 권한을 부여했기에 나중에 그가 계약을 위반했다고 불평할 수도 없다. 왜냐면 군주에게 절대 권력을 부여하는 것이 자신의 최고 이익에 부합한다고 모두가 합의했기 때문이다.

처음 이런 계약에 합의할 때 자신이 홉스식으로 잘 타산하고, 절대적 합의가 자기 이익에 부합한다고 예상한다. 그러나 결과가 예상과 다르게 나타나도 군주의 어떤 결정도 불평할 수 없다. 왜냐면 군주는 인민이 모두 자발적으로 합의한 대로 행동했기 때문이다. 홉스는 군주의 권력에 다소 제약을 뒀지만, 군주는 모든 행동에 피지배자의 동의에 따라 권한이 부여됐기에 자신의 모든 행동이 정의롭다고 주장한다.

책무 대 자기 이익

사회계약이 각자에게 정부에 대한 절대복종 같은 것을 강요한다는 홉스의 주장은 그도 익히 아는 문제를 제기한다. 즉 자기 이익을 추구하도록 프로그램화된 개인이 어떻게 군주의 의지에 복종하겠다고 동의할 수 있을까? 계약에 서명할 때는 어떤 의심도 없었기 때문이다. 자연 상태로 살아갈 때 겪는 불안정성과 비교할 때 전능한 정부를 성립하는 쪽이 이익이라고 계산했기 때문이다. 하지만 서명하고 나서 사건이 일어나고, 계약이 더는 자기 이익에 부합하지 않는다면 어떻게 될까? 군주에게 복종하는 것이 자기 이익에 불리할 때 어떤 일이 벌어질까?

홉스는 이런 상황에 대처하고자 세 번째 자연법칙을 추가한다. "사람들은 자신이 서명한 계약을 이행한다."[21] 사람들은 일단 약속하면 그 약속에 구속된다. 결과와 상관없이 약속을 지킬 의무가 있다. 홉스는 그의 전체 체계가 이 조건에 달렸음을 안다. 약속을 지킨다는 도덕적 책무가 없다면, "계약은 헛되고, 무의미한 말뿐이다."[22] 인간이 이기적인 심리를 따를 때 합의를 버리는 편이 정략적이라면, 약속을 파기하고 달아나버릴 것이다.

홉스주의적 인간이 어떻게 '약속을 지켜야 한다'는 책무 같은 것에 스스로 구속되는지 여전히 미스터리다. 홉스가 시작한 결정론적 심리학은 이제 그를 속박하는 듯하다. 홉스가 – 자신에게 이득이 되므로 그것을 해야 한다는 – 인간이 더 취약하고 신중하게 계산하는 이유를 설명할 수는 있지만, 더 엄격한 도덕적 책무, 즉 자신이 말했고, 약속했고, 동의했기에 그것을 지켜야 한다는 더 엄격한 도덕적 책무를 설명하지는 못한다. 기계는 약속할 수 없다. 기계의 내부에는 '나'가 없기 때문이다. 그래서 홉스의 심리 상태와 홉스의 도덕 사이에는 이분법이 존재한다.

잠시 홉스 사상에 있는 이런 이분법과 긴장을 조금 더 자세히 살펴보자. 『리바이어던』 해석에서 홉스의 책무 개념 중 중요한 한 가지는 자연법칙은 어떤 종류든 도덕 명령이 아니라는 것이다("당신은 X를 저지르지 않는다."). 자연법칙은 오히려 가상적인 명령이나 신중한 격언과 같다("당신이 Y를 원한다면, 당신은 Y를 얻기 위해 X를 해야 한다."). 왜 우리가 이런 자연법칙에 복종해야 하느냐

21. *Leviathan* 1.15, p.201.

22. Ibid.

는 질문은 그 자체가 대답이다. 이성은 욕망을 위해 정찰해줄 뿐이다. '책무'는 신중함에 대한 가상적인 최대치로만 이해돼 모든 인간의 행동에 자기 이익의 논리가 작용한다는 주장과 완벽히 일치한다.

그러나 개인 욕망을 충족하는 방법과 관련해서 왜 모든 사람이 자연 상태에서 똑같은 방식과 똑같은 신중한 계산에 도달하리라고 생각해야 할까? 자연 상태의 모든 사람은 설령 그들이 합리적이라고 해도 서로 다른 목적을 위해 다양하고 가변적인 방법을 찾아낼 가능성이 더 크다. 게다가 만약 자연법칙을 준수해야 하는 내 '책무'가 단지 전략적인 계산에서 비롯한다면, 이따금 자연법칙을 어기는 것이 현명할 때는 어떻게 해야 할까? 홉스의 심리적인 관점에서 모든 책무는 내 이기적 목적에 도달하는 데 유리하다는 사실이 증명될 때만 그것을 따르고 지속할 수 있는 듯하다. 하지만 너무 약한 책무는 홉스가 말하듯이 평화를 유지하는 데 필요한, 군주에 대한 영구적이고 안정적인 복종을 확보할 수 없다. 아마도 홉스는 이 문제를 해결하려고 인민이 계약을 절대적으로 지키도록 의무를 부과하는 세 번째 자연법을 추가한 듯싶다. 그러나 계약을 파기하고 자기 이익을 챙기는 사람을 어떻게 도덕적으로 비난할 수 있는지 여전히 이해하기 어렵다. 왜냐면 홉스는 인간이 그렇게 행동하게 돼 있다고 말하기 때문이다.

이런 문제를 성찰하는 몇몇 학자는 인간이 자연법칙에 복종하는 '동기'와 자연법칙에 대한 복종을 긍정하게 하는 '근거'를 구별한다. 이런 관점에서 인간의 동기에 관한 홉스의 묘사는 이기적 인간이 자연법칙에 복종하는 이유만을 보여준다. 그러나 자연법칙의 중요성은 이 같은 동기로 환원될 수 없다. 동기와 근거를 구분하는 학자 중 몇몇은 홉스가 자연법칙의 도덕적 구속력에 대한 근거를 신의 명령에서 구하고, 이기적인 인간이 지킬 의무가 있

는 법을 따르도록 정치학을 고안하는 일에만 천착했다고 주장한다.[23]

나는 홉스의 해석에서 이런 동기와 근거의 구분에 설득력 있다고 생각하지 않는다. 정치철학자 토머스 네이글이 제시한 사례를 살펴보자. 물을 두려워하는 사람은 익사자를 보면서도 구하지 못하고 그저 바라볼 뿐이다. 이럴 때 사람들은 그의 도덕적 실패를 관대하게 대할 것이다. 왜냐면 사람들은 그 사람이 그 상황에서 도덕적 인간이 하듯 행동할 수 없다는 것을 이해하기 때문이다. 그러나 그 물 공포증 환자는 오직 한 분야에서만 도덕적으로 무능하다. 삶의 다른 국면에서, 아마도 그(녀)는 자신이 해야 하는 행동을 할 수 있을 것이다.[24]

네이글은 홉스에게서 문제가 되는 점은 인간이 사익을 추구하지 않고 행동하는 것은 본질적으로 불가능하다고 보는 관점이라고 말한다. 사람들은 어디에서나 물을 두려워하는 자들이 겪는 병을 부담한다. 홉스의 주장에서는 인간이 완벽하게 도덕적 책무에 따라 행동하는 사례가 생기지도 않고, 생길 수도 없다. 모든 행동의 동기는 자기 이익으로 환원된다. 이와 마찬가지로, 홉스는 죽음에 대한 공포로 군인들이 책무를 저버릴 때처럼 인간이 자기 책임을 다하지 못할 때 물 공포증 환자를 대하는 것과 똑같은 방식으로 그에 대한 비난을 완화해야 한다. 물을 무서워하는 사람처럼 군인은 죽음을 두려워한다. 군인이 전선에서 이탈해도 무조건 비난할 수만은 없다. 하지만 홉스의 체계는 무조건 군인의 복종을 요구한다.

군인으로서의 책무와 인간으로서의 심리를 조화시키려면, 홉스는 꽤

23. Howard Warrender, *The Political Philosophy of Hobbes* (Oxford: Oxford University Press, 1957); A. E. Taylor, "The Ethical Doctrine of Hobbes." in *Hobbes Studies*, ed. Keith Brown (Cambridge, Mass.: Harvard University Press, 1965), pp. 35-55를 보라.

24. Thomas Nagel, "Hobbes's Concept of Obligation," *Philosophical Review* 68, no. 1 (1959): 73-74.

지적인 작업을 계속해야 했다. 비록 인민을 보호하려고 정부를 세웠지만, 전시에 정부는 인민에게 오히려 정부를 보호하기를 요청한다. 이런 전도된 상황에서 홉스주의자들에게 무엇을 기대할 수 있을까? 인간 기계에게 자신을 보호하는 대상을 보호하려고 목숨을 걸 책무가 있을까? 홉스의 체계는 인간이 비상식적으로 행동하기를 요구한다. 한편으로, 인민을 군대로 징집해서 싸우게 하는 정부 권력은 사회계약에 포함된다. 이런 권력이 없다면 정부 설립은 불가능하다. 하지만 다른 한편으로 자기 보존을 위해 생명 운동을 하도록 프로그램된 인간 기계의 '자연적 소심함'도 허용해야 한다. 여성만이 아니라 '여성적인 용기를 지닌 남자'도 본성적으로 국가를 위해 죽을 수 없다. 따라서 군인이 두려워서 전쟁터에서 달아날 때 그가 부정의하게 행동했다고 말할 수 없다. 그는 자신의 본성에 따라 행동했을 뿐이다. 그러나 정부는 부여된 권리에 따라 그 탈영병을 처벌할 수 있고, 심지어 사형시킬 수도 있다.[25]

정부가 범인을 체포하고, 구금하고, 처형할 때도 비슷한 상황이 벌어진다. 심지어 당연히 비난받는 사람에게도 자신을 방어할 권리가 있다. 이것이 "범죄자가 자신에게 유죄를 선고한 법에 동의했는지와 상관없이, 무장 인력을 동반해서 범죄자들을 처형하거나 교도소로 보내는" 이유다.[26] 교수형을 받거나 교도소로 끌려가는 사람이 동의를 통해 할 수 있는 것은 오직 자신을 보호하려는 인간 본연의 자연적 성향을 바꾸는 정도다. 따라서 홉스는 다음과 같이 말한다. '정부에는 (사회계약을 위반한) 범죄자들을 처형하고 구금할 권리가 있고, 범죄자에게는 사회계약의 집행에 대한 자기방어라는 자연권이 있다.'

25. *Leviathan* 2.21, pp.269-270.
26. *Leviathan* 1.14, p.199.

억제

인민을 전쟁이나 감옥으로 보내는 이 두 가지 사례는 도덕(인민은 군주의 뜻에 복종할 책무가 있다)과 심리학(사람은 자기 뜻을 추구하도록 프로그램된 인과적 기계다)의 긴장을 해결하려는 홉스의 노력을 다시 한번 보여준다. 그러나 여기에도 역시 새로운 뭔가가 있다. 자신의 사회계약 이론에서, 홉스는 정치적 책무의 근거를 일단 '성립된 약속은 지켜야 한다'는 의무에 둔다. 그러나 그는 군인이나 범죄자 같은 인간 기계가 자발적으로 전쟁터나 감옥으로 가야 한다는 주장의 약점을 간파한다. '약속의 힘은 사람이 자기가 맺은 계약을 지키게 하기에는 너무 약하다.' 대신 복종을 끌어내는 더 좋은 방법은 공포, 두려움, 폭력, 처벌을 통해 동기를 부여하는 것이다. 군인에게 탈영은 총 맞을 위험이 더 커진다는 사실을 보여주면 된다. 중무장한 경비원의 존재는 범죄자가 도주하려는 마음의 싹을 잘라버린다. 여기서 근대적 억제 이론의 단초를 볼 수 있다. 모든 사람이 이기적인 방식으로 행동한다는 사실을 바꿀 수는 없지만, 즐거움과 고통에 대한 계산에 영향을 미치는 주변 '사실'을 바꿀 수는 있다.

홉스 이후 인간 행동을 제어할 때 책임 완수나 약속 이행의 의무에 호소하기보다 적극적 강화와 소극적 강화를 잘 조작하는 방법을 강조하게 됐다. 공리주의자들은 홉스적인 '즐거움-고통'의 계산 방식을 찾을 것이다. 사회계약 이론가들은 순전히 약속 이행의 힘을 통해 인간을 사회화하는 대안적인 홉스적 이미지를 추구할 것이다. 그의 놀라운 업적은 무엇보다도 정치적 책무에 대한 대립적 시각들을 통합했다는 데 있다.

절대주의

사회계약이 단순한 약속에 그치지 않게 "그들의 합의를 지속하는 데 필요한 다른 뭔가가 있다는 것은 놀라운 일이 아니다. 그것은 바로 공통 권력(common power)인데, 이는 사람들에게 두려움을 품게 한다."[27] 두려움을 불러일으키는 데는 큰 힘이 필요하므로 홉스는 군주가 인민을 복종하게 하는, 실제로 억제되지 않은 권위를 갖춰야 한다고 주장했다. 국가의 권위는 반드시 '인간이 상상하기에 훌륭하고, 가능한 것'이어야 한다.[28] 어떤 권리를 확보하려는 것은 자연 상태, 즉 충돌에 대한 해결책이 없는 상태에서 한 발 뒤로 물러나는 것과 같다.

너무 급진적으로 정치적 권위에 복종하는 것이 위험하다고 불평하는 사람들에게, 홉스는 다음과 같이 대답한다. "사람들이 바라는 권력이 너무 무제한적이면 나쁜 결과를 초래할 수 있다. 그러나 권력을 바라는 것의 결과, 즉 자기 이웃과 모든 사람의 영원한 전쟁은 훨씬 더 나쁠 수 있다. 이런 삶을 사는 사람의 상태에는 불편이 있을 수밖에 없다. 그러나 코먼웰스[29]에서는 신민(subjects)의 불복종에서 발생하는 어떤 중대한 불편도 생기지 않는다."[30]

군주의 절대 권력에 대한 홉스의 선호는 특이하다. 주권자는 힘, 강압, 신성한 권력이나 혈통을 내세워 절대 권력을 얻지 않는다. 그의 힘은 오로지 지배에 대한 합의에 달렸다. 이후의 정치사상사에서 사회계약을 정부 기원

27. *Leviathan* 2.17, pp.226-227.

28. *Leviathan* 2.20, p.260.

29. commonwealth : 'common'과 'wealth'의 합성어로 16세기 군주제이면서 공화국의 가치를 담은 잉글랜드의 고유한 정치체제의 의미로 정립됐다. 이 개념은 인민의 권리를 전제로 국가가 다양한 행위 주체로 구성됐음을 의미한다는 점에서 근대 국가체제의 시초로 여겨진다. 이후 사회의 다양한 맥락에서의 공동체를 의미하는 개념으로 확대됐다. 역자.

30. Ibid; 또한 *Leviathan* 2.17, p.227을 보라.

의 기초로 본 홉스의 비전은 그의 절대주의적 결론에서 분리될 것이다. 정부가 피지배자의 합의에 달렸다는 생각은 인간이 절대 포기하지 않을 핵심 권리를 명시함으로써 국가 권력을 제한할 것이다. 그러나 홉스는 주권자의 권한을 제한하기보다 그에게 권력을 부여하고자 사회계약을 내세운다. 자연상태에서 인간은 폭력과 죽음에 대한 두려움이 너무나 커서 평화를 유지하고자 주권자가 어떤 행동을 할 수 있도록 권한을 위임하는데 합의한다.

홉스는 주권자가 절대적이라면, 얼마나 많은 사람에게 절대 권력을 부여하든 상관하지 않는다.[31] 그가 살았던 시대의 내전 상황을 보면, 갈등의 해결책으로 절대군주제를 선호했던 것은 분명하다. 그러나 엄밀히 말해서 홉스 체계에서는 '여럿이 모인 집단'도 군주 한 사람처럼 절대적으로 지배한다면, 주권자가 될 수 있다. 그에게 중요한 것은 사람들이 주권을 부여하는 대상이 아니라 그 주권을 절대적으로, 제약 없이 부여해야 한다는 사실이다.

홉스 이후 사회계약의 자유주의 버전에서 인간이 절대 계약으로 양도할 수 없는 권리 목록은 광범위하고, 일반적으로 사유재산, 종교의 자유, 언론의 자유를 포함한다. 홉스의 관점에서 이성적인 사람들이 정부에 양도하지 않을 유일한 권리는 자신의 생명을 보호할 권리다. 개인이 정부에 복종하는 데 동의하는 단편적인 이유는 자기 생명을 보호하려는 데 있다. 따라서 '자기방어'라는 기본권을 포기한다는 것은 모순이고, "힘을 사용해서 자신을 방어하지 못하는 계약은 언제나 무효다. 왜냐면 누구도 죽음, 부상, 구속으로부터 자신을 방어할 권리를 양도하거나 포기할 수 없기 때문이다."[32]

홉스는 『리바이어던』의 '자유'라는 장(章)에서 '자기 신체를 방어하지

31. *Leviathan* 2.20, p.260.

32. *Leviathan* 1.14, p.199.

못하는 계약은 무효'라고 반복해서 말한다. 그리고 주권자가 사람들에게 '그 자신을 죽이고, 상처 입히고, 불구로 만들거나, 공격에 저항하지 못하게 하거나, 음식, 공기, 약을 쓰지 못하게' 명령하는 사례를 보여준다.[33] 유사한 이유로, 범인으로 기소되거나 처벌 또는 사형의 위협을 받을 때 정당하게 증언을 거부할 수 있다. 그러나 사람들은 이런 한계를 넘어 평화 유지에 필요한 힘을 정부에 부여하고자 자기 자유를 기꺼이 포기한다.

홉스가 주권자에게 권력을 부여하는 방식은 매우 특이하다. 일단 사람들이 주권자에게 복종하기로 동의하고 나면 되돌릴 수 없다. 주권자가 무슨 짓을 하든 거기에 저항할 권리가 없다. 심지어 주권자가 계약을 위반해도 비난할 수 없다. 왜냐면 계약은 인민을 보호해야 한다는 계약상 책무의 이행 방법을 판단할 독보적 권한마저도 주권자에게 부여하기 때문이다. 만약 인민이 정의의 문제를 주권자와 논쟁할 수 있다면, 그런 대립은 인민이 벗어나고자 했던 바로 그 갈등을 영속화할 뿐이다.

또한, 인민은 '평화'라는 목적을 달성할 모든 권한을 정부에 부여했기에 정부는 그 목적에 사용할 수단을 결정할 유일한 판단자이고, 평화 유지에 필요한 모든 수단을 사용할 수 있다. 홉스는 내전의 경험을 통해 종교적 견해와 교리에 관한 분쟁이 폭력의 주요 계기라는 사실을 알고 있었다. 따라서 "어떤 견해와 교리에 반대하는지, 그리고 무엇이 평화에 도움이 되는지를 판단하는 것은 주권자의 몫이다."[34]

홉스가 인민이 평화를 위해 신앙의 자유마저도 기꺼이 포기하리라고 담대하게 주장한 순간은 정치사상사에서 매우 중요한 국면이다. 종교적 평

33. *Leviathan* 2.21, pp.268-269.

34. *Leviathan* 2.18, p.233.

화를 보장하려는 그의 제안은 정교분리(政敎分離)를 포함하지 않는다. 그러나 그는 다음과 같이 주장하면서 종교를 정치 밖에 위치시킬 기반을 마련한다. 즉 사람들은 좋은 삶을 사는 데 반드시 종교가 필요하지 않다. 그들은 평화의 대가로 그런 문제를 군주에게 맡길 만큼 아주 행복하다.

계약과 공포

사람들은 홉스를 '계약 애호가'라고 부른다. 누구나 망설이는 상황에서조차 계약 이행을 고집하기 때문이다. 유괴된 자를 풀어달라고 몸값을 주는 데 동의하는 피해자 가족을 예로 들어보자. 오늘날 법률가는 명백한 공포와 강박 상태에서 맺은 계약은 무효라고 생각할 것이다. 그러나 홉스에게 "공포로 체결된 계약은 (...) 책무다." 사람들이 사회계약을 맺도록 동기를 부여하는 것은 죽음이라는 큰 공포이므로, 홉스가 다른 결론을 내리기는 어렵다.[35]

법률가의 관점에서 공포와 강박 상태에서 성립된 계약은 비자발적 행위의 결과이므로 계약이 아니다. 그러나 홉스의 관점에서 "공포와 자유는 일치한다. 왜냐면 누군가 배가 가라앉을 때 느끼는 '공포' 때문에 자기 소유물을 바다에 던질 때, 그는 기꺼이 이를 실행하기 때문이다."[36]

말할 필요도 없이, 이것은 '자발적' 행동을 매우 좁은 의미로 바라본 것이다. 납치를 예로 들면, 이런 상황에서 강제가 너무 심해서 도덕적 의미에서 몸값을 주는 사람의 '자발성'이나 '동의'는 사라진다. 하지만 홉스는 '자발적' 행동과 '비자발적' 행동을 일정하고 정형화된 방식으로 구분하라고 말한다. 인간은 욕망이 정한 방식으로 행동하도록 프로그램된 기계에 불과하다

35. *Leviathan* 1.14, p.198.
36. *Leviathan* 2.21, p.262.

는 그의 주장을 상기하자. 따라서 인간은 자발적으로 행동할 때조차도, 홉스가 말한 '필요'에 따라 행동한다. 몸값 사례는 인간이 항상 계산하는 방법의 극단적인 예에 불과하다. 인간은 쾌락과 고통, 두려움과 기쁨을 계산에 더하고, 즐거움을 극대화하면서 공포를 최소화하는 방식으로 행동한다.

계약과 자유

그렇다면, 과연 어떤 의미에서 인간은 지금까지 자유로웠을까? 어떤 의미에서 인간 행동이 진정으로 자발적인가? 나는 우선 홉스가 인간의 자유에 가치를 너무 적게 부여해서 절대 국가에 복종하고 자유를 포기하는 정치 체계를 너무 쉽게 지지했다고 생각한다.

홉스는 『리바이어던』의 유명한 제21장에서 자유 개념에 대한 생각을 명백히 밝힌다. 그는 의기양양하게 다음과 같이 선언한다. "자유는 그 반대의 부재(不在)를 (올바르게) 의미한다(내가 '반대'로 의미하자는 것은 움직임을 가로막는 외적 장애다)."[37] 이 단순한 개념은 정치사상사에서 지속적인 영향을 미쳤다. 이것은 일반적으로 소극적 자유에 대한 설명으로 알려졌다. 내가 방해받지 않는 한 나는 다른 사람의 뜻에 따라 행동하지 않고, 내 뜻에 따라 행동하는 한, 나는 자유롭다. 물론, 내 뜻이 자유롭지 않다고, 그리고 내 본성에 있는 내부 요인이 이미 정해진 방식으로 행동하게 했다고 밝혀질 수도 있다. 그러나 내 의지를 결정하는 요인이 외부적이 아니라 내부적이라면, 나는 인간이 자유롭다고 말할 수 있는 적절한 방식으로만 '자유롭다.'

강을 예로 들어보자. 흔히 강은 자유롭게 하류로 흘러간다고 말한다. 사

37. *Leviathan* 2.21, p.261.

람들은 심지어 강은 흘러가는 방향으로 흐를 수밖에 없음을 알면서도 그렇게 말한다. 사람들은 또한 강에는 물의 흐름을 조절하고 통제하는 둑이 있음을 안다. 그러나 여전히 강이 둑과 수로를 따라 자유롭게 흐른다고 말한다. 이 예를 콜로라도강처럼 댐으로, 즉 인위적 간섭으로 자연적 흐름을 방해하는 강과 비교해보자. 사람들은 콜로라도강이 자유롭게 흐르지 않는다고 말한다. 그리고 어떤 환경학자는 콜로라도강의 자연적이고 자유로운 상태를 회복시키려고 캠페인을 벌인다. 저절로 생긴 둑으로 방해받는 강, 그리고 인공적인 댐으로 방해받는 강의 차이는 무엇인가? 홉스의 관점에서, 전자의 강은 자유롭다. 물의 움직임을 막는 장애물은 강 자체의 본성에 내재한다. 강이 본성에 따라 특정한 자연법칙에 복종한다는 사실은 강의 자유를 박탈하지 않는다. 강이 자기 의지를 따를 때, '자유와 필연'이 일치한다고 말할 뿐이다. 그러나 콜로라도강은 자유롭지 않다. 왜냐면 콜로라도강은 본질적인 필연성을 따르지 않고, 다른 사람의 의지에 따르기 때문이다.

또 다른 예를 들어보자. 북아메리카 대륙 분수령 동쪽에 있는 모든 강은 대서양이나 북극해로 흘러 들어간다. 북아메리카 대륙 분수령 서쪽에 있는 모든 강은 태평양으로 흘러간다. 이것이 자연이 부과한 강 흐름의 필연성이다. 홉스에 따르면, 분수령 서쪽에 있는 강이 대서양이 아니라 태평양으로 흘러갈 수밖에 없다는 단순한 사실은 그 강의 자유를 부정할 이유가 되지 않는다. 강이 자신의 본성을 따른다면, 강은 자유롭다. 비록 강이 강의 본성에 따라 실제로 이동하는 길만을 따라 이동하도록 정해진다고 하더라도 강은 자유롭다.

홉스가 말하는 인간의 자유는 강의 자유와 비슷하다. 인간이 바라는 것이 사실은 본성에 따라 그것을 바라도록 정해져 있다 해도 인간에게 '자유의

지'가 있다는 말은 완벽히 이치에 맞는다. 행동이 자기 의지를 따르고, 남의 의지로 방해받지 않는다면, 그는 자유롭다고 할 수 있다. 따라서 강처럼 사람에게서도 자유와 필연은 완벽하게 일치한다.

이처럼 인간의 자유에 대한 좁은 견해가 사회계약을 이용하는 홉스의 특이성을 설명한다. 심지어 자연 상태에서조차 인간의 조건은 그의 선택을 인간 기계에 내장된 '자기 보존'이라는 프로그램으로 설명할 수 있다는 것이다. 인간이 된다는 것은 항상 '자기 이익'이라는 동기가 허용하는 것만을 할 수 있고, 다른 것은 할 수 없는 존재가 된다는 뜻이다. 자연적 자유라는 결정적인 취약점을 이해하면, 복종에 대한 자유(그 자유가 자연 상태에서 겪게 하는 어려움을 포함해서)를 주권자의 의지(평화의 약속으로)에 양도한다는 전망은 갑자기 끔찍한 결과라기보다 합당한 결과로 보인다.

수단의 왕국 내에서의 삶

리바이어던 내부에 있는 평범한 사람들의 삶은 어떨까? 무엇보다도 더 안전하게, 아마도 더 오래 살 것이다. 그러나 새롭게 찾은 안전과 긴 수명으로 그들은 무엇을 할까? 홉스는 정부의 유일한 과제가 안전 보장이라는 듯이 자주 그런 의미로 글을 쓴다. 하지만 그는 『리바이어던』 제30장에서 다음과 같이 충고한다. "여기서 안전은 최소한의 생존만을 의미하기보다 다른 모든 삶의 만족을 의미한다. 이 삶의 만족은 모든 사람이 합법적으로, 위험 없이 코먼웰스에 해를 입히지 않고, 스스로 얻을 수 있어야 한다."[38]

생존을 위한 투쟁이 진정됐을 때 시민 사회가 줄 수 있는 '만족'은 무엇

38. *Leviathan* 2.30, p.376.

일까? 한 가지 가능성은 공동체의 삶이 인간 본성을 변화시켜서 인간이 스스로 쾌락의 공유와 공적 즐거움을 위해 노력하게 된다는 것이다. 정치는 이 가능성을 통해 안전에 대한 우려에서 벗어나 자연 상태에서는 알 수 없었던 축제와 휴일, 충성과 충의를 누리게 할 수 있다. 아리스토텔레스의 국가(폴리스)는 리바이어던이 아니다. 왜냐면 시민은 공적 기념을 소중히 여겼기 때문이다. 이와 마찬가지로 마키아벨리도 로마인들이 시민권을 통해 향유하는 고유한 만족을 강조했다. 이후 정치사상사에서 루소는 이런 실타래를 바탕으로 공적 기념, 회의, 유흥, 군대 등으로 구성된 양탄자를 짰다.

국가가 인민을 만족시켜야 한다고 말할 때, 어떤 정치가 사람들을 행복하게 해줄 수 있느냐는 문제에 대한 홉스의 관점은 제한적이고, 심지어 냉혹하기까지 하다. 특히 홉스는 모든 사람이 '스스로 획득해야 하는(shall acquire to himself) 삶의 만족'을 언급한다.[39] 나는 여기서 재귀 대명사(himself)를 사용한 것이 자꾸 마음에 걸린다. 자연 상태에서 살다가 시민 사회의 구성원이 되고서도 사람들은 여전히 개인적인 즐거움을 추구한다. 사회적 협력이 각자를 '개인'이라는 지위에 오르게 하면서 사람들은 절차적 이유로 남과 관계를 맺게 됐다. 따라서 홉스는 정치의 과제가 삶에서 각각의 길이 모여 하나가 되기까지는 그 길을 바꾸지 않는 데 있다고 생각했다. 샛길에 많은 '대비책(hedges)'이 있듯이 법을 정비함으로써 각자는 타인의 방해 없이 자기 길을 잘 갈 수 있다.[40]

이는 역설적으로 들리는데, 왜냐면 홉스가 보기에 사람들이 사회 성립에 합의하는 이유는 이것이 각자가 홀로 있을 수 있는 더 나은 방법이기 때문

39. Ibid.
40. *Leviathan* 2.30, p388.

이다. 자연 상태에서는 내가 가는 길에서 절도, 강도, 살인으로부터 나를 보호할 대책이 없다. 사람들은 정부를 수립하고 정부에 굉장한 힘을 수여하는데, 이 힘을 부여하는 것은 오직 사람들을 보호하고 홀로 두기 위한 것이다.

이것은 홉스가 리바이어던에 속한 개인이 국가의 절대 권력에도 자유로운 상태에 있다고 결론 내릴 수 있는 이유다. 사람들 대부분이 원하는 자유는 대중적이거나 정치적이기보다는 가정적이고 경제적이다. 홉스의 목록에 따르면, 사람들은 "사고, 팔고, 아니면 다른 사람과 계약하고, 자기 주거, 자기 식사, 자기 삶의 거래를 선택하고, 그들이 생각하기에 적합한 것을 자녀에게 실행하는 등의 자유를 원한다." 알다시피 이런 '부르주아적 자유'는 주권자의 무제한적 권력과 전적으로 일치한다. 공적 영역의 향방과 보호에 영향을 미치는 모든 결정이 자신의 배타적 통제를 받는 한 주권자는 인민이 '자신에게 가장 이롭다'고 생각하는 직업을 선택하는 것을 '묵과'한다.[41]

물론, 계몽적인 절대 주권자가 인민에게 사적 자유를 허락할 '수 있다'는 사실에 주권자가 자신의 재량을 현명하게 사용한다는 '보장'은 없다. 홉스는 주권자가 부정의를 저지르지 않고도 자신이 원하는 것을 할 수 있다는 핵심 요점을 반복해서 말한다. 이런 견해는 리바이어던의 노골적인 권력을 제한할 정의 개념을 배제하고, 정부가 예상을 넘어설 때도 여전히 사심이 있는 사람들에게 홉스가 어떤 의지도 독려할 수 없게 한다. 사회계약이 정부의 권력을 제한하고 정당화하는 방식으로 존중되려면 홉스 이론에 대한 로크의 재작업이 필요할 것이다.

41. *Leviathan* 2.21 p.264.

10장 로크, 자유주의, 자기 소유적 삶

아마도 모두 나처럼 대학 시절에 한 번쯤 읽어봤을 루이스 하츠(Louis Hartz)의 『미국 자유주의의 전통(*Liberal Tradition in America*)』에서, 나는 존 로크를 처음 접했다. 하츠의 학문적 변론이 없었다면 자유주의적이고 통합적인 미국 사회에 관한 이야기로 알았을 이 책에서 하츠는 미국의 법적 평등, 사유재산에 대한 권리, 종교의 자유에 대한 건국 이념을 언급하면서, 국가 정치에서 널리 공유하는 합의이며 모든 성공적인 정치 운동을 배출한 '로크 철학'을 설명한다. 미국에 군림하는 로크 철학의 패러다임은 이미 「미국독립선언문」에 표현돼 있다. 「미국독립선언문」에는 기본적인 자유를 침해하는 어떤 정부에도 저항할 수 있는 사람들의 권리와 양도할 수 없는 권리를 언급한다. 사실 독재 정치에 대한 혁명을 정당화하는 로크의 주장은 혁명을 필요하게 만든 '오랜 기간의 권력 남용'에 대한 선언 발표에 거의 그대로 나타난다.

하츠는 미국의 자유주의적 포용성과 평등에 한계가 있음을 인정한다. 그러나 포용과 평등은 인종 또는 외국과의 대립이라는 지속적인 문제와 관련지어야 했다. 이 책은 여성과 이주자 집단에 대한 차별에 관해서는 거의 언급하지 않는다. 이런 생략은 아마도 하츠가 유럽 정치와 비교했을 때 미국 정치가 '이례적인' 것이 되게 하는 사실들에 초점을 맞췄기 때문일 것이다. 로크가 등장하기 전후에 유럽 국가들에서는 계급의 위계질서를 지키고자 평등 규범에 반대하는 보수적인 운동이 전개됐다. 또한, 사회주의 정당은 사유재산권에 대한 로크의 항변을 거부하고, 공공성을 위해 싸우는 유럽 유권자들의 지지를 받았다. 하지만 하츠는 미국 정치의 고유성이 사회주의나 언제나 상당한 지지를 받는 진정한 보수주의에 있다고 보지 않았다. 미국에서 정치적 성공을 추구하는 모든 사람은 종교와 경제의 자유를 '자명한' 것으로 여기는 로크의 철학 용어들에 익숙해질 필요가 있다. 하츠는 이런 합의가 소위 공화당과 민주당, 자유당과 보수당, 심지어 고용인과 피고용인 사이에 전제된 차이점들을 오랜 세월 약화했다고 말했다.

베트남 전쟁 이전, 낙관적이고 의기양양했던 시절 미국 예외주의에 대한 하츠의 이론은 정확한 역사적 설명으로서만이 아니라 유럽 정치를 뛰어넘는 미국 정치의 도덕적 우월성에 대한 지지로도 환영받았다. 미국이 – 인종 문제에서처럼 – 문제에 직면했을 때 이 나라에 필요한 것은 단지 모든 사람이 '생존, 자유, 행복 추구 등 특정한 양도 불가능한 권리를 조물주에게 받았다'는, 「미국독립선언문」에 나타난 로크 철학의 언어를 더 잘 실천하려는 노력이었다. 다른 개념은 필요 없었다.

나는 미국 자유주의의 성공에 대한 하츠의 설명에 상응할, 영향력 있고 광범위하게 인정받는 학술서가 거의 없다고 주장하면서, 이런 주장이 과장됐다고는 생각하지 않는다. 내가 젊었을 때도 학생들은 책을 살 여유가 있었고, 또한 『미국의 자유주의 전통』은 대학 기숙사 방의 선반 어디에나 있었다. 그 선반에는 내 세대가 주목한 다른 책들도 있었다. 지금도 분명히 생각나는 책으로는 헤르베르트 마르쿠제의 『에로스와 문명』과 필립 로스의 『포트노이 씨의 불만』, 커트 보니것의 『고양이 요람』, 노먼 브라운의 『사랑의 몸』이 있다. 이 책들은 모두 대학 시절에 꼭 들어야 했던 「러버 소울」(비틀스 곡-역자), 「위크드 피켓」(윌슨 피켓의 곡-역자), 「더 프리휠링 밥 딜런」(밥 딜런의 곡 – 역자) 같은 기록적인 앨범들과 나란히 진열돼 있었다. 그리고 이 모든 추종받는 고전 가운데 하츠의 책이 있었다. 그의 책은 미국 사회의 인종 문제와 소련과의 극단적인 핵 정책을 동시에 걱정하는 세대에 전하는 보기 드문 학술서였다. 하츠는 이 두 가지 걱정에 대한 하나의 통합적 의견을 제시했다. 자유민주주의 계획을 완성하려면 가정에서 해야 할 일도 있지만, 외국 철의 장막에 대항하며 개방 사회 원칙도 지켜야 했다. 비록 내가 로크의 원문을 읽지 않은 채 대학을 겨우 졸업하긴 했지만, '올바른 이해'를 위해 필요한 개념은 모두 존 로크에게 있다. 그가 세운 개념은 미국에서 너무나 자명해져서 사실상 그에 대해 더 읽을 필요가 없는 것만 같았다.

나는 대학원에 들어가자 곧바로 하츠 교수의 미국 정치이론 강의에 등록했다. 하지만 그는 안타깝게도 건강이 심각하게 나빠져서 강의를 폐강했고, 다시 학교로 돌아오지 못했다. 그리고 곧 미국 정치의 자유주의를 시험에 들게 할 사건들이 벌어졌을 때 나는 그가 자기 관점을 옹호하기 위해 어떻게 말했을지 지금까지도 궁금하다. 하츠가 사망하고 나서 수정주의 역사가들은 미국 정치가 하츠의 주장과 달리 아주 자유민주적이지도 않고 특출나지도 않으며 평등하지도 않다고 했다.[1] 외교 정책에 대한 하츠의 '예외주의' 이론은 미국이 전 세계를 상대하면서 마치 자신만이 상황을 올바로 이해했다는 듯한 독선적인 인상을 줄 위험이 있다. 요컨대 오늘날 로크가 새로운 세계에 준 도덕적 향상을 하츠의 주장만큼 잘 설명하기 어렵다.

1. 이 반대에 대한 리뷰로 Marc Stears, "The Liberal Tradition and the Politics of Exclusion," *Annual Review of Political Science* 10 (June 2007): 85-101을 보라.

사람들은 대부분 로크의 관점에 감명받거나 영감을 얻기 어려워 다른 문제가 발생한다. 로크는 생전에 정부가 인민의 신뢰를 잃게 한 '야망, 공포, 어리석음 또는 부패'를 대담하게 공격함으로써 큰 동요를 불러일으켰다.[2] 그는 '국가의 정부를 산산이 조각나게 하는, 모든 유혈 사태, 강탈, 황폐화'를 누가 책임져야 하는지 물었다. '강도나 해적'에게 저항할 만큼 용감한 사람들을 비난해야 하는가, 아니면 마치 인민이 아니라 자신이 국가의 주인이라는 듯이 마구 국가를 약탈하는 도둑들을 비난해야 하는가?[3] 이는 매우 과감한 주장이지만, 또 다른 표현이 따르는데, 즉 인민이 싸워 궁극적으로 보호할 대상으로서 재산에 대한 지속적인 언급이다.

로크는 사유재산에 대한 권리를, 마치 사람들이 자유를 '소유한다'는 사실을 보여주는 전형적인 예처럼 다루었다. 즉 자유 자체가 또 다른 소유라는 것이다. 내가 결국 로크의 원문을 읽었을 때, 도입부에 정치란 무엇인가를 설명한 글을 보고 상당히 위축됐던 일을 기억한다. 로크는 『관용에 관한 편지』에서 국가는 단지 인민의 '화폐, 토지, 집, 가구 등과 같은 외부 사물의 소유'를 보호하려고 존재할 뿐이라고 썼다.[4] 나는 '가구(furniture)'라는 단어에서 눈을 떼지 못했다. 자아를 더 높은 도덕적 안정기로 끌어올리고, 타인들과 함께 공동의 삶을 유지할 책임을 느꼈던 영예로운 플라톤학파의 대화는 다 어디로 갔을까? 어쩌다가 국가가 가구 보험 사업체로 전락한 것일까? 시간이 지날수록, 그리고 감히 말하자면 내가 인생의 우여곡절을 이겨내게 해준 가

2. John Locke, *The Second Treatise of Government*, in *Two Treatises of Government*, ed. Peter Laslett (Cambridge: Cambridge University Press, 1999), sec. 222.

3. *Second Treatise* 228, 230.

4. John Locke, *A Letter Concerning Toleration*, ed. James H. Tully (Indianapolis: Hackeet Publishing Company, 1983), p. 26.

구가 많아짐에 따라, 나는 로크가 왜 자유에 대한 옹호를 매우 철저하게 재산을 소유한 삶에 대한 옹호와 결부시켰는지 알게 되면서 크게 감탄했다.

그러나 로크가 재산 소유를 자유의 중요한 수단으로 봤고, 부에 대한 광범위한 불평등을 쉽게 생각했다는 것은 자유주의의 역사적 기원에 대해 더 많은 것을 알려준다. 그래서 로크에 관한 연구를 시작하면서 먼저 정치가 '소유하는 삶'에 보호를 제공한다고 봤던 로크의 관점을 살펴보려고 한다.

로크와 자기 소유에 대한 개념

로크는 자신의 가장 영향력 있는 정치 논문인 『통치권에 관한 두 번째 논고』에서 '인간이 코먼웰스로 결속하고 정부에 복종할 때 중대하고 주요한 목적은 자기 재산을 보호하는 것이다'라는 원대한 주장을 반복한다.[5] 하지만 그는 재산 보호가 정치의 주된 과제라는 오해를 막기 위해 '생존과 자유', '사유 토지(estate)'를 언급할 때 일반 용어인 '재산(property)'이라는 표현을 사용했다.[6]

이것은 인간이 삶에서 겪는 이해관계와 자유를 마치 소유할 수 있는 대상처럼 말하는 이상한 표현이다. 하지만 로크는 이 문제에 대해 진지했다. 인간이 자신과 맺는 관계는 재산 관계다. 인간은 자기 육체를, 또는 자기 육체의 대부분을 소유한다.[7] 실제로 신이 인간의 육체를 소유하고, 인간은 신의 재산인 자신과 타인의 육체를 보존해야 한다는 것을 자연법으로, 즉 의무로 여겨야 한다는 조건에 따라 종신 물권(life estate)의 일종인 인간의 육체를 기껏

5. *Second Treatise* 124.
6. *Second Treatise* 123.
7. *Second Treatise* 27.

해야 빌릴 뿐이다.[8] 로크는 처음에 이를 종교 용어로 사용했지만, 그의 재산 개념을 충실히 표현하고자 세속화했다. 역사적으로 영국과 유럽 국가의 봉건사회에서 어떤 사람들은 타인의 소유였다. 계급, 계층, 신분과 종속 관계는 사회를 구성하는 원칙이었다. 하지만 이런 제도는 아무리 역사적으로 흔했다고 해도 자연에서 비롯된 것이 아니며, 이는 모든 사람이 자신을 소유한다는 가장 근본적이고 거부할 수 없는 자연법 내용과 모순된다. 누구든 자신을 소유한다는 것은 노예가 아니라 주인임을 의미한다. 또한, 자신을 소유한다는 것은 자유롭고 동등한 인간이 된다는 것이고, 수단이 아니라 목적임을 의미한다. 이후 정치사상사에서 칸트는 사람을 수단이 아닌 목적으로 대하는 이런 분석을 더 높은 수준의 관념으로 끌어올렸지만, 자연적 평등이라는 개념은 로크에게서도 완전하게 나타난다.

로크는 인간이 재산 이익 외에 다른 것에도 관심이 있음을 인정한다. 하지만 내면적 삶인 도덕적·정신적 삶은 사람들이 정부를 창안하면서 좇는 것이 아니다. 그것은 영혼의 구원을 정부에 맡기는 것이 왜 비논리적인지를 이해한다는 것이다. 정부는 무력과 자금력을 행사한다. 이런 수단을 통해 정부는 사람들에게 법의 명령에 따라 외적 행동을 하라고 강요할 수 있지만, 믿음의 바탕인 내적 판단에는 도달할 수 없다. 이런 방식으로, 로크는 종교 분쟁에 대한 해결책으로서 종교와 국가의 분리를 제시한다. 시민 사회는 인민의 시민적 이익을 보호하기 위해 시민적 수단을 사용하는 반면, 교회는 정신적 이익을 얻는 데 오직 정신적 수단만을 사용한다는 것이다.[9]

로크는 봉건 유럽의 오랜 계급제 역사와 대조적으로 자연 상태에서 계

8. *Second Treatise* 6.
9. *Letter Concerning Toleration*, pp.26-28.

급이 아닌 평등이 인간 본래의 조건이라는 점을 설명하는 데 재산을 비유로 든다. 만약 인간이 자기 신체를 소유한다는 개념 – 혹은 적어도 인간이 살아 있는 동안 신에게 그런 권리를 받았다는 개념 – 에서 시작한다면, 복종이 아닌 평등이 자연적인 본래 상태라는 개념으로 이어진다.[10] 누군가의 기쁨을 위한 단순한 도구로 만들어진 인간은 없다. 신은 인간이 스스로 이익을 위해 하위 동물들을 이용하도록 꼼꼼하게 만들었다. 창세기에 나오는 성서의 설명에 따르면, 신은 대지와 바다, 그리고 그 안에 사는 모든 것을 만들어서, 이 열등한 피조물들이 인간의 이익이라는 목적의 수단으로 이용되게 했다. 그와 대조적으로, 사람들 사이에는 열등함에 대한 어떤 원칙도 존재하지 않는다. 모든 인간은 "다른 것들의 즐거움을 위해서가 아니라 그(신)의 것으로서 만들어졌다."[11] 이성은 각각의 개인이 보존하는 재산, 그리고 그와 동등한 타인이 보존하는 재산을 보호해야 한다고 명령하는 자연법을 발견하도록, 그리고 그 법에 따르도록 유도할 것이다. 단순하게 말하자면, 누구에게도 다른 사람이 소유한 재산을 파괴할 권리가 없다.[12]

로크는 인간이 정부에 앞서 이런 재산에 관한 기본적인 관점에 합의하고 어느 정도 평화를 유지하며 살 만큼 합리적인 존재라고 생각했다. 여기서 그가 이미 홉스의 논리를 얼마나 뒤집었는지 알 수 있다. 홉스에 따르면 인간에게는 무엇보다도 모든 것에 대한 자연적 권리가 있다. 그 권리에는 타인의 생명을 빼앗고, 부수적으로 모든 것을 가질 권리도 포함된다. 또한, 홉스는 인간이 자연적인 자유의 폭력과 무질서 상태에서 벗어나기 위해 스스로 자

10. *Second Treatise* 7, 22.
11. *Second Treatise* 6.
12. Ibid.

연법에 따라 추론한다고 했다. 그러나 로크에 따르면 인간에게는 타인의 것을 파괴할 어떤 자연적 권리도 없다. 홉스는 자연 상태인 '자유'의 상태와 자연 상태가 아닌 '허용된' 상태(무질서한 상태 - 역자)를 혼동한다.

로크는 심지어 정부 성립 이전 인간 조건에 포함된 도덕적 가능성에 주목함으로써 그의 교화 계획을 시작했다. 자유로운 인간은 자신의 의지로 자연 상태에서 자신을 위해 법을 정했을 것이다. 이 법을 인간이 만들지는 않았지만, 인간이 발견했다. 그것은 누구도 타인의 재산에 대해 어떤 권리도 없다는 원칙으로, '원하는 것이 있는 모든 사람은 다만 그것에 대해 논의하라'고 가르치는 이성의 원칙이다.[13]

하지만 나는 당연히 내 재산에 대해 권리가 있다. 이런 기본적인 이치로부터 로크는 사유재산의 '자연성(naturalness)'을 대표하는 저 유명한 논증을 도출했다. 로크는 두 가지 중요한 요점을 제시했다. 첫째, 재산에 대한 권리는 자연적인 권리이고, 이는 정부의 설립보다 우선하며, 실제로 일단 설립되면 정부의 힘을 제한한다. 둘째, 사유재산의 획득은 홉스의 생각과 달리 폭력과 쟁탈전을 유도하지 않았다.

사유재산에 대한 로크의 항변

사유재산에 대한 자연적 권리를 옹호한 로크의 항변은 단계별로 살펴볼 만한 충분한 가치가 있다. 첫 단계로 로크는 '원래' 지구가 모든 존재에게 너그럽게 펼쳐진 하나의 광대한 '공동의 것'임을 인정함으로써 스스로 어려운 길을 택했다.[14] 신으로부터 공동의 지구라는 특정 부분을 부여받고 태어나

13. Ibid.
14. *Second Treatise* 25.

는 사람은 없다. 그렇다면 어떻게 인간은 공동의 것에서 뭔가를 가져오고, 그것을 옳은 방법으로 자기 것으로 만들 자격을 얻게 될까? 홉스의 대답은 간단하다. 인간은 틀림없이 생존을 위해 곡물과 사과, 동물을 공동 재산에서 가져온다. 하지만 그것뿐이다. 뭔가를 가져오는 행위가 '옳은지' 혹은 '옳지 않은지' 전혀 생각하지 않고 그저 생존을 위해 가져오고, 싸우고, 훔쳤다.

로크는 합리적 인간이 어떤 방법으로 뭔가를 가져오는 것은 실제로 가져온 것에 대한 소유권리 발생한다는 사실을 인식하는 데서 시작한다고 말한다. 비록 신이 인간에게 대지를 공동의 자산으로 줬다고 해도, 인간이 그것을 유용하게 사용하게 할 의도가 있었다. 이런 자산을 사용하려면 공동 소유 상태를 벗어나 개인 사용을 위해 그것을 소유하거나 사용할 방법이 명백하게 정해져야 한다.[15] 예컨대, 대지가 분할되지 않은 채 공유되므로 강이나 호수나 연못 물을 마시지 못하고 갈증을 해소할 수 없다는 결론은 말도 안 되는 추론이다. 그래서 로크는 다음과 같은 첫 번째 결론에 도달한다. 공동 재산을 소유하지 않아도, 공동 재산에서 무언가를 정당하게 전유할 수 있다. 물론 홉스도 같은 결론에 도달한다. 하지만 홉스에게서 전유는 일종의 절도다. 왜냐면 전유는 어떤 권리도 생성하지 않고, 타인도 내가 공유 재산에서 전유한 것을 내게서 전유할 수 있기 때문이다. 로크는 바로 이런 전유의 무질서 상태를 반박한다.

그의 논증에서 가장 중요한 부분은 바로 이것이다. 내가 단 한 가지를, 즉 내 육체를 소유한다는 데서 시작했음을 기억하자. 이것은 내가 내 힘, 내 육체의 노동, 내 손으로 하는 일을 소유함을 의미한다.[16] 내가 땅을 사용하거

15. *Second Treatise* 26.
16. *Second Treatise* 27.

나, 공동 재산에서 뭔가를 생산할 때, 나는 땅을 일구고, 자갈을 골라서 버리고, 밭을 갈고, 씨를 뿌리고, 물을 끌어오고, 농작물에 물을 대려고 냇물의 흐름을 바꾸는 등 다양한 방법을 사용한다. 여기서 현재 내가 소유한 것, 즉 내 육체의 노동을 공동 재산에 '혼합했다'는 결과가 생긴다. 이제 공동의 재산과 내 재산을 분리할 방법이 없기에, 나는 정당하게 그 혼합물을 소유할 권리가 있다.

로크는 자신의 주장을 처음 표현할 때, '혼합물(mixture)'이라는 외면할 수 없는 사실을 사유재산의 기원으로 강조한다. 하지만 이 논리는 쉽게 반박할 수 있다. 철학자 로버트 노직은 이와 관련된 유명한 사례를 들었다. 그 사례는 복잡한 아이디어에 접근하는 방법으로 너무 완벽해서, 나는 25년 넘게 이 사례를 들고 있다.[17] 보스턴 항구로 가서 바닷물을 떠 온다. 그리고 약간의 노동을 해서 토마토 주스 캔을 연다. 바닷물에 토마토 주스를 부으면 갈색과 빨간색이 경계를 만들며 서서히 섞인다. 대서양에 토마토 주스를 섞었으니 이제 15세제곱센티미터만큼의 대서양을 소유하게 됐다는 것이 로크가 말하고자 했던 것일까? 아마 아닐 것이다. 노직이 말했듯이, 토마토 주스를 바닷물에 섞어서 어리석게도 주스에 대한 권리마저 상실했다고 보는 편이 훨씬 그럴듯하다.

바로 다음 단락에서 로크는 노직의 반박을 예측했는지 자신의 논증이 사유재산의 근거가 '혼합물'이라는 사실 자체에 바탕을 두고 있지 않음을 명확히 밝혔다. 중요한 점은 인간이 신의 땅에 자신의 노동을 섞을 때 어떤 일이 일어나느냐다. 인간은 노동을 통해 땅에 가치를 더한다. 그렇게 불모지였

17. Robert Nozick, *Anarchy, State, and Utopia* (Newyork: Basic Books, 1974), p.175.

던 땅을 비옥하게 만든다. 이런 의미에서 땅에 가치를 더하거나, 가치의 근원이 되는 것은 인간의 노동이다. 이처럼 노동의 가치를 창조하는 힘은 자신이 개간해서 쓸모가 생긴 땅, 자신이 땅을 파서 만든 우물, 자신이 기르고 살찌운 가축의 소유를 정당화한다.[18] 물론, 바닷물에 섞은 토마토 주스나 지하철 벽에 그린 낙서에서는 어떤 가치도 창출되지 않고, 따라서 재산권도 발생하지 않는다.

로크의 관점은 '노동가치설'로 알려졌는데, 애덤 스미스와 그의 자유시장 분석, 칼 마르크스와 사회주의 전통에서 이 경제 이론을 공유하게 됐다. 로크 덕분에 호모 파베르(Homo Faber, 도구적 인간, 무엇인가를 만들어내는 인간)는 정치사상사에서 처음으로 주변적 존재가 아니라 중심적 존재가 됐다. 그리스 문화에서, 노동하는 것은 자유로운 인간의 만개를 불가능하게 하는 방법으로, 땀과 생활품의 삶에 얽매이는 것이었다. 로크의 세계에서 지위와 명예는 여전히 귀족들에게로 흘러가며 귀족들은 광대한 자산에 대한 권리가 있다. 그러나 역사는 이들을 지나쳐 갔다. 왜냐면 이것은 다름 아닌 새로운 경제 현실이 실제로 노동을 창출하는 중산층에게로 부가 옮겨가는 과정을 지나고 있었기 때문이다. 결국, 로크가 노동의 중요성을 강조한 바는 떠오르는 중산층에 호소할 수밖에 없었다. 하지만 또한 그때, 로크 노동가치설의 결론은 사회주의적 비평가의 마음을 끌었다. 왜냐면 로크는 어떻게 그리고 왜 일부 사람들이 타인의 노동에 대한 권리를 갖는지에 대한 질문을 체계적으로 다루지 않기 때문이다.

로크의 관점에서 볼 때 자연 상태에서 살아가는 사람들이 공동 재산에

18. *Second Treatise* 28, 37, 40-43.

서 가져온 재산의 양에 대해 서로 권리를 인정함에 따라 사유재산 소유자들은 얼마간 자연 상태에서 평화롭고 조용한 시대를 보냈을 것이다. 하지만 자연 상태에서 재산을 습득하는 행위가 어떻게 사람들을 상대적 평화 상태에 남게 했을까? 왜 서로 경쟁하지 않고, 홉스의 주장처럼 폭력이 횡행하지 않았을까? 로크가 가장 좋아하는 예를 들어보자. 그는 공동 우물에서 길어온 물에 대해 재산권이 생기는 것은 자명하다고 보았다. 로크의 기술에 따르면, 이보다 더 자명한 것은 없으며, 그렇지 않다면 인간은 자연 상태의 풍요 속에 살면서도 갈증으로 죽었을지 모른다.[19] 하지만 만약 내가 가져온 물이 우물의 마지막 물이었다면 어떻게 될까? 만약 내가 물을 너무 많이 담아 와서 다음 사람이 마실 물이 충분히 남지 않았다면 어떻게 될까? 만약 물이 나오는 다른 곳으로 가려면 100마일을 걸어야 한다면 어떻게 될까?

로스쿨 수업에서 지금까지 백 년 넘게 논의하고 있는 사례를 하나 생각해보자. 난파한 배의 선원 A와 B가 살아남으려고 몸부림치는 상황에서 한 명의 무게만 감당할 수 있는 나무 널빤지가 떠내려왔다. A가 먼저 올라탔다고 가정해보자. 그것이 만약 B가 널빤지에 올라타려고 하면, A가 B를 공격하고 심지어 죽일 수 있는 독점적 '권리'를 A에게 줬다고 할 수 있을까? 단지 A가 먼저 차지했다는 이유로 B가 A에게 생존 가능성이 있는 유일한 수단을 양보해야 하는 것이 합당할까?

로크는 이처럼 희소성 탓으로 사람들이 홉스 방식으로 행동할 수 있다는 문제를 해결하고자 사유재산에 대한 자연적 권리에 관해 두 가지 중요한 보충안을 추가한다. 이 두 보충 설명은 개인이 재산을 얻을 권리를 획득하는

19. *Second Treatise* 33.

것과 같은 이유로 권리에 제한이 있음을 명확히 했다. 내가 가지는 것에 대한 권리와 그 취득의 제한(한계) 모두 자연에 기원을 두고 있고, 따라서 자연적인 재산 제도를 적당하고 적합하게 적용해야 한다는 것이다.

첫째 제한은 공동 재산에서 필요하고 사용할 수 있는 만큼만을 가져올 수 있다는 근본적 권리에서 비롯한다. 다시 말해 내가 쓸 수 있는 양보다 더 많이 가져올 이유도 권리도 없다는 것이다. 따라서 나는 순수한 자연 상태에서, 풍요로운 땅에서 부패하기 전에 쓸 수 있는 만큼만을 가져올 것이다.[20] 이를테면 과일과 채소 같은 것들의 보존 기한은 부패하는 재화 중에서 축적하기를 원하는 재산의 양을 제한한다.

부패로 인한 제한(spoilage limit)은 전혀 대단한 제한이 아니다. 우선, 로크는 사람들이 단지 생존만이 아니라 '삶의 가장 큰 편의'를 위해서도 재산을 사용할 권리가 있음을 특별히 언급한다.[21] 각자가 삶의 최고 편의를 위해 사용할 수 있는 만큼의 공동 재산을 가져올 수 있다.[22] 하지만 자연 상태에서 사람들의 편의가 무엇인지를 누가 판단할 것인가? 아마 각자가 자신의 편의를 판단할 것이다.

둘째 제한은 다음 사람을 위해 '그만큼 좋고 그만큼 충분한' 것을 남겨놓을 때만, 공동 재산에서 가져올 권리가 있다는 것이다.[23] 로크에 따르면, 내가 사용할 만큼을 가져옴으로써 공동 재산이 그만큼 줄어들고 다른 사람들이 피해를 본다면, 내게도 취득할 권리가 사라진다. 하지만 자연 상태에서 왜 그런 제한에 동의해야 할까? 왜 내 뒤에 있는 사람들의 곤란까지 신경 써야

20. *Second Treatise* 31.
21. *Second Treatise* 34.
22. *Second Treatise* 26.
23. *Second Treatise* 27, 33.

할까? 로크는 이 문제에 대해 아무 언급도 하지 않았지만, 아마 미래에는 사람들이 자신이 보급 순서 맨 끝에 있을지도 모른다는 사실을 걱정해야 하리라고 생각했을 것이다. 순전히 타산적인 이유로 '그만큼 좋고 그만큼 충분한' 것을 남겨두라는 원칙은 자연 상태에서 합리적 타협안으로 제시됐을지도 모른다.

로크는 이런 제한이 지켜지는 한 '재산 보존'에 몰두하는 사람들의 행동을 통제하는 정부나 법이 없어도 그들이 조화롭게 살아갈 능력을 갖추고 있음을 낙관했다. 로크 철학을 지지하는 사람은 삶에 대한 로크의 관점이 '소유적'이지만, 그 소유욕은 과하지 않다고 말한다.[24] 왜 자신이 사용할 수 있는 양보다 더 많이 소유할까? 자연 상태에서 이것은 어불성설이다. 내일도 '그만큼 좋고 그만큼 충분한' 공동 공급을 받을 수 있다면, 왜 모두 가져가서 고갈되게 하겠는가?

화폐의 발명으로 더욱 광범위하고 불평등한 재산 소유가 생기면서 자연 상태에서 재산을 소비하던 시절의 검소함은 사라졌다. 저장한 식량을 '소비하거나 부패하지 않게 오랫동안 보존할 수 있는 세상에서 부패로 인한 제한은 이제 적용되지 않는다. 화폐는 사람들에게 필요한 수준보다 더 많은 것을 욕망하게 했다. 화폐는 인간에게 처음으로, 현재 사용하는 것 이상의 재산을 축적할 동기를 줬다. 로크는 자연 상태에서 불평등이 증가하는 현상을 비판하기 위해서가 아니라, 오히려 자연 상태의 불평등을 정당화하고자 이런 주장을 폈다. 화폐를 가치 있게 하는 것은 궁극적으로 가장 많이 일한 사람에

24. 로크의 자연인이 "무한대로 욕망한다"는 반대 주장으로, C. B. Macpherson, *The Political Theory of Possessive Individualism: Hobbes to Locke* (New York: Oxford University Press, 1962), pp. 263-264.를 보라.

게 더 많은 것을 주는 '근면성 차이'다.[25]

화폐의 발명은 또한 공동 재산을 가지러 올 다른 사람들을 위해 '그만큼 좋고 그만큼 충분한 것'을 남겨둬야 한다는 요청의 중요성을 바꿔놓았다. 하지만 여기서 로크는 타인을 위해 '그만큼 좋고 그만큼 충분한 것'을 남겨둬야 한다는 의미의 모호함을 해결해야 한다. 한 가지 가능성은 타인이 소유하기에 그만큼 좋고 그만큼 충분한 '토지'를 남기는 것이다. 또 다른 가능성은 사람들은 타인이 사용하기에 그만큼 좋고 그만큼 충분한 (땅에서 수확한) '농작물'과 '수확물'을 남겨두면 된다는 것이다. 로크가 생각했던 것은 두 번째, 더 약한 제한이다. 이는 내가 편견을 부추기려고 제시하는 것이 아니라 로크의 논증에 따른 것이다. 로크는 내가 1에이커의 땅에 울타리를 치고 경작하면, 놀던 땅이 이제는 열 배나 많은 '인간의 삶을 지탱하는 데 필요한 양식'을 생산하므로 실제로 타인의 복지를 증가시킨다고 말했다.[26] 따라서 모든 토지가 공동 재산에서 벗어나 개인에게 소유되더라도, 그의 토지 이용으로 지구를 '모든 사람이 사용'하도록 하려는 신의 계획이 실현된다고 말할 수 있다. 땅에 울타리를 치는 몇몇 사람의 근면함은 땅에서 나오는 풍요를 증가시켜서, 심지어 '그만큼 좋고 그만큼 충분한' 토지를 소유할 수 없는 사람들의 복지도 향상한다.

또한, 화폐는 임금 노동을 바탕으로 하는 경제나 개인의 노동에 대한 현금 교환이 자연 상태에 정착될 수 있게 한다. 거의 지나치는 수준이지만 로크는 다음과 같이 말한다. "그러므로 내 말이 먹은 풀, 내 하인이 다듬은 잔디

25. *Second Treatise* 37, 48.
26. *Second Treatise* 37.

등은 누구의 허락이나 지시를 받을 필요 없이 나의 '재산'이 된다."[27] 주종 관계는 어떻게 그토록 빨리 자연 상태에 도입됐을까? 로크는 몇몇 사람이 타인의 노동을 '소유'하는 권리를 옹호하는 데 거의 지면을 할애하지 않았다. 그는 모든 사람이 자기 육체로 한 일을 소유한다는 평등에 대한 애초의 주장에 어떤 설명도 더하지 않고 자연 상태에서 몇몇 사람이 정당하게 타인의 노동을 소유한다는 발언으로 넘어갔다. 아마도 그는 자기 노동을 소유하는 것이 그것을 남에게 팔 권리도 포함하고 있음이 명백하다고 생각했기에, 임금 노동의 발생에 관해 따로 해명할 필요를 느끼지 못했을 것이다. 하지만 이런 가정은 로크가 자연 상태의 사람들을 위해 주장한 바와 달리 형식적 평등을 상당히 약화한다. 이처럼 정부의 등장과 사회계약의 체결에 앞서 자연법을 지지한다고 주장하는 지배와 피지배의 관계가 나타났다.

이런 문제를 생각해보면 어떨까? 자연 상태에서 C가 땅에 자기 노동을 더해 개간한 결과로 더 넓은 땅을 소유하게 됐다. 하지만 그 땅을 혼자 힘으로 경작할 수 없음을 깨닫고 D에게 임금을 주고 자기가 개간한 땅에 그의 노동을 사용하기로 했다. 이제 땅에 더하는 노동은 D의 것이고, 땅을 사용하고 거기에 가치를 더하는 것도 D의 노동이다. 단지 C가 먼저 노동했다는 사실만으로 D가 노동해서 생긴 결과에 대한 권리를 C에게 줘야 할까? 아마 먼저 온 사람들에게 우선권이 있는 공동 재산에 D가 사용하기에 충분한 땅이 남지 않았기에 D가 그의 노동을 C에게 팔았을지도 모른다. C는 단지 자기 노동을 소유하는 단계에서 D의 노동을 소유하는 단계로 옮겨갔지만, 로크가 안고 있는 문제는 더 복잡해졌다. 로크 이론에 따르면, 땅을 처음 소유한 사

27. *Second Treatise* 28.

람은 그 땅을 이용하려고 고용한 사람과 재산을 나눠야 하는 것처럼 보인다.

로크는 재산을 소유할 권리에 그 재산을 상속자들에게 물려줄 권리도 포함된다고 가정한다. 하지만 그는 이 가정을 옹호하지는 않았으며, 어떻게 그가 자기 이론에서 이런 가정을 했는지는 명확하지 않다. 결국, 상속자들은 재산에 그들의 노동을 더하지 않았다. 그들은 그 재산을 유용하게 만들거나 가치를 창조한 사람들이 아니다. 더욱이 내가 내 육체로 한 일을 소유한다는 기본 전제가 어떻게 내 육체가 죽은 뒤에도 살아남는지 명백하지 않다. 그래도 로크는 재산에 대한 권리(title)를 소유한 사람은 그 소유권을 누구에게든 물려줄 권리도 가지고 있다고 말한다.

사회계약에 대한 로크의 견해

그래서 무엇이 문제인가? 답변은 극적이지도 않고, 급박하지도 않다. 인간은 자신을 통치할 자연법을 발견하는 데 성공했지만, 법을 집행하는 데는 어려움을 겪었다.[28] 로크는 자연법이 법을 위반하는 사람에게 맞서 자신을 방어할 자연권뿐 아니라 범법자를 처벌할 권리도 준다는 사실을 강조한다.[29] 하지만 그런 처벌을 어떻게 실행할 수 있을까? 아무리 이성적인 인간이라도 자신이 개입된 사건을 판단할 때는 실천적인 어려움에 부딪힐 텐데, 어떻게 이런 이해 상충을 피할 수 있을까? 이해 상충을 다루기 위해서 사람들은 '제정된 법에 따라 모든 차이를 결정할 권한을 가진, 알려져 있고 공평한 법관'과 '판결이 올바를 때 그것을 지지하고 마땅히 집행할 힘'이 필요하다는 사실을

28. *Second Treatise* 13.
29. *Second Treatise* 7-9.

깨달았을 것이다.[30] 다시 말해 자연 상태에는 이를 통치할 법은 있지만, 그 법을 집행할 기관이 없다. 사람들은 이런 문제를 해결하고자 정부를 창안했고, 그렇게 해서 자기 삶과 재산이 더욱 안전하기를 바랐다. 로크는 사회계약을 어떻게 구조화했을까? 우리 고유의 입헌 정치에 대한 이해는 사회계약에 대한 홉스 쪽 철학자들의 견해보다 로크 쪽 철학자들의 견해를 따랐다. 그래서 특히 로크가 국가 권력을 최대화하기보다는 최소화할 때 정부가 힘을 어디서 얻는지, 이 문제에 관해 개념을 어떻게 수정했는지 관심을 보여야 한다.

기억할지 모르겠지만, 나는 홉스 철학의 지지자들을 적극적으로 자연적 자유를 양도하려는 '열렬한 계약론자(contractual enthusiasts)'라고 불렀다. 하지만 그들의 열렬함은 분명히 비관적이었다. 홉스 철학에는 주권자의 추진으로 사람들이 한쪽으로 기운 합의를 받아들이게 하는 공포와 절망의 이면이 있었기 때문이다.

나는 로크를 '최소 계약주의자(contractual minimalist)'라고 부른다. 로크 철학에서 자연적인 사람들은 이미 그들이 계속해서 살아가고 보존하고자 하는 삶을 살고 있다. 그들은 이미 재산을 소유한 존재로서 삶을 누리고 있기에 계약상의 행동은 야만적 생존과는 거리가 멀다. 로크는 사람들이 자연 상태에서 벗어나려는 가장 큰 이유인 공포 대신에 비교적 자기 삶에 만족하는 개인 사이의 신뢰를 강조했다. 즉 그들이 그때까지 그랬듯이 계속해서 잘 살아가기 위해 스스로 협력적인 합의를 맺을 수 있다는 신뢰다.

홉스 철학 지지자들은 잃을 것이 별로 없다는 극단적 인식을 통해 사회계약에 참여한다. 반면에 로크 철학 지지자들은 덜 궁핍하기에, 더 자유로운

30. *Second Treatise* 12-126.

이성을 따른다. 그들은 자기 재산을 도박에 걸고 싶어 하지도 않고, 모든 것을 협상으로 해결하기를 원치도 않는다. 협상 테이블 바깥에는 자연 상태에서 인간이 누리는 권리의 평등을 근본적으로 위협하는 문제들이 도사리고 있다. 합리적인 이기심의 소유자는 그런 합의에 동의하지 않는다.

로크의 사회계약은 크게 두 단계로 진행된다. 첫째, 나만의 개인적 합의를 개인적으로 명백하게, 그리고 신중한 의도로 전달해서 나는 나 자신과 자연 상태에서 획득한 내 재산을 소유하고, 타인들과 함께 공동체가 되는 것에 동의한다.[31] 로크는 동의보다 더 명백한 표현적 행동은 없다고 했다. 동의는 공동체에 대한 복종을 스스로 밝히는 필요 조건이다.

내가 동의하려는 것은 무엇인가? 이 첫 번째 단계에서, 나는 이제부터 공동체의 합의에 구속되기로 동의한다. 내가 이런 방식에 스스로 나를 구속하지 않는다면 다른 사람들과 함께 '공동체 만들기'에 동의한 것이 아니다.[32] 나는 내 개인의 삶과 내 재산을 더 잘 보호하고자 이렇게 동의한다. 말하자면, 나는 사회성이 거의 없다. 나는 시민 사회에서 오직 수단만을, 즉 내가 이미 살아가는 내 삶을 보존할 도구만을 요구한다. 나는 이런 대단한 '공동의 이해관계'를 다른 개인들과 공유하고 있음을 알게 되고, 이는 사회계약이 존속하게 한다.

하지만 누가 공동체를 대변할 것인가? 로크는 실천적이고 도덕적인 유일한 해답이 '다수가 행동하고 나머지 사람들의 행동도 결정할 권리를 갖는다'는 것으로 결론짓는다.[33] 실천적으로 말하자면, 만장일치 합의는 실현 불

31. *Second Treatise* 95.

32. Ibid.

33. Ibid.

가능하고, 사회계약을 무의미한 것으로 만들어버린다. 도덕적으로 말하자면, 다수결의 원리만이 자유롭고 평등한 개인이 누릴 수 있었던 최초의 평등을 지킬 가능성을 일관되게 보장해서 모든 구성원이 동의하고 실천하는 유일한 절차다. 다수결은 모든 사람의 동의를 동일한 것으로 간주한다. 따라서 개인의 상호 동의를 통해 다수에 따르는 공정성에 합의한다.

물론, 로크는 홉스와 달리 기본권을 자연법으로 인식하는 사회계약이 존속한다고 생각했다. 각각의 사회 구성원은 자기 삶과 재산을 지키겠다는 단 하나의 목적으로 시민 사회에 참여한다. 따라서 직관적이고 타당한 로크의 개념은 다음과 같다. 즉 합리적인 사람들이 절대로 복종하기로 합의하지 않을 일부 권리가 있다는 것이다. 구성원들은 다수에게 '그들이 사회에서 결속하는 데 필요한 모든 권력'을 부여한다.[34] 이 말은 무제한의 양도를 의미하지는 않지만, 불행하게도 로크는 이 문제에 대해 태도가 불분명하다.[35] 한편으로 그는 사회계약이 다수에게 공통의 이해와 공익이라는 명목으로 구속력 있는 결정을 할 권력을 주는 것처럼 말한다.[36] 그리고 다른 한편으로 개인에게는 다수의 이익조차도 우선할 수 없는 권리가 있는 것처럼 말한다.[37] 로크의 체계는 다수의 선과 공동선 사이에 어떤 구분이 필요한 것 같은데, 우리는

34. *Second Treatise* 99.

35. 로크의 개인적 권리와 다수결의 규칙에서 어떻게 타협할지에 대한 불합의의 사례로, Willmoore Kendall, *John Locke and the Doctrine of Majority-Rule* (Urbana: University of Illinois Press, 1959); Jacqueline Stevens, "The Reasonableness of John Locke's Majority: Property Rights, Consent, and Resistance in the Second Treatise," *Political Theory* 24, no. 3 (August 1996): 423-463; Jeremy Waldron, *The Right to Private Property* (Oxford: Oxford University Press, 1990), pp. 138-140; Macpherson, *The Political Theory of Possessive Individualism*, pp. 197ff.; John Dunn, Locke (Oxford: Oxford University Press, 1984), pp. 36-44; Nozick, *Anarchy, State and Utopia*, pp. 174-182를 보라.

36. *Second Treatise* 97, 120, 129, 132, 140.

37. *Second Treatise* 131, 128.

바로 그 구분을 탐구해야 한다.

사회계약의 두 번째 단계에서 다수(majority)는 자신을 대표해서 역할을 수행하게 하려고 정부를 구성하고, 정부에 권한을 양도한다.[38] 엄밀히 말하면, 시민 사회와 정부의 관계는 계약의 산물이 아니다. 로크는 애초에 정부를 개인이 구성원들의 삶을 보존하고 재산을 보호하고자 사회에 참여한 목적에 따르는 피 신탁자로 여기면서 여기서 중요한 것은 신뢰의 문제인 신탁의 합의라고 설명한다.[39] 실제로 로크는 정부 형태에 대해서는 특별히 깊이 생각하지 않았다. 다만 그가 유일하게 배제한 형태는 법을 강제할 공평하거나 공정한 심판이 없는, 자연 상태에서 발생하는 악습을 영속화하는 특별한 악덕이 있는 절대군주제였다.[40]

다수가 권한을 부여한 정부 형태가 어떤 것이든 간에, 정부는 반드시 공표되고 제정된 일정한 법으로 지배해야 한다.[41] 만약 정부가 이런 신뢰를 배반한다면, 인민은 자유롭게 그 정부를 해산할 수 있고, 또 다른 정부를 신뢰할 수 있다.[42] 이런 정부의 해산은 사회 질서를 위협하지 않는다. 왜냐면 인민이 사회계약을 통해 구성한 공동체는 정부가 해체돼도 존속하기 때문이다.[43]

사회계약에 대한 로크의 견해는 오늘날에도 쉽게 인식할 수 있다. 또한, 정당한 정치권력은 오로지 피통치자의 합의로 태어난다는 원칙을 유지하면서, 이 견해는 역사 전개 과정에 엄청난 영향을 미쳤다. 하지만 계약을 기반

38. *Second Treatise* 132.
39. *Second Treatise* 149, 221-222.
40. *Second Treatise* 90-91.
41. *Second Treatise* 136-137.
42. *Second Treatise* 221-222.
43. *Second Treatise* 211.

으로 하는 사회에 관한 로크의 관점은 정치의 이론과 실천을 혼란스럽게 하는 두 가지 큰 문제를 일으켰다. 첫 번째 문제는 무엇이 동의(consent)로 인정되느냐는 것이다. 나는 어떻게 로크가 자신의 강력하고 명백한 동의 개념을 어떤 실제적 의미가 없는 '피통치자의 동의'라는 말로 희석해서 모호하고 공허한 것으로 만들었는지 추적하고자 한다.

두 번째 문제는 그의 두 가지 생각 사이에 존재하는 긴장을 해소하는 로크의 방식과 관련 있다. 즉 개인이 사회에 참여할 때 생기는 자연권과 다수결 원칙에 대한 합의 사이의 긴장 해소를 말하는 것이다. 비록 이것이 민주 정치가 늘 해결하려고 노력해야 하는 긴장은 아니지만, 로크가 어떻게 인간을 긴장 상태로 몰아넣었는지 살펴야 한다.

합의 : 명시와 묵시(암묵)

먼저 첫 번째 문제를 살펴보자. 로크는 애초에, 즉 최초 세대가 자연 상태를 종식하고 시민 사회를 성립하기로 합의했을 때 그 합의를 명시적이고 개별적으로 수용해야 했다고 주장했다. 이는 오직 남자에 대해서만 사실이다. 로크는 정치적 삶에 있어서 결코 여자를 직접적으로 포함하지 않았다.

그는 그 점을 명확히 하고자 주어를 복수가 아니라 단수로 말한다. "누구도 자신의 합의 없이 다른 사람의 정치권력에 예속될 수 없다."[44] 혹은 "누구든 자신의 자연적 자유의 옷을 벗어버리고 시민 사회 결속의 옷을 입을 유일한 길은 자기 재산을 안전하게 보존한 상태에서 편안하고, 안전하고, 평화로운 삶을 살고자 공동체를 결성하기로 타인들과 합의하는 것이다."[45]

44. *Second Treatise* 95.
45. Ibid.

놀랍게도, 그리고 근대의 개념과 반대로 로크는 설립 구성원이 공동체에서 벗어나지 못하고 영원히 그것에 충성하게 하면서 명시된 합의가 취소 불가능한 것처럼 말한다. 이주의 권리를 부정하는 사회계약은 오늘날 견해와 극히 대조적인데, 여기서 로크의 말을 직접 인용해 보자. "그는 실질적 합의와 '명시적' 선언으로 코먼웰스의 일원이 되겠다고 일단 '합의(consent)'했으며, 그로써 영구적이고 필수 불가결하게 코먼웰스 일부가 될 책무가 있고, 변경할 수 없이 코먼웰스에 종속된다. 그는 다시 자연 상태에서 누리던 자유를 가질 수 없다. 다만, 어떤 재앙으로 그가 속한 정부가 해체되지 않는 한, 혹은 일부 공공의 법이 그를 더는 정부의 구성원으로 받아들이지 않는 한 그렇다."[46] 물론, 사람들이 반드시 합의할 필요는 없다. 합의하지 않은 사람들은 다가올 시대에 자유롭게 이주할 수 있다. 그러나 일단 그들이 명시적으로 충성을 선언하면, 그 선언은 취소할 수 없다.

로크는 앞서 이주에 관한 권리를 인식하는 것이 연방국을 불안정하게 하고, 사람들이 (결국, 자연권에 따라 그들에게 귀속되는) 재산을 가지고 자유롭게 떠나 '분열'을 불러올 수 있다고 걱정하는 것처럼 보인다. 그러므로 사회계약은 그 '사람'과 그 계약자의 '재산'에 취소할 수 없는 지위를 부여해서 새로운 사회에 종속시킨다. 물론, 이미 많은 연구자가 지적했듯이 해답은 가까운 데 있었던 것 같다. 사람들은 개념적으로 재산에 관한 국가의 사법권과 개인에 관한 국가의 사법권을 구별할 수 있다. 로크는 개인이 자기 인격(person)을 코먼웰스 밖으로 자유로이 내보낼 수 있지만, 재산은 그럴 수 없다고 논증함으로써 분열에 대한 두려움을 진정시킬 수 있었다.

46. *Second Treatise* 121.

일단 시민 사회가 설립되면, 무엇이 미래 세대를 시민 사회에 속하게 할 수 있을까? 로크는 아버지의 동의가 아들을 종속시킬 수 없음을 인정한다(로크의 견해는 남성에 특정돼 있다).[47] 각자는 이미 설립된 권위에 대한 책무 없이 자유롭게 태어나고, 스스로 동의해야만 종속된다. 그렇지 않다면 인간이 자유롭게 태어난다는 기본 개념 자체가 무너진다. 따라서 로크는 개인 자유의 본질에 대한 심오한 이유로 개인이 단지 정부가 통제하는 영역에서 태어났다는 이유로 시민이 되거나 혹은 시민 부모가 될 가능성을 배제한다.[48]

하지만 이제 로크는 문제에 직면한다. 만약 후속 세대가 명시적으로 새롭게 합의해야 한다면, 기존 세대는 후속 세대가 자발적으로 시민의 권리와 의무를 인정하도록 합의의 내용을 먼저 알려야 한다. 하지만 그들은 그렇게 하지 않는다.[49] 로크는 이 문제를 다루기 위해 (처음에는) 원래 합의의 (명시적) 개념을 수정해서 합의의 '묵시적' 형태를 허용했다. 정부의 보호 혜택을 수용한다는 것은 무언의 계약을 체결하는 방법이기도 하다. 이는 충분히 합당하다. 오늘날 법률가도 누군가의 행동이 어떤 제안을 받아들였음을 의미할 때 계약 성립을 암시했다고 판단한다. 까다로운 문제는, 로크가 말하듯이, 묵시적 합의가 '어느 정도까지' 당사자를 구속할 수 있느냐는 것이다.

처음 '묵시적 합의'라는 개념을 소개할 때 로크는 묵시적 합의가 개인에게 시민이나 시민 사회의 온전한 구성원의 자격을 부여할 때 명시적 합의를 대체할 수 있다고 보는 것 같았다.[50] 그는 재산이 소재하는 사회의 일원이 된다는 합의에 따르는 사례로 재산 상속을 들었다. 로크는 다음과 같은 이유

47. *Second Treatise* 116.

48. Ibid.

49. *Second Treatise* 117.

50. *Second Treatise*116-117.

를 들었다. 아버지가 타당하다고 판단하면, 그는 자기 재산을 처분할 수 있다. 그런데 그 재산에는 자연권에 포함돼 있다. 따라서 "땅(재산)에 다음과 같은 조건을 부과할지도 모른다. (...) 아들이 아버지의 소유물을 갖고자 한다면, 그는 그 사회의 일원이 돼야 한다."[51] 초반에 로크는 그 이상의 논의까지 전개할 준비가 돼 있었다. 창립자들은 확정되고 취소할 수 없는 방식으로 그 사회에 자신만이 아니라 자기 재산까지도 귀속시킨다. 따라서 코먼웰스가 무너지지 않게 하려면, "아들은 일반적으로 아버지의 소유물을 가질 수 없지만, 아버지의 사례와 똑같은 조건으로 그 사회의 일원이 됨으로써 소유물을 가질 수 있다."라는 암시에 따라 상속이 이뤄져야 한다.[52]

이런 구절은 적어도 '일반적으로', 이미 설립된 정부의 통치하에서 생활하는 사람들(남성)이 공식적으로 합의하지 않고도 재산을 상속해서 그 지역 사회의 온전한 구성원이 돼왔음을 시사한다. 하지만 로크는 이런 결론에서 다시 적절한 이유를 찾아낸다. 그는 '묵시적 합의'라는 책무가 '얼마나 멀리' 갈 수 있는지 언급하면서 결국 묵시적 합의는 개인이 정부에 '복종'하게 하지만, 그것이 그를 사회의 온전한 구성원이 되게 하기에는 충분치 않다는 논증으로 귀결한다. 오직 '적극적 참여와 분명한 약속과 계약을 통해 실제로 그것(코먼웰스)에 들어가는 것'만이 지역 사회의 구성원이 되는 길이다.[53]

로크는 이 문제에 상식을 고려함으로써 묵시적 합의의 축소된 힘에 주목한다. 결국, 외부인은 자신을 사회 일원으로 결합하려는 의도도 보여주지 않고 그 영역에서 재산을 소유할 수 있다. 설립된 국가 안에서 재산을 소유함

51. *Second Treatise* 116.
52. *Second Treatise* 117.
53. *Second Treatise* 122.

으로써 생기는 책무는 재산을 보유하고 보전하게 해주는, 설립된 권위에 대한 복종과 존경을 표시해야 하는 책무에 더 가깝다.[54]

로크는 일단 묵시적 합의가 한 개인을 시민이 아니라 종속자가 되게 한다는 사실을 분명히 밝히고, 그것이 재산의 소유나 상속만이 아니라 다른 형태에서도 나타나는 사례를 보여준다. 그는 구체적으로 일주일 동안 숙박 시설을 사용하는 사람, 고속도로로 여행하는 사람, 임시로 거주하는 사람, 심지어 이방인 영주권자를 언급한다.[55] 이런 모든 행동 형태는 계약적이다. 그들은 법에 대한 복종과 법의 보호를 받으며 살면서 얻는 혜택을 교환한다고 묵시적으로 선언한다. 단지 설립된 코먼웰스에서 일상생활을 계속함으로써 복종 의무가 정립된다. 철학자 존 플라메나츠가 말했듯이, 로크의 묵시적 합의 개념은 인간이 복종함으로써 복종에 동의했다는 결론에 이른다.[56]

로크의 합의 이론은 짝이 맞지 않는 두 단계 체계로 끝난다. 어떤 사람들은 명시적인 자발성을 통해 사회 일원의 권리와 의무를 다하기로 해서 코먼웰스의 온전한 구성원이 된다. 다른 사람들은 실제로 아무것에도 동의하지 않았지만, 그래도 단순히 일상을 살아감으로써 정부에 복종할 의무를 수용한다. 사회 구성원에게는 이주할 권리가 없다. 로크에 따르면, 복종은 사회에 종속된 자에게 그 영역에서 자기 재산에서 느끼는 기쁨, 숙박, 여행과 함께 '시작되고 끝난다'.[57] 환대를 포기하고, 땅을 포기하면, 사회에 종속됐던 사람들은 언제든 자유롭게 떠나서 다른 사회에 합류할 수 있다.

54. Ibid.
55. *Second Treatise* 119.
56. John Plamenatz, *Man and Society: A Critical Examination of Some Important Social and Political Theories from Machiavelli to Marx*, vol. 1 (New York: McGraw-Hill, 1963), p. 230.
57. *Second Treatise* 121.

왜 로크의 합의 이론에 이렇게 자세히 신경 써야 할까? 사람들은 당연히 피통치자들의 합의에서 정부의 정당한 권력이 발생한다고 생각한다. 하지만 과연 무엇을 합의로 볼 것인지 생각하면 많은 문제에 직면한다. 로크는 실제적이거나 명시적이거나 합의에 큰 도덕적 비중을 둔다. 로크는 정치적 책무를 촉발하는 것이 다름 아닌 자유인의 계약 체결이라고 생각한다. 그러나 합의의 '실제성(actuality)'은 합의의 강점이기도 하지만 약점이기도 하다. 설립된 정부에서 태어난 사람들은 일반적으로 정치적 기관에 '실제로(actually)' 합의하지는 않는다. 로크도 이 점을 안다. 그래서 그는 상당히 완화한 개념으로 묵시적 합의 개념을 마무리한다. 사람들은 어떤 의도적 선택 없이 단순히 거주하는 곳에 거주함으로써 정부에 예속된다. 인간의 자유를 선언하겠다고 약속하는 합의는 인간의 예속을 시사하는 것으로 끝난다.

다수결 원칙 대 개인의 권리

이제 로크의 사회계약에 대한 두 번째 문제로 들어가자. 그 문제는 바로 다수결 원칙과 개인의 권리 사이의 긴장(갈등)이다. 로크 이론을 요약하면서 나는 그가 다수결 원칙에 대해 실천적 논증과 도덕적 논증을 제기했다고 말했다. 실천적 논증은 집단의 의사를 결정하는 다른 가능한 절차가 없는 듯하므로 부전승으로 다수결 원칙을 정당화한다. 만장일치를 주장하는 것은 그 공동체의 선호에 관해 각자의 거부권을 제공하는 셈이고, 따라서 자연 상태의 어려움을 해결하기보다 영구화할 수 있다.

나는 학생들이 '실천적' 이유로 다수결 원칙을 택하자는 주장에 설득당한다는 사실을 알았다. 그러나 나는 매년 학생들에게 다수결 원칙에 대한 '도덕적' 정당성을 제시하라는 과제를 낸다. 그리고 소수의 권리, 즉 다수의 지배로부터 자기 삶을 보호할 권리를 통해 강력히 논증할 수 있다고 말해준다. 그들은 정부가 왜 다른 어떤 절차보다도 특히 다수결 원칙을 선호하는지, 그 도덕적 근거를 밝힐 수 있을까? 나는 학생들에게 정치에서 여러 가능성 중에서 다수결 원칙의 도덕적 우월성을 논증할 수 있어야 한다고 상기해준다. 그렇지 않으면 정치 참여에서 다수를 배제하려는 자애로운 소수에게조차도 그들이 반대하는 이유를 설명하지 못할 것이다.

대체로 학생들은 다수결 원칙에 도덕적 근거가 있다고 생각하지 않는다. 그들은 다른 절차를 제거하는 순수한 실천적 고려로 돌아간다. 이런 고려에는 만장일치는 기대할 수 없고, 압도적 다수도 성립하기가 번거롭다는 것 등이 포함된다.[58] 기껏해야 그들은 다수의 공감 속에서 미온적인 것처럼 보인다. 그들은 다른 여러 가능성보다 다수결이 더 낫다는 방식으로 그 필요성을 만들어낼 수는 있지만, 다수결로 통치함으로써 무엇이 긍정적인지에 관해서는 할 수 있는 말이 거의 없다.

로크는 다수결 원칙의 실천적 옹호만이 아니라 도덕적 정당화도 제시한다. 다수결 원칙의 가치는 (만장일치 외에) 이것이 개인의 평등에서 비롯한 유일한 절차라는 데 있다.[59] 다수결 원칙에서 모든 사람의 합의나 투표는 하나로 여겨지고, 모든 사람은 집단의 결정에서 발언권이 동등하다. 다수결에서 벗어난 모든 절차는 결국 편향된 의사 결정 체계로 이어지는데, 이는 몇몇 사람의 의사가 다른 사람들의 의사보다 더 가치 있음을 의미한다.

그러나 다수결 원칙이 항상 평등한 개인의 자유와 일치한다고 말할 수 있을까? 만약 다수의 편향이 드러나거나, 다수가 다수의 이해와 소수의 이해

58. *Second Treatise* 98.
59. *Second Treatise* 96.

를 대체하는 방식으로 결정해도 괜찮을까? 몇몇 학자는 로크의 다수결 원칙에 대한 지지가 절대주의의 다수결 형태, 즉 다수의 독재를 낳는다고 주장할 때 이 문제를 다룬다.

이런 비평가들은 다수결에 대비해도 특정한 개인의 권리는 보존된다는 주장을 무시한다. 그들은 자연 상태에서 이미 인정된 정의의 기본 원칙들이 사회에서도 여전히 존속하고, 심지어 개인에 대한 다수의 행동을 제한한다는 로크의 주장도 무시한다.[60] 그러나 그들 의견은 다음 사항에서는 옳다고 볼 수 있다. 로크가 종종 설정 시 이런 한계를 명확히 하지 못했으며, 또한 정책을 수립할 다수의 권리와 다수결 원칙으로부터 자유로워야 하는 개인의 권리 사이 어디에 경계선을 그어야 할지 불분명했다. 한편으로 로크는 "개인은 자신이 속하게 된 사회에 모든 자연적 권력을 양도한다."라고 썼다.[61] 그러나 또 다른 한편으로는, 자기 삶과 재산을 보호하려는 사람들이 '자신과 재산에 대한 절대적이고 독단적인 권력'을 포기한다고 생각할 수 없다.[62] 이런 의미에서 만약 이 공동체가 리바이어던이 된다면, "사실상 그들에게 아무런 재산도 남겨주지 않는다."[63] 자연법은 사회계약으로 폐지된 것이 아니라 사회계약에 통합됐고, 다수를 집결시키는 주권에 대한 제약으로 기능한다.

다음 단락에서 개인의 권리와 다수결 원칙이 무너지려고 할 때도 이 둘을 조화롭게 통합하려는 로크의 의도를 확인할 수 있다.

인간은 사회에 편입할 때, 자연 상태에서 누리던 평등, 자유, 집행권을 포기하

60. *Second Treatise* 131, 138.

61. *Second Treatise* 136.

62. *Second Treatise* 137.

63. *Second Treatise* 139.

고, 사회가 요구하는 선의 일환으로서 의회(the Legislative)가 작동할 수 있도록, 사회에 그 권한을 양도한다. 하지만 오직 자신과 자신의 자유와 재산을 더 잘 지키려는 의도에서만 양도한다. (...) 사회의 권력 또는 그들이 선출한 의회의 권한은 공익을 절대 벗어날 수 없다. 하지만 권력이나 의회에는 자연 상태를 불안정하게 하는 그런 결함들에 대해 모든 사람의 재산을 지킬 의무가 있다.[64]

이 구절에는 공익에 대한 공동체의 결정이 개인의 이익과 충돌할 때 어떻게 해야 하는지에 대한 대답은 유보돼 있다. 정의로운 사회는 소수의 이익보다 다수의 이익에 더 무게를 둬야 할까?

이 질문에 대한 대답을 두고 로크 이후의 정치사상사에서 거대한 논쟁이 벌어진다. 공리주의자들은 사회가 전체 구성원의 행복, 행복의 합, 또는 순 행복의 극대화를 목표로 삼아야 한다고 주장할 것이다. 따라서 "다수의 이익이 소수의 부담보다 더 중요하다고 할 수 있다."[65] 사회계약 개념에 바탕을 둔 학자들은 개인이 그 자체로 중요하고, 다수의 복리를 위한 수단으로 이용하려는 의도에 반대할 권리가 있으므로 정의를 통해 그런 상쇄를 막아야 한다고 주장할 것이다. 오늘날 사회계약론의 위대한 지지자인 존 롤스가 말했듯이, "로크가 보건대 평등한 권리의 역할은 이런 권리를 존중하고 공익을 위해 봉사하는 것만이 유일하게 자연 상태에서 허용되는 일탈이라는 점을 명백히 밝히는 것이다."[66]

물론 정치적 사회가 그 구성원들의 평등한 자유를 '존중'한다는 것이

64. *Second Treatise* 131.
65. John Rawls, *A Theory of Justice* (Cambridge, mass; Harvard university press, 1999), p.29.
66. Ibid.

무엇을 의미하는지는 대답하기 쉬운 문제가 아니다. 하지만 중요한 점은 정의가 인간 개인에게 공공복지도 무시할 수 없는, 침해할 수 없고 떼어놓을 수 없는 권리를 부여한다는 사실을 직관적으로 표현하는 데 '사회계약'이라는 개념을 사용한 최초의 인물이 바로 로크라는 것이다. 영국 철학자 버나드 윌리엄스가 말했듯이 1세기경 로마에는 기독교도보다 이교도가 훨씬 더 많았는데, 그들이 기독교도들을 사자 먹이로 던져주며 행복을 느꼈다고 해서 그 행위를 '최대 다수의 최대 행복'이라는 명목으로 정당화할 수 있을까? 나는 내 지도교수가 이 예를 들면서 불필요한 사과를 했던 일을 기억한다. 물론, 이 예에는 역사적으로 잔인한 면이 있지만, 가끔 약간의 블랙 유머를 통해 공포를 이해할 수도 있다.

비록 로크가 시민 사회에서 개인의 권리를 굳건하게 보호하려는 의도를 표출했으나, 나는 그가 늘 그 약속을 지켰다고 생각하지 않는다. 나는 여기서 두 건의 까다로운 사례를 제시할 텐데, 하나는 종교의 자유, 다른 하나는 재산의 보호에 관한 것이다.

로크는 유명하고, 마땅히 그를 유명하게 했을 만한 저서 『관용에 관한 편지』에서 신교도 종파들의 관용에 관한 논쟁을 제기한다. 가장 설득력이 있는 주장은 충성스러운 사람들의 관점에서 시작한다.[67] 충성심이 있다는 것은 믿음을 강요할 수 없고, 권력과 형벌이 사람들을 겉으로는 따르게 할 수 있지만, 그들의 내면적 확신에 영향을 주거나 변화를 일으킬 수 없다는 것이다. 본질적으로 종교는 신자들의 자발적 집단에 바탕을 둬야 한다. 따라서 관용 없는 실천은 그 근본이 자멸적이다. 충성심을 공포로 대체하려고 하지 말아

67. *Letter Concerning Toleration*, pp.26-27.

야 한다. 관용에 관한 로크의 주장은 실제로 양면적이고, 동등한 책무를 교회와 국가에 부과한다. 이미 언급한 이유로 '국가'는 종교에 관대해야 하고, 그럼으로써 신앙이 있는 사람들이 자기만의 신앙심을 지키게 해줘야 한다. 반대로, '교회'는 국가의 정당한 권력을 방해하지 말아야 한다. 교회는 바로 그 본성에 따라 정신적 수단을 통해 신자들에게 정신적 이익을 전해주는 역할에 국한된다. 정신적 결론을 강요하고자 사회의 시민적 이익을 통제하거나, 시민 정부의 수단(무력과 법에 의한 강압적 힘)을 사용해서는 안 된다. 따라서 로크는 정교분리(政教分離)에 관한 생각을 표현하는 데 일종의 2 x 2 행렬을 보여준다.[68]

	시민적 이익	정신적 이익
강압적 수단	국가	[없음]
정신적 수단	[없음][68]	교회

그러나 로크의 관용에 관한 이론은 심각한 한계를 드러낸다. 그는 국가가 가톨릭, 무신론, 이슬람의 실질적 교리와 주장이 공공질서를 위협한다는 결론을 내릴 만한 실제 증거를 가지고 있다고 생각했다. 그 위협은 준법정신, 개인의 양심, 종교적 권위에 대한 복종이 서로 충돌할 때 사람들이 사회 명령에 복종하리라고 확신할 수 없다는 데서 비롯한다. 영국의 신교도와 구교도가 벌이는 유혈 전쟁이 한창일 때 로크는 사람들이 교황보다는 법을 따르라고 강요하는 사회계약에 합의하지 않으리라 생각했기에 가톨릭을 관용의 공동체에서 실격시켰다. 그는 이슬람교도들에게도 비슷하게 조처했다. 또한,

68. 로크 이전의 마키아벨리와 로크 이후의 루소는 로크가 비워뒀던 공간에 국가는 종교적 조건을 갖춘 사람들에게 호소함으로써 시민의 목적을 가장 잘 성취한다고 주장하며 "시민종교"의 개념을 넣었다.

무신론자들도 배제했는데, 그들에게는 믿음이 없으므로 자신에게 편리한 상황에서 신의 응징에 대한 두려움 없이 계약을 자유롭게 파기할 수 있기 때문이었다.

따라서 로크의 사회계약 형태에는 충분히 강력하고 안정적인 종교의 자유에 대한 '권리'가 존재하지 않는다. 개인의 종교적 자유는 불확실하고 의존적이며, 시민적 권위는 특정한 시기에 특정한 종교가 공공질서를 위협한다고 경험적으로 판단할 여지가 있다. 그러나 이런 경험적 결과는 다수결 원칙을 따르게 되므로 로크는 자기 이론에 요구되는 만큼 종교의 자유에 관한 기초를 확고히 세우지 않았다.

롤스가 말했듯이 "정치적 삶의 더 큰 가능성에 대한 더 큰 역사적 경험과 지식"이 로크의 후계자들에게 관용의 범위를 넓히라고 설득했다. 가톨릭에 대한 불관용에 믿음('신이 그것을 정했다')이 아니라 시민 질서의 위협과 관련된 실제 판단을 반영했기에 로크의 이론에는 확장과 포용의 여지가 있다.[69] 하지만 특정한 역사적 상황에서 로크의 관용이 확장될 수 있는 것과 같은 이유로, 말하자면 9·11 테러 이후 세계에서 특정한 교리가 법과 질서를 위협한다는 충분한 증거에 따라 로크의 관용은 축소될 수도 있다.

물론, 개별적 종교의 자유에 대한 권리를 기본으로 인정하는 이론에서도 사람들에게 직접적이고 임박한 위협이 될 때는 선을 긋고 해로운 종교 교리를 제한한다. 여호와의 증인 신도들이 자녀에게 천연두 등 감염병의 예방접종을 거부했던 것처럼 잘 알려진 사례가 여럿 있고, 또 부모가 병든 자녀에 대한 의료 지원을 거부하는 크리스천 사이언스(Christian Science) 교인들 같은

69. Rawls, *A Theory of Justice*, pp.189-190.

사례도 많다. 또한, 특정한 이슬람 국가에서 '여성 할례'라는 종교적 관행도 있고, 죽은 남편의 장례 상여와 함께 살아 있는 아내도 불타 죽어야 했던 고대 힌두교의 관습도 있다. 그러나 로크는 종교의 자유가 결코 절대적인 것이 아니고, 다른 사람의 권리와 균형을 맞출 필요가 있다는, 논란의 여지가 없는 주장마저도 뛰어넘는다. 그는 공적 질서에서 다수의 이익이 가톨릭이나 무신론의 '특정한' 관행을 받아들이지 않는 정도를 넘어서 이들을 애초에 사회계약을 체결한 사람들로 받아들이기를 완전히 거부하기에 이른다고 말한다. 이런 이유로 로크 이론은 특정한 역사적 상황에서 다수의 압제를 쉽사리 정당화할 수도 있다.

다수결 원칙과 개인 권리 사이 갈등의 두 번째 예는 그의 재산에 관한 이론이다. 로크가 주장한 원칙을 기준으로 각기 다른 두 사회를 상상해보자. 모든 사회는 정부에 우선하는 정의 원칙, 즉 다수의 지지로 권한을 위임받은 어떤 정부도 어길 수 없는 정의 원칙을 인정하는 사회계약에서 출발한다. 정의와 관련해서 합의된 원칙 중 하나는 개인의 자발적 노동의 결실을 스스로 소유할 자격이 있다는 것이다. 첫 번째 사회에서 다수는 최고 권력을 영구적이며 선출되지 않은 '입법부'에 위임한다. 로크는 이 선택을 용인한다.[70] 이런 입법부가 피할 수 없는 위험은 '공동체에 속한 여러 사람의 이익과 다른 이익'이 있다는 생각이 들게 한다는 것이다.[71] 그럴 때 이런 독특한 이해관계는 사회 구성원 각자에게서 재산을 임의로 가져오도록 입법부를 자극할 것이다. 로크는 이런 입법부가 정부 권력을 제한하는 선행 원칙들을 침해한다고 확신했다. 그는 최고의 권력이 "당사자의 동의 없이 누구에게서든 어떤 재산

70. *Second Treatise* 135.
71. *Second Treatise* 138.

이든 빼앗을 수 없다."[72]라고 분명히 말했다.

이제, 두 번째 다른 가능성을 생각해보자. 다수에는 다양한 구성원이 있고, 그들은 입법된 규칙에 따라 살아야 하는 사회를 넘나드는 입법부에 권력을 위임한다. 이런 대의 기관에서 '자의적으로 시민 자산의 일부를 가져가거나 자산을 처분하는 것'이 '겁낼 일은 아니다.' 왜냐면 입법자들 자신이 동등하게 입법부에 종속돼 있기 때문이다.[73] 이런 식으로, 로크는 일반적으로 개인 자산의 권리를 적절히 보호하기 위해 다수대표제의 절차에 의존한다.

내 생각에는 다음과 같이 말하는 것이 공정하다. 즉 로크는 당시(17세기 영국)의 위험에 대응해서 소수의 이익에만 봉사하는 정부의 강압적이고 자의적인 규칙에서 – 그가 '인민'이라고 부르는 – 다수를 보호하는 방법에 관심을 쏟았다. 특히, 가톨릭을 왕(crown)의 지위로 승격시킬 때 발생하는 위험에서 사람들을 보호하고자 했다. 따라서 그는 정치적 위험에 놓인 대상은 인민(즉 다수)의 위협을 받는 재산의 개별적 권리가 아니라 전체적으로 정치적 위험에 노출된 '인민'의 재산이라고 말하곤 했다.

로크는 인류의 이성을 믿고, 다수를 이성으로 향하는 힘으로 봤으며, 다수에 반하는 권리에 관한 이론을 완전하게 발전시키지 않았다.[74] 사실 『두 번째 논고』에는 다수의 정치적 권리를 정당화하는 로크의 야심이 담긴 대목으로 가득한데, 마지막 구절에서 다음과 같이 말한다. "개인이 사회에 들어갈 때 사회에게 준 힘은 사회가 지속하는 한 개인에게 절대로 되돌아갈 수 없고, 항상 사회에 남아 있을 것이다. 왜냐면 이러지 않고서는 사회도, 코먼웰스도

72. Ibid. John Dunn, *The Political Thought of John Locke: An Historical Account of the "Two Treatises of Government"* (Cambridge: Cambridge University Press, 1982), pp. 53-57.

73. *Second Treatise* 138.

74. Stevens, "The Reasonableness of John Locke's Majority,", pp.423-463.

존재할 수 없기 때문이다."[75]

그래도 로크의 다수결주의는 민주주의나 대의제도의 요구에 미흡했다. 정부는 처음에 오직 피통치자의 동의에 의해서만 수립되고, 다수의 사람은 그들의 대표가 특정한 문제를 다루지 않아도 되는 기관을 설립할지도 모른다. 한 가지 중요한 예외는 조세 제도인데, 거기에 대표가 없다면 정의도 없다. 조세 제도는 다음과 같은 문제를 제기한다. 즉 정부가 성립된 유일한 이유가 각 구성원이 자기 재산을 잘 누리게 하는 것인데, 정부가 그 구성원에게서 재산을 합법적으로 가져올 수 있을까? 로크는 정부가 지지받을 때만 그렇게 할 수 있으며, 조세 제도는 사회계약에 암시됐다는 점을 인정했다. 그런데 정부가 조세 제도를 통해 구성원의 재산을 가져갈 때 '본인의 동의'를 요구한다. 로크는 이때 '본인의 동의'가 '다수의 합의'를 의미한다는 점을 효과적으로 밝힌다. "정부가 막대한 대가 없이 유지될 수 없다는 것은 사실이다. 그리고 정부의 보호에서 자기 몫을 누리려는 모든 사람은 정부를 유지하기 위해 그의 재산에서 그에게 할당된 몫을 내야 한다. 하지만 이는 여전히 개인의 동의로 이뤄져야 한다. 즉 다수가 직접 합의하든 다수가 선출한 대표가 동의하든, 다수가 합의해야 한다."[76] 따라서 여기서 로크는 사회계약이 다수의 합의로 개별 동의를 대체하는 작용을 한다는 사실을 명백히 밝힌다. 사람들은 자신이 선출한 대표들의 합의를 통해 '대표 없이는 과세도 없다'면서 자의성(恣意性)으로부터 스스로 보호하지만, 일단 정부를 설립하고 지역 사회에 합류하겠다고 동의하면, 계속해서 개별적으로 동의하면서 살아가지는 않는다.

로크는 틀림없이 방금 인용된 구절에서 정부의 과세 권한을 인정하고

75. *Second Treatise* 243.
76. *Second Treatise* 140.

제한하고자 했다. 조세 제도의 목적은 정부 차원에서의 정책적·법적 집행의 운영에 대한 비용을 감당하는 데 있다. 만약 다수 사람이 세금의 힘을 다른 목적에 쓴다면 어떨까? 예를 들어 재분배를 목적으로 부자의 돈을 가져다가 가난한 자와 실직자를 도와준다면? 철학자들 몇몇은, 특히 로버트 노직은 이런 재분배 프로그램이 로크 자유 개념의 핵심을 침해한다고 주장한다. 특정한 방식을 선택한 사람을 가정해보자. 그리고 그(녀)는 이런 방식을 유지하고자 주당 n시간을 일해야 한다는 사실을 알게 됐다. 조세 제도의 효과는 한 사람에게 추가로 주당 y시간을 무료로 일하라고 강요한다. 그 y시간은 이런 세금을 내기 위해, 그리고 세금을 내고도 n시간의 노동으로 같은 양의 재산을 소유하려면 반드시 해야 하는 부가적 노동 시간이다. 이런 의미에서, 노직은 세금을 내는 사람은 이처럼 주당 y시간만큼을 노예 노동자처럼 일해야 한다고 말했다. 그에 따르면, 로크가 노동한 사람이 노동의 결실을 소유할 자격이 있다고 강하게 주장한 것처럼, 정부가 다른 사람을 돕기 위해 내게 여분의 시간만큼 더 일하기를 강요할 때 내 재산권도 그만큼 침해당한다.[77]

노직은 확실히 정치이론을 생기 넘치게 성찰하는 방법을 알고 있었고, 예컨대 혁신적 조세 제도의 정의처럼 가장 확고하게 정립된 확신에 의문을 제기하는 논증의 강점을 좋아했다. 나는 노직이 제시했던 사례들을 내 학생들에게 소개하고, 그들이 자기 정치적 성향과 충돌하는 논증에서 어떤 발견을 하는지 즐겨 관찰한다. 누구도 노직이 노예 노동과 조세 제도를 지나치게 동일시한 대목을 실제로 받아들이지 않았다. 그러나 노직은 로크가 풀지 못한 채 남겨둔 문제를 강조한다. 정부가 정치 기능을 유지하려고 조세 제도를

77. Nozick, *Anarchy, State, and Utopia*, pp.169-172.

제한적으로 이용하는 데 인민이 묵시적으로 동의한다고 주장할 수 있다. 하지만 오로지 자기 재산에 대한 권리 보호를 목적으로 정부 활동에 참여한 사람들의 개별적 동의에서 근대 국가의 복지 제도가 시도하는 소득 재분배의 정당성을 찾을 수 있다는 주장은 이와 별개다. 다시 말해서 로크는 재산에 대한 다수의 이해관계가 필연적으로 일치한다고 생각했기에 그들이 권한을 부여한 다수결 절차가 재산권과 충돌할 때 어떻게 해야 하는지 자세한 사항을 숙고한 적이 없다.

혁명의 권리

궁극적으로 사람들은 혁명의 권리를 통해 강압적인 정부로부터 자신을 보호할 수 있다. 혁명에 관한 로크의 글은 오늘날 보기에도 대담하다. 정부가 강압적이고 압제적으로 변할지 모른다는 사실을 인지하는 것은 하나의 문제다. 하지만 정부가 인민의 신뢰를 저버렸을 때 언제 정부를 마땅히 해체해야 하는지를 인민의 다수 혹은 일부가 정하는 것은 또 다른 문제다. 로크는 사람들이 마지못해 반란의 권리를 행사한다고 믿는 편에 속한다.[78] 그는 "혁명은 공적인 일에 관련된 어떤 사소한 실수 때문에 일어나지 않는다."라고 썼다. 인민이 설립한 정부를 전복하기보다는 '큰 잘못'도 봐줄 가능성이 크다고 덧붙였다.[79] 미국 독립선언의 핵심 내용을 빌려온 '저자의 말'에서 그는 반란에 취약한 정부는 오로지 '장기간의 학대, 기만, 술수로' 반항적인 다수를 도발해서 정부 자체의 토대를 무너뜨린다고 했다.[80]

78. *Second Treatise* 223.
79. *Second Treatise* 225.
80. Ibid.

로크는 다수에게만 혁명의 권리를 인정했을까, 아니면 다수가 소수의 고충에 공감하지 않더라도 정부의 폭력적 조치에 대항하는 개인의 권리를 인정했을까? 원칙적으로, 로크는 개인의 저항권을 옹호할 준비가 된 듯하다.[81] 그러나 현실에서는 신중하게 처신하라고 충고한다. 만약 정부의 불법 조치가 '몇몇 사적인 개인에 관련된 사례'라면 반란은 헛고생이다. 왜냐면 "인민은 대부분 자신이 반란에 연루됐다고 생각하지 않기 때문이다."[82]

반란은 오직 정부의 '불법 조치가 많은 사람에게 퍼졌을 때'나 피해를 본 소수가 '이 결과가 모두를 위협할 것'이라며 다수를 설득할 수 있을 때만 동원하는 최후 수단이어야 한다.[83] 로크가 압제 정부를 해산할 권리를 두고 심사숙고하는 이유 중 하나는 정부가 무너진다고 해서 사람들이 예전의 자연 상태로 회귀하는 것을 의미하지는 않는다는 데 있다. 그는 정부의 해산과 시민 사회의 해산을 신중히 구분했다.[84] 그는 사람들이 계약을 통해 형성한 지역 사회는 다른 원인으로 인한 반란, 혁명, 정부 붕괴마저도 이겨내리라고 예상했다. 정부 없이도 시민성을 유지하고, 그 지역 사회가 새로운 정부를 세울 만큼의 공동 이해가 충분히 남아 있다는 것이다.

어디에서도 로크가 더 그르거나 홉스가 더 옳은 것처럼 보이지 않는다. 최근 많은 사례에서 – 이라크, 유고슬라비아, 르완다 등 문제적인 소수 사례만 봐도 – 권위주의 정부의 추락은 내전으로 이어졌고, 사회 조건을 전체적으로 분열시켰다. 이 분열의 결과로 같은 영토에 살면서 종교적으로나 민족적으로 분리된 사람들이 홉스가 말한 자연 상태와 비슷한 상태에 놓여 있다.

81. *Second Treatise* 208.
82. Ibid.
83. *Second Treatise* 209.
84. *Second Treatise* 211.

평화를 유지하려면 리바이어던의 강권이 필요하고, 강압적 권위에 의한 공포가 지속하지 않는 상태에서 어떤 사회적 조건이 존재할 수 없다는 것은 홉스에게 놀라운 일이 아니다. 그러나 이런 사회의 퇴행적 경향은 로크의 관점에서 선뜻 설명하기 어렵다. 이것은 마치 과거 유고슬라비아 사례에서 볼 수 있듯이 한 지역 사회에 다양한 사람을 함께 묶어두려면 권위주의 정부의 존재가 필수 불가결하다는 메시지처럼 보인다.

이 점을 더 논의하고 싶지 않다. 이런 사례들은 정부의 몰락으로 설명할 수도 없고, 자기 목표를 위해 폭력을 선동하고 상황을 악화하는 새로운 경쟁자들의 선택을 통해 설명할 수도 없다. 그러나 어떻게 설명하든 정부의 붕괴와 시민 사회 분열에 대한 로크의 근본적인 구분은 오늘날 역사의 퇴행적 동향을 포착하는 데 거의 도움이 되지 않는다.

로크는 어디서 실수했을까? 심지어 사람들이 계약을 통해 지역 사회나 시민 사회로 편입된 뒤에도 로크가 보기에 그들은 이전과 마찬가지로 원자화된 개인으로 남아 있을 뿐이다. 그들은 더 나은 울타리와 전초 기지를 구축해서 안전하게 살아가고, 남의 간섭 없이 자기 재산을 보호할 수 있게 하는 것이 전부인 '공동 이익'을 공유한다. 그러나 사회가 단지 이런 개인들의 집합에 불과할까? 로크는 영국 가톨릭과 프로테스탄트의 분열을 정치적으로 예리하게 받아들였다. 그러나 이론적으로는 '인민'을 개인들의 집합으로 보는 사회적 개인주의로 돌아갔다.

로크는 다음과 같이 서술한다. 즉 정부가 부재한 상태에서 권력은 다수의 결정에 따라 새로운 정부를 수립한 지역 사회로 돌아간다. 만약 누군가 사회를 오직 개인들로 이뤄진 집단으로 본다면, 다수에 의존하는 것은 합당해 보인다. 그러나 그것은 다수와 소수를 예리하게 나누고, 다양한 사람이 거주하는 영역에서 내전을 막기보다 오히려 일으키는 길이다. 로크는 자신의 개인주의 때문에 사회 내부에서 '사회적 인간'을 탐구하지 못했고, 또한 다양한 사람이 사회계약을 통해 시민성을 유지할 수 있다는 전망이 전보다 더 절망적으로 보이는 시대에 기묘하리만치 낙관적으로 보였다.

11장 루소와 투박함

대학 시절, 나는 루소를 좋아했다. 여전히 그를 좋아하지만 말이다. 루소는 대도시(파리)를 단숨에 사로잡은 소도시(제네바) 출신 가난한 아이였다. 분만 중 돌아가신 어머니와 떠돌이 시계 제조공 아버지의 아들로 태어나 사람들과의 관계에서나 사상에서나 평생토록 경험 없고, 성마르고, 제멋대로인 자수성가 독학자로 살았다.

앞서 소개한 아리스토텔레스의 주장을 상기해보면, 루소는 중용의 덕을 실천하고, 현상을 찬미하는 특권을 누렸던 신사 아리스토텔레스와 정반대되는 사람이다. 루소는 그런 유형, 즉 파리의 명사들과 전문가들을 잘 알고 있었다. 디드로, 달랑베르, 볼테르, 그리고 흄 같은 이들은 당시 몇 안 되는 주요 인물이었고, 처음에 루소와 친구였으나 나중에 적이 됐다. 한편으로 루소는 이런 엘리트 세계에 편입되기를 필사적으로 원했고, 프랑스 학회가 주최한 논문 경연대회에 참가해서 자신이 돋보이기를 희망했고, 세상에 알려지기를 갈망했다. 다른 한편으로 그는 그토록 싫어하는 세상의 위선에 둘러싸여 살면서 자신을 극도로 경멸했다. 따라서 루소는 당연히 아웃사이더로 남았다. 나중에 도스토옙스키는 루소에 대해 말하면서 '분노를 현재 상태에 대한 혁명적인 고발로 바꾸는 지하 세계 인간(Underground Man)'이라고 했다.

아무도 부자들의 특권('그들은 재산에 한계가 없다'),[1] 상업 논리('모든 사람은 타인(이웃)의 불행에서 자신의 이익을 찾는다'),[2] 정치인(행위자)의 타락(정치인들은 '돈으로 대중에게' 자신을 과시한다),[3] ('거짓 상냥함'으로 가득 찬)[4] 여성들의 위선, 이성의 사악함(타인의 고통 앞에서 '사람을 냉담하게 만드는 것이 이성이다')[5] 그리고 철학자들의 비인간성(그들은 자기 집 창밖에서 벌어지는 살인을 깨닫지 못할 것이다)[6]에 대해 그보다 더 격렬히 비난하는 글을 쓴 적이 없다.

근대적 삶에 대한 루소의 분노는 거대하고 전면적인 비난이자, 소위 '문명화된' 또는 '교양 있는' 가식에 대한 폭로다. 예를 들어 루소의 첫 번째 주요한 돌파구를 생각해보자. 고루하고 위엄 있는 디종(Dijon, 프랑스 중동부 도시 – 역자) 학회는 '학문과 예술의 진보가 도덕적 정화에 기여하느냐 아니면 도덕적 타락에 기여하느냐'는 주제로 열린 논문 경연을 후원했다. 루소의 당선작은 그가 이후 경력 내내 따르고자 했던 본보기가 됐다. 이 작품에서 그는 원초적인 순수함으로 살아가던 인류와 우리가 흔히 말하는 '진보'와 '문명화된' 사회의 복잡한 미로 속을 방황하는 타락한 인류를 대조했다. 이 논문으로 루소는 잘 알려진 대로 계몽과 진보에 대한 신념이 있는 비평가로서 경력을 쌓게 된다.

알게 되겠지만, 루소는 그의 두 가지 대조적인 생각을 지키고자 고군분

1. Jean-Jacques Rousseau, *Discourse on the Origin of Inequality* (hereafter Second Discourse), "The Social Contract" 및 "Discourse on the Origin of Inequality," ed. Lester G. Crocker (New York: Simon and Schuster, 1967), 0t. 2, p. 230. 모든 인용은 이 판을 따른다.

2. *Second Discourse*, pt. 2, p. 248, note (i).

3. Jean-Jacques Rousseau, *Letter to M. D'Alembert on the Theatre, Politics ad the Arts*라는 제목으로 출판, trans. Allan Bloom (Ithaca: Cornell University Press, 1977), p. 90. All citations refer to this edition.

4. *Letter to M. D'Alembert*, p.48.

5. *Second Discourse*, pt. 1, p. 203

6. Ibid.

투했다. 한 가지는 그가 낭만적이라는 것이다. 그는 문명이 주는 안락함에 반대하고, 선하고 순수한 이상으로서 '자연인'을 지향하는 이상주의자다. 어떤 사람들은 그의 목소리를 들었고, 그를 잃어버린 황금시대로 인도할 인물로 여겼다. 예를 들어 마리 앙투아네트는 베르사유 궁전 한쪽에 시골풍 마을(프티 트리아농)을 재현해놓았다. 또 어떤 사람들은 7대양을 넘나드는 탐험가들이 데리고 돌아온 (문명에 오염되지 않은) 순수한 야만인의 이야기에 고취됐다. 1769년 프랑스 탐험가 루이 부갱빌은 최초로 배를 타고 지구를 일주했다. 디드로는 타히티를 순수한 자연을 간직한 곳으로 이상화하면서 부갱빌의 이야기에 허구적인 설명을 더했다.[7] 루소에게서 놀라운 점은 그가 한편으로 자연 상태를 찬양하면서, 다른 한편으로는 이것이 실제로는 절대 존재하지 않았고, 설령 존재했다고 해도 우리는 결코 그 시대로 돌아가고 싶지도 않고 돌아갈 수도 없으며, 사회 병폐에 대한 해결책은 그전보다도 더 완벽하게 공동체에 흡수되는 것이라고 말하는데 있다. 이 같은 루소주의자들의 견해는 매우 정치적이고, 가장 고귀한 이상으로서 자연인의 삶보다 오히려 시민의 삶을 지지한다. 그러나 같은 철학자가 자연조건과 더불어 가장 정치화된 조건을 모두 이상화하는 일이 어떻게 가능할까? '우리는 반드시 사람들이 자유로워지도록 강제해야 하는가?'라는, 널리 알려진 루소의 발언을 통해 우리가 알 수 있는 것은 무엇일까? 심지어 사람들을 '자유로워지도록 강제하는 일'이 어떻게 가능하고, 자연적 선함을 찬미했던 루소가 결국 어떻게 철저히 정치를 지지하게 됐을까?

(자연에 대한) 낭만과 정치적 일면 사이의 모순(긴장)을 간신히 모면하려

7. Denis Diderot, "Supplement to Bougainbille's Voyage," in *"Rameau's Nephew" and Other writings*, trans. Jacques Barzun and Ralph H. Bowen (Indianapolis: Library of Liberal Arts, 1964), pp. 179-228.

는 루소의 노력을 따라가며 그의 글을 읽다 보면 좌절감이 들 수도 있고, 심지어 격분할 수도 있다. 하지만 앞서 내가 '루소를 좋아한다'고 한 것은 그런 모순이 있지만 그렇게 말한 것이 아니라 오히려 모순이 있기에 그렇게 말한 것이다.

끝으로, 나는 루소가 인간 본성은 선하지만, 어떻게 정치가 근본적으로 인간 본성을 염두에 두고 인간을 시민으로 만들고 통제할 때만 올바르게 작동할 수 있는지를 설명하는 데 실패했다고 생각한다. 그러나 이것은 아름다운 실패다. 나는 이런 것들을 전혀 지각하지 못하는 사람보다는 개인과 공동체 사이의 긴장, 자연과 사회 사이의 긴장을 해결하려고 애쓰는 정치사상가들을 가까이할 것이다.

루소의 『고백론』

루소의 정치 저작을 엄밀하게 다루기에 앞서, 루소의 자서전적 『고백론』을 간략히 살펴보기 위해 잠시 숨을 고르자. '오프라 윈프리화'된 세계에서 우리는 고백적인 저작에 익숙하고, 그것이 더는 큰 충격을 주지는 않는다. 우리는 그 모든 것 – 살인자, 아내를 폭행하는 자, 아동학대자, 헤로인 중독자, 절도범, 매춘부 등의 내면적 이야기를 들었다. 루소는 이런 저작의 선구자였고, 근대인의 도덕적 타락을 보여주는 증거물 제1호로서 장 자크 루소 자신에 대해 사마귀와 피부 반점까지도 묘사할 정도로 아무런 제약 없이 이야기했다. 아우구스티누스의 『고백론』은 승리의 서사이지만, 루소의 자서전은 더 모호한 도덕적 궤적을 추적한다.

물론, 루소는 자신의 추악한 비밀을 고백하는 정직함에 대해 독자들의 축하를 받고 싶었겠지만, 그의 『고백론』은 종종 자기만족을 위한 작품처럼 보인다. 그가 고백하는 비밀이 더 깊어질수록, 그의 성품은 더 순수하고 신뢰할 만한 인물로 보인다. 이런 의미에서 『고백론』은 루소의 정치사상이 품은 긴장을 반영한다. 그는 자신을 비록 사회적으로 타락했지만, 가장 자연스럽고 순수하다고 믿었다.

그러나 몇 가지 고백은 분명히 불편하다. 그리고 내가 루소를 좋아한다고 말할 때 그가 대단히 존경스러운 사람은 아니라는 점도 지적해야 할 것이다. 저자로서 호감은 없지만, 작품에 감탄할 수는 있다. 루소의 사고에 내재한 모순에 그의 개인적인 결점이 반영됐는지는 매우 흥미로운 문제다.

나는 논의를 루소의 세 가지 고백에 한정할 셈이다. 첫째는 그가 전에 누구에게도 말한 적이 없고, 40년이 넘도록 후회한 일화다. 루소는 열아홉 살이었을 때 살던 집에서 집주인의 분홍색과 은색 싸구려 리본을 훔친 적이 있다. 사라진 리본이 루소의 방에서 발견되자 집주인은 어떻게 리본이 그곳에 있느냐고 물었다. 루소는 '혼란스러워서 말을 더듬다가 마침내 얼굴을 붉히면서 마리옹이 자기에게 리본을 줬다고 말했다.' 마리옹은 어린 하녀였고, 루소는 그녀에게 호감을 품고 있었다. 불려 온 마리옹은 책임을 부인했고, 루소에게 자기가 억울한 일을 당하지 않게 해달라고 간곡히 요청했다. 그러나 루소는 거짓 진술을 고집했다. 사건의 진실을 모르는 집주인은 마리옹이 다시는 일자리를 얻지 못할 것이라 확신하면서도 그녀와 루소를 모두 내쫓았다.[8]

루소는 왜 그랬을까? 루소는 당시 자신에게 '고의적인 사악함(deliberate wickedness)"이 없었다고 변명했다. 그의 머릿속에서는 '마리옹'이라는 이름이 자꾸 떠올랐는데, 리본과 관련해서 마리옹을 자주 생각했고, 그것을 그녀에

8. *Confessions of Jean-Jacques Rousseau*, trans. J. M. Cohen (Harmondsworth: Penguin Books, 1971), bk. 2, pp. 86-89.

게 주고자 했기 때문이었다. 물론, 그가 거짓말을 고집했던 것은 꽤 계획적이고 편의적이었지만, 이것은 어떻게 사회적 압력이 그의 더 선한 충동을 압도했는지 보여준다. 그는 만약 여주인이 그를 구석진 곳에서 사적으로 추궁했다면 곧바로 자백하고 그 대가를 달게 받았으리라고 확신한다.[9] 문제는 다른 사람들이 있는 곳에서, 그들의 시선을 받으며 절도범으로 드러날 때 자신에 대한 '평판'이 가져올 굴욕, 망신, 창피, 불명예를 참을 수 없었다는 데 있다.

루소는 남을 희생시켜서 자신의 평판을 지킨 방법을 자랑스러워하지 않았지만, 그가 이 사건을 고백한 것은 자신의 성격적 결함을 드러내기 위해서가 아니라 사회생활에서 일반적으로 저지르는 잘못을 밝히기 위해서였다. 평판에 대한 이런 강조는 추후 루소의 모든 정치 저술에 드러난다.

두 번째 고백에서도 루소는 자기 마음속에 순수함이 있다고 하면서도 자신이 저지른 사회적 타락 행위를 비난하는, 똑같은 행태를 보여준다. 그는 평범한 소녀 혹은 매춘부인 줄리에타에게 완전히 매료됐다. 루소는 자신이 사회적 관습을 무시하고 '이 황홀한 소녀의 매력과 우아함'에 마음을 바칠 만큼 충분히 좋은 사람임을 알려주고 싶어 한다. 그는 그 소녀를 매춘부에서 여신으로 추앙한다. '회랑에서 젊은 처녀들은 그녀보다 더 생기 넘칠 수 없었고... 천국의 시간도 이보다는 덜 유혹적일 것이다.' 또한, 그는 다음과 같이 적었다. "그곳이 마치 미와 사랑의 성소라도 된다는 듯이 나는 매춘부의 방으로 들어갔다. 그녀의 인격에서 나는 신성을 보고 느꼈다."[10]

그러나 루소는 줄리에타를 다시 만났을 때 그녀에게 결점이 있음을 깨닫는다. 그녀의 가슴은 빈약했고, 유두는 기형적이었다. 그는 "갑자기 내 팔

9. *Confessions*, bk. 2, p.89.

10. Confessions, bk.7, p. 300.

에는 가장 매력적인 생명체 대신에 (…) 자연에서 거부된 어떤 종류의 괴물이 안겨 있었다."[11]라고 썼다. 줄리에타는 루소가 보기에 매춘부보다도 못난 여자였다. 자신에 대한 루소의 혐오를 감지한 줄리에타는 고결한 태도로 그를 떨쳐냈고, 루소가 다시 정신을 차렸을 때는 이미 너무 늦었다.

이 고백은 루소가 여성에 대해 문제 있는 태도를 보였음을 설명하는 많은 사례 중 하나다. 그는 여자가 여신이 되기를 바라면서, 여자에게 약점이나 흠결이 있으면 그녀를 매춘부나 그 이하의 범주로 깎아내리곤 했다. 그러나 줄리에타에 관한 이 특별한 이야기는 더 많은 것을 말해준다. 루소는 그녀의 직업과 상관없이 사랑에 빠짐으로써 스스로 자연적인 사랑과 충분히 교감할 수 있는 존재임을 깨닫고 매우 기뻐한다. 이것은 그의 장점이었다. 그런데 무엇이 계속해서 그렇게 행동하지 못하게 했을까? 그는 왜 진정으로 행복해질 기회를 포기했을까? 하지만 줄리에타의 신체적 결함이 그에게 혐오를 일으켰고, 그 매춘부에게서 찾으려고 했던 완벽한 여성에 관한 생각이 약해졌다는 것 말고는 『고백론』에서 다른 해명은 찾아볼 수 없다. 그의 인생 전반에서 이 기본적인 유형은 그대로 다시 드러난다. 여성은 완벽해야 하고, 성녀가 아니면 매춘부다. 루소는 바로 이런 문제로 대부분 여성과 만족스러운 관계를 맺지 못했다.

한 가지 예외도 결국 그 규칙을 증명하면서 끝난다. 1774년경 루소는 당시 스물두세 살이었던 세탁부 테레즈 르 바쇠르를 만나 사랑에 빠졌다. 루소는 말년까지도 테레즈와 혼인하기를 거부했지만, 그녀는 루소의 평생 동반자로 남고자 했다. 처음에 루소는 '그녀의 마음을 바꿔놓겠다'고 생각했지

11. *Confessions*, bk.7, p. 301.

만, 결국 그 노력을 포기했다. "그녀의 마음은 자연이 만든 것이다. 문화와 교육은 이런 그녀의 마음에 영향을 끼치지 않았다." 테레즈는 읽기나 쓰기를 제대로 배운 적이 없지만, "나는 이 세상 최고의 천재와 함께 사는 것만큼이나 나의 테레즈와 살기가 즐겁다."라고 루소는 말한다. 줄리에타와의 관계에서도 그랬듯이 루소가 그에게서 살아 있는 자연적인 선함의 사례로서 그의 '자연적인' 사랑을 테레즈에게 줬다는 것을 안다. 모든 교육받은 여성에게 만연한 타락이 없고, 때묻지 않은 테레즈는 자연적으로 선한 여성에 대한 루소의 이미지에 적합했다.[12]

그러나 루소와 테레즈의 관계에는 어둠이 드리워진다. 테레즈가 그들의 첫아이를 임신했을 때 루소는 아버지로서 자녀 양육과 혼외 자녀의 양육이라는 전망에 대해 느꼈던 기분 나쁜 '당혹감'을 고백한다. 결국, 아이를 보육원에 버리는 상황에서 루소는 당시에 만연했던 남성에 대한 사회적 관용으로 기꺼이 이 상황을 설명한다. 그는 사회적으로 편의적인 방식으로 행동할 때 극복해야 할 '양심의 가책'이 없었고, 착한 테레즈는 아이를 포기해야만 했다. 한 번도 아니고 네 번이나 더 아이들을 각각 보육원으로 데려갈 때만 루소는 테레즈와 함께 아이들의 아버지 노릇을 했다.[13]

정치 문헌에서 루소는 아이들의 부모로서 느끼는 사랑을 인간이 경험하는 '최고의 감정'이라고 부르면서, 거기에 큰 중요성을 부여한다. 그러나 실제 삶에서 그는 자신의 철학적 신념과 모순되게 아버지로서 지위를 거의 중요시하지 않았다. 루소는 다시 한번 고백하면서 자신의 삶을 어떻게 자연적 충동의 순수함이 시민 도덕을 이기지 못하는지를 말해주는 증거로 제시

12. *Confessions*, bk.7, p. 311.
13. *Confessions*, bk.7, p. 322.

한다. 그리고 그는 그것이 불편하다는 것을 안다. 여기서 '시민 도덕'이란 소위 '신사'라는 사람들의 적절한 행동 규범으로 육아원에 사생아를 버리지 못하게 한다.

이런 세 가지 고백에서 의문이 제기된다. 루소가 말한 대로, 정말로 사회의 문제일까? 아니면 루소가 보통 문명인보다 더 많은 잘못을 저지른 것일까? 이제 나는 개인과 사회 사이의 긴장, 자연적 선함과 사회적 타락 사이의 긴장이 어떻게 벌어지는지 알아보기 위해 루소의 철학 저작들을 살펴보자.

루소의 낭만과 자연의 사랑

루소의 가장 열정적인 작품 『인간 불평등 기원론』부터 살펴보자. 일반적으로 '두 번째 담론'으로 알려진 이 논문은 디종 학회 후원을 받는 다른 논문 경연을 목적으로 썼지만, 채택되지 않았다. 제시된 논제는 '인간 불평등의 기원은 무엇이며, 그것은 자연법으로 허락되는가?'였다. 루소는 이 질문에 답하면서 홉스와 로크의 자연 상태/사회계약 방법론을 새롭게 적용했다.

그는 로크나 홉스와 현재 상태의 부정의를 비판함으로써 사회계약을 새롭게 정의했다. 그는 역사적으로 사회가 공정한 협상을 통해 체결된 사회계약에 근거한다는 주장을 부정한다. 그의 공격적 담론은 두 가지 핵심 사실을 제시한다. 첫째, 불평등의 기원은 자연적이라기보다 훨씬 더 사회적이다. 인간의 힘, 속도, 손재주, 키, 심지어 아름다움 같은 자질은 자연적으로 서로 다르다. 하지만 그런 자연적 차이는 사회적 관습이 어떤 속성에 다른 것보다 특히 더 큰 가치를 부여할 때 문제가 된다. 둘째, 사회적이고 경제적인 대부분 불평등은 부정의하다. 철학자들은 현재의 불평등한 재산 분배를 사회 구성원들이 각자 자기 재산을 보호하기 위해 서로 약속한 최초의 계약으로 거슬러 올라가 정당화할 수 있다고 생각한다. 하지만 그들은 계약 조건이 언제나 부자들에게만 유리하다는 사실과 부자들이 절대로 자신의 특권적 지위를 자발적으로 내놓지 않는다는 사실을 잊는다. 루소가 무엇을 언급하든, 그는 평등에 큰 관심을 보였고, 당시 특권 계층을 옹호하는 지배적 주장에 논리적 명확성이 전혀 없음을 간파했다.

자연 상태

루소는 불평등의 존재가 사회적으로 구조화됐고 도덕적으로 부정의하다는 사실을 우리에게 설득하고자 자연 상태에 대한 세부적 검토를 시작한다. 그는 자기 설명이 홉스의 설명과 다른 점을 강조한다. 홉스는 끝내 자연 상태로 되돌아가지 못했다. 그는 17세기 영국 문명인들이 어느 날 아침 일어났을 때 밤새 정부의 모든 통제가 모두 사라졌음을 알게 되는 황당한 상황[14]을 묘사한다. 만약 정부가 갑자기 사라진다면, 사회에서 탐욕의 특성을 모두 갖춘 사람들이 공격받을 수 있다는 홉스의 위대한 발견에 대해 루소는 그 충격적일 수 있는 결론에 지루해하며 작별을 고한다. 홉스 철학 지지자들의 핵심적인 접근 방식은 문명화된 사람들이 평화를 유지하려고 정부에 의존한다는 너무도 명백한 사실을 입증하는 데 있었다. 명백히 보이는 것들을 넘어서 수많은 다툼의 씨앗이 되는 사치, 명예, 권력을 향한 인위적 욕망을 품기 전에 존재했던 실제 자연인들이 어떻게 행동했을지, 홉스는 아무것도 말해주지 않는다.

자연 상태로 돌아가려면 이 세계에서 정부와 법률만이 아니라 그보다

14. *Second Discourse*, pt. 1, pp.176, 200-201.

더 많은 것을 폐기해야 한다. 사회에서 얻는 정념, 사고, 상상, 관계 등 모든 것을 없애야 한다. 예를 들어 사람들은 요리, 식사, 양념, 후식을 즐기게 되기(글라우콘이 자연 상태를 돼지에나 적합한 상태로 비유하여 조롱했음을 상기하자) 전에는 과연 무엇을 먹으며 살았는지 알고 싶어 한다. 가족 개념이 존재하기 전에는 무엇이 남녀 관계를 유지하게 했는지 알고 싶어 한다. 성적 충동이 질투심과 소유욕 같은 감정으로 폭력화되기 전에 어떤 행동을 하게 했는지 알고 싶어 한다.

하지만 루소는 여기서 놀라운 사실을 말한다. 사람들이 이런 정확한 의미의 자연 상태를 찾을 때 '사실 자체는 이 문제에 영향을 주지 않으므로 한쪽에 제쳐두고' 시작해야 한다는 것이다.[15] 그 대신에 그는 오로지 '가설적'이고 실제로는 절대 존재하지 않는 자연 상태를 찾겠다며 우리를 '사고 실험'으로 인도한다. 칸트도 이후에 루소와 같은 생각을 말하지만, 홉스와 로크는 자연 상태가 실제로 존재한다고 믿었고, 이를 원초적인 상태에 가까운 것으로 묘사했다. 루소에게 자연 상태는 그 흔적이 언젠가 발굴될 선사 시대 화석 같은 것이 아니다. 인류학자들이 언젠가 발견할, 오랜 세월 알려지지 않은 부족이나 아마존의 깊은 열대 우림에서 살아남은 것이 아니다. 루소에게 자연 상태는 허구일 뿐이다.

왜 허구적인 이야기를 고안했을까? 만약 루소가 자연에 대한 자신의 설명이 신화적임을 인정한다면, 그것이 어떻게 '자연'이 무엇인지를, '사회적인 것'이 무엇인지를 인간이 이해하게 해준다는 걸까? 그는 자연 상태가 역사적으로는 허구일지라도 사람들을 정치적 실천으로 인도하는 도덕적 진리

15. *Second Discourse*, pt. 1, p. 177.

를 포착하게 해준다고 생각했다. 일단, 기존의 정치 제도를 자연적이라고 믿게 하는 장막을 걷어내고 나면, 그것을 비판하고 판단할 이상(ideal)을 제시함으로써 이는 가능해질 것이다. 하지만 '자연 상태'라는 이상은 이런 수준을 넘어선다. 과거를 발견하는 여행으로 인도하는 보물 지도를 보여주기보다는 미래의 정치가 추구해야 할 목표를 제시한다. 어떤 점에서 루소는 아리스토텔레스처럼 인간 본성과 조화를 이루는 정치적 사회를 건설함으로써 자연적인 인간의 상태에 다다를 수 있다고 주장한다. 하지만 그런 사회는 한 번도 존재한 적이 없었고, 앞으로도 존재하지 않을 것이다. 그러나 이런 유토피아적 이상은 비록 거기에 도달하려는 노력이 계속해서 실패하리라는 것을 알고 있어도 계속할 만한 가치가 있다.

그렇다면, 모든 형태의 사회적 관계에서 형성되는 생각과 정념을 아직 발전시키지 않은 가상의 사람들이 살아가는 자연 상태를, 루소가 어떻게 상상하는지 알 수 있다. 처음에 자연 상태는 결핍이 아니라 풍요였다.[16] 땅은 인간이 자기 보존 본능에서 생기는 기본적이고 예비적인 요구를 충족하기에 충분히 비옥했다. 이때 루소의 초기 설정은 삶에 자연적인 필요가 거의 없고, (있더라도-역자) 평범하며 쉽게 충족할 수 있다는 것이다. 인간에게는 경쟁적으로 열매를 모으거나 동물을 사냥할 원초적 필요도 없었고, '고정적인 거주지도 없고 (...) 삶을 통틀어서 두 번 [서로 우연히 마주하는 일] 없이', 동물 사이에 흩어져 살았을 것이다.[17]

루소는 다음과 같이 말한다. 사회적 본성을 타고난 우리 존재와 달리 "원시 상태 인간이 왜 원숭이나 늑대가 같은 종끼리 서로 돕는 것보다 서로

16. *Second Discourse*, pt. 1, p. 179.
17. *Second Discourse*, pt. 1, p. 192.

더 많이 도와야 하는지 이해하는 것은 불가능하다."[18]

인간은 혼자서도 잘 지내고 자급자족 방식으로 자연 상태에서 평화를 유지했다. 자기 욕구를 충족하려고 남을 공격할 이유가 없었다. 물론, 홉스는 자연 상태를 투쟁 상태로 봤다. 하지만 이것은 단지 "그(홉스)가 야만인이 자기 보전에 주의를 기울이는 상태에 적합하지 않게 사회적 기능이며 법이 필요한 여러 정념의 충족도 포함했기" 때문이라고 생각했다.[19]

자기 보호를 위한 본능 말고 또 무엇이 자연인을 특징지을까? 루소는 이렇게 대답한다. '딱히 없다.' "모든 인간이 관심을 두는 유일한 목적은 자기 보전이다."[20] 이런 관심은 야만인이 다른 동물에 잡아먹히기보다 다른 동물을 잡아먹는 기술을 개발하면서, 인간의 능력을 '어느 정도' 향상했다. 그러나 인간의 조건과 관련해서 그 밖의 다른 능력은 개발하지 않았다. 오늘날 사람들이 '필수품'으로 간주하는 옷이나 집 같은 재화는 그 시절에 인식의 대상도 아니었다.[21] 무엇보다도, 야만의 시대에는 변화나 진보의 기회 없이, 오로지 규칙성만이 지속했다.

자연인은 늘 위험에 대비한 경계 활동 말고는 게으름 피우며 잠만 잤다. 잔다는 것은 다른 동물들처럼 얕은 잠을 자주 잔다는 뜻으로 "생각은 거의 하지 않고, 생각하지 않을 때는 언제나 잠잔다고 표현된다."[22] 나는 종종 집에 개를 두고 온 학생에게 혼자 남겨진 개가 무엇을 할지 짐작해보라고 하면서 루소의 핵심을 말한다. 거의 예외 없이, 학생은 아마도 개가 잘 것이라고 대

18. *Second Discourse*, pt. 1, p. 198.
19. *Second Discourse*, pt. 1, p. 200.
20. *Second Discourse*, pt. 1, p. 185.
21. Ibid.
22. Ibid.

답한다. 이제껏 아무도 개가 눈뜨고 누워서 생각하거나 불안해하거나 다음 날 할 일을 계획하는 모습을 상상하지 못했다. 이것이 자연인에 대한 루소 생각의 핵심이다. 매일 숲에서 똑같이 익숙한 먹이를 찾는 일이 반복될 때, "그는 아무것도 상상할 수 없고... 그래서 아무것에도 방해받지 않는 그의 영혼은 자신의 현존에 대한 의식을 완전히 포기한다."[23] 요약하자면, 야만인은 그가 뭔가를 먹고 난 뒤에 생각하거나 생각할 수 있는 것이 아무것도 없다. 그는 내일 먹을 식량 구할 방법을 연구해야 할까? 하지만 그에게는 미래나 시간에 대한 개념이 없다. 그가 어디서 그런 생각을 발전시킬 수 있을까? 그는 자신의 필요를 예상할 능력도 없고, 선견지명도 없으며, 호기심도 없다. 삶이 완벽하게 정적(靜的)이다.

이어서 루소는 이런 맥락에서 자연 상태의 무미건조함을 묘사하고, 인간이 당연하다고 여기는 상태가 대부분 자연적이라기보다 사회적이라고 주장한다. 불의 발견, 농업 지식, 도구, 금속 사용, 사유재산, 가정생활, 언어, 문법이 없었다. 인간이 어떻게 그런 것들을 발견할 수 있었는지, 또한 그런 발견이 가능해지기까지 인간의 마음이 진화하는 데 '몇천 년'이 걸린 것은 루소에게 수수께끼다.[24]

자연적 선함

앞서 나는 루소가 자연에 대해 '낭만적'이라고 했다. 그러나 지금까지 살펴본 바로는 오히려 낭만적이지 않은 듯하다. 우리가 가진 모든 것은 거친(남성적) 생명체이고, 그 생명체의 '욕망은 절대 그의 신체적 요구를 넘지 않

23. *Second Discourse*, pt. 1, p. 190.
24. *Second Discourse*, pt. 1, p. 192.

고', 그 생명체 삶의 유일한 즐거움은 "음식, 여성 그리고 휴식이다."[25] 그러나 루소는 문제를 조금 복잡하게 만든다(체스판에서 교활한 수를 쓴다). 자연인은 도덕적 역량이 전혀 없는 생명체일 수 있다. 그는 오로지 자기 보전에만 가치를 부여할 뿐, 선과 악에 대해서는 어떤 인식도 없을 수 있다. 하지만 "홉스가 인간이 선함에 대한 어떤 사고도 하지 않는다고 했으니 틀림없이 악하다고 결론짓는다는 것, 즉 인간이 무엇이 덕인지 모르기에 잔혹하다는 결론을 내리지 않도록 주의해야 한다."[26] 홉스는 오히려 이와 정반대로 말했다. '도덕'이라는 미명하에 전보다 더 많은 악을 저지르고, 인간의 문화라는 것 때문에 인간이 자연 상태에서 흘렸던 것보다 더 많은 피를 흘린다. 인간은 자신의 원시적 순수함에 둘러싸여 '자연적으로(본성적으로-역자) 선하고' 문명에 펼쳐진 '악한 생각'의 영향을 받지 않는다.

루소는 우리의 자연적 선함을 옹호하는 두 가지 주장을 펼친다. 첫째, 자연인은 기본적으로 선하다. 왜냐면 자연인은 자연인과 문명인을 가르는 '계몽된' 사고와 허울 좋은 논리의 영향을 받지 않았다. 자연인은 사회악이 생소한 사람이다. 그의 선함은 사고가 아니라 '정념의 평온'을 반영한다. 루소는 자연적 욕망에 대한 평온함의 여러 사례를 소개한다. 예를 들어 지나치게 먹거나 마실 이유가 없는 생명체가 갈증을 해소하거나 허기를 달랠 때의 절제(moderation)가 그렇다. 그러나 섹슈얼리티야말로 루소가 몇 번이고 되풀이하는 자연의 평화에 대한 본보기/사례다. 문명사회에서 성적 충동은 동요되고 '충동적'인 것이다. 성적 충동은 종종 잔혹한 분노에 가까운 '끔찍한 욕망'과 "그 자체로 보존의 숙명을 따르는 인간의 종을 파괴하는 데 적합해 보

25. *Second Discourse*, pt. 1, p. 189.
26. *Second Discourse*, pt. 1, p. 200.

이는 것"이다.[27] 문명은 야생 상태 섹슈얼리티의 폭력성을 통제하고 제한하는 법률과 관습에 의존한다.

루소는 또다시 문명인이 반대로 가고(역행하고) 있음을 지적한다. 섹슈얼리티에서 비롯한 무질서는 '그 자체로 법과 함께 생겨났다.' 성의 자연적·육체적 측면은 '하나의 성이 다른 성과 결합하게 유도'하지만, 어떤 영원한 짝으로 향하는 것은 아니다. "일단 그들 욕구를 충족하면, 남녀는 상대에게 더는 주의를 기울이지 않는다."[28] 자신의 섹슈얼리티를 특정한 사람에게 고정해야 한다는, 사회적으로 발생한 관습이나 주장은 '도덕적' 측면을 반영한다.

일단, 우리가 사랑과 섹슈얼리티에 대한 자연적 요소와 도덕적 요소를 구분하면, 섹슈얼리티의 신체적 측면은 적당하고 평화로운 방식으로 쉽사리 충족될 수 있음을 알게 된다. 루소는 어떤 행동을 통해 단시간에 충족되고 또 아무 문제 없이 다시 생기는, 그런 일시적 충동을 해결하려고 야만인들이 서로 죽인다는 것은 터무니없는 생각이라고 비판한다. 그러나 특별한 여자를 찾고, 그녀를 차지하고, 경쟁자들이 그녀를 갖지 못하게 하려고 가장 아름답거나 바람직한 여자를 소유함으로써 남들에게 존경받거나, 질투를 느끼게 하거나 느끼기 위해 인간이 생물 활동(biology)을 도덕적·인위적 욕망으로 포장할 때 상황은 악화한다. 자연적 정념, 사회적 정념이 합쳐져서 성적 대상을 재산으로 다루고자 할 때 사회에서 성은 '치명적'인 것이 된다. 이와 반대로, 자연인은 도덕 이전 상태에서 성 자체의 선함(순수성)을 누린다.

루소 주장의 핵심은 성별을 따른다. 폭력적으로 행동하는 쪽은 사회적 남성이지만, 성적 소유의 폭력성을 불러일으키는 문명화된 기술을 실천한다

27. *Second Discourse*, pt. 1, p. 205.

28. *Second Discourse*, pt. 2, p. 212.

고 비난받는 쪽은 사회적 여성이다.

루소는 섹슈얼리티에서 신체와 사회를 분리한 것과 같은 방식으로 다른 자연적 열망이 사회적으로 뒤틀린 형태를 추적한다. 그렇게 '야만인이 식사할 때 그는 만물과 함께 평온하다. 그러나 '사회에 속한 인간에게 그것은 매우 다른 이야기다. 우선, 필수품이 제공되면 그다음에는 사치품이 생긴다. 맛있는 것을 찾고, 막대한 부가 따라오고, 그다음에는 부하가, 그 후에는 노예가 생긴다.' 자연인은 잠을 잔다. 하지만 사회인은 초조하고, 휴식의 순간을 즐기지 못한다. 자연인은 만족을 안다. 하지만 사회인은 언제나 더 많은 것을 원한다. 자연인에게는 도덕이 없지만, 다른 사람을 공격할 이유도 없다. 사회인은 죽이는 것이 잘못임을 알지만, "결국에는 그가 온 세상의 유일한 주인임을 알게 될 때까지 다른 사람들을 죽일 것이다."[29] 자연인은 의술(의료)을 발견하지 못했지만, 그의 욕구는 적당하므로 거의 아프지 않다. 사회인은 의사들에게 둘러싸여 있지만, 욕심을 부려 이익을 내려고 만든 불량 식품 때문에 혹은 붐비는 도시에 전염병이 퍼져서, 끊임없이 아프다(최근에 나는 누군가의 돈주머니를 채워주기 위한 애완조 밀수나 불법 밀렵으로 조류 인플루엔자가 퍼진다는 걱정스러운 시나리오를 읽었을 때 루소가 생각났다).

루소는 자연적 선함을 옹호하는 첫 번째 논증을 다음과 같은 위대한 문구로 마무리한다. 이 글은 길게 인용할 만한 가치가 있다.

> 이기심과 자기애를 혼동하지 말아야 한다. 그것은 서로 매우 다른 두 가지 욕망이다. (...) 자기애는 자연적인 감정이고, 그 감정은 모든 동물이 자신의 보호

29. *Second Discourse*, pt.1, p. 249, note (i).

에 주의를 기울이는 성향을 나타낸다. 이성에 의해 인간에게 안내되고, 연민에 의해 자격이 부여되는 자기애는 인류와 덕성에 결실을 가져다준다. 그러나 이기심은 상대적이고, 인위적인 감정으로서, 사회에서 비롯했다. 이기심은 각자가 남들보다 자신에게 더 큰 가치를 두는 경향을 띠게 하고, 상대에게 저지르는 모든 해로운 짓으로 인간을 자극한다.[30]

자연 상태 내의 공감

루소는 자연적 선함을 옹호하는 두 번째 주장을 전개한다. 자연인은 단지 태초부터, 혹은 사회의 악에 물들지 않아 선한 것이 아니다. 긍정적 측면으로 보자면, 자연적 정념에는 타고난 선함이 있기에 인간은 선하다. 루소는 이를 프랑스어로 'pitié'라고 결론짓는데, 이는 영어로 '연민(pity)'이나 '공감(sympathy)'을 뜻한다. 연민은 홉스에게서 벗어난 또 다른 원리다.[31] 그는 야만인에게 '자신을 닮은 존재가 고통받는 모습을 볼 때 느끼는 선천적 혐오' 감정을 부여한다. 연민에 대해 주목할 점은 "그것이 모든 성찰의 방법에 앞선다는 것이다."[32] 그리고 동물도 때로 그에 대한 분명한 징후를 보일 정도로 자연적이라는 것이다."[33](쥐가 다른 쥐들의 고통에 반응한다는 사실을 입증한 2006년 실험은 이 주제에 관해 루소에게 예지력이 있었음을 말해주는 듯하다)[34]

하지만 연민은 슬픈 운명을 맞이한다. 새로운 형태의 자의식과 자기애

30. *Second Discourse*, pt. 1, p. 256, note (o).
31. *Second Discourse*, pt. 1, p. 201.
32. Ibid.
33. *Second Discourse*, pt. 1, pp. 201-202.
34. Benedict Carey, "Message from Mouse to Mouse: I Feel Your Pain," *New York Times*, July 4, 2006, www.nytimes.com/2006/07/04/health/04empa,html/ (2008년 9月 21일에 접근)을 보라.

를 가르치는 이성이 인간에게서 이처럼 같은 종을 동일시하는 원초적 역량을 압도하기 때문이다. "이성(理性)은 인간이 자신에 대해서만 협소하게 생각하게 한다. 이성은 그를 괴롭히거나 그에게 고통을 줄 수 있는 모든 것에 무관심해지게 한다."[35] 이 같은 루소의 관점을 부각하면서 칼 마르크스는 후에 '유적(類的) 존재(인간은 개체성 의식뿐 아니라 자신이 속한 종류를 의식하고 자신의 본질을 문제 삼는다- 역자)'를 언급하면서 점점 심화하는 근대인의 소외를 애도했다. 마르크스는 소외가 사회의 적대적 조직에 한정된 특징이라고 생각했다. 그러나 루소는 인간이 자연적 동질감에서 소외되는 현상을 사회적·도덕적 진보를 대가로 치르는 비용 중 하나로 여겼다.

『학문예술론』의 1부는 두 가지 논증을 결합하며 끝난다. 한쪽에는 '최소한으로 작용하는 정념'과, 다른 한쪽에는 이기적인 추론에도 아직 사라지지 않은 연민의 '유익한 제지'와 함께 자연 상태는 평화의 상태였다.

자연 상태에서의 평등 : 심리학적 설명

그러나 자연 상태는 평등 상태일까? 의심할 여지 없이 어떤 사람들은 강하고 키도 크고 더 민첩하거나 걸음이 빨랐다. 아마도 다윈이 출현하기도 전에 루소는 자연 선택을 받아들였다. 예를 들어 키에 대해 말하자면, 자연은 적어도 높은 나뭇가지에서만 열매를 딸 수 있는 환경에서는 키를 선택했겠지만, 빠른 동물만이 먹잇감을 사냥할 수 있었다면 속도를 선택했을 것이다. 하지만 루소는 이 같은 자연적 불평등의 중요성을 잠재울 만큼 충분히 비옥한 토지를 생각했다. 특히 한 가지를 분명히 했다. 즉 빈부 불평등은 자연적

35. *Second Discourse*, pt. 1, p. 203.

차이가 정당하게 상속한 유산이 아니다. '사유재산'이라는 생각 자체가 자연인에게는 생소하다. 왜냐면 자연인에게는 어떤 순간에 자신에게 필요한 것 이상을 축적할 이유가 없기 때문이다.

자연적 불평등은 '심리적' 추론에 관해서도 자애롭고 제한된 중요성을 보인다. 자연 상태에서 개인은 각자 고립돼 있으며, 아무도 관찰하지 않고, 아무도 그를 인식하지 않는다. 서로 떨어져 살면서, 자연인은 키, 속도, 힘에 따라 사람들의 순위를 매기고 비교하는 데 필요한 정신의 능력을 아직 발전시키지 못했다.

자연 상태에서는 비교가 없다는 사실이 루소에게 중요하다. 그는 지속적인 관계를 맺지 못하고 사는 생명체들에게 사람들의 순위를 매기는 데 필요한 마음이 아직 진화하지 못했다면서, 두 가지 탁월한 결론을 끌어낸다. 첫째, 자연적 불평등은 인간의 어떤 자질을 사람들이 존중하고 칭찬하고 거기에 큰 가치를 부여할 때 심화한다. 남들이 내 힘을 관찰하고 어쨌든 내가 남들보다 존경받을 만하다고 여기면, 그때 힘에서의 자연적 차이가 문제시된다. 사회 안에서 나는 내 자연적 힘의 능력을 소유할 뿐 아니라, 여론에서 더 높은 순위가 매겨지고, 탁월하다는 평판을 누리게 된다.

자연 상태의 인간 두뇌가 대상을 비교하기 전 단계에서 루소가 끌어낸 또 다른 탁월한 결론은 자연인이 – 오직 자연인만이 – 정직하다는 것이다. 사회적 인간은 늘 자신에 대한 남들의 평가에 신경 쓴다. 그래서 남들의 존경과 칭송을 받을 만한 행동을 하도록 동기가 부여된다. 이는 나에 대한 인식이 남이 내게서 받은 인상에서 비롯한다는 핵심을 찌르는 주장이다. 내 행동은 내 욕구를 표현하는 상태를 벗어나 남의 비위를 맞추는 과정으로 고착된다.

나는 이것이 루소에 관해 내 학생들이 가장 관심을 보이는 대목이라는 사실을 안다. 나는 학생들에게 자기가 대학에 진학하고 수업을 듣겠다고 결정할 때 거친 과정을 돌아보라고 했다. 그럴 때 세간의 평가에 따른 대학 서열을 참고하며 숙고하지는 않는지, 합격하거나 불합격할 때 남들의 시선을 걱정하지는 않는지 물었다. 나는 학생들이 학교에 대한 평가와 학교 '고유의' 자질을 구별할 수 있는지, 혹은 평판이 더 좋지는 않아도 더 자기 마음에 드는 학교를 선택할 수 있는지 물었다. 나는 이런 질문을 던지면서 그들이 세상의 평가나 정해진 순위에 신경 쓰는 것을 비판하려는 것이 아니다. 우리는 모두 같은 배를 타고 있다. 나는 우리가 다른 사람들의 생각에 얼마나 의존적인지를 간파한 루소의 통찰을 살펴보자고 제안한다.

1950년대에 영향력 있는 책이었던 『외로운 군중(*The Lonely Crowd*)』에서 사회학자 데이비드 리스먼(David Riesman)은 '외부지향적' 인간과 '내부지향적' 인간을 구분했다. 루소의 관점은 사회가 사람들에게 외부 지시를 따르게 하고, 이런 경향은 필연적으로 자신만이 아니라 남들을 속이게 한다는 것이다. 그렇게 인간은 각기 다른 사회적 상황에서 선택해야 할 자세를 계산하면서 '역할 행위자(role player)'가 된다.

인간이 자연 상태로 돌아가면 정직해질 수밖에 없다. 자연 상태에서는 평판이나 대중의 존경 같은 것이 생기기 전이므로 인간의 욕구는 원초적일지라도 행동이 그의 욕구를 반영했다. 루소는 이렇게 썼다. "야만인은 자신 안에서 산다." 다시 말해 자연인에게는 '진정성', 프랑스 비평가 장 스트로벵스키가 말한 '투명성'이 있다는 것이다.[36] 야만인은 교활함, 속임수, 위선을 모르고, 남의 의견을 그대로 받아들여 자기 의견으로 간주하거나, 혹은 다른

36. Jean Starobinski, *Jean-Jacques Rousseau: Transparency and Obstruction*, trans, Arthur Goldhanner (Chicago: University of Chicago Press, 1998).

사람들의 눈에 띄어 주목받으려고 수를 쓰거나 계산적으로 그것을 이용할 줄도 모른다. 자연인이 가진 것은 많지 않았지만, 적어도 그는 정직했다.

사회적 불평등과 그 심리학적 기반

자연인에게 무슨 일이 일어났던 것일까? 어디서, 그리고 어떻게 자연인은 멸종하게 됐을까? 『학문예술론』의 제2부는 정적이고 고요한 자연 상태에서 어떻게 필연적으로 사회생활이 출현할 수밖에 없었는지를 이야기한다. 다시 한번, 루소는 사회 기원에 대한 그의 주장이 '가설'임을 솔직하게 고백한다. 그는 언어의 기원이나 불의 발견처럼 인간 진보의 주요 단계에 관해서 그 모든 것의 본질적인 신비에 몰두했다.[37]

루소는 사회적 관계가 인간 본성 '외부'에 있는 어떤 네트워크에 의해 형성되는 것이 아니고, 사회적 접촉은 그것이 좋든 나쁘든 간에 인간 본성을 변화시키고, 의식 구조에서 마음이 작용하는 방식에 새겨진다고 주장한다. 어떤 의미에서 루소는 마음이나 의식의 역사를 제시한 진화심리학의 선두주자다. 그는 논의를 시작하면서 인간관계에 자연 상태에서조차 다른 동물들과 구별되는 두 가지 특징이 있다고 주장한다.

첫째는 기본적인 '자유 의식', 즉 인간의 자유의지 혹은 선택하는 역량에 대한 인식이다. 동물들은 본능적 충동에 지배받는다. 오직 인간만이 자신의 본성을 지배할 수 있고, 자신의 주인이 돼 본성에 지배권을, 전적인 통제권을 행사할 수 있다.

인간 본성이 동물들의 본성과 구별되는 두 번째 특징은 불어로 'perfec-

37. *Second Discourse* pt. 1, p. 190.

tibilité (완벽화 가능성-역자)'다. 동물들의 오늘날 모습은 그들 미래의 모습이기도 하지만, 오직 인간에게만이 개선, 진보, 완벽화 가능성의 능력 있다. 인간 진보에 대한 강조는 그가 살았던 시대의 계몽 신념을 따른 것으로 보인다. 하지만 루소는 거기에 특유의 전환을 덧붙인다. 그는 '우울한 필요(melancholic necessity)'를 말하면서 자연을 지배하려는 인간의 경향을 양면적인 축복으로 간주했다. 우울한 필요는 '인간을 동물 위에 올려놓'고 삶을 살 만한 것으로 만드는 모든 도덕적·물질적 개선을 가능케 한다. 하지만 '진보'는 인간이 퇴보하고 '동물보다 뒤처질 때'까지 쇠퇴하게 하는 기제이기도 하다(루소는 충격적임을 알면서도 이런 사례를 소개한다. 오리노코 인디언들이 저능한 존재를 길러내려고 아이들의 관자놀이를 묶을 때 바로 그런 일을 하고 있던 것이 아닐까?).[38]

루소의 설명에서 조만간 – 루소에게서는 이후에 – 인간의 마음이 자연에서 규칙성을 발견하고, 그것이 어떻게 작용하는지 알며, 본능적인 자극과 반응에서 해방되고자 그 지식을 이용하면서 오랫동안 지속한 자연 상태는 끝나야 했다. 그런 지식은 인간 주변의 생물체들이 모두 비슷하다는 미성숙한 인식, 그리고 자기와 같은 인간과 접촉하려는 새로운 욕구를 포함한다. 기초적인 관계가 발전하고, 사람들은 처음으로 같은 근원에 속한 상태로 살아갔다. 남자와 여자는 서로 유사점뿐 아니라 차이점도 발견했고, 최초의 가족을 형성했다. 이 점에 관해 루소는 고립된 삶이 사회생활로 전환되는 과정에 나타난 도덕적 향상에 아낌없는 찬사를 보냈다. 가족은 인간이 경험하는 '가장 달콤한 감정이 태어나게 한다.' 그것은 바로 '부부와 부모의 사랑'이다.[39]

다른 분야의 개선도 있었다. 도구를 만드는 역량이 발전했고, 농업 기술

38. *Second Discourse*, pt. 1, p. 188.
39. *Second Discourse*, pt. 2, p. 216.

과 금속 다루는 기술을 도입하면서 자연의 원재료에 생산적으로 노동을 결합했다. 음악을 만들었고, 털로 온기를 유지하고 불로 빛을 다스리기 시작했다. 장신구로 자신을 치장했다. 요컨대, 자연 상태라는 게으름의 공간에서 인간은 자신과 환경을 변화시키느라 분주했다. 루소는 이 초기 사회를 "가장 행복하고 가장 오래가는 시대, 세계의 진정한 젊음"[40]이라고 불렀다. 이 점에서 인간은 사회적 협력에서 비롯한 도덕적 · 물질적 혜택을 누렸지만, 아직 이런 협력을 지배와 복종의 위험으로 타락시키지는 않았다. 하지만 곧 그렇게 했고, 지금도 그렇게 하고 있다.

사회 심리학의 기원과 불평등의 기원

진보가 인간의 상황을 개선했지만, 타락의 씨앗을 뿌리는 중이다. 루소는 초기 문명화에 대해 '혼재된 축복'이라는 평범하지만 미묘한 모습을 보여준다. 가장 순수한 형태의 사랑과 여가를 즐기고자 원초적인 야생성을 충분히 떨쳐낸 소집단 무리가 시도할 행동을 상상해보자. 그들은 '거대한 나무 주변에 둥글게 모여서' 노래하고 춤추기 시작한다.

> 모든 사람이 다른 사람들을 알아보기 시작했고, 자신도 또한 남들이 알아봐 주기를 바랐다. 공적 평가는 가치 있는 것이 됐다. 노래를 가장 잘 부르거나, 춤을 가장 잘 추고, 가장 멋있고, 가장 강하고, 솜씨가 가장 좋거나 웅변에 가장 능한 사람은 가장 많은 존경을 받게 된다. 이것은 불평등으로 향하는 첫 단계이며, 동시에 타락으로 향하는 첫 단계다. 이런 첫 번째 특징으로부터 한쪽에서는 허

40. *Second Discourse*, pt. 2, p. 220.

영과 경멸이 생기고, 또 다른 한쪽에서는 수치심과 부끄러움이 생긴다. 이런 새로운 동력으로 발생한 동요는 시간이 흐른 뒤에 행복과 순수에 치명적인 조합을 만들어냈다.[41]

단순해 보이는 이 사건에는 주의 깊은 분석이 필요하다. 루소는 어떤 사람이 다른 사람보다 춤을 더 잘 추고, 노래를 더 잘 부르고, 더 아름답고, 솜씨가 뛰어나다는 사실을 부인하지 않는다. 아름다움을 예로 들어보자. 사람들은 대부분 아름다움이 상대적이고, 속담에서 말하듯 '제 눈에 안경'이며, 사회적으로 형성된 이상이고, 문화마다 그 평가가 다르다고 생각한다. 루소도 확실히 이런 관점을 지지한다. 이처럼 사람들은 아름다움 같은 자질에 부여하는 가치 결정에 사회가 핵심 역할을 한다고 강조한다. 그러나 루소는 자연이 아름다움 또는 음악적 재능 같은 자질을 불평등하게 분배한다는 사실도 인정한다. 그가 사람들이 '가장 멋진 사람'을 인식하기 시작했다고 썼을 때, 아름다움이 평등하게 분배되지 않는다는 사실을 인정한 것 같다. 하지만 이런 불평등 수준은 루소에게 문제시되지 않는다. 비록 어떤 사람들은 노래하는 재능이나 신체적 아름다움을 자연적으로 타고난다고 해도 자연 상태에서는 사람들이 타인을 전혀 인식하지 않는다는 그 단순한 이유로 자연 상태에서 사람들은 이런 사실도 전혀 인식하지 못한다.

이와는 대조적으로, 사회에서 산다는 것의 의미는 '오직' 다른 사람들과의 관계에서만 자신의 가치와 자아에 대한 인식을 발전시킨다는 데 있다. 자신을 남과 비교하기 시작하면서 이전에는 문제 되지 않았던 자연적 불평등을

41. *Second Discourse*, pt. 2, p. 218.

악한 것으로 간주한다. 이제 노래하고 춤추는 기교나 아름다움의 불평등은 존경과 평판의 분배에서 '차이'라는 또 다른 차원의 전반적인 평등 문제를 불러온다. 이것은 단지 내가 천성적으로 '노래'를 남들보다 더 잘한다는 문제가 아니다. 내가 가수들이 존경받는 시대와 장소에서 태어난다면, 나는 또한 모든 면에서 더 나은 '사람'으로 평가된다. 나는 진실하고 정직하게 내 욕구를 표현하고자 노래했지만, 머지않아 다른 사람들을 감동하게 하려고 노래하게 된다. 나는 이제 더는 자연인처럼 나 자신 안에서 살지 않게 된다. 사회인은 '지속적으로 자신의 외부에서 살고, 다른 사람들의 의견 안에서만 살아가는 방법을 안다.' 루소는 다음과 같은 놀라운 구절을 썼다. "이렇게 말해도 된다면, 그[사회적 인간]는 단지 그에 대한 다른 사람들의 판단을 통해 자신이 존재한다는 의식을 도출한다."[42] 마찬가지로 다음 구절도 놀랍다.

> 실제와 다른 모습으로 보이는 것이 사람들의 관심사가 됐다. 실제 자신과 남들에게 보이는 자신은 매우 달라졌고, 이 구별이 거만한 허세와 거짓 가득한 속임수, 그리고 그 도화선이 되는 모든 악을 만들었다. 이제 다양하고 새로운 요구의 결과로 지금까지 자유롭고 독립적이었던 사람들은 모든 자연, 특히 그의 동족에게 복종하게 됐고, 그들의 주인이 되더라도 어떤 면에서는 그들의 노예가 됐다.[43]

인간의 자연적 독립성은 왜 그토록 시민 사회로의 '진보적' 진입에 위축됐을까? 지금까지 루소의 설명에서 조화롭지 않은 특징 중 하나는 그가 사회 제도에 문제가 있다고 하지 않고 흔히 말하는 사회적 관계의 논리에 문제가

42. *Second Discourse*, pt. 2, p. 245.
43. *Second Discourse*, pt. 2, p. 224.

있다고 본 것이다. 다른 사람들과 함께 산다는 것은 자기 가치에 대한 자신의 느낌을 '그들의' 판단에 의존하게 된다는 뜻이다. 공적 존중감은 자기 존중감을 통제하고, 평판은 행동을 지시한다. 게다가, 이 사회생활의 논리는 배경처럼 개인 외부에 머무르지 않는다. 즉 사회적 관계는 인간의 마음 자체에서 변화를 강제한다. 자신에 대한 인식이 사회적 수용에 달린 존재는 각자 자신의 기회를 상대적으로 확대하고, 다른 사람들의 희생을 딛고 서려고 하므로 이성은 경쟁적이고 적대적인 방식으로 발전한다. 사회적 인간의 궁극적 부패에 대한 불쾌한 세부 사항을 모두 살피면서 루소는 다음과 같이 기록했다.

> 나는 우리가 모두 바라고 추구하며, 우리 재능과 힘을 비교하는 평판, 명예, 선호에 대한 욕구가 얼마나 보편적인지, 그리고 그 욕구가 우리의 열정을 얼마나 많이 자극하고 극대화하는지 증명할 수 있다. 일반화한 경쟁, 경쟁자나 사람들 사이에 적을 만들고, 같은 경쟁에 참여하는 셀 수 없이 많은 사람에게 얼마나 많은 실망, 성공, 재앙을 매일 만들어내는지도 증명할 수 있다. 나는 이것이 남들을 자신에 대해 말하게 하고 싶은 욕구이고 한숨 돌릴 틈조차 없이 자신을 남들과 구별하려는 광기임을 증명할 수 있으며, 인간이 인간 사이에서 가장 좋은 것과 나쁜 것 두 가지를 소유했다는 것, 인간의 장점과 단점, 인간의 기술과 실수, 인간의 정복자들과 철학자들, 즉 나쁜 것은 아주 많고, 좋은 것은 거의 없음을 증명할 수 있다.[44]

그리고 마치 사회인의 이성이 품은 적대감에 대한 고발이 충분치 않다

44. *Second Discourse*, pt. 2, p. 240-241.

는 듯이 루소는 다음과 같이 결론짓는다. "나는 다음을 증명할 수 있다. 만약 불확실성과 결핍에 허덕이는 군중이 행운과 위대함의 정점에 있는 풍요롭고 힘 있는 소수를 보게 된다면, 그것은 군중이 그 소수가 누리는 최고의 보상을 똑같은 수준으로 빼앗겼기 때문이다. 그리고 상황이 변하지 않는다면, 그들은 더 비참해지지 않는 순간, 더 행복해하지도 않을 것이다."[45]

사유재산과 사회적 불평등

인간의 타락에 대한 루소의 설명을 요약하면서, 나는 루소가 인간 의식을 변화시켰다고 보는 역할을 의도적으로 강조했다. 하지만 생각은 진공에서 일어나지 않는다. 루소는 사유재산의 도입과 이에 따른 불평등의 범람에 대한 가혹한 비판을 유보한다. 사유재산이 생기기 전 세계에서도, 한 사람이 다른 사람에게 행사할 수 있었던 힘의 종류에 제한이 있었다. 하지만,

> 땅 한 뙈기에 울타리를 친 다음에, '이것은 내 것'이라고 외친 최초의 인간이 시민 사회의 진정한 창시자였다. 그는 인류에게 얼마나 많은 범죄, 얼마나 많은 전쟁, 얼마나 많은 살인, 얼마나 많은 불행과 공포를 불러왔으며, 말뚝을/울타리를 세우거나 도랑을 메우는 사람이 그의 동족을 얼마나 울부짖게 했던가. 이 사기꾼의 말을 들을 때 주의하라. 만약 땅의 결실이 우리 모두에게 동등하게 속한다는 사실을 잊는다면, 당신은 패배할 것이고, 땅은 누구를 위한 것도 아니게 된다![46]

45. *Second Discourse*, pt. 2, p. 241.
46. *Second Discourse*, pt. 2, p. 212.

왜 에덴동산에서는 사유재산이 뱀 같은 것일까? 사유재산이 없다면, 재능이나 근면의 자연적 차이는 문제 되지 않는다. 하지만 '한 사람이 두 사람을 부양하기에 충분한 양을 소유하는 것이 유리해진 순간부터', 강한 자나 근면한 자나 독창적인 자, 또는 민첩한 자가 더 많은 것을 갖는다.[47] – 루소는 그렇게 말하지 않았으나 자유 시장 옹호자는 그렇게 말하겠지만 – 이것이 공정하고 정의롭다고 말할 수도 있다. 일을 더 열심히 하거나 노동으로 더 생산적인 방법을 찾아내는 사람들은 그들 노동에 대한 성과를 소유할 권리가 있다. 로크 이후에, 그리고 마르크스 이전에 루소는 노동이 경제적 가치의 근원이며, 경작된 땅과 경작되지 않은 땅의 가치는 다르다는 점에 동의한다.[48] 이것이 바로 그가 진보를 가능케 한 거대한 혁신 중 하나로 농업의 발견을 선택한 이유다.[49] 하지만 농업은 또한 인류를 몰락시켰다. "무한한 숲이 사람들이 선호하는 농지가 됨에 따라, 그 땅은 인간의 땀으로 적셔지고, 곧 노예와 고통이 수확과 함께 자라날 것이다."[50]

어떻게 자신을 타인과 비교하고 순위를 매기는지를 의식하게 된 인간은 이제 재산 경쟁에 대한 갈등 상황으로 들어간다. 필요가 아니라 다른 사람을 능가하려는, '만족할 줄 모르는 야망'은 '모든 사람이 서로 피해를 주는 악한 성향을 띠도록 부추기며, 항상 다른 사람을 희생시켜서 이익을 얻으려는 비밀스러운 욕망을 품게 한다.' 홉스가 자연 상태에 잘못 위치시켰지만 정확하게 묘사한 사회인은 바로 이 지점에서 잔인한 전쟁 상태에 빠진다. 영구적 갈등, 전쟁, 유혈, 끔찍한 무질서, 강취, 약탈, 이런 것들은 인간 의식의 변

47. *Second Discourse*, pt. 2, p. 220.
48. *Second Discourse*, pt. 2, p. 223.
49. *Second Discourse*, pt. 2, p. 221.
50. *Second Discourse*, pt. 2, p. 220.

화와 사유재산 추구의 치명적인 결합이 가져온 결과다. 부자들은 계속해서 다른 사람들을 희생시켜서 점점 더 부유해지고, 불평등은 통제에서 벗어난다. 그리고 부자들이 다른 사람들에게 명령하거나 그들을 지배하면서 자신의 부가 가져다주는 기쁨을 맛보고 나면 '부자들은 다른 어떤 기쁨보다도 이것을 가장 좋아한다.' 그들은 '사람의 살을 맛본 뒤에는 다른 어떤 음식도 마다하고 오직 사람 잡아먹기만을 원하는 굶주린 늑대'와 같다.[51] 부자가 어떻게 부를 얻는지, 루소보다 더 인상적으로 이야기하는 사람은 찾아보기 어려울 것이다.

사회 진화의 과정에서 이 시점에 정부와 법은 아직 존재하지 않는다. 부자들은 잔인한 힘, 폭력, 전쟁을 통해 그들의 재산을 보호한다. 하지만 그들 요새의 존재에 대한 영구적 불확실성은 (다시, 이 문제는 홉스가 잘 묘사했는데) 궁극적으로 그들이 독창적인 해결책, 루소가 '인간의 마음에 떠오른 가장 심오한 계획'이라고 불렀던 것을 고안하게 했다.[52] 부자들은 철학자들이 '사회계약'이라는 고상한 이름으로 변명했던 것을 이용해서 빈자들을 교활하게 속인다. 부자와 빈자는 똑같은 출발점이나 동등한 협상력을 갖추고 사회계약을 맺지 않기 때문이다. 사람들의 재산권을 보호해주는 정부에 복종하겠다고 모두 동의한다는 점에서, '계약'이라는 공식 용어는 충분히 공정한 것처럼 보인다. 그러나 계약은 이미 재산을 소유한 사람들에게만 이익이 될 뿐이다. 부자들은 무력으로 자신의 재산을 보호하기보다 빈자들의 재산을 보호해주고, 정의가 그런 상호 보호를 요구한다고 믿도록 빈자들을 속인다. 이 속임수를 통해 정책, 정부. 법은 상황을 다음 단계로 끌고 간다. 그러나 루소에

51. *Second Discourse*, pt. 2, p. 225.
52. *Second Discourse*, pt. 2, p. 227.

게서 소위 '정의'라고 불리는 것은 세차와 같은 것에 지나지 않는다. 부자들은 이기심을 닦아서 뽀득거릴 만큼 깨끗하고 장미 향기가 나게 한다. 하지만 루소는 이상한 낌새를 눈치챈다.

루소는 『학문예술론』에서 정부의 탄생과 더불어 자연인부터 사회화된 인간에 이르기까지 변화의 과정에 대한 긴 설명을 마친다. 그는 허허벌판에서 시작해서 사람들의 첫 결합, 가족, 경제 단위, 그리고 마지막으로 정치 공동체 형성까지 인류의 변화 과정을 다뤘다. 이 모든 연속적 단계를 통해 불평등은 마침내 사회계약 개념에서 정당화됐다고 주장할 때까지 자리를 잡아간다. 하지만 적어도 지금까지의 글에 따르면, 루소는 사회계약에 정당성은 없다고 판단한다.

만약 불평등이 자연적이어서 정당하다고 한다면, 루소는 단호하게 그 신화를 파괴했다는 사실에 스스로 만족한다. 만약 사람들의 자유를 보호한다는 이유로 사회계약을 찬양한다면, 루소는 여기에서도 의견을 달리한다. 사회적 관계에 들어간 순간부터 인간은 독립성을 잃었고, 자신을 생각할 때 심리적으로 다른 사람들의 의견에 의존하게 됐다. 사회계약 공동체 구성은 인간의 자유 상실의 정점이다. 이는 사람을 공평하게 대우하는 척하지만 실제로는 부자가 가난한 노예 및 피지배자들을 지배하기 위한 거짓된 장치다. 프랑스와 미국에서 미래의 혁명에 불을 지핀 많은 루소주의자 중 한 사람에 따르면, "인간은 자유롭게 태어났지만, 어디에서나 사슬에 묶여 있다."[53]

53. Jean-Jacques Rousseau, *The Social Contract*, In Crocker, "The Social Contract" 및 "Discourse on the Origin of Inequality," bk. 1, p. 7.

역사에서 힘을 끌어내는 개념

『학문예술론』의 관점에 대한 해설을 마무리하면서 이것이 후일 사상가들에게 어떠한 영향을 끼쳤는지, 몇 가지 말해보자. 사회 변화에 대한 루소의 설명에서 사상과 물질의 발전은 모두 중요하다. 하지만 사상이 독립적으로 역사적 힘을 갖추고 있을까? 아니면 사상은 오직 여러 계급과 행위자의 경제적 이해관계나 물질적 상황을 반영할 뿐일까? 루소의 영향을 받은 칼 마르크스는 도덕·정치 사상이 특정 계급의 경제적 이익을 정당화하고 합리화한다는 사실에 따라 어쩔 수 없이 '이데올로기적'이라고 했다.[54]

우리는 『학문예술론』에서 변화에 대한 마르크스식 접근과 비슷한 면을 볼 수 있다. 예를 들어 사회계약 이론은 부자들의 재산을 보호하려는 이해관계를 반영하고자 사회 발전의 특정한 시점에 등장했다. 루소는 농업이 땅에서 부를 창출하는 새로운 기술을 개발했고, 농업의 잠재력을 개발하고자 사유재산 주장이나 울타리 둘러치기를 통해 새로운 관계와 새로운 개념을 필연적으로 등장시켰다고 했다.

그래도 『학문예술론』은 경제나 인간 의식의 변화에 있어 경제가 아니라 심리적 전제조건을 강조했다는 점에서 매우 놀랍다. 루소는 '경제적 의존성'이라는 악에 대해 강경한 주장을 내세웠지만, 남들의 의견을 의식하고 거기에 반응하는 기제를 벗어나지 못하는 사회적 존재들의 밀접한 심리적 의존성 때문에 똑같이 고민에 빠졌다. 사유재산을 폐지한다고 해서 사람들이 자유에 대한 더 심각한 포기에서 자유로워지지는 않을 것이다.

그렇다면, 어떻게 해야 할까? 만약 사회에서 직면하는 자유와 평등의

54. 그러나 마르크스는 저속한 유물론자가 아니었고, 나는 제5장에서 마르크스가 환경을 바꾸기 위해 노동하는 인간 의식을 강조했다는 것을 주장할 것이다.

장애물이 외부적이고 제도적이라기보다 내부적이고 심리적이라면, 어떻게 변화할 수 있을까? 다음 장에서 이 기초적인 질문들에 대한 루소의 놀라운 답변을 계속해서 다뤄보도록 하자.

12장 루소와 정치적인 것

이전 장에서 나는 인간의 잃어버린 자유와 평등을 되찾으려면 '무엇이 이뤄져야 하는가?'라는 의문을 제기했다. 『인간 불평등 기원론』은 자연적 순수함의 상실이라는 비극이 반전될 수 있느냐는 회의의 근거를 제공한다. 영겁의 시간이 흐른 뒤에 사회적 관계가 인간 마음의 구조에 의존적 사고방식을 새겨 넣으면서, 적대적 형태의 추론과 남들의 평가에 대한 의식 과잉은 한층 가중됐다. 가장 심화한 단계에서 사회 심리학은 사회적 수용에 대한 소모적 욕구이며 여론의 제단에 인간을 묶은 사슬을 절단하는 수단이 될 수 없다.

한 가지 방법은 모두 사회에서 탈출해서 다시 숲으로, 서로 격리된 공간으로 돌아가는 것이다. 내가 처음 『학문예술론』을 읽었을 때, 그리고 그 후에 두 번째, 세 번째로 『학문예술론』을 읽었을 때 이것이 루소의 처방이기를 바랐다는 사실을 인정한다. 나는 루소가 가장 성공적인 사회적 창조물조차도 도덕으로 가장한 위선 때문에, 그 거짓되고 허구적 정체성 때문에 비난하는 구절들을 좋아했다. 사회적 관계에 대한 루소의 비난은 가히 압도적이어서, 이는 분명히 사회에서 모두 떨어져 나간 것이 유일하게 올바른 결론임을 암시했다. 물론, 나는 1960년대에 루소를 처음 읽었다. 그때는 '떨어져 나간다'

는 표현이 유행했고, 반문명적인 사람들이 뉴멕시코의 산, 카우아이의 해변, 캘리포니아 협곡 그리고 자연 상태의 마지막 흔적이 될 법한 곳에서 '멀리 떨어져나간' 공동체를 형성할 때였다.

그러나 루소는 『학문예술론』의 유명한 각주에서 '자연 상태로 돌아간다'는 것을 가능성 있는 해결책으로 보지 않았다.

> 그러면 무엇이 남는가? 사회는 반드시 폐지돼야 하는가? 내 것(meum)과 네 것(tuum)은 폐지돼야 하고, 사람들은 다시 숲으로 돌아가 곰과 함께 살아야 하는가? 이것은 내게 반대하는 자들의 방식으로 추론한 것이다. (...) 나 같은 사람들, 즉 정념이 그들 본래의 단순함을 돌이킬 수 없이 파괴했고, 더는 풀과 도토리로 살아남지 못하는 사람들... 이런 모든 사람은 (...) 그들이 속한 사회의 신성한 결집을 존중할 것이다.[1]

루소가 탈출해서 자연 상태로 돌아가야 한다는 주장에 반대하는 것은 놀랍지 않다. 왜냐면 그런 곳은 결코 존재하지 않는다고 경고한 사람이 바로 루소이기 때문이다. 그러나 인간이 처음 모유를 맛본 순간으로부터 인간 본성을 만들고 변화시키면서, 어느 때보다도 인간을 사회적 조건으로 향하게 할 정치를 요구하며 루소가 택했던 다른 방식의 길은 놀랍다. 루소는 인간이 의기양양하게 자연 상태에서 발휘하던 힘을 제거하고자 인간 본성을 '약하게' 하고 '파괴'해야 할 정치적 필요성을 주장했다.

자연적 선함과 정직, 독립에 대한 그 모든 낭만적 표현은 어떻게 됐을

1. *Second Discourse*, pt. 2, pp. 253-254, note (i)

까? 루소의 짧은 답을 들어보면 아마도 야만인의 심리는 사회적 심리와 공존할 수 없다. '온전하고 개별적인' 고독한 인간에게 적합했던 것은 이제 사회에서 받아들여지지 않았다. 왜냐면 사회에서 필요한 것은 '저 거대한 전체의 일부'로 처신하는 법을 배우는 데 있었기 때문이다. 『에밀』의 냉소적인 글에서, 루소는 사회에서 마치 혼자인 듯이 살려고 노력하는 사람을 괴물이라며 일축했다. "부과된 조건에서 출생 시부터 혼자였던 사람은 나머지 사람들보다 더한 괴물이 된다. 편견, 권위, 필요는 모두 우리에게 던져진 사회적 조건인데, 이 조건은 그의 본성을 억압하고 그 자리에 아무것도 남기지 않는다. 그는 큰길 한가운데 뿌리내린 나무처럼 이리저리 흔들리다가 곧 지나가는 마차에 받혀 박살 날 것이다."[2]

후퇴는 있을 수 없기에 유일한 해결책은 전체적인 자연적 이상을 포기하거나, 혹은 이를 포기하지 않는다면 자연인이 노력을 기울이지 않고도 즐겼던 자유와 평등에 상응하는 도덕적 가치를 제공하는 정치를 할 때 자연적 이상을 이용하는 것이다. 물론, 정치적 자유는 자연적 자유가 반영된 이미지를 제시할 수 없다. 후자에는 독립성 문제가 있고, 만약 전자가 가능하다면, 사회적 의존성의 조건에 따르는 자유의 한 종류가 돼야 한다.

새로운 사회계약

지금까지 사회적·정치적 종속성은 치명적인 것으로, 자유보다는 오히려 독재의 한 형태다. 이것은 정확하게 『인간 불평등 기원론』에서 루소가 언급한 사회계약에 대한 비판이었다. 루소는 자신의 가장 정치적인 작품인 『사

2. Jean-Jacques Rousseau, *Émile, or On Education*, trans. Barbara Foxley (London: Everyman's Library, 1961), bk. 1, p. 3.

회계약』에서 그 비판을 요약한다. 정부의 탄생으로 제공되는 평등은 '단지 눈에 보일 뿐 실체가 없다.' 정부의 발명은 "빈자들을 고통스럽게 하고 부자들이 탄압하게 하는 역할을 할 뿐이다."[3]

그러나 의존성의 해방 양식을 발명한 새로운 사회계약이 가능할까? 권위를 자유롭게 하는 것에 대한 루소의 관점을 설명하는 것으로,[4] 정부의 정당한 권한과 평등을 실현할 방법이 있을까? 『사회계약』에서 루소는 이를 일종의 수수께끼로 표현한다. '어떻게 자유로우면서 동시에 정부에 복종할 수 있을까?' '우리가 서로 의존적인 사회적 관계에 있으면서 어떻게 평등할 수 있을까?' 루소의 대답은 – 그는 이 대답의 역설을 좋아했다 – 인간이 이전보다 더 절대적으로 서로 의존함으로써 자유와 평등을 찾는다는 것이다. 정치사회의 자치 시민처럼 인간은 개인도 전체도 아닌 존재가 되면서 자유로워진다.

이제 루소가 이 역설처럼 보이는 문제를 어떻게 풀어내는지 살펴보자. 특정한 타인이나 타인들의 뜻에 복종하고자 자신에게 충실할(루소 말에 따르면 자신의 '특수 의지') 자유를 포기하게 하는 모든 사회계약에는, 본질적으로 결함이 있다. 자연 상태에서 시민 사회로 이동할 때 남의 권위에 복종하는 대가로 자신의 자연적 독립을 포기해야 한다면, 그런 합의는 노예제의 한 형태로 지배와 종속의 체계라고 볼 수 있다.

그러나 사회계약은 자유와 권위에 대한 복종이 서로 조화를 이루도록 재구성될 수 있다. 역설적으로 보이겠지만, 공동체를 세운 '개인이 전체와 병합하면서도, 자신에게만 복종하면서 전처럼 여전히 자유로운' 상태로 남

3. *Social Contract*, 1.10, p. 26.

4. Caludia Schaler, "Liberating Authority and Rousseau's Politics," unpublished manuscript on file with author 를 보라.

는 사회계약이 존재할 수 있다. 그러나 내가 남들과 함께 정부를 세우고 나서 어떻게 내게만 복종할 수 있을까? 루소는 역설의 가치를 극대화하면서 새로운 사회계약에는 '모든 권리를 소유한 각 구성원이 전체 지역 사회에서 완전히 소외된다'는 주요 단서가 있어야 한다고 말한다.[5] 즉 누구도 자신의 자연적 자유를 유보하지 않고 완전히 포기한다.

역사적으로 자유주의 정치를 지원하고자 발전해온 로크적 사회계약에서 권리 유보는 계약의 핵심 용어다. 사람들은 정부에 복종하는 것이 그들에게 이롭다는 사실을 알지만, 그와 동시에 인력과 재산을 임의로 강탈당할 때 대항할 권리를 포기하는 것이 비합리적이라는 사실도 알고 있다. 근대 입헌 국가는 제한적인 정부의 권위가 피지배자들의 합의에서 비롯한다는 사실에 대한 인민의 이해에 토대를 두고 있다. 그러나 루소는 인간이 자연 상태에서 어떤 '독립'의 특권을 누렸든 상관없이 사회계약이 주권 정부에 절대 권위를 부여했고, 사람들은 이 권위에 온전히 복종해야 한다는 점에 동의하지 않고 반발한다. 이처럼 루소는 사회에 대한 권리 포기가 개인 자유의 핵심이라는 자기 주장의 반 직관(counter intuition)을 즐기는 듯하다.

루소는 자유와 절대 권위가 공존하는 방식을 설명하면서 내가 언급할 것과 다른 순서로 세 가지 급진적이고 연속적인 요점을 제시한다. 첫째, 나는 '너'가 아니라 '우리'에게 복종한다. 즉 나는 내가 평등한 부분을 차지하는 사회의 주권적 권위에 복종하기로 동의한다. 인민 주권이나 인민 권력은 '모든 이에게 자신을 주는 것은, 아무에게도 자신을 주지 않는다'는 의미다.[6] 내 자유는 공동으로 제정한 법에 내가 복종하기로 동의함으로써 귀속된다. 둘

5. *Social Contract* 1.6, p.18.
6. Ibid.

째, 복종의 조건은 모든 이에게 평등하므로 부정의한 법을 만들 아무런 이해관계가 없다. 그 법은 모든 이에게 동등하게 영향을 미치므로, 절차적 제도는 법이 '너'에게 어떤 영향을 미칠지 '내'가 관심을 기울이는 방식으로 작동한다. 이런 상황적 평등이 폭정을 막아내지만, 만약 그러지 못한다면 사람들은 절대 권력을 행사하는 정부의 폭정을 두려워하게 된다. 셋째, 모든 이가 서로 남에 대해 '상호 포기'라는 똑같은 행동을 하므로 나는 내가 다른 사회 구성원들에게 양보한 것과 똑같은 권리를 획득한다. 상호 의존은 복종하기로 한 내 약속이 사실상 복종이라기보다는 '권한 부여' 형태라는 사실을 의미한다.

지금까지 루소는 유사 법적 언어로 자신이 구상한 새로운 사회계약에 대한 주장을 설명하고 옹호했다. 지역 사회 모든 구성원이 서로 '결의권'이라는 동일한 권리를 부여하고, 해당 기관이 지역 사회에 정착한 상태에서만 사회계약은 정치 기관으로서 정당한 권리를 창출할 수 있다.

그러나 문제는 여전히 남는다. 루소의 계약조차 '나'만의 의지를 따를 기존의 내 자유를 포기하고, 사회의 주권, 집단 의지에 복종하게 했다. 사회의 주권이 행사되는 방식에 관해 내가 다른 이들의 생각에 동의하지 않는다면? 선거를 치러야 할까? 다수가 통치해야 할까? 다수는 확실히 폭군이 되지 않을까? 다수 혹은 사회 전체가 잘못될 수는 없을까? 즉 루소는 사회 전체나 대부분에 절대 주권을 부여하면서도 '개인'의 자유를 보장하는 방법을 아직 설명하지 않는다. 예를 들어 비주류의 생각을 지지하거나 소수파에 속하는 개인의 관점에서 보면, 군중의 폭정도 폭군의 폭정 못지않게 두려울 수 있다.

일반 의지

루소는 이런 문제를 분명히 인식하면서, 사회계약이 작동하는 방식의 배경을 형식주의에서 심리학적 근거로 옮겨갔다. 말하자면 '사회계약'이라는 은유에는 정치 공동체를 개인이 '독립 계약자'로 남는, 아주 약한 형태 연합으로 오해하게 할 여지가 있고, 구성원들의 상호 이익에 도움이 되는 협력체를 구상하는 이들의 결합을 느슨한 것으로 여기게 한다. 이 연약한 정치 사회에는 '공동선(common good)'이 있겠지만, 그것은 단지 여러 개인의 이해가 서로 맞아떨어진다는, 제한된 의미에서의 '공동(common)'이라고 할 수 있다.

루소는 사람들이 스스로 자신을 독립 계약자가 아니라 '시민'으로 간주하기를 바랐다. 그러나 시민으로 태어나지 않았기에, 독립 계약자 신분으로 구속돼야 했다. 이기적인 주체가 마치 도덕적 인간이라는 듯이 자신의 구속, 충성, 애국심, 단결, 우애 등의 덕을 새로운 감각으로 포장하고, 급격한 심리적 변화를 거쳐야 했다. 사회계약의 변혁 효과에 대한 강조는 결정적으로 홉스와 로크가 선호하는 모델과 루소 모델의 차이다. 루소에게 개인은 사회계약을 맺기 '전'에 온전히 합리적 주체였고, 단지 그가 이미 확보한 개인 이익을 제공하러 사회에 들어갈 뿐이다. 아리스토텔레스와 달리 루소는 개인이 사회에 '합류하고' 이기적 계산자에서 공공 이익에 헌신하는 시민으로 변모한다고 말한다.

이렇게 달라진 시민에게 정치 사회는 그 자산이 개인 이익의 총합과 다르고, 더 큰 선으로 공동선이 등장하는 강력한 연합이다. 공동선은 개인 이익을 변화시키는, 진정한 공유 선이다. 사람들은 정치 사회 밖에서 그들 자신의 특수 의지를 자유롭게 추구할 수 있지만, 그런 자유는 협소한 범위에 대한 자부심으로 사람들을 얽매면서, 그들만의 방식으로 예속한다. 인간은 강력한 지역 사회에서 처음으로 다른 종류의 의지가 작용하면서 발생하는 더 높은 차원의 도덕적 자유를 경험한다. 루소는 이것을 '일반 의지'라고 말한다.[7] 일반 의지는 자기 최선의 의지를 의미하지만, 의지의 힘은 오로지 시민과 함께 살고 시민과의 관계에서 영감을 얻을 때 사람들에게 좋은 것, 무엇보다도 자기 이익이 아니라 공동선을 위한 것을 선택할 수 있게 한다.

일반 의지는 사회계약이 자유와 권위를 화합하게 하는 수수께끼에 대한 루소의 대답이다. 나는 내 특수 의지를 추구하던 이전의 자유를 포기하고, 공동체 일반 의지의 권위에 복종하기로 합의한다. 그러나 일반 의지는 특정한 개체에 복종하지 않는다. 어떤 비밀스러운 단체의 사상이나 통합된 집단 의식의 요구에도 복종하지 않는다. 나는 '나 자신'에게만 복종하고, 이것이 공동체 권위에 복종하면서도 각자가 자신에게만 복종한다고, 루소가 주장할 수 있었던 이유다. 이 '자기 자신'은 '실재하는' 나 자신이지만, 자연 상태에서는 내가 추구할 수 없는 개념이다. 어떤 의미에서 그것은 사회적 창조물이다. 그런데도 일반 의지는 동정심과 자연인에게서 발생한 본능적인 동료 의식을 사회적 인간을 위해 재창조한다.

루소는 일반 의지를 '전체 의지'와 비교함으로써 그 개념이 의미하는 바를 명확히 밝힌다. 전체 의지는 '개개인 의지의 단순한 총합'이고, 미약한 공동 사회의 공동선으로 통한다.[8] 공동선 의식이 희박한 공동체에서 사람들은 심리적 변화를 겪지 않는다. 그들은 사회계약에 참여하기 전과 같은 이익을 계속해서 추구하고, 그들이 구성하는 단체는 안전하게 개인의 이익을 추구할 수 있게 단순한 협력 체제를 구축한다. 구성원들이 허락한다면, 정부가

7. *Social Contract* 2.3, pp.30-32.

8. *Social Contract* 2.3, p.31.

어떤 거대한 기계나 계산기와 다를 바 없다는 듯이 '전체 의지' 공동체는 각자의 이익을 모두 합해서 공공 정책에 반영하는 기계적인 작업을 정부에 부과한다.

일반 의지는 다르다. 그것은 내 안에 있거나, 적어도 내가 '나에게' 좋은 것이 아니라 '우리에게' 좋은 것을 선택하게 하는 '매우 놀라운 변화'가 일어날 때 내 안에 있다.[9] 따라서 이상적으로 볼 때 다른 이들의 서로 다른 이해관계를 단순히 수렴하는 작업으로는 일반 의지가 무엇인지 알 수 없다. 사회가 진정으로 공동선을 공유할 때 시민 각자는 같은 일반 의지를 표출한다. 각자가 일반 의지라고 생각하는 것에서 조화와 동의가 잘 이뤄질수록 실제로 일반 의지의 지배력은 강화된다. 루소는 이와 대조적으로 부동의와 반대를 '개인 이익의 주도권을 선포'하는 장애이며 일반 의지의 쇠퇴로 봤다. 이것이 문제가 된다.[10]

루소는 사람들이 투표를 통해 일반 의지를 찾는다고 생각하지 않았던 것이 분명하다. 공동체에 주권을 주면서 사람들은 집단의 일부로서 그들 자신에게 주권을 맡긴다. 그리고 주권 사회가 무엇을 뜻하는지 모두 정확하게 똑같은 말로 설명한다. 그러나 투표에 대한 루소의 견해는 여러 점에서 특이하다. 첫째, 비록 현실적으로 말할 때 다수가 일반 의지가 무엇인지 결정하게 되지만, 이는 결코 그들을 결속하는 공통 이익으로서 의지를 '일반화'하는 다수의 목소리일 수 없다. 따라서 이상적으로는 투표가 만장일치를 지향하는 경향을 보여야 하지만, 반대하거나 동의하지 않는 유권자들이 있다는 단순한 사실이 이미 공동 이익이 미약하다는 증거이고, 또한 사적 이익이 그 과

9. *Social Contract* 1.8, p. 22.
10. *Social Contract* 4.2, p. 111.

정을 오염시킬 수 있다는 신호다. 만약 내가 투표 중에 소수파임을 알게 된다면, "그것은 단순히 내가 틀렸으며, 일반 의지로 간주하는 것이 사실은 그렇지 않음을 말해준다."[11]

사적 이익에 의한 부패로부터 일반 의지를 온전히 지키려는 루소의 주장은 너무 완고해서 그는 일반적인 방식의 정치에 큰 적대감을 드러낸다. 당파, 정당, 캠페인, 연합, 거래를 중개하는 것들은 당파적 이익을 대표해서 국가를 장악하도록 개인을 부정한 방법으로 동원한다. 시민이 서로 제대로 의사소통하지 못할 때 투표는 일반 의지를 표현하기에 가장 좋은 수단이다. '긴 토론'과 토의에 대한 욕구는 개인의 이익이 불러올 혼란이나 또 다른 타협으로 이어진다. 루소에게 공동선은 중앙집권적이다. 그것은 하나이며, 여러 견해의 타협보다는 다른 관점에 여지를 전혀 주지 않는 것이다.

이상적인 시민상

루소도 마키아벨리처럼 로마공화국이 시민에게 고취한 공적 헌신에 관한 이야기를 좋아했다. 그는 킨키나투스를 여러 번 언급했다. 킨키나투스는 자작농이었으나 국가가 부를 때마다 군역을 완수하느라 땅과 가족을 포기했던 인물이다. 루소는 스파르타의 어머니 이야기를 훨씬 더 좋아했다. 그녀는 두 아들을 전쟁터에 보내고 소식을 기다리던 어머니였다. 사정을 알아보러 갔던 노예가 돌아왔을 때 그녀는 황급히 "전쟁 소식이 있느냐?"라고 물었다. 노예는 그녀의 아들이 전사했음을 알리며 슬퍼했다. 그러나 그녀는 "이 천한 노예야, 내가 물어본 것이 그것이더냐?"라고 외쳤다. 스파르타가 전쟁에서

11. *Social Contract* 4.2, p. 113.

승리했다는 소식을 들었을 때, 그녀는 신에게 감사하며 달려갔다. 루소는 이 일화를 찬양하며 "바로 이것이 시민이다."라고 말했다.[12]

반면에 루소는 '개인 문제가 모든 것을 포괄하도록' 방치한 '보잘것없는' 근대인을 비난한다. '상업 거래의 번잡', '탐욕적 이득 추구', '안락에 대한 집착', '예술의 분열'은 공적인 일에 대한 대중의 관심을 쫓아버렸다.[13]

아무도 황급히 의회로 향하거나 거기서 무슨 일이 벌어지는지 알려고 하지 않는다. 사람들은 자신이 맡은 일에 전념하기보다 남에게 돈을 주고 일을 맡기려고 한다. 이런 사람들은 어떤 국가에도 속하지 않는다. 그들은 "돈을 제외한 어떤 것에도 열정이 없고", "조국은 훔칠 만한 재산이 있는 나라일 뿐이다."[14]

루소는 대의 민주주의의 특징인 약해진 시민권을 특히 비웃는다. 일반 의지는 '남'에게 나 대신 표현하라고 현명하게 요구하는 의지가 아니다. 남이 나를 대신하려고 내 자유를 이용하는 순간, 나는 자유를 잃는다. 루소에게 시민권은 관객 많은 운동 경기 같은 것이 될 수 없다. 시민권은 가치 없는 말을 떠벌리기보다 가치를 실현하는 고된 작업에 함께하기를 요구한다. 그러나 참여는 옳은 방식이어야 한다. 사람들은 개인의 이익이 아니라 공공의 이득을 요구하는 시민이 돼야 한다.

스파르타 어머니의 일화는 루소의 시민 모델이 얼마나 큰 부담을 안고 있는지 보여준다. 내 사례를 말하자면, 나는 내가 일에 몰두하는지, 아니면 이상에서 매력을 찾는지는 모르겠다. 대학 사회에서 교수들은 정기적으로

12. *Émile*, bk.1, p. 5.

13. *Social Contract* 3.16, pp. 98-99.

14. Jean-Jacques Rousseau, *The Government of Poland*, trans. Willmoore Kendall (Indianapolis: Library of Liberal Arts, 1972), p. 12.

교수회의에 참석하는 좋은 시민이 되리라고 기대된다. 내가 (종종) 그런 모임에 참석하지 않는다고 고백해도 그리 충격적인 일이 아닐 것이다. 루소가 탄식했듯이 나도 해야 할 다른 일이 있다. 나는 학부 교수 중 한 분이 내가 얼마나 자주 캠퍼스 학생 모임에 참석하는지, 토요일 밤에 무엇을 했는지 은근히 물어봄으로써 루소와 관련된 나의 자긍심을 시험했던 일을 기억한다.

대부분 사람은 루소가 동경했던 전형적인 시민의 삶을 살기에 너무 바쁘다. 솔직히 나도 대학과 국가 사회에서 좋은 시민이 되고 싶었던 적이 있었다. 나도 루소가 말했듯이 로마인들이 공동선에 대한 헌신을 통해 얻었던 소속감을 얻고 싶었다. 하지만 언제나 그렇지는 않더라도, 돈벌이, 이직, 휴일 하이킹, 보스턴 레드삭스 경기, 가족 모임 같은 것을 여전히 원한다. 루소는 시민권을 넘나들거나 자신만의 시민적 일정을 세우도록 허락하지 않는다.

루소가 폴란드 애국자들에게 외국의 위협으로부터 국가 독립을 지키라고 조언했듯이 시민권은 시민의 삶을 '매 순간 채워야 한다.' 이것은 '강력한 명에'처럼 우리 안에 고정돼야 한다.[15] 진정한 시민이 된다는 것은 공익과 사익을 조율하는 데 있지 않다. 상황이 가장 나빴던 시기에도 스파르타 어머니가 그렇게 했듯이 시민 역할을 철저히 해내고, 언제나 시민으로 존재하기를 우선으로 택해야 한다.

시민의 이상과 자연인의 이상 비교

스파르타인 어머니 일화는 루소의 정치적 이상과 자연스러움에 대한 존중의 차이를 분명히 보여준다. 스파르타는 자신을 먼저 생각하는 자연스

15. *Government of Poland*, p. 7.

러운 충동을 억제하거나 과장함으로써 이 어머니의 시민상을 부각했다. 대부분 사람은 부모가 국가의 운명보다 자녀의 운명을 먼저 생각할 필요는 없더라도, 자녀의 죽음 소식을 들었을 때 국가의 승리에 대한 축하를 자제함으로써 자연스럽게 애도하게 된다고 믿는다. 그러나 루소의 시민권은 한편은 어머니로서, 다른 한편은 시민으로서의 이해관계에서 생기는 갈등을 배제한다. 좋은 시민의식을 갖추려 할 때 사람들이 치러야 할 대가는 내면의 자연인을 내쫓고, 공공의 평등 의식을 통해 사적인 선호를 버리는 것이다.

루소는 시민이 되는 법을 이해하고, 이기적 인간이 공동선을 사랑하는 사람이 되는 놀라운 정신적 변화를 실현하는 특별한 방법을 주저 없이 선택한 두 명의 고대 입법자로 모세와 리쿠르고스를 들었다. 리쿠르고스는 매일 아침 자리에서 일어날 때마다 조국의 모습이 눈앞에, '그들의 경기, 그들의 집, 그들의 모임, 그들의 향연에' 그려지는지 늘 확인하면서 스파르타인들의 주의를 촉구했다. 모세는 히브리인에게 다른 민족과 전혀 다른 독특한 정체성을 확인해주는 고유한 의례와 제식을 강제함으로써 다른 사람들에게 절대 흡수되지 않게 했다. '히브리인'과 '스파르타인'은 자연적으로 존재하지 않는다. 리쿠르고스와 모세는 국가적 정체성이 구축돼야 한다고 판단했고, 이들의 '가장 강한 – 더 정확히 말하자면, 유일한 – 정념'으로서 '뜨거운 조국애'를 고취하고자 어떤 일도 마다하지 않았다.[16]

16. *Government of Poland*, pp. 6-7.

훌륭한 입법자

정치적 시민 형성을 강조한 루소는 닭이 먼저냐 달걀이 먼저냐 식의 문제를 제기했다. 좋은 법을 만들려면 좋은 시민이 필요하지만, 좋은 시민을 만들려면 좋은 법이 있어야 한다. 루소는 이 문제를 직시하면서 견고한 지역 사회를 완성하려면 지속될 법을 제정할 리쿠르고스나 모세 같은 특별한 입법자의 존재가 필요하다는 마키아벨리의 주장에 동의한다. 그런 뒤에야 사회계약 – 광범위하게 시민에게 주권적 입법권을 부여하는 – 에 따라 고안된 계획이 작동할 수 있다.

이처럼 왜 루소가 시민 사회 형성에 훌륭한 입법자에게 의존하는지 이해할 수 있다. 그러나 여기서 그는 모순에 빠진다. 기존 입법자들이 규정한 법을 준수하는 한, 사람들은 집합적으로 표현된 그들 자신의 일반 의지가 아니라 누군가의 권위에 복종할 수밖에 없다. 루소는 특별한 개인이 신처럼 완벽하다면 당연히 '일반 의지'를 구현한다고 한다. 그러나 만약 그가 공화국을 설립하기 위해 위대한 사람들이 일반 의지를 구체화하는 것을 허락한다면, 위기의 순간에 다른 사람들도 그들 자신 역시 '일반 의지'를 실현하고 있으며 사람들을 대변한다고 주장하는 것을 어떻게 막을 것인가?

시민의 형성

시민이 어떻게 만들어지든, 루소의 보편적 관점은 시민 정신이 정교하게 형성된다는 사실을 상기한다. 그러나 이것은 누구에게나 자연적인 일이 아니다. 시민의 삶이 비자연적인 만큼, 도덕적 관점은 루소가 한때 자연에서 살던 야만인을 상상하며 그렸던 이상화된 초상으로 돌아가 시민의 삶을 이와 연결한다. 애국심은 시민에게 주변 사람들과 하나가 된다는 느낌이 들게 한다. 하지만 야만인은 다른 사람들과 무관하게 살아감으로써 그런 삶에서 느낌을 얻는다. 『인간 불평등 기원론』에서 루소는 호화로운 고독을 통해 평화롭게 살아가는 자아에 대한 관점에서 이야기를 시작한다. 그는 『사회계약론』에서 동일한 이상을 정치적으로 재창조하는 이야기로 마무리하면서, 자아는 자신의 분리된 정체성을 공통의 삶으로 병합함으로써 평화로워졌다고 말한다. 그들의 단단한 유대는 결속의 완벽한 부재가 자연인에게 도움이 됐듯이 사회적 인간에게 도움이 된다.

루소의 글은 어떻게 시민권이 사회적 적대 관계의 역사를 종식하고 시민의 유대를 회복했는지 생생하게 묘사한다. 루소의 모든 책에서 내가 가장 좋아하는 구절은 자연 상태 – 시민권이 최고조에 달했을 때 느낌 같은 – 의 묘사다. 그는 달랑베르에게 보낸 편지에서 자신이 무척 사랑하는 모국 제네바가 인민을 즐겁게 해주는 극장을 개발할 필요가 있다고 말한 명망 높은 프랑스 계몽사상가를 혹평했다. 그는 연극 관람이 파리 사람들을 어떻게 타락시켰는지 살펴보면서 카타르시스와 극장에 대한 아우구스티누스의 비판을 상기한다. 루소는 전문 극장이 도시에 불러오는 악을 말하면서 파리 시민이 극장에 모이지만 공적 모임에 나오기를 꺼리는 현상을 지목했다. 파리 시민은 극장에서 무엇을 했을까? 그들은 인민의 실제 비극은 모르는 체하면서 극장 좌석의 어둠 속에 앉아 무대 위 가상 인물의 허구적인 비극을 보며 눈물을 흘렸다. "사람들은 모두 함께 극장에 간다고 생각한다." 그러나 "그곳은 (…) 친구들을 잊고, 죽음의 불운에 눈물 흘리거나 삶의 희생을 비웃기 위해, 우화를 통해 단지 그들 자신에게 집중하러 간다."[17] 파리 시민은 심지어 무대 위의

17. *Letter to M. D'Alembert*, pp. 16-17.

모든 것이 허구임을 알면서도, 연극을 봄으로써 마치 정의에 대한 요구를 어떻게든 충족했다는 듯이, 정화와 희망의 감정을 품고 극장을 빠져나간다. 제네바가 그런 부패를 수입할 필요는 없다. 루소는 폴란드에도 똑같이 경고한다. "당신은 도박, 극장, 코메디, 오페라 등 사람이 인간답지 않게 하는 것, 즉 그들의 주의를 분산시키고 그들을 고립시키며 그들의 의무를 잊어버리게 하고, 그들이 즐거운 한 만족을 느끼게 하는 모든 것을 금지해야 한다."[18]

공화국에서 유흥은 볼거리 스포츠가 돼서는 안 된다. 일반 시민이 직접 배우로 참가하는 활동이어야 한다. 축제의 내용은 크게 문제 되지 않는다. 시민이 좋아할 아주 많은 점이 있어서 '즐거움과 기쁨의 달콤한 유대감'을 서로 줄 수밖에 없는 사람들을 모으는 것이다.[19] 루소는 어린 시절, 단순한 시민 유흥을 보고 충격받았던 일을 회상하면서 마을에서 지역 연대가 발휘됐던 날을 애정 어린 시선으로 돌아본다. 그들은 행사를 마무리하면서 모든 계층이 어울려 함께 춤을 췄다.

> 길게 식사하며 흥이 난 한 남자의 춤은 보기에 그다지 흥미롭지 않다. 그러나 똑같은 옷을 입고 서로 손을 맞잡은 500~600명 남자가 선보이는 조화. (...) 북소리, 밝은 횃불, 어떤 군인들 같은 당당함... 이 모든 것이 냉정한 심리 상태로 경험할 수 없는, 생동감 있는 감각을 불러일으킨다. 나를 품에 안으며 아빠는 내가 여전히 느끼고 공유한다고 생각하는 전율에 사로잡혔다. "장-자크." 아빠가 내게 말했다. "네 조국을 사랑해라. 이 선한 제네바인들이 보이니? 저들은 모두 친구이고 형제다. 너는 제네바인이다. 언젠가 너는 다른 사람들을 만날

18. *Government of Poland*, p. 14.
19. *Letter to M. D'Alembert*, p. 125.

거야. 그러나 네가 아빠만큼 많이 여행한다고 해도 제네바인 같은 사람들은 찾지 못할 거야."[20]

이런 구절은 루소가 자연 상태를 낭만적으로 묘사한 것처럼 제네바를 묘사한다. 미개인은 순수하다. 제네바인도 그렇다. 그들은 사치하지 않고, 공화국 시민에 걸맞은 엄격함을 훈련한다. 자기애에 대한 미개인의 자연적 본능은 이기심으로 이어지지 않는다. 그러나 시민의 공동선에 대한 도덕적 위임은 자신에 대한 이기심을 회복한다. 미개인은 그들 욕망을 속이거나 왜곡할 줄 모르는 정직하고 투명한 존재다. 호의는 시민을 서로 투명해진 존재로 만든다. 그들의 "심장은 언제나 그들의 입술에 있듯이 그들의 눈에도 있다."[21]

루소는 특히 춤춘 사람들이 남자뿐이고 여자들은 구경만 했다는 사실을 기억한다. 이런 사실은 그에게 문제 되지 않고, 잠시 멈춰서 시민 유흥에 대한 그의 목가적 기억과 여성 배제 사이의 모순을 돌아보지도 않는다. 어떤 사람은 루소의 기억을 확장해서 동등한 조건으로 여성도 포함하라는 유혹에 넘어간다. 그러나 루소 관점에서 유흥 세계에 여성을 포함하는 것은 그 순간의 군사적 위풍뿐 아니라 남자를 시민이 되게 하는 데 필요하다고 믿었던 그의 금욕주의를 훼손한다.

자유주의 비평가로서의 루소

루소가 상상한 대로 공동선의 삶을 살아가는 시민의 모습은 매력적이면서도 두렵다. 그 매력은 소속될 가치가 있는 공동체에 소속됐을 때 발산된

20. *Letter to M. D'Alembert*, p. 135.
21. *Letter to M. D'Alembert*, p. 127.

다. 하지만 모든 공동체에 소속될 가치가 있는 것은 아니고 충성, 헌신, 애국심에 대한 루소의 찬양은 폐쇄적이고 폭압적인 공동체의 악의적이고 적대적인 형태를 지지하는 데 사용되거나 사용됐을 수 있다는 위험이 있다. 루소에게서 무엇이 가장 매력적이고 무엇이 가장 걱정스러운지, 제기된 주장을 자세히 살펴보자.

나는 이 책에서 홉스와 로크에 관해 말하기 전 우리가 오늘날 '자유주의 사회' 또는 '열린 사회'라고 부르는 것의 철학적이고 역사적인 토대를 추적했다. 그것은 사람들이 타인에게 해가 되지 않으면서 '자신만의 방법으로 자신만의 선을 선택할' 자유를 부여한 사회의 특징이다. 루소는 어떤 삶이 '최상'의 선택 – 시민의 삶 – 인지 '안다'. 그는 사적 이익, 사업적 이익에 몰두한 삶을 선택한 사람들의 악을 비판하는 한편, 시민권과 공적 헌신의 덕을 고양하는 데 정치권력의 사용을 주저하지 않는다. 이와 반대로, 자유주의자들은 우리에게 어떤 삶이 최선인지, 혹은 인생에서 해야 할 덕성 있는 선택이 무엇인지 알지 못한다. 따라서 자유주의 사회는 다른 사람에게 해가 되지 않는다면, 개인이 선택한 다양한 삶의 방식을 똑같이 존중하는 사회다.

'선택'하는 자신이 공유할 수 있는 공동체의 종류는 어떤 것인가? 내가 오늘 선택한 것은 내일 다시 원상태로 돌아가므로 영원한 것도, 급한 것도 없다. 열린 사회에서는 아무도 가만히 있지 않는다. 사람과 생각이 계속해서 변한다. 우리는 지리적으로나 정신적으로나 자유롭게 움직이고 떠돌아다닌다. 전통도 없고, 과거에 대한 충성도 없으며, 누군가의 종교나 민족성, 혹은 조국에 대한 충성이 없는 것은 누군가가 매듭을 풀고 말뚝을 뽑는 것을 막는 것만큼 가치 있다. 즉 자유주의 사회에서는 정체성 자체가 이동하거나 재창조될 수 있다. 나는 새로운 삶을 찾아서 미개척지로 향하는 선구자다. 허클베리

핀은 "나는 돌아갈 수 없다. 전에 거기에 있었으니까."라고 말한다. 나는 날개를 펴고 부모 그늘에서 탈출해 지금 '나 자신을 찾으려고' 애쓰며 집을 떠나는 젊은이다.

루소는 '스스로 다른 삶의 계획을 자유롭게 세우는 개인'이라는 자유주의 관점을 충분히 설명하지 않는다. 나는 적어도 역사적으로 성취한 '조국'에 대한 복종에 자유주의가 부과하는 제약을 없애려는 루소의 대안적 시민권 모델을 전혀 지지하지 않는다. 그래도 여전히, 구성원이 완전히 흩어져 공적 의무나 봉사 의식이 사라지지 않도록, 자유주의 자체에는 항상 루소 같은 비판자가 필요할 것이다. 만약 자유주의 사회의 구성원들이 단지 똑같은 사적 이익을 추구한다는 이유만으로 서로 연결된다면, 정치는 분명한 이기심의 발로일 뿐이고, 사회 경쟁의 승자는 패자를 고려할 책무가 거의 없다. 정의를 제쳐놓더라도, 공동선의 감각이 없는 사회가 어떻게 안정적일 수 있는지 이해하기 어렵다. 급진적 개인주의자들의 사회가 어떻게 투표, 회의 참석, 타인의 이익 고려 등과 같은 시민적 덕성과 충분한 시민의식을 사람들에게 장려하는 '민주주의' 사회가 될 수 있는지 명백히 이해하기 어렵다. 루소나 그 같은 누군가는 사람들을 홀로 두는 자유주의 윤리가 개인주의 과잉으로 흐르지 않는지 항상 확인해야 한다.

그러나 결국, 공동선에 대한 루소의 개념은 놀라울 정도로 비민주적이다. 루소주의적인 국가에서 우리가 공유할 수 있는 공동선에 다양성이나 다원성의 여지는 거의 없다. 오직 하나의 공동체, 하나의 통합만이 있을 뿐이고, 그것은 바로 국가다. 루소에 동조하는 모든 유대나 집단은 파벌주의의 승리, 단순한 사적 이익의 추구를 목적으로 삼는다고 매도된다. 그러나 때로 종교적 헌신, 자선, 단순히 개인적 이익 추구로 환원되지 않는 문화 작업 등을 통해 사람들은 공동생활을 유지하려고 다른 사람들과 함께한다. 공동선에 대한 민주적 이해는 국가라는 빅 텐트(Big Tent : 다양한 견해나 스타일을 가진 개인·조직의 집합체- 역자) 아래서 공동선의 다원성과 삶의 방식을 번영케 한다. 실제로 민주주의에서는 사람들이 공유할 수 있는 공동선의 다양성을 분명히 존중한다. 다시 말해 루소가 제시하는 단일화된 공동선이나 통일성을 받아들이지 않고도, 사람들이 협소한 자기 이익 추구에만 매달리지 않고 공동선에 대한 헌신에서 비롯한 덕성을 수용하게 하려는 루소의 도덕적 관점에 동의할 수 있다.

게다가 전체 공동체 수준에서도 루소의 정치는 그들에게 압도적 우위를 점한다. 탄탄한 민주주의 정치에서 공동선이 과연 무엇이냐는 대중적 숙고가 문제시된다. 왜냐면 공동선은 이 숙고 이전에 혹은 이 숙고와 독립적으로 '존재'하지 않기 때문이다. 다소 강력한 의미로, 사람들이 공동선에 대해 함께 숙고하게 하는 일이 공동선을 만들어내는 일이다. 나는 사람들이 결정할 수 있는 것에 한계가 없다고 주장하지 않는다. 개인을 학대하거나 공동선 존재를 속여서 개인을 배제하는 특정한 방법들이 있다. 그러나 모든 사회 구성원의 자유와 평등에 대한 자유주의적 존중을 기반으로 설정된 범위에는 하나의 확실한 정답이 있지 않고, 그들 스스로 선택할 수 있는 다양한 공동선이 있을 수 있다.

루소는 이 점을 놓쳤고, 일반 의지에 대한 그의 언급은 허깨비 같은 것이 되고 말았다. 그는 일반 의지가 무엇인지 오해할 수는 있지만, 일반 의지 자체는 절대 잘못될 수 없다고 즐겨 말했다. 이런 표현은 일반 의지를 말하는 사람의 의지, 의견, 이익을 초월해서 일반 의지에 객관적 지위를 부여한다. 그는 우리가 공공사업에 참여하고, 의회에 가는 시민이 되기를 바랐다. 하지만 일단 거기에 가면, 시민은 주권적 사회의 권위에 완전히 복종하게 된다. 일반 의지에 대해 의회와 의견이 다르다면, 틀림없이 자기가 잘못 생각했고, '진정한' 일반 의지를 인정하게 하는 교육을 다시 받아야 한다. 루소의 이상적인 공화국에 반대 정치의 여지는 없어 보이고, 그 주권이 내 이름으로 입법한 것을 항의할 근거도 없는 셈이다.

일반 의지를 알기만 해도, 그것은 곧 자신의 실재적 자아의 표현이므로 개인으로서 자신에게는 일반 의지에 대한 권리나 보호가 필요 없다. 이것은 일반 의지에 대한 복종이 '개인이 자유로워지도록 강제하는' 방법이라는, 이상하면서도 강력한 루소의 주장을 해명한다. 강제와 자유의 병렬 배치는 루소가 신비적으로 일반 의지에 부여한 귀족적이며 정치와 무관한 완벽함을 사람들이 받아들여야만 가능하다. 그러지 않으면 루소의 공동체는 평등의 공동체가 될 수 있으나 이때 평등은 그들 스스로 어떻게든 삶과 의지를 개발하는 단체의 권위에 평등하게 복종적이다.

『인간 불평등 기원론』을 돌이켜볼 때 루소의 가장 큰 불만 중 하나는 다른 사람의 의견이 자신의 선택을 지배하게 하는, 사회적 인간이 평판에 예속된 상황이었음을 기억할 것이다. 그러나 루소는 훌륭한 시민의 욕구는 공적 존중의 통제력에서의 해방이 아니라 공적 영예를 얻으려는 열정에 있다고 보았다. 그는 『폴란드 정부론』에서 시민이 "공적 존중 없이는 아무것도 하거나, 얻거나, 이룰 수 없을 만큼 거기에 온전히 의존해야 한다."라고 했다.[22] '모든 시민이 언제나 동료 시민의 시선을 느끼고, 아무도 공공의 승인 없이는 성공하거나 지위가 상승할 수 없게' 하는 제도가 정비돼야 한다.[23]

22. *Government of Poland*, p. 87.
23. Ibid.

여기서 우리는 루소의 정치에 대한 궁극의 역설을 발견한다. 역사적으로 우리를 타락시킨 공적 평판에 대한 바로 그 문제가 오히려 우리를 구원할 수도 있다. 여기서 루소는 아이러니 없이, 파리 같은 도시에서는 악이 보상을 받지만, 그의 공화국에서는 시민이 올바른 이성을 존중한다는 사실을 말하고 싶었던 것 같다. 그러나 그가 자신에 대한 평판을 지키려고 죄 없는 하녀가 리본을 훔쳤다는 비난받는 장면을 보면서도 모른 척했던 사례를 보면 잘 알 수 있듯이 공적 페르소나에 열정적으로 집착하도록 가르치는 교육은 위험하다.

루소는 『사회계약론』의 한 부분에서 이상적인 시민의 사고방식을 다음과 같이 기술한다. 개인으로서 그는 자신을 아무것도 아니거나 하찮은 존재로 간주한다. 그는 단지 '다른 사람들과 함께할 때' 자신이 어떤 존재이냐에 따라 그의 정체성이 결정된다.[24] 그러나 나는 이런 주장이 너무 멀리 나갔다고 생각한다. 어떤 사회에서든 공동선과 개인의 이익 사이에는 언제나 긴장이 생길 수 있다. 루소는 개인과 사회의 줄다리기를 완전히 제거함으로써 긴장을 해결하려고 노력하는 정치적 실천으로 스스로 가치를 입증한 비판자다. 그러나 때로 극단에 치우쳐 국가 정체성에 개인의 정체성을 완전히 포함하려는 시도는 좋지 않다. 결국, 개인주의 가치와 공동체 가치 사이의 긴장을 해결하는 일이 각자에게 좋은 일이 아닐 수 있다는 점을 인정해야 한다.

나는 루소가 내가 가장 좋아하는 인물임을 밝히며 논의를 시작했다. 엘리트 – 부자, 예술가, 독실한 신자, 철학자 등 – 의 모든 행동 방식에 숨겨진 위선과 가식의 가면을 벗기고 평등을 향하는 그의 열정을 좇아, 내 안에서 타

24. *Social Contract* 2.7, p. 43.

오르던 변화를 원하는 불길이 다른 사람들에게서도 똑같이 타오르기를 바란다. 하지만 시간이 흐르면서 민족주의와 국가에 대한 헌신이 내포했을 수 있는 - 그리고 실제로 내포한 - 불길한 목적을 더 걱정하게 되면서 내게서 그런 불길은 꺼져버렸다. 하지만 나는 루소가 불길한 쪽으로 갔다고 비난하지 않는다. 그는 헌신적인 시민으로서 자기 모습에 충분히 주의를 기울이지 않았다. 아마도 분노하면서 동시에 신중할 수 없었을 것이다. 루소는 화를 낼 정당한 이유가 무엇인지 이해했다. 부자와 빈자의 불평등, 그 불평등을 정당화하는 왜곡된 철학, 탐욕과 사리사욕에 희생된 공동선. 달라지지 않는 이 같은 정치 부정의에 저항하는 시위대가 마을을 지나갈 때, 나는 여전히 루소와 같은 대열에서 시위하기를 희망한다.

13장 칸트의 뒤틀린 목재

미국 대학의 정치이론 강의에서 흔히 임마누엘 칸트를 건너뛰는데, 나는 이것이 잘못됐다고 믿는다. 어떤 면에서 이런 생략은 연구 분과의 분화에 따른 것이어서 이해할 만하지만, 윤리학에서 차지하는 칸트의 높은 비중을 고려할 때 그는 도덕철학 강좌의 중심이어야 한다. 하지만 이는 칸트에서 출발해서 헤겔, 마르크스로 이어진 유럽 대륙의 전통을 잘 이해하지 못했기에 치러야 하는 대가로 영미 철학자들에 대한 불운한 편견을 반영한 현상이기도 하다.

심지어 영미 전통에서 일반 복지의 중단을 저지할 권리가 있다는 고전적 자유주의의 주장을 이해하는 데도 칸트는 필수적이다. 그의 이론은 정의의 문제를 성찰할 때 공리주의에 관한 중요한 대안을 제시한다. 대체로 존 롤스가 『정의론』에서 사회계약 전통을 영리하게 부활시켰기에 칸트의 사회계약론은 지금도 계속되는 정의와 정치에 관한 논의에서 홉스, 로크 그리고 루소의 사회계약론과 함께 정당한 자리를 찾게 됐다.

경험적 성찰과 윤리학을 분리한 유명한 철학자인 만큼, 칸트가 쓴 정치 분야의 글은 놀랍게도 불완전한 조건에서도 정의의 실천적 실현을 시도한다. 『도덕 형이상학』에서는 윤리학과 정치학이 공존한다는 이상을 계속해서 유지하면서도 국가에 대한 칸트의 가장 체계적인 설명은 헌법적 혹은 '사법질서(juridical order)' 개념을 발전시킨다. 이는 사람들이 도덕의 초월적인 요구를 따르지 못할 때도 실천할 수 있는 정의 원칙을 보여준다. 그래도 칸트의 윤리적 이상이 제시하는 맥락을 배제하고 그의 실천 철학을 이해할 수는 없으므로, 칸트의 도덕 이론을 자세하게 다루면서 이야기를 시작하자.

칸트 윤리학과 결과 배제

칸트의 윤리학 연구는 도덕이 행위에서 발생한 효과나 결과와 상관없이 판단돼야 한다는 독특한 주장에서 시작한다. 칸트의 관점에서 볼 때 어떤 행위가 좋은 결과나 나쁜 결과를 낳는지 아닌지에 따라 행위의 정당성을 결정하는 것은 그 선험적 순수성의 도덕을, 절대적 정확성을, 칸트가 선험적 순수성의 '무조건적 필요'라고 말한 것을 훼손한다. 같은 행위도, 예를 들어 진실을 말하는 행위도 어떤 상황에서는 좋은 효과를 낳을 수 있고, 다른 상황에서는 나쁜 효과를 낳을 수 있다. 칸트에 따르면 도덕 추론에 이런 식의 계산을 끌어들이는 것은 소용없는 일이다. 도덕적으로 옳은 것도 상황이 변하면 '의존적이고 불확실'해질 수 있다.[1] 그 '옳음'이 '좋음'에 따라 판단돼서는 안 된다면, 대안은 무엇인가? 칸트에 따르면 도덕적 인간은 항상 자기 의무를 이행할 뿐 아니라 의무 자체를 위해 그렇게 행동한다. 그런 옳은 행동이 자신을 행복하게 해주기 때문도 아니고, 또 다른 이익이 생기기 때문도 아니며, 흥미를 느끼거나 보상을 받기 위해서도 아니고, 단지 의무를 다한다는 순수한 동기로 옳은 행동을 '원한다.'

1. Immanuel Kant, *Groundwork of the Metaphysic of Morals*, trans. H. J. Patton (New York: Parher and Orw, 1969), preface, 390. ix.

예를 들어 시세를 잘 모르고, 의심하지도 않는 손님에게 지나치게 많은 돈을 받지 않는 식료품점 주인을 예로 들어보자.[2] 그가 올바른 행위 규범을 '지킨다'는 단순한 사실만으로 그의 행동에 도덕적 가치를 부여할 수는 없다. 그는 단지 시장 경쟁에서 정직이 가장 훌륭한 성공의 방법임을 알고, 자기 이익을 위해 그렇게 행동했을 수 있다. 혹은, 원래 천성이 그렇거나 그렇게 배우고 자랐기에 이웃에 대한 사랑으로 그와 같이 행동했을 수도 있다. 하지만 이런 식으로 칸트의 도덕을 설명하기에는 턱없이 부족하다. 성향은 달라질 수 있다. 그 식료품점 주인은 순전히 이성의 힘으로 옳은 일 하기를 '원하고' 자기가 원하는 대로 행동하는 능력을 발휘했을 수 있다. 그의 행동은 공정하고 사심이 없다. 이는 각자의 행동이 인간 스스로 통제할 수 없는 경험에 바탕을 둔 상태에서 원래 자기 정체성을 억제하고 이성에만 좌우되는 자유로운 선택 '의지'에 따라 행동한다는, 다시 말해 도덕이 인간을 더 순수한 또 다른 정체성으로 인도한다는 주장처럼 들린다.

칸트에게는 자신의 기본적인 직감을 표현하는 그만의 특별한 단어가 있다. 그가 주로 그 단어를 사용하는 방법은 인류학 연구와 도덕률 연구를 분리하는 것이다. 인류학은 물리학적 법칙과 자연적 인과율을 따르는 자연 세계의 창조물로서의 인간 본성을 이해하는 일에 관심을 기울인다. 여기서 우리는 오직 경험을 통해, 즉 경험 세계에서 인간이 실제로 어떻게 행동하는지에 대한 경험적 이해를 통해서만 인간 본성을 알게 된다.[3]

하지만 도덕률은 인간 본성에 대한 질문, 경험에서 배우는 것 중에서 인간에게 자연스러운 것은 무엇인지, 인간에게 좋은 것은 무엇인지, 인간의 재

2. *Groundwork* 1.397.9.

3. *Groundwork*, preface, 389. vii.

능이나 능력을 이루고 완성하는 것은 무엇인지에 대한 탐구와는 전혀 상관없다. 그런 도덕률의 차별점은 그 유래가 전체적으로 완전히 '선험적(a priori)'이라는 데 있고, 그 진실은 인간이 경험을 통해 배운 어떤 추상적 이유로 실천하는 순수한 행동에서 나온다는 데 있다.[4] 합리적 존재인 인간은 경험 세계에서 살아갈 뿐 아니라 완전히 추상적으로, 비현실적으로, 형식적으로 추론할 수도 있다는 사실이 칸트 윤리학의 기본이다. 정확히 말해서 이것은 인간에게 자유와 자율성을 보장하는 공정한 방식으로 도덕률을 법으로 정하는 이성의 능력이다. 칸트가 경험적 창조물로서 '타율적'이라고 묘사했듯이 인간은 경험적 사건, 다른 사람의 의지, 본성이 발휘하는 힘의 영향을 받아 행동한다.[5] 인간은 합리적이므로 스스로 뭔가를 선택하거나 창작하며 살아간다. 칸트에게서 그 도덕의 가능성은 바로 이처럼 자유로운 인간, 자기충족적인 도덕적 권위가 성립하는 가능성과 관련있다.

칸트는 자신의 윤리학적 관점이 오랜 전통, 특히 아리스토텔레스의 '덕 윤리학'과 정면으로 대치한다는 사실을 잘 알고 있었다. 특히 세 가지 점에서 그랬다.

첫째, 플라톤과 마찬가지로 아리스토텔레스에게 가장 넓은 의미에서 도덕의 궁극적 목표는 사람들을 행복하게 하는 데 있다. 하지만 무엇이 인간에게 좋은지, 무엇이 인간 본성을 충족하는지, 무엇이 잘 행동하고 잘 살게 하는지, 어느 정도 지식이 있어야 어떻게 해야 옳은지 알 수 있다. 칸트는 도덕과 심리를 분리해야 한다고 주장했고, 그것을 행복과 도덕의 필연적 공존의 기본으로 삼았다. 고전적 전통에 반대하는 특히 재미있는 주장이 있다.

4. *Groundwork* 2.426.61.

5. *Groundwork* 2.441.89-95.

"세련된 이성이 삶의 즐거움과 행복에만 신경 쓸수록 인간은 진정한 자기만족에서 멀어진다. 그것이 특정 수준의 '이론 혐오', 즉 이성에 대한 혐오가 발생한 이유다. 그들이 추구하는 모든 이익 사이의 균형을 맞추려고 할 때 행복해지는 방법으로 얻었던 것보다 더 많은 문제를 일으킨다는 사실을 발견하게 된다."[6]

둘째, 칸트는 사람들에게 덕스럽게 행동함으로써 기쁨을 얻는 좋은 습관과 그런 성격을 심어줘야 한다고 강조했던 아리스토텔레스의 주장에 반대했다. 좋은 습관에 도덕성을 강제하다 보면 인간이 일시적으로 띠게 되는 성향만을 드러내게 함으로써 오히려 숭고하고 선험적인 본성에서 비롯한 옳은 행위를 표출하지 못하게 한다. 칸트에 따르면, 덕스럽게 행동하려는 성향은 의무 개념에 따른 의지를 지향하는 순수 이성의 문제와 관련 있다. 그 결과는 자기만족보다는 자기 부정으로 나타날 수 있다. 헤겔은 의무를 향한 이런 집착을 '불행한 의식'이라고 불렀다. 칸트는 이것이 도덕적 인간의 완고한 성격을 보여주는, 자기 행복을 향한 무심함 또는 공정함에 도달하려는 핵심을 벗어났다고 생각했을 것이다.

셋째, 아리스토텔레스는 윤리학 원리를 일반적으로 적용할 수 있는 수준까지 끌어올리려고 하지 않았다. 그보다 그는 좋은 삶을 공유한다는 개념을 지속적으로 유지할 수 있는 공동체에서 살아가는 것이 도덕적 덕성을 온전히 실현하는 개인 능력의 전제 조건이라는 점을 강조했다. 아리스토텔레스에 따르면, 오직 제한된 규모와 다양성의 공동체만이 공동선을 유지할 수 있고, 따라서 도덕적 삶은 보편적이기보다 반드시 국지적이어야 한다.

6. *Groundwork* 1.395.6.

칸트에 따르면, 도덕과 보편 적용 사이에는 필수적인 연관성이 있다. 이성은 관습이나 전통, 문화적 영향을 해체할 때만 작동한다. 도덕 격률(格率)의 정확성은 문화와 역사적 상황과 무관하게 이성적 인류에게 진실로 이야기할 수 있는지에 따라 판단된다. 칸트는 도덕과 보편화 가능성의 관계를 그의 유명한 '정언명령' 개념으로 설명한다. 일부 명제는 대부분 가설일 뿐이고, 'Y를 얻고 싶다면, X를 하라' 같은 세심한 격언의 형식을 따른다. 하지만 도덕 격률은 완벽하지 않거나, 비 조건적이거나, 절대명령의 형식을 따르므로 도덕은 정언명령이다('거짓말하지 마라').[7]

어떻게 이성은 이런 정언명령을 찾아낼 수 있을까? 칸트에 따르면 논리적이고 형식적인 심사가 있다. "네 의지의 준칙이 언제나 동시에 보편적 입법의 원리가 될 수 있도록 행위를 하라."[8]

그 정언명령은 우리에게 무엇을 해야 할지 말해주지 않고, 단지 어떻게 해야 할지 알려준다. 그것은 도덕적 삶의 내용에 실질적인 대답을 제공하지 않고, 도덕적으로 사유하는 것에 대한 절차적이거나 형식적인 답을 제공할 뿐이다. 헤겔은 오직 '불만스러워하는' 사람만이 그 막연한 공식에 따라 살 수 있다면서, 그 정언명령의 '내용 부족'을 이 이론의 결함으로 간주한다. 칸트는 부여된 목적이 좋은지 나쁜지에 대한 실질적인 동의와 상관없이 무엇이 옳은지를 결정하는 절차를 구체화한 그의 방법을 덕으로 간주한다. 정언명령에 따라 이성적으로 생각함으로써, 다른 이들이 자기 행동에 대한 원칙을 모순 없이 공적 의지로 일관되게 준수할지를 물으며 자기 행동에 대한 공정성을 획득할 수 있다.

7. *Groundwork* 1.402.17-403.20.

8. *Groundwork* 1.421.52.

칸트는 다음과 같은 사례를 제시한다. 어떤 사람이 특정 시점에 돈을 갚겠다고 약속하면서 돈을 빌렸지만, 갚지 못하리라는 것을 아는 절실한 상황에 있다고 가정하자. 이런 행동이 당면한 문제를 해결하고 형편을 낫게 하는 데 도움이 될 수는 있지만, 그처럼 곤경에 처한 다른 사람들이 따르도록 '자기애의 요구를 보편 준칙이 되게 할' 수 있을까? 이에 대한 대답은 뭔가 필요한 사람이 지킬 의지 없이 어떤 약속이든 할 수 있다는 것이 공공연한 상식이라면, "아무도 그가 약속하는 어떤 것도 믿지 않고, 그런 공허한 거짓말을 내뱉는 그를 비웃을 것이기에, 약속의 목적 자체가 성립할 수 없다."[9]

이 사례는 플라톤이 『국가』에서 정의에 관한 논의를 시작하면서 제시한 사례를 떠오르게 한다. 소크라테스는 빌린 것을 돌려주는 것이 언제나 옳고 정의로운 것인지 크리톤에게 묻는다. 그는 정신이 온전할 때 무기를 맡겼다가 정신이 나갔을 때 그 무기를 돌려달라는 친구의 사례를 들었다. 이 사례는 정의가 무엇인지 자의로 판단할 수는 없지만, 그 시점에 그 친구에게 무엇이 좋고 나쁜지를 알아야 함을 말해준다. 그러나 칸트는 이런 주장을 부정한다. 도덕의 관점에서 결과는 전혀 중요하지 않다.

칸트는 자기 도덕 이론을 '정언명령'이라는 용어로 표현하는 것 말고도 동일하다고 여겨지는 세 가지 다른 형식에서 그의 관점을 제시한다.

첫째는 그가 '그 자체가 목적이 되는 공식'이라고 부르는 것이다.[10] 절대적이거나 궁극적인 도덕적 가치를 그 자체로 포함한 하나의 선 – 보편화된 법에 따라 살아가는 모든 사람에게 동일한 하나의 실질 목적 – 은 모든 사람이 다른 사람의 선이나 다수의 선이라는 목적을 위해 사용하는 단순한 도구

9. *Groundwork* 2.422.54-55.

10. *Groundwork* 2.427.64-430.69.

나 수단이 아니라, 그 자체로 목적이라는 것이다. 이 절대적 도덕 가치가 객관적인 이성 원칙을 제공한다. 이는 정언명령이 다음과 같은 실천적인 격언으로 다시 표현될 수 있다는 의미다. "인간을 단순히 수단이나 도구가 아니라 늘 목적으로 대하라."[11] 이것은 칸트가 공리주의 주장을 도덕적으로 지지할 수 없음을 말하는 공식이다. 공리주의는 사회 복지 전체 또는 합계의 최대화를 목적으로 하므로 다수의 행복이 소수에게 부여된 박탈에 보상이 되는 거래를 인정한다.

둘째는 '자율성 공식'이다.[12] 정언명령에 내재한 근본적인 형식 논리는 모든 사람이 자신에 대한 도덕 법칙을 세울 수 있고, 각자는 자신이 속한 도덕 명령의 주체나 입법자라는 것이다. 다시 말해 도덕적 행위 주체로서의 인간이라는 생각 자체가 필연적으로 자유를 수반한다. 인간이 도덕 자체를 위해 도덕적으로 선한 것을 선택하거나 선택하려는 능력이 없다면, 그들은 단지 이미 결정된 존재다. 내가 '평판을 유지하고 싶다면 거짓말하지 말아야 한다'고 생각한다면, 나는 타율적으로 행동하게 된다. 나는 이기적인 계산자일 뿐이다. 그런 계산은 정언적이거나 보편적이지 않고 단지 가정적이고 의존적이다. 거짓말하지 않을 의무는 거짓말하지 않는 것이 평판이라는 목적을 위한 수단일 때만 가능하다. 칸트에 의하면, 이것은 도덕적 행위의 가치를 박탈한다. 왜냐면 내가 진정으로 자유롭게 선택하는 것이 아니기 때문이다. 나는 평판에 대한 내 욕망에 의존한 것이다. 대조적으로 '나의 행동이 내게 어떤 불명예도 주지 않을' 때도 내가 거짓말하지 않는다면, 내 의지는 내 개인적 이해관계가 미치는 영향력에서 스스로 나를 '끌어낸' 것이고, 내 의무

11. *Groundwork* 2.429.67, 강조는 생략.

12. *Groundwork* 2.431.70-433.74.

를 다함으로써 나는 내 자유를 얻는다.[13] 여기서 칸트의 시각은 루소의 일반 의지 개념의 영향을 보여준다. 루소처럼 칸트도 사람들이 법과 도덕적 의무에 예속되면서도 자유로울 수 있는지 묻는다. 루소처럼 칸트도 우리가 우리 자신의 입법자라고 말한다. 일반 의지를 따르고자 함으로써, 혹은 정언명령에 내포된 보편 격률을 따르고자 함으로써, 사람은 "자신이 만들었지만, 보편 법칙에만 종속된다."[14] 이처럼 정체성은 본성이나 교육의 영향으로 선택되는 것이 아니라 인간이 스스로 공정한 이성을 확립하고 자기 정체성을 결정한다.

칸트는 정언명령의 마지막 공식을 제시한다. 현실적으로 말해서 각자가 모든 이가 따를 수 있는 보편 법칙에 의지할 때 '목적의 왕국'이 나타난다. 이런 왕국에서 합리적 개인들은 개인의 자율성을 포기하지 않고도 '사회적' 연합을 이뤄낸다. 왜냐면 각자는 '언제나 자신과 모든 이를 수단이 아니라 목적으로 대하라는 법칙에 따라' 상호적으로 살아가기 때문이다.[15] 이런 이상적인 왕국에서, 모든 개인은 구성원(법에 예속된)이면서 동시에 지도자(법을 만드는)다. 이것이 이상에 불과하다는 사실을 인정할 수밖에 없지만, 이는 법을 만들 때 도덕을 반영하는 역할을 하고 이런 방식은 목적의 왕국에서만 구현될 수 있다.[16]

'목적의 왕국'이라는 관점은 칸트가 윤리에서 정치로 사고를 전환할 수 있게 한다. 흥미롭게도, 칸트는 어떤 문화적 제약도 없이 추론하는 개인의 예속적 자유와 스스로 선택할 수 있는 자율성을 강조했고, 그의 윤리는 뚜렷한

13. *Groundwork* 2.419.49.
14. *Groundwork* 2.432.73.
15. *Groundwork* 2.433.75.
16. *Groundwork* 2.438.84.

사회적 분위기로 끝난다. 윤리는 시선을 내면으로 돌리기보다 사람들이 도덕적 인간의 기본 의무를 존중하게 한다.

칸트의 정치학 : 실천적 이상으로서 정의

칸트의 정치철학은 그의 도덕철학과 마찬가지로 이익, 역사, 특정 상황과 관계없이 언제나 진실인 옳음이나 정의의 보편 원칙에서 비롯된다. 이런 옳음 원칙은 늘 상대를 수단이 아니라 목적으로 대하라는 의미로 작동하고, 개인의 행동을 통제하는 틀을 제공한다.[17] 칸트에 따르면 "지배 권력이 얼마나 많은 희생을 치르든 상관없이 인간의 권리는 신성하게 지켜져야 한다."[18]

칸트는 흔치 않게도 정치를 구속력 있는 정의 원칙에 바탕을 둬야 한다고 주장했으나 자신의 주장이 비현실적이라는 이유로 거부당하리라고 짐작했다. 그는 자신의 가장 실천적인 논문에서 이론을 경멸하고, 정의를 '공허한 사유'라며 부정하며, 국가, 국민의 관습, 공공복지를 수용하려면 정의를 유보해야 한다고 생각하는 사람들을 다뤘다.[19] 일반적으로, 칸트는 이성이 '실천적으로 성장'하고 국가에 대한 사고가 객관적인 정의 원칙에서 비롯된다는 사실을 깨닫는 방향으로 작동하리라는 계몽주의 시대의 믿음을 제시하면서, 그의 정치 이상의 실천 가능성을 옹호했다. 칸트는 대담하게 '지도자의 이익에 순응하는 방식으로 도덕을 제기하는 정치적 도덕주의자'의 존재를 폭로했다.[20] 그는 당시에 실천적 사고방식을 자랑으로 여기던 자들의 생각을 이

17. Immanuel Kant, *Metaphysical Elements of Justice*, trans. John Ladd (New York: Macmillan, 1985), intro., sec. C.231. 이 번역은 칸트의 *Metaphysics of Morals* 첫 부분이다.
18. Immanuel Kant, *Perpetual Peace*, trans. Lewis White Beck (New York: Library of Liberal Arts, 1957), app.1, p. 46.
19. *Perpetual Peace*, app. 1, p. 37.
20. Ibid.

렇게 요약했다. '당대 세력을 점유한 권력의 비위를 맞추는 것', 그리고 그 '잠재적 실천성'이라는 위험을 '국가에, 가능하다면 전 세계로' 퍼지게 하는 것.[21]

하지만 칸트의 정치학은 이상적이지 않은 조건에서도 정치가 따라야 할 길을 추구했다. 옳음 원칙은 자신을 방어하기 위해 즉각적인 대처가 필요한 상황에서는 강력하게 적용되지 않았다.[22] 여기서 칸트는 다른 국가의 자유도 회복해야 하는 각 국가의 의무에 관한 사례를 보여주지만, 의무는 '추구하는 목표를 손상하는 추락을 지연한다'는 점에 주목했다.

누구나 확인할 수 있듯이 칸트는 세계 정부에 찬성하지만, 국제 정의를 실현하려면 현존하는 국민국가 체계를 거쳐야 한다고 생각했다. 칸트는 '규칙을 적용할 상황인지, 그렇지 않은 상황인지를 구분하는' 훌륭한 실천적 판단을 할 수 있는 정치가가 필요하다고 주장했다.[23] 칸트는 훌륭한 판단을 할 수 있는 사람을 '도덕적 정치가'라고 부른다.[24] 그는 도덕을 정치적으로 구현하기보다 정치를 도덕적으로 구현하기를 열망하므로 정치적 도덕주의자들과 다르고, 그들보다 더 바람직하다.

정치이론은 실천 철학이 아니라 순수 철학 분야라는 칸트의 인식은 윤리와 정치의 중요한 한 가지 차이점을 찾아냈다. 목적을 존중하는 이상적인 도덕 왕국에서 입법은 각 개인이 인정하는 '내부적'인 것이고, 각자의 의무를 다하게 하는 주관적 성질에서 비롯한다. 어떤 다른 동기도 없고, 어떤 강

21. *Perpetual Peace*, app. 1, p. 39.

22. *Perpetual Peace*, 1.6, p. 8

23. Immanuel Kant, "On the Common Saying: 'This May Be True in Theory, but It Does Not Apply in Practice,;" ("Theory and Practice" 이후), in *Kant: Political Writings*, ed. Hans Reiss, 2d ed. (Cambridge: Cambridge University Press, 1991), p. 61.

24. *Perpetual Peace*, app. 1, p. 37.

제도 허용되지 않는다. 오직 자기 결정의 표현인 도덕과 일치할 뿐이다. 하지만 정치적 법 제정은 '외적'이다.[25] 그것은 사람들의 '행동'을 규제하지만, 그들의 의도, 동기, 내적 상태를 규제하지는 않는다. 따라서 정의로운 법은 사람들의 내적인 도덕적 삶을 강제하지도 않고 심지어 신경을 쓰지도 않는다. 그저 각자의 자유로운 의지에 따라 스스로 자유롭게 선택할 수 있게 해준다. 도덕적 삶은 절대로 강요될 수 없지만, 외부 행동은 정당한 합법적 강제 – 한 사람의 자유와 다른 사람의 자유를 조화롭게 유지할 수 있게 하는 절차를 제공함으로써 – 의 대상이 될 수 있다.

이상주의자들이 보건대 칸트는 법과 강제의 연관성에 대해 기발할 정도로 솔직하다. 사람들은 도덕적 삶을 스스로 결정하지만, 그들의 외적 행동은 순수한 도덕적 의지가 발휘되지 못했을 때도 의무를 실천하는 동기를 제공하는 보상과 처벌의 대상이 된다. 따라서 칸트의 도덕 철학은 '목적의 왕국'이라는 이상을 지향하지만, 자기 정치 저작들에서 그는 일반적으로, 법이 정의 원칙을 따르고 강제하는 헌법적 혹은 '사법적' 질서라는, 조금은 더 현실적인 패러다임을 언급한다.[26] 자유인들이 그 조건에 합의하고자 했던 사회계약의 이상은 실제 정치 제도와 법적 정의를 평가하는 '내부 지침과 기준'을 제공한다. 다시 말해 현존하는 성문법은 다음과 같이 규정된 '옳음'의 심사를 통과해야 한다. 자유롭고 평등한 사람들이 그런 법에 구속되는 것을 가상적으로 합의할 수 있을까?[27] 만약에 그들이 합의할 수 있다면, 그 법은 정의롭다. 법에 대한 복종은 개인 자유를 훼손하기보다 오히려 강화한다. 왜냐면

25. *Metaphysical Elements of Justice*, intro., sec. E.232.

26. *Metaphysical Elements of Justice*, pt. 2, sec. 43.311.

27. "Theory and Practice," p. 79; *Metaphysical Elements of Justice*, pt. 2, sec. 45.313.

그 개인은 자신이 따르는 바로 그 법의 입법자이자 제정자이기 때문이다. 개인이 스스로 자기 의무를 이행하고 자율을 실현하는 도덕적 삶에서와 마찬가지로 정치적 삶에서 자유는 시민이 스스로 제정한 법질서에 따라 살아감으로써 스스로 자신을 통제하느냐에 달린 문제다. 이런 법은 자기가 바라는 대로 행동할 자유를 제한하지만, 제약을 강력히 강제함으로써 각자에게 또 다른 최고의 자유를 보장한다.

비록 '이상적'이기는 해도 사회계약은 '의심할 여지 없이 실천적 현실'이었다. 왜냐면 "그것은 모든 법 제정자에게 국가의 합일된 의지에 따르는 방식으로 법을 제정할 책무를 부과하기 때문이다."[28] 칸트는 두 가지 예를 든다. 특정한 시민 계층을 세습적 지배 계층으로 인정하고 특권을 부여하는 법이 정의로울 수 있을까? 답은 반드시 '아니오'다. 왜냐면 모든 이가 그런 불평등에 동의하지 않기 때문이다.[29] 혹은, 국가가 하나의 종교를 바탕으로 하는 신정 정치의 헌법 사례를 살펴보자. 그런 법은 개인 한 사람의 동의에서 비롯하지 않는다. 왜냐면 그것은 사람들이 자기 이성이 말하는 대로 스스로 선택하는 도덕적 자유의 포기를 요구하기 때문이다. 신정 정치에서 시민의 양심은 지배자의 의지에 종속되고, 합리적인 사람이라면 이런 것을 인정하지 않을 것이다.[30]

이 책을 읽는 사람들은 모두 칸트가 신정 정치의 추방에 대해 아직 정치적으로 승리하지 못했음을 알고 있을 것이다. 종교적 행동 수칙을 법적으로 강제하는 체제는 역사의 무대에서 사라지지 않고, 놀라운 회복력을 보여

28. "Theory and Practice," p. 79.
29. Ibid.
30. "Theory and Practice," p. 85.

준다. 일부 신정 정치는 종교 거부자들을 불평등하게 대우할 뿐 아니라 전혀 존중하지도 않는다. 이런 체제는 칸트가 밝힌 방식에 따르면 부정의해 보인다. 그러나 공적 영역을 우선적인 종교로 형상화하지만, 소수자에게 그의 종교적 믿음을 실행할 권리를 주는 체제는 어떤가? 이런 사회가 칸트가 말하는 정의의 이상에 들어맞지는 않지만, 괜찮아 보인다.[31]

시민 불복종 문제

사람들은 사회계약이 계약을 위반한 정부에 불복종하거나 저항할 권리를 줬다고 생각할 수 있다. 하지만 그런 폭거가 일어나야 할 시점을 누가 결정하는가? 이 질문은 칸트를 난처하게 하고, 그는 불복하거나 저항할 권리는 없다는 결론에 다다른다.[32] 사람들은 말과 글로 부정의에 항의할 권리가 있다. 하지만 그들이 반대 의사를 표시할 때도 "최고 권력의 참을 수 없는 남용조차도 인내할 의무가 있다."[33] 칸트는 주권이 명령하는 모든 것을 인민이 승인했다고 봐야 한다면서, 홉스와 다른 노선을 택한다. 그는 인민이 인정하지 않은 방식으로 주권이 행동할 가능성에 직면했다. 그러나 플라톤의 『크리톤』을 참조하면서 다음과 같이 주장한다.

> 국가 권력이나 그 대리인, 혹은 국가수반이 정부의 폭력 사용을 허락함으로써 원초적 계약을 위반할지라도, 인민은 그에 저항할 권리가 없다. 왜냐면 헌법에 따라 살아가는 인민에게는 헌법이 어떻게 운용돼야 하는지를 판단할 어떤 권

31. 그럴듯한 사회와 이상적으로 정의로운 사회의 구분은, 롤스가 *The Law of Peoples*(Cambridge, Mass.: Harvard University Press, 1999)에서 밝힌 것이다. 나는 이 문제는 16장에서 다룬다.
32. *Metaphysical Elements of Justice*, pt. 2, sec. 49.
33. *Metaphysical Elements of Justice*, pt. 2, sec. 49.320.

리도 없기 때문이다. 만약 인민이 그런 판단을 내릴 권리를 보유하고 국가의 실제 수반의 판단에 동의하지 않는다면, 어떤 쪽이 옳은지를 누가 결정할 것인가? 어느 쪽도 자기 의도를 판단하는 법관이 될 수 없다. 따라서 정부 위에 인민과 정부를 중재할 또 다른 수반이 있어야 하는데, 이는 자기모순이다.[34]

칸트가 어떻게 그의 정의 원칙을 고수하면서 모든 저항을, 심지어 합의보다 폭력에 바탕을 둔 정부에 반대하는 사람까지도 비난할 수 있는지는 알 수 없다. 칸트는 그의 마지막 저작에서 공화주의 헌법을 수호하는 국가의 권리로 정당화할 수 있는 '도덕적 대의'로 프랑스 혁명을 예로 들며 칭찬했다. 하지만 이후에 칸트는 뒤로 물러나서 혁명은 '올바르게 생각하는 사람이라면 그런 비용을 들이면서 그와 똑같은 경험을 하지 않으려 할 만큼 비참함과 잔혹함으로 가득 찬 것'이라고 말했다.[35]

가상의 합의 대 실제의 합의

칸트는 사람들이 원초적 계약에 '합의할 수도 있다는 것'과 정부 정책에 '실제로' 혹은 '지금' 합의하는 것 사이에 차이가 있음을 주장했다. 칸트가 예로 들었던 '모든 인민에게 비례적으로 부과하는 전쟁세'를 살펴보자. 어쩌면 사람들은 전쟁이 부정의하고 불필요하므로 그런 세금이 가혹하다고 생각할 수 있다. 그러나 칸트에 따르면 그런 과세는 정당하다. 왜냐면 전쟁은 불가피해서 그 세금이 필요할 '가능성이 있기' 때문이다. 달리 말해 통치 원

34. "Theory and Practice" p. 81. 또한 *Metaphysical Elements of Justice*, pt. 2, sec. 49.도 보라.
35. Immanuel Kant, "A Renewed Attempt to Answer the Question: Is the Human Race Continually Improving," in *Political Writings*, p. 182.

칙은 인민이 실제로 어떤 특정한 전쟁을 지지하는지, 혹은 전쟁이 돈을 요구하는지와 무관하다. 가상적으로 말하자면 인민은 정부가 선포한 전쟁을 치를 자금을 조달하고자 세금을 부과하는 조처를 이미 승인했다. 이와는 대조적으로, 오직 한 계층에만 부과된 전쟁세는 정의롭지 않은 법의 예가 될 수 있다. 왜냐면 사람들은 정부가 그처럼 자의적으로 행동하도록 권한을 부여하는 데 합의하지 않을 것이기 때문이다.[36]

대략적인 틀에서 칸트는 사회계약설을 루소 방식으로 이해했다. 각 개인은 모든 사람과 일반 의지로 상호 구속하는 계약을 맺는다. 칸트는 『도덕 형이상학의 기초』에서 다음과 같이 지적한다. "비록 목적의 왕국에 보편 법칙을 부여했어도 이성적 존재는 그 또한 그런 준칙의 대상이 될 때 목적의 왕국에 속한다. 그가 법을 제정할 때 타인의 의지를 따르지 않는 주권자로서 그런 나라에 속한다."[37] 칸트는 루소의 일반 의지 공식과 유사하게, 개인이 합법적 국가에 복종함으로써 자유를 희생하지 않는다고 주장한다. 오히려 그는 "법적 의존성에서도 축소되지 않는 전체 자유를 찾기 위해 자연 그대로의 무법적 자유를 포기한다. 왜냐면 이 의존성은 자신의 입법 의지에서 비롯되기 때문이다."[38] 부정적으로 생각하면, 자유는 타인의 의지가 부과하려는 제한으로부터의 독립이다. 긍정적으로 생각하면, 자유는 스스로 도덕 법칙에 자발적으로 종속되고 보편 격률에 기초를 두고 행동하려는 의지다. 여기서 보편 격률은 자기 자유가 다른 사람들 역시 동등하게 자유롭다고 여기는 것과 상응하게 한다.

36. "Theory and Practice," p. 79n.

37. *Groundwork* 2.433.75-434.76.

38. *Metaphysical Elements of Justice*, pt2, sec. 47.316.

권리의 세 가지 원칙

칸트는 필요, 편의, 국가의 이해관계, 심지어 일반복지로도 전복할 수 없고, 언제나 진실인 옳음 혹은 정의의 세 가지 원칙을 제시한다.

자유

첫째는 국가의 구성원들이 단순히 인간으로서 지키는 자유다. 인생에서 자발적으로 자기 목표와 목적을 선택하는 자유롭고 자율적인 인간으로서 개인에게는 어떤 목표가 진정으로 좋은 선택인지, 혹은 어떤 인생 계획이 자신을 행복하게 하는지 등 몇몇 문제에 전통적 개념을 따르지 않을 권리가 있다. 칸트에 따르면 그런 법적 후견주의는 스스로 도덕적 권위가 되는 자립적 입법자인 인간의 지위와 양립할 수 없다. 칸트는 그의 주장에서 비롯한 권리 기반의 자유주의를 분석한 특히 유려한 글에서 다음과 같이 표현했다. "아무도 타인의 복지 개념에 자기 행복을 맞추라고 강요할 수 없다. 왜냐면 타인이 유사한 목적을 추구하는 자유를 침해하지 않는 한 각자 자신이 옳다고 생각하는 어떤 방법으로든 자기 행복을 추구할 수 있기 때문이다."[39] 이 자유는 정당하게 개인에게 속하고, 개인이 그런 권리를 통해 이익을 얻는지 아닌지는 상관없다. 자유는 인간 삶의 존엄에 내재하는 것으로 조건 없는 도덕적 가치가 있다. 인간이 도덕적 삶을 가능케 하는 자기 지배를 할 수 있다면, 그 가치는 경험을 통해 증명되기보다 단지 절대적으로 부여된다. 칸트는 그의 가장 엄격한 글 중 하나에서 "일반적으로 유효한 입법 원칙은 어떤 것도 행복에 바탕을 두지 않는다."라고 직설적으로 말했다.[40] 행복에 대한 사람들의 이해

39. "Theory and Practice," p. 74.

40. "Theory and Practice," p. 80.

는 무척 다양해서 그들이 스스로 행복해지는 방식을 선택할 능력은 자유로운 존재로 대우받을 바탕이 된다.

국가는 사람들이 누릴 좋은 삶에 관한 여러 개념에 중립적이어야 한다는 주장이 바로 칸트 자유주의의 특징이다. 사람을 도덕적으로 만드는 것은 국가의 일이 아니다. 이는 사람들이 결과와 무관하게 옳은 일을 하고자 함으로써 오직 그들 스스로 실현할 수 있다. 따라서 국가가 도덕을 입법하는 것은 인간이 도덕 행동을 할 수 있게 할 바로 그 자율성을 침해하기에 모순적이다.

평등

두 번째 권리 혹은 정의 원칙은 국가의 인민으로서 모든 사람이 평등해야 한다는 것이다. 각자는 동일한 법을 따를 책무를 다해야 하고, 법의 동등한 대우를 받는다.[41] 이 동등한 대우는 강제적인 법의 지배에 정의를 부여한다. 칸트의 관점에서 유일한 예외는 국가수반이 사람들의 올바른 강제에도 종속될 수는 없다는 것인데, '국가수반'이라는 의미에 반대되기 때문이다. 미국 헌법의 관점에서 법의 지배가 주권자의 지배까지 확장될 수 없다는 칸트의 생각에는 이상한 면이 있지만, 그는 법과 질서 체계에 '위계'가 존재하려면 논리적으로 이 예외가 필요하다고 생각했다. 그렇지 않으면 사람들의 강제에 대항해서 누가 법을 집행하느냐는 문제 제기와 답변의 무한 회귀가 있을 테고, 자연 상태에서 로크가 관찰했듯이 자연법의 집행자가 존재하지 않는다는 어려움이 계속될 것이다.

법적 평등은 누구나 같은 조건으로 경력과 등급에 접근할 수 있어야 한

41. "Theory and Practice," pp. 74-77.

다는 중요한 결론과 연결돼 있다. '기회 평등'이라는 근대 개념과 비슷한 칸트의 공식은 모든 연방 구성원이 '그들의 재능, 근면, 역량'을 활용해 도달하는 수준에 대한 권리를 누려야 한다는 것이다.[42] 출생은 태어난 사람의 처지에서는 자발적 행동이 아니므로 출생이 법적 지위에 관한 어떤 불평등의 원인이 된다고 보는 것은 이상하다고 했다. 오직 범죄 행위만이 불평등의 대상이 될 수 있다. 따라서 "각자가 타고난 권리는 절대적으로 평등하다."[43] 자식에게 재산을 물려줄 수는 있지만, 법적 지위는 물려줄 수는 없다.

하지만 마르크스가 자유주의에 대한 핵심 비판을 제기했듯이 '법적 평등'이라는 개념은 경제 영역에서 불평등과 공존할 수 있다. 칸트의 평등은 아무도 정당하게 내가 나의 재능이나 근면으로 어떤 사회적 지위를 얻지 못하게 막을 수 없음을 의미한다. 그리고 아무도 법적 지위의 이익을 누군가에게 물려줘서 모든 이에게 돌아가야 할 기회의 평등을 훼손할 수 없다. 하지만 이런 한계로 기회의 평등은 "소유 수준에서 극도의 대중적 불평등과 완전히 일치한다."[44]

최근 몇 년 동안 미국 철학자 존 롤스는 칸트의 전제에서 비롯한 평등 개념을 비판했다. 출생이 도덕 행동이 아니라고 한 칸트의 말은 롤스가 보건대 우리가 타고나는 기술, 재능, 지능에 어떤 도덕적 의미도 없다는, 더욱 일반적인 결론을 암시한다. 이런 것들은 단지 자연이 발행한 복권에 당첨되는 것과 같은 맹목적 행운일 뿐이다. 그러므로 사람들이 맹목적 운으로 강하거나, 근면하거나, 모험심이 강하거나 총명하게 태어난 것을 그들의 성과로 간

42. "Theory and Practice," p. 76.

43. Ibid,; *Metaphysical Elements of Justice*, pt. 2, sec. 46.314.

44. "Theory and Practice," p. 75.

주할 수 없다. 도덕 관점에서 정의는 자의적인 출발점에서 비롯한 경제적 불평등을 바로잡아야 한다.

칸트의 가설적인 사회계약 개념을 수용하면서 롤스는 다음 문제를 제기했다. 만약 사람들이 자신에게 자연적으로 어떤 재능이 분배될지, 혹은 어떤 사회적 운명이 부과될지 전혀 알지 못하는 '무지의 베일' 뒤에서 '원초적 상태'에 합의해야 한다면, 자유롭고 평등해야 할 개인이 소득, 부, 교육 같은 기본적 자산이 불평등하게 분배되어도 이를 그대로 수용해야 할까? 롤스는 그가 특히 사회계약 전통의 '칸트적 해석'이라고 부르는 부분에서 칸트의 제한적인 기회 평등 원칙보다 훨씬 더 광범위한 기회의 평등을 제안한다. 나는 동시대 학자 롤스가 칸트의 전제에서 출발해 그의 정치학을 넘어 제시한 오늘날 정치이론에 관한 이야기는 다음 장으로 미루겠다. 단지 여기서는 오늘날 정의와 소득 불평등에 관한 다양한 논의가 전개되고 있고, 칸트가 가장 적합한 사례를 제시했던 계약 전통, 즉 마치 우리가 다시 시작하는 것처럼 끊임없이 현재 상태를 정당화하라고 요구하는 전통에 뿌리를 두고 있음에 주목할 만한 가치가 있다.

독립

칸트는 세 번째 정의 원칙을 인간이 시민으로서 혹은 온전한 투표권이 있는 구성원으로서만 실현할 수 있는 독립 혹은 자기충족이라고 부른다. 그는 법적 평등에 대한 논의는 법 적용 대상자로서의 인간에게, 시민권에 대한 논의는 법 발안자로서의 인간에게 초점을 맞춘다.[45]

칸트 주장의 어떤 부분에서는 '독립(independence)'이라는 말에 오해가

45. "Theory and Practice," pp. 77-79.

생길 수도 있다. 왜냐면 그는 시민이 스스로 자신들의 연합을 관리하는 보편 규칙으로 시민의 상호 의존성에 주목했기 때문이다. 하지만 사람들이 자기 경제적' 삶에서 자유롭게 선택하는 시민으로서 투표권을 행사할 만큼 과연 온전히 자급 자족적이고 독립적인지 의문을 제기한다. 여기서 칸트는 오늘날 자유주의와 거리가 먼 현실을 엄정하게 문제시한다. 임금을 받기 위해 자기 노동력을 팔고, 남에서 서비스하는 사람에게는 시민권의 전제조건인 독립성이 없다는 것이다.[46] 그들은 주인의 의지에 따르는 하인이고, 입법을 위한 그들의 투표는 자신의 진실한 의지의 표현이 아니라는 것이다. 그와 대조적으로, 소농과 장인은 투표할 수 있는 시민이다. 그들은 땅을 경작해서 얻은 생산물을 팔거나 자기가 만든 제품을 팔지만, 자신을 팔지는 않는다. 칸트는 재단사의 사례를 들어 설명한다. 이런 장인들은 그가 노동해서 완성한 작품을 팔릴 때까지 보관하고, 그래서 시민이 될 수 있다. 하지만 장작을 팰 일용직 노동자를 고용한 사용자는 그(녀)의 생산물뿐 아니라 그(녀)의 노동도 자기 것으로 소유한다.[47]

시민의 보편 권리에 대해 칸트가 말하는 이런 제한은 각자가 자기 결정을 할 수 있는 똑같은 능력을 갖추고 있다는 그의 주장과 일치하지 않는다. 칸트식 국가 체제에서 몇몇 주체는 반드시 다른 사람들의 의지로 성립된 법에 따라 사는 수밖에 없다. 법의 '대상자(giver)'로서, 인민이 법의 보호를 받으며 살아간다는 점에서는 평등하지만, 그중 오직 일부만이 모든 인민에게 복종해야 하는 법 제정에 참여한다. 칸트는 정의로운 사회에서 하인이나 노동자가 경제적 지위를 향상해서 투표하는 시민으로서 자격을 갖추는 데 장애

46. "Theory and Practice," p.78.
47. "Theory and Practice," p. 78n.

가 없어야 한다면서 시민권의 불평등과 주체권의 평등 사이 조화를 찾았다. 하지만 칸트는 법적 장애물이 사라졌을 때도 사회적 유동성 앞에 놓인 사회적·경제적 장애물을 충분히 제거하지 못했다.

칸트의 공화주의

정부 형태와 관련해서 칸트는 민주주의가 아니라 공화주의 지지자다.[48] 미국인에게는 이런 차이가 모호하겠지만, 칸트의 사고는 로마 공화국부터 마키아벨리를 거쳐 밀과 미국 헌법 제정자들에게까지 확장된 전통에서 중요한 역할을 한다.

공화국의 고유한 특징은 행정부, 입법부, 사법부의 삼권분립에 있다.[49] 법을 집행하는 사람은 법을 제정하는 사람과 같지 않다. 이런 분리 없이는 어느 형태의 정부라도 – 심지어, 특히 민주주의 – 독재 정권으로 전락할 수 있다고, 칸트는 주장한다. 민주주의는 주권을 다수에게 부여한다. 하지만 중요한 문제는 어떻게 주권을 행사하느냐는 것이지 그것을 누가 소유하느냐가 아니다. 민주주의가 권력의 구분 없이 조직되면, 사람들은 스스로 공표한 법을 집행하게 되고, 이는 그들이 자신을 국가의 종복이 아니라 주인으로 간주하는 상황을 낳는다. 많은 사람의 의지는 자동으로 일반 의지로 여겨지고, 그럴 때 "'모두'가 합의하지 않은 사람 대신에 혹은 그 사람의 의지에 반해 결정을 내린다. 즉 사실은 실제로는 모두가 아닌 '모두'가 결정하고, 이것은 일반 의지 자체, 그리고 자유와 모순된다."[50]

48. *Perpetual Peace*, sec. 2, First Definitive Article, p. 11.
49. *Perpetual Peace*, sec. 2, First Definitive Article, p. 14.
50. Ibid.

이와 반대로 공화국에서 정부 체제는 반드시 대의제여야 한다. '원초적 계약'이라는 아이디어에서 최고의 권위는 자유에 상응하는 법에 합의한 인민 내면에 존재한다. 행정부는 스스로 의지를 구현하기보다 선출된 대리인을 통해 피지배자들의 합의에서 도출된 법을 집행한다.[51] 정부가 피지배자들의 합의를 대표하는 이런 형태를 택할 때만이 자유가 법적 강제와 조화를 이룬다. 이 같은 대의 형식을 따르지 않는 순수 민주주의의 문제는 '인민'이 자기 생각대로 행동한다는 점이다.[52]

왜 칸트가 스스로 '순수 민주주의'라며 비난했던 다수결의 위험을 피하고자 권력 분립과 대의성에 의존했는지는 분명하지 않다. 나는 순수하게 형식적 의미에서 대의 제도가 모든 사람의 합의를 보장한다고 말할 수 있다고 생각하지만, 투표에서 다수가 소수를 손쉽게 이길 때 대의제에는 실천적 중요성이 없다.

칸트의 세계주의

칸트가 정치사상의 주요 문헌에 지속해서 이바지한 점 중 하나는 정의의 범위를 국내에서 국제로 영역을 확장했다는 점이다. 나는 이 책의 서두에서 플라톤이 그의 이상적인 공화국을 위한 토지 수요가 이웃과의 전쟁을 불러왔던 순간을 그냥 지나친 대목에서 우려를 표한 바 있다. 칸트는 국내 정치 수준을 초월하는 보편적 정의와 평화에 대한 책무의 창출에 관해 다른 관점을 보여준다.

도덕적 책무의 보편적 범위에 관한 주장과 함께, 칸트 윤리학은 이미 정

51. *Metaphysical Elements of Justice*, pt. 2, sec. 52.

52. *Perpetual Peace*, sec. 2, First Definitive Article, pp. 14-15.

치가 이상적으로 세계 정부 혹은 적어도 전 지구적 정의 원칙이 적용되는 국제 체제를 지향해야 한다고 주장했다. 그는 역사의 목적에 관한 글에서 역사가 '보편적 세계 시민의 존재'를 점진적으로 실현한다고 했다. 이는 세계 공화국이 국민국가를 중개로 삼지 않고 직접 각각의 개인을 통치한다는 의미다.[53] 사람들이 자연 상태에 있던 모든 이가 평등하게 법의 지배를 받게 하는 정부를 고안함으로써 자연 상태의 무법 상황을 극복했듯이 "국가들이 서로 관계를 맺는다는 점에서도 과거에 사람들이 야만의(무법의) 평화를 포기하고 공법의 제약에 적응하고, 이에 따라 다양한 나라를 구성했듯이 계속해서 성장하는 국가를 설립해서 궁극적으로 전 세계 모든 나라를 포함할 수 있으나, 이런 방식을 제외하고는 오직 전쟁만을 수반하는 무법 상황에서 벗어날 합당한 길을 찾지 못할 것이다."[54]

비록 칸트가 세계 정부를 역사의 이론적 종착지로 제시했지만, 그는 세계 정부에서 독재가 탄생할 수도 있음에 주목했다. 다양한 국가가 하나의 권력으로 통합될 때, "법은 정부가 획득한 범위만큼 활력을 잃는다. 따라서 영혼 없는 독재는 무정부 상태로 추락한다."[55] 칸트는 이런 폭정의 위험을 고려해서 평화의 성취에 대한 그의 가장 유명한 실천적 논문에서 한층 완만한 세계정치 형식을 제안한다. 그는 자유 국가들의 연방이나 용인된 국제법 일체를 따르는 국가 연맹이 탄생해야 하고, 또한 탄생하리라고 예측했다. 칸트는 그런 연방이 따라야 하는 몇 가지 원칙을 구체적으로 제시했다. 첫째, 그 연방을 구성하는 국가는 내부적으로 잘 통치되는 경우에 국한돼야 한다. 칸트

53. Immanuel Kant, "Ideal for a Universal History with a Cosmopolitan Purpose, " in *Political Writings*, p. 51 (8th proposition).

54. *Perpetual Peace*, sec. 2, Second Definitive Article, p. 19.

55. *Perpetual Peace*, First Supplement, p. 31.

에게 이런 조건은 공화주의 헌법을 채택한 입헌 국가여야 하고, 전쟁을 일으킬 때는 시민의 합의를 얻어야 함을 의미한다. 전쟁에서 싸우고 고통받을 시민이 그 전쟁을 선포하는 사람일 때 "그들이 스스로 비용과 전쟁의 재앙을 부과하는 그런 나쁜 게임을 시작하는 데 매우 신중하다는 것은 더없이 자연스러운 일이다."[56]

칸트는 이처럼 내부적으로 잘 통치되는 국가들은 전쟁 없이 문제를 해결하도록 합의된 원칙에 따라 연합한다고 생각했다. 그러나 이 국가들은 인민이 국민국가에 자기 자유를 양도한 것과 달리 그들의 주권을 세계 정부에 넘겨주지 '않는다.' 이들은 전쟁을 피하고 상호 이익을 얻으려는 목적으로 동맹을 형성한다.[57]

평화 유지는 개별 국가의 도덕적 의무이지만, 칸트는 이것이 국제연맹 출현의 충분한 동기라고 보지 않았다. 오히려 일반 선을 추구하고 잘 통치되는 국가에서 '전쟁과 양립할 수 없는 상업 정신이 조만간 우위를 점한다.' 따라서 어떤 도덕적 강제 없이도 오직 경제적 동기로 인해 공화국에는 스스로 평화를 증진하려는 의지가 생긴다.[58]

이 국제 사회의 구성원은 개인이 아니라 국가다.[59] 그래도 마지막 요점으로 국제법이 제한적으로 보편적 시민권을 인정하기를 바랐다. 칸트가 주장하기로 보편적 시민권은 보편적 환대에 가깝다. 개인은 지구촌 어디에서나 그들이 원하는 곳에서 영구적으로 살 권리가 없고, 단지 외국에서 '일시

56. *Perpetual Peace*, sec. 2, First Definitive Article, pp. 12-13.
57. *Perpetual Peace*, sec. 2, Second Definitive Article, p. 16.
58. *Perpetual Peace*, sec. 2, First Supplement, p. 32.
59. *Perpetual Peace*, sec. 2, First Definitive Article, p. 16.

체류'할 수 있다.[60]

칸트는 이 환대가 두 가지 방식으로 작동한다고 봤다. '방문'이라는 명목으로 유럽 상인들은 그 지역을 정복하고 원주민들을 노예로 삼았기에 환영받지 못했다. 이런 경험에 따라 중국과 일본은 입국한 뒤에 정의롭지 않게 행동하는 손님의 입국 거부를 정당화했다. 그와 반대로 바르바리 해안 국가가 그 바다를 방문한 배를 강탈하거나 유목민인 베두인족이 발이 묶인 여행자들을 약탈할 때도 환대의 위반이 발생한다.[61]

칸트는 인류 역사를 전 지구에 걸쳐 사람들의 접촉이 지속적으로 증가하는 과정으로 이해했다. 환대가 있을 때, "세계에서 서로 멀리 떨어진 지역들도 서로 평화로운 관계를 맺게 됐고, 따라서 인류는 점진적으로 세계시민권을 정립하는 헌법에 점차 가까워질 수 있다."[62] 인간 본성과 역사가 유리하게 작동하지 않더라도, 세계시민권은 칸트에게 '올바른' 이상이었을 것이다. 이는 미래 낙관주의가 역사와 상업의 실제 과정이 그 이상을 현실화할 상황을 만들어간다는 사실을 발견한 이유이기도 하다.

칸트와 공리주의

칸트는 언젠가 "세상이 멸망할지라도, 정의가 다스릴지니라(flat iustitia, pereat mundus)."라는 속담을 조건부로 인정하며 인용한 적이 있다.[63] 이런 언급은 행동의 옳음을 결과의 좋음에 따라 판단하기를 주장하는 공리주의자들에 대한 칸트의 비공식적인 반대를 담고 있다. 그러나 숫자나 결과가 '다소' 중

60. *Perpetual Peace*, sec. 2, Third Definitive Article, p. 20.
61. *Perpetual Peace*, sec. 2, Third Definitive Article, pp. 21-22
62. *Perpetual Peace*, sec. 2, Third Definitive Article, p. 21.
63. *Perpetual Peace*, app. 1, [. 44.

요하다고 해서 반드시 공리주의자가 될 필요는 없다. 이는 철학 수업에서 오랜 시간 논의된 '더러운 손' 문제와 시한폭탄 시나리오의 여파다. 만약 시한폭탄의 위치를 알아내려고 피의자를 고문해서 천 명의 아이 목숨을 구할 수 있다 해도, 고문은 여전히 잘못된 것일까? 물론 경험적으로 볼 때 이런 고문이 효과가 없을 수도 있고, 그 죄수가 실제로 폭탄 위치를 알고 있는지도 확신할 수 없다. 그러나 칸트 교리는 신중한 비용 편익 계산 같은 것이 아니라 옳음에 대한 원칙적인 논증에 의지한다. 개인을 다른 사람의 복지를 위한 수단으로 이용하지 말아야 한다는 명확한 말로 일반적 상황에서 도덕적 삶을 포착할 수 있다고 하더라도, 이는 인간의 손을 더럽히는 행위를 정당화할 수 있는 정치적 딜레마를 고려하지 않는다.

고문 사용이 충족해야 하는 특별한 정당화를 구체화하는 것은 고문에 반대하는 추정을 강화하는 것일 수 있다. 고문이 필요하다고 느낄 때조차도 그 고문으로 저지르는 잘못을 인정하기를 원할 수 있다. 하지만 실제로 수천 명 아이의 생명을 구하고자 고문을 사용한 사람을 처벌해야 할까? 아니면 칭찬해줘야 할까? 헤겔은 칸트가 '옳음 없는 복지는 선이 아니다.'라고 한 것은 맞지만, '복지 없는 옳음'이 선할 수 있다고 한 것은 옳지 않다고 했다. 헤겔에게는 이것이 '세상이 멸망하더라도 정의가 다스려서는 안 되는' 이유다.[64]

칸트의 비결과주의에 관한 유명한 두 가지 사례를 들어보자. 첫째는 내가 처음 철학 수업을 들었던 날 배운 것이다. 그때 교수님은 이 사례로 칸트에 저항감이 들 수 있지만, 이는 훗날 언젠가는 다시 칸트에게 돌아가게 하리라는 것을 알고 있었다. 칸트는 자신의 완고한 윤리적 주장을 실험하는 사례

64. G. W. F. Hegel, *The Philosophy of Rights*, trans. T. M. Knox(Oxford: Oxford University Press, 1967), sec. 130.

를 제시했다. 내가 숨겨준 친구의 생명을 구하고자 친구를 숨겼냐고 묻는 살인자에게 거짓말을 해도 될까? '네 친구를 보호하는 데 필요하다면 거짓말하라'는 격률은 정직의 가치를 훼손하지 않고는 보편화될 수 없다. 왜냐면 개별 이익을 위해 필요하다면 정직을 실천할 권한을 다른 이에게 완전히 위임할 수 있기 때문이다. 그렇게 나는 친구가 죽더라도 진실을 말함으로써 옳은 일을 할 수 있다. 즉 내 친구의 죽음에 대한 도덕적 책임은 살인자에게 있지 진실을 말하는 내게 있지 않다.[65]

이런 주장은 오늘날까지도 내게 설득력이 별로 없는 결론처럼 보인다. 진실을 말해야 한다는 규칙의 이행은 인간 심리에서 도덕과 분리되므로 윤리적 행동에 대한 사람들의 직관적 이해와 상응할 수 없다. 그 끔찍한 결론은 (단순히 좋은 친구이기만 한 사람이 아니라) 좋은 사람이 그 규칙을 유예하는 이유로 간주한다. 몇몇 학자는 칸트의 결론이 칸트 자기 전제와 맞지 않고, '당장의 살인을 막기 위해 거짓말하라'는 격률은 실제로 보편화할 수 있다고 주장한다. 그러나 합리적이고 추상적 의무에 대한 도덕적 충동을 다시 생성해야만 친구를 구하기 위해 거짓말할 수 있다는 필요 조건 자체가 인간적 충동을 배제하는 것처럼 보인다.

두 번째 예는 형벌에 대한 칸트의 글에서 비롯한다. 이 사례는 오늘날 사형의 정의에 관한 주장에서 흔히 다루기도 한다. 칸트는 자기 도덕 이론과 일관되게 형벌의 목적이 억제를 불러오거나 사람들에게 본보기로 내세우는 것이 돼서는 안 된다고 주장했다. 이것은 개인 범죄를 일반 복지에 이바지하는 수단으로 이용하는 것과 마찬가지다. 형벌의 도덕적 목적은 엄격하게 응

65. Immanuel Kant, "On a Supposed Right to Tell Lies from Benevolent Motives," in *The Critique of Practical Reason*, ed. Mary J. Gregor (Cambridge: Cambridge University Press, 1997), 부록.

보에 국한돼야 한다 – 그가 자유 의지로 잘못된 행동을 선택한 데 대한 책임을 지우는 것이다. 범죄자를 처벌하지 '않는' 것은 죄수의 인간성을 부정하는 것과 같다. 마치 그가 자기 행동의 주인이 아니라는 것처럼 말이다.

칸트는 범죄자에 대한 응보가 그가 저지른 범죄와 등가적이어야 한다고 주장했다. 그래서 살인자가 저지른 잘못을 바로잡게 하는 충분하고도 유일한 형벌은 죄지은 사람에게 형을 집행하는 것이다. 살인자의 행위와 사람들이 형벌로 그에게 부과한 것의 '같음'만이 사회 구성원들의 평등을 입증한다. 칸트는 이런 의미에서 형벌의 평등이 범죄자가 어지럽힌 도덕적 균형을 회복하고, 그 범죄를 '무효화'한다고 생각했다. 따라서 그의 이론은 다음과 같이 완고하고도 기괴한 사례로 귀결된다. 즉 '시민 사회 구성원이 그 사회를 공동의 합의에 따라 해체하더라도(예를 들어 어떤 섬의 거주민들이 세계 곳곳으로 흩어지기로 했다) 교도소에 남아 있는 마지막 살인자의 형을 가장 먼저 집행해야 한다. 그래야만 모든 사람이 그의 행동이 의미했던 바를 잘 이해할 것이다.' 그 섬을 버리고 떠나기 전에 이 최종 임무를 완수하지 못하면 도덕 세계는 영구적으로 정상 상태에서 벗어나게 되고, 사람들을 '이 법적 정의에 대한 공적 위반의 공범자로' 만든다.[66] 하지만 섬을 떠날 때 사형 집행 예정인 수형자들을 모두 처단해서 얻는 것은 정확히 무엇일까? 칸트의 예를 조금 달리 생각해보자. 그 섬에서 감옥에 갇혀 여러 해 살았던 사람이 배를 타고 탈출했으나 그 배가 난파했고 이제 막 구조되려는 참이다. 그가 구조돼 매우 기뻐하면서 집에 돌아가려고 할 때, 칸트는 아직 집행되지 않은 그의 형벌을 마무리해야 한다고 말한다. 왜 그래야 할까? 칸트는 그런 엄격함에서 얻는 어떤 구

66. *Metaphysical Elements of Justice*, pt. 2, sec. 49.E.1.

체적 이익도 언급하지 않았다. 예컨대 귀환하는 살인자가 장래의 위험이 될지도 모른다는 두려움을 불러일으키지 않는다고 해도 마찬가지다. 칸트는 단지 이것이 어떤 예외도 허용하지 않는 절대적 정의 의무라고 했다. 구조돼 느끼는 기쁨과 사면해주자는 유혹은 이해할 만하지만, 이런 '순전한 공감'은 법에 따른 엄정한 의무 수행에 장애가 된다.

구조선에 올라타기 전 마지막 사형을 집행하는 섬사람들에게는 뭔가 잔인하고 복수심에 불타는 면이 있는 것 같다. 나는 사형 선고를 받은 죄수가 귀환하면 너무 위험하고, 따라서 그 섬에 남겨둬야 한다는 주장을 충분히 이해할 수 있다. 하지만 칸트는 집행 의무를 이런 식의 계산에 따라 고려하지 않았다. 섬 사회가 더는 존재하지 않더라도 사회적 관계는 집행을 완료할 때까지 종식되지 않는다. 여기서 칸트 윤리학은 선한 판단을 방해하는 규칙 구속성과 합법적 심성 문제를 제기한다. 법이 적용되지 않았다는 사실을 인식하지 못할 만큼 의무에 얽매인 이 섬사람들은 어떤 부류의 도덕적 인간일까? 사형 선고를 받은 살인자는 어떤 종류의 위협, 인간 충동에 반하는 응보에 열중하는 도덕적 섬사람들을 대표한다.

칸트와 현실과 유리(遊離)된 자아

칸트는 모든 사람에게 자기 자신의 도덕적 주인이 돼야 한다는 부담을 안겼다. 도덕 원칙은 자유와 합리적 선택의 대상이어야 한다. 단순히 전통이나 관습을 따른다는 이유로 옳을 수 없다. 마찬가지로, 사람들이 단순히 자신의 어떤 욕망을 충족하려고 행동할 때 그들은 단순히 삶에서 그들이 처한 상황의 영향을 드러낼 뿐, 궁극의 목적을 선택할 자유를 상실한 것이다. 도덕 명령이나 법이 특정한 존재로서의 인간에게서 작동하는 유인과 동기에서 벗어나지 못한다면, 도덕적 삶이 의지하는 공평성과 일반성을 확보하지 못할 것이다.

그러나 인간의 모든 책무를 '추론해내는(reasoning out : 이 표현은 알래스데어 매킨타이어에게서 인용했다)' 데 칸트를 따른다면, 도덕적·정치적 삶은 어떤 모습이 될까? 칸트 교리에는 대단한 해방과 그에 따른 위험이 공존한다. 해방은 사람들의 상호 존중에 의지해서 개인의 권리를 확고한 기초로 유지한다. 그러나 개인의 자율성에 대한 칸트의 관점은 개인의 자유를 존중하는 국가에 공동선이 존재한다는 사실을 설명하기 어렵게 한다는 점에서 위험이 내재한다.

칸트 사후에 헤겔은 그가 사람들을 자기 자유에서 목적 없이 떠돌게 했다고 비판했다. 하지만 헤겔은 칸트가 개인을 온전한 전체로 다루는 자유의 근대적 이해를 가장 완벽하고 도덕적으로 표현할 수 있게 한 점을 높이 평가했다. 홉스의 이기적이고 자기중심적인 개인을 양심과 의무를 존중하는 개인으로 승격한 것은 칸트가 이룬 큰 성과다. 하지만 양심은 현실과 유리된 방식으로만, 오직 자신을 문화 – 역사, 관습, 전통 – 에서 분리하고 이 모든 것에서 벗어나 순수하고 보편적인 방식으로 사고할 때만 그런 자유를 찾는다. 헤겔에 따르면 칸트가 보편적 인간을 순수 이성을 갖춘 존재로 변화시키는 능력은 그 자체로 매력적이지만, 그가 '내용 없는 정체성'을 갖추고 분명한 특징 없는 상태가 되는 것을 비난했다. 그는 절대로 한 곳에 영원히 속하지 못하고, '어디에도 맞지' 않는다. 왜냐면 닻을 내리는 행위가 바로 자유의 상실을 뜻하기 때문이다.[67] 그러므로 헤겔에게서, 개인의 자유에 대한 칸트의

67. *Hegel, Philosophy of Rights,* secs. 135, 138.

강조는 근대적이고 영광스럽지만, 이것은 결국 한쪽으로 치우쳐 있었다. 한때 고대 그리스가 시민에게 불러일으켰던 사회에 대한 윤리적 애착이 근대인에게는 존재하지 않았다. 헤겔이 보건대 칸트의 문제는 아리스토텔레스가 고립된 개인을 몸에서 잘려 나간 손에 비유했을 때와 같은 문제였다.

헤겔이 인정한 자유에 대한 공동의 혹은 '조율된' 관점과 칸트가 말하는 자유의 '뿌리내리지 못한' 상태와 개인 관점 사이 논쟁은 정치사상사 전반에 걸쳐 반복되고, 오늘날에도 수그러들지 않는 논쟁이다. 다음 장에서 나는 영국의 존 스튜어트 밀이 주장한 개인의 자유에 대한 굉장한 옹호를 살펴보고자 한다. 그런 다음에 자유주의 정치 윤리에 반대하는 헤겔과 마르크스의 주장을 살펴보러 다시 독일로 돌아갈 것이다.

14장 존 스튜어트 밀과 개인성의 요구

스무 살 존 스튜어트 밀은 깊은 우울증에 빠졌다. 그는 일과 독서에서 일절 흥미를 잃었고, 살아갈 이유에 대해 회의를 느꼈다. 스튜어트는 당대 선두 철학자였던 아버지 제임스 밀이 영재로 길렀다. 제임스는 제러미 벤담의 공리주의 학설을 신봉했다. 그는 법 정책과 공공 정책이 '최대 다수의 최대 행복'을 제공하기 위해 개조될 수 있기를 바라면서 정치 개혁에 열렬한 관심을 보였다. 그의 기획 중 하나는 어릴 때부터 언어, 논리학, 철학을 교육받은 그의 아들이었다.

존 스튜어트 밀이 스무 살이 됐을 때 그는 열렬한 벤담주의자였고, 그의 학식을 '인류의 이익'을 위해 쓰는 데 집중했다. 그러나 그는 『자서전』에서 젊은 시절 인류에 대한 자신의 사랑이 완전히 추상적이고, 대상을 '느끼는' 능력과 유리돼 있음을 깨달았을 때의 고통을 회상한다. 『자서전』은 아우구스티누스와 루소의 『고백론』의 전통을 따르지만, 우울증에서 비롯한 지적 위기를 탐색했다는 점에서 훨씬 근대적이다. 밀은 자신이 받은 공리주의 교육이 '감정을 평가절하'한 채 비용-편익 계산에 능한 '단순한 추론 기계'로 만들었다고 말한다. 어느 날 그의 마음에 구름이 몰려오듯이 '삶의 모든 목적을 이뤘고, 그토록 기다리던 제도나 사상의 변화가 지금 완전히 실현됐다고 가정해보자. 과연 이것이 큰 기쁨과 행복을 줄까?'라고 묻는다. 그리고 '절대 그렇지 않다'고 말한다. 여기서 밀은 '내 마음이 무너졌고' '내 삶을 일궈온 토대가 무너졌다'고 고백한다. 청년 밀은 자신이 다른 사람들의 행복을 '실제로는' 고려하지 않는다는 사실을 깨닫고 이에 충격받아 – 이것은 단지 그 자신을 위한 지적 활동이었을 뿐이었는데도 – 깊은 상실감에 빠졌다.

> 내가 더 살아갈 이유가 없는 듯했다. 처음엔 그저 구름이 스스로 지나가기를 바랐다. 그러나 하늘은 개지 않았다. 더 작은 고뇌에 탁월한 약이었던 한밤중의 잠도 여기에는 전혀 효과가 없었다. 이 지독한 사실에 대한 인식을 늘 바꿔보려고 했다. 누구를 만나든, 무엇을 하든 항상 이 문제를 생각했다. 그러나 어떤 것도 내가 이 문제를 잠깐이라도 잊게 하는 효과가 없었다.

콜리지의 시를 인용해 표현했듯이 밀은 고통이 너무 심해서 언제까지나 '공허하고 어둡고 두려운, 고통 없는 비통함'을 느끼며 더는 어떻게 살아갈지 알 수 없다고 말한다. 마침내 거의 아무것도 하지 못한 채 6개월이 지났을 때, 밀은 아버지의 죽음을 묘사한 한 편의 시를 읽었다. 그는 가족을 구하고자 아버지의 자리로 들어가야 했던 아들의 결심에 관한 글을 읽고 감격에 찬 눈물을 흘린다. 그렇게 인생에서 처음으로 인간이 느끼는 고통에서 직접적이고 감정적인 연대를 느꼈고, 오랫동안 억눌렸던 감정적 존재가 내면에서 깨어났다. 밀은 이 이야기를 하면서, 이것이 오이디푸스적인 면에 대한 인식이나 아버지를 향한 그의 감정과 관련 있을 수 있음을 왜곡하지 않는다. 밀이 여기서 인정한 것은, 아버지는 아들에게 그가 생각하는 최선의 교육을 했겠지만, 그의 교육 방식이 밀 자신의 감정을 억압하고 합리성만을 발달시켰

다는 점이다.[1]

내가 이 이야기로 시작하는 이유는 이것이 도덕과 정치사상에서 이룩한 그의 두 가지 큰 공헌의 전조가 됐기 때문이다. 비록 밀은 아버지에게서 물려받은 공리주의 철학에 언제나 충실했지만, 고통과 행복을 측정하는 비용-편의 방식이었던 양적 접근에 약간의 낭만과 시를 더할 방법을 찾아냈다. 벤담의 손을 거치면서 '최대 다수의 최대 행복' 원리는 민주적이고 평등주의적인 심오한 의미를 담게 됐다. 각자의 행복은 똑같은 방식으로 측정됐다. 여기에는 어떤 행복이 '상위'인지 질적으로 판단할 여지가 없었다. 오직 행복의 강도, 지속 기간, 비용 같은 양적 기준만이 있었다. 모든 사람에게 적용되는 행복의 동등성에 대한 벤담의 유명한 말이 있다. "(아이들 놀이인) 푸시핀(pushpin)은 시만큼이나 좋은 것이다."[2]

아마도 한 편의 시가 그의 정신 건강 회복에 끼친 영향을 기리고자 하는 의미에서, 밀은 공리주의 수식어에 '더 높은' 기쁨과 '더 낮은' 기쁨을 구분한 소크라테스를 떠올리게 하는 질적 요소를 도입한다. 밀은 인간의 행복이 '성숙한 정신 능력에 도달한' 자유롭고 진보적인 사람들이 누리는 행복이라는 점을 명시했다. 진보적 인간은 당대의 관습을 비굴하게 따라 하기만 하는 '원숭이 같은' 존재로 살기보다 스스로 자유롭게 선택하는 모든 능력을 전면적으로 발휘한다. 사실 사람은 개인과 사회가 진보하고 발전할 능력을 갖췄을 때만 자신의 일생 계획을 선택할 수 있다. 자신에 대한 선택은 언젠가는 떨어질 외줄 타기나 마찬가지다. 그러나 그런 선택에 따르는 위험은 적어

1. *Autobiography of John Stuart Mill* (New York: Signet Classics,1964), chap. 5, pp.107-108
2. *John Stuart Mill, Utilitarianism*에서 "Bentham", *On Liberty and Essay on Bentham*, ed. Mary Warnock (New York: New American Library, 1974), p.123, Jeremy Bentham, *The Rationale of Reward*, bk.3, chap.1 참조.

도 삶을 흥미롭고 역동적으로 만든다. 전통과 관습에 무턱대고 복종하는 지루하고 정체된 삶과 다르다. "무엇을 하든, 관습이 그러니 그렇게 한다는 사람은 아무 선택도 할 수 없다. 그는 최선의 것을 알아차리거나 원하더라도 어떤 것도 배울 수 없다. 근육과 마찬가지로 정신의 힘과 도덕의 힘도 사용해야 향상될 수 있다."[3] 이런 맥락에서 행복이 근육이라면 인간은 점점 활력을 얻고 자발적으로 변한다. 이런 사람은 순응주의자가 아니라 개성 있는 인물이 된다. 사실, 이럴 때 인간은 처음으로 '개인(individual)'이 된다. 수천 명 타인과 전혀 다르지 않아서 언제나 대체할 수 있는 상품 같은 존재가 아니라 오로지 자신만의 길을 가는 사람이다. 이런 의미에서 밀은 다음과 같은 유명한 말을 남겼다. "만족한 바보보다는 불만족한 소크라테스가 낫다."[4] 불만족한 소크라테스가 더 나은 것은 적어도 자기 존재에서 생긴 강력한 감정을 경험했기 때문이다. 비록 소크라테스는 자신의 선택에 따라 죽었지만, 스스로 사유하려는 바로 그 노력은 사유하지 않는 사람이 절대 누릴 수 없는 자유를 경험하게 해줬다.

벤담주의 형식에서 공리주의는 자유의 중요성에 대해 일관된 답변을 제시하기에 어려움이 있었다. 벤담은 자유가 [벤담이 '터무니없는 헛소리(nonsense on stilts)'로 여겼던] '권리'와 상관없이 옹호돼야 하고, 사회 구성원들의 행복을 최대화한다는 이유로 자유를 정당화한다는 점에서 일관성을 보여주지 못했다. 그러나 한번 생각해보자. 올더스 헉슬리가『멋진 신세계』에서 그렸던 디스토피아에서처럼 모든 사람에게 약을 먹여서 행복하게 할 수 있다면 어떨까? 또는 모든 사람을 완벽한 기쁨의 상태에 놓이게 할 수 있는 '영

3. John Stuart Mill, *On Liberty* (Indianapolis: Kackett Publishing Co., 1978), chap. 2, pp. 55-56.
4. John Stuart Mill, *On Utilitarianism* (Indianapolis: Library of Liberal Arts, 1957), chap. 2, p. 14.

원한 축복(eternal bliss)' 기계에 모든 사람을 넣어서 행복을 최대화한다는 로버트 노직의 예는 어떤가? 이런 사례들은 자유가 행복에 필요 조건은 아니라는 사실을 보여준다.

밀은 이런 문제들을 이해했다. 그는 자신의 가장 유명한 저술인 『자유론』에서 그동안 공리주의가 했던 것보다 개인의 자유를 더 완벽하게 옹호한다. 밀은 그의 관점에서 벤담이 마땅히 묻어버렸던 '권리'라는 유령을 굳이 부활시키지 않아도 된다고 말한다. 오히려 자유는 그가 행복과 동일시했던 근육과 활력을 갖춘 개인성과 분리될 수 없음을 보여주려고 한다. 그러나 『자유론』에서 밀이 제시한 자유 사례는 결국 완전히 수단적인 것은 아니다. 자유는 그 자체가 목적, 즉 불가침의 인간 존엄에서 핵심이라는 것이다.[5] 이것이 자유주의에 관한 19세기 가장 영향력 있는 책인 『자유론』에 등장한 인간의 선으로서 자유에 대한 옹호다.

밀은 자신의 논증을 요약하면서 개인의 자유 영역과 정부의 적절한 규제 영역을 명확히 구분하려고 '아주 간단한 단 하나의 원리'를 제시한다.

> 문명화된 공동체에서 구성원의 의지에 반해 권력이 행사될 때 그 권력이 정당해지려면 권력 행사의 유일한 목적이 남에게 피해를 주지 않는다는 데 있어야 한다. 신체적이든 도덕적이든, 자신의 이익은 충분한 이유가 되지 못한다. 그렇게 하는 것이 그에게 더 좋거나, 그를 행복하게 하거나, 남이 생각하기에 그

5. 밀은 자신을 공리주의자라고 칭했는데, 왜냐면 그는 사람들을 자유롭게 살게 하는 행복에 관한 결과에 계속 의존하기 때문이다. 그러나 밀의 자아 이해는 『자유론(*On Liberty*)』의 "만족하는 바보가 되기보다는 불만족한 소크라테스가 낫다"라는 구절에서 이미 나타나는 그런 주장을 완전히 포착하지는 않는다. 여기서 자유는 보통의 공리주의적인 계산에서 사람들을 만족하는 효용의 독립적인 윤리적 가치를 가질 때 등장한다.

것이 더 지혜롭거나 옳다고 생각하기 때문이라도 그렇게 하도록 강요하거나 혹은 그렇게 하지 못하게 막는 것이 올바를 수 없다.[6]

밀은 계속해서, 남의 복지에 관심을 보이는 것은 '그에게 항의하고, 그에게 설명하고, 그를 설득하고, 아니면 그에게 간청하기'에 좋은 이유를 제공한다고 말한다. 그러나 법적 강제를 정당화하려면 국가가 보여줘야 하는 것이 있다. 즉 한 사람의 행동이 "산술적으로 남에게 해악을 끼칠 수 있다는 사실이다. 한 사람의 행동에서 사회에 순응할 유일한 부분은 남들에 대한 배려다. 그저 자신에게만 관련 있는 부분에서 권리에 대한 그의 독립성은 절대적이다."[7]

밀의 원리는 일반적으로 해악 원칙(harm principle), 불간섭 혹은 반 후견주의(antipaternalism) 원칙으로 알려졌다. 밀은 우리의 행동이 서로 다른 두 가지 범주로 나뉜다고 가정한다. 자기 관계적(self-regarding) 행동은 자신에게만, 혹은 자기 선에만 영향을 미친다. 이 영역에서 개인의 자유는 절대적이다. 사람은 '자기 방식대로 자기 선을 선택'할 수 있어야 한다. 자기 존엄성의 주인이라는 사실에서 비롯한 행동에서 기쁨을 누려야 한다.[8] 타자 관계적(other-regarding) 행동은 타인의 이익에 영향을 미친다. 정부는 바로 타인에 대한 해악을 방지하기 위해 규제한다.

『자유론』은 후견주의에 대한 반대에 연루돼 흔히 낙태, 조력 자살, 동성혼, 혐오 발언, 대리모, 음란물, 총기 규제, 담배 규제, 노출, 성매매, 도박 같은 문제에 관한 논쟁에서 인용되곤 한다. 판결문에서 인용된 수를 세지 않더라

6. *On Liberty*, chap. 2, p. 9.
7. Ibid.
8. *On Liberty*, chap. 2, p. 12.

도, 길고 긴 정치사상사에서 『자유론』은 현대 미국의 법적 논쟁에서 다른 어떤 책보다도 더 자주 인용됐다고 감히 말할 수 있다.[9]

밀의 원칙에 관한 직관적인 매력은 이런 방식으로 작용한다. 즉, 사회는 스스로 삶의 목표, 포부, 가치, 그리고 삶의 목적을 갖춘 개인들로 구성된다. 다양한 삶의 계획이 존재한다는 사실을 통해, 정부는 모든 사람의 믿음이나 가치를 동등하게 대함으로써 개인의 자유를 존중한다. 이것은 정부가 개인을 정보에 바탕을 두고 스스로 선택할 능력이 있는 인간으로 대해야 함을 의미한다.

내 행동이 오직 나에게만 영향을 미치는 한, 나는 나 자신의 도덕적 가치의 주인이 될 능력을 갖춘 것으로 간주한다. 누군가가 삶에서 오직 한 가지 방식만이 옳다고 주장하거나, 정부가 개인을 위한답시고 어떤 가치나 관점을 강요할 수 없기 때문이다. 각자가 살아가는 방식은 다양하고, 자신을 위해 선택할 능력이 있음을 존중할 때 자유도 존중될 수 있다. 각자가 선택하는 바로 그 행동이 자신의 일생을 계획할 능력을 길러서 진보적인 인간이 되게 한다. 이런 표현에서 드러나듯이 칸트는 우연성에 주목한 주장에 반대했지만, 밀은 자유의 실증적인 효용에 주목했고, 비록 그의 주장에 모호함이 있더라도 자유와 관련해 칸트와 밀은 명백히 유사성을 보인다.

그러나 밀의 이론에 두 가지 문제를 제기할 필요가 있다. 첫째는 경험적 문제다. 즉 어떤 행동이 밀이 말하는 '자기 관계적' 행동인지, 혹은 모든 행동이 타인의 이익에 중대한 영향을 미치는지 밝혀야 한다. 둘째는 우리가 자기 관계적 행동과 타자 관계적 행동을 구분할 수 있다고 하더라도, 그저 한쪽에

9. "Limiting the State's Police Power: Judicial Reaction to John Stuart Mill," *University of Chicago Law Review* 37 (1970): 605-627. On Liberty에 대한 오래전의 법원 판결에 대한 리뷰다.

비켜서서 사람들이 스스로 자신에게 해를 끼쳐도 방관할 때 어떤 가치를 수호할 수 있느냐는 윤리적 문제다. 사람들이 자신에게 좋지 않을 수 있는 선택을 하도록 허락함으로써 좋거나 유용한 것이 있을까? 집단적 행복에 어떻게 이것이 영향을 미칠까? 이런 문제들을 생각하는 데서 우리는 이 두 문제가 내포한 세 번째 문제와 맞닥뜨리게 된다. 밀을 자신의 이론을 (타인에게 해악을 끼치지 않는 한) 개인이 자기 삶의 목적과 열망을 자유롭게 선택할 수 있는 '빅텐트'를 세우는 작업으로 간주한다. 그러나 밀의 원칙이 그의 주장만큼 포괄적이고 중립적일까? 만약 내가 종교적으로 신실해서 좋은 삶에 대한 내 관점이 이 땅에서 신의 임무를 실천하는 것, 즉 사람들을 악에서 구하고 신의 은총을 받을 언덕으로 인도해 도시를 세우는 것이라고 믿는다면 어떨까? 나는 이들 문제에 하나하나 대답하고자 한다.

자기 관계적 행동은 존재하는가?

일부 비평가는 온전한 자기 관계적 행동은 존재하지 않으므로 이 범주는 공집합과 같다고 말한다. 그들은 이런 논증에서 우리가 자연 상태에서 벗어나면 자기 관계적 행동을 하지 않는다는 루소의 주장을 제기한다. 사회에서 우리의 모든 행동은 누군가에게 영향을 미칠 수밖에 없다는 것이다. 우리는 자기 관계적 행동 여부가 논란이 될 많은 사례를 살펴보고 밀의 이론을 시험해볼 수 있다.

먼저, 밀은 일부 이슬람 국가에서 돼지고기 소비를 법으로 금하는 것이 자유에 부합하는지 의문을 제기했다.[10] 이 법은 이슬람교도만이 아니라 같은

10. *On Liberty,* chap. 4, p. 83.

나라에 거주하는 비 모슬렘과 돼지고기 소비를 당연시하는 나라에서 온 방문자들에게도 적용됐다. 밀은 이런 법이 자유 영역을 불필요하게 침해하고, 국가 도덕에 대한 복종을 강제하는 결과를 불러온다고 말한다. 돼지고기를 먹는 행위는 그것을 먹는 사람에게만 영향을 미치므로 각자 자유롭게 선택할 수 있어야 한다.

그러나 많은 해석자가 밀의 주장과 반대로 돼지고기 소비가 타자 관계적 행동으로 분류될 수 있다고 주장한다. 다수 모슬렘의 관점에서 돼지고기 소비는 신앙과 말씀에 대한 심각한 침해와 모욕으로 불쾌하고 혐오스러운 일이다. 돼지고기 소비 금지는 타인의 민감한 종교적 정서를 해치지 않으려는 조처다.

밀은 이 주장이 잘못됐다고 말한다. 나도 그렇게 생각한다. 이 주장은 도덕적으로 다수가 승인하지 않는 '모든' 행동을 '해악'으로 간주한다. 이런 '해악'이 정부의 행동 규제를 정당화한다면, 이런 원칙상 정부는 모든 것을 규제할 수 있다.

밀은 이 같은 '해악' 원칙의 오용을 피하고자 개인의 선호를 두 가지로 구분한다. 하나는 '내가' 하기를 선호하는 것(내적 선호)이며, 다른 하나는 '타인'의 행동에 대한 내 선호(외적 선호)다. (돼지고기를 소비하는) 나의 내적 선호가 내 행동(내가 하는 것)에 대한 타인의 외적 선호를 침해한다는 주장은 내 행동을 '타자 관계적'으로 분류하는 이유가 될 수 없다. 어떤 개인이 돼지고기를 먹는 것은 그의 개인적인 일이다. 단지 몇몇 사람이, 혹은 많은 사람이 내가 어떻게 행동하기를 바란다고 해서 그것이 국가 업무가 되지는 않는다.

이 첫 번째 예는 밀 이론의 일반 특징을 내포한다. 밀은 국가가 선에 대한 여러 개념에서 사람들이 스스로 선택할 수 있게 함으로써 중립을 지켜야 한다고 믿었다. 이 사례에서 법은 돼지고기 소비가 좋다는 사람과 그렇지 않다고 하는 사람 사이에서 중립을 지켜야 한다. 법이 중립적일 때 돼지고기 소비를 부정하는 사람들은 온전히 그들 마음대로 하면 된다. 이는 돼지고기를 먹고 싶어 하는 사람도 자신의 도덕 판단에 따라 자유롭게 행동할 수 있다는 것이다.

그러나 밀의 원칙이 과연 중립적일까? 밀의 주장은 개인의 자유가 가치 있다고 생각하는 서구 민주주의 신념에는 부합하지만, 법을 곧 신의 말로 믿는 신정 국가에는 해당하지 않는다. 이렇게 생각해보자. 신이 실제로 돼지고기를 먹지 말라고 했다고 믿는 사람들이 사는 나라가 있다면, 그들이 자유롭게 돼지고기를 먹게 내버려 두는 것은 중립적이지 않다. 밀의 대답은 인민의 자유로운 선택을 인정하는 자유주의 관점을 따르자는 것이고, 이는 사람들이 신의 명령에 복종해야 한다고 주장하는 신정주의 관점에 대한 반박이다.

나는 자유주의의 중립성에 대해 이 같은 반대가 틀렸다고 생각한다. 종교적 관용이라는 중요한 사례를 생각해보자. 밀의 원칙을 실천하는 사회는 개인을 위한 종교적 선을 선택하지도 않고, 개인이 자신의 종교적 가치를 선택하지 못하게 막지도 않는다. 자신의 종교를 선택하고, 자신이 믿는 종교의 관행에 따른 신념을 실천하는 것도 개인의 자유다. 그러나 신정국가의 경우는 다르다. 신정국가에서 종교적 선은 오로지 국가가(신이) 그렇다고 인정하는 것뿐이다.

얼핏 자기 관계적 행동처럼 보이는 두 번째 예를 살펴보자. 많은 국가에서 오토바이 운전자의 헬멧 착용을 법으로 강제한다. 오토바이 운전자와 승객에서 헬멧 착용을 요구하는 나라의 수는 줄어들고 있다. 최근의 논의에서는, 오직 20개의 국가만이 헬멧을 요구하는 법이 있다는 것이 밝혀졌다.[11] 이 법은 종종 문제를 제기하는데, 이 법의 유일한 목적은 오토바이 운전자 '자신'의 부상을 막자는 데 있다. 대학 시절 오토바이 타는 친구가 있었는데, 그는 헬멧 쓰기를 완강히 거부했다. 사람들이 자주 그의 어리석음을 놀리자, 그는 그럴싸한 구실을 댔다. "이봐, 난 이런 부르주아 삶이 짜증 나. 난 약간 모험적인 기질이 있거든. 그래서 오토바이를 타지. 난 이런 모험이 조금 더 위험했으면 '좋겠어'. 위험하니까 스릴이 있는 거야. 내가 더 큰 위험을 무릅쓸수록, 더 큰 스릴을 즐길 수 있어."

나는 지금도 그 친구가 스릴을 위해 하반신 마비나 뇌사 위험을 무릅쓸 가치가 있다고 진심으로 생각했는지 궁금하다. 만약 그랬다면, 나는 그가 잘못됐거나 비합리적이라고 생각했을 것이다. 그러나 이런 생각은 밀의 의도와 다를 수 있다. 밀은 자유 영역이 '취향과 추구의 자유, 자기 개성에 맞게 자신의 삶을 설계할 자유'를 포함한다고, 구체적으로 말했다. 그리고 우리가 누군가의 취향이 '어리석고, 틀렸고, 잘못됐다'고 생각한다는 것이 국가가 개입할 근거가 될 수 없음을 명시한다.[12]

그러나 헬멧 없이 오토바이를 타겠다는 내 친구의 결정이 오로지 그만의 문제일까? 그는 도로에 있는 돌멩이 같은 물체를 발견하고 갑자기 다른 쪽으로 방향을 틀 수도 있다. 자기만 다쳤더라도, 헬멧을 썼더라면 머리 부상을 피할 수 있었을지도 모른다. 다쳤다면 응급차 운전자, 간호사, 응급실 의사가 그의 곁을 지키거나 보살폈을 것이다. 스릴을 추구한 그의 행동이 불러

11. Marian Mose Jones와 Ronald Bayer, "Paternalism and Its Discontent: Motorcycle Helmet Cases, Libertarian Values, and Public Health," *American Journal of Public Health* 97, no. 2 (February 2007): 208-217.
12. *On Liberty*, chap. 1, p. 12.

온 피해를 복구하느라 소중한 시간과 돈이 쓰였을 것이다. 의사는 그의 부서진 두개골을 치료하느라 다른 환자들을 돌볼 시간이 없었을 것이다. 병원 공간과 자원에도 국민 세금이 쓰였을 테고, 의사들이 동원됐을 것이며, 온 국민의 의료 보험료와 자동차 보험료 인상에도 영향을 미쳤을 것이다.

이런 사정은 결국 자기 자유라며 헬멧을 쓰지 않은 오토바이 운전자의 행위가 타자 관계적일 수밖에 없음을 보여준다. 그렇다고 사람들이 모두 오토바이 운전자에게 일어나는 일에 신경 쓴다는 말은 아니다. 단지 무모한 행동으로 발생하는 비용이 신경 쓰인다는 것이다. 모든 삶의 유형에서 공적 자원 부문에 드는 세금이나 부담이 똑같지 않다. 헬멧을 쓰지 않은 오토바이 운전자를 내버려 두지 않고, 대중에게 그의 선택을 '지지할 것인지' 묻는 특별한 사례다.

헬멧 없이 오토바이를 타고 싶어 하는 사람들에게 '사망 의도' 계약에 서명하라고 요구할 수도 있다. 이 계약은 사고 시 그들에게 들어가는 공적 지원에 대한 모든 권리를 포기할 것이며, 그에게 들어가는 모든 공적 비용을 청구하는 데 합의한다는 내용일 수 있다. 그러나 이 같은 계약은 비현실적일 뿐 아니라 심지어 비도덕적이기까지 하다. 의사들이 응급 처치하기 전에 환자가 사망 의도 계약에 서명했는지 확인하기 어려울 수 있다. 게다가 모든 부주의 운전 사고를 이런 식으로 다루지도 않는다. 의사는 규범에 따라 음주 운전자나 운전면허 미취득자도 그들의 잘못과 상관없이 똑같이 처치한다. 물론 그들은 범죄를 저질렀지만, 이는 그들의 무모함이 헬멧을 쓰지 않은 오토바이 운전자와 다른 방식으로 타자에게 직접 위협을 가할 수 있기 때문이다.

오토바이 헬멧 법은 밀의 이론에 전반적인 문제를 제기한다. 복잡한 근대 사회에서 사실상 한 사람의 행동은 타자의 이해관계에 어느 정도 영향을 미칠 수밖에 없다. 다른 방도가 없다면, 언제든지 나 자신의 부상이 국민총생산(GNP)을 감소시킨다는 완전히 포괄적인 논증을 할 수도 있다. 그보다 조금 약한 주장은, 생계를 위해 일하는 부모가 스스로 자신을 위험에 노출할 때 자녀의 복지를 위협하게 되므로 그 위해로 사회 복지에 부과되는 비용을 치러야 한다는 것이다. 밀은 이런 문제를 어느 정도 인식하고 있었고 '어떤 사람도 완벽하게 고립될 수 없다. 한 사람이 자신에게 심각하게 혹은 영구적으로 위해가 되는 모든 행동은 최소한 그와 가까운 사람부터 때로는 먼 사람에게까지 나쁜 영향을 미친다'는 사실을 인정했다.[13] 그는 가족을 부양할 책임이 있는 사람에게 자살 시도의 권리를 부정할 때도 이런 논리를 적용한다.

그러나 우리가 '개인행동'을 통해 추적할 수 있는 모든 사회적 효과를, 그 영향이 얼마나 부차적이든, 얼마나 멀리 떨어져 있든, 혹은 얼마나 개연성이 낮든, 국가 규제를 얼마든지 정당화할 수 있는 것처럼 다룬다면, 자기 관계적 행동과 타자 관계적 행동의 구분은 무너져버린다. 어느 법원이 조롱하며 지적했듯이, 만약 국가가 모든 노동자에게 일하기 전날 밤 강제로 10시에 자도록 명령한다면 노동 생산성은 현격히 높아질 수 있다!

밀은 이 문제를 다루면서 '직접/간접' 효과를 소개한다. 자기 관계적 행동은 그 행동의 실행자에게만 '직접 그리고 가장 먼저' 영향을 미친다. 개인의 행동이 전개되는 과정에 있는 다른 사람들에게 간접적으로 비용을 부과한다는 사실만으로는 그 행동을 타자 관계적으로 재분류할 충분한 이유가 되지 못한다.[14]

밀은 직접 영향과 간접 영향을 분류하는 데 구체적 기준을 제시하지 않

13. *On Liberty*, chap. 4, p. 78.

14. *On Liberty*, chap. 1, p. 11.

는다. 결국, 오토바이 운전자 사례에서 헬멧을 쓰지 않은 것은 위험한 선택을 한 당사자에게만 직접 피해 위협으로 작동한다. 만약 의도치 않게 타자에게 피해가 발생했다면, 그것은 오토바이 운전자가 본 피해의 이차적이거나 간접적인 결과다. 몇몇 미국 법원은 오토바이 헬멧 법이 개인의 자유를 침해한다고 주장할 때 이런 밀의 원칙과 해석을 따른다.

그러나 원인과 도덕적 책임을 말할 때 직접 효과와 간접 효과를 구분하려는 밀의 의지는 설득력 있어 보이지 않는다. 만약 자동차 A의 운전자가 부주의해서 자동차 B를 추돌하고, 자동차 B도 자동차 C를 추돌했다면, 그 효과가 직접적이든 간접적이든 운전자 C의 부상이나 손해에 대한 법적 책임은 명백히 자동차 A의 운전자에게 돌아간다.

밀이 세운 원칙의 배경이 된 정신은 개인의 자유 영역과 허용할 수 있는 국가 경찰력 개입 영역을 구분할 때 '직접 대 간접' 구분보다 훨씬 더 명확한 방법을 요구한다. 『자유론』에 소개된 대로, 미국 법원은 오토바이 헬멧 법에 대한 사법 판단에 흔히 두 가지 요소를 고려한다.

먼저, 법관들은 밀이 대답하지 '않으려고' 했던 질문을 던진다. 헬멧을 쓰지 않고 오토바이를 탈 수 있게 해줬을 때 개인의 이익이 얼마나 본질적이고 기본적이며 근본적인지를 탐구한다. 상당수 법원은 근본적 중요성과 부수적 중요성을 실질적으로 구분한다. 여기서 근본적 중요성은 개인의 삶에서 종교적 신앙 같은 것이고, 부수적 중요성은 헬멧 없이 오토바이 타는 것이 그의 삶에서 이뤄지는 합리적 선택에 따른 것이다. 그러나 밀은 개인이 누리는 자유의 경계에 관한 실질적 판단을 거부한다. 사실 그는 이것을 유행에 휩쓸리기를 거부하는 개인의 돌출 행동이나 기행을 보호하는 자기 입장에 대한 칭찬으로 간주한다.[15] 밀은 누구든 자신이 위험을 무릅쓸 가치가 충분히 있는 선(善)인지는 오직 자신만이 판단할 수 있다고 생각한다.[16] 다시 내 친구 이야기로 돌아가자면, 그는 헬멧 없이 오토바이 타는 즐거움이 자기 인생에서 꽤 높은 가치가 있다고 주장했고, 밀은 그런 선택을 존중해야 하고, 개인의 자유가 때로 타자에게 부과하는 간접적 재정/의료 비용을 사회가 부담해야 한다고 주장한다.

오토바이 헬멧 사례에서 법원이 고려하는 두 번째 요소는 문제시되는 공공 이익의 중요성 혹은 실제성이다. 실제성 요소는 사실 두 가지 계산에 따른 것으로 보인다. 첫째, 피해 가능성 측정이다. 피해가 크지 않을수록, 개인의 행동을 규제하려는 국가의 이해관계는 덜 실제적이다. 둘째, 공공 이익의 중요성이다. 법원은 '강력한' 이익과 덜 강력한 이익을 구분한다. 일반적으로 개인의 기본 자유가 문제시될 때 – 국가가 종교나 표현을 규제할 때처럼 – 법원은 종교나 표현에 관한 개인의 근본 권리를 침해하지 않고서는 충족할 수 없는, 특별히 강력한 공공 이익을 전제하게 한다. 개인이 자유롭게 선택해서 얻은 이익이 개인의 기본적 자유와 상응하지 않을 때 법원은 좀 더 완화된 검토에 착수하는데, 여기서 국가의 합리적 이해관계가 그보다 더 중요하지는 않은, 불간섭에 대한 개인의 주장을 넘어서는 상태를 용인한다.

이런 문제는 법원이 개인의 자율성과 사회의 복지를 섬세하게 '조율'하기를 요구한다. 이론적으로, 밀이 자기 관계적 행동과 타자 관계적 행동을 구분하는 것은 국가 경찰력의 영역과 개인의 자유 영역을 구분하는 절대적이고 포기할 수 없는 경계를 드러내면서 이런 조율의 필요성을 피할 수 있게 한

15. *On Liberty*, chap. 3 전부.
16. *On Liberty*, chap. 5, p. 95

다. 하지만 밀이 직간접 효과의 구분을 소개할 때 이미 그가 예상했듯이 현실에서는 그 경계를 정하기 어렵고, 어떤 합리적인 사람은 이에 동의하지 않을 수도 있다.

오토바이 헬멧 법과 관련해서 소수의 미국 법원은 이를 근본적인 자유에 대한 반헌법적 침해라고 판단했다. 왜냐면 그런 행위는 오토바이 운전자에게만 머리를 다치게 하는 데 '직접' 영향을 미칠 뿐이고, 다른 사람들에게는 오토바이 운전자가 자신에게 가한 위험을 통해 간접적으로 영향을 미치기 때문이다. 대다수 법원은 이와 유사하게 탐구하지만, 공공에 부과되는 상당한 비용과 개인에게 돌아가는 사소한 이득을 비교해볼 때 그 행위는 충분히 '타자 관계적'이기에 규제돼야 한다고 결론짓는다.

내 목적은 이 논쟁을 조정하려는 것이 아니라 이것이 밀의 이론에서 일반 문제가 된다는 것을 확인하려는 것이다. 밀은 인간의 행동은 서로 구분된 자기 관계적 영역과 타자 관계적 영역에 해당한다는, 반론의 여지가 있는 사회학적 주장을 바탕으로 개인의 자유를 항변한다. 그러나 밀조차도 이 문제가 더 복잡하다는 사실을 인정해야 했고, 그래서 양쪽 영역에 모두 걸친 문제를 다루고자 '직접 대 간접'으로 재분류한다. 그러나 따지고 보면, 밀의 사회학을 포기하고 그의 영역 구분을 비현실적인 것으로 만드는 복잡한 사회적 관계들을 인정하는 편이 나을 수 있다. 이는 개인의 자유에 대한 밀의 주장에 배치되지 않는데, 왜냐면 자기 관계와 타자 관계의 구분은 개인의 자유를 옹호하는 데 꼭 필요하지는 않기 때문이다. 어떤 자유는 인간 존엄과 평등에 너무나도 기본적이어서 타인들이 바라는 결과에 다다르기 위해서도 전복될 수 없기 때문이다.

세 번째 사례인 담배 규제 사례는 자기 관계성 대 타자 관계성 구분의 편이성을 특히 잘 드러낸다. 우선, 흡연은 완전히 자기 관계적 행동으로 고려되므로 대부분 규제 대상이 아니다. 그러나 흡연이 건강에 위험하다는 증거가 쌓이면서, 국가는 흡연자들이 막연히 추측만 하던 위험을 깨닫게 하려고 담배 포장지에 경고 문구를 삽입하라고 담배 제조사에 당당히 요구했다. 그러나 일단 제조사가 경고하고 나면 소비자들은 자유롭게 흡연을 선택했다.

그러다가 흡연이 비흡연자에게 끼치는 피해 – 간접흡연 문제 – 를 발견하고 패러다임이 바뀌었다. 이전에는 자기 관계적 행동 사례로 볼 수 있었던 행동이 이제는 미국에서만 매년 수천 명 비흡연자의 사망에 원인을 제공하여 타자 관계적 공공 보건에 위협이 됐다. 간접흡연의 위험을 막고자 공공장소와 수용시설에서 흡연이 금지됐다. 흡연자들은 자기 집 같은 사적 공간에서 그들 자신에게 자유롭게 피해를 줄 수 있지만(흡연할 수 있지만), 타자에게 위협이 되는 장소에서는 흡연할 수 없다.

나는 몇 년 전 특히 영민했던 학생을 기억한다. 그는 비흡연자였지만, 공공장소 금연 정책이 자신의 선을 선택할 권리를 침해한다는 점을 다른 학생들에게 이해시키려고 애썼다. 그는 친구들과 바에 가기를 즐겼는데, 그중 몇몇은 흡연자였다. 그래서 금연 정책이 시행되고 나서 친구들이 흡연하지 못해 괴로워하거나, 흡연하러 밖으로 나가거나, 아예 출입조차 허용되지 않았기에, 그는 친구들과 바에 가기가 전처럼 즐겁지 않았다. 그는 친구 없이 바에 가거나, 비흡연자 친구와 바에 가기보다 담배 연기 자욱한 바에서 친구들과 함께 있는 것이 더 좋다고 했다. 강의실에 있던 학생들은 그가 농담한다고 생각했지만, 그는 자신이 진지하다고 단언했다. 이 문제를 계속해서 논의하다가 어떤 학생이 그의 주장은 바텐더와 웨이터가 늘 간접흡연에 노출된다는 사실에서 비롯된다고 지적했다. 비흡연자가 흡연자 동료와 함께 있기를 합리적으로 선호할 수 있다는 기본 주장을 인정할 것인지, 혹은 인정하지 않을 것인지 열렬히 토론하는 모습을 흥미롭게 지켜보았다.

미국에서는 연방정부와 주정부가 담배 산업에 관한 다양한 법을 제정함으로써, 흡연의 타자 관계적 면이 성공적으로 알려졌다. 비록 담배 회사가 합법적 상품을 원하는 소비자에게 판매하지만, 정부는 의료 보장을 받는 환자들의 의료비를 지원해야 한다는 점에서 그 사업은 공공 재정에 막대한 간접비용을 부담시킨다. 정부와 담배 회사의 소송은 담배 산업 측에서 정부 재정에 수십억 달러를 보전하는 방식으로 해결됐다.

새로운 과학 지식의 발견으로 자기 관계적 행동과 타자 관계적 행동의 경계가 이동할 수 있음을 알았다는 사실만으로는 전혀 놀랍지 않다. 그 의미는 흡연의 어떤 면에 초점을 맞추든 간에 흡연은 자기 관계적으로 혹은 타자 관계적으로 설명될 수 있다는 것이다. 적어도 근대 생활을 구성하는 복잡한 사회관계망에서 담배와 관련해서 진실인 것은 헬멧 없이 오토바이를 타는 것과 자기 관계적으로 설명할 수 있는 다른 행동에 대해서도 진실이다. 밀의 원자론적인 사회학은 이런 면에서 구시대적이다.

정부가 규제할 수 있는 자기 관계적 행동이 존재하는가?

지금까지 우리는 자기 관계적 행동과 타자 관계적 행동을 구분할 때 겪는 어려움을 살펴봤다. 그러나 논의를 좀 더 진행하기 위해 둘 사이 어느 지점엔가 경계선을 그을 수 있다고 가정해보자. 자신을 해치는 사람을 보호하려고 정부가 자기 관계적 행동을 금지하는 법적 후견주의 사례가 있을까? 다음의 가능성을 생각해보자.

첫째, 평생 혹은 일정 기간 자신을 노예로 팔려는 사람이 있다고 가정하

자. 밀은 인간이 스스로 자신의 선을 위해 자신을 노예로 파는 선택을 허용하지 않을 것이다. 그런 선택을 금지하는 것은 선택의 근거로 제시하는 바로 그 자유 원칙을 위반하기 때문이다. 노예는 자유인의 권리를 포기한다. 자유가 스스로 선택할 능력을 포함한다고 믿는다면, 그런 권리를 포기하는 선택을 '자유'라는 이름으로 논리적으로 일관되게 옹호할 수 없다.[17] 따라서 정부가 개인의 노예 계약을 금지하는 것은 단지 한 사람에게서 좋은 삶에 대한 특정한 개념을 강요하는 것이 아니라, 개인이 계속해서 자신의 삶을 선택하고 교정할 수 있게 하는 양도 불가능한 자율성을 지키기 위해서다.

둘째, 노예에 관한 밀의 생각과 유사하게 많은 사람이 다음과 같이 주장한다. 즉 개인이 – 비록 노예제 경우보다는 덜하지만 – 진정으로 자유로운 선택을 하지 못하게 하는 문화적, 종교적, 혹은 다양한 형태의 사회화에 맞서 정부가 개입하고 '개인의 자유'라는 근본 가치를 지켜야 한다는 것이다. 예를 들어 프랑스에서는 이슬람 소녀에게 공립 학교에 다니는 동안에 전통 히잡을 쓰지 못하게 했다. 사실, 히잡을 지목하는 데는 있는 명백한 문제를 다루기 위해서다. 최종적으로 통과된 프랑스 법은 수업 시간에 크거나 두드러진 어떠한 종교 의상 내지 상징의 착용 금지를 확대했다. 추측건대, 유대교의 스컬캡이나 로마 가톨릭의 십자가 등이 있다. 그러나 논의는 주로 이슬람교도들을 프랑스 사회에 통합시키기 위한 적절한 방법에 관한 것이다.

프랑스 정부는 이슬람 소녀가 후일 성장해서 히잡을 쓸 것인지 쓰지 않을 것인지를 스스로 결정할 수 있게 하는 수준의 교육을 제공해야 한다면서 교실에서 종교 관행의 법적 금지를 옹호했다. 전부는 아니더라도 많은 학생

17. *On Liberty*, chap. 5, p. 101.

이 히잡을 쓰라는 부모의 압박을 받으며 학교에 다닌다. 그들은 옷차림부터 구별돼 자유롭게 대안적 미래를 생각하는 관점을 제시할 기회를 제공하는, 개방적이고 종교와 무관한 다양한 사람과 함께하는 수업에 현실적으로 동화되지 못한다. 그 이슬람 소녀가 민주 교육을 받은 뒤에 히잡을 선택한다면, 사람들은 그녀의 선택과 그 능력을 존중할 것이다. 그러나 자유로운 종교적 선택을 하지 못하게 하는 부모와 종교 권위의 지배를 받는 소녀의 상황에는 정부가 개입할 의무가 있다.

아이들 문제에 밀의 이론을 적용하고 응용하기는 간단하지 않다. 그는 일반적으로 아이들이 스스로 자유롭게 선택하기에는 충분히 성숙하지 못했다고 말한다.[18] 그러나 아이들이 특히 종교를 스스로 선택할 수 있을 때까지 누가 그들을 대신해야 할까? 자유주의 사회에서는 부모가 미성년 자녀에게 신체적 위해를 가할 위험이 있다는 증거가 없는 한 선택의 자율권을 국가가 아니라 부모가 행사하는 것이 일반적이다. 정부의 통제보다는 부모의 선택이 다종교 사회에서 평등성 존중에 부합하는 듯하다. 그러나 프랑스는 앞서 봤듯이 이에 반대하는 주장을 지지하는 듯하다.

미국의 교실에서는 대부분 종교 의상을 입거나 표식을 부착하는 행위를 전형적인 자기 관계적 행동으로 여긴다. 유대인들의 납작한 모자(카파), 라틴십자가, 부활절 전 재의 수요일에 재로 이마에 십자가 그리기, 시크교도의 터번처럼 히잡도 오랫동안 제기된 문제였다. 이 모든 사례에서 미국의 어린 학생들은 자기 일에만 신경 쓸 뿐 남에게 피해를 주지 않는 듯하다. 미국 정부가 공립학교 교실에서 학생에게 종교적 의복의 착용이 '나쁘다'고 말하는

18. *On Liberty*, chap. 1, p. 9.

것은 아이와 그 부모에게 도덕적 선택을 강요하는 행동이다.

1972년 위스콘신주 정부와 아미시파(Amish : 재세례파 계통 개신교 종파. 17세기 이후 탄압을 피해 유럽에서 미국과 캐나다로 온 스위스·독일계 이민자가 많다. 창시자는 스위스 종교개혁자 야곱 아망-역자)의 법정 투쟁에서 미국 대법원이 어떻게 문제를 해결했는지 살펴보자. 당시 위스콘신주 아이들은 법에 따라 16세가 될 때까지 주정부가 인증한 학교에서 교육받아야 했다. 그 법의 정당화 논거는 아이들에게 민주주의 사회에서 충분히 교육받고, 미래에 스스로 결정권을 갖춘 시민이 됐다는 자각을 심어주기 위해, 정부가 이에 필요한 최소한의 교육을 제공해야 할 강력한 이해관계가 있다는 데 있다. 위스콘신주는 아이들이 시장경제 사회에서 자력으로 살아가려면 충분한 교육을 받아야 한다고 주장하면서 경제적 이유도 들었다. 아미시파 가족은 법을 따르지 않고 15세 딸을 학교에 보내지 않고 가족 농장에서 일하게 했다.

아미시파는 오래전에 설립됐고, 결속력이 매우 강하며, 경제적으로 자급자족하는 집단이다. 그들은 종교적 믿음에 따라 대지에서 농사를 지으며 살고, 근대적 생활양식과 기술을 거부한다. 아이들도 15세까지 농사를 짓고, 이 기간에 자신의 영적 삶을 수련한다고 주장한다. 또한, 아미시파는 공립학교에서 그들의 종교와 반대되는 반신학적 가치를 주입하고, 아이들이 학교에서 끊임없이 친구들의 압박, 심지어 놀림까지 받아 가족(농장)의 품으로 돌아올 수 없게 되고, 결국은 종교의 존속 자체가 위협받게 된다고 주장한다.

위스콘신주는 아이들이 자유롭고 진보적인 인간으로 자라려면 16세까지는 최소한의 교육이 필요하고, 아미시파 같은 단체의 종교적 자율성은 그 종교 내에서라도 개인의 자유를 능가할 수 없다고 주장했다. 그러나 대법원은 아미시파의 손을 들어줬다. 비록 이 사례가 밀의 원칙에 완전히 부합하지는 않지만, 아이들과 관련된 문제라는 점에서 법원 의견의 핵심은 종교의 가치와 현실의 교육을 조율하는 문제에는 국가가 아니라 부모가 자녀에게 무엇이 최상의 선택인지를 결정해야 한다는 것이다. 아미시파는 아이들에게 일련의 증명된 과정을 제시했고, 대법원은 아미시파가 실천하는 '좋은 삶'에 대해 위스콘신주가 이 대안적 방식을 수용해야 한다고 판결했다.

밀의 견해에 따라 법원이 반대 판결을 내렸어야 한다고 주장할 수도 있다. 밀은 자녀를 양육하겠다는 결정이 부모에게 건강과 교육을 포함해서 자녀의 기본 복지를 신경 써야 한다는 법적 책무를 부과한다고 명시한 바 있다.[19] 그는 특히 부모가 아이들의 의무교육에 이런 자유 원칙을 오용하는 사례에 반대했다. 자녀를 양육하겠다는 결정에는 최소한의 훈련과 교육을 보장하기 위해 법적으로 강요할 수 있는 책무가 뒤따른다. 그는 의무교육을 규정한 법에 따르는 것을 '자명한 이치'로 여겼고, 부모가 자녀에 대해 전권을 행사하는 행태가 마치 자유로부터의 퇴보를 뜻하는 것처럼 여겨, 이를 보호해야 한다고 보지 않았다.[20] 이 문제와 관련해서 밀이 강력하게 표출한 견해를 생각하면, 미국 대법원이 반대 결론에 도달했다는 사실이 흥미롭다.

세 번째 사례를 살펴보자. 밀은 후견주의적 입법에 반대하는 강경한 태도를 보였지만, 국가가 개인이 특정한 실수를 저지르지 못하게 하는 조처를 수용했다. 그는 다리가 안전하지 못하다는 사실을 모르는 사람이 그 위험한 다리를 건너는 경우를 예로 들었다. 주변 상황을 파악하지 못한 그에게 위험을 알릴 시간이 없다면, '자유는 원하는 대로 행동하는 것이지만, 그가 강으

19. *On Liberty*, chap. 5, pp. 103-106.
20. *On Liberty*, chap. 5, p. 104.

로 떨어지기를 원치 않기에' 옆에 있던 사람은 그를 막아설 것이다.[21] 시간이 있다면, 정부는 위험을 알리는 경고판을 붙일 것이다. 일단 개인이 충분히 고려하고 결정을 내리는 데 필요한 사실들을 안다면, '다른 누구도 아니고 바로 그가 자신을 위험에 빠트릴 충분한 이유를 판단할 수 있기에' 선택은 그의 몫으로 남는다.[22]

밀은 안전하지 않은 다리를 예로 들고 나서 엉뚱하고 설득력도 없는 해답을 내놓는다. 국가는 그 위험을 알리는 경고문을 붙이고, 그 경고를 보지 못한 사람도 다리를 건너지 못하게 할 수 있다. 하지만 일단 경고문이 붙으면 사람들은 해를 입을 위험이 있음을 알 수는 있으나 그 위험이 확실하게 해를 끼칠지는 알 수 없다. 따라서 밀은 당사자가 다리를 건널지 말지를 선택하게 할 것이다. 다른 누구도 아니고 바로 그 자신이 위험을 무릅쓸 가치가 있는지 가늠할 수 있기 때문이다. 그러나 분명히 어느 정도 위험은 충분히 실질적이어서, 특정한 부상을 막고자 간섭을 허용했던 것과 같은 이유로, 밀은 위험한 다리를 부주의하게 건너려는 사람을 국가가 막도록 허락해야 할 것이다. 그는 설령 추락하더라도 구조를 바랄 테니, 이는 그가 다리를 건넘으로써 익사할 위험을 진지하게 선택한 것은 아니라는 뜻이다.

철학자 제럴드 드워킨은 밀의 관점이 사람들이 저지를 수 있는 두 가지 실수의 구분에 바탕을 두고 있다고 말했다. 첫 번째는 '인지적' 오류, 또는 물리적 세계에 대한 사실이나 이해에 대한 입증 가능한 오류다. 밀이 들었던 다리의 예에서 다리를 건너려는 사람은 그 다리가 안전하다고 생각했으나 사실은 그렇지 않았을 수 있다. 로버트 노직이 제기한 다른 예도 있다. 어떤 여

21. *On Liberty*, chap. 5, p. 95.
22. Ibid.

자가 건물 30층에서 창문으로 뛰어내리려고 한다. 그녀를 진정시킬 방법을 찾는데, 그녀가 말한다. "걱정하지 마, 난 하늘을 날 수 있어."[23] 이런 상황에서 우리는 그가 인지적 오류를 범했고, 중력 법칙에 따라 상황을 제대로 인지한다면 뛰어내리지 않으리라고 확신할 수 있다. 밀의 이론이 제시하는 결론은 만약 어떤 사람이 모든 물리학적 법칙을 안다면 하지 않았을 행동을 하지 못하게 할 때 개인의 자유는 약해지기보다 오히려 강해진다는 것이다.

그러나 경고문을 게시하고 오류를 바로잡으려 해도 어떤 사람은 – 예를 들어 스릴을 추구하는 사람이나 우울증을 앓는 사람 – 안전하지 않은 다리를 건너려고 하거나, 창문에서 뛰어내리려고 할 수 있다. 이것은 인지적 오류가 아니라 오히려 계산된 행동일 수 있다. 다리가 안전하지 않다는 것을 알지만 스릴을 즐기려고 다리를 건너는 사람은 내가 앞서 예로 든 헬멧을 쓰지 않고 오토바이를 타는 사람과 그 동기가 같다. 두 사례에서 행위자는 모두 인생의 성숙한 완전함보다는 일시적 스릴에 중요성을 부여하는 듯하다. 우울증을 앓는 사람은 삶을 지속하는 데 합리적으로 가치를 부여하기가 구조적으로 불가능해 보인다.

내가 이해하는 밀의 반 후견주의에 따르면, 그는 인지적 오류는 제한적으로 인정하겠지만, 평가적 오류는 허용하지 않을 것이다. 이것이 그가 논한 다리 사례의 결과다. 일단 경고문을 게시하면 인지적 오류는 교정될 테고, 개인이 의식적으로 그 위험을 자유롭게 평가할 수 있어야 한다. 만약 당사자가 실제로 "의식이 혼미하거나, 도취나 흥분 상태에서 반사 작용이 온전하지 않다면, 국가의 개입이 정당화된다. 하지만 그런 상황이 아니라면, 개인의 선택

23. 노직의 사례는 Gerald Dworkin의 "Paternalism," *The Monist* 56(1972): 64, 83-84.에서 언급된다.

은 존중돼야 한다."[24]

오류와 경고문에 관한 밀의 주장은 상당 부분 오늘날 사전동의와 의료행위에 관한 미국법률에 반영돼 있다. 환자가 정말로 자발적 선택을 할 수 있으려면, 의료진은 환자에게 특정한 약이나 수술이 내포한 위험을 알려줘야 한다. 언젠가 혼수상태에 빠지거나 정신적으로 무능력해질 가능성에 대비해서 식물인간 상태가 됐을 때 어떤 처치를 받고 어떤 처치를 포기할지 미리 명시하는 사망 선택 유언(우리나라 '사전연명의료의향서'에 해당한다-역주)을 작성하도록 권유할 것이다. 마찬가지로, 의식이 있는 온전한 성인이 반드시 의료 처치를 받을 의무는 없다. 심지어 그 치료가 생명에 직결된 치료여도 마찬가지다. 이런 것들은 모두 밀의 자유 원칙에 관해 그리 복잡하지 않은 적용 사례다.

그러나 밀의 반 후견주의가 타당해 보이지 않는 사례도 있다. 나는 오후에 달리기할 때 건너도 된다는 표지가 없는 기찻길을 지나가는 습관이 있다. 정식 건널목으로 돌아갈 수도 있지만, 그러면 공용 공간에서 시간을 허비해야 한다. 내가 지나는 곳에는 눈에 잘 띄게 '위험' 표지가 붙어 있고, 사람들이 접근하지 못하게 사슬이 얽힌 울타리도 만들어놓았다. 나는 그 사슬 울타리에 계속해서 구멍을 내는 누군가를 믿고, 경고문이 있어도 그냥 지나간다. 나는 이렇게 행동함으로써 특정한 위험을 무릅쓴다는 사실을 잘 알고 있다. 지나가도 된다는 표지판이 없는 기찻길을 건너다가 미국에서 매일 평균 한 명씩 죽는다는 사실도 알고 있다. 그래도 나는 조심한다. 길 양쪽을 모두 살핀다. 내가 기차에 치이지는 않을 것이다. 나만의 길을 지나가는 즐거움이 확인할 수 있는 위험보다 더 크다고 생각한다.

24. *On Liberty*, chap. 4, p. 95.

밀이 하고 싶었던 말은 만약 경찰관이 근처에 있었다면, 내가 그 기찻길을 지나가지 못하게 할 수 있었다는 뜻이었을까? 아마 이 사례의 해답은 내가 사유지를 무단으로 침입했기에, 나 자신의 안전을 위해 체포되는 것이 아니라 기찻길의 사유재산 권리를 보호하기 위해 체포될 수 있다는 뜻이다. 혹은, 기관사가 나를 발견하고 급정거함으로써 승무원과 승객들을 위험에 빠트릴 수 있기에, 아마도 내 행동을 타자 관계적으로 판단했을 것이다. 그러나 이런 이유는 경찰이 '위험-건너지 마시오'라는 표지가 있는 곳에서 횡단을 금하는 권위를 정당화하는 방법으로는 다소 우회적인 듯하다. 몰래 기찻길을 횡단하는 습관을 강제로 금하는 것이 내 이익을 위해서라고 국가가 주장한다고 해서 국가가 내 자유를 심각하게 침해하는 것은 아니다. 설령 그렇다 해도 밀은 행인이 위험을 무릅쓰고 기찻길을 횡단할 때의 비용-편익을 오직 자신만이 계산할 수 있다고 말하는 듯하다. 그의 공리주의는 확실한 부상이 아니라 해를 입을 통계적 개연성이 있다면 분별 있는 사람이 자기 행동의 결과에 대한 유일한 판관이라는 생각으로 이어진다.

오류 문제를 제기하는 또 다른 사례를 살펴보자. 1859년 『자유론』이 처음 출판됐을 때, 모르몬교는 여전히 일부다처제를 실행하고 있었다. 모르몬교 남성은 여러 명의 여자를 아내로 맞이한다(미국 정부의 상당한 압력을 받아 모르몬교는 19세기 후반 그 교리를 공식적으로 폐지했다). 밀은 '나보다 더 모르몬교 제도에 반감을 품은 사람은 없을 것이다'라고 말했다.[25] 그는 모르몬교의 일부다처제가 자유에 부합하지 않는다면서 '단지 공동체 절반에 사슬을 채울 뿐'이라고 했다.[26] 밀의 관점에서 모르몬교 여성들은 평가적 오류를 범한다. 모

25. *On Liberty*, chap. 4, p. 89.

26. Ibid.

르몬교 종교 교육은 누구의 아내도 되지 못하기보다는 여러 아내 중 한 사람이 되는 편이 낫다고 가르친다. 그러나 밀에 따르면, 이런 종류의 오류가 모르몬교 여성들의 선택을 비자발적이거나 강요받은 것으로 만들지는 않는다고 한다. 만약 잘 교육되고 사회화된 여성이 그런 선택을 한다면, 그 여성 자신만의 방식으로 자신의 선을 추구한 사례로 그 선택은 존중돼야 한다. 그 오류가 타인에게 해악을 끼치지도 않는다. 아미시파처럼, 지금도 그렇지만 당시 모르몬교도들은 누구보다도 아이들을 잘 양육했다. 일부다처제 혼인이 일부일처제 가족보다 아이들을 더 많이 유기하거나 학대한다는 경험적 증거는 없다.

밀의 '자발적' 노예와 일부다처제 구분에 일관성이 없다는 주장이 나올 수 있다. 왜 자유의 근본 원칙이 이 두 가지를 모두 금지하지 않을까? 흥미롭게도, 밀은 일방적인 일부다처제는 여성의 자유에 부합하지 않지만, 노예제를 용인할 수 없는 것과는 달리 일부다처제를 용인해야 한다고 생각했다. 왜냐면 일부다처제의 혼인 계약은 여성의 의지로 해지할 수 있지만, 노예는 노예 신분에서 벗어날 수 없다는 사실에 근거했기 때문이다. 모르몬교 여성이 그렇게 선택하도록 교육받았다는 단순한 사실은 그녀가 그 선택에 책임이 없음을 의미하지 않는다. 다른 방식으로 추론하자면, 이는 모르몬교 여성들이 자신을 보호할 능력이 없기에 마치 국가의 보호 대상으로서 보호받는 것처럼 보인다.

대부분 개인이 특정한 종교 전통이나 특정한 공동체에서 사회화됐기에 그의 선택이 자유롭지 않다는 밀의 주장은 꽤 설득력 있다. 그러나 선택은 여기저기에 널렸다. 누군가는 어린 여성에게 할례를 하는 공동체 관습을, 밀이 어떻게 생각할지 궁금해할 수 있다. 어떤 관습에서는, 특히 여성이 성적으로 기쁨을 느끼는 능력을 줄이고자 실제로 클리토리스를 잘라낸다. (오늘날에는 거의 해당하지 않지만) 어떤 공동체가 종교적 믿음에서 자발적으로 동의하는 '성인' 여성에게만 할례를 한다고 가정해보자. 국가가 여성 자신이 선택한 선이라는 구실로 개입하지 않거나 당시 여성의 생각과 무관하게 신체 일부를 돌이킬 수 없이 훼손하면 여성에게 좋지 않아도 이런 관습을 금지할 수 없다는 사실에 밀이 동의할까? 클리토리스로 성적 기쁨을 느끼는 능력이 여성의 자아에 기본적이라는 것은 여성이 자유롭게 거부할 수 있는 '서구'적 선호에 불과하다는 주장은 어떤가? 이 부분에서 나는 밀의 원칙이 충돌한다고 생각한다. 한편에서 밀은 국가가 좋은 삶에 대한 특정한 관점을 성인에게 강제할 수 없다고 주장한다. 다른 한편으로 밀은 국가는 미래에 자유로운 선택을 불가능하게 하는, 그런 선택을 금지해야 한다고 주장하기도 한다. 노예는 선택을 무시하는 선택의 아주 분명한 예이지만, 되돌릴 수 없는 생식기 손상 역시 미래에 그 여성이 그 선택을 바꾸거나 되돌릴 수 없다. 밀은 이런 사례에서 나타나는 자신의 서로 다른 주장 사이의 긴장을 해결할 방법을 제시하지 않는다.

『자유론』의 유산

『자유론』은 자유주의적 관용에 대한 위대한 저서 중 하나다. 자유로운 개인들이 좋은 삶의 의미에 대해 각자 제시한 답을 정부가 동등하게 존중해야 한다는 핵심 신념을 탁월하게 펼친다. 이 다양성을 넘어서는 최고의 선이라는 것은 존재하지 않는다. 자유로운 사회의 목적은 바로, 획일화, 균질화 대신에 다양성, 차이, 다원성이 성장할 바탕을 지탱한다. 사회는 이 다양성 안에서 통일성을 찾을 수 있지만, 이 통일성은 바로 개인이 서로 차이를 인정하는 상호적 권리에 대한 존중을 공유하는 데 기반을 둔 통일성이다.

그러나 『자유론』이 설득력 있고 영감을 주는 저서일지라도, 관용에 관한 사례는 두 가지 문제를 내포한다. 첫째는 수단이 아닌 목적으로서의 관용의 위상에 관한 것이다. 둘째는 개인의 심리에 대한 밀의 이해와 관련 있다.

첫째, 밀은 관용을 목적 자체만이 아니라 다른 목적을 위한 수단으로도 여긴다. 목적으로서 관용은 좋은 삶이 무엇인지를 정의한다. 좋은 삶은 개인이 서로 다른 선택과 삶의 계획을 서로 보여줘서 에너지, 활력, 자발성을 가져다준다. 밀에게 관용은 도덕적으로 판단하는 사람의 특징으로 선택의 강력한 기능을 위축하는 독선과 편협함 없이, 모험 정신으로 인생의 여러 선택을 탐험하는 온전히 개발된 인간의 마음 상태이기에 바로 최종 상태인 셈이다.

그러나 관용이 목적이라고 순전히 옹호하기는 밀뿐 아니라 모든 이에게 어려운 일이다. 우리는 불관용을 관용해야 할까? '자유롭게 선택하는 개인'이라는 미명으로 준육 수준이 낮은 사람을 열등하다거나 존경할 가치가 없다고 차별하는 생각이나 주장도 수용해야 할까? 이런 문제에 부딪힐 때 밀은 한 걸음 물러나서 관용은 목적이 아니라 진실, 지식, 진보, 정신이라는, 더 높은 목적을 위한 수단이라고 말한다. 밀은 여러 사상이 혼재하며 경쟁할 때 장기적으로 진실은 거짓을 이기고, 정의는 편견을 이긴다고 말한다. 이런 것들이 『자유론』에서 표현의 자유와 종교의 자유에 관한 구체적인 주장을 구성하는 뼈대다. 사상과 믿음에 대한 관용은 그 사상과 믿음이 어떤 것이든 간에, 심지어 유해하거나 옳지 않음이 입증됐다고 해도 진실과의 대결을 통한 잘못의 교정을 최상의 방법으로 간주한다.

밀의 주장에서 칸트의 추론 방식을 따를 때 부딪히는 문제는 관용의 가치가 전적으로 상황에 따른다는 데 있다. 즉 진실과 오류가 다투는 특정한 상황에서 관용이 최선의 수단이라고 말할 수 있는지, 그럴 수 없는지에 따라 관용의 가치가 결정된다. 밀은 관용이 사회적으로 바람직한 결과를 낳지 못한다면, 관용의 포기를 정당화할 수 있다고 주장한다. 게다가 여러 사상이 경쟁하는 가운데 진실이 결국 우세하리라는 밀의 낙관주의를 뒷받침할 만한 증거는 거의 없다. 밀은 법이 사상을 '규제'하지 못할 때도 그 일을 할 수 있는 대중사회의 순응주의 기조를 일찍이 진단한 학자다. 밀이 사망하고 나서 역사의 흐름에서 선동과 편견이 대중을 야만적 행동으로 몰아갈 수 있다는 사실이 입증됐다. 반대로, 이사야 벌린이 지적했듯이 권위주의 사회의 가장 깊숙한 곳에서도 진실과 심지어 천재가 자라난다. 관용에 대한 밀의 옹호는 훌륭하지만, 그는 사람들 마음속에서 정의와 부정의가 공정하게 경쟁한다면 부정의가 정의를 이길 가능성은 '장기적으로' 볼 때 거의 없다며, 이 문제를 너무 쉽게 다뤘다. 그러나 오늘날 관용에 관해 밀과 같은 주장을 하려는 사람이 있다면, 어떤 생각이나 종파에 대한 관용이 위험한 명제라는 사실을 충분히 인지한 뒤에 이 문제에 접근해야 한다.

밀이 위험을 대수롭지 않게 여기는 한 가지 이유는 그가 표현의 자유와 종교의 자유를 그 자체로 공공에 해를 끼치지 않는 완전히 자기 관계적 문제로 여긴다는 데 있다. 그는 일반적으로 발화자보다 행위자를 규제함으로써 사회가 스스로 이익을 보호할 수 있다고 주장하면서, 말과 행동을 익숙하게 구별한다. 관용을 주장하는 말과 행동을 이렇게 구별할 충분한 이유가 있긴 하다. 그러나 자유와 관용이 우세한 상황에서 진실과 이성이 늘 거짓과 편견을 이긴다는 것은 그 이유에 해당하지 않는다.

자유를 옹호하는 밀의 주장에서 두 번째 문제는 때로 '개인의 발전'이라는 설득력이 없는 설명에 의존한다는 데 있다. 칸트와 마찬가지로 밀은 자아를 유동적인 주체로 간주했으며, 개인 성격이 발달하면서 자아가 관습, 전통, 소유로부터 분리되는 것은 합리성이 비합리성을 이긴다는 최고의 확증이라고 했다. 게다가 그는 대체로 자율성을 형성하는 다양한 경험이 타인과의 관계에서 이뤄지기보다 개인이 홀로, 내면적으로 체득하는 것이라고 주장했다. 그러나 이동성과 분리성이 너무 강조되면, 확고한 미래나 정해진 자리 없이 현재에 온전히 뿌리내리지 못한 채 집과 공동체, 떠도는 삶보다 더 크고 더 영구적인 뭔가에 대한 소속감, 즉 끊임없이 달라지는 자아에 너무 쉽게 이용될 수 있다. 이동성을 자유의 종합이라고 보는 밀의 사고에서 보건대 항상 준비돼 있고, 전념해서 새로운 것을 시작하려는 노력은 중요하고 고무적이다. 그러나 밀과 칸트가 이상화한 이동성의 자유는 헤겔이 '자리 잡은' 자유라고 말하는, '집'이라고 부를 만한 공간을 확보한 데서 비롯한 정의, 내용을 얻는 자유와 결합할 필요가 있다.

밀은 그가 선택의 자유를 최고의 도덕적 가치로 여기는 것과 일관되게 삶의 연대를 고려하지 않았다. 개인이 타인과 함께하는 삶에 대한 성실성을 통해 자유를 찾고, 어느 집단에 정착하면 자신에게 개인적 선택과 이동의 자유를 제한하는 책무가 부과되지만, 그것이 가치 있다고 판단하는 것은 밀에게 낯선 생각이었다. 이론상 밀은 스스로 선을 선택하지 않는 삶을 '선택'할 자유를 인정한다. 그러나 이는 사회가 인정하는 많은 선택 중 하나가 돼야 할 뿐, 절대로 제도적으로 강요돼서는 안 된다.

자유와 이동성이 때로 그 자리에 머문 덕분에 발견한 자유의 대안적 전망을 촉구한다는 것이 밀이 제시한 사례의 본질이다. 자기가 머물던 곳을 떠나 열린 결말의 미래를 선택하려는 태도의 중요성을 보여준 자유주의 사례가 자유와 공동체에 대한 소속에는 일관성이 있다고 말한 루소의 생각과 부합하지 않는 한, 자유주의적 실천은 충성과 연대 같은 덕성에 가치를 부여하지 않고 다른 사람과 공동선을 공유하는 덕성을 파괴함으로써 사회적 관계가 광범위하게 원자화되는 징후를 드러낼 것이다.

자유로운 인간은 밀이 말하는 '선택하는 자아'이지만, 또한 우선 특정하고 정의된 정체성을 갖추고 공동체에 뿌리내리는 루소의 시민이기도 하다. 따라서 전적으로는 아니더라도 『자유론』을 읽고 이에 설득당할 이유는 언제나 찾을 수 있다.

유럽 대륙에서 칸트는 자유주의에 대한 공리주의적 옹호는 거부했지만, 자유로운 개인이 스스로 좋은 삶을 선택할 수 있을 때 나타나는 자율성에는 양립할 수 있는 사례를 제안했다. 밀은 독일 자유주의자들에게서 영감을 얻었으며 『자유론』의 권두에 동시대인이었던 빌헬름 폰 훔볼트를 언급했다. 그러나 이 순간에 일어난 독일과 영미 자유주의의 연합은 금세 끝나버렸다. 헤겔과 이후 마르크스와 함께 독일의 지적 사상은 자유주의 사회를 특징짓는 개인주의 윤리의 결함을 중점적으로 탐구했다. 이들의 사상은 정치이론의 방향을 극단적으로 바꾸려고 했다. 이제 그 이야기로 넘어가자.

15장 헤겔, 마르크스, 미네르바의 올빼미

19세기 독일에서는 헤겔이 칸트와 맞붙고, 이어서 마르크스가 헤겔을 겨냥함으로써 정치사상의 위대한 번영이 일어났다. 칸트에서 헤겔로, 그리고 마르크스로 이어지는 사상의 흐름은 우리 정치사상 공부의 출발점, 즉 플라톤에서 아리스토텔레스, 그리고 아우구스티누스로 이어지는 사상의 원초적 흐름에 대적할 만큼 대단히 극적이다. 마르크스는 정치사상사에서 전설적인 인물이지만, 헤겔이 칸트와의 논쟁에서 그의 사상을 형성해갔듯이 마르크스는 헤겔과의 대면에서 자기 사상을 구축했다.

어떤 면에서, 마르크스는 선학들의 글을 읽는 정도에 만족하지 않고, 그 목적을 논하고 정치 운동에 투신하고자 했다. 그는 당시 독일 지성인들의 사고가 '정치' 사상가가 되기에는 너무 난해하고 의도적으로 모호하다는 사실을 자주 발견했다. 헤겔은 마르크스에게 영감을 주기도 하고, 그를 화나게 하기도 했는데, 이는 어렵다고 악명 높은 헤겔의 글과 사투하는 사람들이 공통으로 느끼는 반응이었다. 공부의 한계에 애태우며, 마르크스는 정치사상의 정전(正典)을 의도적으로 바꿔서 정치와 철학을 – 플라톤이 정치적 삶에서 물러나며 처음으로 둘 사이에 거리를 뒀던 – 처음으로 연결하고자 했다.

그러나 마르크스가 전통적인 연구 방법을 따르지 않았다 해도, 그는 정치철학을 연구했고 평생 학생으로 남았다. 그가 학생 시절에 작성한 일련의 노트에는 특히 헤겔의 저작을 처음 알게 됐을 때의 기록이 남아 있다. 이 노트들은 마르크스가 사망하고 오랜 세월이 흐른 뒤에 발견돼 출간됐다. 이 노트들은 자본주의에 대한 그의 경제학 비판이 그가 헤겔을 공부할 때 처음 시작했던 정치 비평보다 성장했음을 보여준다. 따라서 우리가 마르크스를 이해하려면 헤겔로 돌아가야 한다.

그러나 헤겔의 글과 사고의 밀도는 담대한 독자에게도 넘기 어려운 장애로 작용한다. 어휘는 우리가 일반적으로 사용하는 언어와 다르고, 세계 문학을 참조한 부분은 백과사전식 지식이 필요하고, 정치적 요점들은 역사, 형이상학, 신학의 촘촘하고 희한한 철학에 내포돼 있다. 나는 헤겔을 가르칠 방법을 전혀 찾지 못했음을 고백한다. 몇 년 전 주디스 슈클라 선생은 그녀가 쓴 『헤겔의 정신현상학』의 초안을 검토해달라고 요청했다. '요청했다'고 했지만, 사실은 내가 읽겠다고 해서 그녀가 어쩔 수 없이 허락한 셈이다. 나는 사실 썩 좋은 교정자는 아니다. 솔직한 사람인 슈클라 선생은 출판된 책에 오타를 발견했을 때 내게 말해줬고, 나는 내가 좋은 교정자가 아님을 알게 됐다. 변명을 좀 하자면, 나는 교정에 신경 쓰기보다 이 책을 이해하려고 애쓰느라 정신이 없었다. 그렇게 했어도 이 책은 어려웠고, 내가 무모하거나 무례해서가 아니라 슈클라 선생이 내게 솔직하듯이 나도 그녀에게 솔직해야 한다고 고집했기에, 이 책이 어려웠다고 털어놓았다. 그녀는 자신의 해석이 내게 즉각적인 도움을 주지 못한 점에 대해 몹시 놀라지도, 화를 내지도 않았다. 그녀는 그것이 이미 예상했던 바이며, 헤겔을 '소개'하거나 '설명'하거나 '요약'하는 데 좋은 방법이란 있을 수 없다고 말했다. 헤겔은 그런 접근을 거부했고, 꾸준하고 끈기 있으며 시간을 들이는 방식을 가치 있게 여겼다.

이 책에서 내 목적은 정치이론에 접근하기 쉽게 하는 데 있으므로, 헤겔을 건너뛰고 바로 마르크스로 넘어갈지 심각하게 고민했다. 그러나 헤겔은 그 자체만으로도 너무나 중요한 인물이고, 마르크스 정치학이 헤겔에서 출발하므로 그를 생략할 수 없었다. 따라서 나는 마르크스가 헤겔을 어떻게 이해했는지를 살펴봄으로써 헤겔에 간접적으로 접근하려 한다. 정치학의 미래를 바꾼 이 만남의 중요성을 알려면 헤겔에 대한 마르크스의 이해가 정확하다는 사실을 굳이 확인할 필요는 없다.

내가 헤겔을 이해하기 어렵다고 말한 것을 생각해보면, 헤겔이 죽고 나서 몇 해 뒤에 독일 대학생들이 헤겔의 진정한 원칙이 무엇인지를 두고 열정적으로 논쟁을 벌였던 것은 이상하기도 하다. 철학과에는 학생들이 '고전 헤겔주의자'라고 부르는 교수들이 지배적이었다. 그 저명한 인물들은 헤겔을 크게 신학적 관점에서 이해했고, 인간은 단지 그 자신으로부터 소외된 정신이나 신이고, 영혼이 그 소외는 자신의 '절대정신'에서 비롯했음을 인식하게 될 때 모든 창조물은 역사의 종말과 함께 끝나리라는, 헤겔의 선언을 따랐다.

학생들은 '청년 헤겔주의자' 그룹을 조직하고 강의실 밖에서 모였으며, 교수들의 헤겔주의에 관해 논쟁하고자 헤겔의 개념들을 적용해보려고 했다. 그들 중 한 사람이 '변환적 방법'으로 유명한 루트비히 포이어바흐였다. 그는 당시에 통용되던 헤겔주의 범주의 전복이 필요하다고 생각했다. 신에게서 소외된 인간이 그 소외를 극복하려고 애쓰기보다 헤겔을 전복하는 쪽이 진실에 더 가깝다고 주장했다. 신은 자신으로부터 소외된 인간일 뿐이며, 자신의 인간적 본질 밖에 있는 투사된 허상에 불과하다. 목표는 헤겔이 잃어버린 신앙의 거짓된 신실함에서 소외된 인간 본질을 회복하는 것이다.

포이어바흐가 이렇게 비판을 정리할 즈음, 마르크스는 에피쿠로스와 그리스 철학을 주제로 박사학위 논문을 쓰고 있었다. 마르크스도 청년 헤겔주의자 모임에 참여한 젊은이 중 한 사람이었다. 그가 헤겔의 체계적인 정치학적 성과인 『법철학』에 관해 자기 생각을 기록한 노트를 보고 판단하자면, 인생에서 세 번에 걸쳐 청년 헤겔주의자적 사고에서 벗어난 듯하다. 첫 번째는 정치이론 자체의 목적과 관련 있다. 내가 앞서 설명했듯이 마르크스는 정치사상사 전통에 속한 만큼, 자기 언어로 표현하자면, 철학을 '폐지'하고 이를 실천함으로써 그 전통에 마침표를 찍고 싶어 했다.

마르크스에게 헤겔의 두 번째 영향은 자유주의와 자유주의적인 부르주아의 생활상이 펼쳐지는 시민 사회의 영역에 대한 헤겔의 비판에서 비롯된다. 마르크스는 경제적 관점에서 자유주의 사회에 대한 비판을 제기할 때도 공동선 또는 타인의 복지에 대한 진실한 관심이 부족하다는 이유로 자유주의 사회에 강력한 도덕적 반대 의견을 내놓은 헤겔의 주장을 항상 지지했다.

세 번째로, 마르크스는 자유주의에 대한 헤겔의 비판을 인정했지만, 헤겔의 정치적 해답을 수용하기는 망설였다. 마르크스는 헤겔의 제안이 아리스토텔레스가 인간이 자신을 완벽하게 완성하는 '폴리스'라는 이상적인 공간의 신화를 창조한 이래로 전형적인 정치이론에 해당한다고 생각했다. 마르크스가 보건대 헤겔은 국가의 신비로움에 대한 최고 수위를 보여주었고, 마르크스는 존중받는 영역이 아니라, 시민 사회에서 매도당하는 영역이 오히려 국가의 더 나은 미래를 약속한다는 사실을 입증하기 시작했다.

철학의 목적

헤겔의 유명한 문구가 있다. 철학은 '사상을 통해 자기 시대를 이해한다.'[1] 마르크스는 애초에 이 아포리즘에 흥미를 느꼈지만, 혼란도 느꼈던 듯하다. 자신이 속한 사회의 본질을 비판적으로 반영할 수 있다는 이 문구는 철학이 상아탑을 벗어나 정말로 '자기 시대'와 연관이 있다면, 철학이 실재하는 사회를 실질적으로 개선할 수 있어야 한다고 믿었던 마르크스를 사상적으로 매료했다. 그러나 그는 헤겔의 언급에서 제기된 정적주의(quietism)에 동요를 느꼈다. 우선 한 가지 이유는 헤겔이 철학적 상상을 끝내고 '자기 시대'를 넘어 새로운 시대를 전망할 수 없는 것처럼 보였던 것이다. 그는 유토피아적 상상을 거부하고, 정치철학자의 역할은 실존하는 국가를 이해하는 것일 뿐, '이상 국가 건설'이 아니라고 했다.[2] '오직 신만이 어디 있는지 아는, 존재하리라 믿는' 국가를 건설하려는 것은 '일방적이고 공허한 추론'일 뿐이다.[3] 이것은 우리가 꿈꾸는 주관적 자유를 표현할 수는 있으나 그 자유가 현실 세계에서 정확하고 정교한 꿈을 실현하지는 못한다는 뜻이었다.

헤겔은 철학의 한계를 지적하고 설명하고자 정치사상가들에게 가장 이상적으로 보이는 생각을 재해석한다. 그리고 다시 문헌으로 돌아가 가장 유토피아적으로 보였던 정치철학자 플라톤의 야심을 점검한다. 플라톤의 『국가』조차도 어딘가에 존재하는 이상 국가를 건설하려는 시도로 읽어서는 안 된다. 플라톤의 업적은 다른 윤리 원칙들이 침입해서 그 세계의 통합을 파괴했던 것처럼, 그리스 윤리적 삶의 본질을 분명히 규정했다는 데 있다. 이것이

1. G. W. F. Hegel, *Philosophy of Right* (Hereafter PR), trans. T. M. Knox (Oxford: Oxford University Press, 1967), preface, p. 11.
2. Ibid.
3. *PR*, preface, p. 10

모든 위대한 철학이 작동했던 방식이다. 어떤 의미에서 철학은 '세계가 어떠해야 하는지에 대한 지침'을 주기에는 언제나 너무 늦게 등장한다.[4] 로마의 지혜의 여신에 대한 헤겔의 언급에 따르면, "미네르바의 올빼미는 황혼이 지고 나서야 날개를 펼친다."[5] 기존 윤리가 새로운 윤리의 도전을 받을 때 그 시대 정신을 마침내 사상을 통해 이해할 수 있게 되고, 안도의 상태로 들어가는 순간은 오직 역사의 시간이 막 지날 때다.

청년 마르크스는 자신이 철학을 공부한 목적을 돌아보면서, 철학과 정치가 근본적으로 다르고, 사상은 실제 세계에서 어느 정도 거리를 둘 때 온전히 제 역할을 할 수 있다는 생각을 부정했다. '철학과 정치학의 거리', '상아탑과 동굴의 거리'라는 개념은 헤겔에게 낯설지 않다. 이는 소크라테스의 처형 이후 정치에 염증을 느낀 플라톤이 정치와 거리를 둔 뒤에 정치사상사 정전의 상당 부분이 그랬다. 그러나 마르크스는 그 전통을 의도적으로 개혁하고 심지어 전복하려고 했다. 청년 헤겔주의자 동료였던 포이어바흐에 관한 유명한 논문에서, 마르크스는 포이어바흐가 헤겔의 철학과 지적으로 대결했다는 점을 무척 자랑스러워했다. 그러나 이것으로 충분하지 않았다. '사상을 통해' 세계를 '이해'하기에 충분하지 않았기 때문이다. 마르크스가 간결하게 말했듯이, "철학자들은 지금까지 세계를 해석하기만 했다. (...) 그러나 문제는 세계를 '변혁'하는 것이다."[6] 정치와 철학의 거리를 좁혀야 한다고 생각했던 청년 마르크스는 헤겔이 『법철학』 서문에 쓴 문구에서 지지 기반을 발견

4. *PR*, preface, p. 12.
5. *PR*, preface, p. 13.
6. Karl Marx, *Theses on Feurbach*, no. 11, in The Marx-Engels Reader, ed. Robert C. Tucker (New York: Norton, 1978). p. 145.

했다. "이성적인 것이 현실적인 것이고, 현실적인 것이 곧 이성적인 것이다."[7] 즉 철학자들이 이상향을 찾으려면 동굴이나 역사를 피하지 말라는 뜻이다. 헤겔에게 현존하거나 실재하는 모든 것은 근본적인 방식으로 이미 이상향을 포함하고 있거나, 최소한 이상향을 가리키고 있다. 역사에서 실제로 존재한 국가를 연구하는 것은 '태생적으로 이성적인 무엇인가로서의 국가'를 연구하는 것이다.[8] 모든 국가 혹은 현실 국가의 모든 순간에 이성이 구현되는 것은 아니다. 그러나 헤겔을 연구하는 어느 학자가 말했듯이, 철학의 "임무는 그 안의 이성을 발견함으로써 그 자체로 기쁨을 찾는 데 있다. 이 세계에서 기쁨의 '춤을 출' 수 있는데, 어딘가에 있을 이상향을 건설할 때까지 '춤추기'를 미룰 필요는 없다."[9] 혹은 다른 식으로 요점을 말한다면, 셰익스피어는 맥베스가 아내의 죽음 소식을 듣고는, '소음과 광기로 가득 차 있으나 결국 아무 의미도 없구나. (...) 인생은 바보가 지껄이는 이야기'라며 삶을 나쁜 연극으로 비하했다.[10] 헤겔은 이와 대조적으로 이성은 역사를 가로지르며 스스로 자신을 명확히 드러낸다고 했다.

국가의 본질이 이성적이라는 생각은 이성의 우수성을 찬양하며 현 상태를 정당화하는 보수적·반동적 의미를 내포할 수 있다. 그러나 청년 마르크스에게도 그랬듯이 현실을 바꾸려고 기꺼이 행동하면 정치사상이 역사에서 실현될 수 있다고 믿을 때 이 개념은 심층적으로 혁명적인 중요성을 담는다.

7. *PR*, preface, p. 10.
8. *PR*, preface, p. 11.
9. *PR*, 역자노트 33, p. 303.
10. *Macbeth* 5.5.31-33.

국가 대 시민 사회

헤겔의 『법철학』 전체를 관통하는 중요한 테마 중 하나는 자유의 두 가지 상반된 개념에 차이가 있다는 점이다. 첫째는 개인에게 '특수한 것'을 자유롭게 한다. 즉 개인이 품는 욕망이나 포부를 자유롭게 표현할 수 있다. 이는 홉스, 로크, 밀이나 다른 자유주의자들 전통에서도 중심적인 문제다. 이런 욕망은 특별히 합리적이거나 가치 있어야 할 필요는 없다. '자유로운 사람'의 의미는 그가 변덕스럽거나, 엉뚱하거나, 제멋대로여도, 자신의 개성을 자유롭게 표현할 수 있다는 데 있다.

헤겔은 루소와 반대로 개인에게 치우친 자유가 보편적이라는 사고를 수용한다. 근대인은 스스로 달라질 수 없이 자신을 그 자체로 인식할 때만 자신을 자유로운 인간으로 이해할 수 있다는 것이다. 그러나 항상 그렇지는 않다. 헤겔은 인간이 자신을 전체의 일부로 파악할 때만 자유롭다고 느낀다는 점에서 그리스 문화를 '유기적'으로 이해한다. 그러나 폴리스 시대는 끝났다.

헤겔은 루소의 의견에 동의했다. 특수한 자아는 인간이 도달할 수 있는 가장 고귀하고 윤리적인 자아가 아니라, 인간이 품는 욕망이나 의견이 무엇이든 간에 이성의 힘으로 자신을 노예 상태에서 해방하고, 내면의 보편성을 불러냄으로써 획득할 자유가 있는 자아다.

악명 높은 헤겔의 글을 읽으며 겪는 어려움은 대부분 그가 '특수한' 자유와 '보편적' 자유, '주관적' 자유와 '객관적' 자유라는 어휘를 사용하는 복잡한 방식에서 비롯한다. 예를 들어 헤겔은 특수한 개인의 경우 자유는 '도덕적' 삶을 살게 할 수는 있어도 '윤리적' 삶을 지탱할 수는 없다는 난해한 주장을 펼친다. 그의 주장은 도덕적 삶이 개인의 양심과 옳은 행동에 대한 내면적 기준을 찾는 개인을 강조하는 한, 도덕과 개별성은 함께한다고 말하는 듯하다. 헤겔은 칸트가 도덕적 삶과 개인 자유 사이의 이런 연결을 잘 표현했다고 생각했다. 그러나 옳음의 원천은 인간이 개별적으로 정의하는 것이 아니라, 가치, 제도, 규범이 실제로 보편적이고 객관적으로 선한 공동체에서 살아갈 때만 찾을 수 있음을 이해할 때, 더 높은 '윤리적' 차원에 도달할 수 있다.

우리 목적을 위해서 일단 이 어려운 문제는 한쪽에 치워두자. 청년 마르크스와 관련해서 헤겔의 요점 중에서 접근하기 쉬운 부분은 근대 사회에서 시민 사회와 국가의 차이는 인류의 특수성과 보편성의 차이와 거의 일치한다는 것이다. 시민 사회 부르주아는 자신의 이익과 경제적 필요, 물질적 욕망 충족을 추구한다. 행동 규범은 자기만족이고, 이것은 유명한 홉스의 분석이자 자유주의 정치가 변화를 추구하지 않고 감독만 하는 '만인의 만인에 대한 투쟁'을 촉발한다. 헤겔은 시민 사회를 완전히 반대하지는 않았다. 그는 '인간이 서로 의지하며 일로 관련돼 있을 때' 제한된 사회성이 시장에서 발현될 수 있다고 생각했다. 이런 조건으로 "주관적 자아 추구는 모든 사람의 요구를 충족하는 데 이바지하게 된다."[11] 따라서 윤리적이고 보편적인 삶은 자기 이익을 추구하는 경제 행위자 사이에서 의도치 않게 혼란스러워질 수 있다. 그러나 이것은 타인에게 더 크게 헌신하기보다 자기 이익과 더 관련 있는, 제한된 사회성일 뿐이다.

타인에게 더 크게 헌신하려면 시민 사회에서 국가로, 사적 이익 영역에서 공통의 보편 이익 영역으로 옮겨가야 한다. 헤겔에게 국가는 독특한, 그리고 이상적인 '이성의 구현'이다. 국가는 사람들의 합리적 의지의 확고한 표현이고, 개인의 '진정한 정체성' 중심지다. 국가는 개인의 특수한 의지에 합

11. *PR* 199.

리적이고 보편적인 윤리적 합의를 부여함으로써 개인을 자유롭게 할 수 있다. 이것은 개인이 스스로 이룰 수 있는 윤리적 고무가 아니다. 사람들은 사실상 사회 규범이 이성을 발현하는 공동체에서 살아갈 때만 자신의 이익을 보편적 선으로 승격할 수 있다. 물론 모든 국가가 이성을 구현하지는 않는다. 국가는 "땅 위에 존재하며, 그렇기에 변덕, 변화, 오류의 영역에 있다."[12] 그러나 현실이 이성을 담는, 그런 역사의 방향이 존재하고 헤겔은 부상하는 프로이센에 보편적 세계 역사를 담는 국가로서, 최초로 개인에게 '진실하고 윤리적인' 정체성을 부여하는 매개 역할을 맡기지는 않았다.[13]

헤겔을 진지하게 읽은 독자라면 아무도 그가 독일에서 인민의 진정한 본질을 구현한다고 주장했던 나치의 살인적이고 인종주의적인 방식을 선호했다고 생각하지 않는다. 그러나 개인이 국가와 '동일시'된다고 주장하는 정치이론은 자유주의자들에게 위험하거나, 신비주의적이거나, 둘 다에 해당하는 것처럼 보인다.

마르크스는 특히 자유주의자들의 두려움에 잘 대응하지 못했지만, 그의 노트에서 헤겔이 국가를 말할 때 '오로라', '후광'이라는 단어를 썼음을 지적하고, 국가에 관한 헤겔의 글이 '신비주의적'이라고 비판했다. 이는 헤겔과 동시대 자유주의자들을 모두 비판한 것으로, 마르크스 자신이 세운 '경제'에 대한 '정치'의 윤리적 우위나 시민 사회에 대한 국가의 윤리적 우위에 대한 핵심 문제를 반영한 것이다.

12. *PR* 258, addition.
13. *PR* 258.

헤겔에 대한 마르크스의 비판

마르크스는 헤겔을 비판하면서 '헤겔적 국가'가 마치 공통적인 위상을 갖춘 나라인 척하는 가식을 폭로하는 데 집중했다. 마르크스는 개인이 국가를 통해 보편적 삶을 살 수 있다는 생각이 종교가 인간에게 신의 지위를 보여주는 것과 같은 방식으로 국가가 시민사회에 그 우월성을 주장하는 환상에 불과하다고 비판했다. 헤겔적 국가는 이상적이지만, 실제로는 신비의 영역에서 진행되는 공허한 추상화, '신비스러운 실체', '실천적이고 감각적인 활동'의 반영이나 소외에 지나지 않는다.[14] 현실에서 인간은 두 가지 존재로 나뉘는데, 하나는 시민 사회에 속한 인간이고, 다른 하나는 국가 국민으로서의 인간이다. 인간은 이 두 가지 삶에서 자신의 자유를 찾겠지만, 마르크스는 이런 분리가 단지 국가를 종교처럼 '다른 차원의 세계'로 만들고, '비실재적인 보편성을 주입'한다고 비판한다. 즉 "시민 사회와 비교했을 때 정치적 국가는 지상과 천상을 비교할 때 천상처럼 정신적이다. 시민 사회에 대한 반대에서도 같은 말을 할 수 있다. 그리고 종교가 세속적 세계의 편협함을 극복하는 것과 같은 방식으로 반박될 수 있다."[15]

마르크스와 청년 헤겔주의자 동지들에 따르면, 문제는 헤겔적 국가가 '전복된 실재'라는 점이다. 마르크스의 유명한 문구 중 다음과 같은 것이 있다. 헤겔에게 시민 사회와 국가의 관계는 "거꾸로 선 것이며, 미신의 껍데기 속에 있는 이성의 알맹이를 발견한다면, 분명히 다시 바로 서게 될 것이다."[16] 다시 말해 마르크스는 헤겔이 시민 사회의 이익 충돌에서 '보편적' 존재를

14. Karl Marx, *Contribution to the Critique of Hegel's Philosophy of Right*, in Tucker, *Marx-Engels Reader*, p. 18.
15. Karl Marx, *On the Jewish Question*, in Tucker, *Marx-Engels Reader*, p. 34.
16. Karl Marx, "Afterword to the Second German Edition" of *Capital* (1873), in Tucker, *Marx-Engels Reader*, p. 302.

파악하려고 사투했던 데는 대단한 통찰력이 있었음을 인정하지만, 진실은 헤겔의 전복된 개념 질서를 회복하는 내재적 비판을 통해서만 얻을 수 있다.

무엇이 문제인지 이해하려면 당시 독일 교수들의 형이상학 논쟁을 간략히 살펴볼 필요가 있다. 다소 복잡하게 말하면, 헤겔은 정신 – 인간 의식 – 을 통해 우리에게 보이는 대로, 그리고 알려진 대로 외부 세계가 구축된다고 가르쳤던 '관념론자'였다. 마르크스는 헤겔이 이런 철학적 관념론으로 인간 주체가 외부와 맺는 적합한 관계를 인간 자신의 경험, 재산, '속성'으로 대치했다고 판단했다. 예컨대, '제프는 생각한다.'라는 간단한 명제가 있다고 가정하자. 마르크스에게 '생각'은 명백히 독립적이거나 분리된 대상이 아니다. 그 생각은 제프와 같은 누군가에 의해 사유된다. 그러나 헤겔은 이 관계를 거꾸로 설정했다. 즉 생각하는 사람에게서 시작하지 않고, 마치 의지, 의식, 사고 같은 것이 실존하는 개인에게서 구현되는 상태 외부에 존재한다는 듯이, 헤겔은 사고와 의식을 '신비주의적 주관성'으로 이해했다.[17] 이것이 헤겔이 국가를 '자각하는 정신의 윤리적 실체'라고, 이상하게 말하는 이유다.[18] 그러나 국가는 인간처럼 의지나 사고나 의식을 갖춘 주체가 아니다. 마르크스는 이것을 '카메라 옵스큐라(camera obscura)'에 맺힌 이미지처럼 위아래가 전도된 상태로 세계를 보는 것 같다고 말했다. 일반적으로 사람들은 실제 세계가 존재하고, 그들이 이 세계에 대해 사고한다고 생각한다. 그러나 마르크스는 헤겔이 보건대 생각이 현실을 만들어내는 신적인 힘이 있다고 말한다.

헤겔 관점에서 인간 뇌의 생명 과정, 즉 헤겔이 독립적인 지위를 부여하고

17. *Contribution to the Critique of Hegel's Philosophy of Right*, p. 18.
18. 이 문구는 On the Jewish Question, p. 33에서 가져왔다.

'이념'이라는 이름으로 진행되는 사고의 과정은 실제 세계의 데미우르고스(demiurgos)이고, 실재하는 세계는 오직 '관념'의 외부적이고 현상적인 형태일 뿐이다. 하지만 이와 반대로 나는 이상이 인간 마음을 반영해서 사고 형태로 바뀐 물질세계일 뿐이라고 생각한다.[19]

이후에 간략하게 마르크스가 어떤 '유물론자'이고 어떤 유물론자가 아닌지 살펴볼 것이다. 그러나 먼저 철학자 슬로모 아비네리가 잘 분석한 두 가지 정치 사례와 함께 헤겔적 세계의 전도된 성격에 대한 마르크스의 지적을 살펴보자.

헤겔은 『법철학』에서 입헌군주제가 이상적인 정부 형태라고 주장했다. 이는 프로이센 국가가 채택한 방향과 달리 상당히 진보적인 개혁이었지만, 헤겔 시대에는 여전히 더 대의적인 정부를 세워야 한다고 주장하는 자유주의 개혁자들과 헤겔의 사이를 벌리는 불완전한 제안이었다. 마르크스는 군주정에 대한 헤겔의 이상한 옹호에 의문을 제기한다. 그 옹호의 핵심은 군주가 그의 '특수한 의지'에 기반해서 통치하거나 실제로 특수한 의지를 표현하지는 않아도, 어쨌든 사람들의 '보편성'과 '진정한 의지'를 표현한다는 데 있다.[20] 그래서 헤겔은 군주의 의지는 국가의 의지라고 말한다. 마르크스는 영리하게도 사람들처럼 국가에 '의지'가 있다고 말하는 이상한 주장을 다시 집중적으로 분석하고 뒤집는다. 마르크스가 지적했듯이 '19세기라는 역사적 맥락에서 군주의 의지는 결국, 국가가 무엇을 할지를 정한다.' 그러나 헤겔은 그런 역사적 사실을 전도된 형식으로 표현해서 '의지의 최종 결정은 군주제

19. Marx, "Afterword to the Second German Edition," p. 302.
20. *PR* 279.

에 있다.' 같은 아리송한 말이 나왔다.[21] 그러나 마르크스는 이해할 수 없었다. 헤겔을 읽는 유일하게 합당한 방법은 사람을 타인의 의지에 대한 종속에 매우 그럴싸한 합리화를 제공하는지 살펴보는 것이다.

똑같이 보수적인 두 번째 사례는 특정한 어떤 계급의 사람들 – 지주 계급에 대한 특별한 정치적 지위 부여를 옹호하는 헤겔의 논증이다. 헤겔은 토지에 얽힌 그들의 이해관계가 산업 계급의 이해관계보다 더 영구적이고 본질적이며, 덜 유동적이고 덜 비현실적이므로 그 지주계급이 입법부에서 상원을 구성해야 한다고 구체적으로 제안한다.[22] 이런 제안을 하면서, 헤겔은 독일의 근대화를 방해한 지주계급의 편에 서 있었다. 당시에 배링턴 무어의 독재와 민주주의 고전 수업이 보여주듯이, 독일에서 토지 귀족의 정치 지배는 헤겔이 예상한 대로 보편적 정치보다는 프로이센 국가의 군사적·민족주의적 정치를 낳았다.[23]

마르크스는 헤겔의 정치학에 다시금 이 '신비주의적' 속성이 있음을 정확하게 인식했다. 헤겔이 지주계급에 그 '계급'의 이익보다 '보편적' 이익이 있다고 생각하게 한 것은 무엇일까? 헤겔은 장자 상속의 관행을 통해 귀족의 재산이 장자에게 그대로 전해지게 보장한다는 점을 지적했다. 따라서 저당 잡혔거나 그럴 위험이 있는 부동산을 일반적인 시장 논리에 따라 재산으로 팔거나 이전할 수 없었다. 헤겔은 재산이 지주들에게 자의로 이전될 때 재산에 속한 특수한 이익의 다양한 집합과 반대로 이 제도가 그들에게 보편적

21. Shlomo Avineri, *The Social and Political Thought of Karl Marx* (Cambridge: Cambridge University Press, 1972), p. 15.에서 인용했다.
22. *PR* 313.
23. Barrinton Moore Jr., *Social Origins of Dictatorship and Democracy: Lord and Peasant in the Making of Modern World* (Boston: Beacon Press, 1993), pp. 34-38.

이고 윤리적인 내용을 부여했다고 주장했다. 지주 계급에 통용되는 장자 상속의 장점은 가정이 그 토지에 계속해서 함께 있게 한다는 데 있다. 토지를 그대로 보존함으로써 부르주아 사회에서는 무너진 가족적 삶에 대한 윤리적 가치를 유지할 수 있다. 그러나 마르크스는 더 고귀하고 더 보편적인 윤리를 귀족성과 동일시하는 것은 거짓된 주장이라고 공박했다. 헤겔은 아비네리가 말하는 소위 '한 사람이 장자로 태어났다는 우연한 사실'을 받아들여 이 우연을 정치적 지위에 대한 도덕적 요청으로 승격한다.[24] 마르크스는 장자가 일반인과 다른 그만의 특정한 관점에서 세계를 바라보는 것이 당연하다고 생각했다. 그리고 그는 장자 상속 제도가 장자에게 특권을 줌으로써 장자를 가족과 분리하기보다는 가족 관계를 공고히 유지한다는 주장을 반박했다.

자유주의에 대한 마르크스의 비판

마르크스가 프로이센 사회에서 지배적이었던 특정 계급의 방패막을 밝혀냄으로써 헤겔 정치학의 거짓된 보편성이 옳지 않았음을 드러낸 것만으로도 이미 상당한 성과를 일궈냈다. 그러나 마르크스의 천재성은 헤겔의 문제가 자유주의 정치의 문제이기도 하다는 사실도 역시 알아냈다. 헤겔에게는 시민 사회와 국가 사이, 그리고 경제 영역에서 개인이 살아가는 특정한 삶과 국가의 시민으로서 운영하는 보편적 삶 사이의 이원성이 있었다. 그러나 동일한 이원성은 근대 자유주의 사회의 특징이기도 하다. 예컨대, 프랑스 대혁명의 선언문 제목 '인간과 시민의 권리 선언'에서 표현된 특징을 생각해보자 (마르크스는 미국의 연방 헌법과 다양한 주 헌법을 훨씬 더 완벽한 형태로 같은 이론을 제

24. Avineri, *Social and Political Thought of Karl Marx*, p. 31.

시했다고 판단했다). 시민으로서 개인은 그가 시민 사회에서 어떤 사람인지와 상관없이, 예를 들어 그가 프로테스탄트이든, 가톨릭이든, 유대인이든, 혹은 재산이 있든 없든 똑같이 정치적 권리를 누린다. 예컨대, 완전히 자유주의가 실현된 국가에서는 투표하는 데 필요한 종교적·경제적 자격이 따로 없다. 자유주의적 헌법 국가는 반드시 세속적이어야 하고, 국가가 종교를 공식적으로 지정하지 않는다는 제한적 논리에 따라 무신론적이라고 말할 수 있다. 이것은 재산과 마찬가지인데, 왜냐면 국가는 시민 사회에 팽배한 불평등과 상관없이 각각의 시민을 동등하게 다루기 때문이다.

마르크스는 프로이센 국가와 비교하면서 자유주의 국가가 인간 자유에 '거대한 진전'을 불러왔다고 평가한다.[25] 영리하기도 하고 괴팍하기도 한 그의 저술 『유대인 문제에 관하여』에서 마르크스는 독일이 국가와 교회를 분리함으로써 '유대인 문제'를 해결할 헌정 질서를 발전시키지 않았다고 비난했다. 자유주의는 명백히 헤겔의 영향을 받은 마르크스가 '정치적 해방'이라고 부른 불완전한 해방만을 이뤘다. 정치적 해방은 진정한 해방, 혹은 '인간 해방'과 구별된다. 정치적 해방으로 국가는 종교와 재산의 영향으로부터 자유롭지만, 시민 사회에서 실제 삶을 살아가는 사람들은 그렇지 않다. 사람들의 삶에서 종교는 여전히 중요하고, 헌법으로 국교를 금지한 이면에는 사적 영역에서 '자유로운 종교 활동'의 보호가 있다. 마르크스는 미국에서 국가와 종교를 분리했기에 종교가 번창할 수 있었다는 점을 날카로운 통찰력으로 지적한다.[26]

사유재산에 관해서도 똑같이 말할 수 있다. 공식적으로 국가는 투표할

25. *On the Jewish Question*, p. 35.
26. *On the Jewish Question*, p. 31.

자격과 재산 소유 수준을 완벽하게 분리하지만, 현실적인 시민 사회에서는 재산 소유가 계속해서 관련 있다. 자유주의 규범은 개인이 '인간적으로' 해방되지 못한 힘으로부터 시민 사회 개인을 '정치적으로 해방'한다.

> 완전히 성장한 정치 국가의 시민은 사고나 의식에서만이 아니라, '현실'에서, '삶'에서 이중적으로-천상계와 지상계- 존재한다. 자신을 '공동체적 존재'로 여기면서 '정치 공동체'에서 살기도 하고, '시민 사회'에서 단순히 '사적 개인'으로서 행동하기도 하며, 타인을 수단으로 여기며 자신 역시 단순한 수단으로 전락하고 외부 권력의 노리개가 되기도 한다.[27]

초기 마르크스의 글에는 마르크스의 초기 정치사상이 담겼다. 헤겔 패러다임에서 작업하면서, 마르크스는 자유주의가 (시민 사회에서) 실제 삶을 살아가는 사람들을 '만인의 만인에 대한 투쟁'에, 유대인 대 프로테스탄트 대 가톨릭, 부자 대 빈자 같은 투쟁에 동원했다고 비판했다. 자유주의는 마르크스가 '유적 존재(類的 存在)'라고 부르는 인간 내부의 보편적 존재를 이야기하지 않는다. 즉 그 보편성은 다른 동물과 달리 인간이 서로 닮았음을 인식한다는 뜻이다. 헤겔은 유적 존재에 대해 논했으나 그 논의에서 오직 이를 실제 사회 존재와 분리해서 국가에 이상적으로 안치했을 뿐이다. 자유주의나 헤겔주의와 달리 마르크스는 진보 정치를 위해 착수한 작업은 일상을 살아가는 '시민 사회' 개인이 국가의 시민권이 제시하는 보편성을 표현할 자유를 줌으로써 사회적 존재성과 특수한 이해관계 사이의 틈을 메꾸게 하는 일이었다.

27. *On the Jewish Question*, p. 34.

불행하게도, 『유대인 문제에 관하여』는 반유대주의 정책을 지지하지는 않더라도 영합으로 귀결된다. 공정하게 말하자면, 마르크스는 '모든' 종교적 차별을 그가 발생하기를 바라는 유적 의식에 대한 방해라며 공격했다. 이런 의미에서 그는 인간이 전반적으로 종교로부터 자유로워야 한다며 유대교와 기독교의 폐기를 요청했다. 그러나 마르크스는 유대교를 지목하며 '만인의 만인에 대한 투쟁'이라는 문제의 핵심에 있는 '상인'의 영혼과 동일시했다. 그는 정치적이고 인간적인 해방, 그리고 특히 유대교식 해방의 방법이 돈의 획득에 있다고 했다. 기독교가 서구 사회를 전반적으로 지배했으나 돈에 대한 유대인의 애정은 '기독교 국가의 실천 정신'이 됐고, 이 맥락에서 "기독교인들은 유대인이 됐다."[28] 마르크스는 이 같은 '이스라엘의 질투가 심한 신으로서의 돈'을 통한 '유대교의 효율적인 기독교 세계 지배'를 고려해서 인간 해방이 '사회가 유대교로부터 해방'돼야 실현된다고 결론지었다.[29] 홀로코스트는 독일이 유대교의 치명적인 영향을 극복함으로써 '유대인 문제'를 해결해야 한다는 섬뜩한 주장을 제기했다.

유물론 대 관념론

마르크스는 헤겔주의 관념론을 '사기'라며 거부하면서 조악한 유물론에 빠지지 않는다. 내가 '조악한 유물론'이라고 부르며 의미하는 바는 다음과 같다.

1 물질세계는 인간의 사고, 창조성과 완전히 분리됐고, 영원하고 비역사적이다.

28. *On the Jewish Question*, p. 49.
29. *On the Jewish Question*, pp. 49, 50, 52.

2 인간은 다른 유기체적 존재들과 마찬가지로 물리적 욕구에서 도출된 분명하고도 정적 본성을 갖췄다.
3 인간의 의식, 사상, 종교, 문화, 정치를 단순히 상황의 산물로 본다.

역사에서 물질적 요소가 주요 동력이고, 인간의 사고는 본성과 외부 환경의 힘을 반영할 뿐이다. 사람들은 마르크스가 환원주의적 관점으로 정치에 접근한 방법과 관련해서 노력을 기울이겠지만, 마르크스가 『독일 이데올로기』에서 청년 헤겔주의자 동지였던 포이어바흐의 유물론과 그의 관점을 구분하기 위해 들었던 간단한 사례를 먼저 살펴보기로 하자. 포이어바흐는 사물의 '진정한 본질'에 관해 말했고, 우리 주변의 '감각 세계'를 마치 '영원 속에서 곧바로 탄생하여 변함없이 남아 있는 것'처럼 묘사했다. 마르크스는 이런 관점을 반박하고자 체리 나무를 사례로 든다. 인간은 체리 나무가 얼마나 자연적인지와 상관없이 역사적 조건이 뒷받침하는 상황에서만 체리 나무와 교류한다.

심지어 가장 간소하게 '감각적으로 확실한' 물질조차도 사회 발전, 산업과 상업의 교류를 통해서만 [인간에게] 전해진다. 잘 알려있듯이 체리 나무는 거의 모든 과일나무와 마찬가지로, 여러 세기 전 '상업'으로 우리 지역에 옮겨 심어졌을 뿐이고, 따라서 특정한 시대, 특정한 사회라는 바로 이 작동 요소에 '의해' 체리 나무는 '감각적 확실성'이 됐다.[30]

30. Karl Marx, *The German Ideology, in* Tucker, *Marx-Engels Reader*, p. 170.

그러므로 자연은 인간 외부, 혹은 인간 너머에 존재하지 않는다. 역사적으로 어느 특정한 시대에서나 이는 당시 인간의 '감각적 행동'에 따른 것이다. 어느 시대 로마 외곽에는 목장과 늪이 있었다. 또 다른 시대에는 포도원과 별장이 남았다.[31]

사실상 유물론자들이 말하듯이 사고하거나 다른 어떤 행동을 하기 전의 인간, 즉 수렵 채취해서 식량을 먹던 인간에서부터 시작해야 한다. 그러나 인간과 동물의 주요한 차이는 인간이 자연 환경에서 일하고 이런 욕구를 충족할 수단을 만들어낸다는 사실이다. 다시 말해 인간은 물질적 삶 자체를 만들어내게 됐다. 그리고 자연 세계가 인간의 욕구를 충족하도록 재창조하는 과정에서, 인간은 자신을 다음과 같이 만들었다. "일차적 욕구의 충족(충족의 행동, 우리가 충족을 달성했던 수단)은 새로운 욕구를 만들었다. 그리고 새로운 욕구의 창출은 최초의 역사적 행동이었다."[32] 인간의 '역사적' 본성과 관련해서 자주 언급되는 구절에 대해 마르크스가 의도했던 바가 바로 이것이다. 인간이 누구이고, 무엇을 필요로 하는지는 생물학만을 공부해서는 발견할 수 없다. 인간 본성은 동적이고 물질세계와 노동의 상호 작용을 통해 발전한다. 역사 분석의 출발점은 '[인간이] 살아가는 물질적 조건'이어야 한다고 주장했다는 점에서 마르크스는 유물론자다.[33]

그러나 그의 제안은 유물론과 관념론의 일반적인 긴장을 중재한다. 왜냐면 마르크스에게 이런 물질 조건은 인간의 마음과 행동을 넘어서는 객관적인 것이 아니라 대부분 인간 행동에 따라 '형성되기' 때문이다.

31. *German Ideology*, p. 170-171.
32. *German Ideology*, p. 156.
33. *German Ideology*, p. 149.

생산수단이 역사를 움직이고 인간관계를 형성하는 중요한 수단이며, 생산수단의 변화가 법, 예술, 종교, 철학에서 그런 관계의 '반복'을 추동한다는 주장이 마르크스주의의 핵심 이론이라는 의견은 이런 배경에 반한다. 마르크스주의 주장을 단순히 경제적 혹은 기술적 결정론으로 읽는 경우가 흔하다. 이런 해석은 생산력이나 생산수단이 인간 본성 외부에 있는 객관적인 것이 아니라 인간 행동으로 형성된다는 마르크스의 주장을 간과한다. 아비네리는 마르크스의 요점을 설명할 때 나이아가라 폭포를 예로 든다. 나이아가라 폭포는 의심의 여지 없이 인간 사고에 선제하고, 자연에서 운동하는 물의 실체로 존재한다. 그러나 자연적 특성 자체만으로는 생산수단이 되지 않는다. 반드시 그런 관점으로 봐야 하고 목적에 따라 작동돼야 한다. 따라서 사상에 대한 마르크스의 유명한 글은 단지 '상부구조'일 뿐이고, 하부의 물질적 환경에서 파생된 것은 사상과 물질의 맹목적인 대조를 주장하는 것이 아니라, '활동의 구체적 형태에 대한 도덕적 정당화, 합리화, 이유를 풍부하게 하는 인간 의식, 그리고 인간 삶의 창조와 보존을 겨냥한 의식적인 인간의 행동' 사이의 변증법을 세우는 것으로, 아비네리는 결론지었다.[34]

마르크스가 순수한 유물론에 반대한 이유 중 하나는, 인간이 반드시 '거기 있는' 물질 조건이 달라지기를 기다려야 한다는, 유물론의 수동적인 정치적 의미를 잘 알고 있었다는 것이다. 마르크스는 어떤 글에서 자신이 '정적주의'라고 부른 것을 '사변적 유물론'이라고 설명했다. 혹은, 간단하게 포이어바흐에 대한 그의 세 번째 글에 다음과 같이 말했다. "인간이 환경과 양육의 산물이고, 따라서 달라진 사람은 달라진 환경과 양육의 결과라고 말하는

34. Avineri, *Social and Political Thought of Karl Marx*, p. 76.

유물론자들의 교리는 환경을 바꾸는 것이 사람이라는 사실을 간과한다."[35]

이데올로기로서 정치이론

마르크스는 사상 개념을 '이데올로기'라고 함으로써 정치이론의 오랜 전통에 도전장을 던졌다. 아리스토텔레스는 육체노동의 삶과 사고의 삶 사이의 먼 거리가 있다고 보았다. 육체노동은 삶에서 필수적인 것은 아니다. 여가는 인간이 자유롭게 사고할 수 있게 한다. 따라서 아리스토텔레스의 폴리스는 경제 조직이 아니다. 사적 개인이 홀로 혹은 가족 내에서 혹은 경제 활동으로는 경험할 수 없는, 독자적인 '정치적' 개념으로서의 선 위에 존재하는 조직이다. 공동선에 대한 책임을 공유하고 공존할 수 있는 인간의 능력을 바탕으로, 아리스토텔레스는 인간이 단지 개미나 벌 같은 '사회적' 동물이 아니라 함께 모여 사회적·경제적 삶에서 누리는 물질적 선과는 질적으로 다르고 더 수준 높은 도덕적 선을 창출하는 '정치적' 동물이라고 주장했다.

아리스토텔레스 이후 정치이론은 수많은 변화를 겪었으나, 정치가 가정에서, 시장에서, 사회에서 인간이 살아가는 제한적 삶으로부터 그들을 승격한다는 관점은 노동에 대한 멸시와 함께 지속되었다. 아리스토텔레스는 폴리스에 노예와 노동자가 필요하기는 하나, 온전한 시민권을 누리기에는 자격이 부족하다고 생각했다. 이와 마찬가지로, 플라톤은 가족이나 사적인 경제적 삶과는 아무런 관련이 없는 수호자들에게 정치 규칙을 귀속시켰다. 심지어 칸트도 임금만을 목적으로 한 노동은 시민권을 유지할 자격을 박탈한다고 했다. 왜냐면 그런 고용은 노동자를 타인의 의지에 종속시키기 때문

35. Karl Marx, *These on Feuerbach*, no. 3, p. 144.

이다. 루소는 시민 사회에 속한 모든 사람의 의지와 공적 행동으로만 표출될 수 있는 진정한 일반 의지를 구분했다. 홉스는 우리가 시민 사회에서 만인의 만인에 대한 투쟁을 끝낼 수 없기에 절대적 주권자가 평화를 유지해야 한다고 했다. 헤겔은 사업가와 달리 관료는 계급의 이해관계가 아니라 '보편성'을 갖추고 있음을 보장하고, 국가를 위해 일하는 관료에게 행정 권력을 위임했다.

한편으로 정치가 트라시마코스와 함께 끌어낸 '코먼웰스' 혹은 '공화국'이 있고, 다른 한편으로 자기 위주로 욕망하는 사적 개인이 있는 오랜 대립적 전통과 달리, 마르크스는 일반 의지가 시민 사회 자체의 장에서 나온다고 주장했다. 내가 이 책에서 설명한 바와 같이 마르크스를 정치철학 전통의 주변으로 밀어낸 결정적인 이유는 그가 보편 의지를 일상의 노동 활동에 뒀다는 점이었다.

정치이론에 대한 자체 반박을 인식하자, 그는 두 가지 문제에 직면했다.

첫째는 독자적인 '정치적' 혹은 '공적' 공간으로서의 국가가 반드시 사라져야 하고, 국가의 보편적 염원이 시민 사회를 살아가는 사람들의 현실적 삶으로 다시 흡수돼야 한다는 것이다. 보편성을 구현하는 국가는 마르크스에게 미신일 뿐이다. 그것은 뒤에서 계급의 이해관계가 끊임없이 작동하는 이데올로기의 가림막일 뿐이다. 계급투쟁을 끝내야만, 인간 본성에 포함된 보편성이 해방돼 인간이 실제로 살아가는 하나뿐이고 유일한 삶, 즉 시민 사회에서 살아가는 자신을 자유롭게 표현할 수 있다.

둘째는 정치이론의 대규모화다. 그 임무는 자신을 깨달음으로써 스스로 철폐하는 것이다. 그는 '현실이 묘사될 때 지식의 독립된 분과로서 철학

은 존재의 매개를 상실한다'고 썼다.[36]

정치에 대한 사회의 우위

먼저, 마르크스가 '정치적'이라는 범주를 해체한 방법을 살펴보자. 지금까지 나는 마르크스가 인간 의식은 선재하는 물질적 힘의 결과에 따라 이미 결정돼 있다는 조악한 결정론자가 아님을 보여주려고 했다. 그러나 마르크스는 인간의 마음이 아리스토텔레스가 자유롭지 않다고 비판한 노동의 물질적 환경과 상호 작용하며 발전한다고 봤다. 역사에서 창조적이고 혁명적인 힘은 도구적 인간(homo faber : 도구를 제작하고 사용할 줄 아는 인간- 역자)이고, 인간은 결국 노동의 힘을 통해 스스로 자유롭게 물질세계를 바꿀 수 있다.

노동 작업이 인간이 주변 환경에서 창조적으로 행동하는 원초적 힘이라는 사실을 깨닫는 것은 곧 '정치적인 것'과 '사회적인 것'의 전통적인 구분이 틀렸음을 인식하는 데 있다. "사회 구조와 국가는 특정 인간 삶의 과정에서 계속해서 진화한다. 그러나 개인은 자신이나 타인의 상상에서 나타나는 인간이 아니라, 실제로 존재하는 바로 그 자체다. 즉 그가 활동하고, 물질적으로 생산하고, 그를 통해 자신의 의지와 상관없는 특정한 물질적 제한을 받으며 일할 때 그는 실제로 존재하는 그 자체다."[37]

정치철학의 오류는 '사람이 말하고, 상상하고, 인지하는 것'에 대한 정치적 분석을 좌초시켰다는 데 있다. 그러나 마르크스는 이런 국가 개념은 사유자가 아니라 노동자로서의 행동으로 사상의 윤곽이 구체적으로 형성되는 방식에 대한 '반복', '환상' 혹은 '승화'일 뿐이라고 주장했다.

36. *German Ideology*, p. 155.
37. *German Ideology*, p. 154.

사상의 생산은 처음에 물질적 활동과 인간의 물질적 교류, 즉 실제 삶의 언어와 직접 얽혀 있다. 인지하는 것, 생각하는 것, 그리고 인간의 정신적 교류는 물질적 행위의 직접적인 발산으로 이 단계에 나타난다. 같은 것이 정신적 생산에서도 적용되는데, 이때는 정치, 법, 도덕, 종교 언어로 표현된다.[38]

국가의 '약화' 혹은 폐지

마르크스는 『존재하는 모든 것에 대한 무자비한 비판』에서 '이성은 언제나 존재했지만, 언제나 이성적인 형태로 존재하지는 않았다'고 비아냥거리듯 말했다. 그 한 가지 예는 정치 국가다. 좋은 국가는 '이성의 요청을 수용한다.' 그러나 '국가는 어디서든지 국가의 이상적 임무와 현실의 전제조건 사이의 모순을 마주하게 된다.' 국가는 '공공의 일(rei publicae)의 하위 종류'로 – 즉 공적인 것으로 – 나타난다. 그러나 현실에서 국가는 오직 '사유재산 규칙'을 '정치적'으로 표현할 뿐이다.[39]

그는 『철학의 빈곤』에서 이와 유사하게 '시민 사회에서 정치권력은 적대감의 정확한 공식적인 표현이다'라고 썼다.[40] 정치권력은 계급의 이해관계를 초월하기보다 이를 반영하며, 그래서 "일반적으로 정치권력이라고 부르는 것은 다른 계급을 억압하는 한 계급의 조직력일 뿐이다."[41] 자본주의 사회에서 국가는 "전체 부르주아 공통의 문제를 관리하는 위원회에 불과하다."[42]

정치철학자가 국가의 편파성과 계급의 편향에 대한 해결책으로 다른

38. Ibid.
39. Karl Marx, For a Ruthless Criticism of Everything Existing, in Tucker, *Marx-Engels Reader*, p. 14.
40. Karl Marx, *The Poverty of Philosophy*, in Tucker, *Marx-Engels Reader*, p. 219.
41. Karl Marx, The Communist Manifesto, in Tucker, *Marx-Engels Reader*, p. 490.
42. *Communist Manifesto*, p. 475.

이상적인 공화국이나 새로운 사회계약 혹은 더 큰 리바이어던을 제안하지는 않을 것이다. 해결책은 정치권력이 보편성을 말할 수 있다는 유토피아적 열망을 완전히 포기하는 것이어야 한다. 마르크스는 다음과 같이 적는다. "자유는 국가를 사회에 덧씌워진 유기체에서 사회에 완전히 종속된 유기체로 변환하는 데 있다."[43]

시민 사회의 긴장과 계급투쟁 '내부'에서 어떻게 자유가 태어날까? 국가는 계급투쟁을 관리하고자 존재하므로 그 투쟁의 종료는 국가의 '약화' 혹은 소멸일 것이다. 프리드리히 엥겔스와 함께, 1851년 마르크스가 이 점을 지적했다. "국가 소멸은 공산주의자들에게만 의미가 있다. 국가 소멸은 다른 계급을 억압하기 위해 조직력이 필요한 계급 폐지에 따른 필연적 결과다."[44]

국가 소멸에 관한 고전 마르크스주의 이론은 사실상 엥겔스에서 비롯된다. "프롤레타리아는 국가 권력을 손에 넣으면 생산수단을 국가 재산으로 즉시 환수할 것이다. 그러나 그럼으로써 프롤레타리아는 프롤레타리아로서의 자신을 없애고 모든 계급 차별과 적대감을 없애고 국가를 없앨 것이다."[45]

그러나 국가는 하루아침에 사라지지 않는다. 혁명 이후 사회의 첫 단계에서, 사유재산은 국영화됨으로써만 '보편화'된다. 이것은 꼭 필요한 절차이지만, 마르크스는 이런 신흥 사회를 '조악한' 혹은 '저속한' 공산주의라고 했다. 이제 국가는 유일한 재산 소유자인데도, 오로지 '보편적 자본주의자'처럼 기능한다. 임금 노동을 폐지하기는커녕, 조악한 공산주의 평등주의적 성

43. Karl Marx, Critique of the Gotha Program, in Tucker, *Marx-Engels Reader*, p. 537.
44. Richard Adamiak, "The 'Withering Away' of the State: A Reconsideration," *Journal of Politics* 32, no. 1 (February 1978): 7-8.
45. Friedrich Engels, *Anti-Dühring, quoted in Adamiak,* "The 'Withering Away' of the State", p. 15.

과는 모든 사람을 임금 노동자로 전락시킬 뿐이었다.[46] 마르크스는 그의 유명한 수사적 표현에서 여성에 대한 성매매 행태와 노동자에 대한 조악한 공산주의의 행태를 비교한다.

그는 이런 상황에서 '국가 소멸이 아직 완전하지 않'고 공산주의가 '정치적 본성'인 과도기를 상상한다. 국가는 '프롤레타리아의 혁명적 독재국가 말고는 아무것도 아닌 것'이 된다.[47] 계급은 아직 폐지되지 않았기에 강제적 의미에서 정치는 아직 필요한 것으로 남고, "프롤레타리아는 그들의 정치적 패권을 부르주아로부터 모든 자본을 빼앗는 데 사용할 것이다."[48]

러시아 무정부주의자인 미하일 바쿠닌은 마르크스에게 권위주의적인 성향이 있다고 비난하고자 '프롤레타리아 독재' 같은 표현을 물고 늘어졌다. 바쿠닌은 모든 국가가, 심지어 '인민의 정부도 반드시 지배를 의미한다고' 했다. 그의 무정부주의적인 대안은 즉각 정부를 무너뜨림으로써 혁명을 달성하는 것이었다. 마르크스는 바쿠닌이 사회 혁명이 단지 '의지적으로' 존재할 수 있다고 잘못 생각한다고 비난했다. 혁명 후에도 프롤레타리아가 부르주아와의 투쟁을 계속하도록 경제 조건이 허락한다면, 프롤레타리아는 적을 무너뜨릴 혁명을 강화하기 위해 반드시 정치적으로 조직화하고 '권력'의 수단, 즉 '정부적 수단'을 사용해야 할 것이다.[49]

그러나 사회주의 사회가 정치를 넘어 진화할 수 있다는 것은 마르크스의 기대일 뿐이었다. 이전의 모든 사회 혁명은 한 계급이 다른 계급에 대해

46. Karl Marx, *Economic and Philosophic Manuscripts of 1844*, in Tucker, *Marx-Engels Reader*, p. 83.
47. *Critique of the Gotha Program*, p. 538.
48. *Communist Manifesto*, p. 490.
49. Karl Marx, "After the Revolution: Marx Debates Bakunin," in Tucker, *Marx-Engels Reader*, p. 543.

'우위'를 차지하려는 편향적 혁명이었다.[50] 반면에 프롤레타리아는 모든 사람을 자유롭게 하지 않고는 스스로 자유로워질 수 없다. 프롤레타리아는 '노예 상태의 최종 형태'를 보여주고, 자신이 스스로 저지른 비인간화가 결국 모든 사람의 비인간화라는 사실을 인식하게 된다.[51] 마르크스의 글에서 '노동계급을 해방할 조건은 모든 계급의 철폐'이기에 프롤레타리아는 '보편 계급'이다.[52] 프롤레타리아의 눈앞에 놓인 목표는 그들의 생활 조건을 파괴하는 데 있지만, "이것은 그들의 상황에 집중된 동시대적 사회의 '모든' 비인간적 생활 조건을 파괴하지 않으면 이뤄질 수 없다. 가혹하지만 견고해지는 '노동' 학파를 거치는 것은 쓸모없는 일이 아니다."[53]

프롤레타리아는 계급사상 자체에서 사회를 자유롭게 하지 않는 한 스스로 자유로워질 수 없다는 바로 그 이유로 프롤레타리아의 승리는 곧 정치에 대한 필요의 종식을 의미했다. 마르크스가 언급한 바에 따르면, 낡은 사회가 몰락하면 "새로운 계급 지배는 사라지고 정치권력도 사라질 것이다."[54]

---

50. *Communist Manifesto*, p. 482.

51. Karl Marx, *The Grundrisse*, in Tucker, *Marx-Engels Reader*, p. 291; Marx, *The Holy Family*, in Tucker, *Marx-Engels Reader*, p. 134.

52. *Poverty of Philosophy*, p. 218. 또한, *Contribution to the Critique of Hegel's Philosophy of Right*, p. 64를 보라. "계급은 급진적인 연쇄를 갖는 것으로 형성돼야 한다. 즉 시민 사회에서의 계급은 시민 사회의 계급이 아니고 모든 계급을 분해하는 계급이고, 사회의 범위는 그 고통이 보편적이기 때문에 보편적인 특성이 있으며, 특정한 잘못이 아니라 일반적인 잘못이기 때문에 특정한 보상을 요구하지 않는다. 전통적인 지위가 아니라 인간의 지위를 주장하는 사회의 영역이 형성돼야 한다. 이것이 프롤레타리아다."

53. *The Holy Family*, p. 134.

54. *Poverty of Philosophy*, pp. 218-219.

새로운 사회

국가에 대한 '긍정적 초월'을 이룬 사회주의자들의 사회적 삶은 어떤 것일까? 마르크스에게 그 해답은 노동 조건의 변화에 있었다. 사회주의자 사회에서 노동은 '삶의 수단'이 아니라 '삶의 주요 욕구'가 될 가능성이다.[55]

노동이 목적이 아니라 단지 수단일 때, 노동자는 노동으로 소비된 시간을 부자유한 시간으로 경험한다. 이 시간은 자아는 물론이고 다른 사람으로부터도 소외되는 시간이다. 노동은 질투, 경쟁, 적대와 관련 있다. 그러나 노동 일수를 축소할 뿐 아니라 노동하는 활동을 인간성의 즐거운 표현과 다시 연계하기 위해, 사회주의 사회는 자본주의가 촉발한 막대한 부- 창조의 생산성 바탕 위에서도 이뤄질 수 있다.[56]

이런 즐거운 가능성을 실현하고자, 노동은 마르크스가 '소외'라고 부른 현상에서 자유로워져야 한다. 마치 모든 노동이 고역처럼 보일 수도 있겠지만, 마르크스는 자본주의가 세 가지 방식으로 노동자를 '소외'하는 특정한 노동 조직에 의지한다고 생각했다.

첫째, 노동자는 자기 노동의 산물로부터 소외된다. 노동자는 그가 생산하는 물건을 살 수 없다. 둘째, 노동자는 자신으로부터도 소외돼, 자신을 인간이 아니라 물건으로 다루는 방식으로 착취당한다. 셋째, 개인은 동료 노동자와 자신의 사회적 또는 '유적 존재'로부터 소외된다. 인간성을 실현하는 일이 아니라 자본주의 조건에서 홉스가 말했던 만인에 대한 만인의 잔인한 투쟁을 영구히 계속한다.[57]

55. *Critique of The Gotha Program*, p. 531.
56. *Economic and Philosophic Manuscripts*, p. 84.
57. *Economic and Philosophic Manuscripts*, pp. 70-75.

소외를 종식하는 열쇠는 '인간이 노동 분업에 노예로 종속되는 상황을 끝내는 것'으로, (그의 존재 중 한 가지 부분만을 표현할 수 있는) 각각의 노동자 내면과 노동자 사이에서 안티테제를 설정하는 것이다.[58] 마르크스는 근대 산업 경제가 어떻게 노동 분업을 철폐하거나 최소화할 수 있는지 언급하지 않았지만, 그는 국가가 사라진 사회주의자들의 사회에서 노동 선택의 반권위주의적 본성을 묘사했다. 현재 조건에서 개인은 한 가지 일을 하도록 분업화된 노동으로 구분된다. 사람들은 '사냥꾼, 어부, 양치기, 비평가'이지만, 한 직업에서 다른 직업으로 옮겨가면 생계 수단을 상실한다. 그러나 사회주의는 "내가 오늘은 이 일을 하고, 내일은 저 일을 하고, 아침에는 사냥하고, 오후에는 낚시하며, 해지고 나서는 소를 치고, 저녁을 먹은 뒤에는 비평을 할 수 있게 한다. 그저 내가 원하는 대로, 내가 사냥꾼이나 어부나 양치기나 비평가가 되지 않고도 그럴 수 있다."[59] 여기에 '노동'이라는 활동에서 비롯한 보편성에 대한 마르크스의 특징적인 기술이 있다. 노동이 인간의 사회성을 표현할 때 이미 사라진 계급투쟁을 관리하고자 조직된 국가 또한 사라질 것이다. 그리고 국가가 사라질 때, 신의 소멸처럼 국가 소멸은, 인간성이 일상생활의 실천적 활동에서 유적 존재를 경험하게 할 것이다.

정치철학의 폐지 혹은 실현

국가만이 아니라 정치철학도 사라져야 한다. 앞서 설명했듯이, 마르크스는 꽤 자의식적으로 정치사상의 전통을 종식한다.

나는 이 점을 과장하고 싶지는 않다. 마르크스는 혁명 이전에 '시대적

58. *Critique of the Gotha Program*, p. 531.

59. *German Ideology*, p. 160.

임무는 시대의 투쟁과 욕망의 의미를 명확히 하는 것'이라는 점을 잘 알고 있었다. 함께 투쟁하고, '무엇을 위해 투쟁하는지, 싫든 좋든 의식은 세계가 '반드시' 그것을 쟁취해야 한다는 의식을 보여주는' 사람들이 존재한다.[60] 그렇기에 마르크스는 그의 신조를 '도그마를 통한 의식 개혁이 아니라, 종교나 정치의 형태로 나타나 자신에게도 명확하지 않은 신비주의 의식의 분석을 통해 실현되는 의식 개혁'이라고 했다.[61] 이런 경향의 정치철학은 단지 '이데올로기적'일 필요는 없다. 이는 정치철학이 현 상태와 지배 계급의 합리화를 제공하는 학문으로 환원될 필요가 없음을 의미한다. 마르크스는 심지어 한 걸음 더 나아가 다음과 같이 강조한다. '자신을 전체 역사의 진전을 이론적으로 이해하는 수준으로 끌어올린 몇몇 부르주아 관념론자'는 이념의 힘으로 '계급투쟁이 결단의 시간에 가까워질 때' 프롤레타리아로 전향할 것이다.[62]

그러나 마르크스는 박사학위 논문에서 그가 처음 제시한 철학적 관점을 벗어나지 않는다. 그는 철학과 '세계의 관계는 성찰의 관계와 같다'라고 썼다.[63] 만약 정치이론에 목적이 있다면, 그 목적은 자기비판이다. 그리고 역사적으로 정치이론을 수단으로 이용한 사례들을 폭로함으로써 철학자들이 오랜 기간 포장해왔던 시민 사회에 대한 추악한 진실을 파헤치는 것이다.

마르크스는 철학과 정치가 상호 관계를 맺는다고 주장했다. 한편으로, 현상에 대한 적절한 철학적 이해는 그것을 변화시키는 선제조건이다. 다른 한편으로, 마침내 철학을 실현해서 세계를 변화시킴으로써 철학을 폐기한다. 이론을 실현한다는 관점에서 이론이 사라지는 것이다. 이는 내가 앞서 인

60. *For a Ruthless Criticism of Everything Existing*, p. 15.

61. Ibid.

62. *Communist Manifesto*, p. 481.

63. Karl Marx, "Notebooks on Epicurean Philosophy," quoted in Tucker, *Marx-Engels Reader*, p. 10.

용한 마르크스의 언급, 즉 '철학자는 오직 세계를 해석했을 뿐이다. 그러나 중요한 것은 세계를 변혁하는 것'이라는 주장의 중요한 부분이다. 정치이론이 스스로 초월하지 않는 한 정치이론은 유토피아를 지상에서 실현하기보다 유토피아를 우상화하는 또 다른 종교에 불과하다. "우리는 자유를 현실의 견고한 기반 대신 상상력이 빛나는 천국으로 격하함으로써 자신들이 자유를 존중한다고 생각한 독일 자유주의자들의 끝없이 모호하고 불명확한 추론에 반대하는 확고한 저항을 표명해야 한다. 이는 자유가 불경스러운 현실과 손잡고 와서 자신의 이상이 모독당할까 봐 우려하는 상상의 추론과 감정적 열정의 주인에게, 그리고 자유가 여전히 상상과 감상의 문제라고 우리 상황을 빗지고 있는 우리 독일인에게로 향한다. 자유가 실현되지 않으리라는 관념에 대한 지나친 숭배에서 벗어나야 한다."[64]

정치철학자들이 유토피아적 표현으로만 생각하는 경향이 있던 것과 대조적으로, 마르크스는 노동자들에 대한 현실적인 생각을 제시했다.

> 맨체스터나 리옹 작업장에서, 노동자들은 '순수한 사고'가 그들 작업장 주인을 설득하고 자신의 실제 가치 저하를 논증으로 해결할 수 있으리라 믿지 않았다. 그들은 '존재'하는 것과 '생각'하는 것, '의식'과 '삶'의 차이를 무엇보다 통렬하게 인식했다. 그들은 재산, 자본, 돈, 임금 노동 같은 것이 허구의 산물이 아니지만 (...) 현실에서는 실천적이고 객관적인 방식으로 반드시 폐기돼야 한다는 것을 알고 있다.[65]

64. Avineri, *The Social and Political Thought of Karl Marx*, p. 137에서 인용.
65. *The Holy Family*, quoted in Avineri, *The Social and Political Thought of Karl Marx*, p. 142.

나는 정치철학 전통이 마르크스에게 맞아떨어졌다고 했을 때 노동자와 철학자가 생각하는 방법에 대한 마르크스의 구분을 염두에 뒀다. 그가 정치 이론의 필요성에 감사하지 않는 속물이라는 말이 아니다. 그의 평생 작업은 현 상황을 정확하게 '해석'해서 변화할 만큼 충분히 이해할 수 있게 하는 것이었다. 그러나 마르크스는 정치이론의 가치를 이론이 현실을 바꿀 수 있는지를 기준으로 판단했다. 그는 정치이론에 본질적 가치가 없다고 생각했다. 노동 덕분에 사람들은 실천적으로 활동하고, 이를 통해 정치이론이 노동을 소외시킨 현상을 비판함으로써 훼손되지 않게 잘 보존했던 자유를 실현할 수 있게 한다면, 그럴 때 정치이론의 존재 이유도 소멸한다.

내가 이 책에서 살펴본 일련의 정치사상 정전의 출발점에서 플라톤은 정치권력을 철학자들의 손에 맡긴다. 그 정전에 반발하며, 마르크스는 정치권력을 프롤레타리아의 손에 쥐여 준다. 철학자를 선택하든 프롤레타리아를 선택하든, 그들은 모두 선택된 수단에 보편적 지위가 있음을 주장한다. 철학자가 그렇게 주장하는 것은 사회 경제적 삶에서 철학자가 사라지면 정의가 무엇인지 '알' 수 없기 때문이다. 프롤레타리아가 그렇게 주장하는 것은 사회의 최하계층에 있는 그들의 위치가 그들을 '부정의'에 시달리게 했기 때문이다.

마르크스의 새로운 사회 질서에서는 계급투쟁과 부정의가 사라지므로 더는 정치가 필요 없다. 그러나 그날이 올 때까지 정치나 정치이론은 사라질 수 없다. 사실, 마르크스에게 정치이론에 대한 – 현 상황을 가장 잘 해석하는 것에 대한– '정치' 투쟁은 이를 바꾸는 중요한 요소로 남아 있다. 마르크스는 한 입으로 두말하지 않았다. 철학은 이론을 실현함으로써 철학 이론들을 소멸시키고자 노력해야 한다는 것이다. 그의 시대에도, 그리고 물론 우리 시대에도 아직 갈 길이 멀다.

16장 철학 이론의 부활

역사는 마르크스가 계획한 대로 정치를 종식하지 않았다. 생전에 마르크스는 아직 준비되지 않은 사람들에게 혁명을 강요하는, 소위 '좌파적 모험가'를 반대했다. 대중이 준비되지 않은 상태에서 사회주의 혁명은 결국, 테러가 되거나 프랑스 혁명의 운명을 반복할 뿐이라고 경고했다.[1] 마르크스가 볼셰비키주의나 레닌주의, 마오주의를 후일 국가를 폐기하기보다는 국가에 더 큰 힘을 부여했던 자코뱅주의로 간주했으리라는 사실에는 의심의 여지가 없을 듯하다.

실제로 혁명적 유토피아가 아니라, 반동 체제, 세계 대전, 홀로코스트, 테러, 핵 공포, 그리고 종교 폭력이 인류의 미래였던 것으로 밝혀졌다. 정치학은 플라톤의 동굴에 깊숙이 묻혀 있었고, 때로는 그럴 운명처럼 보이기도 한다. 그래도 어두운 곳에 빛이 비치기를 바라며 우리는 오랫동안 그 동굴의 지도를 만든 고전을 살펴본다. 이런 공부가 절망이나 체념일 필요는 없다. 모든 동굴에는 출구가 있다고 약속하는 대안 관점이나 비평을 가능케 할 수 있다.

대학 시절 내가 스스로 '플라톤에서 마르크스까지' 공부한 과정을 돌아

1. *German Ideology*, p. 165.

보면, 교수님들이 건네줬던 문헌들에 대해 그분들이 보였던 존경심을 생생히 기억한다. 나는 지금도 과거부터 축적된 결과물을 보존하려는 그분들의 학문적 헌신이 진정 위대함을 느낀다. 그러나 숭배만으로는 가장 위대한 정치철학자들도 여전히 '정치적' 주장을 하고, 이에 대해 반응하고, 활발히 논쟁하고 있다는 사실을 알기 어렵다. 아무리 뛰어난 정치이론도 정치의 수수께끼를 해결할 수 없다. 정치는 인간 조건의 영원한 일부분이다.

다행히도, 정치이론은 오늘날 위대한 부활의 중심에 있다. 고전 문헌들의 철학적 깊이에 대한 존경이 변함없어도 우리는 정치적 삶을 살기 위해 다시 한번 고전 문헌을 끌어들인다. 정치철학 연구는 첫 번째로 언제나 소크라테스의 운명을 기억하고, 플라톤이 걸었던 길, 즉각적인 정치 참여를 피하는 우회로로 인도한다. 그러나 우회로로 간다고 해서 우리를 동굴에 가두거나 상아탑에서만 살게 할 필요는 없다. 정치적 주장을 하려고, 그리고 그에 따라 살려고 우리는 정치적 주장을 공부한다.

롤스의 부활

오늘날, 존 롤스보다 더 활발히 정전(canon)을 만드는 사람도 없을 것이다. 그의 기여는 너무나도 거대하고 또 오래갈 테니, 그의 글이 살펴야 할 고전에 속한다고 말하는 것은 섣부른 주장은 아닐 것이다. 한때는 홉스, 로크, 루소, 칸트, 그리고 다른 철학자들에게도 중요했던 '사회계약'이라는 개념은, 롤스가 '정의론'에 관한 작업을 시작할 당시 고사 직전이었다. 사실, '정의'라는 개념에 대해서 많은 이가 의구심을 품었다. 정의가 장소마다 다양하다는 단순한 사실은 이를 문제 삼지 않고 정의라는 주제를 합리적으로 생각할 방법이 없음을 의미한다. 정의에 대한 이 같은 의심은 개인의 권리가 '법' 이전에 존재하고, 법적 정의의 기초를 형성한다는 주장이 제기됐을 때 정점에 달했다. 정치 과학의 중심 패러다임은 경제 분석에서 비롯했는데, 특히 비용-편익 분석, 거래, 전체 공공복리를 어떻게 최대화할 수 있는지에 대한 효율성 계산을 선호했다. 경제 관점에서는, 최대 다수의 이익을 실현하도록 공공 정책을 세우는 데 권리는 극히 비효율적이고 비합리적인 장애물이었다. 똑같은 공리주의 패러다임이 로스쿨을 지배했다. 법학자들은 법관들에게 공공 정책의 비용과 대안 결정의 편익을 비교하며 '권리 담론'의 중단을 촉구했다.

롤스는 이런 분위기에서 드워킨의 문구처럼 언제나 '권리를 진지하게 생각'하는 정치철학 전통의 핵심을 부활시키기 시작했다. 그러나 권리가 신의 법에서 왔다는 신학적 기원이나 소위 '자연법'이라는 것에서 기원했다는 사실이 시작부터 갈등을 초래하는 것 같았던 시대에 권리 개념을 어떻게 옹호할 수 있을까? 1957년과 1958년 논문에서, 롤스는 '공정으로서의 정의'의 기본 의미를 설명하려는 일생에 걸친 시도를 시작했다. 롤스에 따르면, 사람들은 공정으로서의 정의에 대한 기본적인 직관을 공유하는데, 이는 공정한 절차에 관한 주장으로 시작하고, 대개 그렇게 끝난다. 사람들이 찾는 것은 결정 규칙, 즉 개인의 관점과 가치가 동등하게 존중받는다는 점에서 그들이 정의에 관한 '실질적인' 견해를 공유하지 않더라도 함께 살아갈 수 있게 하는 절차다. 롤스의 관점에서 근대 입헌 민주주의는 '합당한 다원주의'로 특징지을 수 있다. 정의의 임무는 삶에 대한 여러 합당한 방식의 환원할 수 없는 다양성에 실질적으로 대응하는 것이다.

한 가지 예를 들어보자. 사람들은 그들 삶의 계획에서 궁극의 도덕적 가치에 합의하지 못할 수 있다. 종교적 신념이든 종교와 무관한 신념이든 서로 첨예하게 갈릴 수 있다. 정의론이 여러 가치나 관점에서 어느 하나를 선호한다면, 좋은 삶에 대한 대립하는 여러 개념에 대한 논쟁을 해결할 수 없을 것이다. 그보다 정의론은 이런 궁극의 실질적 도덕 관점에 대한 해결책을 같은 범주로 묶어야 한다. 인류에게 실제로 어떤 것이 좋으냐는 문제의 해답을 단정하려는 시도를 유보하고, 언제나 상호 존중할 만한 다양한 해답이 있음을 인정해야 한다. 즉 도덕 논쟁에 대한 민주주의 국가의 중재 거부 또는 바로 이 범주화는 결정 절차나 규칙을 올바르고 공정하게 만든다. 공정성은 인간의 실질적인 차이를 극복할 완전한 절차적 방법을 모색하기 위한 최초의 합의다. 만약, 어느 한쪽의 궁극적 도덕 가치만을 편들지 않고도 사회의 기본 제도에 대한 합의나 동의를 얻어낼 절차가 있다면, 다양한 출발 구역을 넘어 합의를 끌어내는 능력 덕분에 결과가 공정하고 올바르다. 실질적으로 말하자면, 합의에 이르기 전에는 무엇이 정의인지 알지 못한다. 그리고 '범주로 묶는(bracketing)' 절차를 통해 도달한 합의를 비교할 만한 독립적이고 객관적인 기준이 없다. 그 대신, 롤스가 '순수 절차적 정의(pure procedure justice)'라고 부르는 것으로, 공정하거나 정의로운 절차를 통해 도달한 합의는 정의롭다.[2]

정의에 대한 이런 접근은 다양한 사람이 함께 결정을 내릴 때 공정한 절차에 대한 설득력 있는 설명을 명백히 필요로 한다. 그리고 롤스는 정전의 힘이 계속해서 영감을 줄 수 있다는 증거에 바탕을 두고 사회계약 개념, 즉 구성원들이 사회의 기본 제도들의 설계에 대해 합의해야 할 책임이 있는 최초의 모임 혹은 헌법 협약 개념에서 모델을 발견했다. 롤스가 이룬 성과는 난해하고 구시대적으로 보이는 사회계약을 완전히 근대적인 의미로 재탄생시켰다는 점에서 탁월하다.

2. John Rawls, *A Theory of Justice*, rev. ed (Cambridge, Mass,: Harvard University Press, 1999), sec. 14, p. 75

그는 사람들이 정의로운 사회 제도를 만들려고 고심하는 '원초적 입장'을 상상하는 단계에서 출발한다. 절차적 관점에서, 그런 숙고는 '무지의 베일' 뒤에 있을 때만 공정하고 공평할 수 있다. 이 베일은 사회가 성립하고 지속할 때 사람들이 스스로 어떤 위치에 놓일지를 모르게 한다. 그러므로 사람들은 신체적으로나 정신적으로나 자신에게 어떤 타고난 재능이 있을지 모른다. 또한, 자신이 부자일지 빈자일지, 다수일지 소수일지, 건강할지 장애가 있을지 전혀 알지 못한다. 특정한 인종, 종교, 윤리 특징도 없지만, 그들은 '대표'다. 아마 가장 결정적으로, 그들은 자신이 어떤 가치를 갖추게 될지, 그들 삶에서 '선 개념'이 어떤 의미를 드러낼지 알지 못한다.[3]

심리학적으로, 원초적 상태에 놓인 사람들은 서로 무관심하다. 그러나 일단 사회가 형성되고 운영되면, 그들이 어떤 사람인지 모르기에 그 사회에서 '최소 수혜자' 삶의 질을 고려할 동기가 생긴다. 다시 말해 '무지의 베일'은 사람들이 타인의 복지에 관심을 보이고 숙고하게 하지는 않더라도, 원초적 상태에서 숙고하게 함으로써 일반성과 공정성을 점차 증가시킨다.

플라톤적 전통에 대한 롤스의 핵심 주장은 다음과 같다. 플라톤의 『국가』는 좋은 삶에 대한 특정한 개념에 토대를 둔다. 좋은 삶은 철학자 왕이 가장 잘 알고, 무엇이 자신에게 좋은지 굳이 알 필요가 없는 일반인에게 선의로 베풀 수 있다. 그러나 롤스가 보기에, 좋은 삶에 대한 다양한 관점을 수렴해서 실천적이고 공정한 방법을 찾으려고 노력하는 근대 입헌 민주주의에서 국가는 중립성을 지켜야 한다. 어떤 한편에 대한 도덕적 선호를 다른 한편에 대한 도덕적 선호보다 높이 평가하는 것은 사람들이 삶에서 각자의 목적을

3. *Theory of Justice*, sec. 3, pp. 10-11; sec. 4, pp. 15-19; sec. 11, p. 56.

선택하는 능력을 동등하게 존중받아야 한다는 근본 권리를 침해한다.

롤스는 정치사상사에서 자기 정의론의 위상을 설명하는 데 그만의 특별한 어휘를 사용한다. 그리스어의 '좋음'은 '옳음'에 우선한다. 즉 무엇이 사람들에게 그리고 인간 본성을 실현하는 데 도덕적으로 좋은지를 먼저 알아야 그에게 어떤 권리가 있고 그를 정의롭게 대하는 것에 어떤 의미가 있는지를 결정할 수 있다. 그러나 롤스가 분명히 하려 했던 자유주의에 대한 칸트의 전통에서 '옳음'은 '좋음'에 앞선다. 좋음에 대한 옳음의 이 같은 우선성은 자유주의에 대한 롤스 시각에서 절대 중요하다. 정의로운 국가는 도덕적으로 중립적인 국가이며, 도덕적으로 중립적인 국가는 개인이 자기 삶에서 궁극적 목표, 목적, 열망 등을 선택할 권리를 똑같이 존중해야 한다는 근본 원칙을 바탕으로 세워진다.

만약 사람들이 무지의 베일 뒤에서 정의에 관해 추론해야 한다면, 바로 이 평등한 존중 개념에 합의하리라는 것이 롤스의 직관적 판단이다. 무지의 베일 덕분에 롤스는 한때 루소가 말했던 '일반 의지'라는 개념을 확보한다. 하지만 루소가 일반 의지를 상정하며 주장했던, 논란이 될 만한 심리학적 주장은 피한다. 그렇게 인간은 탈육체화된 이성의 행위자가 된다. 왜냐면 인간은 실제 삶에서 그가 추구하게 될 많은 삶의 계획 중에서 어떤 것을 택해야 할지 아직 모르기 때문이다. 그들이 아는 것은, 자연이 기술이나 재능, 신체 기량과 정신 능력, 심지어 근면함과 흥미까지 서로 다르게, 그리고 불공평하게 마치 복권처럼 복불복으로 분배한다는 것이다. 자연의 복권이 변덕스러움을 알기에, 내가 태어나는 시점에서 사회가 가치 있다고 여기는 특정한 기술이나 재능을 타고나지 못할 수 있다는 사회적 운명을 걱정하는 것은 합리적이다. 롤스가 지적했듯이, 도덕 관점에서 개인의 자연적 재능은 임의적인 것으로 단순한 운일 뿐, 누군가가 이뤄낸 결과가 아니다. 따라서 각자는 무지의 베일 뒤에서 자연의 복권 추첨에서 불운한 결과를 맞이했을 때를 대비하는 방식으로 추론할 것이다.[4]

논평가들이 지적했듯이, 롤스는 합리적으로 이기적인 사람을 단호하게 '위험 회피적'으로 규정한다. 사람들은 자신이 가장 상황이 나쁜 사람이 될 확률이 낮다는 사실을 계산할 수 있다 해도, 여전히 나쁜 운명에 대한 공포는 그 위험을 온전히 감수하는 것을 피할 만큼 매우 심각하다. 이 지점에서 무지의 베일 뒤에서 이뤄지는 기발하고 교묘한 술책이 있다. 나는 내 개인 상황만을 고려한다. 그러나 바로 그런 이유로 최소 수혜자의 운명을 걱정한다.

롤스는 상호 무관심한 개인들이 서로 이해관계를 대표할 수 있느냐는 의문에 한 가지 자격을 덧붙인다. 정의로운 사회는 반드시 다음 세대의 운명에 직접적인 이해관계가 있다는 사실이다. 따라서 원초적 상태에서 각각의 대표는 자신을 하나의 가장으로 간주하고, 적어도 후손의 복지에 관심을 보여야 한다.[5]

롤스는 이 출발점에서 작업에 착수한다. 그의 핵심적인 정치적 주장에 따르면 원초적 처지에 놓인 사람들은 두 가지 정의 원칙을 발견한다. 첫째, '각자는 모두에게 유사한 자유의 체계와 양립할 수 있는 동등한 기본적 자유의 가장 광범위한 체계에 대해 평등한 권리를 가져야 한다'는 것이다.[6] 롤스가 명명한 기본적 자유에는 다음과 같은 것들이 있다. 투표권, 체제를 유지할 권리, 표현의 자유, 집회의 자유, 양심의 자유, 사상의 자유, 신체적 폭력과 심

4. *Theory of Justice*, sec. 12, pp. 63-64; sec. 17, p. 89.
5. *Theory of Justice*, sec. 11, p. 56; sec. 22, p. 111.
6. *Theory of Justice*, sec. 11, p. 53; sec. 39, p. 220; sec. 46, p. 266.

리적 강제로부터의 자유, 재산 사유의 권리, 자의적인 체포, 수색, 압수로부터의 자유.[7] 이 목록은 완전하지 않고, 단지 입헌 민주주의에서 근본적인 기본권과 자유를 열거한 것뿐이다.

『정의론』 이후 저서에서 롤스는 기본적 자유에 진정한 보편성이 있다는 자신의 주장을 옹호하려는 것이 아님을 분명히 밝혔다. 그의 목적은 더 제한적이고, 더 정치적이다. 인간이 정착시킨 민주주의 신념에 이미 내포됐지만, 불완전한 원칙에 대한 설득력 있는 설명을 제공하는 것이다.[8] 롤스에 따르면, 공리주의 문제는 민주주의가 개인의 자유롭고 평등한 지위에 부여하는 '절대적인 최고의 중요성'에 대해 만족스럽게 해명하지 못한다는 데 있다. 그 대신, 몇 사람의 자유 상실이 인구 전체의 더 큰 자유로 정당화되는 상황에서 공리주의 계산은 그 거래를 정당화한다. 즉 공리주의자들은 한 개인이 더 많은 사람에게 더 큰 경제적 이득을 누리게 할 수 있다면, 자유에 대한 제한을 정당화할 수 있다고 생각한다. 그러나 평등한 자유의 원칙은 개인의 자유와 전체의 복지 사이에서 이 같은 거래의 배제를 의미한다. 기본적 자유는 오직 그 자유만을 위해 제한될 수 있다.[9]

정의의 제2원칙은 다음과 같다. 원초적 상황에서 합의한 사람들은 민주적 평등을 누려야 한다. 여기서 롤스는 이전 사람들이 했던 것보다 더 평등주의적인 방향으로 자유주의의 전통을 촉구한다. '차등 원칙'이라고 알려진 두 번째 원칙은 '사회적 · 경제적 불평등을 조정해서 최소 수혜자들에게 최대 이익이 돌아가게 해야 한다'는 것이다.[10]

7. *Theory of Justice*, sec. 11, p. 53.
8. John Rawls, *Political Liberalism* (New York: Columbia University Press, 1993)
9. *Theory of Justice*, sec. 46, p. 266.
10. *Theory of Justice*, sec. 11, p. 53; sec. 46, p. 266

기본적 자유의 분배와 관련된 원칙과 다르게, 이 두 번째 원칙은 소득과 부가 평등하게 분배돼야 한다고 주장하지 '않는다'. 그러나 롤스는 재산이 모든 사람에게 똑같이 분배될 때보다 '모든 사람을 더 잘살게' 하는 범위에서는 부와 재산의 불평등이 정당화된다고 주장한다. 사회에서 '최소한' 또는 최소 수혜의 위치에 있는 사람들의 사회적 · 경제적 지위를 '최대화'하려는 고려는 무지의 베일 뒤에서 숙고하는 본성에서 태어난다. 설립된 사회가 지속적인 관심사로 자리 잡고 있다고 생각할 때 우리는 '불평등 없는 전망보다는 불평등을 함께 고려하는 전망을 선호'하게 된다.[11]

다시 한번 말하지만, 분명히 차등 원칙은 불평등에 대한 공리주의적 옹호를 배제하려 한다. 롤스는 '어떤 지위에 있는 사람들의 이익이 다른 지위에 있는 사람들의 불이익을 능가한다는 근거로 그들의 책임과 권위, 소득의 차이를 정당화할 수 없다'고 명시한다.[12] 그런 공리주의적 보상은 혜택을 덜 받는 처지가 될지 모른다고 걱정하는 원초적 상태의 이기적 행위자들을 매료할 수 없다. 이런 방식으로, 원초적 상황에 있는 개인이 '공정으로서의 정의'라는 중요한 신념에 도달한다. 즉 사회는 승자와 패자의 게임이 아니라, 개인의 운명과 소득이 타인의 사회적 협력에 달린 합작 사업 혹은 집단이다. 아무도 자연 복권 추첨에서 자의적으로 그들에게 부여된 기술이나 재능에 도덕적 주장을 할 수 없다. 우리는 모두 가족적 삶과 역사적 패턴이라는 사회적 우발성에 노출돼 있다. 롤스에게 경제 정의는 소득과 부의 분배에서 사회적 우발성과 자연적 운의 영향력을 완화하는 문제다.[13]

11. *Theory of Justice*, sec. 11, p. 56
12. Ibid.
13. *Theory of Justice*, sec. 12, p. 63.

경제 정의 요구를 충족하기에 더 좋은 방식이 자본주의인지 혹은 사회주의인지에 관해, 롤스는 하나의 답이 있는 것이 아니라, 각각 특정한 사회의 전통과 환경에 따라 선호가 다르다고 믿었다.[14]

평등에 대한 롤스 시각의 중요성을 평가하는 한 가지 방법은 그의 차등 원칙을 이와 대립하는 평등 개념과 비교하는 것이다. 소위 실력자들은 경력과 직업이 평등하게 재능에 열려 있는 형식적 기회의 평등만을 주장한다. 그러나 롤스가 보건대 그런 형식적 평등은 개인의 사회적 운명을 무작위로 재능을 분배하는 자연의 자의성에 맡길 뿐이다. 고전적 자유주의는 이런 어려움을 알고 있었고, 기회의 '공정한' 평등 원칙을 개발했다. 이는 사회가 계층과 상관없이 모든 이에게 교육과 기타 문화적 자산을 개방함으로써 모든 이가 자연적 재능을 계발할 수 있게 공정하고 공평한 기회를 부여하는 것이다. 그러나 사회적 지위가 기회에 미치는 영향력을 완화하면서도, 고전적 자유주의자들은 여전히 자연의 복권 추첨에서 운이 좋은지에 따라 사회적 운명이 바뀌도록 남겨뒀다.[15] 차등 원칙은 분명히 롤스가 평등의 '민주주의' 개념이라고 부르는 것을 제공한다. 이 개념은 '사회 질서가 혜택을 덜 받은 사람들에게 이익이 되지 않는다면, 그 사회 질서는 부유한 사람들에게도 더 매력적인 전망을 보여주거나 보장하지 않는다는 직관적인 생각'을 반영한다.[16]

14. *Theory of Justice*, sec. 42, p. 242; sec. 43, p. 248.

15. *Theory of Justice*, sec. 12, pp. 62-64.

16. *Theory of Justice*, sec. 13, p. 65. 그러나 롤스는 정의로운 사회가 사람의 재능이 행운으로 주어지는 모든 방법을 교정해야 한다고 요구하는 것으로 이해돼서는 안 된다. 그는 배우고자 하는 아이의 열정, 자연적인 재능을 개발하는데 요구되는 노력이 아이가 태어난 가정에 따라 영향을 받는다고 지적했다. 이 의미에서, 공정한 기회의 평등은 결코 완벽할 수 없다. 그러나 일반적으로 롤스의 정의론은 "비슷하게 부여받고 비슷하게 동기가 부여되는 사람들을 위해서 사회의 모든 영역에서 삶의 전망이 평등하기를 요구한다." *Theory of Justice*, sec. 46, p. 265.

롤스의 중요성

롤스 이론은 입헌 민주주의에서 기본권에 대한 사람들의 확고한 신념을 단번에 포착하고, 평등에 대한 우리의 견해를 동요하게 한다는 장점이 있다. 그가 이룬 성과의 중요성은 학문 영역에서 인정받았을 뿐 아니라, 『뉴욕타임스』가 『정의론』을 1971년 가장 중요한 10권의 책 중 하나로 꼽으면서, 출판 영역에서도 확인된 바 있다. 『뉴욕타임스』는 10권의 책 중에서 정치철학서를 지정한 적이 거의 없다.

당시에 롤스의 정의에 대한 주장이 얼마나 지배적이었는지는 '로 대(對) 웨이드(Roe v. Wade)' 사건에 대한 1973년 대법원의 판결에서도 확인할 수 있다. 대법원은 이 결정에서 임신 중절 선택권을 여성의 근본 자유로 인정했다. 해리 블랙먼 대법관은 의견서에서 롤스의 이름을 거론하지도 않았고, 그가 『정의론』을 읽었다고 믿을 만한 이유도 없다. 하지만 그의 접근은 '범주화 전략'과 도덕적으로 중립적인 국가의 이상적 모습에 대한 완벽한 실제 사례다. 블랙먼 대법관은 인간의 삶이 언제 시작되느냐는 문제에 관해 흔히 신학적인 의견에 따라 낙태가 제기하는 궁극적이고 까다로운 도덕 논쟁을 언급하며 논의를 시작한다. 그는 헌법이 궁극적 도덕 논쟁을 해결한다고 말하지 않는다. 오히려 '적법 절차'라는 명분으로 여성이 자신의 도덕적 신념에 따라 자유롭게 선택할 수 있게 그 논쟁을 하나의 범주로 묶거나 별개 사안으로 간주해야 한다고 했다. 어떤 여성은 임신 중절을 선택할 테고, 또 다른 여성은 임신 상태를 유지할 것이다. 국가와 법은 이런 선택에 완전히 중립적이어야 한다. 국가는 임신 중절을 찬성해도 안 되고 반대해도 안 된다. 국가는 여성이 결정할 수 있도록 '선택 중시'적이어야 한다.

헌법 법률가라면 시민적 자유의 대단히 많은 사례가 '도덕적으로 중립적인 국가'라는 롤스주의 이상을 암시한다는 사실을 금세 알아차릴 것이다. 대법원은 표현의 자유 영역에서, 오랫동안 정부가 표현의 내용, 요지, 메시지, 관점에 대한 합의나 반대에 근거해서 표현을 규제하지 않게 하는 '내용 중립성'이라는 원칙을 세워왔다. 종교와 관련해서도 이와 유사한 중립성 원칙이 적용되는데, 국가는 특정한 종교를 선호해서 행동하거나 무종교의 가치를 부정하고, 종교의 가치를 지지하지 못하게 한다. 이와 똑같은 중립성 원칙은 왜 인종이 일반적으로 정부 조치와 무관한지, 핵심 신념을 설명해준다. 정의로운 국가는 절대 여러 인종 중에 어느 인종을 선호하지 높이 평가하지 않는다. 결론적으로, 중립적인 국가에 대한 롤스의 이상은 차별이나 편파성에서 벗어나 개인이 자기 삶의 도덕적 목적을 스스로 선택하게 하는 공정한 절차를 만드는 것이고, 이는 많은 영역에서 법적 논쟁에서 찾은 실천적 해결책을 이론적으로 제시하는 듯하다.

롤스의 차등 원칙은 일반법과 정확히 일치하지 않는다. 일반법은 통상적인 시장 거래에서 누군가가 거대한 부를 축적하고 타인을 가난에 빠뜨려도 소득을 재분배할 책무를 부과하지 않는다. 한동안 많은 저명한 법학자가 롤스에게 의지해서 복지에 대한 권리를 다른 근본적인 시민적 자유와 같은 기본 자유로 다루자는 새로운 헌법적 주장을 제기했다.[17] 그러나 이런 주장은 대법관들을 설득하지 못했다. 미국에서 빈자에 대한 법적 보호는 선거 정치의 쟁점으로 남았을 뿐, 헌법적 보호 수준에서 정의의 근본 문제가 되지는 않았다.

흥미롭게도, 롤스는 『정의론』 개정판 서문에서 그가 복지국가보다 '재산 소유 민주주의(property-owning democracy)'를 선호한다는 점을 분명히 밝히

17. Frank I. Michelman, "In Pursuit of Constitutional Welfare Rights: One View of Rawls' Theory of Justice," *University of Pennsylvania Law Review* 121 (1973): 962를 보라.

고 싶다고 했다. 복지국가는 덜 가진 사람들에 대한 재분배를 통해 개인을 소극적으로 보호한다. 반면, 재산 소유 민주주의는 '모든 시민을 스스로 자산을 관리할 지위에 두기'를 추구한다. 재산 소유 민주주의는 '부와 자본의 소유를 분산해서 사회의 작은 부분이 경제를 통제하고, 간접적으로는 정치적 삶을 통제하지 못하게' 함으로써 이상적으로 목적을 실현한다.[18] 롤스에게 복지에 대한 권리는 정의가 요구하는 공정한 기회의 평등이라는 이상을 포착하지 않는다. 복지에 대한 권리는 손해를 보는 사람들에게 자유롭고 평등한 시민으로서 사회에 참여할 수단을 제공하지도 않는다.

롤스에 대한 비판

그다지 놀라운 일은 아니지만, 정치철학자들에 대한 롤스의 영향력은 법률가나 법관에 대한 영향보다 더 컸다. 오늘날 정치이론가들이 모두 롤스를 언급할 필요를 느꼈다고 말하는 것은 절대 과장이 아니다.

많은 부분에서, 나는 학문적 논의로 들어가기보다 고전 저자들에 대해 직접 이야기하기를 선호했다. 그러나 지금 우리가 결론으로 다가가는 만큼, 롤스가 오늘날 정치이론이 큰 기둥이 된 방법을 짧게나마 알아보고 싶다.

몇몇 이론가 – 자유 지상주의자인 로버트 노직이 대표적이다 – 는 분배 정의에 대한 롤스 이론이 사유재산권과 개인 권리를 무시할 권한을 잘못 부여한다고 비판했다. 노직은 사유재산에 대한 로크 이론으로 돌아가서, 로크의 국가가 사유재산에 대해 행사하는 더 제한적인 힘이 롤스의 국가가 승인해야 하는 사유재산에 대한 지속적인 개입과 재분배보다 선호할 만한지

18. *Theory of Justice*, pp. xiv-xv. 이 관점에서 William E. Forbath, "Not So Simple Justice: Fran Michelman on Social Rights, 1969-Present." *Tulsa Law Review* 39 (2004): 597를 보라.

를 보여주고자 정교한 사례를 제시했다. 노직이 다음과 같이 말했다고 가정해보자. 사람들은 롤스가 말하는 정의로운 이상 국가에 살고 있다. 이곳에서는 소득 분배의 모든 불평등이 최소 수혜자에게 이익이 되도록 작동한다. 그러나 그런 유토피아에서 삶은 어떤 모습일까? 아마 사람들에게 선호가 있고, 자기 선호에 따라 행동할 자유를 누리는 사회일 것이다. 그래서 누군가는 농구 경기 관람을 좋아하고, 자연의 복권 추첨으로 농구 선수가 될 행운을 타고난 사람들이 하는 경기 관람에 기꺼이 돈을 쓸 의향이 있다고 상상해보자. 그리고 다음을 가정해보자.

> 관람객이 몰리는 인기 농구선수 윌트 체임벌린은 관람권당 25센트를 받기로 하고 계약서에 서명했다. 시즌이 시작되자 사람들은 신이 나서 그의 팀이 출전한 경기에 몰려들었다. 사람들은 관람표를 샀고, 그때마다 25센트가 체임벌린의 이름이 적힌 통으로 들어갔다. 사람들은 그의 경기를 흥미롭게 관람했다. 이 경기는 그들에게 입장료만큼의 가치가 있었다.[19]

시즌이 끝나갈 무렵, 백만 명의 관람객이 경기를 봤고, 윌트 체임벌린은 25만 달러를 챙겼다(노직은 이 글을 1974년에 썼다. 2008년 전국농구연합에 소속된 프로 선수들의 평균 연봉은 530만 달러였다). 초기 롤스의 분배 방식은 왜곡됐지만, 이는 개인의 자유롭고 자발적인 선택에 따른 것이다. '자유'는 롤스의 정의가 유지하려던 패턴을 무너뜨렸다.

롤스의 유토피아에서 최초의 재산 분배는 프로크루스테스의 침대(무리

19. Robert Nozick, *Anarchy, State, and Utopia* (New York: Basic Books, 1974), p. 161.

한 획일화) 같은 정치를 통해서만 유지될 수 있다. 이런 정치는 그 분배가 형식에 맞을 때까지 인간 행동을 왜곡한다. 노직은 월트 체임벌린을 예로 들면서 자발적 재산 교환이 불평등을 낳는다는 이유만으로 정의를 위협하지는 않는다는 점을 설득하려고 했다. 그리고 노직은 전 세계에서 월트 같은 선수들이 25만 달러를 벌든, 2억 5천만 달러를 벌든 상관없이 계속해서 다음과 같이 말했다. 역사적 관점에서, 즉 시대에 걸쳐 좋은 것이 한 사람에게서 다른 사람에게로 전해질 때 사람들이 선택하는 관점에서 거래가 재산 분배 방식의 '이상(ideal)'을 어떻게 무너뜨릴지와 상관없이 거래는 정의롭다. 인간은 선호에 따라 행동함으로써 롤스가 제시했던 최초의 유토피아적 재산 분배를 망쳐놓는다. 몇몇 사람이 부자가 되고 다른 사람들은 가난한 사람이 된다는 단순한 사실은 월트가 자신의 노력을 통해 개인적으로 자격을 얻은 것을 빼앗는 이유가 될 수 없다.

노직은 롤스가 개인의 소유 자격을 충분히 보호하지 못한다고 주장하지만, 다른 사람들은 롤스가 지나치게 개인주의적이고, 공동선을 유지하고 자치를 가능케 하는 정치 공동체에 속하는 덕성에 충분히 주의를 기울이지 않았다고 주장한다. 마이클 센델은 『정의의 한계(*Liberalism and the limits of justice*)』에서 롤스의 정의론이 궁극적으로 칸트에게서 파생된 자아에 대한 특수한 이론에 근거한다고 설득력 있게 웅변한다. 롤스가 그의 이론이 자아나 칸트 혹은 기타 특정한 개념에 의지하고 있다는 것을 거부한다는 점을 주목해야 한다. 롤스는 그의 정의 이론을 철학적 고려보다는 정치적인 것으로 설명한다. 특히 이는 근대의 입헌 민주주의 체제에서 사는 시민이 자신의 궁극적인 도덕적 가치에 합의하지 않는다는 사실을 다루는 데 현실적 이해관계가 있다.[20] 이것은 '무연고(無緣故)' 혹은 '유리된' 자아에 대한 관점으로, 출생이나 문화, 특정한 종교나 집단, 전통에 속한 힘에서 받는 국지적 영향에서 벗어나 도덕적 삶을 살아가는 인간 유형을 제시한다. 칸트의 자유는 자아를 완전히 이동하거나 이동시킬 수 있는 존재로 인식하는 데 따른 문제이고, 이런 자유는 이성의 지시에 따라 언제든 닻을 올리고 떠날 준비가 돼 있음을 말한다. 어떤 점에서 이런 자율성의 관점은 매력적이지만, 센델은 이런 관점이 충실이나 충성의 덕성에 따라 정치를 하고, 동료 시민과 공동선을 공유하며, 실제로 사람들이 언제나 그렇듯이 '체화되고' '상황에 적응한' 자아가 될 수 있게 하는 삶의 방식에 함축된 것을 느끼기에는 제한적이라고 판단했다.

센델은 롤스가 '목적에 우선한 자아'를 언급한 단락에 주목한다.[21] 롤스가 이 어려운 표현을 통해 의미한 바는 인간이 삶의 계획을 바꿔서 이전 목적을 버리고 새로운 목적을 찾을 수 있지만, 시간이 지남에 따라 안정적인 정체성이 형성된다는 것이다. 롤스에게 자아 정체성은 목적을 선택할 자유, 그리고 또 새로운 목적을 선택할 자유를 통해 형성되고, 인간이 삶의 어떤 단계에서 추구하는 목적에 따라 제한되거나 고정되지 않는다. 이 관점에서 자유의 상실이란 자아가 스스로 선택하지 못하고 어떤 목적에 고정돼 제한된 상태를 말한다.

센델은 그런 자아가 단지 일련의 자의적 선택에 불과한 삶이 아니라 특수한 삶을 살 수 있게 실제로 정의와 그에 따른 위상을 갖추지도 못하고, 타인에게 강한 애착을 보이거나 지속하지도 못한다고 말한다. 이런 깊고 영구

20. John Rawls, "Justice as Fairness: Political Not Metaphysical," *Philosophy and Public Affair* 14 (1985): 223-252를 보라. 롤스의 관점에 대한 센델의 옹호로, Michael J. Sandel, *Democracy's Discontent: America in Search of a Public Philosophy* (Cambridge, Mass.: Harvard University Press, 1996), pp. 17-20를 보라.

21. *Theory of Justice*, sec. 84, p. 491; Sandel, Democracy's Discontent, p. 12.

한 감정을, 센델은 '구성적 애착(constitutive attachments)'이라고 부른다. 이것은 내 성격의 외부적인 것이 아니라 실제로 나를 구성하고, 특정한 '나'라는 존재를 만든다. 애니 딜러드(Annie Dillard)는 깊은 숙고의 결과물인 『자연의 지혜(*Pilgrim at Tinker Creek*)』에서 세상에 '나무'는 존재하지 않고, 오직 '이 나무' 혹은 '저 나무'만이 있을 뿐이라고 했다. 이는 모든 생명체가 구체화하거나 상황에 적응한 삶이라는 센델의 지적을 포착한다. 아무런 구성적 애착도 없는 자아를 발견하는 것은 자아를 아예 발견하지 못한 것이거나, 최소한의 우정이나 시민권을 가질 수 없는, 쪼그라들고 오그라든 자아를 발견하게 된다는 뜻으로, 이 자아는 선을 공유하거나 공동선에 기반한 공동체적 삶으로만 실현할 수 있는 타인에 대한 유대나 헌신을 경험하지 못한다. 인간은 공동체에 대해 느끼는 깊은 애착을 통해서만 덕을 얻을 수 있다는 센델의 설명은 공동체에서 분리된 개인을 몸에서 떨어져 나간 손에 비교한 아리스토텔레스의 설명으로 거슬러 올라간다.[22]

센델은 다른 사람들이 저지른 어리석은 실수를 반복하지도 않고, 공동체를 잘 모른다고 롤스를 탓하지도 않는다. 롤스의 평등주의는 사회를 승자와 패자가 갈리는 시장으로 설명하는, 원자화하는 묘사에 반대한다. 이런 시각은 사회가 집단 기업이라는 인식을 불러온다. 롤스는 특권층의 성공이 자신의 노력만큼이나 타인의 협력에 큰 빚을 지고 있기에, 사회는 일종의 합작회사(collective enterprise)라고 말한다. 그러나 센델은 롤스가 사회에 대해 합작회사나 협력회사의 성격을 강조하기보다 더 강력한 공동체로 이해하기를 원했다. 사회적·경제적 협력의 기제를 유지하자는 사회 구성원들의 이기심이

22. Sandel, *Democracy's Discontent*, p. pp. 14-15.; Michael J. Sandel, *Liberalism and the Limits of Justice* (Cambridge: Cambridge University Press, 1982), pp. 179-183을 보라.

서로 맞물린 상태로 개인을 바라보는 시각과 서로 마음을 한데 모은 상태로 개인을 바라보는 시각은 별개다. 즉 개인은 서로 깊이 연관돼 공동체적 삶 – 특정한 전통, 관습, 종교 – 을 함께 유지하므로 합리적 자기 이익이 다른 곳에 있을 때조차도 늘 모두 같은 사회에서 존재하고, 집에 머물고, 충성심을 지킨다는 것은 별개의 문제다. 그러나 사회가 이처럼 구성원에 대해 더 깊은 도덕적 책무를 정당하게 요구할 수는 없고, 또 이런 주장을 할 수 있는 사회도 사실상 거의 없다. 그러나 센델은 특정한 민주주의 공동체가 시민의 구성적 애착을 지지할 수 있느냐에 따라 세워지거나 무너진다고 말한다. 민주주의는 공동선을 따르는 정치 체제이기 때문이다. 그리고 언제나 삶의 새로운 목적을 선택할 수 있는 롤스적인 개인은 얻을 수 없는 충성심, 충실함, 연대를 유지하는 덕을 갖출 때만 공동선은 번성할 수 있다.

센델은 롤스를 넘어서 두 가지 유사한 이유로 자유주의를 비난한다. 첫째, 자유주의 국가는 현실에서 이론적 요청과 달리 절대 중립적일 수 없다. 둘째, 중립적 국가라는 이상이 실현되더라도, 이것 하나만으로는 매력적이지 않다.

센델은 첫 번째 문제의 사례로 낙태 관련 로 대 웨이드 판결 사례를 언급한다. 만약 태아가 아직 인간이 아니라고 믿는다면, 임신부가 낙태나 임신을 결정하게 한 법원의 결정은 완벽하게 공정해 보일 것이다. 그러나 만약 태아가 이미 인간이라고 생각한다면, 임신부가 다른 사람의 삶과 죽음을 선택하게 하는 결정은 중립적으로 보이지 않을 수 있다. 이는 살인을 허락하는 것과 다름없어 보일 것이다. 그러므로 어떤 사람이 로 대 웨이드 판결에 동의하든 그러지 않든, 센델은 어떻게 여성과 태아를 동등하게 존중할 수 있을지에 대한 실질적 도덕 논쟁에서 대법원이 중립을 유지하거나 한 범주로 묶지 못했다는 점을 지적한다. 오히려 여성에게 선택권을 준 것은 태아도 인간으로 존중해야 한다고 생각하는 사람들의 관점에 이미 반하는 결정이다.[23]

낙태 논쟁에서 진실인 것은 센델의 정치에서도 대체로 진실이다. 심지어 자유주의 국가도 실질적인 도덕 논쟁에서 한 가지 관점을 택해야 하는 상황을 피할 수 없다. 그리고 자유주의가 도덕적 중립성 약속을 이행하지 못한다는 것은 좋은 일이지 나쁜 일이 아니다. 왜냐면 그런 정치는 빈약해서, 선동 정치가들이 인간의 소속감에 대한 욕구를 충족하러 몰려들기 때문이다. 한 가지 사례를 들겠다. 민주주의 정치는 한편으로 내면의 소비자를 만족시키는 데 기초를 둔 삶의 계획이 지닌 가치와 다른 한편으로 내면의 시민을 동원하는 가치에 기초를 둔 삶의 계획이 지닌 가치 사이에서 중립적일 수 없다. 민주주의는 근본적으로 자치에 유일한 도덕적 가치를 부여하는 시민의 덕을 요청한다. 그런 시민적 덕이 없다면, 조악하거나 저급한 민주주의를 받아들일 수밖에 없다. 그런 민주주의 사회에서는 이기심이 지배할 것이다. 시민의 덕이 있어야 공동선에 따른 지배가 가능하다. 롤스처럼 국가가 어떤 삶의 방식을 다른 방식보다 선호할 수 없다고 말하는 것은 민주주의를 가능케 하는 특별한 도덕적 덕을 침식할 것이다.

왈저 교수 역시 그의 『정의와 다원적 평등(*Spheres of Justice*)』에서 '상황에 적응한 자아'의 정치적 삶을 탐구하기 시작했다. 그는 롤스 이론의 문제가 '객관적이고 보편적인 관점'을 얻고자 '동굴에서 나와 도시를 떠나고 산을 오르'게 하는 모든 정치철학에서 발견된다고 생각했다.[24] 산이나 상아탑 꼭대기에서 내려다보면 정치적 삶에 언제나 함께하는 '특수성'의 관점을 잃어

23. Sandel, *Democracy's Discontent*, pp. 20-21.

24. Michael Walzer, *Spheres of Justice: A Defense of Pluralism and Equality* (New York: Basic Books, 1983), p. xiv.

버리게 된다. 사람은 언제나 현실 도시에서 살 뿐, '어디에도 없는 유토피아('Utopia'는 '어디에도 없는 나라'라는 뜻이다 – 역자)'에서 살지 않는다. 그리고 정치 이론의 임무는 '인간이 (이미) 공유하는 세계의 의미'에 바탕을 두고 동료 시민에게 논증하는 것이다.[25] 이런 '이해의 공유'는 특정한 시기와 장소에 역사적으로 한정돼 있고, 어디서나 적용할 수 없다는 것은 – 정말로 그 이해가 공유되는 한 – 왈저 교수에게 아쉬움의 원인이 아니라 오히려 좋은 점이다. 바로 이 이해의 특별함 덕분에 사람들은 이를 의미 있는 방식으로 공유하고, 그들에게 자신을 인간적 구성으로 인식하고, 특별한 친밀감과 책임감을 경험하는 세계의 변화를 요구하게 한다. 다시 말해 사회 구성원들이 그 사회가 정의롭다는 사실을 알게 되고, 이해하고 받아들일 때 정의가 인간적·정치적 구성이라는 바로 그 사실이 민주 정치를 가능케 한다.

그러나 "무한히 존재하는 문화, 종교, 정치적 배경, 지리적 조건 등으로 형성되는 무한대의 삶이 있다." 다원주의는 정치적 조건이고, 사회 정의는 대부분 사회 구성원의 주장을 통해 내부적으로 판단돼야 하며, 재화의 배분에 대한 제도가 공정하도록 국지성 원칙과 일치하는지에 대한 공통의 이해와 일치해야 한다. 어떤 사회에 내재하고 내포된 원칙을 대체할 수 있는 "외부적이거나 보편적인 원칙은 존재하지 않는다." 왈저 교수는 어떻게 재화를 정의롭게 배분해야 할지에 대한 모든 설명은 '국지적인 설명'이라고 말한다.[26]

예를 들어 오늘날 미국의 건강 보험에 관한 논쟁을 생각해보자. 왈저 교수는 정치적 시각을 드러낸다. 그는 소득 불평등이 의료 서비스의 불평등이 되어서는 안 된다고 주장한다. 그러나 그는 이렇게 주장하면서 의사가 다른

25. Ibid.
26. Walzer, *Spheres of Justice*, pp. 313-314.

사람들보다 어떤 특정한 환자를 먼저 돌봐야 할 좋은 구실로 보이는 관점을 동료 시민에게 되새기고 있을 뿐이라고 믿는다. (미국에서) 의사들은 가장 아픈 사람이 아니라 가장 부유한 사람을 먼저 돌봐서는 안 된다는 생각을 이미 공유하고 있다. 왈저 교수라면 카스트 제도가 작동하는 다른 사회를 상상할 수 있다. 그 사회에서 사람들은 정의를 각기 다르게 이해하고, 수확에서부터 의료 서비스까지 모든 종류의 선이 더 고귀한 계급의 사람들에게 먼저 돌아가야 한다고 생각하는 관점을 더 낮은 계급의 사람들도 공유할 수도 있다. 그러나 이것은 모든 정치적 논증이 국지적이라는 사실을 보여줄 뿐이다. 미국에서 부자들은 그들이 카스트 제도 내에 있지 않을 뿐 아니라, 단지 사람들이 너무 가난하다는 이유만으로 의료 서비스를 받지 못해서는 안 된다고, 이미 이해한다는 사실을 바꾸지는 못한다.

모든 정치적 주장이 국지적이라는 사실을 보여주고자 왈저 교수가 설정한 또 다른 유명한 사례를 들어보자. 나와 같은 세대 사람들은 베트남에 대한 정치적 인식이 있었다. 그와 마찬가지로 왈저 교수 세대 사람들에게 1950년대 프랑스-알제리 전쟁은 특정한 정치적 의미가 있었다. 이 전쟁이 끝나고 오랜 세월이 흐른 뒤에 왈저 교수는 곰곰이 생각했다. 프랑스 식민지 군대와 알제리 저항자들 모두 무고한 사람들의 피를 손에 묻혔고, 이런 의미에서 그 전쟁은 베트남 전쟁의 선도자였다. 프랑스가 알제리를 계속해서 지배하려고 어떤 대가를 치렀는지 생각한다면, 프랑스식 변명에서 비롯한 정의는 이해하기 어렵다. 그러나 알제리가 피 한 방울 흘리지 않고, 한 발의 총도 쏘지 않고, 자유 민주주의를 실현할 수 있었다고 가정해보자. 예를 들어 수도에 마법의 정치 약을 풀었다고 상상해보자. 그렇다면 프랑스는 알제리 사람들을 위해 알제리 정치를 개선했다는 점에서 정당화될 수 있을까? 그의 대답은 단연코 '아니오'였다. 아무리 자유 민주주의적 가치라고 해도 그것은 다른 사람들의 운명을 결정할 식민지 권력을 충분히 정당화할 만한 '보편적' 가치는 아니다. 만약 알제리 사람들이 민주주의자가 된다면, 그들 스스로 이런 이해에 도달할 것이다. '우리'가 '그들'의 운명을 결정할 '원초적 입장' 따위는 존재하지 않는다.

왈저 교수는 알제리인들의 사례를 들면서 모든 전쟁이나 외국의 인도주의적 개입의 정당성을 배제하려고 한 것은 아니다. 그는 단지 기준을 높이 설정하기를 원했다. 국제 공동체가 불량국가의 인민이 간섭에 동의한다고 결론을 내릴 수 있게 정당화하려면, 불량국가/변절국가(renegade state: a state that does not respect other states in its international actions의 우리말 번역 – 역자)의 공격성이 너무 명백하거나 인권의 내부 침해가 그만큼 절박해야 한다.

왈저, 노직, 센델이 롤스를 비판하는 동안, 정치이론이 명백히 재탄생했다. 정치이론은 낙태에서부터 재산권, 복지 개혁, 전쟁, 인도주의적 개입까지 당면한 실제 정치적·법적 문제의 중심이 됐다. 롤스에 대해 가장 단호한 비판자들은 '미국인이 아니면 기껏해야 영미권 청중에게나 관련' 있다며, 롤스의 사고를 일정 영역으로 가두려 했다.[27] 그러나 이는 사실에 부합하지 않는다. 독일에서 위르겐 하버마스의 중요성은 홀로코스트 이후 독일에서 입헌 민주주의를 지지하는 큰 기획으로서 그가 롤스에 대해 성찰한 방식에서 일부 기인한다. 하버마스는 많은 주제에서 롤스와 거리를 둔다. 롤스가 자아의 자치를 강조했다면, 하버마스는 타인과 관계하며 타인의 인식, 타인과의 소통에서 개인의 정체성이 상호주관적으로 형성되는 방식을 강조한다. 그러나 그는

27. Allan Bloom, *Giants and Dwarfs: Essays, 1960-1990* (New York: Simon and Schuster, 1990), p. 316.

입헌 민주주의에 대한 롤스의 이해를 '사회 연합들의 사회적 연합(social union of social unions)'이라고 했다. 말하자면, 공동 가치를 공유한다는 것을 엄격하게 해석하면 민주 국가는 그(the) 단체도 아니고 심지어 어떤(a) 단체도 아니라는 것이다. 그래도 그들이 공유하는 것이 그들이 속하게 될 공동체의 다양성에 대한 존중일 때, 사람들은 그들이 공유하는 사명감을 지지한다는 사실이 입증됐다. 하버마스는 오늘날 독일에 이런 자유주의가 적절하다고 이해했다.

이스라엘에서, 야엘 타미르(Yael Tarmir)의 책 『자유주의적 민족주의(*Liberal Nationalism*)』는 '중립적 국가'에 대한 롤스의 기본 패러다임이 유대인들과 관련해서 특정한 개념이 있는 국가와 상응할 수 있는지에 대한 사고를 확장한다. 그리스에서 내 동료 대학원 학생이자 오랫동안 아테네 대학에서 교수로 재직 중인 파스칼 키트로밀리데스는 그리스 시민의 자유를 롤스적으로 논하고자 군사 정권 시기에 세상의 이목에서 벗어난 채 고군분투했다. 롤스가 틀림없이 '원초적 입장'과 유사한 것을 통해 헌법을 고안하는 논의에 영감을 불어넣었지만, 이런 패턴이 동유럽이나 아시아의 신흥 공화국 전반에서도 진정한 정치적 담론이라고 봐야 하는지는 회의적이다.

국제 관계에서, 찰스 베이츠와 토머스 포기 같은 학자들은 국내 정치에 대한 롤스의 시각이 전 지구적 정의에 대해 어떤 의미가 있는지 독창적으로 사고하기 시작했다. 만약 차등 원칙이 가장 가난한 사람들에게 이익이 되도록 경제적 불평등이 작동하기를 요구한다면, '국제적' 차등 원칙도 가난한 나라에 부유한 나라의 부가 분배되기를 요구할까? 소위 세계주의자들은 국가 간 경제적 불평등의 정도를 제한한다는 측면에서 국제 정의가 국내 정의와 유사하다고 주장한다.

흥미롭게도, 롤스는 『만민법(*The Law of Peoples*)』에서 국제적 차등 원칙 개념을 단호하게 거부한다. 정의는 스스로 정치에 적절히 지배받는 사람들과의 관계에서 책임을 부과하지 않고, 정치를 공유하는 이들에게는 국내에서 특수한 책임을 부과한다고 주장하는데, 이는 왈저 교수와 의견이 같은 편이다.[28] 예를 들어 산업 성장을 억제하는 문화를 보호하고자 신학적으로 치우친 선택을 했다면, 그 나라가 경제적으로 다른 나라보다 '가난하다'는 사실은 국제적으로 부를 재분배해야 한다는 주장의 근거가 되지 못한다. 부유한 나라가 다른 나라에서 발생하는 심각한 인도주의적 재앙에 대해 '구조 의무'를 진다고 하지만, 이는 국가가 국내적으로 실천하는 광범위한 부의 재분배와는 동떨어진 일이다.

자유 민주주의가 국내에서 시민의 다양한 삶의 계획을 존중해야 하는 것과 같은 이유로, 외국 사회가 그들의 정치를 구성하는 방식의 다양성을 존중해야 한다. 심지어 그 정치가 자유주의적이지 않거나 민주주의적이지 않더라도 말이다. 롤스는 우리가 누리는 것과 같은 성격의 자유 민주주의가 아니더라도 사회에는 문제없고, 질서가 잘 세워질 수 있다는 사실을 지적한다. 국가가 평화롭고 팽창주의를 표방하지도 않고, 또한 인간의 기본권을 보장하는 법체계가 있고, 사회 구성원들이 이를 정당하다고 생각한다면, 국제법은 그 국가의 주권을 존중해야 하고 국제 사회의 일부로 맞이해야 한다.[29]

그러나 몇몇 사회는 국제법이 주권을 인정할 필요가 없는 '무법 국가'다. 무법 국가와 자유주의적이지 않지만, 괜찮은 국가의 차이는 다음과 같다. 두 사회 모두 모든 시민이 자유롭고 평등하다는 개념을 부정한다. 그러나 괜

28. John Rawls, *The Law of Peoples* (Cambridge, Mass.: Harvard University Press, 1999); Rawls, "The Law of Peoples," in *Collected Papers*, ed. Samuel Freeman (Cambridge, Mass.: Harvard University Press, 1999), p. 558.
29. "Law of Peoples," p. 530.

잖은 사회라면 평등하게 대우받지 못하는 사람들도 여전히 용인되고, 그들의 관점과 필요도 고려의 대상이 될 것이다. 무법 사회에서는 이처럼 합당한 삶의 방식에 대한 기본적인 관용이 용인되기보다 결여돼 있다.

스트라우스의 대안

레오 스트라우스(Leo Strauss)에게 지적으로 의지하는 정치이론가들은 롤스만을 대단하게여기고 존중하는 태도를 격렬히 반대한다. 이른바 '스트라우스 신봉자들'이 최근 뉴스에 자주 등장한다. 이는 조지 부시 대통령의 얼마나 많은 핵심 조언자가 스트라우스 캠프 출신인지를 우스꽝스럽게 과장하는 매체 탓이다. 이 숫자가 어리석은 이유는 스트라우스의 복잡한 가르침을 언론이 '신보수주의'라고 부르기 좋아하는 이데올로기로 환원했기 때문이다. 그리고 소크라테스의 학생들이 아테네의 장군이 됐을 때 제자 알키비아데스가 저지른 모든 잘못에 소크라테스가 책임을 진 것과 마찬가지로 스트라우스는 그의 제자들(더 정확하게는 그의 제자의 제자들)이 테러와의 전쟁에 관해 대통령에게 한 조언에 어찌 됐든 책임이 있다.

롤스를 공부한 사람들, 혹은 스트라우스를 공부한 사람들의 학계에서 벌이는 내부 논쟁은 일반인들에게는 재미없겠지만, 그 학계에 속한 사람들에게는 매우 흥미롭다. 그러나 나는 스트라우스가 이룬 대단한 성과를 이야기하고 싶다. 그는 다작하는 작가였지만, 정교한 그의 글은 근대적 합리주의 전반이 최악의 충동으로 막다른 골목에 다다랐음을 보여주며, 결론으로 고대 정치이론의 부활을 제안한다. 근대 철학, 특히 사회 과학은 고대인들이 자연권 개념을 이해하는 방식을 거부함으로써 허무주의 위협을 받을 수 있는 위험한 도덕적 상대주의를 포함한다. 고대인들에게 자연은 정부와 법이 정의로운지를 판단하는 객관적이고 지속적인 기준을 제공했다. 플라톤과 아리스토텔레스는 사람들이, 최소한 몇몇 사람들이 '어떤 것이 본질적으로 좋거나 옳은지에 대한 진정한 지식을 얻을 수 있다'고 가르쳤다. 그러나 스트라우스에 따르면 근대에 법은 실증적일 뿐이다. 법의 권위는 '입법된다'는 단순한 사실에서 비롯한다. 어떤 원칙도 선천적으로 옳을 수 없고, 모든 것은 단순히 환경의 산물일 뿐이다. 아마도 그래서 역사는 '모든 정의 원칙이 변할 수 있기에' 모든 가치는 스쳐 지나가는 순간에 어떤 유한한 문화나 문명의 단계에 따라 상대적일 수밖에 없다고 가르친다. 따라서 오늘날 사상은 불가피하게 플라톤의 동굴을 향할 수밖에 없다는 것이다. 정치철학이 역사에서 시간을 초월하고 초월적 사실을 이해할 수 있다는 생각은 일종의 신화다.[30]

스트라우스는 근대의 사회 과학에서 만연한 '사실/가치' 구분에 특히 주목했다. 막스 베버 이후 사회 과학자들은 '가치 중립적'으로 연구하기를 열망했다. 종교 사회학을 연구하는 학자는 종교의 가치를 평가할 권리가 없었다. 그는 오직 다양한 종교적 사고와 그 원인과 결과처럼 과학적으로 확인할 수 있는 역사적·사실적 지식만을 제공하도록 스스로 제한해야 했다. 그러나 이상 자체의 가치를 평가하는 것은 이성이 개입할 수 없는 문제였다. 언제나 다양한 궁극적 가치가 있게 마련이고, 이런 가치는 계속해서 존재할 것이다. 여러 가치 가운데 어떤 것을 선택하는지는 명백히 주관적이고 비합리적인 문제다. 이런 자의적인 가치 선택을 막고자 이성이나 과학, 철학이 할 수 있는 것은 없고, 결국 이는 개인의 문제일 수밖에 없다. 따라서 정확히 롤스가 전형적으로 보여준 방식으로, 사회와 정치학을 연구하는 사람들은 합리적 연구의 주제

30. Leo Strauss, *Natural Right and History* (Chicago: University of Chicago Press, 1970), pp. 5, 9.

가 될 수 있는 '사실' 문제에서 '가치' 문제를 '하나의 범주로 묶을' 것이다.

스트라우스는 가치를 단지 개인적 선호로 보는 시각이 근대성을 그 특징적 궁지로 몰아넣었다고 비판했다. 우리는 덜 중요한 사실에 관해 지식을 갖출 수 있지만, "가장 중요한 면에서의 완전한 무지에 체념해야 한다. 우리는 자기 선택의 궁극적 원칙, 즉 타당성 여부에 대해서는 어떤 지식도 가질 수 없다. 궁극의 원칙은 자의적이며, 그래서 결국 맹목적일 수밖에 없는 선호 말고는 아무것도 없다."[31]

고대 정치이론을 공부하는 핵심 목표는 무엇이 인류에게 진정으로, 본질적으로 좋은지를 물어볼 가능성을 되찾는 일이다. 그러나 여기서 정치이론에 대한 스트라우스의 접근은 두 가지 이유에서 각별하다. 그는 많은 정치이론의 위대한 작업이 대중에게 전달되는 표면적인 의미와 깊이 숨겨진 의미를 구분하는 방식으로 이뤄져서 의도적으로 모호하고 난해하다고 말한다. 이런 의미는 많은 사람에게 발견돼 정치 변화의 청사진이 되려 하지 않았다. 이런 의미는 언제나 소수의 분야로, 언제나 정치와 철학의 긴장, 정치를 지배하는 '견해'와 철학이 동굴에서 나와 광명을 찾고자 할 때 철학이 깨닫는 진정한 지식 사이의 긴장을 해결하지 않은 채 남겨뒀다.

『정의와 다원적 평등』에서 왈저 교수는 일상의 정치가 드러내는 특정한 윤곽을 더 잘 관찰하려고 '동굴에, 도시에, 그리고 땅에 서 있고자' 한다고 했다. 그는 정치이론가들의 임무가 '어디에도 없는 유토피아'에 대한 정치와 상관없는 추측을 하기보다 현실의 투쟁으로 들어가는 데 있다고 생각했다.[32]

『자연권과 역사(*Natural Right and History*)』에서 스트라우스는 "철학적 사유

31. Strauss, *Natural Right*, p. 4.
32. Walzer, *Spheres of Justice*, p. xiv.

는 동굴을 떠난다는 것을 의미한다."라고 썼다. 정치철학자는 '자연스럽거나 최상인 정치 질서'를 탐구해야 한다. 정치철학자는 '지금 여기서 현실적인 것'을 초월해서 '현실의 모든 질서 저편'으로 이동하지 않고는 그런 철학 문제에 접근할 수 없다.[33] 정치는 절대로 완전히 합리화될 수 없고, 이성은 더 높은 단계로 물러나야만 자신을 보호할 수 있으므로 철학은 현실 도시를 떠나야 한다. 우리가 왜 정치사상사를 공부해야 하는지에 대한 왈저와 스트라우스의 개념 대립은 극명하다.

스트라우스는 1973년 사망했고 개인적으로 롤스와 관련이 없었지만, 그의 학생들과 후계자들은 롤스와 관련을 맺었다. 본질적으로 그들은 사람들이 서로 실질적인 도덕적 차이를 '같은 범주에 넣거나' '제쳐둔다'는 롤스의 조언을 가치에 대한 도덕 상대주의의 최신 버전으로 이해했다. 롤스가 말한 무지의 베일은 좋은 삶이 어떤 것인지에 대한 개념을 사람들이 이해하지 못하게 한 것으로 유명하다. 그러나 스트라우스의 추종자들에게 롤스의 베일은 "정의는 맹목적이다."라는 표현에 새로운 의미를 부여했다.

페미니즘과 롤스

『정의론』이 출간되고 나서 얼마 뒤에 나는 대학원에 다니기 시작했고, 정말로 운 좋게 같은 과 학생 수잔 몰러 오킨을 만났다. 수잔은 내게 동료이자 친구이며 거의 15년간 이 책의 기원이 된 과정에서 가르침을 공유했다. 롤스의 명성이 높아지자, 수잔은 찬사를 보내면서도, 나를 포함한 많은 이에게 그 책이 여성과 가장 깊은 관련이 있는 정의의 문제 – 말하자면 가정 '내에

33. Strauss, *Natural Right*, pp. 12, 15.

서의' 권력, 재산, 지위, 평등 – 에 대해서는 이상하리만큼 침묵한다는 점을 지적했다. 사실, 우리는 성을 원초적 관점에서 사람들이 잘 모르는 특성으로 가정할 수 있지만, 롤스는 성을 알 수 없어야 할 특성의 목록에 분명하게 포함하지 않았다. 그는 원초적 상황에 있는 남자는 자신을 '가장(家長)'으로 간주하므로 다음 세대의 이해관계를 고려한다고 했다. 그러나 롤스가 세대 간 문제를 이야기할 때 그는 전형적인 부자 관계를 언급했다. 오킨은 롤스가 원초적 상황에서 집안의 가장은 남자라는 가정을 단순히 배경으로 설정하는 데 문제를 제기한다고 생각했다.

이 모든 것이 내게는 놀라웠다. 왜냐면 가족의 통치 문제를 아예 무시하거나, 정의보다 사랑으로 관계를 맺는 사적 영역으로 간주하는 대부분 고전적 정치이론가와 달리, 롤스는 가족을 정의에 대한 대중의 요구가 적용되는 기본적인 사회 제도 중 하나로 인정했기 때문이다. 그는 삶의 전망이 가족 내에서 벌어지는 일에 큰 영향을 받는다는 점을 강조했다. 그리고 질서 있는 사회의 안정성은 '정의가 요구하는 원칙대로 행동하려는 강하고 일반적으로 효과적인 욕구'가 있는 구성원들에 달렸다고 생각했기에, 아이들이 도덕적으로 성장하고 배우는 곳인 가정에서 정의가 그 자체로 얼마나 중요한지 알고 있었다.[34]

오킨은 롤스가 가족에 부여했던 바로 그런 중요성을 바탕으로 그가 가족 삶의 '내부' 역학에 대해 더 중요한 연구를 진행했어야 한다고 지적했다. 특히 오킨은 롤스가 정의의 두 가지 원칙을 가족 통치에 적용하지 않았다는 점을 비난하고, 그녀 자신이 바로 이 작업을 진행했다. 비록 롤스가 요구하

34. *Theory of Justice*, sec. 69, p. 398; sec. 70, p. 405.

지는 않았지만, 롤스의 원칙이 가리키는 잠재적인 '젠더 구조화된 사회 제도에 대한 비판'을 밝히고자 했다. 예를 들어 원초적 상황에 있는 사람이 보호하려는 핵심 자유 중 하나인 '직업 선택의 자유'는 매우 중요하다. '그' 원칙을 가족 삶에 적용할 때 양육과 가사 책무는 남성이 아니라 여성 몫이라는 관습적 기대를 근본적으로 약화할 것이다. 또한, 자기 존중은 아이가 삶에서 기회를 공정하게 얻으려면 개발할 필요가 있는, '아마도 가장 중요하고 우선적인 선'이어서 만약 가족 내에서 젠더화한 역할이 소녀의 자신감을 시작부터 약화하거나 한쪽에 치워두게 한다면, 롤스의 원칙은 수정돼야 한다.[35] 마지막으로, 오킨은 롤스의 차등 원칙에 따라 배우자 간 소득과 재산의 불평등은 여성에게 '불리하게' 작용했다고 밝혔다. 이 사실만으로도 전통적 가족 구성의 공정성에 의문이 제기된다. 특히 이혼의 경우에는 더욱 그렇다.

지금은 젠더와 평등에 관해 페미니스트들이 롤스를 다루고, 자유주의 기획의 불완전성에 주목했던 시기의 강렬했던 흥분을 재현하기는 어렵다. 나는 정치 논증에서 젠더 문제를 중심 이슈로 제기하려는 오킨의 끈질긴 – 정말 끈질겼다 – 주장을 많은 학자가 비웃었다는 사실을 개인적으로 증언할 수 있다. 그러나 롤스는 그들과 달랐다. 그는 오킨의 조언을 특히 '여성의 평등한 정의에 대한 자유주의적 설명이 가능하다는' 희망을 주리라 생각하며 반겼다. 롤스는 모든 올바른 자유주의 국가는 '여성과 남성에 대한 평등한 정의'에 바탕을 둔다는 점을 『정의론』에서 보다 명백히 밝혔어야 했음을 인정했다.[36] 그러나 그는 가정생활에 대한 자유주의 이론이 수반하는 것에 관해

35. *Theory of Justice*, sec. 43, p. 243; sec. 67, p. 386; Susan Moller Okin, *Justice, Gender, and the Family*(New York: Basic Books, 1989), pp. 101-109.
36. John Rawls, "The Idea of Public Reason Revisited," in *Collected Papers*, p. 595, n. 58.

서는 오킨의 의견에 동의하지 않았다. 특히 정의의 정치 원리가 가족의 '내부적' 삶에 적용돼서는 안 된다는 개념을 거부했다. 자유주의 국가는 일반적으로 종교 집단이나 노동조합, 혹은 전문가 조직처럼 단체의 내부적 삶을 통치하려 들지 않는다. 그렇다고 해서 주교가 교인들에게 아무 짓이나 할 수 있다는 뜻은 아니다. 교인들은 예배당에서도 여전히 시민이다. 그리고 종교 단체는 구성원이 시민으로서 갖는 권리를 반드시 존중해야 한다.

롤스는 이것이 가족과 국가 관계에서도 똑같다고 말한다. '아내는 남편과 똑같은 시민이므로 모든 아내는 남편이 갖는 기본권, 자유, 기회를 똑같이 누린다.' 그 결과, 정치적 정의 원칙은 가족에게 적용되고, 가족의 어떤 관행이 정의로운지도 결정한다. 그러나 우리는 – 또는 롤스는 – 한 걸음 더 나아가 배우자, 부모, 자녀의 사적인 삶을 정치적으로 규제하고 싶어 하지 않는다. 그 규제는 가정생활에 적합한, 자유롭고 번성하는 내면의 삶을 억압한다. 예를 들어 아이에게는 학대나 방임을 당하지 않을 권리가 있고, 국가는 이 문제에 개입할 수 있지만, 사람들은 정치가 아이를 어떻게 길러야 할지 미리 모두 정해놓기를 원하지 않는다. 그럴 때 정치는 자기 위치를 벗어나며, 오히려 "성숙한 가족 구성원의 자연스러운 애정과 선의에 의지하는 편이 낫다."[37]

그러나 이것도 적당해야 한다. 롤스는 가족의 성인 구성원은 먼저 '평등한 시민'이고, 이 지위는 독립적인 가족의 삶을 능가한다는 것을 인정한다. 여기서 롤스는 도움이 됐던 오킨과 다른 이들에게 감사하면서, 평등한 시민으로서의 여성과 무급 가사 노동자로서의 여성 사이에 커다란 긴장이 있음을 인정한다.

37. "Idea of Public Reason," pp. 597-598.

> 여성에 대한 오래된 역사적 부정의는 자녀의 성장, 양육, 돌봄에서 여성이 부정의한 분배를 참아왔고, 또 계속 참는다는 데 있다. 여성이 이혼을 규제하는 법으로 불이익을 받을 때, 이 부담은 여성을 매우 취약하게 만든다. 밀은 자기 시대에서 가족은 남성 폭정의 학교였다고 고백한다. 만약 그렇다면, 합당한 입헌 민주주의 사회를 명하는 정의 원칙은 명백히 가족 개혁에 적용될 것이다.[38]

롤스와 오킨이 모두 동의한 한 가지 확고한 제안은 자녀 양육과 가사를 돌보는 등 많은 일을 아내가 감내해야 하는 전통적인 결혼 생활에서 이런 무임금 노동에 대해 남편이 버는 돈을 아내에게 지급하도록 법으로 정해야 한다는 것이다.

롤스는 2002년, 오킨은 2004년에 사망했다. 나는 시간이 지나면서 가족의 삶에 대한 자유주의 사고가 어떻게 더 순수해질 수 있었는지를 확인했고, 그들이 좋아했으리라 생각했다. 일찍이, 타 인종 간의 혼인을 금지하는 혼혈 금지법은 이런 법이 보여줬던 바로 그것, 즉 지위에 관한 편견의 사례로 폭로됐다. 오늘날 게이나 레즈비언에 대해 이와 유사한 변화가 일어나고 있다. 전통적으로 혼인은 이성 커플을 보호해왔다. 그런데 왜 그래야 할까? 몇몇 사람은 혼인의 목적이 출산이기에 게이나 레즈비언 커플은 그런 이유로 배제된다고 주장한다. 그러나 불임의 이성 커플은 혼인할 수 있고, 심지어 한 사람이 임종 직전이어도 가능하다. 따라서 생식 능력의 부재는 혼인에서 늘 장벽이 되지는 않는다(어느 학생은 암으로 난소 적출 수술을 받았지만, 교구 신부님이 성당에서 혼인성사를 치를 수 있다고 한 일을 감동적으로 들려줬다).

38. "Idea of Public Reason," p. 598.

동성혼 반대자들은 이성 커플이 혼인하고 출산하거나 혹은 입양하더라도 그것이 아이들에게도 최선이라고 주장한다. 그러나 이 문제에서 최고의 답변은 롤스가 그의 삶의 끝자락에서 했던 대답이다.[39] 사람들이 물어볼 필요가 있는 질문은, 게이나 레즈비언 커플이 이성 커플과 똑같이 사랑할 수 없다거나 조화로운 가정을 꾸리지 못한다거나 혹은 아이들에게 도덕 감정 개발이나 교육, 더 넓은 문화로 진입을 보장할 양육을 할 수 없다고 판단할 만한 편견 없는 이유가 있느냐는 것이다. 전통적인 사람들만이 이런 목적을 이룰 수 있다고 생각할 만한 이유가 없다면, 평등한 자유의 원칙은 관습적인 주장 너머에 있는 가족적 삶의 형태의 정의로움을 인정해야 한다.

성소수자의 권리에 대한 현실의 정치 논쟁이 롤스와 그의 비판자들 사이 지적 논쟁을 얼마나 실질적으로 반영하는지 살펴볼 필요가 있다. 성소수자 권리 찬성자들은 그들의 성생활이 좋은지 나쁜지에 대한 실질적인 도덕적 차이를 하나의 범주로 묶고, 누구나 자신만의 성적 지향을 구현할 수 있어야 한다는 롤스의 조언을 인용한다. 다른 사람들은 관용만으로는 충분치 않다고 주장한다. 왜냐면 진정한 변화는 게이와 레즈비언의 삶에 대한 대중의 '존중'이 있어야 하기 때문이다. 이런 관점에서, 성적 지향에 대한 내재한 도덕적 논증에 직접 참여해야 근본적인 변화가 가능하다.

나는 이렇게 주장하는 사람들이 정치이론을 공부하느라 바쁘다고 할 만큼 순진하지 않다. 이것은 정치가 작동하는 방식이 아니다. 하지만 정치이론이 오늘날 얼마나 핵심적인지를 보여주는 것은 정치이론이 정치에 그 놀라운 중요성을 부여하는 여전한 투쟁을 포착하고 밝혀낸다는 사실이다.

39. "Idea of Public Reason," p. 596, no. 60.

결론 정치를 향한 열정

이 책에서 나는 고전 정치이론의 여러 작업이 '정전'을 이루는 것처럼 말했다. 내가 이 용어를 사용한 것은 오직, 전통은 지금까지 아주 긴 시간을 지나왔고, 이제 과거에서 배운 의미와 깨달음을 오늘날 정치에 반영하며 그와 연결된다는 사실을 의미하기 위해서였다. 마키아벨리의 인식은 피렌체 세계에서 다른 정치이론가들과 같은 수준이었다. 그러나 그는 몇몇 정치와 폭력에서 지속되는 특징을 이해함으로써 그의 주위에서 일어나는 변화를 더 잘 이해할 수 있었다. 홉스는 종교 내전으로 상처 입은 영국을 위한 치료책을 탐색했다. 그러나 그는 선조가 자기 시대에 평화를 어떻게 추구했는지를 연구하면서 그의 시대가 겪는 병폐에 대한 통찰력을 심화했다. 루소는 자기 고향인 제네바의 엄격한 삶의 방식에 대한 동경과 새롭게 파리가 제공하는 사치를 수용하는 것 사이에서 갈등했다. 그러나 그리스인들이 모범으로 스파르타나 아테네 사이에서 결정한 선택으로 거슬러 올라갈 수 있듯이, 그는 금욕적인 제네바와 미학적인 파리 사이의 선택이 정치사에서 어떻게 다시 일어날 수 있는지 알 수 있었다. 롤스는 자유 민주주의에서 구체적이고 근대적인 정의 개념을 명백히 정립하려고 노력했다. 그러나 우리의 정치적 가치가 홉스에서 로크, 루소, 칸트로 이어지는 '사회계약'이라는 이상을 표현하는 것으로 이해될 때 가장 잘 살펴볼 수 있음을, 그는 확인해줬다.

나는 플라톤의 스승을 토대로 한 플라톤 연구 위에 세워진 이 특별한 전통이 어떻게 뿌리를 내리고 지금까지 살아남았는지 의아하다. 나는 이 전통이 우리가 이용할 수 있는 최고 혹은 유일한 전통이라고 주장하지 않는다. 지혜는 한 가지만 있지 않고, 때로는 오래된 전통이 사라져야 새로운 전통이 자라날 수 있다. 그러나 나는 이 책에서만큼은 현재 강의실에서 많이 가르치는 것을 포착하고자 했다. 학생들은 이미 물질적 의미에서 정치가 중요하다는 것을 안다. 그러나 정치는 사실 도덕적 의미에서 중요하다. 그 정치는 인간 내면에서 최고의 것을 불러낼 수도 있고, 최악의 것을 불러낼 수도 있다. 그 정치는 인간이 희망을 품게 할 수도 있고 두려움을 품게 할 수도 있다. 이것이 바로 현 상태에서 부여된 것을 넘어서 상상을 촉발한 문제들이다.

정전은 새로운 것과 과거의 것 사이에서 대화를 유지하는 한 살아남는다. 플라톤이나 아우구스티누스 혹은 마키아벨리의 글을 읽는 것은 예컨대, 도시국가의 정치 세계, 제국, 신, 황제, 자연권, 사교 예법, 귀족 규범과 같은 친숙하지 않은 세계로 들어간다는 점에서 언제나 어떤 의미 – 좋은 의미 – 를 갖는다. 사람들은 계속되는 정치적 딜레마를 해결하고자 고전 정치이론 작업에 기대고 또 기대지만, 이때 이상하거나 거리감이 느껴지거나 친숙하지 않은 모든 것을 배제하려는 유혹을 뿌리쳐야 한다. 이것이야말로 진정으로 도전적이고 불안정한 대안을 동반하는 널리 퍼진 지혜를 직면함으로써 인간을 흔들어놓는 고전학자들의 '타향성(foreignness)'이다.

그러나 만약 경전을 다른 세계 언어 같은 것으로만 가르친다면 그 대면에서 '정치적인 것'은 빠져나갔을 것이다. 남아 있는 것 역시 중요하고 흥미롭지만, 이는 박물관이나 유적이 중요하고 재미있는 것과 같은 방식에서만 그렇다. 미국 법관들은 헌법이 완벽하더라도 언제나 해석을 거쳐야 하는 '살아있는 헌법'이라고 종종 말한다. 정치사상의 정전도 똑같이 살아있는 전통이다. 고전 작가의 글을 읽을 때 가장 좋은 독서법은 아리스토텔레스가 플라톤과 논쟁하듯이, 그리고 루소가 홉스에 대해 논쟁하듯이, 혹은 마르크스가 헤겔을 직면했을 때처럼 작가와 논쟁하며 읽는 것이다. 사람들은 위대한 사상가들의 깊은 통찰에 빚지고 있다. 그러나 그들을 숭배하거나 그들의 논쟁이 우리가 논의할 수준을 넘어선다고 생각해서는 안 된다.

이 책은 내가 수년간 학부생들을 대상으로 한 강의를 기반으로 한다. 나는 그중에서 정치이론에 대한 흥미를 불러일으킬 만한 사례와 문구를 내 경험에 따라 추려보려고 했다. 그러나 내가 더 많은 청중을 대상으로 하는 만큼, 젊은 사람들에게 정치이론을 어떻게 제대로 소개할지에 대한 걱정과 더 폭넓은 정치 경험이 있는 사람들에게 훌륭한 정치철학의 중요성을 어떻게 설득할지에 대한 고민을 결합하려고 했다.

강의실에서 글로만 하는 강의는 그다지 효과적이지 않다. 글로만 하는 강의는 너무 준비돼서 비형식적인 변화가 만들어내는 즉흥성을 불러일으키지 못한다. 글은 매년 똑같지만, 정치는 다방면으로 변해서 이전에 주목받지 못했던 글이 갑자기 풍부한 의미를 담게 될 수도 있다. 올해에는 학생들이 플라톤에게 호소했다면, 다음해에는 아리스토텔레스의 추종자가 될 수도 있다. 9·11 이후 사람들은 마키아벨리를 추종했고, 더러운 손의 문제는 이제 단순한 학문상 쟁점이 아니었다.

이 책에서 나는 독자들과 비공식적인 대화를 유지하면서 고전에 대한 내 생각을 써 내려가려고 노력했다. 정치는 그 대화의 한계를 넘어서고, 친숙한 논점을 만들기 위해 새로운 사례가 필요하다. 그러나 나는 고전 이론을 공부하면서 배운 정치적 논증에 대한 열정이 계속돼 이 논증들을 동굴 밖의 빛으로 시급히 가지고 나오기를 바란다.

내가 가르치고 글을 쓰는 모든 시간에 전쟁은 격렬하거나 임박했고, 스캔들이 터졌으며. 부패는 심해졌고, 오래된 농담은 밋밋해지고 무능이 활개쳤다. 높은 이상과 도덕적 기반을 강조하는 고전 철학을 읽는 것은 정치적으로 누구를 지지하든 우리가 정치에 대해 느끼는 일반적인 불만과 비교해보면 어려운 일이다. 나는 때로 학생들에게 영감을 불러일으키고 지도자가 될 것 같은 정치인 이름을 대보라고 한다. 그러나 오바마 대통령 선거까지, 거리낌 없는 열정을 불러일으켰던 마지막 인물은 넬슨 만델라였다. 이 예외는 별도로 하고, 대부분 우리와 마찬가지로 학생들도 에이즈, 기아, 테러, 빈곤, 지구 온난화, 차별, 가정 폭력을 다룬 것으로 한때 존경했던 사람의 실패에 대해 재빠르게 환멸을 표출했다. 약점과 실패의 목록은 길지만, 우리가 정치적 노력을 하도록 고무하는 사람들의 목록은 짧았다.

이 책의 독자들은 정치에 대한 일반적인 불만과 관련해서 국가에 무엇이 잘못됐는지를 강조한 대목을 기억하리라고 생각한다. 특히 플라톤의 동굴 우화, 무력만이 사람들을 질서 있게 유지할 수 있다는 홉스의 주장, 소크라테스를 사형시킨 아테네의 결정, 법과 정의의 좁혀지지 않는 틈에 대한 소크라테스의 애도, 두려움이 사랑보다 정치적으로 더 강력한 감정이라 한 마키아벨리의 풍자, 정치에서 잔인성과 폭력은 피할 수 없는 요소라는 마키아벨리의 인정, 안정을 위한 홉스의 자유 희생, 정치이론 자체의 이데올로기적 취약점에 대한 마르크스의 비판.

그러나 정치가 잘될 수 있다는 가능성에 대한 정치적 이상은 어떤가? 나는 수업에서 매년 이라크, 아프가니스탄이나 중동의 다른 나라에서 정치를 어떻게 하는지는 배우는 데 흥미를 느끼는 현실주의자를 많이 발견했다. 나는 선거 전략에 대해, 그들이 선택하는 후보가 사람들의 마음을 얻고자 무엇을 하고 하지 말아야 하는지, 말하기 좋아하는 활동가들을 상당히 많이 발견했다. 그러나 정의가 실제로 중요하다고 말하는 관념론자는 거의 찾아보지 못했다. 학생들은 이기심이 정치를 지배한다는 트라시마코스에게 쉽게 동의한다. 그러면서 정치적 삶에 대한 회의에서 조금씩 벗어난다. 예를 들어 트라시마코스를 지지하는 학생들은 거대 권력이 국가적 이해관계를 계산하는 방식을 바꾸려고 군사력이나 부의 기준을 사용한다는 사실을 꽤 흥미로워할 것이다. 그러나 이상이 거대 권력의 행보를 변화시킬 수 있을까? 정의가 인간에게 독립적이거나 심지어 실질적인 영향을 미친다는 믿음에 관해 정치이론 연구에서 도출된 것은 거의 없다. 나는 사람들이 정치사상 연구에 열정을 보이기 어려운 데는 서로 다르지만 관련된 두 가지 이유가 있다고 생각한다.

첫째는 어떤 것이든 사람들의 생각은 절대 이상에 도달하지 못한다는 것이다. 이는 익숙하고도 흔한 문제다. 사람들은 자신이 말하는 것을 결코 실천할 수 없으며, 너무 많은 관념론은 인간을 정치적으로 무능력하게 만든다. 이것은 마키아벨리가 말했듯이, 선과 관련 있는 직업에 종사할 수 있는 사람은 직업 정치인이 되지 않는 편이 좋다는 말처럼 들린다. 소크라테스는 자신이 정치가의 삶을 회피하는 이유를 설명하면서 똑같이 말한다. 플라톤도 그의 유명한 『서한 VII』에서 유사한 결론을 내린다. 그가 너무 관념적이어서 성공적인 정치가가 될 수 없다는 것이다. 그리고 몇몇 사람은 인간의 이상을 현실에서 실현하려고 하지 않는 것이 좋다고 말한다. '민주주의를 지키는 세계'를 만들자고 벌이는 많은 전쟁은 지상의 혼란스러운 사실들을 보면 보잘

것없어 보인다.

인간의 이상을 완전히 실현할 수 없다는 불가능성에 대한 반대 그리고 인간이 그렇게 할 수 있다는 생각의 위험성은 강력하다. 이는 플라톤의 유토피아주의에 대한 아리스토텔레스의 반박과 정치는 완벽이 아니라 종종 가능성의 기술이라는 점을 차분히 돌아보게 한다. 그러나 인간의 이상을 실현하는 데 작용하는 현실적인 장애물이 오늘날 정치에 대한 일반적인 불만을 온전히 설명해주는지, 나는 의심한다. 그리고 여기에 두 번째 문제가 있다고 생각한다. 인간의 정치적 이상이 무엇이냐는 의문에서 시작해야 하는지가 명확하지 않다는 것이다.

두 번째 어려움을 설명하는 한 가지 방법은 여러 정치사상이... 정치적인 것이라는 사실을 인정하는 것이다. 자유주의자들과 보수주의자들 모두 평등과 자유를 말하지만, 잘 알려졌듯이 그 개념에 대해서는 서로 생각이 다르다. 그러나 그들의 의견 차이는 끝이 없고, 중재할 방법도 없어 보인다. 정치이론을 배운 학생들은 '만약 이 모든 훌륭한 생각이 정의가 요구하는 바에 대해서도 합의점을 찾지 못한다면, 나는 과연 누구에게 의견을 말해야 할까?'라며 종종 이 주제에서 멀어진다.

이 두 번째 어려움은 사람들을 놀라게 한다. 결국, 인간의 이상을 말하기가 어려워서는 안 된다. 누구나 분명히 말할 수 있다. 평등, 자유, 민주주의 같은 주제가 곧바로 떠오른다. 그러나 왜 민주주의가 최선의 체제인지를 말해주는 도덕적 사례는 어떤 것일까? 대중의 의견과 정의는 완전히 다르다는 플라톤의 끊임없는 공격에 대한 답은 또 무엇일까? 평등에 관한 논쟁은 이보다 훨씬 더 복잡하다. 재능과 가치의 보상이라는 명목으로 사회적·경제적 큰 불평등을 정당화하는 사람들에게 뭐라고 말해야 할까? 과거로부터 물려받은 이익과 일반적인 행운이 동일한 불평등이라고 비난하는 사람들에게는 뭐라고 말할 수 있을까? 정치이론의 대단한 장점은 정치적 이상이 어떠해야 하는지에 대한 여러 관점을 서로 마주하게 한다는 데 있다. 사람들은 이상을 실현하는 실천적 어려움에 닥치기도 전에 자신의 믿음이 어떤 것인지, 그 이상을 실현하려 할 때 부딪히는 현실적인 어려움에 용감히 맞설 만한 가치가 있는 정의로운 사회가 어떠해야 하는지를 찾아야 하는 개념적 어려움에 직면한다.

나는 종종 초기의 관념론이 더 성장하지 못하고 꺾이는 것은 바로 이 개념적 혼란 때문이라는 생각을 한다. 젊은 사람들도 자신의 의견보다 다른 사람의 이상에 뭔가가 더 있는지, 그렇다면 이것을 택해야 할지 말아야 할지 혼란스러워한다. 현실 정치가는 여기서 그다지 대단한 도움을 주지 못한다. 단지 그들은 정치적 이상의 표현을 진부한 수준으로 환원할 뿐이다. 이상에 대한 호소는 공허하고 너무나 명백하게 조작적인 기만이라서 이것이 사람을 메마르게 하고 환멸을 느끼게 한다는 것은 놀랍지도 않다. 혹은, 관념론적인 정치가가 처음에 사람들을 홀리고는 메마르게 한다는 표현이 더 그럴듯하다. 정치적으로 강하게 믿을수록, 더 멀리 떨어지게 된다.

저자와 독자는 교사와 학생처럼 직접 대면하지 않는다. 강의실에서 때때로 – 모든 강의에서 그랬다는 것은 전혀 아니다 – 나는 몇몇 학생들의 눈에 빛이 비치는 것을 본다. 학생들은 마치 관념들이 땅을 향해 강렬하게 엎치락뒤치락하는 것인 양, 플라톤의 고귀한 거짓말에 대해 좀 더 듣고 싶어서 몸을 기울였다. 학생들은 또한 아리스토텔레스의 올바른 자부심을 이해하기 위해 노력하고 있다는 것, 그리고 아리스토텔레스가 기술한 방식으로 자신의 가치를 과소평가하고 있는지에 대해 고민하고 있음을 암시하듯 얼굴을 약간

찌푸리기도 한다. 나는 수년간 많은 학생이 무한한 생존 경쟁에 갇힌 삶에 대해 홉스가 기술한 부분을, 인간이 다른 곳에 도달하기 위해 욕망을 지속적으로 좇지만 인간이 그 곳에 도달했을 때 그곳은 최종 목적지가 아니라 단지 성장을 위한 중간 단계라고 생각을 해서 계속 이를 반복한다는 것으로 인지한다는 것을 느꼈다. 자신의 종교가 진실이라고 확신하는 종교적 인간이, 그들이 믿었던 종교가 거짓임을 받아들일 수 있는가에 대한 필연적인 논쟁은 많은 사람에게 흥미로운 문제처럼 보이고 현재의 세계 상황을 해명하는 것 같다. 선택의 자유에 제한을 가하면서, 자기 삶에서 스스로 기쁨을 선택할 수 있는 개인의 일반적 권리를 어떻게 보호할 것일까? 이것 또한 지적 사고를 활용해야 하는 일 같다.

물론, 정치이론을 공부하는 데는 지루하고 재미없는 부분도 많다. 나는 그렇지 않은 척하지 않는다. 대부분 정치철학자는 체제의 목록을 제공한다. 군주제, 귀족정치, 과두제, 공화국, 민주주의, 독재. 그러나 우리는 이제 더 이상 그 목록을 따르거나 그 목록에서 체제를 고르지 않는다. 사람들은 민주주의에 열중하고 있으며, 민주주의의 우월성에 의심을 품는 것은 마치 지구가 둥글다는 것에 의심을 품는 것처럼 본다. 멍청하고 바보같은 학문적 노력이라는 것이다.

심지어 훌륭한 학생들도, 주의력 깊은 독자들도, 정치이론을 지루해하는 것이 나는 놀랍지도 않고 슬프지도 않다. 내 어떤 동료는 오늘날 학생들 수준이 낮아졌고, 그들이 직업이나 미래 삶에 대해 너무 일찍부터 걱정하고, 들인 노력과 비교할 때 결과를 제대로 보장해주지 않는 정치철학 같은 과목을 인내하지 못한다고 말한다. 내 어떤 동료는 존재하지 않았던 가르침의 황금기를, 즉 더없이 순수했던 학생들에게 세속적 압박이 차단되었던 자연 상태를 기억한다.

학생도 선생도 다가왔다가 사라진다. 이전 세대가 활용하거나 창조한 지식을 이후 세대가 토론하고, 비판하고, 도전하고, 보호하고, 또한 풍부해진다. 로크의 말을 빌리자면, 나는 우리가 전 세대들로부터 받았던 것처럼 미래 세대의 학생과 선생들에게 "그만큼 좋은 것을 그만큼의 양"으로 남겨야 한다고 생각한다. 항상 그랬듯이 좋게든 나쁘게든 변화할 것이다. 그리고 밝히고자 하는 사건에 따라 정전도 변해야 한다. 그러나 때때로 새로운 것을 평가하는 가장 좋은 방법은 오래된 것을 연구하는 것이다. 헤겔은 퇴임하면서 철학이 늦을 수밖에 없다는 비극을 지적하며, '미네르바의 올빼미'는 황혼이 진 후에야 날개를 펴며, 우리는 시행했던 정치가 점점 질 때가 다 돼서야 그 정치를 이해할 수 있다고 했다. 이는 우선 새로운 것에 눈을 뜨고 있어야만 오래된 것으로부터 지혜를 얻을 수 있다는 것을 의미한다. 아마 선생은 지혜의 이런 간극을 좁히지 못할 수도 있지만, 학생들은 그럴 능력이 있고 언제나 그랬듯이 해냈다.

감사의 말

나는 첫 스승들로 거슬러 올라가기까지 여러 단계에서 인식의 고고학적 탐색에 빚을 지고 있다. 그러나 슬프게도, 그들 중 일부는 이곳에 계시지 않아서 감사의 말을 전할 수 없다. 내 첫 번째 – 그리고 처음 파이프 담배를 피우셨던 – 철학 교수인 윌리엄 케닉, 내 박사학위 조언자이자 가장 절친한 비판자인 디타 슈클라, 내 동료이자 진실한 친구인 수전 몰러 오킨에게 감사한다. 나는 오랫동안 내게 남아 있던 조지 카텝 교수와 마이클 왈저 교수의 위대한 정치철학 강의에서 여러 대목을 가져왔고, 그들이 이를 알아보리라고 기쁘게 말할 수 있다. 내 정치이론 강의를 책으로 출판하도록 나를 격려해준 마이클 센델과 낸시 로젠블럼에게도 언제나 고맙다.

데니스 애프터굿, 키쿠 아다토, 러셀 뮤어헤드, 타마라 메츠, 그리고 마리아 메딧은 이 책 전체를 읽었고, 정치에 관심이 있지만 강단 철학에는 관심이 없는 사람들이 고전 정치이론을 읽게 할 방법에 대해 가치 있는 조언을 해줬다. 또한, 내 대학원 제자들인 칼리 바루, 레베카 프리드먼, 체베로미나 칼체바, 아나 칼넨, 진민 리, 티모시 맥카트, 클라우디아 쉘러, 이들이 초안을 읽어주고 인용문들도 점검해줬으며, 수업에서 이 아이디어들을 시도해볼 수 있도록 해준데 고마움을 표한다. 페기 브런데이지, 로잔 콜로코리스, 그리고 클레어 신코타는 매우 중요한 행정적 지원을 해줬다.

내가 가장 좋아하는 두 학생이자 내 딸들인 안나와 사라. 이들은 젊은 사람들도 특히 정치이론에 대한 새로운 접근에 관심이 있다고 생각할 수 있도록 북돋아 줬다. 딸들의 신념과 솔직함이 없었다면 이 책도 없었을 것이다. 내 부모님은 아직도 내 충실한 독자이다. 이 원고를 꼼꼼히 읽어주시고 지속적으로 부모님이 교육하신 바에 대한 기억이 언제나 나와 함께할 것이다. 하버드 대학교 출판사의 편집자인 마이클 애런슨에게 특히 감사한다. 이 기획을 시작할 때부터 신뢰해줬으며 내가 쓰고 싶은 책을 쓰도록 격려해줬다. 교정담당자인 아만다 헬러는 많은 오류를 수정해줬다.

실질적으로 이 책의 많은 부분은 여름마다 아우터 케이프(코드 곶)에서 남북전쟁 기간 사바나에 관한 책을 쓰고 있는 역사학자 재클린 존스, 내 아내의 곁에서 썼다. 그녀는 나를 불러 특히 그사바나의 국가와 도시가 어떻게 정의가 문제시되는 선택의 순간에 맞닥뜨렸는지에 관해 방금 쓴 특히 유려한 단락을 들려줬다. 그 후 나는 다시 고대 아테네나 르네상스 시대 피렌체에 대한 작업으로 돌아갔지만, 몇몇 정치적 논증은 영원하며 정치이론을 연구하는 것은 '정치' 문제가 인정될 때 가장 가치 있음을 무엇보다 확신하게 됐다.

수년간 학부생들에게 정치사상사를 가르칠 수 있었던 것은 내게 특권이었다. 아마 1,500명 가까운 학생이 이 책이 바탕이 된 강의를 들었을 것이다. 내가 이 책을 쓰는 데 오래 걸린 것은 순전히 그들 탓이다. 왜냐면 강의에서는 언제나 새로운 질문, 새로운 관찰, 의문을 품은 눈빛 등을 마주할 수 있어서, 오래된 글에서 새로운 것을 찾을 수 있었다. 나는 그들 중 몇몇이 이 책을 보면 좋겠다. 그들이 내게 제시했던 사례들, 여전히 해결되지 않은 문제들을 발견하며 활짝 웃었으면 좋겠다.

출간에 도움을 주신 분들께 감사드립니다.

iamX MedusaJ 강대혁 강수현 권동환 김가은 김기훈 김남오 김남용 김다영 김대중 김동순 김민석 김민주 김보경 김상희 김영철 김우미 김은철 김재건 김정우 김태인 김태형 김현수 김현수 김혜자 남정훈 도한도은아빠엄마 매일그대와 문인애 민동섭 민현주 박승두 박영근 박지홍 밝은안경 배용현 백수영 변승훈 변지수 보더콜리 누베 사랑의요정 서쌍용 선기화 손혜현 심재수 아샬 아샬 안진이와현진이아빠 이곤수 이원웅 이은미 이정인 이찬웅 이현광 임동진 전영준 정도영 정미경 정성윤 정의삼 정재현 정진우 지동환 지정훈 진모란 최경철 최수하 한가람 한동규 가브리엘 한지수 허순용 홍세라 홍인기

미네르바의 올빼미

초판 1쇄 발행일 2023년 10월 1일
지은이 | 제프리 에이브럼슨
옮긴이 | 김대근
펴낸이 | 김문영
펴낸곳 | 이숲
등록 | 제406-3010000251002008000086호
주소 | 경기도 파주시 책향기로 320, 2-206
전화 | 02-2235-5580
팩스 | 02-6442-5581
홈페이지 | www.esoope.com
페이스북 | facebook.com/EsoopPublishing @esoope_publishing
Email | esoope@naver.com
ISBN | 979-11-91131-59-8 03340